分子生物学

（第二版）

谢建坤　王曼莹　主编

科学出版社

北京

内 容 简 介

全书由绪论，遗传的物质基础——核酸，基因与基因组，复制，DNA 的损伤、修复与重组，转录，翻译，原核生物基因表达调控，真核生物基因表达调控和分子生物学研究方法等 10 章组成。本书详细介绍了分子生物学发展的学科背景与重大事件，分子生物学基本概念、基本原理、最新知识点，重点阐述了遗传物质的结构与功能及其表达、调控，叙述了分子生物学研究方法、最新技术与前沿动态。

本书依据我国普通高等院校课程体系的特点编写，可作为普通高等院校生物学及相关专业的本、专科生的教材使用，也可作为研究生入学考试、科研工作者的参考用书。

图书在版编目(CIP)数据

分子生物学/谢建坤，王曼莹主编. —第二版. —北京：科学出版社，2013.8
高等师范院校生命科学规划教材
ISBN 978-7-03-037995-5

Ⅰ. ①分… Ⅱ. ①谢… ②王… Ⅲ. ①分子生物学-师范大学-教材 Ⅳ. ①Q7

中国版本图书馆 CIP 数据核字(2013)第 136217 号

责任编辑：陈 露 封 婷
责任印制：徐晓晨 / 封面设计：殷 靓

科学出版社 出版
北京东黄城根北街 16 号
邮政编码：100717
http://www.sciencep.com
广东虎彩云印刷有限公司印刷
科学出版社发行 各地新华书店经销

*

2006 年 9 月第 一 版 开本：A4(890×1240)
2013 年 8 月第 二 版 印张：16 1/2
2022 年 1 月第十四次印刷 字数：514 000

定价：48.00 元

《分子生物学》(第二版)编辑委员会

主　编　谢建坤　王曼莹

副主编　陈雪岚　曹诣斌　付鸣佳　李宗芸

编　委　(按姓氏笔画排序)

马秀灵　王曼莹　付鸣佳　李宗芸

李铁松　陈雪岚　邹　伟　张帆涛

罗向东　周建林　段世华　聂刘旺

徐玲玲　黄义德　曹诣斌　曹玲珍

谢建坤

《高等师范院校生命科学规划教材》

专家委员会

第二版前言

自1953年Waston和Crick提出DNA双螺旋结构模型以来，生命科学的发展就进入了分子生物学新纪元。从此，生命科学已全面更新了传统的观念与视角，按照宏观—微观—宏观的模式，探讨生物的生长与发育、遗传与变异、结构与功能及人类的健康与疾病等生物学与医学的基本问题。随着分子生物学基本规律与原理的新发现、新思维与新方法的提出，新知识与新成果的积累，人类了解大自然的进程大大加快。分子生物学的研究几乎涉及生命科学的各个层面以及与生命科学相关的各个领域，分子生物学理论与技术也已广泛应用于工业、生态农业、卫生保健、环境净化、国防科技等领域，并取得了重大的成果。21世纪分子生物学正以突飞猛进之势向前发展。

为了及时反映分子生物学的新内容、新方法和新成果，以适应高等院校教学需要，科学出版社组织了10所院校中长期从事分子生物学科研和教学的教师，对原王曼莹主编的《分子生物学》进行改编和充实。编写人员根据自身的科研教学经历与体会，对本教材框架进行了重点改建与内容上的梳理取舍，使其更加简洁，力求编写一本能反映本学科前沿、信息量大、基本概念及原理清晰、逻辑性强的分子生物学教科书。

全书由绪论、遗传物质基础、遗传信息传递、基因表达调控与分子生物学研究方法等5大部分共10章组成。绪论部分介绍了分子生物学发展的科学史与重大事件，分子生物学的新概念、新技术、新成果等。同时，还介绍了21世纪分子生物学的发展趋势与研究热点，引导学习者关注分子生物学研究领域的关键问题与亟待解决的挑战性课题，从而促使学习者在后续学习中有目的、有兴趣地获取知识。

在遗传物质基础部分(第1,2,4章)，介绍了遗传物质发现与确认的科学实验基础，阐述了遗传物质的结构与功能。使学习者了解并掌握著名科学实验的原理与设计思路，从中获得深刻启示并引发创新思维与灵感。在该部分将原“DNA损伤、修复与突变”章节改为“DNA重组、损伤与修复”，并增加了DNA转座等内容，使其更加系统、简洁。

在遗传信息传递部分(第3,5,6章)，强调复制、转录、翻译之间的相互关联。为避免重复，对原该部分章节框架及内容进行了调整，删除了“细胞的信号传递”章节，将部分内容整合到了其他相关章节中，使结构更为合理。

在基因表达调控部分(第7,8章)，注重归纳基因表达调控的类型，突出结构与功能间的关系。重点描述了原核生物、真核生物表达调控的特点，介绍了转录水平调控、转录后调控及翻译水平调控的特征。删除了原“细胞周期调控与发育调控”章节，使其更简洁、通俗易懂。

在“分子生物学研究方法”部分(第9章)，重点介绍了新技术与新方法的原理与设计思路，使学习者了解分子生物学理论产生的实验基础，理解各种分子生物学技术的理论依据，开拓思维，创造性地学习分子生物学。

每章结束部分针对本章的要点提出思考题，供学习者复习并掌握本章的基本概念与重要内容。

本教材由谢建坤主编、统稿。绪论由谢建坤编写，第1章由李铁松编写，第2章由李宗芸编写，第3章由黄义德编写，第4章由段世华编写，第5章由罗向东、马秀灵编写，第6章由聂刘旺编写，第7章由陈雪岚、徐玲玲编写，第8章由周建林编写，第9章由曹诣斌编写。付鸣佳、陈雪岚、张帆涛、曹玲珍参与了本书的审稿。

各位编委在教材编写过程中通力合作、严谨认真,付出了艰辛的劳动。

由于分子生物学的发展特点,疏漏之处在所难免;同时由于编写水平的有限,不足之处敬请谅解。欢迎广大读者提出宝贵意见!

谢建坤
江西师范大学生命科学学院
2013 年 1 月

目　　录

绪　论

本章重点介绍了分子生物学的概念及其形成的科学背景、研究范围与主要研究内容、研究进展与发展趋势。

0.1　分子生物学的基本概念与发展历程

0.1.1　分子生物学产生的背景

生命是什么？生命从何而来？生命世界如何形成？生物如何进化与发展？这些问题一直困扰着人类。

自从有了人类文明史，就有了人们对生命现象的记载与描述，就有了人们对大自然、对生命现象的观察与思考。人类在漫长的岁月中，逐渐积累了对生命现象的认识。然而，直到19世纪初，人类都只能从宗教或迷信的角度回答上述问题，即上帝创造天地万物。

生物学最早是研究动、植物形态，解剖和分类的科学，偏重于宏观的描述。1839年，Schwann和Schleiden证明动物和植物都是由细胞组成的，生物学的研究随之进入了细胞水平。由于细胞学的研究得到迅速发展，遗传学原理也得到揭示，生理学和生物化学随之兴起。以细胞为主要研究材料，人们对细胞化学组成的了解日益深化，对构成细胞的生物大分子（主要是蛋白质和核酸）在生命活动中所起的作用有了深刻的认识，这些促使对生物学的探索逐渐进入到亚细胞水平与分子水平。

1869年，Miescher首次从莱茵河鲑鱼精子中提取到了DNA。1871年Miescher又从白细胞核中分离出DNA。1910年，Kossel第一次分离获得了核酸类物质的组成单位——单核苷酸。19世纪末20世纪初，Mendel和Morgan等根据长期实验研究结果，已开始认识到生物遗传的分子基础，证明了一切生命现象和生物性状都与细胞内核酸、蛋白质等生物大分子的基本化学反应密切相关，然而人们并不清楚这些生物大分子是以何种特殊的结构形式与作用机制来决定生命现象和生物性状。1928年，Griffith发现肺炎链球菌的无毒粗糙型菌株（R型）与有毒光滑型菌株（S型）混合后可产生致病菌株，但当时并不清楚产生致病物质分子的化学本质就是DNA。直至1944年，Avery等以极其严密的实验设计与实验结果证明，引起肺炎链球菌遗传性状改变的物质是DNA，而不是蛋白质或其他物质，从此揭开了核酸研究的序幕。

随着核酸化学研究取得不断进展，核酸分子的化学规律逐步被揭示。1949年，发现了Chargaff规律：即在任何来源的DNA中，G=C，A=T，在不同来源的DNA分子中，(A+T)/(G+C)的比值不同。与此同时，Wilkins和Franklin用X射线技术测定了DNA纤维的结构，衍射图像表明DNA具有典型的螺旋结构，并且由2条反向多核苷酸链组成。1953年，Watson和Crick共同提出了脱氧核糖核酸的双螺旋模型，即DNA分子是以磷酸糖链为主链反向平行的双股螺旋结构，DNA上的四种碱基按Chargaff规律（A-T、G-C）依靠氢键构成双股磷酸糖链之间的碱基对。这个模型为揭开遗传信息的复制和转录的秘密铺平了道路。

1953年，Sanger利用纸层析和纸电泳技术第一次揭示了生物大分子蛋白质激素——胰岛素的一级结构，开创了以后数千种蛋白质序列分析的先声。不久Perutz和Kendrew(1953)利用X射线技术解析了肌红蛋白和血红蛋白的三维结构，从而分析与了解了不同蛋白质结构与功能间的关系及其作用机制，人们开始从分子水平了解生命物质的结构与功能之间的关系。

1961年，法国分子生物学家 Jacob 和 Monod 采用 *E. coli* 部分二倍体互补实验，分离了大量的 *lacZYA* 系统的突变体，根据突变点的遗传学位置与表现型提出了著名的原核基因表达调控操纵子模型，从此形成了包括遗传物质——核酸的化学、复制、转录、翻译、基因表达调控及分子生物学主要技术等内容在内的完整的分子生物学理论与技术系统。

当然，分子生物学的形成与发展除了自身的重大突破与进展之外，离不开相关学科的渗透与支持，特别是自然学科，如现代物理、化学、数学、计算机等新概念和新技术的融合与贯通。生物学研究从宏观到微观，从现象深入到本质，从结构联系到功能，终于形成了生物学的带头学科——分子生物学。可以说，分子生物学是集相关生物学科(生物化学、生物物理学、遗传学、微生物学、细胞生物学、有机化学、物理化学及技术科学)之大成。它的产生又使得各个领域在分子水平上密切联系，相互渗透。因此，分子生物学已成为生物科学中各学科间的共同语言。

0.1.2 分子生物学的概念

分子生物学(molecular biology)是在分子水平上研究生命的重要物质(注重于核酸、蛋白质等生物大分子)的化学与物理结构、生理功能及其结构与功能的相关性，揭示复杂生命现象本质的一门现代生物学。也就是定量地阐明生物学规律(遗传进化规律、分化发育规律、生长衰老规律等)，透过生命现象揭示生命本质的一门学科，是当今生命科学中最具活力的一门学科。

从广义上讲，分子生物学是研究生命体中一切相关物质的结构、功能、变化及其规律的科学。包括蛋白质的结构、运动和功能，生物催化剂的作用机制和动力学，膜蛋白结构功能和膜运输等，核酸的结构和功能。总之，生物化学中所涉及的一切大大小小的生物组成成分，以及其各种物质的分子结构、代谢过程和其作用机制都属于分子生物学的研究内容。

从狭义上讲，分子生物学则是研究生物大分子脱氧核糖核酸(deoxyribonucleic acid, DNA)或基因的复制、转录、翻译和基因表达调控过程的科学，同时涉及与重要调控过程有关的蛋白质和非编码核糖核酸(non-coding RNA 或 ncRNA)结构与功能的研究。尤其是，连续五年被美国 Science 杂志评为年度科技十大突破之一的核糖核酸(ribonucleic acid, RNA)方面的研究。包括小干扰 RNA(small interference RNA, siRNA)和微 RNA(microRNA, miRNA)在内的小分子 RNA 对生物分化、发育、细胞周期、凋亡、印迹、应激等的调控功能研究，以及核酶(ribozyme)催化蛋白质生物合成等功能的研究。2000年，RNA 组学(RNomics)正式提出，并受到全球科学界的关注。基因组学、核糖核酸组学、蛋白质组学和代谢组学已成为分子生物学不可分割的研究内容，组成了系统生物学。在后基因组时代为破解生命之谜作出了贡献。

21世纪，生物大分子结构与功能的研究，以及遗传信息传递与表达调控的研究已成为生命科学中最重要的课题。分子生物学研究已经实现了“基因—表型”的飞跃，使生物学研究由“表型—基因”的研究模式提升为“表型—基因—表型”的研究路途。这一良性循环的研究模式大大加速了生命科学发展的进程。

生物进化的动力是什么？物种是如何形成的？种群基因库组成的变化如何？个体基因型的遗传突变有无规律？一系列关于生命本质的重大问题随着分子生物学理论与生物技术的深入研究而终究知其所以然。因此，分子生物学就是现代生物学的灵魂。

0.1.3 分子生物学的发展历程

自生物学分支、形成分子生物学的一个多世纪以来，生命科学经历了许多重大事件。也正是这些重大事件构成了分子生物学发展的历程。回顾与浏览系列重大事件，可知分子生物学研究的历史与现状，启示未来并预测未来。

1865年，奥地利神父孟德尔(Gregor Johann Mendel)在《植物杂交试验》中，提出细胞中的某种遗传因子(即孟德尔因子、基因)决定生物某种遗传性状，并提出了遗传因子的分离法则和自由组合法则。

1869年，米歇尔(Miescher Johann Friedrich)首次从莱茵河鲑鱼精子中提取了 DNA。

1900年，荷兰的狄·弗里斯(Hugo de Vries)、德国的柯伦斯(Carl Correns)和奥地利的丘歇马克(Erich von Tschermak)分别重新发现与证实了孟德尔遗传法则。

1902 年,美国细胞遗传学家萨顿(W. S. Sutton)和德国的布维利(T. Borveri)根据细胞减数分裂研究,提出了"染色体遗传理论",首次把遗传因子与染色体联系起来。

1909 年,丹麦植物学家约翰逊(Wilhelm Johannsen)在《科学遗传要义》著作中,首次用"基因"(gene)一词取代孟德尔提出的"遗传因子"。并提出"表现型"与"遗传型"等遗传学概念。

1910 年,德国科学家艾布瑞契·科塞尔(Albrecht Kossel)因其细胞化学尤其是蛋白质和核酸方面的研究获得 1910 年诺贝尔生理学或医学奖。

1926 年,美国生物学家与遗传学家摩尔根(Thoman Hunt Morgan)、Bridges 和 Sturtevant 发现果蝇的伴性遗传,证明基因在染色体上的直线排列方式,提出了连锁遗传法则。同年,Morgan 发表了《基因论》,并获得 1933 年诺贝尔生理学或医学奖。

1934 年,Bernal 和 Crowfoot 发表了第一张胃蛋白酶晶体详尽的 X 射线衍射图谱。

1944 年,Avery 等以肺炎链球菌转化实验结果证明,引起遗传性状改变的物质是 DNA,而不是蛋白质或其他物质。

1950 年,Wilkins 和 Franklin 用 X 射线技术获得了 DNA 纤维结构的衍射图,表明 DNA 分子具有典型的螺旋结构,并且由 2 条以上的多核苷酸链组成。获 1962 年诺贝尔生理学或医学奖。

1951 年,McClintock 于冷泉港实验室发表关于玉米控制成分的论文,揭示了生物基因组的流动性,从而打破了孟德尔关于基因在各个独立的染色体上固定排列的僵化概念。获 1983 年诺贝尔生理学或医学奖。

1952 年,Briggs 和 King 将蛙胚胎细胞核注射到卵内,构建重组胚,发育成克隆蛙。这是基因工程的前奏曲。

1953 年,Watson 和 Crick 通过对 DNA 结构的 X 射线衍射进行分析,提出了脱氧核糖核酸的双螺旋模型。这一模型被所拍摄的电镜直观形象照片所证实。这是分子生物学发展史中最具突破性的事件,开创了分子生物学的新纪元。获 1962 年诺贝尔生理学或医学奖。

1954 年,Gamow 首先提出遗传密码的问题,指出 mRNA 碱基序列和相应蛋白质中氨基酸序列之间存在着相互关系。

1958 年,Crick 提出了"三联体密码"术语。同时阐明了 DNA 在活体内的复制方式,并提出了生物遗传信息单向不可逆传递的"中心法则",认为基因就是连续的 DNA 序列,生命世界就是 DNA-蛋白质的世界,这一法则被生物学界公认,并统治生物学界 20 余年。

1961 年,法国分子生物学家 Jacob 和 Monod 提出了原核生物基因表达调控的操纵子模型,并预言基因调控研究将推动生物大分子间,特别是 DNA 和蛋白质间的相互作用研究。获 1965 年诺贝尔生理学或医学奖。

1965 年,Holley 测定了第一个核酸(酵母丙氨酸 tRNA)的一级结构。获 1968 年诺贝尔生理学或医学奖。

1966 年,Nirenberg 和 Khorana 破译生物遗传密码,证明 64 个密码中 3 个是终止密码。获 1968 年诺贝尔生理学或医学奖。

1970 年,Khorana 用化学合成方法合成了酵母丙氨酸 tRNA 基因,这是生物学史上首次人工合成基因。

1972 年,Cohen 建立了体外重组 DNA 方法,将两个不同的质粒拼接在一起,组合成一个嵌合质粒,将其导入 *E. coli* 后,能复制并表达双亲质粒的遗传信息。这是基因工程的里程碑。

1973 年,Cohen 和 Boyer 等成功地将非洲爪蟾的 rDNA 与 *E. coli* 质粒拼接在一起,重组成一个嵌合质粒在大肠杆菌中获得表达。证明基因工程技术已达到可使真核基因在原核生物中复制与表达的水平。

1975 年,O'Farrel 建立双向电泳技术(2-DE),用于组织与细胞中大规模蛋白质的分离分析,是蛋白质组研究技术的突破。

1977 年,英国分子生物学家桑格(Frederick Sanger)建立了测定大片段 DNA 序列的双脱氧终止法,并测定了噬菌体 ΦX174 的全部碱基序列(5 386 个碱基),发现原核生物的基因重叠现象。他与美国生物化学家吉尔伯特(Walter Gilbert)因研究出测定 DNA(脱氧核糖核酸)、RNA(核糖核酸)等链状分子中核苷酸顺序的方法,以及美国生物化学家伯格(Paul Berg)因研究出 DNA(脱氧核糖核酸)重组体技术共获 1980 年诺贝尔化学奖。桑格还因确定胰岛素的分子结构而获得1958年诺贝尔化学奖。

1979年,Sharp和Roberts发现了断裂基因,与单向不可逆传递的"中心法则"发生冲突。获1993年诺贝尔生理学或医学奖。

1981年,美国生物化学家切赫(Thomas Robert Cech)发现了四膜虫大rRNA前体分子的自我拼接反应。这一反应在没有任何蛋白质存在的情况下就能够进行,由此提出了核酶的概念,与单向不可逆传递的"中心法则"再次发出挑战。他与美国生物化学家阿尔特曼(Sidney Altman)因在研究核糖核酸具有催化性能方面所作出的贡献,共获1989年诺贝尔化学奖。

1983年,Kary Mullis建立体外快速扩增特定基因或DNA序列的方法,即DNA聚合酶链式反应(PCR)。这一试管中的克隆技术是分子生物学在技术上的一次革命,是现代分子生物学研究的一大创举。获1993年诺贝尔化学奖。

1985年,Smithies等首次报导在肿瘤细胞中实现了人工打靶载体与内源β-球蛋白基因间的同源重组。

1987年,Burke等首次构建了基因组DNA的YAC分子克隆库,使YAC克隆技术迅速成为真核基因组制图与致病基因克隆和分离的一个重要工具。

1988年,Mansour等发展了一种称为"正负筛选"的策略,使正确克隆富集的倍数大大提高。

1989年,毕晓普(J. Michael Bishop)和瓦慕斯(Harold E. Varmus)因发现反转录病毒原癌基因(oncogene)在细胞中的产生,获该年度诺贝尔生理学或医学奖。

1990年,人类基因组作图计划(HGP)开始实施。借助先进的DNA测序技术及相关基因分析手段探明自身基因组(genome)全部核苷酸顺序。

1994年,Gu等首次研制成功条件基因打靶小鼠。采用flox-and-delete策略设计了打靶载体,建立了定向改变细胞或生物遗传信息的技术。Wilkins首次公开使用"proteome"(蛋白质组)一词。

1995年,Edward B. Lewis(美国),Christiane Nüsslein-Volhard(德国)和Eric F. Wieschaus(美国)因发现早期胚胎发育中的遗传调控机制,获该年度诺贝尔生理学或医学奖。

1995年,人类全基因组覆盖率高达94%的物理图问世。3、12、16、22号染色体高密度物理图,以及30余万左右cDNA(EST)序列信息的"人基因组指南"由Nature出版。

1997年,Wilmut等用成年绵羊的乳腺上皮细胞作为供体,成功克隆出克隆羊多莉。

2000年,首次宣布完成人类基因组的工作框架图,同时提出核糖核酸组学(RNomics)一词。

2001年,人类基因组作图计划正式完成,国际人类基因组计划与美国Celera公司分别在Nature、Science公布人类基因组草图。Nature、Science分别发表述评与展望,将蛋白质组学研究提上议事日程。

2003年,美国Science杂志连续三年将核糖核酸组学研究成果(包括RNA干扰及siRNA和miRNA在内的小分子调控RNA)分别评为当年十大科技突破第二条、第一条与第四条。

2004年,美国科学家理查德·阿克塞尔(Richard Axel)和琳达·巴克(Linda B. Buck),因在基因领域阐释人类嗅觉系统的组织方式研究中作出的杰出贡献,获该年度诺贝尔生理学或医学奖。

2006年,美国的安德鲁·法尔(Anderew Frie)和克雷格·梅洛(Craig C. Mello)因发现了RNA(核糖核酸)干扰机制,获该年度诺贝尔生理学或医学奖。

2007年,美国科学家马里奥·卡佩奇(Mario Capecchi)和奥利弗·史密西斯(Oliver Smithies)、英国科学家马丁·埃文斯(Martin John Evans),这三位科学家因为"在涉及胚胎干细胞和哺乳动物DNA重组方面的一系列突破性发现"而获得该年度诺贝尔生理学或医学奖。这些发现导致了一种通常被人们称为"基因打靶"的强大技术。这一国际小组通过使用胚胎干细胞在老鼠身上实现了基因变化。

2009年,美国加利福尼亚旧金山大学的伊丽莎白·布莱克本(Elizabeth H. Blackburn)、美国巴尔的摩约翰·霍普金斯医学院的卡罗尔·格雷德(Carol W. Greider)和美国哈佛医学院的杰克·绍斯塔克(Jack W. Szostak)因发现端粒和端粒酶保护染色体的机制而获得该年度诺贝尔生理学或医学奖。

随着包括人类基因组在内的模式生物基因组序列草图的完成,生命科学领域的新纪元——后基因组时代已经开始。当今,分子生物学研究的主线就是功能基因组学研究,而蛋白质组学研究、核糖核酸组学研究与代谢组学研究则是这一主流的"中流砥柱"。21世纪生命科学中一切重大事件都将围绕这一主题发生,关于生命本质的研究也将因新一轮重大事件的发生而获得更大的进展。与此同时,新的挑战、新的课题、新的学科分支、新的技术平台也将不断地应运而生。

0.2　分子生物学的研究范围与主要内容

0.2.1　分子生物学的研究范围

就生物体自身而言，生命过程是一个多层次、连续的整合过程。只有深入到基因水平研究结构基因与调控基因的功能，才有可能阐明生命的整合过程。就生物体与周围环境的关系而言，深入到分子水平研究生物与环境的相互作用及其机制和规律，才有可能阐明生命进化及其生物多样性的实质。因此分子生物学的研究范围几乎涉及生命科学的各个层面及与生命科学相关的各个领域，研究范围极广。

从学科范畴讲，分子生物学包括了生物化学。但在研究方向上，分子生物学主要是研究蛋白质、核酸和其他大分子的结构与功能，以及它们之间的相互作用，着重解决细胞中的信息传递和代谢调节等问题。而生物化学主要研究大分子物质组成、性质、结构与功能及其在生命活动中的代谢转化等动态的过程。因此分子生物学与生物化学密不可分。

分子生物学的研究范畴也覆盖了分子遗传学的主要研究内容。分子生物学极大地丰富了基因学说(gene theory)，分子生物学的发展极大地丰富了遗传学的研究内容，产生了分子遗传学。由于 DNA 和 RNA 操作与测序技术的发展使得遗传物质的分子结构清晰可辨。从此，人们可以在分子水平上研究脱氧核糖核酸或基因的复制、转录、翻译和基因表达调控的过程。例如，人们可以有目的地改变 DNA 的个别碱基并观察其表现型改变；可以合成编码任何感兴趣的氨基酸序列的基因，获得所设计的蛋白质分子；可以给被表达的基因装备相关的顺式调控元件与反式调控元件，进行基因表达的调节研究；可以通过研究正常基因的功能，寻找出产生疾病的突变基因并用正确的基因取代，进行特效药物的设计用于临床治疗等。

因此分子遗传学研究内容占据了分子生物学的中心位置，两学科知识体系大面积交叉与融合。没有分子生物学就没有分子遗传学，没有分子遗传学就没有分子生物学。但这两个学科的侧重是不同的。分子生物学注重研究核酸与蛋白质的结构与功能，以及生物在分子水平上的一些特征和现象；而分子遗传学侧重遗传物质的传递研究，从分子水平对生物遗传规律和遗传现象进行研究。

分子生物学已渗透到细胞生物学的研究范畴，使得细胞生物学已经不限于从细胞水平研究细胞的形态、结构与功能，进而从分子水平探讨构成细胞各种组分的基因及其表达，于是产生了分子细胞生物学(molecular cell biology)的新学科。分子细胞生物学从基因表达调控和蛋白质修饰、细胞膜物质运输、细胞运动的分子基础、细胞增殖及其调控、细胞分化与干细胞和细胞凋亡等方面，结合最新研究发展动向，对细胞生物学的前沿领域进行了系统的阐述。

因此，分子生物学将涵盖分子细胞生物学的研究范畴。细胞与亚细胞的结构、细胞的增殖与生长、细胞分化、细胞衰老、细胞死亡(包括凋亡)、细胞迁移、细胞外基质与胞间通讯、细胞信号转导、细胞与组织工程、细胞间相互作用、物质运输及分子细胞学的新技术与新方法都是分子生物学研究范围。分子水平的细胞学研究是分子生物学的一个重要研究领域，应用分子生物学的理论与技术将更清楚地揭示细胞作为生物基本单位的重要功能和不可替代的位置。

分子生态学也以分子生物学为基础。1992 年，*Molecular Ecology* 在美国创刊，标志着分子生态学已经成为分子生物学的一个更新更广的重要研究领域。分子生态学这一新兴学科的产生同样是分子生物学、生态学与种群生物学交叉、渗透的结果。利用分子生物学的手段与方法，在分子水平上研究生物系统结构与功能；研究生态系统与环境的相互作用及其机制和规律。使分子生物学的研究范围更为扩大。

因此，从广义上说，分子生物学的研究范围包括了自然界的整个空间，包括了大气圈中的一切生物，包括了各种生物的所有生命现象。

其他的生命学科，如植物学、动物学、微生物学、免疫学、医学、药学、农学、林学等都渗透了分子水平的研究成果，都扩展了分子生物学的研究范围。

0.2.2　分子生物学研究的主要内容

一切生物学现象与生命活动的分子基础都是分子生物学研究的主要内容。从这个意义上说分子生物学研究内容包罗万象,但归纳起来无外乎以下 3 个方面。

1. 核酸的分子生物学

研究核酸的结构及其功能。研究内容包括基因组结构,DNA 的复制、转录与翻译,DNA 的突变与修复,基因表达调控和 DNA 重组技术的发展和应用等。该领域已形成了比较完整的理论体系和研究技术,是目前分子生物学内容最丰富的一个领域。遗传信息传递的中心法则(central dogma)是其理论体系的核心。

基因组结构:基因的研究一直是整个分子生物学发展的主线。20 世纪,人们对基因的认识随着遗传学的发展而不断地深化。无论是"正向遗传学"(forward genetics)从表型变化研究基因变化,还是"反向遗传学"(reverse genetics)从基因变化研究表型变化,都离不开阐述基因及基因组的结构与功能。因此,对基因与基因组的微细的及高级的结构与功能的研究始终是分子生物学研究内容最基础、最重要的部分。

DNA 的复制、转录与翻译:研究 DNA 在相关酶和蛋白质因子的参与下,按照中心法则进行自我复制、转录、反转录与翻译;以及 mRNA 分子剪接、加工、编辑及新生多肽链如何折叠成为功能结构。

DNA 的突变与修复:主要研究 DNA 分子突变、损伤类型、后果和修复机制,以及利用人工 DNA 诱变技术进行基础研究。

基因表达调控:基因的表达实质是遗传信息的转录和翻译。从 DNA 到蛋白质的过程叫基因表达(gene expression),对这个过程的调节即为基因表达调控(regulation of gene expression 或 gene control)。在生物个体的生长、发育和繁殖过程中,遗传信息的表达按照一定的时序发生变化(时序调节的表达),并且随着内外环境的变化而不断地加以修正(环境调控表达)。

基因调控是现代分子生物学研究的中心课题之一。因为要了解动植物生长发育规律、形态结构特征及生物学功能,就必须搞清楚基因表达调控的时间和空间概念,掌握了基因调控机制,就等于掌握了一把揭示生物学奥秘的钥匙。

DNA 重组技术:DNA 重组技术是 20 世纪 70 年代初兴起的分子生物学操作技术,目的是将不同的 DNA 片段(如某个基因或基因的一部分)按照人们的设计定向连接起来,在特定的受体细胞中与载体同时复制并得到表达,产生影响受体细胞的新的遗传性状。限制性内切酶、DNA 连接酶及其他工具酶的发现与应用是这一技术得以建立的关键。

DNA 重组技术有着广阔的应用前景。首先,它可被用于大量生产某些在正常细胞代谢中产量很低的多肽,如激素、抗生素、酶类及抗体等,提高产量,降低成本,使很多有价值的多肽类物质得到广泛应用。例如,美国科学家最近发现的用于治疗艾滋病的基因工程白细胞介素 12(IL-12)可有效地阻止病情发展,恢复 HIV 病毒携带者的免疫系统和功能。其次,DNA 重组技术可用于定向改造某些生物基因组结构,使它们具备特殊功能以满足人类生存和发展的需要。例如,有一种分解石油成分的重组 DNA 超级细菌,它能快速分解石油,因此可用来恢复被石油污染的海域或土壤。再次,DNA 重组技术还被用来进行基础研究。分子生物学研究的核心是遗传信息的传递和控制,即基因的表达与调控。在基因的表达与调控的整个过程中,DNA 重组技术是不可缺少的技术手段之一。

2. 蛋白质的分子生物学

主要研究蛋白质的结构与功能。蛋白质是生命活动过程中最主要的载体和功能执行者。深入研究蛋白质复杂多样的结构功能、相互作用和动态变化,将在分子、细胞和生物体等多个层次上全面揭示生命现象的本质,是后基因组时代的主要任务。尽管人类对蛋白质的研究比对核酸研究的历史要长得多,但由于其研究难度较大,与核酸分子生物学相比发展较慢。近年来,在蛋白质的结构及其功能关系方面取得了一些进步,但是对其基本规律的认识尚缺乏突破性的进展。

3. 细胞信号转导的分子生物学

细胞信号转导(cell signal transduction)也称信息传递、信号传递等。生物信息传递包括遗传信息传递、不同生物个体之间的信息传递等。目前倾向于把细胞对环境刺激信号的传递过程称为细胞信号转导。细胞信号转导通常由胞外传递、跨膜转换和胞内传递 3 个环节所组成。构成生物体的每一个细胞的分裂与分化及其他各种功能的完成均依赖于外界环境所赋予的各种指示信号。细胞外的信号与相应的靶细胞受体结合,可以转变成细胞内的信号,通过不同的信号传递级联反应系统将信号放大,最后表现为影响核中特定基因的表达。每种级联反应链涉及若干种细胞内蛋白质的交互作用,在细胞内形成错综复杂的信号传递网络。信号转导研究的目标是阐明这些变化的分子机制，明确每一种信号转导与传递的途径及参与该途径的所有分子的作用和调节方式，以及认识各种途径间的网络控制系统。信号转导机制的研究在理论和技术方面与上述核酸及蛋白质分子有着紧密的联系，是当前分子生物学发展最迅速的领域之一。

0.3 分子生物学的进展与发展趋势

0.3.1 分子生物学进展

从20世纪50年代初Watson和Crick提出DNA双螺旋结构模型至今，短短60多年间，生物学领域发生了巨大的变化。X射线和其他高分子研究技术的相继问世，使建立生物大分子三维构象库梦想成真，至1994年，已有2 000余套蛋白质的构象入库；随着核苷酸序列测定技术的进步，人类已完成人类基因组30亿个碱基全序列的测定；DNA重组技术的应用，使得基因克隆分析日益成为全世界数以万计的生物科学工作者手中的“常规武器”，每年都有上千个新的基因序列被存入基因文库；到1993年底为止，仅人类基因就有3 808个已知序列，约占全部人体基因的3%。至1995年10月，全球范围内转基因植物的大田试验已有2 000多次，有10多种植物被转化成功。

21世纪，分子生物学正以突飞猛进之势向前发展。分子生物学的主要目标已从单纯的基因测序转向对生物整个基因组结构与功能的研究，重点是基因功能的研究。生命科学已全面更新了传统的观念与视角，按照宏观—微观—宏观的模式，探讨生长与发育、遗传与变异、结构与功能及人类的健康与疾病等生物学与医学的基本问题。随着分子生物学基本规律与原理的新发现、新思维与新方法的提出，新知识与新成果的积累，大大加快了人类了解自身、征服自然的进程。分子生物学理论与技术已广泛应用于各类工业、生态农业、卫生保健、环境净化、国防科技等领域，取得了重大的成果与效益。

基因工程制药研究。这一领域发展很快，尤其是多肽药物与疫苗的研制是当代分子生物学技术研究与开发最活跃、成就最显著的领域。主要包括DNA体外重组技术及转基因动、植物技术所研制的产品。基因重组多肽和蛋白质类药物，主要有干扰素、促红细胞生成素、人生长素、动物生长素、人胰岛素、白细胞介素、肿瘤坏死因子、集落刺激因子等。酶类药物有尿激酶、链激酶、天冬酰胺酶、超氧化物歧化酶等。

基因工程疫苗包括基因重组亚单位疫苗、基因重组活疫苗、重组牛痘病毒多价疫苗和基因修饰减毒疫苗。病毒相关的疫苗有乙型肝炎、甲型肝炎、带状疱疹、人免疫缺陷病毒等。细菌相关的疫苗有绿脓杆菌、麻风杆菌、百日咳杆菌等。寄生虫相关疫苗有血吸虫、疟原虫等。真菌相关的疫苗有念珠菌、组织胞浆菌等。在基因工程疫苗研制中，进行了多方面创新性的探索，如双特异性抗体、多价卡介苗及瘤苗(恶性肿瘤疫苗)等。我国基因工程乙肝疫苗早已投入使用。20世纪70年代中期，B淋巴细胞杂交瘤技术问世，由此制备出的单克隆抗体是抗单个抗原决定簇的抗体，具有高度的特异性，且可以大量制备，从而为抗体类治疗药物研究的突破创造了条件。以抗体为载体偶联放射性同位素、毒素和药物的导向药物或“生物导弹”是一个十分诱人的目标。不仅可大大提高药物的治疗效果，还可以明显地减小药物的毒性作用。应用DNA重组和蛋白质工程技术可在基因水平上对抗体分子进行切割、拼接或修饰，重新组装成新型抗体分子，并赋予抗体分子新的生物学活性。

预防与治疗基因药物研究方面，生物技术药物以人类体细胞的基因组、转录本组和蛋白质组3个层次生物大分子为目标，基因药物的研究主要针对致病基因的DNA和基因转录本mRNA两类生物大分子。发现与确认新的药物靶标是后基因组时代研制新药的创新思路与有效途径。其中有3个研制新药的策略：策略之一——mRNA(从结构上考虑)是研发核酸药物的最理想靶标。mRNA结构靶点研究是研发反mRNA基因药物的基础，mRNA分子具有高度折叠的二级结构与三级结构，阐明其可及性位点，筛选其结构靶位点序列是关键；策略之二——反义寡核苷酸、特异水解基因mRNA的核酸酶以及具有干扰作用的双链RNA(siRNA)是设计药物的理想靶标；策略之三——发展分子生物学实验新技术，利用计算机辅助软件预测分析、确认新靶点。以基因为靶的药物研发有3种手段：同源重组基因剔除，与DNA或RNA作用的合成寡核苷酸，以及和DNA或RNA结合的其他分子。有关抑制基因表达的基因药物研究方向取得重大进展。

植物分子生物学研究。近年来植物遗传工程的成果已展现了分子生物学在改良农作物品种方面的巨大潜力。随着分子生物学、生态学与农业科学的交叉,有关植物科学的研究已从个体水平不断向微观和宏观延伸,多学科、多层次探讨经济作物资源多样性、作物遗传改良与新品种培育的遗传学基础、植物抗逆性与水分养分和光能高效利用机制、农业生物与生态环境的相互作用、农业生物安全与主要病虫害控制原理、绿色资源的可持续发展、保障食物的无污染与安全等正成为研究热点。

如以植物基因工程为核心的生态农业,研制了抗昆虫、抗病、抗重金属、抗除草剂、抗不良环境因素、雄性不育、提高蛋白质含量、提高产量等相关的转基因农作物。如抗虫棉、抗病小麦育种、抗青枯病马铃薯、耐盐水稻等。同时,始终重视固碳、固氮、优质、高产新品种的转基因作物研究。

动物分子生物学研究。自 1983 年人们将大白鼠的生长基因注射入小鼠的受精卵内,经移植和胚胎发育成功地培育出"超级鼠",近年来转基因动物研究的技术方法有了更大改进。如电转移法、胚胎干细胞法、精子载体法、基因直接导入法等已广泛被使用。我国用鱼精子作载体,将外源人生长激素基因经鲤鱼精子导入鱼卵,获得生长速度提高 2 倍的高表达鱼苗。我国培育的生长激素转基因猪生产水平提高 20%。在预防家畜传染病方面也取得很大成绩。采用胞内免疫法,使转基因动物体内表达受干扰素诱导细胞的黏病毒抗性蛋白,培育出一种对流感病毒有高度抗性的转基因小鼠,这为培育抗鸡瘟病毒的家禽新品种开辟了美好的前景。

分子生物学技术在环境监测与净化方面已发挥了重大作用。如含有人工重组超级质粒的"超级菌"能够在浮游过程中除去污染海水的石油。有的重组"超级菌"投入土壤中可把农田中残留的 DDT 降解。利用生物杀虫剂取代化学农药,可以保护环境免受污染。现在已有多种生物杀虫剂进入了大田试验。

总之,在与人类生存相关的各个领域,分子生物学的理论与技术都取得了很大的成就。一切关于生命科学成果的理论依据主要是分子生物学的基本理论,都依赖于当代分子生物学基本理论的发展。

0.3.2 分子生物学研究展望

分子生物学的发展趋势一是纵深求索,二是横向交叉。以"大学科"态势协同攻关探索生命的深层次奥秘,在整体水平上系统协调揭示生命的复杂规律。纵深求索就是不断将本学科的理论与技术引向深入,在一个相当长的时期内,在基因组研究、基因表达调控研究、结构分子生物学研究、生物信号转导等四大前沿领域开展深入持久的工作,并由此开拓新的前沿领域和新的生长点。

横向交叉就是不断地与生命科学的其他学科及其非生命科学的自然学科、文史学科相互融合。综合应用化学、数学、物理学、计算机等学科的理论与技术,形成相关学科群,并以"大学科"的模式研究生命的实质问题,使各种复杂的生命现象与生命本质之间的联系在分子、细胞、整体水平和谐统一。

随着人类,模式动、植物基因组序列草图的完成,生命科学领域的新纪元——后基因组(post genomics)时代已经开始。分子生物学已实现从基因(gene)到基因组(genomic),从蛋白质(protein)到蛋白质组(proteomic),从基因学(genetics)到基因组学(genomics)、到蛋白质组学(proteomics)、到代谢组学(metabonomics)、到核糖核酸组学(RNAomics)的跨越。生命科学又进入了一个全新的时代。

1. 功能基因组学

功能基因组学(functional genomics)是指在全基因组序列测定的基础上,以揭示基因组的功能及调控机制为目标,从整体水平研究基因及其产物在不同时间、空间条件的结构与功能关系与活动规律的学科。它利用结构基因组所提供的信息和产物,在基因组或系统水平上全面分析基因的功能,对成千上万的基因表达进行系统的研究。研究内容主要包括基因功能发现、基因表达分析及对基因突变进行检测。采用的技术手段包括基因表达的系列分析(serial analysis of gene expression, SAGE)、cDNA 微阵列(cDNA microarray)、DNA 芯片(DNA chip)等。

2. 蛋白质组学

蛋白质组学(proteomics)是在整体水平上研究细胞内蛋白质组成及其活动规律的一门学科,是阐明生物体各种生物基因组在细胞中表达的全部蛋白质的表达模式及功能模式的学科。蛋白质组学的研究可以分为 3 个主要方面:① 研究某一特定的蛋白质群体的组成、结构、活动规律和生物功能;② 比较蛋白质组学,应用于各种疾病的研究;③ 研究蛋白质之间的相互作用,绘制某个体系蛋白质作用的网络图谱等。采用的技术手段包括蛋白质芯片、LCM-二维电泳-质谱的技术、酵母双杂交和噬菌体展示技术等。由于蛋白质组学的研究通常是高通量的，因此发展高通量、高灵敏度、高准确性的研究技术平台是现在乃至相当长一段时间内蛋白质组学研究中的重要任务。蛋白质组与基因组研究数据的整合，将对功能基因组的研究发挥非常重要的作用。

3. 生物信息学

人类基因组计划大量序列信息的积累，导致了生物信息学(bioinformatics)学科的产生。它是综合计算机科学、信息技术和数学的理论与方法来研究生物信息的交叉学科。包括生物学数据的研究、存档、显示、处理和模拟，基因遗传和物理图谱的处理，核苷酸和氨基酸序列分析，新基因的发现和蛋白质结构的预测等。由数据库、计算机网络和应用软件三大部分组成。是当今生命科学的重大前沿领域之一，同时也将是21世纪自然科学的核心领域之一。其研究重点主要体现在基因组学和蛋白质组学两方面，具体说就是从核酸和蛋白质序列出发，分析序列中表达的结构功能的生物信息。国际上现有4个大的生物信息中心，即美国生物工程信息中心(GenBank)、基因组序列数据库(GSDB)、欧洲分子生物学研究所(EMBL)和日本DNA数据库(DDBJ)。这些中心和全球的基因组研究实验室通过网络、电子邮件或者直接与服务器和数据库联系而获得的搜寻系统，使研究者可以在多种不同的分析系统中对序列数据进行查询、利用和共享巨大的生物信息资源。

4. 系统生物学

系统生物学(system biology)是研究生物系统组成成分的构成与相互关系的结构、动态与发生，以系统论和实验、计算方法整合研究为特征的生物学(图0-1)。系统生物学注重研究细胞信号转导和基因调控网路、生物系统组成之间相互关系及结构和系统功能。系统生物学的灵魂是整合，将不同的构成要素(基因、mRNA、蛋白质、生物小分子等)整合在一起进行研究；系统生物学的基础是信息，系统生物学的重要任务就是要尽可能地获得每个层次的信息并将它们进行整合；系统生物学的钥匙是干涉，即人为地设定某种或某些条件去作用于被实验的对象，从而达到实验的目的。21世纪伊始，Nature、Science发表系统生物学、合成生物学等专刊，终于进入了系统生物学全球化迅速发展时代。

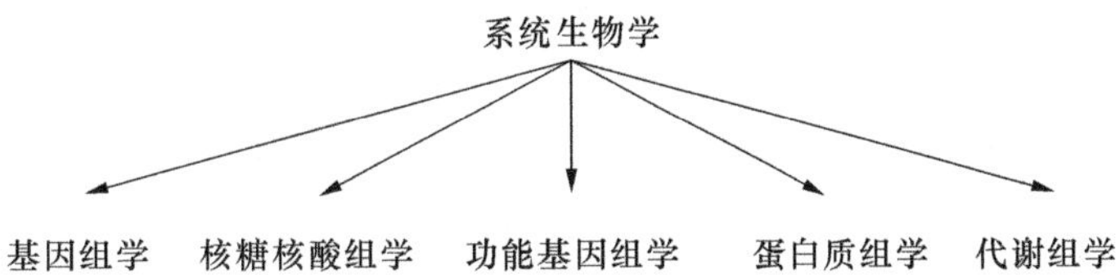

图0-1 系统生物学组成

21世纪生命科学中一切重大事件都将围绕着后基因组学的主题发生，关于生命本质的研究也将因新一轮重大事件的发生而获得更大的进展。与此同时，新的挑战、新的课题、新的学科分支、新的技术平台一定会应运而生。犹如Cech和Altman各自独立地发现了震惊科学界的核酶而获得诺贝尔奖一样，在生命科学领域还有许多重大的奥秘期待着人类的探索，等待着人类的发现。

思 考 题

1. 分子生物学是一门什么样的学科？这门学科形成的科学背景如何？
2. 分子生物学形成与发展过程中发生了哪些重大的科学事件？
3. 分子生物学的研究领域与主要研究内容是什么？
4. 分子生物学为什么能成为生命科学的前沿学科？
5. 分子生物学当前的研究热点与发展趋势是什么？

第1章 遗传的物质基础——核酸

核酸是由核苷酸聚合而成的生物大分子，是遗传信息的携带者和传递者，分为脱氧核糖核酸(DNA)和核糖核酸(RNA)两大类。本章将重点阐述它们的结构和功能，以及理化特性和光谱学、热力学特性。

1.1 遗传物质的发现和证明

遗传物质是生物具有遗传和变异特性的物质基础。生物体内的遗传物质即核酸(nucleic acid)包括脱氧核糖核酸(deoxyribonucleic acid, DNA)和核糖核酸(ribonucleic acid, RNA)。核酸的发现已有100多年的历史，但人们对它真正有所认识是近80年的事。科学家们为了确定核酸是遗传物质，精心设计了非常经典的实验，并且已经证明了DNA是主要的遗传物质。

1928年，英国科学家Frederick Griffith进行的肺炎链球菌(*Streptococcus pneumoniae*)转化实验(图1-1)，为人们认识DNA是遗传物质奠定了重要基础。1944年，纽约洛克菲勒研究所的Avery、Mcleod和McCarty等在肺炎链球菌转化实验的基础上，对细菌提取物进行分离纯化，利用化学法和酶催化法分别将细胞中的各种蛋白质、脂类、多糖和核糖核酸去除，再进行体外转化实验(图1-2)，结果证明“转化因子”就是DNA。Avery等的实验结论在脱氧核糖核酸的认识史中是一个重大突破，但在当时引起了科学界许多人的质疑，之后许多科学家进一步开展了一系列实验研究，证实了DNA作为遗传信息载体的功能。

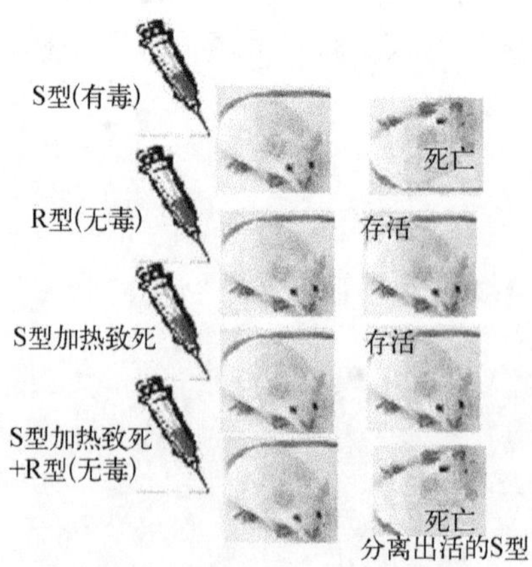

图1-1 Frederick Griffith的肺炎链球菌转化实验

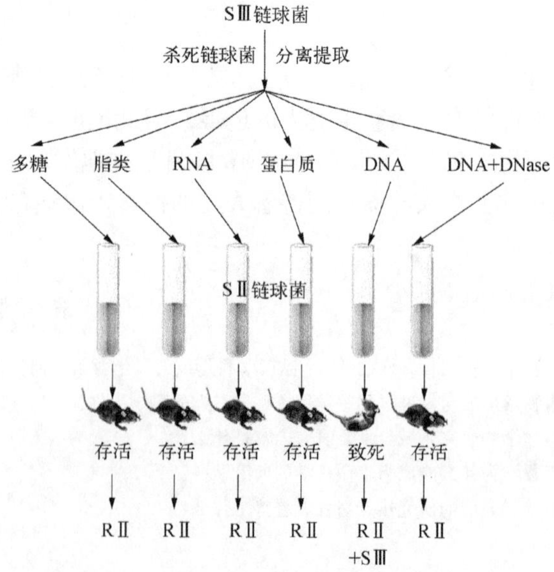

图1-2 Avery等的体外转化实验

1952年，Hershey和Chase的噬菌体感染实验(图1-3)再次证明DNA是遗传物质。有了Avery等的研究基础，很多人已经关注DNA，因而Hershey-Chase的实验结论便很快得到科学界承认，Hershey也因此荣获了1969年的诺贝尔生理学或医学奖。

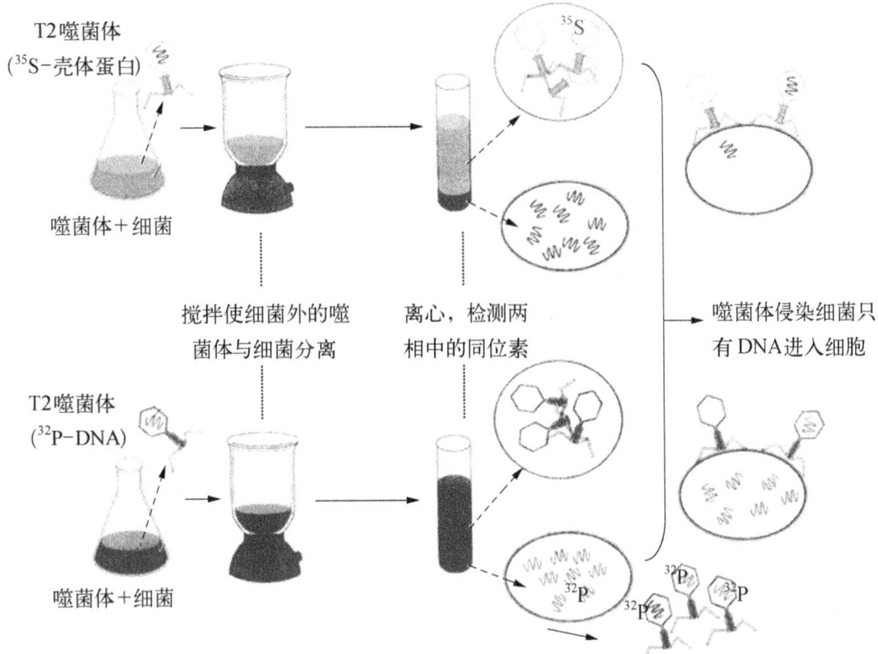

图 1-3 Hershey-Chase 的噬菌体感染实验

大部分生物的遗传物质是 DNA，但有些病毒的遗传物质是 RNA，如烟草花叶病毒（tobacco mosaic virus，TMV）。1956 年，A. Gierer 和 G. Schraman 开展的烟草花叶病毒重建实验（图 1-4）发现，TMV 的蛋白质无法感染烟草，而 TMV 的 RNA 能感染烟草，这个实验的结论说明了 TMV 的遗传物质是 RNA，而不是蛋白质。1957 年，美国的 Heinz Fraenkel-Conrat 和 B. Singre 用实验进一步证实了该结论。

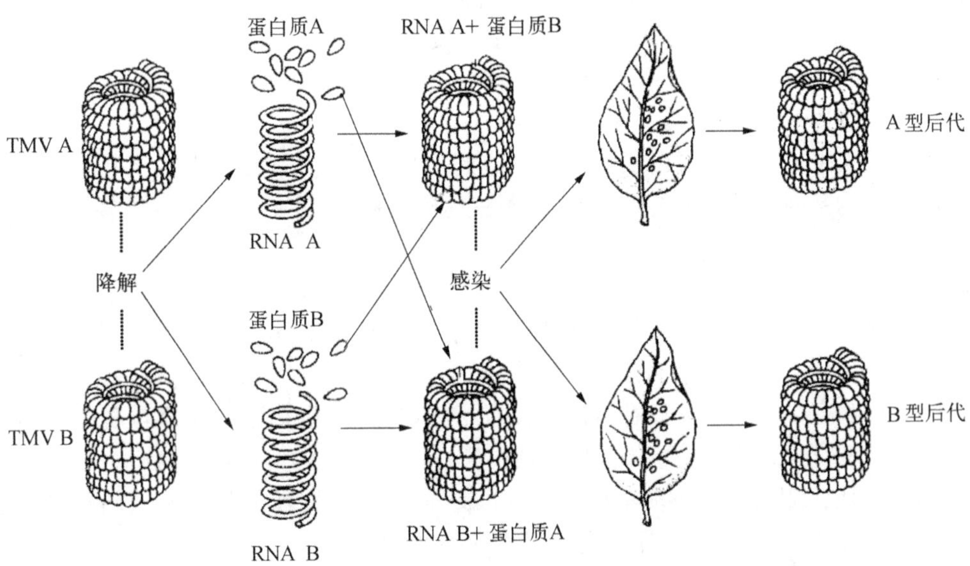

图 1-4 Gierer-Schraman 烟草花叶病毒的重建实验

TMV A、TMV B 为产生不同病斑的不同病毒株系

另外，朊病毒（prion）的发现为人们认识生物体内的遗传物质带来新的思考，它最早由美国加利福尼亚大学的 S. B. Prusiner 于 1982 年发现，又称朊粒或蛋白质侵染因子（proteinaceous infectious particle），是一类能侵染动物并在宿主细胞内复制的小分子无免疫性疏水蛋白质，即蛋白质病毒，是只有蛋白质而没有核酸的病毒。1997 年，S. B. Prusiner 由于研究朊病毒作出卓越贡献而荣获诺贝尔生理学或医学奖。朊病毒不仅与人类健康、家畜饲养关系密切，而且可为研究与痴呆有关的其他疾病提供重要信息。朊病毒是生命界的又一特例吗？还是因为目前人们的认识和技术所限而尚未揭示的生命之谜呢？对其进行探索，必将对

探索生命的起源与生命现象的本质产生重大影响。

1.2 核酸的功能

核酸分两大类：DNA 和 RNA，几乎所有生物细胞都含有这两类核酸，但病毒不同，DNA 病毒只含有 DNA，RNA 病毒只含 RNA。核酸是遗传信息的携带者和传递者。

1.2.1 DNA 或 RNA 是遗传信息的载体

DNA 分子携带着以三联体密码子进行编码蛋白质氨基酸组成的信息。1958 年，Francis Crick 以其远见卓识提出了中心法则(central dogma)，该法则的中心是序列假说(sequence hypothesis)，即假设核酸片段的特异性完全由其碱基序列所决定，而且这种序列是编码蛋白质氨基酸序列的密码。1976 年，Watson 对中心法则做了更具体的描述，即 DNA 是它自身复制的模板，所有的 RNA 分子都是以 DNA 为模板制造出来的，所有的蛋白质都是由 RNA 模板决定的。1970 年，Temin 在 RNA 病毒中发现了反转录酶(reverse transcriptase)，从而证明了 RNA 到 DNA 的反向转录。Temin 等关于反转录的工作发表后，Crick 对中心法则进行了修正。DNA、RNA 与蛋白质之间的关系通常概括为图 1－5 所示。

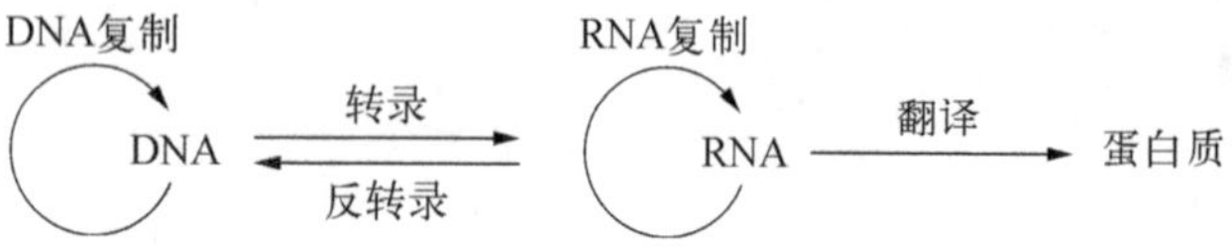

图 1－5 生物信息传递的中心法则

修正后的中心法则包含三大要点。

1) 遗传信息是指核酸中的碱基序列及蛋白质中的氨基酸序列，生物的全部遗传信息都包含在 DNA 或 RNA 的遗传信息之中。

2) 从 DNA 到 RNA 到蛋白质的遗传信息流是中心法则的基本路线，同时还存在从 RNA 到 DNA 的特例。

3) 序列假说是中心法则的中心，中心法则是序列转换的法则，因此，中心法则要求基因的 DNA 序列与其转录的 RNA 序列及某些病毒基因的 RNA 序列和蛋白质的氨基酸序列必须有严格的共线性。

综上所述，DNA 或 RNA 含有生命系统的全部遗传信息，或者说，DNA 或 RNA 是一切遗传信息的源头，是生命遗传信息的载体。

DNA 分子上除了携带负责编码蛋白质氨基酸组成的信息外，还携带另一类关于基因选择性表达的信息。在原核生物中，结构基因占基因组的很大比例，而在真核生物中基因组却存在着冗余现象，这在后面的章节中将会做详细介绍。

基因中核苷酸序列在生物发育的不同时期会出现重排现象，从 DNA 角度来看，中心法则无法解释这一现象。近年来，又发现在 RNA 成熟过程中，还可能有碱基的添加、删除和更换等状况，这绝不是个别现象，而是广泛出现在各类生物中，这些现象都无法用严格的“转录”和“翻译”过程来解释。按中心法则，蛋白质是遗传信息传递的终端，可一些朊病毒只有蛋白质没有核酸，进入宿主细胞后能靠自身的蛋白质将宿主正常蛋白质改变结构而繁殖自己，这也是遗传信息由蛋白质传给蛋白质的典型例子(疯牛病)。另外，在细胞、叶绿体和线粒体的膜形成过程中，以及细菌细胞壁的生成过程中，还发现了非 DNA 模板，这显然是与中心法则相悖的。这些再次说明，一个科学的理论系统不是一蹴而就的。

分子生物学的中心法则中，DNA 和 RNA 的复制、DNA 转录成 RNA、RNA 反转录成 DNA，以及以信使 RNA 为模板翻译成多肽链的过程和机制已基本阐明。但从多肽链折叠成蛋白质的过程是从遗传信息到生物功能的关键环节，是中心法则至今留下的空白，有待人们在未来解决。

1.2.2 RNA 是遗传信息的传递者

DNA 分子所储藏的蛋白质遗传信息必须转变成信使 RNA 分子(messenger RNA，mRNA)，才能到达蛋白质合成的加工厂——核糖体，然后蛋白质合成酶才能把 mRNA 所带来的遗传信息翻译成蛋白质。在蛋白质合成过程中，还必须有能携带氨基酸的转运 RNA(transfer RNA，tRNA)和构成蛋白质加工厂的核糖体 RNA(ribosomal RNA，rRNA)。这三类 RNA 都必须以 DNA 为模板，在依赖 DNA 的 RNA 聚合酶作用下合成，该过程称为转录。信息流由 DNA—RNA—蛋白质的过程中，RNA 是中心环节。

在遗传信息传递过程中，每个 DNA 分子均以自身为模板，根据碱基配对的原则即腺嘌呤-尿嘧啶（或胸腺嘧啶）、鸟嘌呤—胞嘧啶来转录成为互补的 RNA。蛋白质的合成是在细胞质中的核糖体上完成的，每种蛋白质均由直线序列的氨基酸组成，这些氨基酸的种类和位置是由信使 RNA 上的三联体碱基即遗传密码子所决定的，这些氨基酸通过肽键排列成一定的顺序。以上信息传递过程的每一步都有调节和控制的问题，这些内容将在后面章节详细介绍。

组成核酸的核苷酸在细胞内也有许多重要功能，它们不仅用于合成核酸以携带遗传信息，还是细胞中主要的化学能载体，是许多种酶辅助因子的结构成分，而且有些还是细胞的第二信使，如 cAMP 和 cGMP。

在原始的生命体中，遗传信息的携带者很可能是 RNA，同时 RNA 又是翻译蛋白质的模板。但遗传信息需要有高度的稳定性，因而在绝大部分的生命体内，DNA 取代了 RNA 而成为遗传信息的携带者，使 mRNA 成为遗传信息的传递者。

1.3　核酸的结构

核酸是核苷酸通过 3′，5′-磷酸二酯键聚合而成的生物大分子，其中的碱基排列顺序为核酸的一级结构；Watson 和 Crick 的右手双螺旋模型是 DNA 的二级结构（B 型）；DNA 的高级结构多以超螺旋形式存在。

1.3.1　核酸的一级结构

核酸是一种多聚核苷酸，核苷酸靠 3′，5′-磷酸二酯键彼此连接在一起。核苷酸由一个含氮碱基（嘌呤或嘧啶）、一个戊糖（核糖或脱氧核糖）和一个或几个磷酸组成（图 1－6）。分子中的碱基排列顺序为核酸的一级结构。

DNA 和 RNA 中的碱基是含有多种取代基的杂环芳香族化合物（图 1－7），分为嘌呤类和嘧啶类。嘌呤类为双环结构，包括腺嘌呤（adenine，A）和鸟嘌呤（guanine，G）；嘧啶类为单环结构，包括胞嘧啶（cytosine，C）、胸腺嘧啶（thymine，T）和尿嘧啶（uracil，U）。胸腺嘧啶也称为 5－甲基尿嘧啶，它与尿嘧啶的不同仅在于其 5′处有一甲基，在 RNA 中尿嘧啶替代了大部分的胸腺嘧啶。除此以外，核酸中还有少量的稀有碱基。

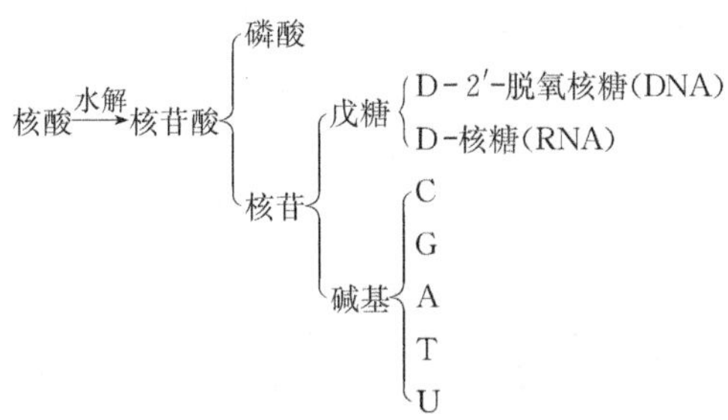

图 1－6　核酸的化学组成

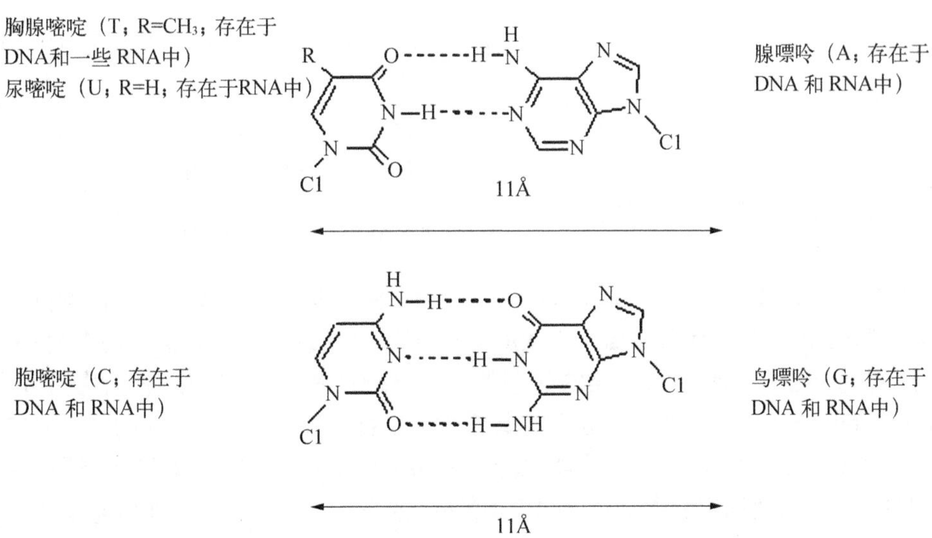

图 1－7　核酸碱基和碱基对（仿自 Turner，2009）

核苷在核酸分子中是由碱基共价结合于戊糖 1′位上形成的(图 1－8),DNA 中的戊糖为 2′-脱氧核糖,RNA 中为核糖,2′-脱氧核糖即 2′位羟基被氢原子取代(为与碱基相区别,戊糖环中的原子序位标作 1′、2′等)。碱基与戊糖的结合部位,嘌呤在 N－9 位,嘧啶在 N－1 位,它们之间的结合键称为糖苷键(glycosilic 或 glycosidic bond)。由核糖形成的核苷称为核糖核苷,有腺苷(adenosine)、鸟苷(guanosine)、胞苷(cytidine)和尿苷(uridine);而由 2′-脱氧核糖形成的核苷称为 2′-脱氧核糖核苷(图 1－9),有脱氧腺苷(deoxyadenosine)、脱氧鸟苷(deoxyguanosine)、脱氧胞苷(deoxycytidine)和脱氧胸苷(或叫胸苷,deoxythymidine 或 thymidine)。

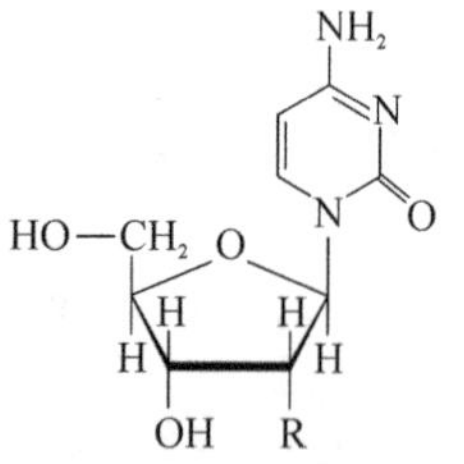

核糖核苷(R=OH;胞苷)
2′-脱氧核糖核苷(R=H;脱氧胞苷)

图 1－8 核苷(Turner, 2009)

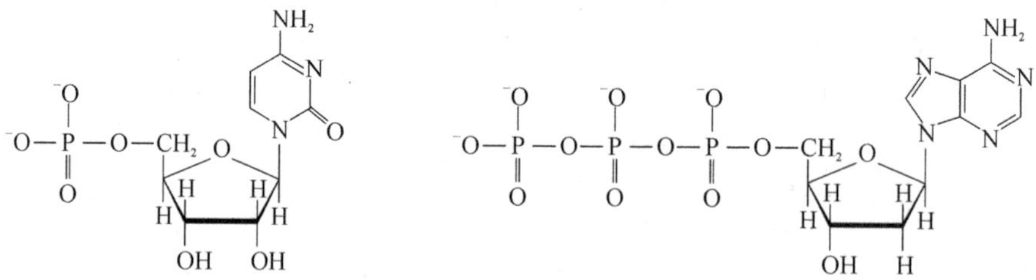

核苷酸(5′-单磷酸胞苷, cytidine 5′-monophosphate, CMP)

2′-脱氧核糖核苷酸(5′-三磷酸脱氧腺苷, deoxyadenosine 5′-triphosphate, dATP)

图 1－9 核苷酸(Turner, 2009)

核苷酸是一个或多个磷酸分子共价结合于核苷中戊糖的 3′、5′位或 2′位(仅在核糖核苷中)上形成的,根据结合戊糖的不同,可分为核糖核苷酸,又称核苷酸和脱氧核糖核苷酸(图 1－9)。5′-三磷酸核苷(NTP)和 5′-三磷酸脱氧核苷(dNTP)是组成核酸分子的基本成分,在 DNA 和 RNA 合成过程中,每个核苷酸脱掉一个焦磷酸基团(pyrophosphate)(包含两个磷酸根),只保留一个磷酸基团,以此连接成单核苷酸链,形成核酸大分子。习惯上将核酸分子中的重复单体用它们的单个碱基字母 A、G、C、T 或 U 表示。磷酸基团最多有 3 个可以结合在 5′位上,如腺苷 5′-三磷酸(adenosine 5′- triphosphate, ATP)和 5′-三磷酸脱氧鸟苷(deoxyguanosine 5′- triphosphate, dGTP)等,另外 5′-单磷酸核苷和 5′-二磷酸核苷可分别简写成 AMP、dGMP 等和 ADP、dGDP 等。

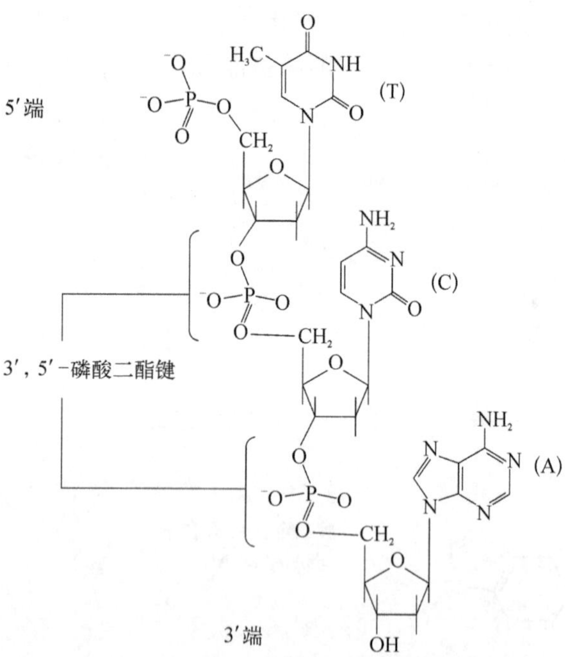

图 1－10 磷酸二酯键与核酸链的方向性(仿自 Turner, 2009)

核酸是核苷酸通过 3′,5′-磷酸二酯键聚合而成的,脱氧核糖核苷酸或核糖核苷酸通过一个磷酸基团将相邻核苷酸戊糖的 5′-羟基与 3′-羟基共价结合,即形成 3′,5′-磷酸二酯键(图 1－10)。核酸链具有方向性,任何线性核酸都具有游离的 5′端(free 5′- end)和 3′端(free 3′- end)。核酸具有强负电性,在中性 pH 条件下,每个磷酸基团都带有一个单位的负电荷。

1.3.2 核酸的二级结构

DNA 的双螺旋空间结构模型是在 1953 年由 James Watson 和 Francis Crick 提出的(图 1－11)。建立 DNA 空间结构模型的依据主要有两方面:一是由 Chargaff 发现的 DNA 中碱基的等价性,提示 A=T、G≡C间碱基互补的可能性;二是 DNA 纤维的 X 射线衍射分析资料,提示了双螺旋结构的可能性。DNA 是由两条反向直线型多核苷酸组成的双螺旋分子。单链多核苷酸中两个核苷酸之间的唯一连接是 3′,5′-磷酸二酯键。按 Watson-Crick 模型,DNA 的结构特点有:两条反向平行的多核苷酸链围绕同一中心轴互绕;碱基位于结构的内侧,而亲水的糖磷酸主链位于螺旋的外侧,通过 3′,5′-磷酸二酯键相连,形成核酸的骨架;碱基平面与轴垂直,糖环平面则与轴平行。两条链皆为右手螺旋;双螺旋的直径为 2 nm,碱基堆积距离为 0.34 nm(3.4 Å),两核苷酸之间的夹角是 36°,每对螺旋由 10 对碱基组成,因而螺距为 3.4 nm(34 Å);碱基按 A═T、G≡C 配对互补，彼此以氢键相连；双螺旋结构表面有两条螺形凹沟，一大一小，即大沟（major groove）和小沟（minor groove）。维持 DNA 结构稳定的最主要作用力是碱基堆积力。

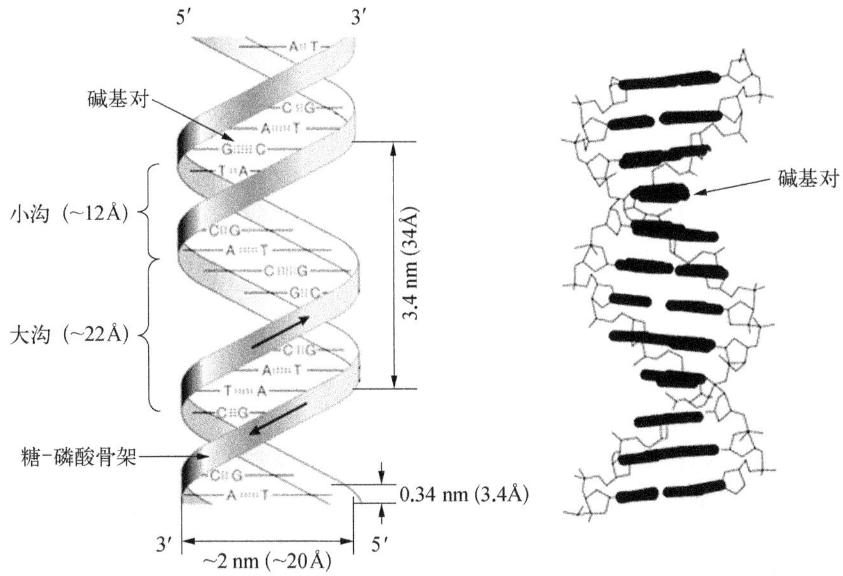

A　　B

图 1-11　DNA（B 型）双螺旋结构模型（仿自 Turner，2009）

A. 结构模型图；B. 结构细图

由 Watson 和 Crick 确定的 B-DNA 被认为是适用于所有 DNA 的稳定形式，是细胞中占优势的结构。除 B-DNA 外，人们还发现了其他的结构参数有一定差异的 DNA（表 1-1），如 A-DNA、Z-DNA、三链和四链 DNA 等，这一现象称为 DNA 结构的多态性（polymorphism）。DNA 结构产生多态性的原因在于多核苷酸链的骨架含有许多可转动的单链，从而使糖环可采取不同的构象。A-DNA 所形成的右手螺旋比 B-DNA 较大且较平，每旋转一圈的螺距为 2.8 nm，每圈包含 11 个碱基对，直径为 2.6 nm，每对碱基转角为 33°，碱基平面与轴夹角为 20°，这样使 A-DNA 的大沟窄且极深，而小沟浅。Z-DNA 以二聚体 dGC 或 dCG 为一个单位，并由 6 个这样的单位构成一个左手螺旋构象，即每个螺旋包含 12 对碱基，螺距为 4.5 nm，螺旋直径为 1.8 nm，整个分子显得细而长；在 Z-DNA 中，嘧啶的糖苷键为反式构象，而嘌呤的糖苷键则为顺式构象；G≡C 碱基对不是对称地位于螺旋轴附近，而是移向边缘伸展，从而使大沟外凸，小沟则变得窄而深；DNA 的左旋 Z 型只是在一些特殊的碱基序列处形成，在细胞中或许并不是一个重要的构象。有时在 DNA 结构中还会出现三链结构，不但有分子间的三螺旋，还有分子内的三螺旋，如铰链 DNA（hinged-DNA）和 H-DNA（H-palindrome sequence），以及平行的三螺旋结构。四链 DNA 研究表明含有端粒重复序列的单链寡核苷酸可以形成四联体螺旋结构，由于该结构由鸟嘌呤之间的氢键所维系，故又称为 G-四联体螺旋。

表 1-1　A、B 和 Z 型 DNA 螺旋的主要结构特征（仿自 Turner，2009）

主要特征	A 型	B 型	Z 型
螺旋方向	右手	右手	左手
直径	～2.6 nm	～2.0 nm	～1.8 nm
旋转一周的碱基对数（个）	11	10	12（6 个二聚体）
碱基对旋转角度（=360°/个）	33°	36°	60°（每个二聚体）
每对碱基上升距离（h）	0.26 nm	0.34 nm	0.37 nm
螺距（=nh）	2.8 nm	3.4 nm	4.5 nm
碱基对中心轴的倾角	20°	6°	7°
大沟	窄而深	宽而深	平
小沟	宽而浅	窄而深	窄而深
糖苷键	反式	反式	反式（嘧啶） 顺式（嘌呤）

随着对DNA结构研究的不断深入,人们逐步认识到在天然DNA分子中,以B型结构为主,但同时可能存在有其他类型的结构形式,即DNA分子的基本结构是B型,但在这个分子的某些区段会出现A、Z型,甚至三链、四链,并且这些不同的结构处于动态变化中,也就是说,条件不同,各不同结构之间还会相互转变,而导致DNA相应的功能发生变化,这种不同DNA结构形式相互转变的现象称为DNA结构的动态性。

RNA分子通常以单链形式存在,通过分子内的氢键和在单核苷酸链间的碱基堆积力形成单链局部区域的螺旋结构。不同类型的RNA分子可自身回折形成发卡、局部双螺旋区,形成二级结构,并折叠产生三级结构,RNA与蛋白质形成复合物则是四级结构。tRNA的二级结构为三叶草形,三级结构为倒L形。与DNA相比,RNA分子这种构型的多样性与其在细胞中作用的多样性是相适应的。

1.3.3 DNA的高级结构

超螺旋(supercoiling)是DNA的高级结构。DNA的超螺旋结构是指DNA双螺旋进一步扭曲盘绕所形成的构象,包括线形双链中的纽结、超螺旋、多重螺旋、分子内局部单链环和环状DNA中的超螺旋及连环等拓扑学性质。DNA分子形成超螺旋的生物学意义在于:① 超螺旋DNA具有更紧密的形状,在DNA组装中具有重要作用;② DNA超螺旋程度的改变介导了DNA结构动态性的变化,而影响其功能的发挥;③ B-DNA是一种热力学上的稳定结构,超螺旋的引入就提高了它的能量水平;④ 负超螺旋的存在会影响DNA结构变化的平衡,具有超螺旋结构的DNA能实现松弛态DNA所不能实现的结构转化。

细胞内许多DNA分子都是闭环双链,如质粒、细菌染色体DNA和许多病毒DNA分子。如果DNA扭曲方向与双螺旋方向相同,该扭曲发生在闭合前,形成的超螺旋为正超螺旋(positive supercoiling);反之,为负超螺旋(negative supercoiling)。几乎所有细胞中的DNA分子超螺旋都是负的,即使像真核生物染色体那样依赖蛋白质支架形成大环的线性DNA分子也是如此。调控DNA分子超螺旋水平的酶称为拓扑异构酶(topoisomerase),分为Ⅰ型和Ⅱ型,Ⅰ型拓扑异构酶在DNA的一条链上产生一个切口,使另一条链得以穿越;Ⅱ型拓扑异构酶由ATP的水解提供能量,在DNA的双链上产生切口,使另一条双链DNA可以穿越(图1-12)。

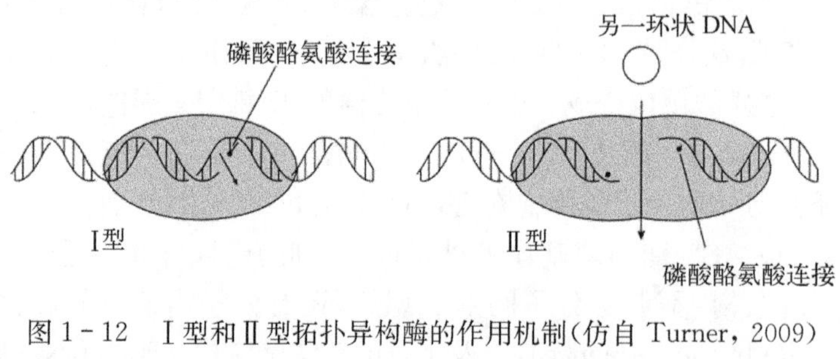

图1-12 Ⅰ型和Ⅱ型拓扑异构酶的作用机制(仿自Turner, 2009)

影响DNA双螺旋内部缠绕的各种因素都会使分子超螺旋结构的几何构型发生变化,如升温会减少缠绕,离子强度增加会使螺旋缠绕增多。除此以外,核酸嵌入剂的存在对于超螺旋构型的影响也是非常大的,其中最为熟知的是溴化乙锭(ethidium bromide, EB),它的嵌入使局部双螺旋解旋26°,螺旋缠绕减少,在闭合环状分子中扭曲增多,对于负超螺旋结构的分子则是负扭曲减少。关于溴化乙锭的分子结构和在核酸中的嵌入过程详见1.5.1。

1.3.4 核酸修饰

对于大多数DNA,修饰一般仅限于腺嘌呤的N-6位、胞嘧啶的4-氨基和5位的甲基化(methylation)(图1-13),这些甲基化具有限制性修饰、碱基错配修复和在真核基因组中普遍存在的特点,在某些噬菌体DNA上有着更复杂的修饰作用,而对于RNA而言,核酸修饰的范围要比DNA大得多。核酸分子中的碱基或核苷酸的化学修饰是普遍存在,并在细胞中具有特定的作用。

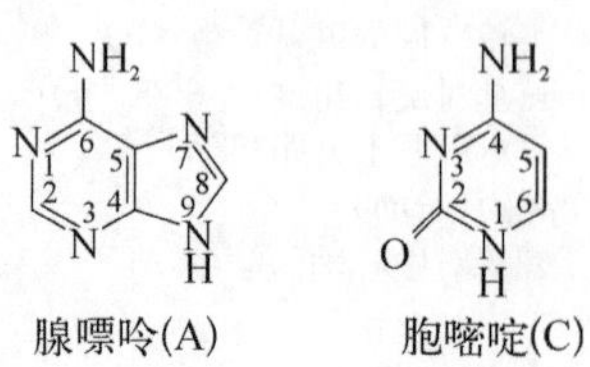

图1-13 核酸修饰(仿自Turner, 2009)

1.4 核酸的理化特性

核酸稳定性是疏水作用(hydrophobic interaction)和堆积在碱基对间的偶极矩作用(dipole-dipole interaction)的共同结果。强酸、强碱条件下核酸会发生水解或变性;某些化学试剂可使核酸变性;DNA 溶液黏性较大。

1.4.1 稳定性

核酸稳定性是疏水作用和堆积在碱基对间的偶极矩作用的结果,而看似起重要作用的配对碱基间的氢键并不足以维持 DNA 双链和 RNA 二级结构的稳定。这是因为双链分子中配对碱基的氢键作用在能量上看,仅仅等同于单链分子中碱基与水分子的氢键作用,虽然氢键使双链中的碱基配对具有特异性,但其对于双螺旋的稳定性并无太大贡献。因而,维持核酸分子稳定性的最主要作用是碱基对间的堆积作用(stacking interaction),即碱基堆积力。另外,碱基作为芳香族化合物,其平面不能在溶液中与水分子形成氢键,即是疏水的。在疏水碱基表面大量水分子由于氢键作用形成的网络变得不稳定,一些不能参与氢键相互反应的水分子变得更加有序,将碱基堆积起来,更多的水分子结合于巨大的氢键网络中,使多余水分子排除在网络表面之外,从而使双螺旋结构变得稳定。即使在单链 DNA 中,碱基也存在相互堆叠趋势,这种堆叠作用在双链 DNA 中达最大化。以上阐述是将极为复杂的实际情况简单化,更为深入地解释则超出本书范围。

另外,DNA 和 RNA 稳定性上存在差异,这是因为 DNA 的戊糖 2′上没有自由羟基,很稳定,在 pH11.5 时 DNA 的一级结构几乎无变化;而 RNA 戊糖上的 2′自由羟基,遇碱发生反应,水解生成 2′,3′-环磷酸二酯(2′,3′- cyclic phosphodiester),极不稳定,很快转变成 2′-单核苷酸和 3′-单核苷酸(图 1-14)。即使在中性 pH 条件下,RNA 对水解的敏感度也比 DNA 高很多。因而,DNA 结构的稳定性比 RNA 要好,这也能够满足 DNA 功能的要求。

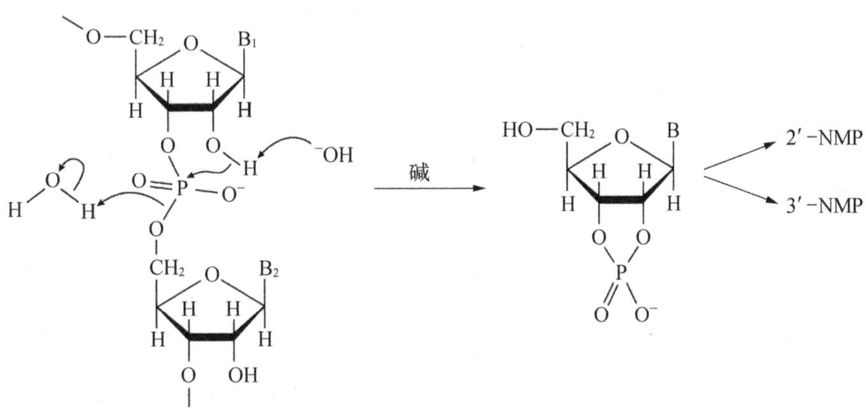

图 1-14 RNA 分子内磷酸二酯键的断裂(仿自 Turner, 2009)

1.4.2 酸碱效应

在强酸(如高氯酸 $HClO_4$)和高温(≥100℃)条件下,核酸完全水解为碱基、核糖或脱氧核糖和磷酸。在浓度略低的无机酸(pH3~4)中,最易水解的化学键通常为连接嘌呤和核糖的糖苷键被选择性断裂,而形成脱嘌呤核酸。去除某些碱基或将 DNA、RNA 在特定碱基处断裂等复杂的化学过程已可通过专门技术实现,Maxam-Gilbert 的 DNA 化学测序法即以此为基础。

当 pH 大于 DNA 的生理值(pH7~8)时,碱效应使碱基的互变异构体发生变化,例如,环己酮(cyclohexanone),该化合物分子在互变异构体酮式和醇式间达到平衡,中性 pH 条件下,该化合物主要以酮式存在;pH 升高,由于失去一质子而导致分子向烯醇式转化,这是因为电负性氧原子的存在使分子在带负电情况下达到稳定。同样,高 pH 条件下,嘌呤分子结构转为烯醇式,其他碱基也有类似变化,而这种变化影响到特定碱基间的氢键作用,结果导致 DNA 双链解离,即 DNA 变性(图 1-15)。pH 较高时,同样的变性也发生在 RNA 的螺旋区域中,但通常被 RNA 的碱性水解所掩盖。

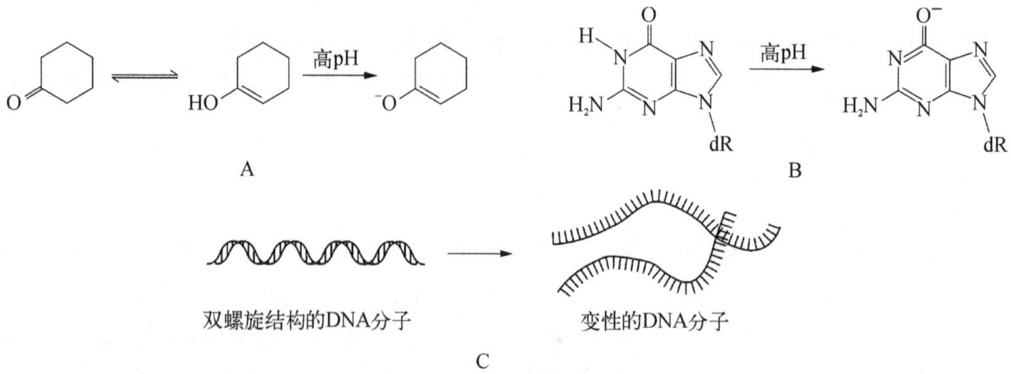

图 1-15 DNA 分子的碱变性(仿自 Turner, 2009)

A. 碱效应下互变异构体的变化;B. 碱效应下嘌呤异构体的变化;C. DNA 的变性

1.4.3 化学变性

在中性 pH 条件下,某些化学物质能够使 DNA 或 RNA 变性,如尿素、甲酰胺和甲醛等,只要几摩尔,这些物质即可破坏氢键作用,削弱堆积的疏水碱基形成的核酸二级结构的稳定性,则核酸变性。因而,核酸的变性是指核酸双螺旋结构被破坏,氢键断裂,双链打开,变成单链的过程,而共价键并没有断裂(图 1-15C)。

1.4.4 黏性

DNA 水溶液黏性(viscosity)较高,这是因为 DNA 直径约 2 nm,而其长度达微米或毫米数量级,某些真核染色体甚至长达几厘米。Turner 等这样比喻,若 DNA 直径与意大利通心粉直径相当,那么大肠杆菌(*E. coli*)的染色体长度(4.6×10^6 bp)约为 1 km。另外,DNA 分子刚性较强,Turner 等比喻其刚性程度如半煮熟的通心粉。很长的 DNA 分子很容易被机械力或超声波破坏,若要获得完整大片段 DNA 分子时,机械力的破坏是值得注意的问题,而超声波可用来产生特定长度的 DNA 片段。但无论机械力还是超声波均不能使 DNA 变性,而只是降低水溶液中双链分子的长度。

1.4.5 浮力密度

在高浓度高分子量的盐溶液中,如 8 mol/L 氯化铯(CsCl)中,DNA 具有与溶液大致相同的密度(约1.7 g/ml)。根据 DNA 的密度特点可对其进行纯化和分析,将溶液高速离心,则 CsCl 趋于沉降,从而产生一个密度梯度,DNA 最终沉降于与其浮力密度相应的位置形成狭带,该技术称为等密度梯度离心(isopycnic centrifugation)或平衡密度梯度离心(equilibrium density gradient centrifugation)(图 1-16)。在该条件下,RNA 沉淀于试管底部,而蛋白质浮于溶液表面,因而这是一种有效的 DNA 与 RNA 和蛋白质分离的方法,不仅如此,由于 DNA 精确的浮力密度 ρ 与 G+C 含量呈线性关系,即$\rho=1.66+0.098\%(G+C)$,因此这也是一种用于 DNA 分析的有效方法。通过 DNA 的沉降可以确定其平均 G+C 含量,也可以分离所有序列中不同 G+C 含量的 DNA 片段。

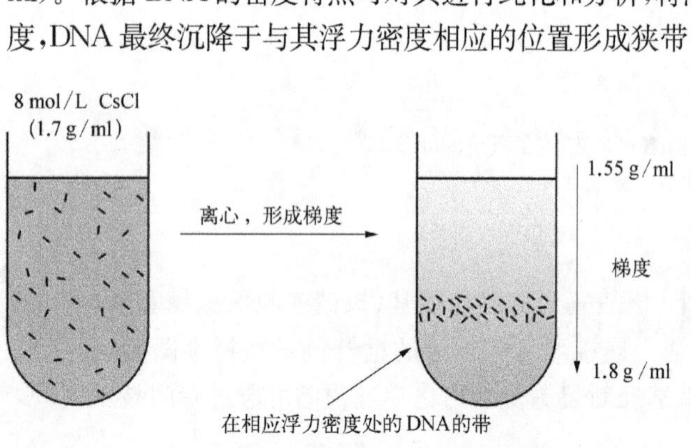

图 1-16 DNA 的密度梯度离心(仿自 Turner, 2009)

1.5 核酸的光谱学和热力学特性

核酸中芳香族碱基在 260 nm 处有最大光吸收;双链 DNA(double strain DNA, dsDNA)比单链 DNA (single strain DNA, ssDNA),单链核酸比单核苷酸的光吸收值减少;升温可使核酸变性,适当降温可使DNA复性。

1.5.1 紫外吸收特性

因嘌呤碱和嘧啶碱含有共轭双键,使碱基、核苷、核苷酸和核酸可以吸收紫外光,DNA和RNA的最大紫外光吸收波长为260 nm(λ_{max}=260 nm)(图1-17)。紫外吸收是实验室最常用的定量测定DNA或RNA的方法,对其样品纯度也可以用紫外分光光度法进行鉴定。测出260 nm与280 nm的吸光度(A)值(蛋白质的最大紫外光吸收波长为280 nm),从A_{260}/A_{280}的比值可判断样品纯度,纯dsDNA的A_{260}/A_{280}值为1.8,纯RNA的A_{260}/A_{280}值为2.0,样品中若含有杂蛋白质及苯酚,其A_{260}/A_{280}值明显降低,而纯蛋白质A_{260}/A_{280}值小于1(0.5左右)。若DNA样品的A_{260}/A_{280}值大于1.8,则说明有RNA污染;若A_{260}/A_{280}值小于1.8,则说明样品中含有蛋白质等杂质。纯的样品只读出260 nm的A值即可算出含量,通常以A值为1相当于50 μg/ml双螺旋DNA,或40 μg/ml单链DNA或RNA,或20 μg/ml寡核苷酸计算,该法快速准确。但是不纯的核酸样品不能用该法计算,可以用琼脂糖凝胶电泳分离出条带,经溴化乙锭染色(图1-18)在紫外灯下粗略估计其含量。溴化乙锭是一种核酸嵌入剂,它是一种多环芳香族化合物,带正电,其嵌入核酸配对碱基之间而形成EB-核酸复合物,在紫外光下该复合物呈现出橙红色荧光,这即是对凝胶中的核酸进行染色的基础,另外,EB的嵌入会导致局部双螺旋一定程度的解旋,在闭合环状分子中会导致扭曲增多。

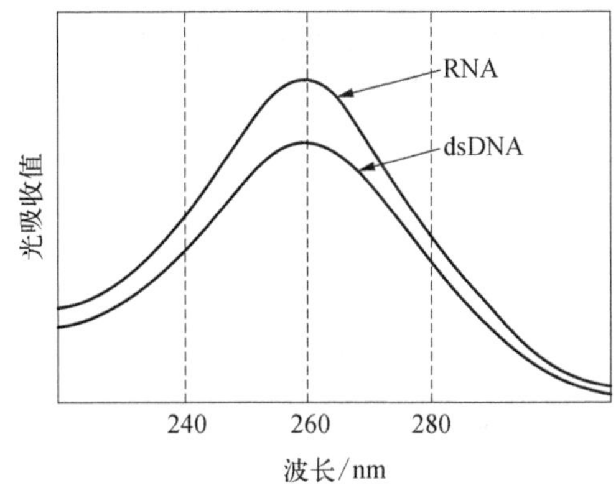

图1-17　相同浓度(mg/ml)dsDNA和RNA溶液的紫外吸收光谱(仿自Turner, 2009)

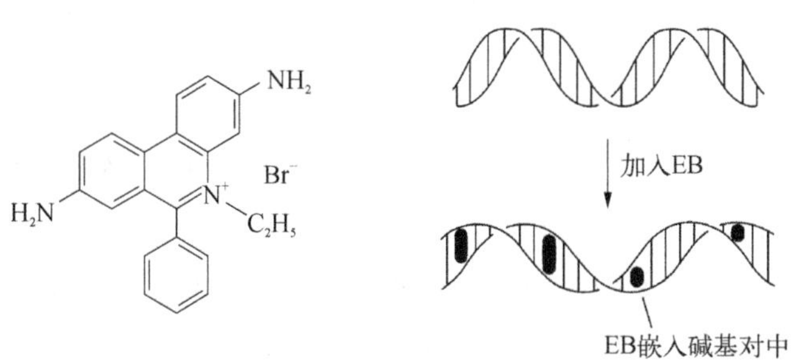

图1-18　溴化乙锭(EB)的分子结构和染色过程(引自Turner, 2009)

1.5.2 减色性

核酸的消光系数(extinction coeffecient)与碱基所处环境有关。单核苷酸在260 nm(A_{260})的光吸收值最大,其次是单链DNA(ssDNA)或RNA,而双链DNA(dsDNA)最小,这是由于碱基在疏水环境中的堆积所造成的。这种由于DNA复性而引起的光吸收减少的现象称为减色效应(hypochromic effect);反之,称为增色效应(hyperchromic effect)(图1-19和图1-20)。

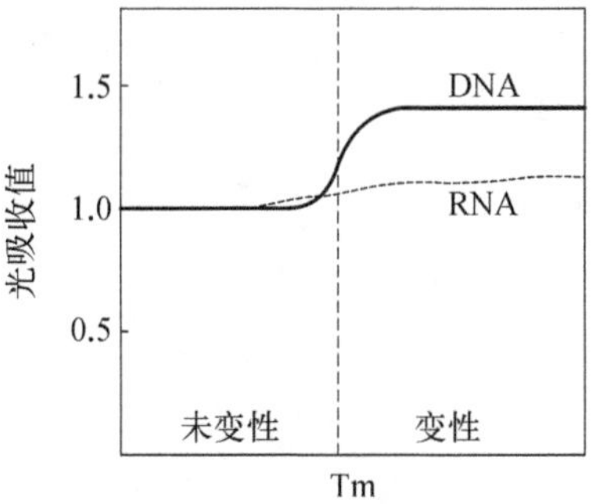

图1-19　核酸热变性和Tm值(仿自Turner, 2009)

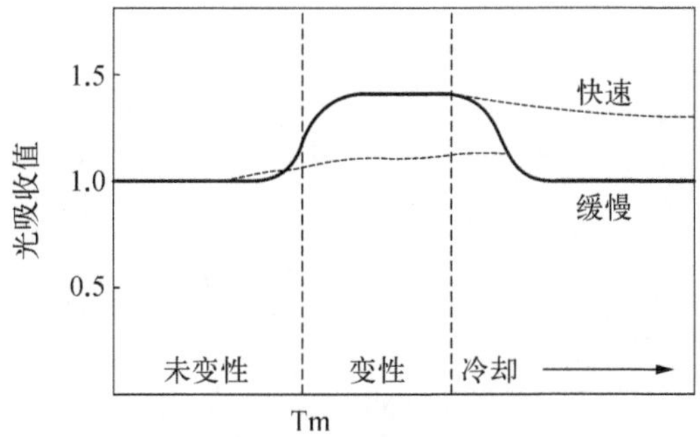

图1-20　冷却速度对DNA复性的影响(仿自Turner, 2009)

1.5.3 热变性和复性

除了某些化学试剂(变性剂)可以导致核酸变性外,引起核酸变性的因素还有很多,如加热、过酸、过碱、纯水等,热变性是实验室中经常使用的核酸变性方法。

加热能够使DNA和RNA中双链部分的氢键破坏而变性,双链核酸变性为单链核酸的过程可以通过光吸收增加的现象观察到。较短的碱基配对区域具有更高的热力学活性,与较长区域相比其变性更快。分子末端及内部活跃的富含A=T的区域变性将会使其附近的螺旋变得不稳定,而导致整个分子结构在一确定温度变性,该温度称为解链温度或熔解温度、熔点(melting temperature, Tm)(图1-19),即加热变性使DNA双螺旋结构失去一半时的温度。

复性也叫退火(renaturation),即变性DNA在适当条件下,使两条彼此分开的链重新结合成为双螺旋结构的过程,缓慢冷却可以使热变性的DNA复性。而快速冷却使DNA很难发生复性,因此A_{260}的值下降很小(图1-20)。在用同位素标记杂交探针时,双链DNA片段在沸水浴中加热数分钟后要骤然在冰浴中冷却,以防止复性。核酸复性后,其诸多理化性质均得到恢复。通常情况下,DNA片段越长,复性越慢;DNA浓度越大,复性越快;DNA重复序列越多,复性越快。复性过程可以在溶液中进行,也可以在固相支持物表面进行。

不同来源的DNA分子经热变性后,缓慢冷却复性,这些异源DNA分子间在某些区域有相同序列,复性时形成杂交分子。DNA与互补的RNA分子之间也可以发生杂交(hybridization)。核酸杂交在分子生物学等领域研究中广泛应用,已成为极其重要的技术手段。目前实验室应用最广的是利用硝酸纤维素膜或尼龙膜作支持物进行的杂交,如Southern印迹(Southern blotting)和Northern印迹(Northern blotting)等。

思 考 题

1. 哪些实验可以证明核酸是遗传物质?
2. 简述DNA的二级结构及其特性,比较B-DNA、A-DNA和Z-DNA的结构特征。
3. 何谓DNA的变性和复性?影响变性和复性的因素有哪些?
4. 如何利用核酸的紫外吸收特性,在实验室定量测定DNA或RNA,以及进行核酸样品纯度的鉴定?
5. 简述核酸的酸碱效应。

第2章 基因与基因组

本章主要介绍真核生物染色质的结构组成及中期染色体的特征，分析大肠杆菌、噬菌体、酵母、线虫、人类基因组的结构和组成，基因组的复杂性，为进一步学习遗传信息、细胞信息的转导与基因表达调控打下基础。

2.1 染色体

1848年，植物学家 Hofmeister 在鸭跖草的小孢子母细胞中最早看到着色物质。1880年，W. Flemming 提出用染色质(chromatin)这一术语描述染色后细胞核中强烈着色的细丝状物质。1888年，Waldeyer 正式提出染色体(chromosome)的命名。染色体是真核细胞有丝分裂和减数分裂过程中由染色质聚缩而成的结构，一般呈棒状，因易被碱性染料染色故称染色体。染色体和染色质在化学本质上没有差异，是由核内的 DNA 与组蛋白、非组蛋白及少量 RNA 组成的复合体。

2.1.1 染色质与核小体

1. 染色质

从图 2-1 中的细胞核部分可以看到：大部分染色质丝的包装密度较低，在核内有相对分散的现象，进行细胞染色时着色较浅，被称为常染色质(euchromatin)；另外有一些染色质密度较高，呈现出一种高度浓缩的状态，是高度包装的纤维，进行细胞染色时着色较深，被称为异染色质(heterochromatin)。异染色质是1928年由 Heitz 首先定义的，他注意到真核生物染色体的某些区段在间期中能够一直保持不解聚的状态，甚至到细胞分裂的前期。异染色质在各种真核生物中都发现于着丝粒(centromere)附近及端粒(telomere)上，而在其他位置时常具有物种的特异性。在细胞核中常常形成一系列分散的簇，但各种异染色质区域经常聚集成一个深度着色的染色中心(chromocenter)。

常染色质通常呈疏松的环状，易被核酸酶在一些敏感的位点(hypersensitive site)降解，是基因进行活跃转录的部位。而处于异染色质中的基因则不表达，因而异染色质是遗传惰性区，在间期核中处于凝缩状态，也叫非活性染色质(inactive chromatin)，在细胞周期中表现为在 S 期晚期被复制，出现异固缩现象(heteropycnosis)，即染色体或染色体的某些部分与所有其他染色体不同步凝缩的现象。由此可见，正是由于遗传物质在细胞周期的不同时期存在着不同的组织形式，从而使 DNA 的包装状态在间期和分裂期之间循环式地变化，表明遗传物质的压缩状态是与其失活相关联的，然而相反的关系却不一定成立。在一个特定的时间内，只有一部分常染色质的基因在表达，因此，位于常染色质内是基因表达的必要而非充分条件。

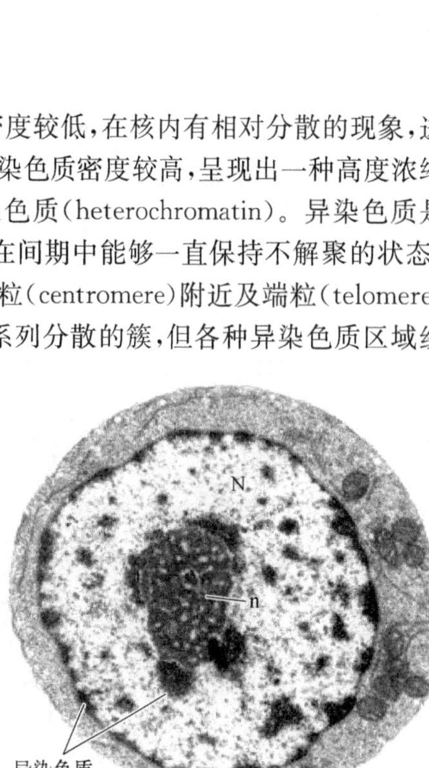

图 2-1 间期核中的异染色质分布

着色较深处为异染色质，着色较浅处为常染色质：N 表示细胞核，n 表示核仁

1966年，Brown 将异染色质分为两种类型：一种为组成型异

染色质(constitutive heterochromatin),即永久性地呈现异固缩状态的异染色质,存在于生物的整个生命过程中;另一种为兼性异染色质(facultative heterochromatin),是指在一定的细胞类型或一定的发育阶段呈现凝集状态的异染色质,受发育控制。

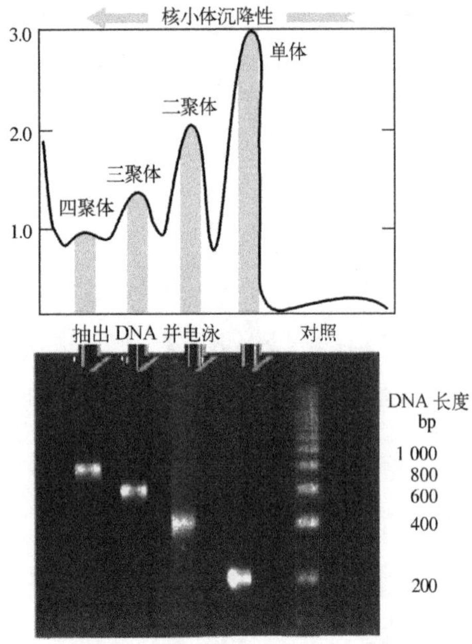

图 2-2 酶消化后核小体电泳图

用微球菌核酸酶消化后产生的每个多聚体所包含核小体数目不等,因此电泳时表现出 DNA 长度为单个核小体 DNA 长度的倍数(引自 Benjamin, 2005)

2. 核小体

1973~1974 年,几个实验小组进行了染色质的核酸酶保护实验(nuclease protection experiment),将染色质从细胞核中尽可能完整地抽提出来,用一种能使 DNA 降解的微球菌核酸酶(micrococcal nuclease)处理提取的染色质,这种核酸内切酶可以将没有蛋白质附着的非"保护"部位,即"裸露"的 DNA 部位切断,在一定酶切条件下,产生的大多数 DNA 片段的长度总是稳定在 200 bp或 200 bp 的倍数,然后经密度梯度离心将其分开,再通过凝胶电泳鉴定其分子质量的大小及纯度,最后通过电镜来观察各组的材料,结果发现,200 bp 的电泳片段表现为一个 10 nm 的蛋白质小体,而相应的倍数片段则表现为同等倍数相连的小体(图 2-2),如果用微球菌核酸酶消化,产生的每个多聚体所包含核小体数目大致相等,因此 DNA 长度也大致相等。这提示组蛋白沿着 DNA 排列的间隔是有规律的。同样,通过电子显微镜观察间期细胞破裂时流出的染色质,也可以看到染色质纤维呈非连续性颗粒状,就像一条细线上串联着许多有一定间隔的小珠。1974 年,Roger Kornberg 综合多方面的实验证据指出,这些小珠就是染色质的基本结构单位——核小体(nucleosome)。

1984 年,Finch 和 Klug 等通过进一步的化学交联、高盐分离组蛋白,以及 X 射线衍射和中子散射等实验分析,建立了一个详细的核小体模型。

(1) 核小体的基本结构及组成特征

1) 基本组成成分:每一个核小体重复单位是由约 200 bp 的 DNA、各 2 分子的组蛋白 H2A、H2B、H3、H4 和 1 分子的 H1 所组成,是染色质结构的第一层次。

2) 形状:核小体的形状类似于一个扁平的碟子(图 2-3),直径为 11 nm,高 5.5 nm。

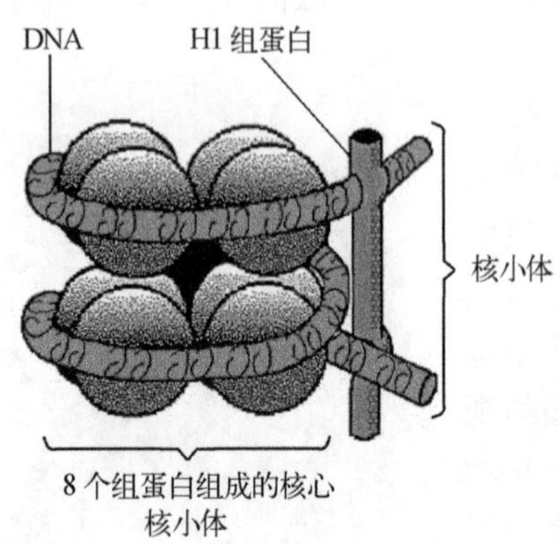

图 2-3 核小体的构成(引自 http://www.accessexcellence.com/AB/GG/nucleosome.gif)

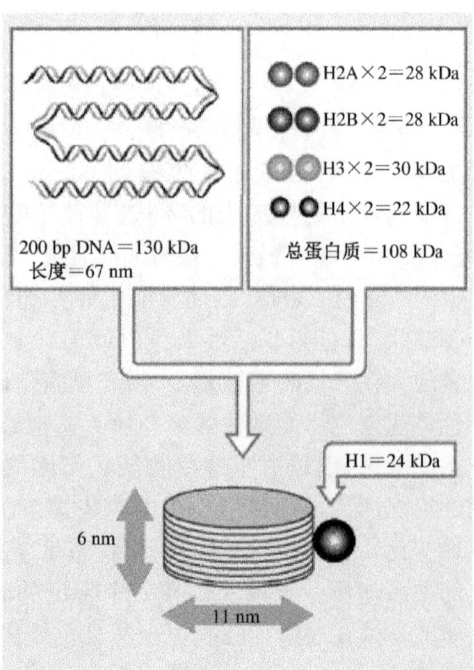

图 2-4 核小体的大小(引自 Benjamin, 2005)

3) 核小体的大小：每一核小体所含的DNA与组蛋白的量大致相等，据推测核小体的大小在260 kDa左右(图2-4)。

4) 核小体的组装：利用微球菌核酸酶处理单个的核小体，随着处理时间的不同，得到的DNA片段的长度也不同，分别为200 bp、166 bp、146 bp，达到146 bp后变得很稳定，难以进一步降解(图2-5)。进一步的分析表明，146 bp的DNA片段缠绕H2A、H2B、H3和H4各2分子组成的核心组蛋白八聚体1.75圈，形成核心颗粒(core particle)(图2-6)。核心颗粒的DNA长度为50 nm，每圈约85 bp DNA，螺旋间距为2.8 nm，组蛋白主要为α螺旋，处于DNA双螺旋的大沟中，靠静电引力与DNA保持稳定结合。在所有真核生物中的核小体核心颗粒几乎都是相同的。核心颗粒中146 bp DNA的两端各有10 bp的DNA，从核心颗粒上翘起来，与H1组蛋白结合。H1组蛋白像一个搭扣一样，联结在核小体DNA的中部，即核小体DNA进入和离开核心颗粒的位置上，将缠绕在八聚体上的DNA固定，此种结构称为染色(质)小体(chromatosome)(图2-6)，包含有166 bp的DNA、H1组蛋白和组蛋白八聚体(H2A、H2B、H3和H4各2分子)，166 bp的DNA片段绕组蛋白八聚体2圈。相邻的染色小体之间由连接DNA分隔，连接DNA的长度在不同物种中差异较大，其范围在10～140 bp，连接DNA是"裸露"的DNA形式，最容易受到核酸酶的降解。

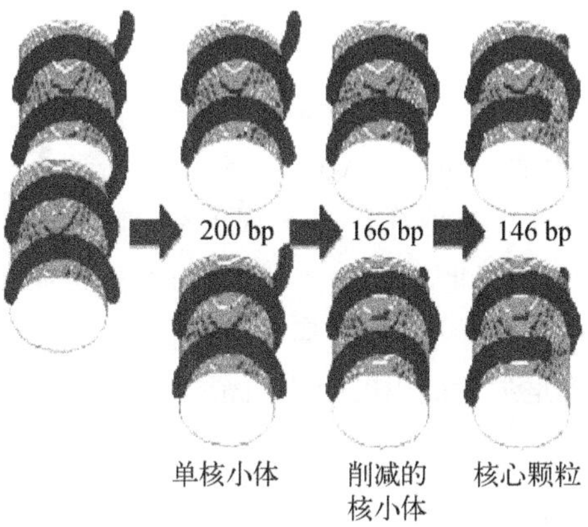

图2-5 微球菌核酸酶处理单个的核小体

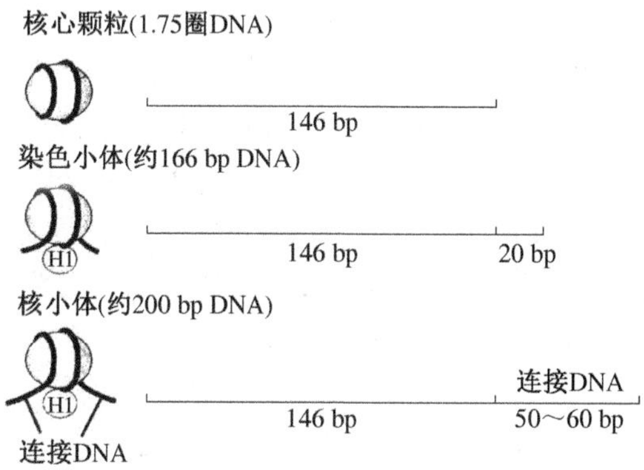

图2-6 核心颗粒、染色小体、核小体的组成

(2) 核小体中的DNA

核小体是构成真核生物染色质的基本结构单元。不同生物、同种生物的不同细胞、甚至同一细胞内染色体的不同区段中的核小体，其中含有的DNA片段的长度会有所差别，但一种细胞通常有特定的平均值，一般为180～200 bp，但也有低至154 bp(一种真菌)或高至260 bp的例外情况(海胆精子)。不同物种的不同细胞内每一核小体所包含的DNA片段长度见表2-1。

表2-1 不同物种的不同细胞内每一核小体所包含的DNA片段长度(Sumner, 2003)

物种	细胞类型	DNA,核小体/bp
酵母		163,165
曲霉菌(*Aspergillus*)		154
脉孢菌(*Neurospora*)		170
多头绒泡黏菌(*Physarum*)		171,190
海胆(*Strongylocentrotus purpuratus*)	胚囊 gastrula	218
	精子 sperm	241
	原肠胚 gastrula	216
鸡	输卵管 oviduct	196
	红细胞 erythrocyte	207,212
兔	脑皮层神经元 cortical neuron	162
	脑皮层神经胶质 cortical glia	197
鼠	骨髓 bone marrow	192
	肾 kidney,肝 liver	196
人	HeLa 细胞	183,188

(3) 核小体中的组蛋白八聚体

核小体中与DNA结合的是组蛋白，组蛋白是比较小的碱性蛋白，其特点是富含赖氨酸和精氨酸这两种碱性氨基酸。所有真核生物染色体中都含有5种类型的组蛋白，并可以分为两类：一类是高度保守的核心组蛋白(core histone)，包括H2A、H2B、H3、H4四种，各2分子形成八聚体，构成核心颗粒；另一类是可变的连接组蛋白(linker histone)，即H1。

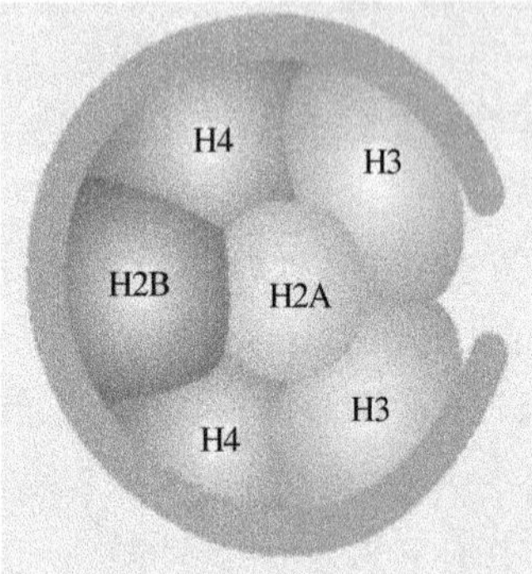

图2-7 组蛋白八聚体

核小体的核心颗粒中包含着组蛋白八聚体，那么组蛋白八聚体又是如何构成的呢？研究表明，各2分子的H3和H4先形成四聚体$(H3)_2(H4)_2$，然后由各两分子的H2A和H2B形成2个异二聚体H2A-H2B分别结合于四聚体的两个侧面，组成为组蛋白八聚体[图2-7，$(H3)_2(H4)_2$四聚体处于对称结构的中心，上下各有一个H2A-H2B异二聚体]。四种核心组蛋白均由球形部和尾部构成，球形部借Arg残基与糖-磷酸骨架间的静电作用使DNA分子缠绕在组蛋白核心周围，形成核小体。每一个核心组蛋白都具有N-端尾巴，含有大量Lys和Arg残基，大约占蛋白质数量的1/4，其上具有可修饰的位点，为组蛋白翻译后修饰的主要部位，这对染色质的功能可能很重要。

事实上，所有的组蛋白都被修饰，这些修饰发生在瞬间。它们可以改变蛋白质分子的电荷，因而能潜在地引起八聚体功能性变化。组蛋白的修饰与复制和转录中染色质结构的改变关联。表2-2所示为组蛋白的修饰及其功能。组蛋白尾部的不同修饰不仅影响与DNA结合的蛋白质因子的亲和性，影响识别特异DNA序列的转录因子与之相结合的能力，而且还能使与之相接触的DNA结构改变，从而使染色质的结构改变。研究表明，催化组蛋白修饰的酶对催化位点的识别具有特异性，因此可将其携带的信息传递给DNA密码，从而对基因表达产生一种类似DNA遗传密码的影响，这就是最近提出的组蛋白密码(histone code)假说，组蛋白密码主要负责控制基因的开与关。

表2-2 组蛋白的修饰及其功能(Sumner, 2003)

组蛋白的修饰方式	修饰的组蛋白	效应或功能
乙酰化	H3、H4	基因的激活
ADP-核糖基化(作用)	核心组蛋白	染色质结构的局部破坏，促进DNA修复
甲基化	H3、H4	抑制转录
磷酸化	H1	？染色质凝缩
	H3	基因的激活；染色质凝缩
	H2A、H4	？核小体集聚
泛素化	H2A(和H2B)	？染色质结构的破坏，促进转录

2.1.2 染色体的着丝粒与端粒

染色体上有两个功能非常重要的构成部分：一是着丝粒(centromere)，使染色体在细胞分裂中能够准确地分离；二是端粒(telomere)，端粒是染色体末端的标志，其功能是保持染色体的完整性。二者与染色体上作为DNA复制起点的自主复制序列(autonomously replicating DNA sequence, ARS)构成染色体结构和功能必须具备的3个基本成分。

1. 着丝粒

着丝粒是指细胞分裂中期时两条姐妹染色单体相互联系在一起的特殊部位。在细胞分裂中，复制后的染色体要能均匀准确地分配到两个子细胞中，关键在于纺锤丝附着在染色体的着丝粒上，使染色体向两极移动。而着丝点(kinetochore)是指主缢痕处两个染色单体外侧表层部位的特殊结构，是主缢痕处和纺锤丝接触的结构，同时也是微管蛋白聚集纺锤丝的部位，与染色体的运动密切相关。二者是两个不同的概念。着丝粒含3个结构域：着丝点结构域(kinetochore domain)、中心结构域(central domain)和配对结构域(paring domain)(图2-8)。

1）着丝点结构域：由内板、中板、外板和围绕外层的纤维冠组成。内板与中央结构域的着丝粒异染色质结合，外板与微管纤维结合。

2）中心结构域：含有高度重复的 α-卫星 DNA 构成的异染色质。

3）配对结构域：是细胞分裂中期两条染色单体相互连结之处，主要包含染色单体连接蛋白 CLIP(chromatid-linking protein, CLIP）和内着丝粒蛋白（inner centromere protein, INCENP）。

目前利用自体免疫缺陷患者的血清中分离出来的抗着丝粒蛋白的抗体(anticentromere antibody)可以鉴定着丝粒蛋白。表 2-3 是部分从哺乳动物鉴定出的几种着丝粒蛋白。对着丝粒蛋白的研究表明，它们没有相同的结构和功能特征。

着丝粒中的 DNA 序列称为 CEN 序列，很多物种的 CEN 序列都已被分离或鉴定出来，表 2-4 为目前已知的部分 CEN 序列。

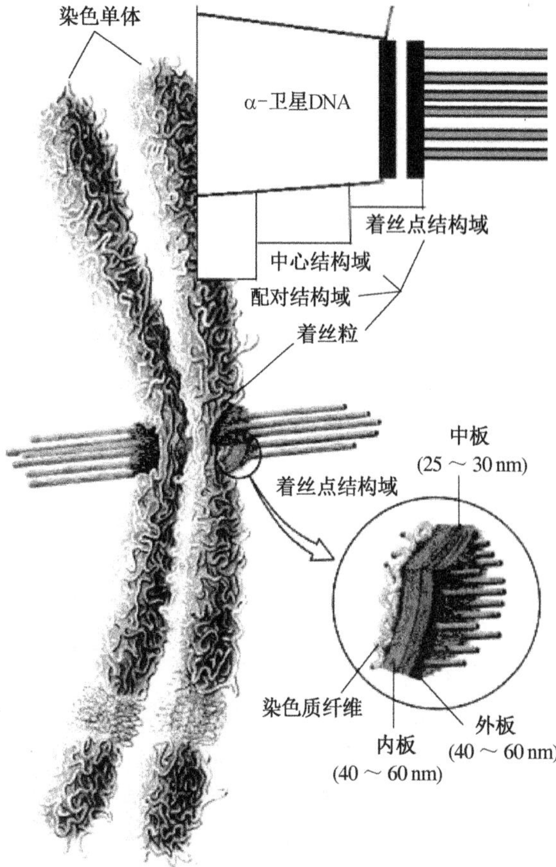

图 2-8　着丝粒的结构

2. 端粒

1938 年，Müller 用 X 射线诱变果蝇时发现，染色体的末端很少发生缺失和倒位的现象，于是推测在染色体的末端一定存在着一种特殊的结构，这种结构对于维持染色体的稳定是至关重要的，并将它称为端粒（telomere）。随后，McClintock 通过玉米染色体的断裂端容易融合而正

表 2-3　哺乳动物的几种着丝粒蛋白质

蛋白质类型	大小/kDa	所在位置	功　能
CENP-A	17	着丝点内板	组蛋白 H3 的变异体，着丝粒特异性组蛋白
CENP-B	80	着丝粒	与中央结构域的卫星 DNA 结合
CENP-C	140	着丝点内板	与着丝点结合，功能着丝粒特有的
CENP-D	47		与着丝点结合
CENP-E	312	纤维冠、着丝点外板	驱动蛋白质类分子马达
CENP-F	367		与着丝点结合
CENP-G	95	着丝点内板	
CENP-H		着丝点内板	结合 CENP-C 到着丝点上
INCENP-A	135	姐妹着丝粒之间	连接姐妹染色单体
INCENP-B	? 150	姐妹着丝粒之间	连接姐妹染色单体

表 2-4　部分着丝粒 DNA 序列

物　种	序列名称	单位长度/bp	总　长	注　释
酿酒酵母	CDE Ⅰ	9	9 bp	
(*Saccharomyces cerevisiae*)	CDE Ⅱ	78～86	78～86 bp	
	CDE Ⅲ	26	26 bp	
裂殖酵母	中央核心	4 000～7 000	40～100 kb	
Schizosaccharomyces pombe	重复因子	～5 000		
拟南芥(*Arabidopsis thaliana*)		～180	1 000 kb	
小麦、大麦、黑麦(Triticeae)	CCS1	? 260		
玉米(*Zea mays*)	MCS1a	156	10～24 kb	与染色组相连
	(CentC)	180	15 000 拷贝	
水稻(*Oryza sativa*)	RCS2	168	～6 000 拷贝	

续 表

物 种	序列名称	单位长度/bp	总 长	注 释
蚕豆(*Vicia faba*)				无串联重复
摇蚊(*Chironomus pallidivittatus*)		155	~1 300 拷贝	富含 AT 区与 CENP-B 相连
果蝇(*Drosophila melanogaster*)	AATAT AAGAG	5 5	一直到 150 kb 一直到 150 kb	都是反式转座子和单一序列
猪(*Sus scrofa*)	Mc1 Ac2	14 340	? 100 000 拷贝	中着丝粒染色体 近端着丝粒染色体
黑猩猩(*Pan troglodytes*)	α-卫星		每条染色体上 800~3 500 kb	
人(*Homo sapiens*)	α-卫星 γ-卫星	171	200~9 000 kb 基因组的 0.015%	包含 CENP-B 框 X 染色体特有,8 号染色体;GC 丰富
小鼠(*Mus musculus*)	小卫星			

常的染色体彼此间不发生连接的现象,也推测染色体末端有端粒的存在。随着研究的深入,人们发现,端粒是染色体端部特化的核蛋白复合体,是染色体不可缺少的组成部分,它封闭了染色体的末端,为染色体加了保护性帽子,使 DNA 免遭核酸酶及连接酶的破坏,预防 DNA 损伤后断端染色体的粘连。如果用 X 射线将染色体打断,不具端粒的染色体末端有黏性,会与其他片段相连或两端相连而成环状。端粒是真核生物所有染色体中一个必需的特征。

端粒中还含有端粒酶。端粒酶是一种能够催化延长端粒末端的核糖核蛋白(RNP),由 RNA 和相关蛋白质组成。它能够以自身携带的 RNA 为模板,反转录合成端粒 DNA 并添加于染色体末端,从而维持端粒长度的稳定。四膜虫端粒酶的 RNA 为 159 个核苷酸,蛋白质为相对分子质量为 80 000 和 95 000 两个亚基,人的端粒酶的 RNA 由 450 个核苷酸组成,其编码基因定位于 3q26.3。一些实验表明,端粒酶的活性与细胞周期、有丝分裂具一定相关性。

近年来对端粒的研究表明,端粒主要具有以下几个功能:① 保护染色体末端,保持染色体的稳定性。保护染色体末端不受细胞内核酸外切酶的攻击、保护染色体不进行非同源性的末端交联,使细胞区分正常染色体和损伤染色体末端,保持染色体的完整性。② 细胞分裂的计数器。判断细胞分裂的次数,决定细胞的寿命,决定细胞何时衰老。③ 解决线性 DNA 复制的末端隐缩问题。

2.2 基因、基因组与基因组学

基于对基因的结构和功能的研究而兴起的基因组研究,特别是人类基因组计划及相关模式生物物种基因组计划的实施,使分子生物学的研究策略已经从传统的单个基因的研究转向对生物整个基因组结构与功能的研究,并产生了一门新的学科,即基因组学。基因组学研究的对象涉及原核生物和真核生物不同的种属,研究的内容触及生命学科的各个领域,对生命科学的未来发展将产生重大影响。

2.2.1 基因概念认识的深化

基因是遗传学中最基本的概念,然而基因的概念不是一成不变的。基因概念的演变,是遗传学发展和人们对遗传现象认识深化的体现。

1. 经典的基因概念

一个多世纪前,孟德尔通过豌豆的杂交实验,提出分离与自由组合定律,并提出了"遗传因子(genetic factor)"的观点,孟德尔认为遗传因子是一种由亲代传到子代的特殊因子,控制着生物的性状。1903 年,萨顿(Sutton)和鲍威尔(Boveri)发现孟德尔的"遗传因子"与配子形成和受精过程中的染色体传递行为具有平行性,并提出了遗传的染色体学说,认为染色体是遗传物质的载体。1909 年,约翰逊(Johannsen)首次提出基因(gene)的概念,用以替代孟德尔的遗传因子一词,并创立了基因型(genotype)和表现型(phenotype)的概念，初步阐明了基因与性状的关系。摩尔根于1926年出版了《基因论》一书，进一步创立了基因学说，认为基因是组成染色体的遗传单位，并且证明基因在染色体上占有一定位置，而且呈线性排列。基因是世代相传的遗传物质单位，它既是一个突变单位，由一个等位形式变为另一等位形式（从A突变为a）；又是一个重组单位，重组时交换只能发生在基因之间而不是发生在基因之内，并不涉及基因内部的重组；基因同时又是一个功能单位，它可以使机体显示出一定的表型。这就是20世纪40年代以前流行的所谓“功能、交换、突变”三位一体（trinity）的基因概念，基因是最小的不可分割的遗传单位。由此可见，经典遗传学基因概念的共性就是：基因在染色体上占据一定位置（座位），是染色体上的一个位点（site），可以自我复制，相对稳定，在细胞分裂中有规律地分配到子细胞中。在重组中不能分隔，是交换的最小单位；以一个整体进行突变，是一个突变单位，又是一个功能单位。这种认识把基因与染色体联系起来，说明了基因的物质性、基因存在的场所及排列方式，但是当时人们并不了解基因的化学本质及基因是如何控制生物性状的。

2. 基因的化学本质及“一个基因一个酶”的假说

1928年，Griffith首先发现了肺炎链球菌的转化现象。1944年，Avery证实肺炎链球菌的转化因子是DNA，首次证明基因是由DNA构成的。后来人们又通过研究发现有些病毒如烟草花叶病毒、脊髓灰质病毒等只含有RNA，而不具有DNA，这些RNA病毒可以在RNA复制酶的作用下以自身为模板进行复制，这类生物中基因的化学组成为RNA。这些实验揭示了遗传物质的化学本质就是核酸。1941年，比德尔（Beadle GW）和塔特姆（Tatum EL）通过粗糙脉孢菌营养缺陷型的研究，发现各种突变体的异常代谢往往是一种酶的缺陷，产生这种酶缺陷的原因是单个基因的突变，从而提出了“一个基因一个酶”的假说，后来发现有些蛋白质不只由一种肽链组成，如血红蛋白和胰岛素，不同肽链由不同基因编码，因而又提出了“一个基因一条多肽链”的假设。这种假说不仅沟通了生物化学中蛋白质合成的研究与遗传学中基因功能的研究，也为遗传密码的解码和细胞内大分子之间信息传递过程的揭示奠定了基础。1953年，沃森（Watson）和克里克（Crick）确定了DNA的双螺旋结构，进一步证明基因就是DNA分子的一个区段，每个基因由成百上千个脱氧核苷酸组成，一个DNA分子可以包含几个乃至几千个基因。基因的化学本质和分子结构的确定为基因的复制、转录、表达和调控等方面的研究奠定了基础，开创了分子遗传学的新纪元。

3. 基因的精细结构——顺反子

1955年，美国分子生物学家Benzer以大肠杆菌T4噬菌体为材料，在分子水平上研究基因内部的精细结构，提出了比传统基因概念更小的基本功能单位，即顺反子（cistron）的概念。顺反的含义是指两个突变基因在染色体上的顺、反构型，顺式构型是指两个突变位于同一个染色体上的基因组合，反式构型是指两个突变分别位于两条同源染色体上的基因组合。Benzer分析了*r*Ⅱ区域大约2 000个（有些不能重组）突变型，知道这些突变分布在308个（能重组）位点上。那么，这308个位点是属于一个基因还是几个基因？为了划分这种功能单位界线，必须进行互补测验。比较顺式和反式构型个体的表型以判断两突变是否发生在一个基因座内的测验，称为互补测验，又称顺反测验（cis-trans test）。Benzer用*r*Ⅱ突变型和野生型噬菌体共同侵染K菌株，两种噬菌体都可以正常生长并使得K菌株裂解。Benzer将顺反测验所确定的最小遗传功能单位称为顺反子（cistron），也就是基因内部的功能互补群。在*r*Ⅱ突变型之间进行的互补测验发现，同一互补群的突变型不存在功能上的互补关系，顺反子内发生的突变间不能互补；只有分别属于两个互补群的突变型才能在功能上互补，而表现出野生型的特点。所以，互补测验时，两个突变位点若可以互补，即顺式和反式排列都有功能，那么这两个突变位点不在同一个顺反子内；若两个突变位点不能互补，即顺式有功能，反式没有功能说明这两个突变位点同在一个顺反子内。每个顺反子在染色体（DNA）上的区域称为基因座（locus），因此，如果顺式和反式都为野生型，则这两突变分别发生在两个基因座内；如果顺式为野生型，而反式为突变型，则这两突变发生在同一基因座的不同位置上（图2－9）。

从顺反测验的结果来看，顺反子既具有功能上的完整性，又具有结构上的可分割性。顺反子的概念与蛋白质高级结构的研究结果是一致的，因为蛋白质往往是由两条或多条多肽链所构成，一个顺反子决定一个多肽的合成。因此，一个顺反子在本质上与一个基因是相同的。Benzer提出了一种新的基因概念：① 基因是可分的，一个基因内部存在着多个突变子（muton），每个基因座上有许多突变位点（site），它是一个顺反子内部能发生突变的最小结构单位，称为突变子，也就是改变后可以产生突变型表型的最小单位。② 一个基因内部存在着多个重组子（recon），重组子就是不能由重组分开的基本单位。理论上每一个核苷酸对的改

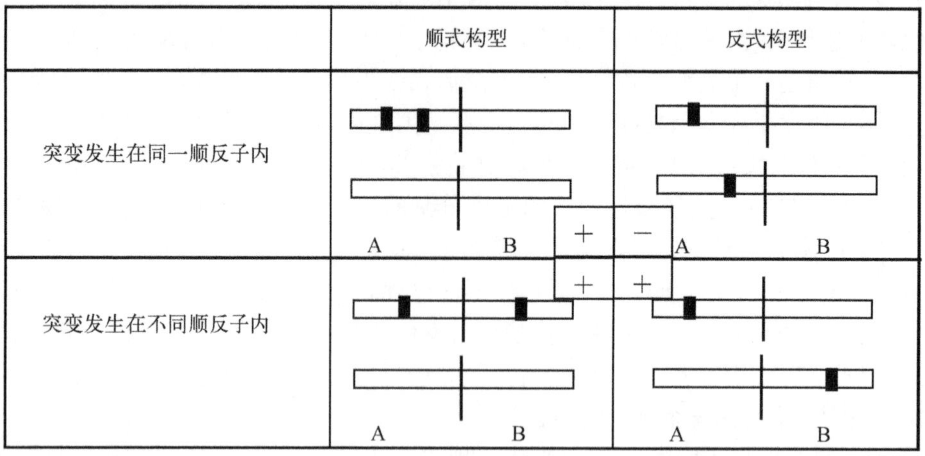

图 2-9 顺反位置效应示意图

变,就可导致一个突变的产生,每两个核苷酸对之间都可发生交换。这样看来,一个基因有多少核苷酸对就有多少突变子,就有多少重组子,突变子就等于重组子。基因的顺反子概念冲破了传统的"功能、交换、突变"三位一体的基因概念,纠正了长期以来认为基因是不能再分的最小单位的错误看法,使人们对基因的认识有了进一步的提高。

现代遗传学的研究发现基因内也存在着互补现象,称为基因内互补(intragenic complementation),即同一顺反子内两个突变出现了互补现象,分析原因可能在于,发生于同一基因内两个不同位点突变导致两条原来相同的多肽转变成两条分别在不同位点上发生变异的多肽链,但这两条多肽配合起来,构成双重杂合子,可以表现出程度不同的恢复酶活性部位。值得注意的是,基因内互补是很少见的,基因内互补的两个突变只能是点突变中的错义突变,绝不是无义突变或移码突变,不能有缺失,保证多肽链的长度不会受到影响;另外基因内互补作用的酶活性往往明显低于正常水平。

4. 现代的基因概念

随着分子生物学的迅猛发展,人们对基因概念的认识正在逐步深化;同时,随着对基因功能认识的深入,人们所知的基因种类也日益增多。回顾对基因研究的演变和发展历史,将有助于进一步认识基因结构和功能的多样性。

1) 基因的类别:1961 年,Jacob 和 Monod 在大肠杆菌 β 半乳糖苷酶的研究中,提出了操纵子学说。根据这一学说,按照基因的功能可以将基因分为:① 编码蛋白质的基因,即有翻译产物的基因,如结构基因、调节基因等产生蛋白质的基因。② 只能转录而不能翻译的基因,如 tRNA 基因和 rRNA 基因。③ 不转录的 DNA 区段,但对结构基因的转录起控制作用,如启动子(promoter)、操纵基因(operator)、增强子(enhancer)等。启动子是转录时 RNA 多聚酶与 DNA 结合的部位,操纵基因是阻遏蛋白、激活蛋白与 DNA 结合的部位,增强子是能够增强转录的 DNA 序列。

2) 基因是重叠的:1977 年,桑格(Sanger F)测定了 ΦX174 噬菌体 DNA 碱基顺序,共含有 5 375 个核苷酸,包含的 11 个基因中有几个基因具有不同程度的重叠,如大基因套小基因,基因前后重叠等,但是这些重叠的基因具有不同的读码框架,以后在噬菌体 G_4、MS_2 和 SV40 中都发现了重叠基因。

3) 基因是断裂的:1977 年,美国的 Sharp 和 Roberts 两位科学家分别同时发现了断裂基因(split gene)的存在,断裂基因是指基因内为一个或更多的不翻译的编码序列所隔裂的现象,即基因含有编码和不编码的部分,绝大多数真核生物基因都是不连续的,在成熟的 mRNA 中不出现的非编码序列叫内含子(intron),在成熟的 mRNA 中出现的编码序列叫外显子(exon)。

4) 不具正常功能的基因——假基因(pseudogene):假基因是一种核苷酸序列同其相应的正常功能基因基本相同,但却不能合成出功能蛋白质的失活基因,这是 1977 年 Jacp G 在对非洲爪蟾 5S rRNA 基因簇的研究后提出来的,现已在大多数真核生物中发现,如组蛋白、α 球蛋白和 β 球蛋白、肌动蛋白及人的 rRNA 和 tRNA 基因均含有假基因。

5) 基因是可移动的:20 世纪 40 年代,美国遗传学家麦克林托克(McClintock)在玉米研究中发现"可移动因子”的存在，之后许多科学家发现了基因组内可移动位置的遗传因子的存在，这种能够改变自身位置的一段 DNA 序列称为转座子(transposon)，转座子不仅能在个体的染色体组内移动，并能在个体间甚至种间移动。

由此可见，在科学发展的不同时期，人们对基因概念的理解有着不同的内涵。基因概念的深入发展，对于人们更加全面了解基因的真面目具有非常重要的意义。

2.2.2　基因组与 C 值

基因组(genome)一词系德国汉堡大学威克勒(Winkler)教授于 1920 年首创，原意为 GENes 与 chromosOMEs 的组合，用以表示单倍型细胞中所含有的整套染色体，所以又被译作染色体组。近年来，随着基因组序列的测定，基因组的概念有所扩大，基因组是指一个细胞中遗传物质的总量。一般来说，原核细胞常为单倍体(haploid)细胞，其基因组就是原核细胞内构成染色体的一个 DNA 分子；而真核生物的基因组包括核基因组和细胞器基因组，真核细胞常为二倍体(diploid)细胞，所以真核生物的核基因组是指单倍体细胞内整套染色体所含的 DNA 分子。

基因组中 DNA 的总量是物种所特有的，称为 C 值(C value)，也称基因组大小(genome size)。C 来自 constant(常数)或 characteristic(特征)，表示单倍体基因组的大小在任何一个物种中都是相当恒定的。C 值的单位有皮克(pg, picogram, 1 pg$=10^{-12}$ g)、道尔顿(Dalton 即一个原子或分子的相对质量单位)、双链的碱基对(base pair, bp)或千碱基对(kb，1 kb ＝ 1 000 bp)，三者之间的换算关系见表 2－5。

表 2－5　基因组大小的单位换算

单　位	换　算　因　子		
	皮克/pg	道尔顿/Da	碱基对/bp
皮克/pg	1	6.02×10^{11}	0.98×10^{9}
道尔顿/Da	1.66×10^{-12}	1	1.62×10^{-3}
碱基对/bp	1.02×10^{-9}	618	1

C 值的范围变化很大，如最小的原核生物支原体(mycoplasma)基因组小于 10^6 bp，某些植物和两栖类基因组大于 10^{11} bp。各门生物存在着一个 C 值范围，在不同的门中 C 值的变化是很大的。在每一门中随着生物复杂性的增加，其基因组大小的最低程度也随之增加。图 2－10 总结了进化中不同门类生物的 C 值范围。在一些低等生物中，当进化增加了生物体的复杂性时，基因组也相应地增大。如蠕虫类的 C 值大于霉菌、藻类、真菌类、细菌类和支原体。随着从低等真核生物向高等生物的进化，需要的基因数目和基因产物种类也就越多。从总的趋势上看，生物的构造越复杂，C 值越有增加的倾向，如相对比较简单的单细胞真核生物啤酒酵母，其基因组就有 1.75×10^7 bp，大约是细菌(*E. coli*)基因组的 3～4 倍。最简单的多细胞生物秀丽隐杆线虫其基因组有 8×10^7 bp，大约是酵母的 4 倍。似乎生物的复杂性和其 DNA 含量之间有较好的相关性。

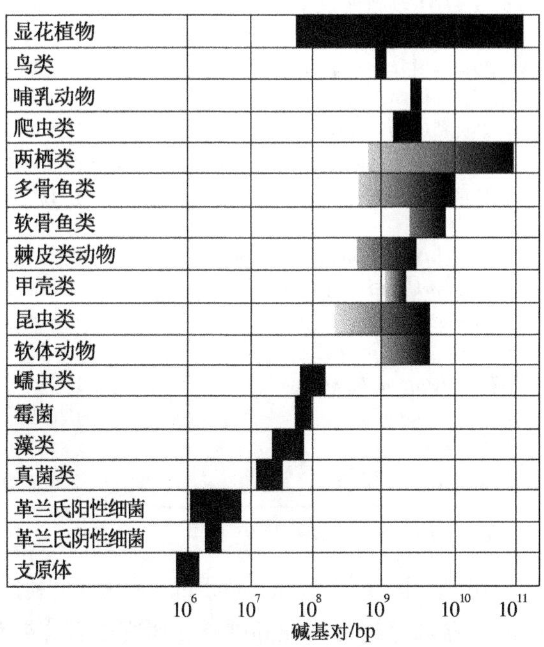

图 2－10　不同门类生物的 C 值范围

但是，这种相关性并不是普遍现象，显花植物和两栖类动物的基因组最大，软骨鱼类、硬骨鱼类甚至昆虫类和软体动物的基因组都大于包括人类在内的哺乳动物的基因组。爬行类和棘皮类动物的基因组大小同哺乳动物几乎相等。而且，随着高等真核生物 DNA 量的绝对增加，有些门类基因组大小有很大的变化。如在哺乳类、鸟类和爬行类的 C 值变化范围都很小，而在两栖类中这种变化范围增大，而植物的 C 值变化范围更为宽广，常成倍地增加。例如，蟾蜍(*Xenopus laevis*)和人类基因组大小差不多，但是人类遗传发育上更为复杂。即使近缘种之间C值也有很大的变化，在两栖类中，最小的基因组<10^9 bp，但是最大的基因组大约 10^{11} bp。由此说明，物种的C值和它进化复杂性之间没有严格的对应关系。因此，从总体上说，生物基因组的大小同生物在进化上所处地位的高低无关，物种的基因组大小与遗传复杂性并不是线性相关的，这种现象称为C值悖理或C值矛盾(C value paradox)。

1999年，Mushegian提出了最小基因组(minimal genome)的概念，即一个能独立生活的生物体最少需要多少个基因，试图利用最少的遗传要素去构建一个现代的自由生活的细胞生物体。每类生物的最小基因组的大小基本上对应于生物在进化上所处地位的高低；进化地位高、形态结构复杂程度高的一类生物，其最小的基因组也较大。

另外，同一生物类群中C值变化范围宽，在一定意义上就意味着在某些生物中有些DNA是冗余的，不能编码有功能的活性物质。两栖类物种之间的差别似乎并不需要基因组间这么大的差别，表明在大的基因组中有非编码DNA的大量增加，至于为什么有那么大的增加，现在还不能完全解释。

2.2.3 基因组学与人类基因组计划(HGP)

基因组学(genomics)是由美国科学家 Thomas Roderick 在1986年提出的，是指对所有基因进行基因组作图(包括遗传图谱、物理图谱、转录本图谱)、核苷酸序列分析、基因定位和基因功能分析的一门科学。基因组学研究主要包括两方面的内容：以全基因组测序为目标的结构基因组学(structural genomics)和以基因功能鉴定为目标的功能基因组学(functional genomics)。结构基因组学的主要目标是构建生物高分辨率的遗传图谱、物理图谱和转录本图谱及全基因组序列的测定，代表基因组分析的早期阶段；功能基因组学包括生化功能、细胞功能、发育功能和适应功能等的研究，主要是利用结构基因组学提供的信息，系统地研究基因功能，它以高通量、大规模实验方法及统计与计算机分析为特征，使得生物学研究从对单一基因或蛋白质的研究转向多个基因或蛋白质同时进行系统的研究，代表基因组分析的新阶段，又被称为后基因组学(post genomics)。

20世纪90年代到21世纪初，结构基因组学研究比较迅猛，成果卓著，从比较低等的原核生物大肠杆菌到高等生物人、果蝇、水稻等几十种生物的基因组全序列测定已经完成，表2-6列出了已经完成基因组测序的部分生物种属。生物体的基因组全序列提供了基因组总体结构的信息。

表2-6 已经完成基因组测序的部分生物种属

物种名称	基因组大小	文献
酿酒酵母(*Saccharomyces cerevisiae*)	12 068 000 bp	*Science*, 274: 546, 1996
大肠杆菌(*Escherichia coli*)	4 639 221 bp, 4 405个结构基因	*Science*, 277: 1453, 1997
流感嗜血杆菌(*Haemophilus influenzae*)	~1 830 240 bp	*Science*, 269: 496, 1995
生殖器支原体(*Mycoplasma genitalium*)	~600 000 bp	*Science*, 270: 397, 1995
幽门螺杆菌(*Helicobacter pylori*)	1 667 867 bp	*Nature*, 388: 539, 1997
包柔氏螺旋体(Lyme病)	901 725 bp(染色体)533 000(质粒)	*Nature*, 390: 580, 1997
结核杆菌(*Mycobacterium tuberculosis*)	4 410 000 bp	Welcome Trust资助英、法科学家于Sanger中心完成，1997年12月宣布
梅毒螺旋体(*treponema palliadccm*)	1 138 000 bp	*Science*, 281: 375, 1998
线虫(*Caenorhabditiis elegans*)	97 Mb, 1.9万个基因	*Science*, 282: 2012, 1998
人(*Homo sapiens*)	3×10^9 bp	*Science*, 291: 1304, 2001
拟南芥(*Arabidopsis thaliana*)	125 Mb	*Nature*, 408: 796, 2000
果蝇(*Drosohila melanogaster*)	180 Mb	*Science*, 287: 2185, 2000
水稻(*Oryza sativa*)	430 Mb	*Science*, 296: 5565, 2002
小鼠(*Mus musculus*)	2 600 Mb	*Science*, 298: 1863, 2002
褐家鼠(*Rattus norvegicus*)	2.75×10^9 bp	*Nature*, 428: 493, 2004

Mb：megabase，百万碱基对

功能基因组学(functional genomics)是利用结构基因组所提供的信息和产物，在基因组整体水平上对基因的活动规律进行研究和阐述。研究内容主要包括基因功能发现、基因表达分析及突变检测。主要的方法包括微阵列或DNA芯片(DNA chip)、表达序列标签(expressed sequence tag，EST)、基因表达系列分析

(serial analysis of gene expression, SAGE)、蛋白质组学分析(proteomic analysis)、反向遗传学(reverse genetics)技术及生物信息学(bioinformatics)等。

目前，在基因组学的基础上又发展出比较基因组学(comparative genomics)、药物基因组学(pharmacogenomics)、化学基因组学(chemical genomics 或 chemogenomics)、毒理基因组学(loxicogenomics)等不同方向的研究。如比较基因组学是基于基因组图谱和测序基础上，对已知的基因和基因组结构进行比较，来了解基因的功能、表达机制和物种进化的学科。水稻、玉米、高粱、小麦、大麦、黑麦、粟、燕麦、甘蔗等禾本科主要作物间大量的比较基因组研究结果表明，它们的基因组存在着高度的保守性，染色体共线性片段和基因间的同源性广泛存在。再如，基于药物反应的遗传多态性提出来的药物基因组学是功能基因组学与分子药理学结合的一门科学，它从基因水平研究基因序列的多态性与药物效应多样性之间的关系，并以此为平台开发药物，指导合理用药。毒理基因组学研究基因组结构、活动与外来化合物产生的有害生物效应之间的关系，用以评价或预测受试物毒性。这些研究对于进一步丰富和发展人类对自身、自然与环境的认识具有十分重要的意义。

人体单倍体基因组包括 22 条常染色体和 1 条性染色体——X 染色体或 Y 染色体，由 30 亿(3×10^9)个核苷酸对组成。人类基因组计划(human genome project, HGP)就是要分析测定人类基因组这 30 亿个碱基对的序列，发现所有人类基因并搞清其在染色体上的位置，破译人类全部遗传信息，使人类第一次在分子水平上全面地认识自我。

HGP 是于 20 世纪 80 年代中期开始酝酿的，它的缘起与 1945 年日本广岛、长崎的原子弹爆炸有关。原因在于，日本广岛、长崎的原子弹爆炸后，根据人类突变的流行病学研究，从理论上计算，幸存者后代的基因突变频率比对照人群应该高 3 倍，但实际调查的结果却是，幸存者后代的基因突变频率同正常的对照人群中的基因突变频率相差无几。于是，1984 年 12 月，在美国犹他州举行的由能源部资助召开的环境诱变物和致癌物防护国际会议上，有科学家提出：只有测定人基因组的全序列，通过比较分析以检出所有突变，才能精确地测定突变频率。1986 年 3 月，美国诺贝尔奖获得者、著名分子生物学家杜贝科(Dulbecco)在 *Science* 撰文，正式提出 HGP，指出弄清人基因组序列有助于解决癌症。1988 年，美国国会批准资助能源部(United States Department of Energy)和国家卫生署(National Instiatutes of Health)同时实施人类基因组计划，1990 年 10 月 1 日，历经 5 年辩论之后，美国的人类基因组计划正式启动。人类基因组计划最初的目标是在 15 年内至少投入 15 亿美元，对人类全基因组进行分析。主要内容包括：人类基因组的基因组作图(遗传图、物理图)与全基因组序列测定、人类基因的鉴定、基因组研究技术的建立、人类基因组研究的模式生物、信息系统的建立等共 9 个方面的内容。随着研究的深入，人类全基因组计划除了包括基因组作图(遗传图、物理图)与全基因组序列测定外，另外还包括人类基因组序列变异体分析，模式生物基因组测序与比较基因组学研究，功能基因组学及其技术方法的发展创新，生物信息学与计算机生物学，技术培训，以及伦理、法律和社会相关问题的探讨等方面的内容。随着美国人类基因组计划的实施，英国、法国、日本、德国和中国先后加入人类基因组计划，获得了人类基因组计划份额，各国所占比例分别为：美国 54%、英国 33%、日本 7%、法国 3%、中国 1%。美、英、日、法、德、中 6 国共 16 个中心的 1 000 多位科学家共同组成了国际人类基因组计划协作组，2000 年 6 月完成了人类基因组草图，2003 年 4 月 15 日完成了人类基因组序列图，这是继人造卫星载人登月之后人类历史上的又一壮举。

人类基因组计划可简单概括为 3 个阶段、3 张图的绘制。

第一阶段：遗传图的绘制。采用遗传学分析方法将基因或其他 DNA 顺序标定在染色体上构建连锁图。遗传作图方法主要包括杂交实验、家系分析等，遗传图距单位为厘摩(centi-Morgan, cM)，每单位厘摩定义为 1%交换率。人类遗传图的绘制始于限制性片段长度多态性(restriction fragment length polymorphism, RFLP)的发现，1987 年，发表了第一张人类 RFLP 连锁图，含有 393 个 RFLP 和 10 个其他多态性标记。这张基因组连锁图来自 21 个家庭，平均密度为 10 Mb 一个标记。1994 年，完成密度为每 1 Mb 就有一个标记的遗传图，1996 年，绘制完成含有 5 264 个微卫星序列的遗传图，组成顺序为 5′- ACACACACACACAC - 3′，遗传图的密度达到每 600 kb/标记，分辨率达 0. 175 cM。不同染色体上的密度不同，最密的为 17 号染色体，密度为 495 kb/标记，最疏的是 9 号染色体，为 767 kb/标记，基因组中只有 3 个标记与其最近的标记之间的间隔达到 4 000 kb 以上。这些间隔可能是由于重组热点的存在，热点两侧的标记因其间的区段出现较高的重组事件而使距离增加，事实上的间隔可能并不能达到这一距离。

第二阶段：物理图的绘制。采用分子生物学技术直接将DNA分子标记、基因或克隆标定在基因组染色体上或DNA上的具体位置，它们之间的距离是以具体的物理长度为单位的。物理图的距离依作图方法而异，如辐射杂种(radiation hybrid)作图的计算单位为厘镭(cR)，限制性片段作图与克隆作图的图距为DNA的分子长度，即碱基对(bp)。1993年，基于克隆的全基因组重叠群物理图(clone contig map)问世，它由33 000个酵母人工染色体(yeast artificial chromosome，YAC)组成，DNA片段平均为0.9 Mb。但是，由于YAC克隆可能含有两个或多个嵌合的DNA片段，有可能导致基因组中一些原来相隔很远的DNA片段在作图时被错误地连接到彼此相邻的位置，引起大范围的错位。因此，人们采用了辐射杂种进行序列标签位点(sequence tagged site，STS)标记作图，并对YAC物理图进行校正。STS是一小段长度在100～500 bp的DNA顺序，每个基因组仅一份拷贝，因此，如果2个片段含有同一STS顺序时，就可以确认这2个片段彼此重叠。1995年发表的人类STS图含有15 086个STS，平均密度为199 kb/标记。1996年，这份物理图又补充了20 104个STS，其中大多数是表达序列标签(expressed sequence tag，EST)，这些EST被定位于16 354个不同位点，从而将许多蛋白质编码基因定位在物理图上，这样综合产生的物理图的密度为每100 kb/标记。

遗传图反映的是DNA分子标记之间的连锁关系，而物理图反映了DNA分子标记之间的实际距离。由于基因组内存在着重组的"热点"(hot spot)和"冷点"(cold spot)区域，在交换频繁的区域，即重组的"热点"区域，两个物理距离位置相距较近的基因或DNA片段，可能具有较大的遗传距离；而在DNA交换很少发生的区域，即重组的"冷点"区域，两个物理距离位置相距较远的基因或DNA片段，则可能因该部位在遗传过程中很少发生交换而具有很近的遗传距离。人的重组热点存在于β血红蛋白编码区域、胰岛素基因座及免疫球蛋白的重链区域。染色体X和Y的假常染色体区域的重组率比1%/1 000 kb的平均重组率高出20倍。

第三阶段：序列图的绘制。将人类基因组的DNA序列进行完整测序，查明人类基因组4种核苷酸(A、T、C、G)的排列顺序，构建完整的人类基因组图谱。人类基因组序列的测定主要依据细菌人工染色体(bacterial artificial chromosome，BAC)克隆和物理图进行测序与组装。首先，构建300 000个BAC克隆的文库，根据STS标记，将BAC克隆重叠群标定在物理图上；然后，在每个BAC克隆内部采取鸟枪法测序，进行顺序组装；最后，将BAC插入片段的顺序与BAC克隆指纹及重叠群比对，将已阅读的序列锚定到物理图上。全基因组的完整测序于2003年全部完成。

但是，科学家在破译人类基因组的过程中发现，任何两个不同个体的基因组序列都有约0.1%的差异，正是由于这很小的序列差异导致了人们的身高、肤色、体重、面貌等性状上存在着很大的不同，造成了人们患疾病风险的不同。因此，继人类基因组计划之后，2002年10月，日本、英国、加拿大、中国、尼日利亚和美国科学家共同发起和参与了人类基因组单体型图计划(The International HapMap Project)，目标是构建人类DNA序列中多态位点的常见模式，即单体型图，简称HapMap，HapMap是人类基因组中常见遗传多态位点的目录，它描述了这些变异的形式、在DNA上存在的位置、在同一群体内部和不同人群间的分布状况。人类基因组单体型图计划使用来自亚、非、欧裔各90份样品，通过整合基因组测序成果，从基因组水平检测多个不同族群样品的单核苷酸多态性(Single nucleotide polymorphism，SNP)位点，绘制人类基因组中独立遗传的DNA"始祖板块"及其SNP标签的完整目录，从而建立人类遗传的群体信息资源，将遗传多态位点和特定疾病风险联系起来，为预防、诊断和治疗疾病提供新的方法。"中国卷"的具体内容是构建3号、21号和8号染色体短臂的人类基因组单体型图。整个项目分为两个阶段，第一阶段是对整个人类基因组的30亿个碱基进行平均5千个碱基(5 kb)密度的SNP分型测定，构建"5 kb单体型图"。第二阶段是在第一阶段基础上进行更高密度的分型测定和后期数据的分析，以获得更精细的单体型图，整个项目计划用3年的时间完成。2004年底已经完成超过1 000万个的基因分型反应，上交数据超过600万个，达到了第一阶段欧裔样品5 kb密度的HapMap图谱构建要求。2005年10月26日，由加拿大、中国、日本、尼日利亚、英国和美国六个国家的科学家组成的国际HapMap协作组在*Nature*杂志发表报告宣布，人HapMap计划第一期工作已经完成，初步绘制出首张人类DNA序列中变异基因片段的遗传图谱。该图成为人类诸如哮喘、糖尿病、癌症和心脏病等常见疾病相关基因研究中的一个里程碑，并已推动这些研究的进一步深入。

人类基因组计划及人类基因组单体型图计划的完成，标志着人类用遗传学语言来阐明生命的本质和各种生命现象，促进了从整体到细胞水平的全面深入研究，并将逐步揭示人类自身的奥秘，对于人们从分子水平认识正常生物学结构和功能，阐明各种疾病发生的机制具有十分重要的意义。

2.3 原核生物基因组

原核生物一般只有一条染色体，由一个核酸分子(DNA 或 RNA)组成，大多为双链结构，少数为单链，原核生物染色体的相对分子质量较小，一般是裸露的环形 DNA，少数为线状 DNA 形式。在原核生物中了解最清楚的就是大肠杆菌，因此本节以大肠杆菌(*E. coli*)和大肠杆菌的噬菌体为例来说明原核生物染色体及其基因组结构特点。

2.3.1 大肠杆菌基因组

大肠细菌(*E. coli*)是 1885 年由德国细菌学家 Theodor Escherich 首次发现的，大小(0.4～0.7)μm×(1～3)μm，是目前研究最清楚的基因组。

1. 一般特征

大肠杆菌没有明显的核结构，染色体 DNA 相对聚集在一起，位于细胞的中央，形成一个较为致密的区域，称为拟核(nucleoid)。染色体由单一的环状双链 DNA 分子组成，大小为 4.6×10^6 bp，周长为 1.6 mm。拟核无核膜与胞质分开，*E. coli* 拟核的中央部分由 RNA 和支架蛋白组成，外围是双链闭环的 DNA 超螺旋，图 2-11 为电镜下的大肠杆菌染色体形态。

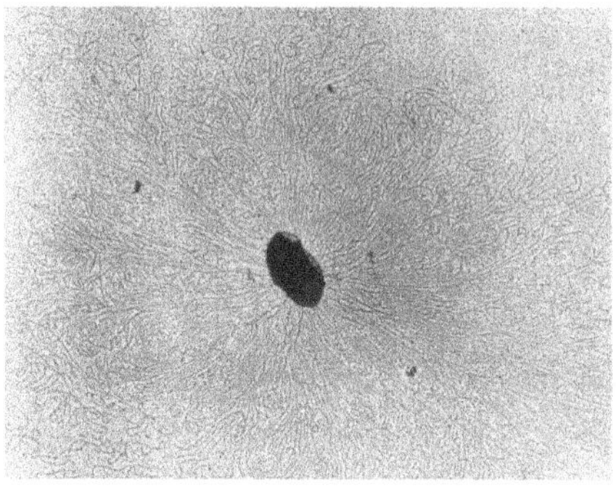

图 2-11 电镜下的大肠杆菌染色体

2. 大肠杆菌中的 DNA 结合蛋白

一直以来，人们认为 *E. coli* 染色体是完全裸露的 DNA 分子，当利用 RNA 酶或蛋白酶处理拟核时，发现拟核可由致密变得松散，这说明 RNA 和某些蛋白质分子起到了稳定拟核的作用。进一步的研究发现，在 *E. coli* 内存在着若干 DNA 结合蛋白，表 2-7 为目前发现的 *E. coli* 内的各种 DNA 结合蛋白及其功能。从 *E. coli* 中分离到的很多 DNA 结合蛋白在表面上都表现出与真核染色体蛋白质的相似性，但是 *E. coli* 中的 DNA 结合蛋白并不能与 DNA 固定的结合形成真正的染色体结构，原因在于：一是 *E. coli* 细胞内没有足够数量的 DNA 结合蛋白与整个染色体组的 DNA 相结合；二是当编码这些蛋白质的基因发生突变时，并不会导致染色体结构的异常或蛋白质与 DNA 结合功能的消失，这也说明，*E. coli* 中的 DNA 结合蛋白并不能起构成染色体结构的功能。

表 2-7 *E. coli* 内的各种 DNA 结合蛋白

蛋白质	组　成	功　能	含量/每细胞	真核生物的相关蛋白质	基因位点
HU	α和β亚基，每个 9 kDa	使 DNA 压缩、类核凝聚，刺激复制，和 IHF 有关	40 000 个二聚体	H2B	*hupA. B*
H	两个相同亚基，各 28 kDa	促使双链的互补、复性	30 000 个二聚体	H2A	未知
IHF	α：10.5 kDa；β：9.5 kDa	有助于 att 位点配对重组	未知	未知	*himA. D*
H1 (H-NS)	15 kDa 亚基	和 DNA 结合，与 DNA 拓扑结构有关	10 000	未知	*osmZ bglY pilG*
HLP1	17 kDa 单体	未知	20 000 个单体	未知	*firA*
P	3 kDa 亚基	未知	未知	鱼精蛋白(DNA 结合蛋白)	未知

IHF：整合宿主因子(integration host factor)

3. 大肠杆菌染色体上的脚手架结构

由于 DNA 结合蛋白的存在,使 *E. coli* 染色体压缩成为一个脚手架(scaffold)结构,脚手架结构的中心为多种 DNA 结合蛋白,DNA 分子有许多位点与之结合形成 40～50 个超螺旋的放射环伸向细胞中,每个环含有大约 100 kb 的超螺旋 DNA,这段 DNA 可以在一个断点解旋(图 2-12)。每个超螺旋 DNA 有两个端点被蛋白质所固定,因而每个环都具有相对的独立性。*E. coli* 基因组中含 5% 的负超螺旋,每个放射环的 DNA 都是负超螺旋,每个功能区的末端保持超螺旋状态,当用 DNA 酶Ⅰ处理 *E. coli* 染色体时,只有部分环的 DNA 呈松弛状态,而其他环不受影响,说明一个区的超螺旋并不影响另一个区的超螺旋,功能区的相对独立性使得同在一个环状染色体上的基因可以独立地表达和调控。

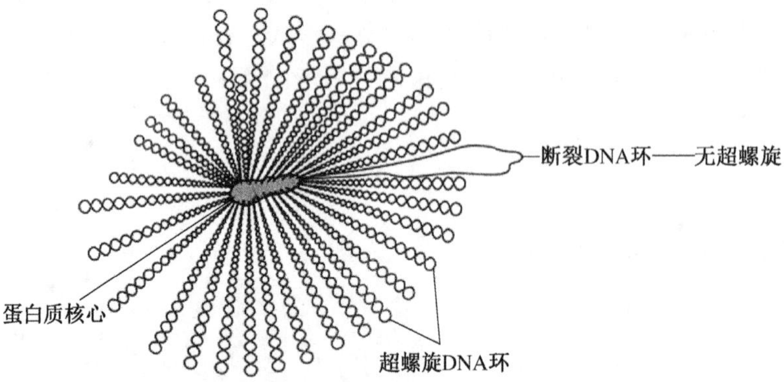

图 2-12 *E. coli* 染色体脚手架结构示意图

4. 大肠杆菌染色体的基因结构

大肠杆菌基因组已被完整测序,染色体 DNA 的精确长度为 4 639 221 bp(图 2-13),包括 4 405 个蛋白质编码基因,这些编码基因中有 38%无功能。对 *E. coli* K-12 品系的分析表明,其基因组中 G+C 含量为 50.8%,87.8%的序列为蛋白质编码基因,功能性 RNA 编码基因(包括 86 个 tRNA,22 个 rRNA 和 10 个其

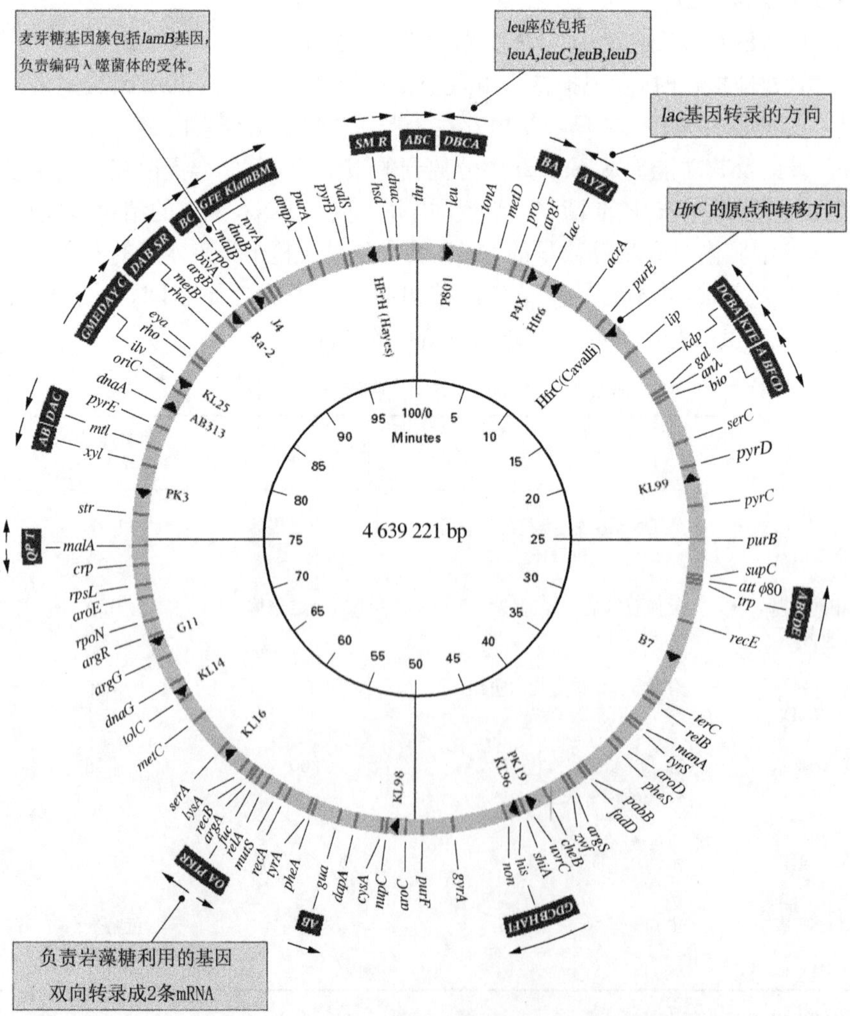

图 2-13 大肠杆菌基因组内基因的结构

他 RNA)仅占 0.8%,非编码的重复序列占 0.7%,剩余(约 11%)序列具有调控和其他功能。大肠杆菌染色体基因组中已知的基因多是编码一些酶类的基因,如氨基酸、嘌呤、嘧啶、脂肪酸和维生素合成代谢酶类的基因,以及大多数碳、氮化合物分解代谢酶类的基因,目前已被定位的基因有 900 个左右。图 2-13 显示的是大肠杆菌基因组内基因的结构。大肠杆菌的基因结构具有以下特点。

1) 大多数基因的相对位置是随机分布的：如大肠杆菌体内有关糖酵解酶类的基因分布在染色体基因组的各个部位,嘌呤生物合成相关的基因(*pur* 基因)沿染色体分散分布(图 2-13)。

2) 某些具有相关功能的基因前后相连,在一个操纵子(operon)内由一个启动子(promoter)转录,大肠杆菌有 260 个基因已查明具有操纵子结构,定位于 75 个操纵子中。如图 2-13 中显示的乳糖操纵子的结构基因 *lac ZYA* 分别编码β-半乳糖苷酶(β-galactosidase)、β-半乳糖苷透性酶(galactoside permease)和硫代半乳糖苷转乙酰酶(thiogalactoside transacetylase),负责乳糖的分解代谢。在已知转录方向的 50 个操纵子中,27 个操纵子按顺时针方向转录,23 个操纵子按逆时针方向转录(图 2-13)。

3) 几乎所有的基因都是单拷贝基因。因为多拷贝基因在同一条染色体上很不稳定,常常引起非均等交换,从而使重复的基因序列丢失或倒位。另外,由于大肠杆菌细胞分裂极快,可以在 20 min 内完成一次分裂,而多拷贝基因的存在,使 *E. coli* 的整个基因组增大、复制时间延长,因而很快被选择淘汰。例如,大肠杆菌培养在含有极少量乳糖的培养基上,乳糖操纵子会出现多拷贝化,这可以使大肠杆菌充分利用乳糖作为碳源。但是,当把大肠杆菌转移到含有丰富乳糖的培养基上,多拷贝的乳糖操纵子就没有存在的必要,相反,由于需要较长的复制时间,这种重复的多拷贝基因会重新丢失。

4) 大肠杆菌 rRNA 基因是紧密连锁的,一个转录单位内依次排列着 23S rRNA—$(tRNA)_2$—16S rRNA—5S rRNA—tRNA 基因(图 2-14)。大肠杆菌的 rRNA 基因是多拷贝的,一般菌株含有 7 个拷贝,大多数 rRNA 基因集中于基因组的复制起点 *oriC* 位置附近,这种位置有利于 *rRNA* 基因在早期复制后马上作为模板进行 *rRNA* 的合成,以便进行核糖体组装和蛋白质的合成。

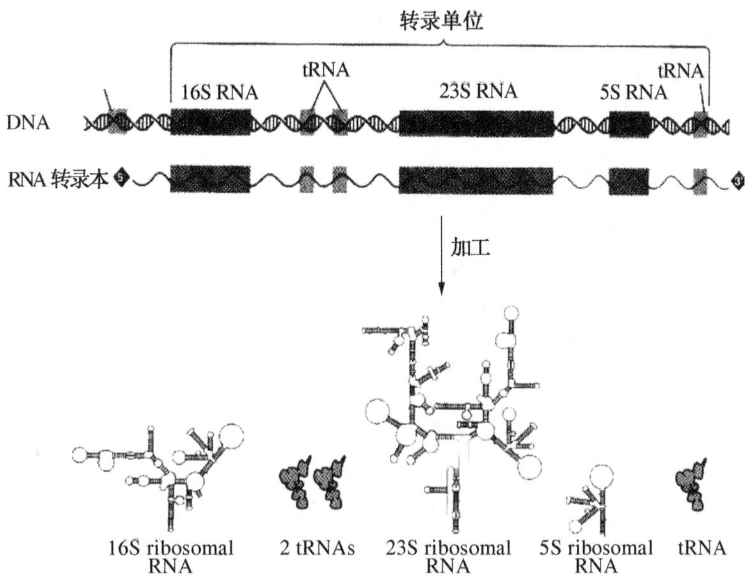

图 2-14　大肠杆菌 rRNA 基因

2.3.2　噬菌体基因组

噬菌体(bacteriophage 或 phage)是感染细菌、真菌、放线菌或螺旋体等微生物的病毒,具有体积微小、可以通过细菌滤器,无细胞结构,严格的寄生性及分布广泛等特性。噬菌体的个体微小,需要用电子显微镜观察。其形态多为蝌蚪形,也有微球形和丝形。噬菌体的外壳由一层蛋白质组成。这层蛋白构成噬菌体头部的衣壳及尾部,包括尾髓、尾鞘、尾板、尾刺和尾丝,起着保护核酸的作用,并决定噬菌体外形和表面特征。核心仅由一种类型核酸即 DNA 或 RNA 组成,是噬菌体的遗传物质,大多数噬菌体的 DNA 为双链 DNA,但一些微小 DNA 噬菌体的 DNA 为环状单链。多数 RNA 噬菌体的 RNA 为线状单链,少数为线状双链,且分成几个节段。噬菌体的基因组大小为 2～200 kb。表 2－8 列出了几种常见噬菌体染色体的特点，这里主要介绍大肠杆菌噬菌体 ΦX174 和 λ 噬菌体。

表 2－8 几种常见噬菌体染色体的特点

噬菌体	宿 主	核酸结构	染色体类型	染色体长度/μm	GC 含量/%
T-偶数系列	*E. coli*	双链 DNA	线状；环状排列末端有 RS	60	35
T7	*E. coli*	双链 DNA	线状；单一顺序	12	48
λ	*E. coli*	双链 DNA	线状；单股黏性末端	16	49
P22	沙门氏菌	双链 DNA	线状；单一顺序	14	48
ΦX174	*E. coli*	单链 DNA	环状	1.8	42
Qβ	*E. coli*	单链 RNA	线状	1.4	49
呼肠病毒	哺乳动物	双链 RNA	几个片段	8.3	34
SV40	人类	双链 DNA	超螺旋环	1.7	41

RS：重复序列

1. ΦX174

ΦX174 是大肠杆菌的一种噬菌体，基因组为单链环状 DNA 分子。1977 年，英国科学家 Sanger 利用酶法对其进行测序，所测基因组由 5 386 个核苷酸组成，编码 11 个基因，构成 3 个转录单位，由 3 个启动子(pA、pB、pD)启动(图 2－15)。它感染大肠杆菌后合成的蛋白质分子都已被分离，共有 11 个蛋白质分子，总分子质量为 262 kDa，相当于 6 078 个核苷酸所容纳的信息量。Sanger 将全部 DNA 顺序和蛋白质的氨基酸顺序进行比较发现了重叠基因的存在，重叠基因(overlapping gene)就是多个基因共用碱基对的基因，也即同一段 DNA 片段能够编码两种甚至三种蛋白质分子。ΦX174 的重叠基因有以下几种情况。

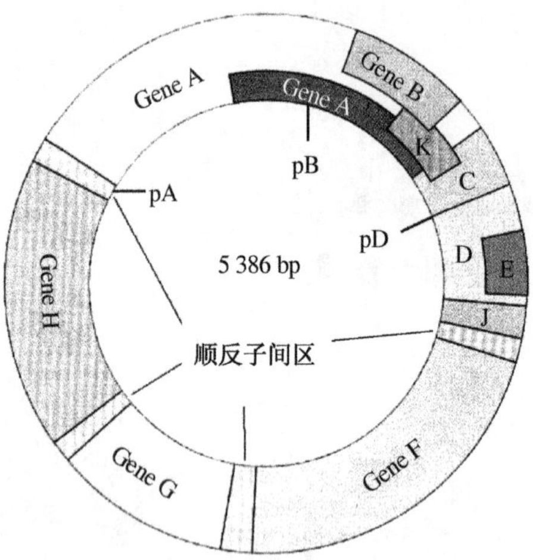

图 2－15 ΦX174 的遗传图

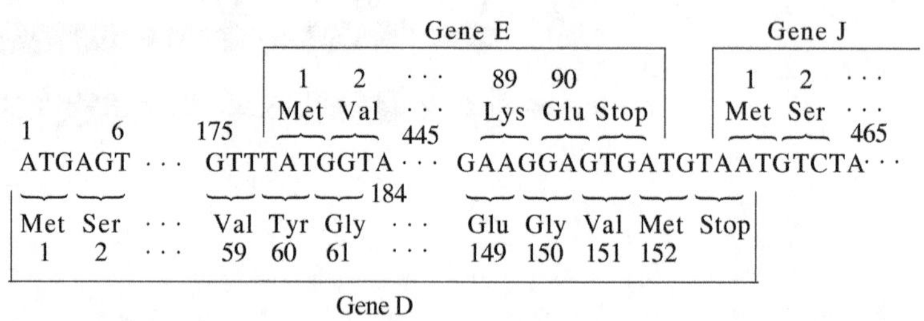

图 2－16 ΦX174 基因重叠现象

1) 大基因内包含小基因：如基因 A 和 B 是两个不同基因，而 B 包含在基因 A 内。同样，基因 E 在基因 D 内。

2) 基因前后部分重叠：如基因 K 和基因 A 及 C 的一部分基因重叠，基因 D 的终止密码子的最后一个碱基是 J 基因起始密码子的第一个碱基(图 2－16)。

类似的情况在别的噬菌体如 G_4、微小病毒和 SV40 也有发现，如 SV40 基因组中，编码 3 个外壳蛋白 VP1、VP2、VP3 基因之间有 122 个碱基的重叠，但密码子的读框不一样，产生的蛋白质分子往往并不相同，而小 t 抗原完全在大 T 抗原基因里面，它们有共同的起始密码子，都是从 5 146 开始逆时针方向进行，大 T 抗原基因到 2 676 位终止，而小 t 抗原到 4 624 位即终止了。重叠基因对于基因组信息的经济利用具有十分重要的意义。

2. λ 噬菌体

1951 年，美国微生物遗传学家 Lederberg 的妻子 Esther Lederberg 证明了 Lederberg 和 Tatum 用来杂交的 *E. coli* K－12 中含有原噬菌体，并命名为 λ。λ 噬菌体是迄今为止研究得最为详尽的一种大肠杆菌双链 DNA 噬菌体，也是基因工程中最早作为克隆载体使用的噬菌体。λ 噬菌体的基因组图见图 2-17，其基因组是一长度为 48 502 bp 的双链 DNA 分子，分子质量为 3.2×10^7 Da，长度约为 16 μm，已经定位的 λ 噬菌体基因至少有 61 个，其中 38 个较为重要，主要参与噬菌体生命周期的活动，称为 λ 噬菌体的必需基因，其他则为非必需基因，因为它们被外源基因取代之后，并不影响噬菌体的生命功能。λ 噬菌体主要具有以下几种类别的基因(图 2-17)。

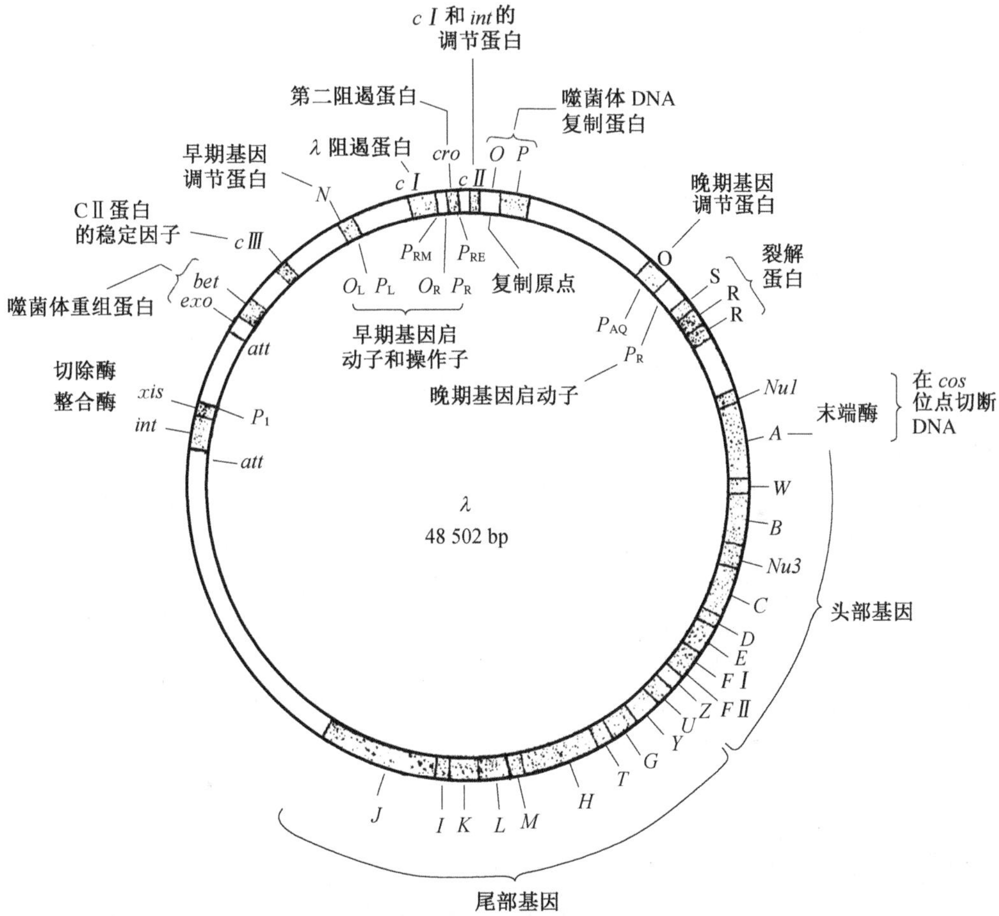

图 2-17　λ 噬菌体基因组

头部基因：包括 10 个基因，编码的蛋白质构成噬菌体的头部。

尾部基因：包括 10 个基因，编码的蛋白质构成噬菌体的尾部。

DNA 复制基因：包括 2 个基因，编码的蛋白质负责噬菌体基因组的复制。

裂解基因：包括 3 个基因，负责编码溶菌周期中所需要的裂解蛋白。

整合酶/切离酶基因：包括 10 个负责 DNA 重组的基因，2 个基因负责编码整合酶和切离酶，负责噬菌体基因组整合到寄主染色体上或从寄主染色体上切离下来。

调节基因：如 *N*, *Q*, *c I*，*c II*，*c III* 和 *cro* 负责调节控制基因的时空表达，决定 λ 噬菌体何时进入溶源途径、何时进入溶菌途径。

λ 噬菌体的基因组 DNA 可以有两种形式：一是线状 DNA 分子，两端带有 12 个核苷酸的黏性末端，称为 *cos* 位点，一端的 *cos* 位点与另一端的 *cos* 位点是互补的，*cos* 位点可用来构建柯斯质粒(cosmid)，这种质粒能容纳大片段外源 DNA 的插入，是构建真核生物基因组文库特别有用的载体；二是环状 DNA 分子，由两端的黏性末端共价闭合形成。当 λ 噬菌体感染宿主细胞时，线状 DNA 分子一端的 *cos* 位点找到另一端的 *cos* 位点，碱基配对，由细菌的连接酶连接，形成共价闭合的环状 DNA 分子(图 2-18)。

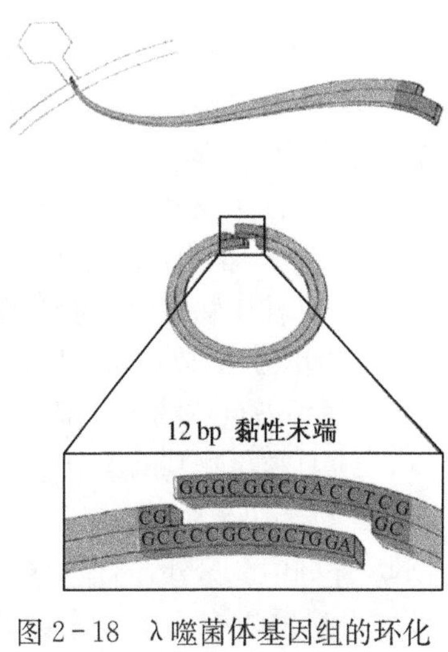

图 2-18　λ 噬菌体基因组的环化

λ噬菌体的基因组在大肠杆菌体内可以有两种存在方式：一是游离于大肠杆菌细胞中独立存在；二是通过整合酶的作用将自身的DNA整合在大肠杆菌染色体DNA上，成为宿主细胞的一个组成部分，并与宿主细胞染色体一起复制，传递给子代细胞，这种状态称为溶原化(lysogeny)，可以维持许多代。这也是λ噬菌体赖以发展作为基因克隆载体的一种重要特性。λDNA的整合是可逆的，可以自发地从宿主染色体上游离出来，也可以在外界环境作用下(如紫外线照射、丝裂霉素C的处理等)从宿主DNA上切离下来，游离在细胞中，进行滚环复制，产生多个拷贝，并合成头部和尾部蛋白质，包装成完整的λ噬菌体，裂解宿主细胞，释放出λ噬菌体再感染新的细胞，这就是溶菌过程(lytic pathway)。溶原和溶菌的过程是在严格基因调控下进行的。

总之，噬菌体基因组都比较小，是单倍体，可以由DNA组成或RNA组成，基因是连续的，有基因重叠现象，这种结构使较小的基因组能够携带较多的遗传信息。基因组的大部分都是用来编码蛋白质的，功能上相关的蛋白质的基因构成多顺反子结构。

2.3.3 原核生物基因组结构特点

原核生物的染色体相对分子质量较小，细菌染色体通常由一条环状双链DNA分子组成，相对聚集在细胞的中央形成拟核结构，没有核膜包裹；病毒基因组形式是多样的，可能是DNA，也可能是RNA，可能是单链的，也可能是双链的，可能是闭环分子，也可能是线性分子。

一般为单条染色体，染色体DNA上没有组蛋白与非组蛋白结合。

数个功能相关的结构基因常串联在一起，并转录在同一个mRNA分子中，称为多顺反子mRNA(polycistronic mRNA)，翻译出多种蛋白质(或肽链)，受同一个调控区的调控，形成操纵子结构；例如，ΦX174基因组中的*D*-*E*-*J*-*F*-*G*-*H*基因在功能上都是相关的，负责外壳蛋白的合成和病毒的组装、裂解等，它们转录在同一mRNA中，然后再分别翻译成各种蛋白质，其中*J*、*F*、*G*及*H*都是编码外壳蛋白的，D蛋白与病毒的装配有关，E蛋白负责细菌裂解。

DNA分子绝大部分用于编码蛋白质，非编码序列所占比例比真核细胞基因组少得多，不翻译的区域称间隔区(spacer)，通常包含控制基因表达的序列。如噬菌体ΦX174中只有5%是非编码区。多数情况下，结构基因都是单拷贝的，而*rRNA*基因往往是多拷贝的，这有利于核糖体的快速组装，便于细胞在短时间内有大量的核糖体生成，以利于蛋白质的合成。

除真核细胞病毒外，基因是连续的，即不含内含子序列。

基因重叠是病毒基因组的结构特点，即同一段DNA片段能够编码两种甚至三种蛋白质分子，细菌基因组中编码序列一般不会出现基因重叠现象。

基因组具有单个复制起点，为单复制子(replicon)结构，但每个复制子的长度较大。

2.4 真核生物基因组

与原核生物基因组相比，真核生物基因组结构具有如下特点。

1) 真核生物基因组比较大，包括核基因组和细胞器基因组，如人和动物基因组包括核基因组和线粒体基因组，而植物基因组包括核基因组、叶绿体和线粒体基因组。

2) 真核生物基因组一般由多条染色体组成，每条染色体是由DNA分子与蛋白质稳定地结合成染色质的多级结构，储存于细胞核内。

3) 真核生物基因组没有操纵子结构，但许多结构相似、功能相关的基因组成基因家族(gene family)。同一基因家族的成员可以紧密地排列在一起，成为一个基因簇(gene cluster)，也可以分散在不同的染色体上，或同一染色体的不同部位上。

4) 真核生物基因组中存在大量不编码蛋白质的DNA序列，基因组中不编码的区域多于编码区域，如人类基因组内编码蛋白质的基因大约只占基因组DNA序列的1%。编码蛋白质的基因往往位于基因组单拷贝DNA序列中。另外，还有大量的中度或高度重复序列(repeat sequence)，如卫星DNA等高度重复序列重复频率可达10^6次，而中度重复序列可达10^3～10^4次，如*Alu*家族、*rRNA*基因、*tRNA*基因、组蛋白基因等。

5）真核生物的基因是不连续的，由内含子（intron）和外显子（exon）相间排列，称为断裂基因（split gene）。

6）真核生物基因转录产物是单顺反子（monocistron）的，即一个结构基因转录成一个 mRNA 分子、翻译成一条多肽链。

7）真核生物基因组具有多个复制起点，为多复制子（multi-replicon）结构，但每个复制子的长度较小。

2.4.1 真核生物基因组的包装

真核生物基因组比较大，而且大部分基因组 DNA 与蛋白质稳定地结合组成染色体，储存于细胞核内。如人体的一个细胞核中有 23 对染色体，若将一个细胞中每条染色体的 DNA 双螺旋伸展开首尾彼此相接，全长约 1.7～2.0 m，而细胞核直径仅为 6～7 μm。因此，DNA 一定是以螺旋和折叠的方式压缩起来才能存在于细胞核中。例如，最小的人类染色体大约 4.6×10^7 bp，伸展状态的 DNA 长度约 1.4 cm，处于最紧缩状态的有丝分裂中期染色体长约 2 μm，说明此染色体的包装比（packing ratio）（指其线性 DNA 长度与其所在染色体长度的比值）达到 7 000，一般中期染色体 DNA 的包装比在 8 000～10 000。目前有关染色质高度折叠的一些细节仍不清楚，不管怎样，DNA 不可能被直接包装成染色质的最终结构，一定存在着分级包装过程（图 2－19）。

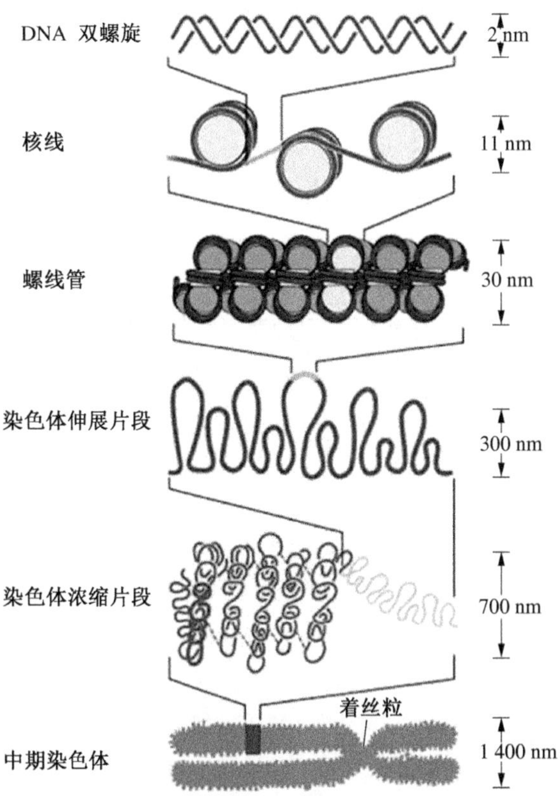

图 2－19 染色体分级包装过程

第一步，新合成的组蛋白$(H3-H4)_2$四聚体沉积到 DNA 上形成亚核小体颗粒（sub-nucleosome particle）；接着加入 2 个 H2A－H2B 二聚体，组成了由 146 bp 包围着组蛋白八聚体形成的核小体核心颗粒（nucleosome core particle）；然后，H1 组蛋白加入到 DNA 进出组蛋白八聚体的位置固定 DNA，再加上大约 10～100 bp（一般约为 50 bp）的连接 DNA（linker DNA）构成核小体（nucleosome）。这就是染色质的基本结构单位，是 1974 年 Roger Kornberg 等根据大量实验证据提出的核小体模型，目前得到普遍公认，因此，可以认定，核小体是染色质结构的第一层次。

第二步，相邻核小体彼此紧密相连使染色质形成直径 11 nm 的串珠状（beads）纤维结构，称为核线（nucleofilament），这是需要 ATP 的成熟过程。此过程 DNA 被压缩了 6～7 倍。

第三步，11 nm 的核线进一步螺旋化，形成直径 30 nm 的纤维，又称为螺线管（solenoid）结构，是外径 30 nm、内径 10 nm、螺距 11 nm 的中空螺线管，每一圈由 6 个核小体构成（图 2－20）。在此过程中 DNA 又被压缩了 6 倍，这是 1976 年 Finch 和 Klug 提出的螺旋管模型，他们认为螺线管是染色体包装的二级结构，目前这一模型得到了许多实验的证实。研究表明，组蛋白 H1－H1 的相互作用在形成 30 nm 纤维的过程中起到重要作用，但 H1 的确切功能目前尚不清楚。30 nm 纤维可能代表着典型间期核中大多数染色质的形式，但需要进一步的折叠。

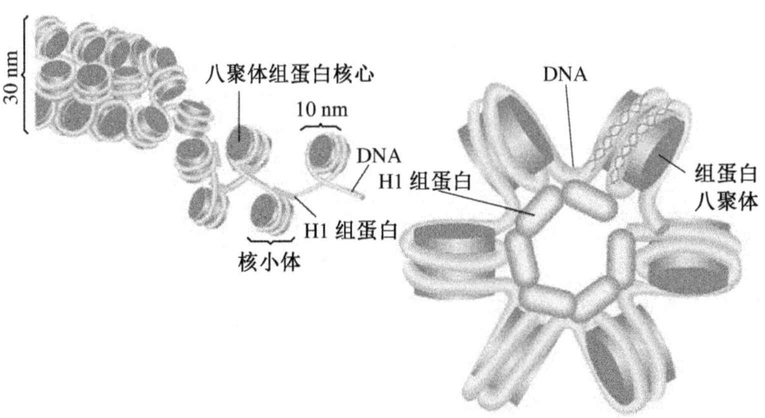

图 2－20 30 nm 纤维——螺线管的结构

第四步，30 nm 染色质纤维进一步环化，形成一系列的环(loop)，这些环附着在由非组蛋白组成的染色体骨架(scaffold)上，形成直径为 300 nm 的螺旋域(coiled domain)(图 2－21)。这是染色体包装的三级结构，也称为超螺线管(supersolenoid)，附着在染色体骨架上的侧环长约 15～30 μm，相当于 10～90 kb，DNA 在此过程中又压缩了近 40 倍，直径加粗了 10 余倍。这种由非组蛋白构成的染色体骨架和由骨架伸展出的无数 DNA 侧环组成的晕圈现象，是 Lacmmli 等(1977，1979)用 2 mol/L 的 NaCl 溶液或硫酸葡聚糖加肝素处理 HeLa 细胞中期染色体，除去组蛋白和大部分非组蛋白，在电镜下观察到的，由此他们提出了非组蛋白的骨架学说，认为非组蛋白可能在稳定染色体的高级结构方面起重要作用，非组蛋白也可能是染色体的结构蛋白。染色质环与染色体骨架结合的区域称为骨架附着区(scaffold allachmeatation regions，SARs)，主要是指染色质环基部专一性与拓扑异构酶、HMG 蛋白、H1 组蛋白相结合的区域，都是富含 AT(65%)的序列，因此推测，染色质环可能是染色体的复制单位，与表达调控有关，是基因协同表达的功能单位。

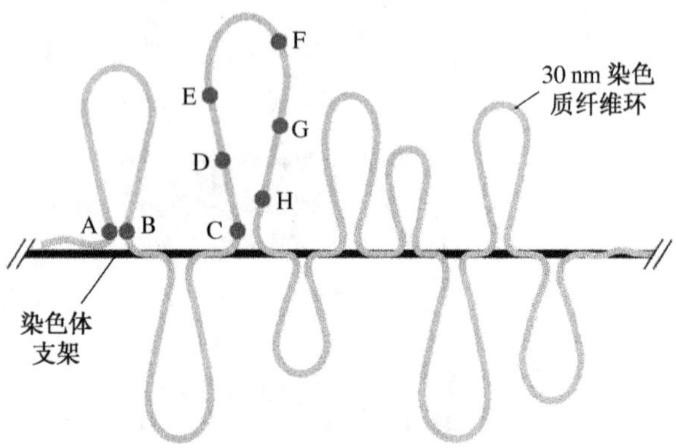

图 2－21 染色体骨架

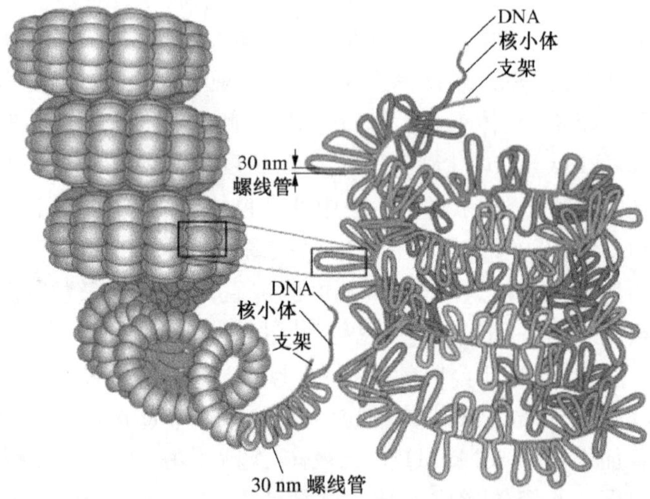

图 2－22 染色体 700 nm 螺旋的结构

第五步，300 nm 的染色质纤维进一步螺旋化，形成直径 700 nm 的螺旋(图 2－22)，这就是染色体包装的四级结构——染色单体，约 2～10 μm。在此过程中，DNA 折叠压缩了约 5 倍，所以 DNA 分子总的压缩比为 7×6×40×5＝8 400 倍，接近 1 万倍(图 2－19)，由两条姐妹染色单体形成的中期染色体直径为 1 400 nm，螺旋的方向是相对的，可在光学显微镜下观察到。

2.4.2 真核生物基因组的大小

真核生物基因组是由线状的双链 DNA 分子和环状 DNA 分子(线粒体和叶绿体 DNA)组成的，不同物种基因组的大小在 10～100 000 Mb 变动(表 2－9)。

表 2－9 真核生物基因组的大小

物　　种	基因组大小/Mb	基因数/个
真菌类(Fungi)		
酿酒酵母(*Saccharomyces cerevisiae*)	12.1	5 770
构巢曲霉(*Aspergillus nidulans*)	31	
原生动物(Protozoa)		
四膜虫(*Tetrahymena pyriformis*)	190	
无脊椎动物(Invertebrates)		
秀丽隐杆线虫(*Caenorhabditis elegans*)	97	～19 000
海鞘(*Ciona intestinalis*)	155	15 852
黑腹果蝇(*Drosophila melanogaster*)	180	13 379
冈比亚疟蚊(*Anopheles gambiae*)	278	13 683
家蚕(*Bombyx mori*)(silkworm)	450	～20 000
海胆(*Strongylocentrotus purpuratus*)	845	
蝗虫(*Locusta migratoria*)	5 000	

续　表

物　　种	基因组大小/Mb	基因数/个
脊椎动物(Vertebrates)		
河豚(*Takifugu rubripes*)	342	27 918
小鼠(*Mus musculus*)	2 600	
人(*Homo sapiens*)	3 300	20 000～25 000
植物(Plants)		
拟南芥(*Arabidopsis thaliana*)	125	25 498
水稻(*Oryza sativa*)	430	46 000～56 000
玉米(*Zea mays*)	2 500	? 30 000
豌豆(*Pisum sativum*)	4 800	
小麦(*Triticum aestivum*)	16 000	? 30 000
贝母(*Fritillaria assyriaca*)	124 900	

2.4.3　真核生物基因组的复杂性

真核生物基因组是十分复杂的，不仅表现在其基因的完整性可以被打断，也可以成簇分布，而且还表现在基因组内含有大量的不编码蛋白质的DNA序列，包括各种重复序列和单一序列。

1. 真核生物DNA序列的复杂性

(1) 单一序列(unique sequence)

单一序列又称非重复序列(nonrepetitive sequence)，在一个基因组中只有1个拷贝或2～3个拷贝。真核生物的大多数基因在单倍体中都是单拷贝的，原核生物基因组只含单一序列。低等真核生物基因组中，大部分DNA为单一序列，单一序列在基因组中占50%～80%；在植物和两栖类动物中，非重复DNA可能占基因组的少数。如哺乳动物基因组中，有50%～60%序列属于单一序列。单一序列中储存了巨大的遗传信息，编码各种不同功能的蛋白质。

(2) 中度重复序列(moderately repetitive sequence)

中度重复序列是指长约300 bp、在基因组中约有10至数万个拷贝的序列，一般每个单倍体基因组中的拷贝数小于10^6拷贝，如*rRNA*和*tRNA*基因。中度重复序列的复性速度快于单拷贝序列，但慢于高度重复序列。根据其在基因组中的分布方式，高等生物基因组中的中度重复序列又可以分为两种类别(图2-23)，一种为串联重复序列(tandem repetitive sequence)，另一种为散在重复序列(dispersed repetitive sequence)。少数中度重复序列在基因组中成串排列在一个区域，以串联重复序列形式存在，大多数与单拷贝基因或其他序列间隔排列，以散在重复序列形式存在。

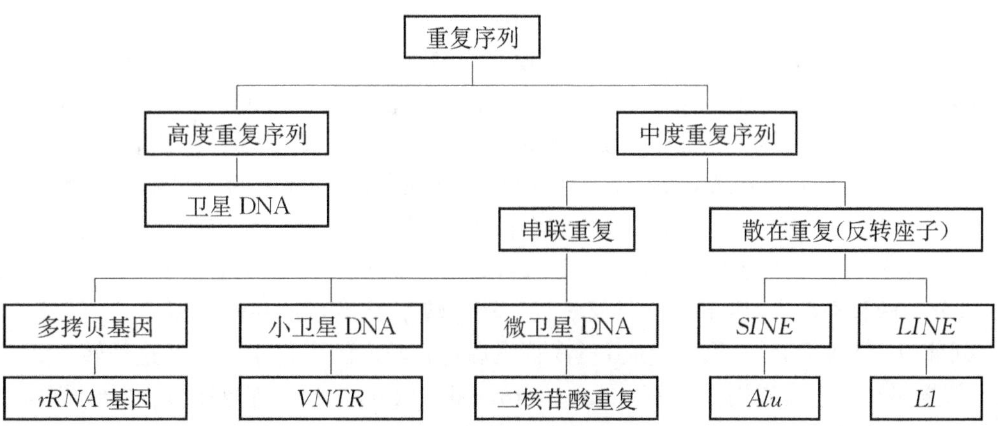

图2-23　重复序列的类别

1) 串联重复序列：是指许多个重复单位按照串联形式排列在一起，包括微卫星DNA(microsatellite)、小卫星DNA(minisatellite)、核糖体DNA(rDNA)。另外，存在于人类染色体着丝粒区的类α-DNA重复(alphoid DNA)，也包含在其中。这些重复序列长171 bp，是着丝粒DNA的主要组成部分，它们可能作为一种或多种特殊着丝粒蛋白的结合位点而发挥结构性作用。

微卫星 DNA 序列：又称短串联重复序列（short tandem repeat，STR）或简单重复序列（simple sequence repeat，SSR），是由 1～4 个碱基对组成的，常见以（CA）*n* 和（TG）*n* 二聚核苷酸为重复单位，重复次数为 10～60 次，总长度小于 150 bp，分布于整个基因组的不同位置上。由于等位基因间重复次数不同导致其在动植物中具有很高的多态性。平均而言，植物中每 23.3 kb 的 DNA 序列中出现一个长度在 20 bp 以上的微卫星 DNA 序列，每 62 kb 中出现一个≥20 bp 的（AT）*n* 微卫星 DNA 序列，它被广泛应用于一些简单遗传性状的分子标记研究和连锁作图。Morgante 等（2002）对拟南芥、水稻、大豆、玉米、小麦全基因组 DNA 和转录区（EST）的微卫星 DNA 序列的分析表明，单子叶植物 GC 丰富的三核苷酸重复比双子叶植物含量丰富，水稻中 CCC/GGG 重复大约占三核苷酸重复的 50%。微卫星序列的频率与基因组大小和重复 DNA 的百分比呈负相关，但在转录区是不变的，这表明在许多植物中，大多数微卫星所在的位置是优先发生近期基因组扩增的。所有物种的 EST 区的微卫星重复序列的密度明显大于基因组 DNA，特别是那些不翻译区段，这与先前在动植物研究中所报道的微卫星 DNA 优先起源于重复序列的机制是相反的。研究结果表明，植物中微卫星 DNA 主要与低拷贝的片段联系在一起。

小卫星 DNA：由短重复单位（15～400 bp）串联重复而成，平均长度为 20 bp，在基因组中拷贝数从 10～10 000 个不等，通常总长度为 1 000～5 000 bp，主要分布在染色体的近端粒处，也称为可变数目串联重复（variable number tandem repeat，VNTR）。VNTR 是由于重复序列在相同物种不同个体基因组中的重复次数不同所导致的，这决定了小卫星 DNA 长度的多态性。而不同个体基因组中重复单位数目的高度变异是由于不等交换所造成的，用重复序列中没有切点，而在重复序列两侧有切点的限制酶酶切，则切割的片段将由于所包含的重复序列的数目不同而出现长度的变化，此即 DNA 长度多态性。DNA 长度多态性按孟德尔方式遗传，可用作分子标记，广泛应用于基因定位、DNA 指纹图谱（DNA fingerprinting）分析、遗传病的分析和诊断等。

核糖体 DNA：在真核生物中，核糖体 RNA 基因是编码细胞质中 18S、5.8S 和 28S 核糖体 RNA 的基因（或 rDNA），是一类中度重复的串联 DNA 重复序列，集中分布在一个或数个位点，大都与核仁组织区（nucleolus-organization region，NOR）相联系。真核细胞中 *rRNA* 基因群，由许多拷贝的 *rRNA* 基因重复单位所组成。一个 *rRNA* 基因重复单位包括转录区（包括 18S、5.8S 和 28S）和非转录区，即基因间隔序列（intergenic sequence，IGS）。转录区的序列是高度保守的，基因间隔区则是高度可变的。植物中 rDNA 的重复单位长度为 7.8～18.5 kb，单倍体基因组中的拷贝数为 600～8 500 个。植物中不同物种的 rDNA 的数目是变异的，如黑麦中为 1 个位点，大麦中为 2 个位点，水稻中为 1～3 个位点，甚至洋葱的同一品系中 rDNA 的数目也是不同的，1～4 个均有。rDNA 的数目在同属不同种中变异很大，NOR 或 rDNA 的数目、大小、位置的变化表明，rDNA 可能在不同的末端异染色质区域跳动。

5S *rRNA* 基因是真核生物中另一类高度保守的串联重复序列（或 5S rDNA），重复单位为 200～900 bp，单倍体基因组的拷贝数为 1 000～50 000。植物中，通过原位杂交可观察到 1～6 个 5S rDNA 簇（cluster）。真核生物基因组中，5S rDNA 与其他 rDNA 在染色体上的分布彼此独立。但小麦、节节麦和黑麦等少数物种例外，二者处于相同的染色体上，而大多数物种的 5S rDNA 并不位于核仁组织区所在染色体上。5S rDNA 的结构由编码区和间隔区组成，编码区 120 bp，是高度保守的，间隔区的长度和序列物种间变化很大。

2）散在重复序列：其重复单位与其他无关重复序列或单拷贝序列相间排列。在大多数真核生物基因组中，多数中等重复序列是可移动遗传因子（mobile genetic element），也称为转座子。依据插入 DNA 序列的方式不同，可分为两种类型：Ⅰ型转座元件又称为反转录转座子（retroelement）或 RNA 转座子，在插入基因组 DNA 序列前以 RNA 为介导，反转录成 DNA 拷贝后进行转座的可移动元件。这类转座元件是真核生物所特有的。依据是否含有长末端重复序列（long terminal repeat，LTR），它们被大致分为两类：长散在重复元件（long interspersed elements，LINEs）和短散在重复元件（short interspersed elements，SINEs）。其中，长散在重复元件又分为含 LTR 的反转座子（retrotransposon）和无 LTR 的转座子。反转录转座子分布于植物、真菌、无脊椎动物和部分脊椎动物基因组中。在植物中，占主导地位的是 LTR 反转座子中的 Ty1-*copia* 和 Ty3-*gypsy* 成分。Ⅱ型转座元件为 DNA 转座子（transposon），既可以插入又可以切离，通常具有末端颠倒重复序列，主要有 *Ac/Ds*、*Spm/dspm*、*MuDR/Mu*。人类基因组中 SINE、LINE、LTR 反转座子及

DNA 转座子的拷贝数分别占总序列的 13%、21%、8%和 3%。所有真核生物中都含有 SINE 和 LINE,但有不同的比例,例如,果蝇和鸟类含 LINE 较多,而在人类和蛙中则含 SINE 较多,以下主要介绍 SINE 和 LINE 家族。

SINE 是基因组里较短的一类重复序列,长度在 100~500 bp,不包含任何基因。因自身不编码具有转座功能的反转录酶,SINE 是非自主转座的反转录转座子,来源于 RNA 聚合酶Ⅲ的转录物。所有已知的 SINE 启动子都源于 tRNA 序列,但有一个例外,即第一个 Alu 元件可能来自编码信号识别颗粒(signal recognition particle, SRP)组分的 7SL RNA 分子的反转录,将其 DNA 拷贝整合到人类基因组中。人类基因组中包含 3 个远源相关的 SINE 家族:活跃的 Alu 家族、失活的 MIR(mammalian-wide interspersed repeat)及 MIR3。

Alu 序列家族是 SINE 的典型代表,Alu 序列的长度约 300 bp,由于每个单位长度中有一个限制性内切酶 Alu Ⅰ的识别序列 AGCT,所以称为 Alu 序列(或 Alu 家族)。Alu 家族是灵长类动物基因组中含量最丰富的一种中度重复序列家族,在人基因组中存在大约 120 万个拷贝,约占人基因组的 10.7%。其他哺乳动物中也发现有 Alu 序列相关序列的存在。如小鼠基因组有一个相关的元件——B1,长 130 bp,相当于人类 Alu 家族的一半,大约有 5 万个拷贝,它与 Alu 家族有 70%~80%的同源性。

Alu 家族的每个成员只是相关而不完全相同,如人类 Alu 家族可能是源于一个 130 bp 的序列串联重复产生的,由两个约 130 bp 的正向重复构成为二聚体,两个重复有时被称为 Alu 序列的“左半部”和“右半部”,右半部中有一个长 31 bp 或 32 bp 的插入序列,Alu 家族的每个成员与一致序列(consensus sequence)平均有 87%的相似性。

Alu 序列和 7SL RNA 相关,7SL RNA 5′端的 90 个核苷酸与 Alu 序列的左半部末端序列同源,中间的 160 个核苷酸与 Alu 序列没有同源性,而 3′端的 40 个核苷酸与 Alu 序列右半部末端序列同源。编码 7SL RNA 的基因是由 RNA 聚合酶Ⅲ转录的,因此,非活性的 Alu 序列可能是这些基因(或相关基因)产生的。

Alu 序列的结构类似于转座子,其两端含有短(6~20 bp)的正向重复序列,但 Alu 家族中不同成员间的正向重复序列长度不同,可能是由于它们来源于 RNA 聚合酶Ⅲ的转录产物,所以某些成员携带了内源性的活性启动子。

Alu 序列广泛散布于整个基因组中,导致其广泛存在的原因有两种可能性,一是 RNA 聚合酶转录成 RNA 分子,再经反转录酶的作用形成 cDNA,然后重新随机插入基因组导致 Alu 序列的大量产生;二是由于 Alu 序列的结构类似转座子,因此推测 Alu 序列可能具有跳跃性,可以在基因组内移动位置,从而导致 Alu 序列散布于整个基因组中。在细胞学水平上观察,Alu 重复序列集中在染色体 R 带,即基因组转录活跃的区段。

Alu 家族的广泛存在意味着它具有某种功能,据推测 Alu 家族可能与遗传重组及染色体不稳定性有关,同时由于在许多核内不均一 RNA(hnRNA)中含有大量的 Alu 序列,而且 Alu 序列中含有与某些真核基因内含子剪接接头相似的序列,因此 Alu 家族可能参与 hnRNA 的加工与成熟。Alu 家族的确切功能目前尚未搞清楚。

LINE 是可以自主转座的一类反转录转座子,来源于 RNA 聚合酶Ⅱ的转录产物,全长约 5~7 kb。在人类基因组中存在 3 个 LINE 家族,其中 LINE-1 是最常见也是唯一可以转座的一类,而 LINE-2 和 LINE-3 是由无活性的遗迹组成。LINE-1 元件全长 6.1 kb,在基因组中约有 60 万个拷贝。LINE 含有 2 个开放阅读框 ORF1 和 ORF2,分别为 1 137 bp 和 3 900 bp,ORF1 称为 p40,功能未知,ORF2 编码反转录酶。无 LTR,但在 LINE 的 3′端有一系列 A-T,即 poly(A)序列(图 2-24)。

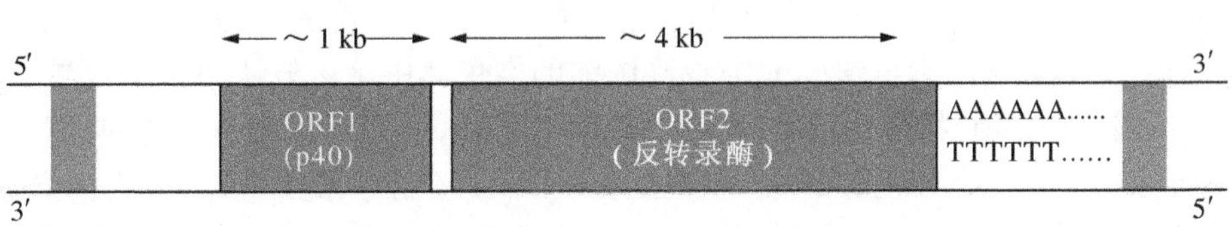

图 2-24 LINE 的基本结构

LINE 是进化上保守的一个超基因家族(supergene family),除人类外,在果蝇、锥虫、粗糙脉孢菌中也相继发现 LINE 相关的序列。LINE 家族的每个成员都有所不同,但在一个物种中的家族成员比种系间表现出更大的同源性。

人类基因组中的两个重复序列家族 LINE-1 和 Alu 家族在所有散在重复序列中占 60%,属于优势重复家族。分析表明,LINE-1 元件和 Alu 家族分别至少有 150 万和 80 万年了,在进化过程中,它们是垂直传递的。

造成物种间串联重复序列变异的主要遗传机制是扩增/缺失(amplification/ deletion)、突变(mutation)和不等交换(unequal exchange);散在型重复序列主要是依靠转座、切除(excision)和异位交换(ectopic exchange)机制产生。

(3) 高度重复序列(highly repetitive sequence)

在基因组中存在大量拷贝的序列,一般每个单倍体基因组中的拷贝数都大于 10^6,通常这些序列的长度为 6~200 bp。高度重复序列大部分集中在异染色质区,特别是在着丝粒和端粒附近。这些重复序列中常有一些 AT 含量很高的简单串联重复序列,因此在很低的 Ct 值时就可以变性,复性速度很快。高度重复序列在基因组中所占比例随种属而异,占 10%~60%,大多数高等真核生物 DNA 都有 20%以上的高度重复序列。这类重复序列非常简单,没有启动子结构,因此没有转录能力。按其结构特点可以分为:反向重复序列、卫星 DNA 和灵长类特有的较复杂重复单位组成的重复序列。

卫星 DNA:这类重复序列因含大量的 A-T 碱基,浮力密度小,在氯化铯密度梯度离心时形成一条与 DNA 主带相伴的卫星带而得名。通常具有重复单位短(150~500 bp),拷贝数高(10^5~10^6),种内不同拷贝的重复单位间序列的相似程度高,种内高度同质、但种间常高度分化(物种专化性)等特征。卫星 DNA 一般位于异染色质区,特别是在着丝粒和端粒附近,因此可能与染色体的结构有关,如着丝粒 DNA 序列和端粒 DNA 序列。

卫星 DNA 按其浮力密度的大小可以分成Ⅰ、Ⅱ、Ⅲ、Ⅳ四类,其浮力密度分别是 1.687 g/ml、1.693 g/ml、1.697 g/ml 和 1.700 g/ml。人类基因组中至少含有 10 个不同类型的卫星 DNA,每种类型的卫星 DNA 在基因组中的含量可能都超过 1%,而且常常是多等级的,即一个大的重复单位是由若干个彼此相似的小重复单位串联组成,每个小重复单位又由若干个彼此相似的更小的重复单位串联组成。例如,人类基因组中位于着丝粒区的 α 卫星 DNA,也是灵长类特有的卫星 DNA,基本重复单位为 171 bp,通常以二体(342 bp)到 16 体(2 736 bp)作为重复单位,与小卫星 DNA 和微卫星 DNA 相比,其长度变化较小。人类 β 卫星 DNA,富含 GC,在人号染色体上有 30 000~60 000 拷贝,重复单位为 68 bp 的单体,共 2 040 000~4 080 000 bp,而在染色体 13、14、15、21 和 22 上,它形成了近着丝粒重复序列。人类卫星 DNA Ⅰ富含 AT,由 42 bp 的重复单元组成,其中包含 17 bp 和 25 bp 的重复单位。卫星 DNA Ⅱ家族是保守性差的 ATTCC 重复;卫星 DNA Ⅲ是较保守的 ATTCC 重复,且与 10 bp 的序列(ATCGGGTTG)相间分布。卫星 DNA Ⅰ、Ⅱ、Ⅲ以长串联重复的形式分布在染色体 1、9、16、17 及 Y 染色体的异染色质区和 13、14、15、21、22 短臂的随体区域。黑果蝇(*D. virilis*)中的卫星 DNA 也有 3 类,富含 A-T 碱基(表 2-10)。

表 2-10 果蝇(*D. virilis*)中的卫星 DNA

卫星 DNA	重复序列	基因组中的拷贝数	占基因组的比例/%
Ⅰ	ACAAACT	1.1×10^7	25
Ⅱ	ATAAACT	3.6×10^6	8
Ⅲ	ACAAATT	3.6×10^6	8

从进化的角度看,物种间重复序列的变异是自然选择和生物对环境适应的结果。在植物中,高度重复和串联重复一般存在于非表达的染色钮(knob)或高浓缩的染色体中。一般认为大多数重复序列是过剩的 DNA,但其中某些重复序列具有特殊的功能,如调节基因的表达、增强同源染色体之间的配对和重组、维持染色体结构的稳定性、调节 mRNA 前体的加工过程、参与 DNA 复制等,此外重复序列还可能是进化的源泉之一。重复序列单元、拷贝数、在 DNA 中分布位置、存在状态都具有多样性,因此近几年成为人们研究的热点。通过对重复序列进行研究,可以揭示基因的结构、功能机制,分析基因组的多态性等。重复序列的确切生物学意义尚有待进一步阐明。

2. 真核基因的结构复杂性

真核生物基因的复杂性表现在多个方面,包括基因结构的复杂性、基因家族等。典型的真核生物基因主要包含3个部分：上游部分包括远上游序列即增强子(enhancer)和近端的启动子(promotor)部分(图2-25)；中间部分为转录单位，由外显子和内含子组成；下游部分也是远端的增强子序列。增强子和启动子都是基因的调控序列，增强子负责增强基因的转录功能，启动子负责起始基因的转录。外显子和内含子都转录成为前体RNA，但内含子在转录后的加工过程中被切除，因此，一般认为外显子是编码的，而内含子是不编码的。由于编码与非编码区间隔排列，因此这样的基因称为断裂基因(split gene)。断裂基因有利于储存较多的遗传信息，有利于变异和进化。

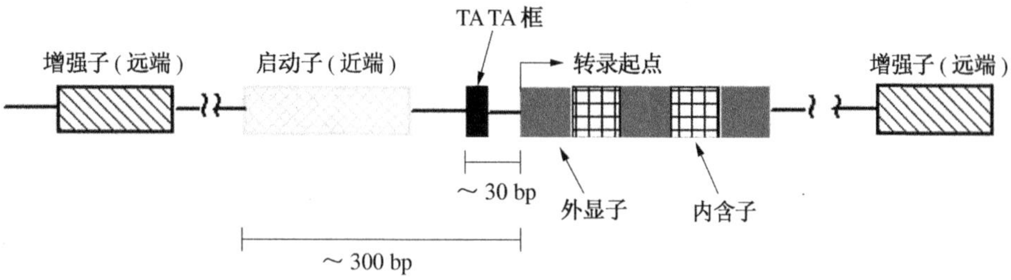

图2-25 典型的真核生物基因结构

然而，真核生物基因的结构并非是如此简单，而是表现出多方面的复杂性。

(1) 外显子和内含子的相对性

原核生物的基因结构绝大多数是连续的，即编码蛋白质的核苷酸序列是不中断的。可是，真核生物基因的编码序列是不连续的，即在两个编码序列之间存在一段内含子序列。在高等真核生物中，内含子是大量存在的，在脊椎动物的结构基因中仅编码组蛋白和干扰素的基因没有内含子。但是，外显子和内含子并不是一成不变的，具有相对性，表现在：① 不是所有外显子都是编码氨基酸的，除*tRNA*基因和*rRNA*基因的外显子是完全"不显"之外，几乎全部的结构基因的首尾两个外显子都只有部分核苷酸序列编码氨基酸。另外，还有完全不编码氨基酸的外显子，如人类*G6PD*基因的第一外显子核苷酸序列。② 并非所有内含子都是不编码的，内含子内也可能存在基因(见下文"基因内基因")。③ 一个基因的内含子可能是另一个基因的外显子，如小鼠的淀粉酶基因包括4个外显子，来源于肝脏的与来源于唾液腺的是同一基因，肝脏淀粉酶不保留外显子1，而唾液腺淀粉酶保留了外显子1的50 bp碱基序列，但外显子2及其前后两段内含子被切除了，说明外显子2在肝脏淀粉酶基因中是外显子，而在唾液腺淀粉酶基因中是内含子。

从进化观点看，外显子的保守程度远高于内含子，内含子序列是多变的，这是因为内含子的序列最终不出现在mRNA序列中，即使发生改变也不会影响基因的产物或改变基因的功能，因此可以不受到自然选择的压力。这在基因的早期进化中可能起重大作用，因为积累了突变的内含子有可能演化成为新的基因，编码新的蛋白质；而且内含子的存在，有利于不同基因的外显子之间的重组。所以内含子的存在对生物体来说并不是一种浪费，而是更增加了真核生物基因组已经很巨大的编码潜能。研究表明，内含子序列除了在低等生物中作为核酶(ribozyme)使用外，它还具有以下一些功能：① 在基因转录调控中的作用，内含子内可以有增强子(intronic enhancer)和启动子(intronic promoter)的存在，如人类*CD4*、*ST5*基因和老鼠激肽释放酶结合蛋白基因(kallikrein-binding protein gene)的第一个内含子中存在着可选择的启动子，人*C4A*基因的启动子位于内含子35中。Majewski等(2002)的研究也表明，人类基因组中大多数基因的第一个内含子在基因转录调控中起着非常显著的作用。② 内含子成分可以作为转录/翻译转换过程中的调节因子起作用。③ 内含子编码ORF，如许多小分子核仁RNA(small nucleolar RNA, snoRNA)是被内含子编码的。④ 在RNA编辑(editing)中起作用，可以引导不同基因位点专一性的RNA编辑。⑤ 在选择性剪接(alternative splicing)中具有一定的功能，如作为选择性剪接的中间间隔，作为调节因子等。⑥ 内含子使蛋白质的进化易于发生，提高进化速率。编码某一蛋白质的基因所含内含子的数目在不同生物中可以是不同的，甚至在同一个体中也可以不同就可以说明这个问题，如大鼠的两个功能性的胰岛素基因，一个有2个内含子，这和大多数啮齿类动物的胰岛素基因是一样的，而在另一个基因中则只有1个内含子。⑦ 基因家族中的内含子可能还有保护作用，主要原因在于内含子可变性大，可以抑制基因家族中相邻外显子的配对，不会被不等交换(unequal crossing)消除。⑧ 可编码内切酶，如酵母的细胞色素b基因含有3个外显子和2个内含子,转录后先切除了内含子 1,然后翻译成成熟酶(maturase),后者负责切除内含子 2,产生成熟的 mRNA,翻译成细胞色素 b。

(2) 基因内基因(gene-within-gene)

这种基因结构形式在核基因组中比较普遍,常常一个基因内部包含其他基因。如人的Ⅰ型神经纤维瘤(neurofibromatosis)*NF Ⅰ* 基因的第 26 内含子,长约 40 kb,含有 3 个较小的基因,分别为 *OGMP*、*EVI2A* 和 *EVI2B*,这 3 个基因也分别含有 2 个外显子与 1 个内含子,但是这些小基因的转录在 *NF Ⅰ* 基因Ⅰ链相反的那条链上(图 2-26);再如,人类凝血因子Ⅷ基因,第 22 内含子包含 1 个 CpG 岛,2 个基因内基因 *F8A* 和 *F8B*,人类眼癌易感性 *RB1* 基因的第 17 内含子中包含 G-蛋白偶联受体基因 *U16*。

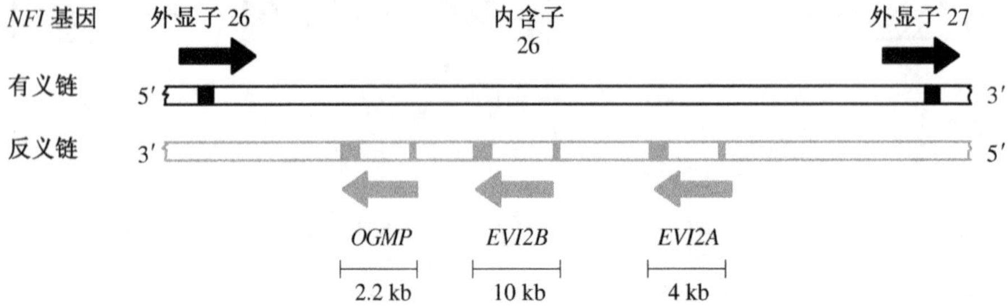

图 2-26 人 *NF Ⅰ* 基因内的三个基因

寡突细胞髓鞘质蛋白基因(oligodendrocyte myelin glycoprotein, *OGMP*)、跨膜蛋白基因(ecotropic viral integration site, *EVI2A* 和 *EVI2B*),人类与鼠科动物引起白血病基因的同源物

(3) 重叠基因(overlapping gene)

重叠基因大多在原核生物基因组中发现,高等真核生物基因组中也存在基因重叠现象,如人类线粒体基因组中的 ATP 酶亚基 *ATPase8* 基因和 *ATPase6* 基因是部分重叠的(图 2-27),*ATPase8* 基因在 8 366~8 569,*ATPase6* 基因在 8 527~9 204,两个基因分享了相同的有义链。在高等生物及人的基因组中也发现有重叠基因,如上述的 *NF Ⅰ* 基因,只是重叠基因一般使用两条不同的链进行转录;又如位于 6 号染色体短臂 2 区 1 带 3 亚带(6p21.3)的 HLA 复合体组分Ⅲ区域的基因密度较大,平均 13 kb/基因,就存在重叠基因(图 2-28)。

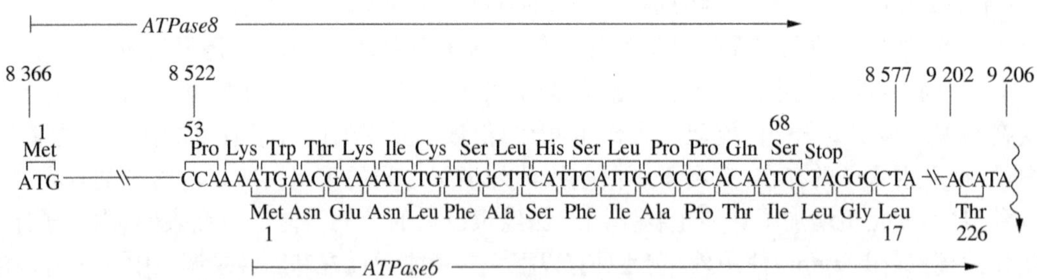

图 2-27 人类线粒体基因组中的重叠基因

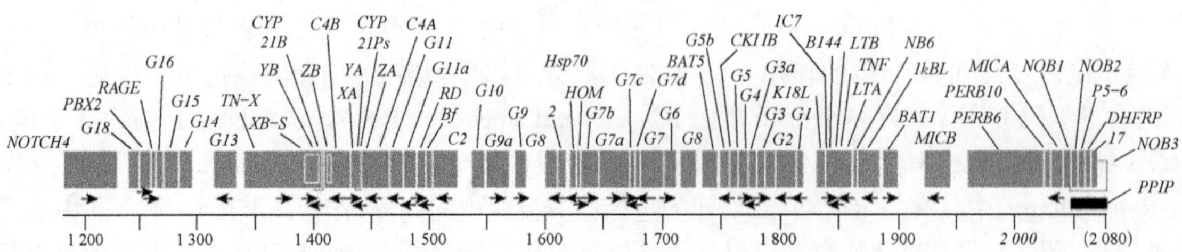

图 2-28 人类 6p21.3 区域的基因

(4) 假基因(pseudogene)

假基因系指来源于功能基因但已失去活性的 DNA 序列,常用 ψ 表示。假基因与原来有功能的基因同

源，由于缺失(deletion)、倒位(inversion)或突变(mutation)等原因使该基因失去活性成为无功能基因。如最早发现的非洲爪蟾 5S rRNA 基因中的假基因，5S rRNA 基因重复单位约 700 bp，其中编码序列约120 bp，有 101 bp 的序列与 5S rRNA 基因相同，但缺少了 19 bp 而不能转录，成为无活性基因。一般认为，假基因有 3 种来源：① 由基因重复产生。在发生基因重复时，插入和缺失某些核苷酸使 mRNA 移码，或出现终止密码子突变，从而合成无活性的蛋白质，这类假基因一般与起源的基因拷贝邻近排列，保留着祖先基因的组成特点，如人珠蛋白基因家族中有 5 个假基因，α 基因簇中有 4 个($\psi_{\varepsilon1}$、$\psi_{\alpha1}$、$\psi_{\alpha2}$ 和 θ)，β 基因簇中有 1 个(ψ_{β})。② 正常有功能的基因经过转录及转录后加工形成成熟 mRNA，再经反转录产生 cDNA，cDNA 整合到染色体 DNA 中，从而形成加工的假基因(processed pseudogene)。由于经过了 RNA 前体的剪接作用，因此该假基因是没有内含子的。另外，加工的假基因仅仅是一个基因转录区的拷贝，缺乏转录单位两端的上下游序列，因而没有启动子，不能表达(来源于 RNA 聚合酶Ⅲ转录物的假基因除外，因为它们的启动子是位于 RNA 序列的内部)，而且，加工的假基因分散在整个基因组中，很少与起源的基因邻近排列。③ 基因的残留物。包括残缺基因(truncated gene)和基因片段(gene fragment)两种，前者是完整基因的一端缺少大小不等的一段，后者是从一个基因中分离出来的短片段，并且都变成了不活动的基因，两者都可能是由不等交换及重排或缺失造成的。

(5) 重复基因(duplicated gene)

重复基因指基因组中有多个拷贝的基因。在真核生物基因组中，重复基因高达 30%。重复基因可以分成两类：不变的重复(invariant repeat)和变异的重复(variant repeat)，前者是指重复基因的重复单位相互间在序列上是等同或近似等同的，如翻译过程中不可缺少的 *rRNA* 基因和 *tRNA* 基因、染色体结构不可缺少的组蛋白基因等；后者是指重复基因的重复单位间在序列上或多或少地有一定程度的差异，是由一个基因的多拷贝构成的，有时能执行不同的功能，例如，在血液凝结过程中起裂解血纤蛋白原作用的凝血酶和消化性酶——胰蛋白酶都是源自一个原始基因的重复。

1) rRNA 基因重复单位的结构：真核生物基因组中含有 4 种类型的 rRNA：28S、5.8S、18S 和 5S。前 3 种通常成簇存在，为单一的转录单位，转录后形成前体 rRNA，再经过专一性的酶将其切开，分别形成 28S、5.8S、18S rRNA。不同物种 rRNA 基因重复单位的大小是不同的(图 2-29)，如人类的 rRNA 基因的重复单位大约 40 kb(图 2-30)，包括 13 kb 转录单位和 27 kb 非转录间隔区；转录单位包括 3 个间隔区，即 *ETS* (external transcribed spacer)、*ITS1* (internal transcribed spacer)和 *ITS2*，它们在随后的 RNA 加工过程中被切除，非转录间隔区在各物种之间差异很大，如酵母为 1 750 bp，小鼠为 30 000 bp。

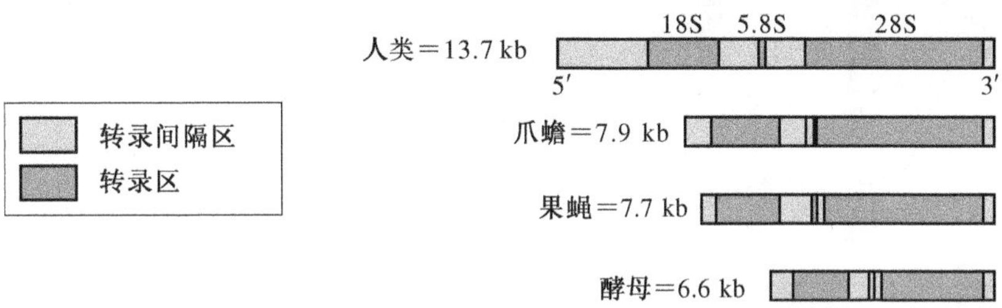

图 2-29 人类、爪蟾、果蝇、酵母 rRNA 基因转录单位的长度

图 2-30 人类 rRNA 基因重复单位的构成

2) 组蛋白基因重复单位的结构：组蛋白重复基因的重复单位包括 5 个基因：*H1*、*H2A*、*H2B*、*H3*、*H4*，它们串联在一起，作为一个单位，重复多达千次。海胆组蛋白重复基因是最早被分离并鉴定的。组蛋白基因在各种生物体内重复的次数不一样，如鸡基因组中组蛋白基因有 10 个拷贝，在哺乳动物中为 20 拷贝，非洲爪蟾为 40 拷贝，而海胆的每种组蛋白的基因达 300～600 拷贝。通常每种组蛋白基因在同种生物中拷贝

数是相同的，但基因重复单位的组织形式在不同生物中可能是不同的，表现在基因次序、转录方向和基因间隔区的不同，如果蝇和海胆组蛋白基因的重复(图 2-31)，在海胆基因组中，重复单位中基因的排列次序为 *H1*-*H4*-*H2B*-*H3*-*H2A*，所有基因的转录方向相同；而果蝇中，重复单位中基因的排列次序为 *H2B*-*H2A*-*H4*-*H3*-*H1*，基因的转录方向不同(如箭头所示)。在人类基因组中，5 种组蛋白的基因串连成簇重复 30～40 次，组蛋白基因家族成簇地集中在 6 号染色体上，但 1 号、4 号、7 号、11 号、17 号、22 号染色体上也有散在的组蛋白基因(图 2-32)。

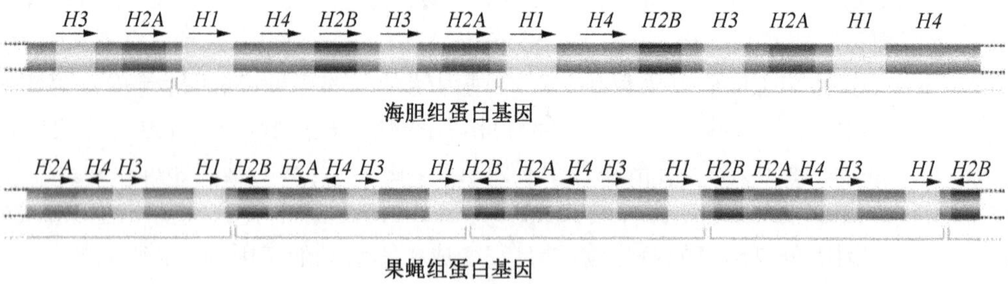

图 2-31 果蝇和海胆组蛋白基因

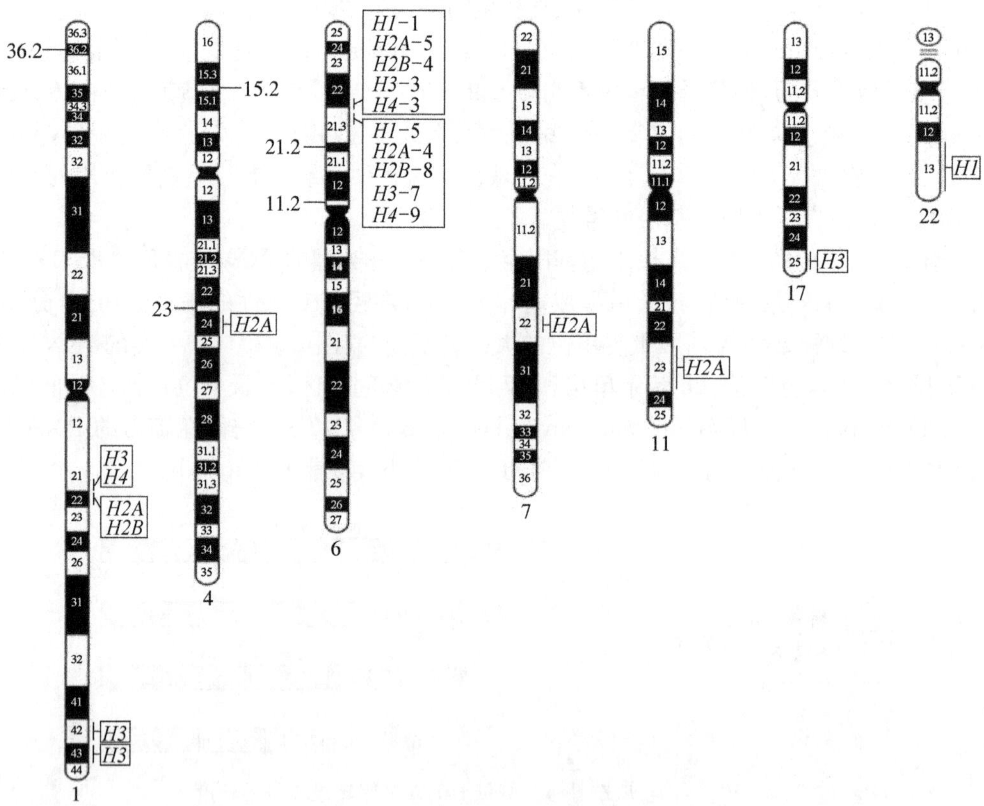

图 2-32 人类基因组中组蛋白基因的分布

3. 真核生物基因家族(gene family)、基因簇

(1) 基因家族

真核生物基因组中来源相同、结构相似、功能相关的一组基因可归为一个基因家族。一个基因家族的成员本质上是由一个祖先基因经重复和变异所产生的一组同源基因，又称为多基因家族(multi gene family)，因此基因家族的成员彼此在结构和功能上是相似的，但也包括在结构上相似而没有功能的假基因。一些串联重复的基因家族的成员常常成簇地存在于一条染色体上，它们可同时发挥作用，合成某些蛋白质，如组蛋白基因家族就成簇地集中在 7 号染色体长臂 3 区 2 带到 3 区 6 带区域内；而分散的基因家族的成员不在同一基因簇(gene cluster)内，甚至位于不同染色体上，这些不同成员编码一组功能上紧密相关的蛋白质，如珠蛋白基因家族。根据基因家族的复杂程度，可以把它们区别为几种类型：① 简单的多基因家族，如

rRNA 基因家族，其中的基因结构是相同的，基因与基因之间由中度重复序列隔开。② 复杂的多基因家族，如海胆和果蝇的5个组蛋白基因作为一个单位重复近千次，构成复杂的多基因家族，每个基因单独地按一定方向转录。③ 不同场合表达的复杂多基因家族。人类珠蛋白基因家族是典型的由发育阶段控制的多基因家族，在个体发育的不同时期表达血红蛋白基因。由于 *rRNA*、*tRNA*、组蛋白基因家族成员之间的高度相似性和较高的拷贝数，又将其归为重复基因。基因家族中典型的代表是血红蛋白基因家族，是迄今鉴定最清楚的两个成簇的基因家族。

血红蛋白由4种珠蛋白肽链组成，它们分别是α、β、δ和γ肽链，由它们不同的组合组成各种血红蛋白。该基因家族的α-珠蛋白和β-珠蛋白亚基组成α-珠蛋白基因簇和β-珠蛋白基因簇，其中α-珠蛋白基因簇由5个相关基因组成，集中分布在16号染色体短臂末端到1区3带2亚带之间的50 kb DNA 范围内(16pter～p13.2)，包括一个有活性的ξ基因和一个无功能的ψ_ξ基因，两个α基因和两个无功能的ψ_α基因，以及一个未知功能的θ基因。两个α基因编码同一种蛋白质。同一个染色体上含有的两个或多个相同的基因为非等位的拷贝(nonallelic copy)。β珠蛋白基因簇由6个基因组成，分布在11号染色体短臂1区5带4亚带(11p15.4)的65 kb 范围内，包括5个功能基因(ε、2个γ、δ和β)和一个无功能基因($\psi\beta$)，其中表达同一种蛋白质的2个γ基因，它们的编码序列不同，G_γ在136位是一个Gly，A_γ此位置是一个Ala。这两个基因簇的成员都是按其在发育过程中的表达次序由5′→3′排列在编码链上(图2-33)。

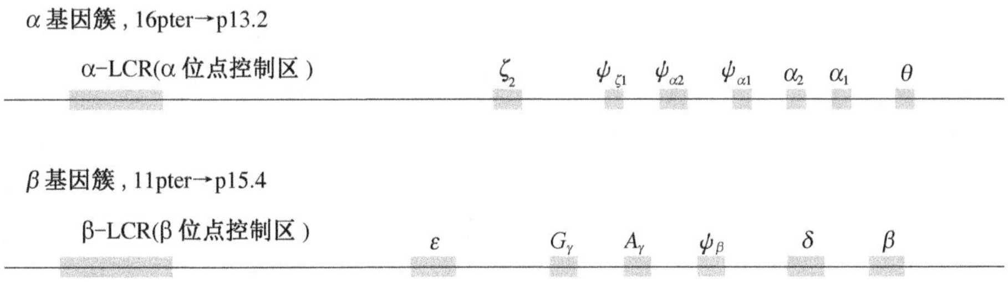

图2-33 血红蛋白基因家族

人一生中血红蛋白的发育途径可以分成3个阶段：胚胎、胎儿和成体。胚胎血红蛋白是指妊娠12周内表达的血红蛋白，包括Hb Gower Ⅰ($\zeta_2\varepsilon_2$)、Hb Gower Ⅱ($\alpha_2\varepsilon_2$)、Hb Portland($\zeta_2\gamma_2$)，胎儿血红蛋白包括Hb F($\alpha_2\gamma_2$)，成体血红蛋白包括Hb A_2($\alpha_2\delta_2$)、Hb A($\alpha_2\beta_2$)、Hb F($\alpha_2\gamma_2$)，其中Hb A($\alpha_2\beta_2$)占97%，Hb A_2($\alpha_2\delta_2$)大约占2%，约1%是持续表达的胎儿血红蛋白Hb F($\alpha_2\gamma_2$)。从结构和功能上看，ζ类似于α链，称为类α链，ε、γ、δ更类似于β链，称为类β链。因此，在个体发育过程中，α-珠蛋白基因簇的基因表达的顺序是$\zeta-\alpha$，β-珠蛋白基因簇的基因表达的顺序是$\varepsilon-\gamma-\delta-\beta$(图2-34)。可以看出，基因表达的顺序与基因在染色体上的排列次序是吻合的。

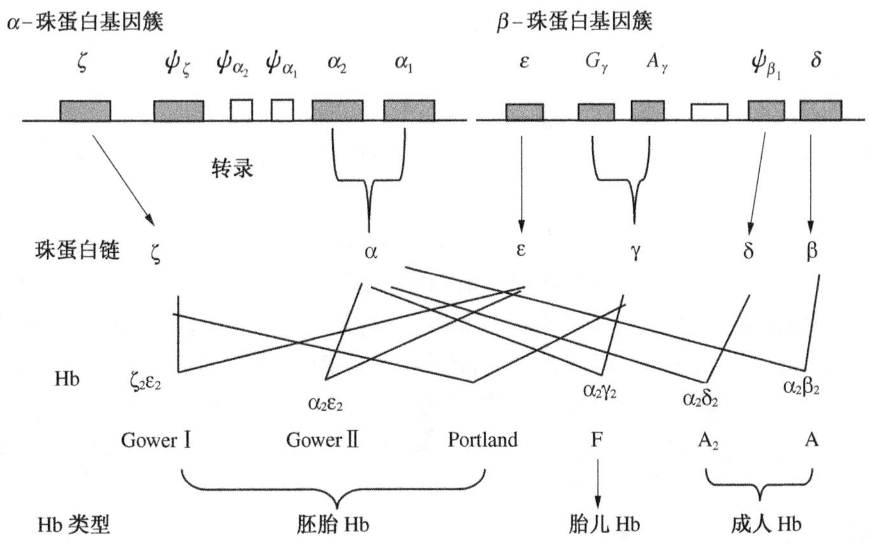

图2-34 不同发育时期表达的血红蛋白及其组成

除人类外,在其他脊椎动物中也发现了类似的珠蛋白基因结构。所有已知的脊椎动物的珠蛋白基因簇的每个基因都含有 3 个外显子、2 个内含子,虽然各个基因中内含子的长度可能不同,但位置非常相似,而且不同珠蛋白基因在顺序编排上具有高度一致性,这些都表明 α-珠蛋白基因簇和 β-珠蛋白基因簇是由一个祖先珠蛋白基因经过重复和变异产生的一组基因。由此也证明,基因家族主要是由于祖先基因的重复及突变产生的,是增加基因组复杂性的途径之一。对基因家族中各个成员间序列差异的比较,可以追踪基因的演变轨迹。研究表明,由一种原始的脊椎动物的单一类型血红蛋白亚基变为 α 和 β 两种类型的亚基大致发生在 5 亿年前,即在脊椎动物进化的早期,α 和 β 基因分开之后,再分别经过重复和多样化,从而产生了当前人类所具有的 α 和 β 两个基因簇系列。

(2) 基因簇(gene cluster)

一组相同或相关的基因排列在一起称为基因簇。基因簇少则可以由重复产生的两个相邻相关基因组成,多则可以是几百个相同基因串联排列而成。如哺乳动物珠蛋白基因家族中的 α-珠蛋白基因簇和 β-珠蛋白基因簇是由一个祖先珠蛋白基因经过重复和变异产生的一组基因,*rRNA* 基因和组蛋白基因簇是由于机体大量需要 *rRNA* 基因和组蛋白基因产物由一个基因产生的大量串联重复,串联重复的结果也会导致重复基因的出现,*Hox* 基因(同源异形基因,homeotic gene, *hox*)在动物的发育过程中起到关键作用,它们聚拢在一起形成基因簇,其排列顺序与它们影响的体节顺序相同,*Hox* 基因簇在动物中是普遍存在的,而且是高度保守的(图 2-35)。

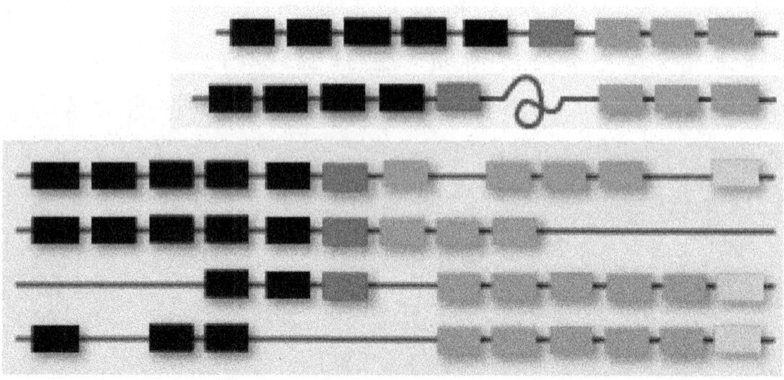

图 2-35 面象虫(*Tribolium*)、果蝇(*Drosophila*)和小鼠中的 *Hox* 基因簇

面象虫和果蝇中的 *Hox* 基因簇非常相似,小鼠 *Hox* 基因簇有 4 种,自上而下分别为 *HoxA*、*HoxB*、*HoxC*、*HoxD*,分别位于 6 号、11 号、15 号、2 号染色体上

事实上,以上假基因、重复基因、基因家族、基因簇等概念是相互关联的,并不是绝对的。一个基因家族内的许多基因往往是成簇分布的,形成基因簇;一个基因组中属于某一群重复顺序的所有基因合起来被称为一个基因家族或多基因家族(multigene family),简单多基因家族的 *rRNA* 基因家族和复杂多基因家族的 *tRNA*、组蛋白基因家族又可以归为重复基因,也可以称为基因簇,而一个重复基因的无功能化即产生一个假基因。

2.4.4 酵母与线虫的基因组结构

酵母是一类单细胞低等真核生物的统称,至少包括 80 个属,600 个种,10 000 多个独立菌株。它具有:① 易培养,可以在基本培养基上生长。② 繁殖快,生活周期短,在单倍体和二倍体的状态下均能生长。③ 便于遗传操作,目前已发展了一些非常有效的技术使得酵母基因组中的任何一个基因均能被突变的等位基因取代,甚至从基因组中完全缺失。酵母既具有外源 DNA 片段很容易进入酵母细胞内等类似原核生物的特性,又具有典型真核生物的分子和细胞生物学特性,因此,酿酒酵母作为一种模式生物在实验系统研究方面应用非常广泛。

线虫是低等的后生动物,它具有:① 个体小,体长只有 1 mm。② 易培养,自然生活环境是土壤,以细菌为食,容易在实验室中培养。③ 繁殖快,生活周期短,3 d 后就可以性成熟,生活周期大约只有 2~3 周,但是它却是一种"典型"的多细胞生物,从一个受精卵开始,经历连续的细胞分裂和分化的发育过程,形成复杂的组织和器官。④ 身体结构简单、透明,可以在显微镜下观察和操纵每一个细胞的发育。⑤ 细胞数目是固定的,两性成虫只有 959 个体细胞。⑥ 容易保存基因突变,线虫绝大多数是雌雄同体的(极少数是雄性),且自体授精,很容易保存基因突变等特点。因此,线虫成为现代发育生物学、遗传学和基因组学研究的重要模式生物体。

1. 酵母的基因组结构

酿酒酵母(*Saccharomyces cerevisiae*),又称面包酵母,有真核生物中"大肠杆菌"的美名,主要特征是发

酵糖类产生乙醇和 CO_2。酵母基因组计划从 1989 年 1 月开始启动，经历近 7 年时间，已于 1996 年 1 月测序完成全部染色体上的 DNA 序列，这是首次获得真核生物基因组的完整核苷酸序列，而且是一种易于操作的实验生物系统的完整基因组。酵母基因组计划的完成是分子生物学研究的里程碑，为人类基因组计划(HGP)的实施和完成奠定了坚实的理论、工具和方法学基础。

(1) 酵母基因组的基本情况

酵母基因组主要包含核基因组和线粒体基因组，核基因组包含 12 068 kb 的 DNA 序列，分布在细胞核内的 16 条染色体上；线粒体基因组为长约 25 μm(约 75 kb)的双链环状分子(mtDNA)。另外，酵母细胞内还含有内源性的质粒，周长为 2 μm(约 6 kb)的双链环状 DNA，每个单倍体基因组含质粒 60～100 个拷贝。表 2-11 是酵母不同染色体的长度及染色体上的基因数。

表 2-11 酵母基因组的基本情况

染色体编号	长度/kb	开放阅读框数	预测蛋白质数	tRNA 基因数	snRNA 基因数
Ⅰ	230	110	107	2	1
Ⅱ	813	422	392	13	1
Ⅲ	315	172	160	10	2
Ⅳ	1 532	812	747	27	1
Ⅴ	577	291	278	20	2
Ⅵ	270	135	130	10	0
Ⅶ	1 091	572	515	36	3
Ⅷ	563	288	276	11	1
Ⅸ	440	231	220	10	1
Ⅹ	765	387	358	24	4
Ⅺ	667	334	314	16	1
Ⅻ	1 078	547	506	22	3
ⅩⅢ	924	487	457	21	8
ⅩⅣ	784	421	398	16	3
ⅩⅤ	1 091	569	566	20	7
ⅩⅥ	948	497	461	17	2
总计	12 068	6 275	5 885	275	40

资料来源：Goffeau et al. Life with 6000 Genes Science

(2) 酵母基因组结构的基本特征

1) 酵母基因排列紧密：平均每隔 2 kb 就有一个编码蛋白质的基因。

2) 染色体上 GC 含量丰富与贫瘠区域交替分布，与染色体上基因的密度密切相关：一般 GC 含量丰富的区域位于染色体臂的中部，基因密度较高；而 GC 含量低的区域一般靠近端粒和着丝粒，基因数目较为贫乏。染色体Ⅲ上碱基组成的周期性变化导致染色体臂的重组频率相应的变化，位于染色体中部区域，GC 含量丰富，重组频率也高；而染色体的端粒和着丝粒区域，AT 含量丰富，重组频率也就越低，这也说明 GC 含量的变化与染色体的结构、基因的密度及重组频率都是有关的。4 个比较小的染色体(Ⅰ、Ⅲ、Ⅵ和Ⅸ)，其平均的重组频率是基因组重组频率的 1.3～1.8 倍，推测这些小染色体的高水平的重组保证了每一次减数分裂至少发生一次交换并正确分开。

3) 基因组内含有许多 DNA 重复序列，这可能是在进化的某一阶段，由基因组的复制引起的：这些重复序列存在于很多染色体的近着丝粒区域和染色体臂的中间区域，包括完全相同的 DNA 序列，如 rDNA 与 *CUP1* 基因、Ty 因子及其衍生的单一 LTR 序列等，以及彼此间具有较高同源性的 DNA 序列——遗传冗余(genetic redundancy)，尽管遗传冗余不在染色体的末端，但事实上，亚端粒区分布着大量的冗余序列，这些区域的重组频繁发生。另外基因组内通过基因的插入或缺失、Ty 因子和内含子的丢失或获得、假基因的产生等持续进行着进化。

4) 酵母基因与哺乳动物基因具有明显的同源性：Botstein 等发现酵母中有将近 31%编码蛋白质的基因或者开放阅读框与哺乳动物编码蛋白质的基因有高度的同源性，如酵母 11 号染色体上有两个基因分别与人类肾上腺性脑白质营养不良症决定基因和人类着色性干皮病基因同源，人类遗传性非息肉性小肠癌相关

基因与酵母的 *MLH1*、*MSH2* 基因,运动失调性毛细血管扩张症相关基因与酵母的 *TEL1* 基因,布卢姆氏综合征相关基因与酵母的 *SGS1* 基因,都有很高的同源性。目前,至少已发现了 71 对人类与酵母的互补基因,包括 20 个与生物代谢(生物大分子的合成、呼吸链能量代谢及药物代谢等)有关的基因,16 个与基因表达调控相关的基因,1 个编码膜运输蛋白的基因,7 个与 DNA 合成、修复有关的基因,7 个与信号转导有关的基因,17 个与细胞周期有关的基因。

5) 酵母基因组转录体系:酵母基因的转录由 3 种 RNA 聚合酶催化,其基因与其他真核生物 3 种 RNA 聚合酶基因具有很高的同源性,酵母的结构基因的转录调控区具备蛋白质基因调控区的基本结构特点,如具备 TATA 框、上游激活序列(*UAS*)等,酵母 mRNA 也具有典型的真核结构,如 5′-帽子、3′- poly(A)及初级转录物拼接成为成熟 mRNA。但是,酵母只有很少的基因具有内含子,且无操纵子结构。

6) 酿酒酵母的功能基因组研究:利用蛋白质组分析方法,建立了酿酒酵母蛋白质数据库,主要包括蛋白质的分子质量、等电点、氨基酸组成、多肽片段大小,蛋白质加工、亚细胞定位、功能分类,蛋白质的功能、相互作用、突变表型等方面的信息等。利用计算机对预测的保守性蛋白质进行分析,结果表明,酵母细胞蛋白质组中 11%的蛋白质用于细胞的新陈代谢,3%用于能量产生与储存,3%用于 DNA 复制、重组与修复,7%用于转录,6%用于翻译,总共有 430 种蛋白质参与细胞内运输,250 种蛋白质是结构蛋白,约 200 个转录因子、250 个初级或次级转载蛋白被鉴定出来。

(3) 酵母的线粒体基因组

酵母细胞中有 1~45 个线粒体,线粒体中有和细菌细胞中相似的类核区(nuclecid regions),每个类核区含有几个拷贝的线粒体染色体,即 mtDNA(mitochondrial DNA)分子。酿酒酵母细胞中约含 22 个线粒体,每个线粒体约含 4 个基因组,每个基因组是周长约 26 μm 的环状 DNA 分子,一般约为 84 kb;哺乳动物的约为 16 kb,酵母线粒体基因组的大小约为哺乳动物的 5 倍。在酿酒酵母(*S. cerevisiae*)的不同株系中,线粒体基因组的大小差别很大,生长中的酵母细胞线粒体 DNA 占细胞总 DNA 量的比例可高达 18%。

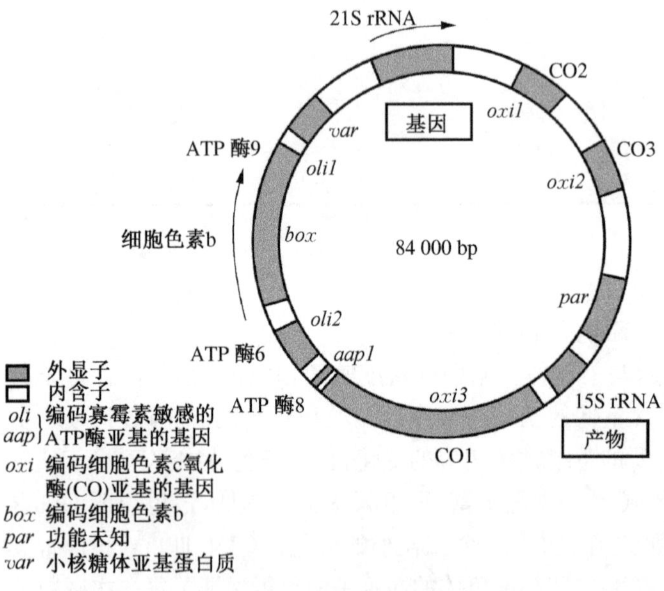

图 2-36 酿酒酵母的线粒体基因组

箭头为转录方向,未列出 tRNA 基因

图 2-36 是酵母线粒体的基因图谱,包括约 22 个 tRNA 基因(因为它们还没有被完全定位,所以没有表示在图中)、2 个 rRNA 基因和一些主要的蛋白质编码基因,负责呼吸链中细胞色素氧化酶、ATPase 亚单位等部分蛋白质复合体成分的合成,酵母线粒体基因编码的蛋白质有 8 种,酵母线粒体基因总数目不会超过 25 个。

从图中可以看出,酵母线粒体基因组结构主要有 2 个特征:一是两个 rRNA 基因是分开的,15S rRNA 基因与 21S rRNA 基因相距约24 kb,大量的 tRNA 位于间隔区。二是位点相当分散,基因内含有内含子,最突出的就是编码细胞色素 b 的 *box* 基因和编码细胞色素氧化酶的第一个亚基的 *oxi3* 基因都是断裂基因,其内含子含有开放读码框,致使两个基因的总和几乎相当于整个哺乳动物线粒体基因组的大小,这也解释了为什么酵母线粒体基因组约为哺乳动物的 5 倍,但从与线粒体功能有关的酶来说,酵母线粒体内合成的数目与哺乳动物是相似的原因。

2. 线虫的基因组结构

20 世纪 60 年代,Sydney Brenner 首先选择了秀丽隐杆线虫(*Caenorhabditis elegans*)用于发育遗传学和神经生物学的研究,经过 40 年的研究,不仅完成了秀丽隐杆线虫细胞谱系、细胞分裂模式等方面的研究,而且还发现了细胞程序性死亡(programmed cell death, PCD)现象,Brenner 因此获得 2002 年诺贝尔生理学或医学奖。C. *elegans* 基因组计划开始于20世纪80年代初，由英国Sanger中心和美国华盛顿大学两个实验室共同承担，旨在完成整个基因组的作图和全序列测定，1998年完成C. *elegans* 基因组测序计划，秀丽隐杆线虫成为世界上第一个被完整测序的多细胞生物体。

已测得的C. *elegans* 核基因组大小为96 893 008 bp，分布于6条染色体上，是基因组最小的高等真核生物之一，约为人基因组的1/30。预测有19 099个蛋白质编码基因，大约是酵母的3倍。C. *elegans* 基因组平均每5 kb有一个基因，基因密度是比较高的。基因组序列中基因间序列(intergenic sequence)、内含子、外显子序列占全序列的47%、26%、27%。C. *elegans* 基因组中基因情况见表2-12。

表2-12 秀丽隐杆线虫基因组中的基因

基因类型	数量	注释
蛋白质编码基因	19 099	
类似非线虫类蛋白质的重要多肽的蛋白质编码基因	42%	60%具EST匹配
类似线虫蛋白质的重要多肽的蛋白质编码基因	34%	20%具EST匹配
与其他蛋白质类似的无意义多肽的蛋白质编码基因	24%	
RNA编码基因		
tRNA	877	44%位于X染色体
tRNA假基因(pseudogene)	198	
snRNA	72	
U1	14	
U2	21	
U4	5	
U5	12	
U6	20	17个100%相同
srpRNA	5	
SSU, 5.8S和*LSU* rRNA串联重复	60拷贝	染色体Ⅰ
5S rRNA-*SL1* RNA串联重复	>100拷贝	染色体Ⅴ
SL2 RNA基因	~20	散在的

srpRNA：信号识别因子(signal recognition particle)RNA

引自 http://nema.cap.ed.ac.uk/Caenorhabditis/C_elegans_genome/Celegansgenomegenes.html

C. *elegans* 基因组的重复序列中，简单串联重复占总序列的2.7%，平均每3.6 kb出现一次，简单的反向重复占3.6%，平均每4.9 kb出现一次。有38个散在重复序列家族，主要是类转座子(transposon-like)因子，但这些重复序列并不明确地编码一个活跃的转座子，其中许多转座子成分(*Tc*因子)已被作为突变因子使用。值得注意的是秀丽隐杆线虫基因组中还存在着一些具有特定位置的重复序列家族，如CeRep26为端粒重复序列，内含子中没有发现，CeRep11有712个拷贝，但只有一个在X染色体上，这种偏爱分布的原因目前尚不完全清晰。另外，基因组中还有基因组DNA片段的重复，这些重复中包含表达基因。

秀丽隐杆线虫线粒体基因组大小为13 794 bp，为双链环状DNA分子(图2-37)，包含编码12个蛋白质(细胞内呼吸链酶复合体组成部分)、2个rRNA和22个tRNA基因，转录方向一致，没有内含子，各基因之间没有基因间隔或间隔很小(1~10个碱基)，结构紧凑。

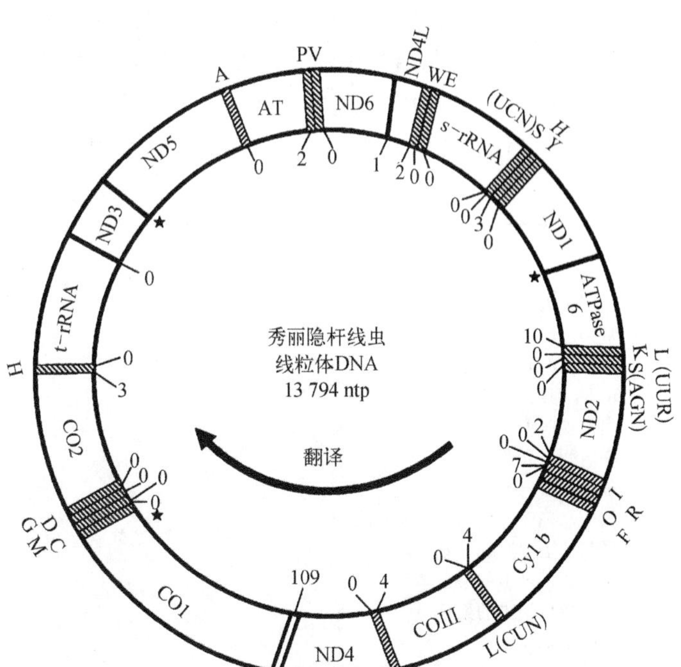

图2-37 秀丽隐杆线虫线粒体基因组的结构

2.4.5 人类基因组的结构和组成

2004 年 10 月 21 日，*Nature* 发表了人类基因组的最新研究成果，共包含 2.85×10^9 bp 核苷酸，它近乎完整，将原来的 400 个间隔(gap)减少到 341，覆盖了 99% 基因组中含有基因的区域(即常染色质区域)，精确度达到 99.999%，也就是说误差率只有 1 个碱基/10 万个碱基对，确定了 22 287 个基因座(gene locus)，其中包含 19 438 个蛋白质编码基因和 2 188 个预测为蛋白质编码基因的 DNA 序列，人类基因组的精确性与完整性完全可以用于致病因素的系统性研究。

人类细胞中的基因组主要由两部分组成：细胞核内的基因组及细胞质内线粒体基因组，它们的大致结构如图 2-38。

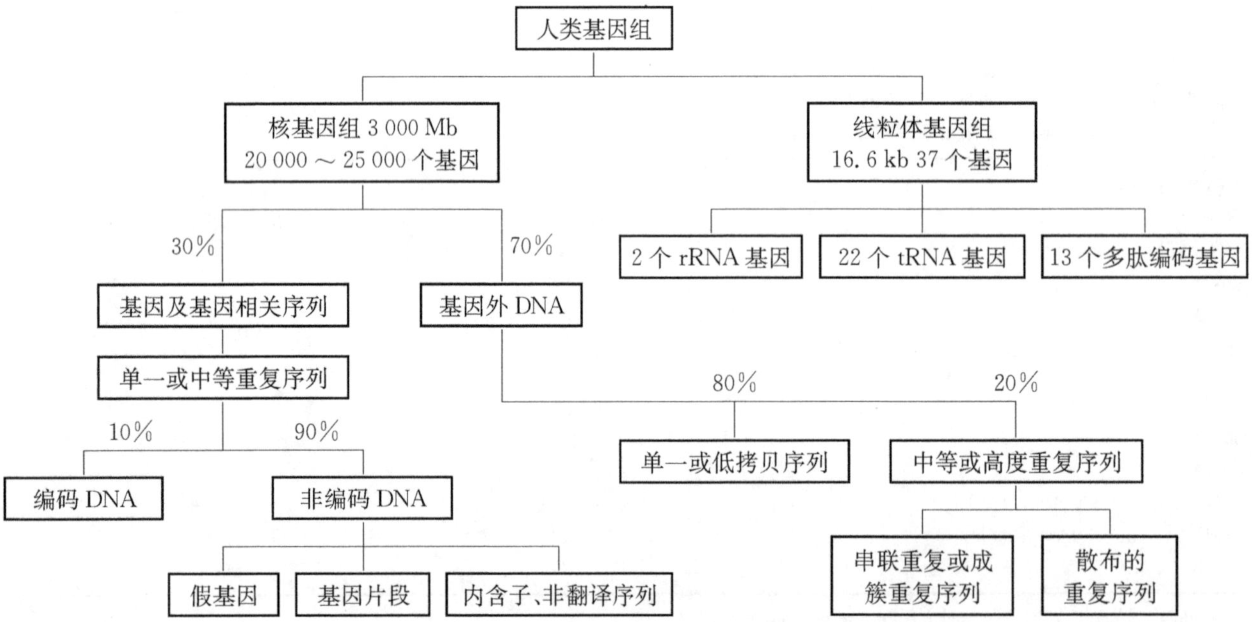

图 2-38 人类基因组结构图

1. 细胞核基因组

人类细胞核基因组 DNA 的总长约 3.2×10^9 bp，分散在 24 条染色体上，每条染色体含 1 个 DNA 分子，每一条 DNA 分子都与蛋白质结合组成特定的染色体，最长的染色体 DNA 分子为 250 Mb，最短的为55 Mb。24 条染色体中，22 条为常染色体(autosome)，2 条为性染色体(sex chromosome)，即 X 染色体与 Y 染色体，每个体细胞中有 2 套染色体($2n$)。人类细胞核基因组的一些基本特征见表 2-13。

表 2-13 人类细胞核基因组的特征

项　目	特　征
基因组大小	3.2×10^9 bp
常染色质	2.95×10^9 bp(占全基因组序列的 92%)
蛋白质编码序列	占全基因组序列的 1.1%～1.4%
RNA 编码序列	占全基因组序列的 28%
内含子序列	占全基因组序列的 24%
基因间序列	占全基因组序列的 75%
基因数目	约 2 万～2.5 万个
其中已确定的蛋白质编码基因	19 438
预测的蛋白质编码基因	2 188
基因数目最多的染色体	19 号染色体(23 个基因/ Mb)
基因数目最少的染色体	13 号和 Y 染色体(5 个基因/ Mb)
基因平均长度	2～30 kb
编码序列平均长度	1 340 bp
外显子的平均总长度	1.4 kb/基因

续　表

项　　目	特　　征
外显子的平均长度	145 bp
已知基因外显子的平均数	9.7 个/基因
预测基因外显子的平均数	4.7 个/基因
外显子数目最多的基因	肌联蛋白基因(titin mRNA),有 234 个外显子
基因内含子的平均长度	3 365 bp
3′-UTR(非翻译区)平均长度	770 bp
5′-UTR(非翻译区)平均长度	300 bp
(A+T)%	54%
(G+C)%	38%
SNP* 出现的平均频率	1/1 300 bp
SNP 造成蛋白质变异的	<1%(0.12%~0.17%)
重复序列占基因组的比例	50%以上
其中：1. 四类寄生的 DNA	46%
包括：LINE**	21%
SINE***	14%
反转录病毒类	8%
DNA 转座子	3%
2. 大段染色体重复	5.3%
3. $(A)_n$,$(CA)_n$,$(CCC)_n$等几个碱基的重复序列	3%
CpG 岛(全长)	50 267
其中：长度小于 1 800 bp	95%
长度小于 850 bp	75%
最长的(位于 10 号染色体上)	36 619 bp

* 单核苷酸多态性(single nucleotide polymorphism)
** 长散布重复元件(long interspersed element)
*** 短散布重复元件(short interspersed element)

2. 线粒体基因组

一个人类细胞包含着数千个 mtDNA 分子的拷贝,每个线粒体中有 3~10 个 mtDNA 分子,但总的线粒体 DNA 不足核基因组 DNA 的 0.5%。线粒体被称为人类 25 号染色体,是细胞核以外含有遗传信息和表达系统的细胞器,其遗传特点表现为非孟德尔遗传方式,又称核外遗传。1981 年,Anderson 等完成了人类线粒体基因组的全部核苷酸序列的测定。人类线粒体基因组具有以下基本特征。

1) 人类线粒体基因组是独立于细胞核染色体外的环状双链 DNA 分子,长度为 16 569 bp,富含 G(鸟嘌呤)的链称为重链(heavy chain,H 链),富含 C(胞嘧啶)的链为轻链(light chain,L 链)(图 2-39)。

2) 能自主复制,在细胞内具有多拷贝。

3) 编码序列占 93%,编码 37 个基因,其中 2 个 rRNA 基因,22 个 tRNA 基因,13 个蛋白质编码基因(包含 1 个细胞素 b 基因,2 个 ATP 酶复合体组成成分基因,3 个细胞色素 c 氧化酶亚单位基因及 7 个呼吸链 NADH 脱氢酶亚单位基因,28 个在重链上,9 个在轻链上)。

4) 基因内无内含子,基因排列非常紧凑,基因之间间隔极短或无间隔,在 37 个基因之间,基因间隔区总共只有 87 bp,只占 DNA 总长度的 0.5%,有些基因(*ATPase6* 和 *ATPase8*)甚至出现重叠现象。

5) 部分 mtDNA 的密码子不同于核内 DNA 的密码子。如 UGA 在核基因组内为终止密码子,而在线粒体基因组中是 Trp 密码子;AGA、AGG 在核基因组内是 Arg 密码子,而在线粒体基因组中是终止密码子。这样,加上通用密码中的 UAA 和 UAG,线粒体基因组中共有 4 个终止密码子;基因内部的 Met 密码子为 AUG 和 AUA,起始 Met 密码子有 4 个,即 AUN。

6) mtDNA 的突变率高于核基因组中 DNA 的突变率,并且线粒体基因组缺乏修复能力。

7) mtDNA 为母系遗传。

8) mtDNA 有 5 个阅读框架,缺少终止密码子,仅以 U 或 UA 结尾,通过转录过程中插入 UAA 来解决终止问题。

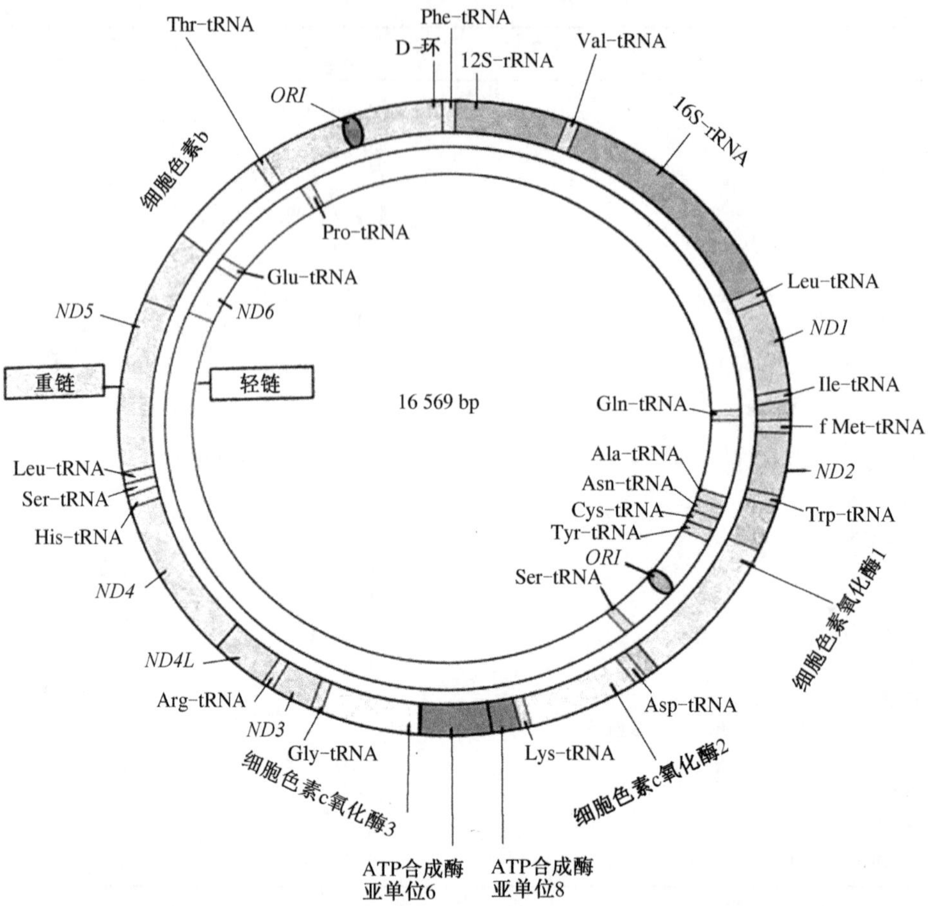

图 2-39 人类线粒体基因组

ND1～*ND6*. 编码 NADH 脱氢酶亚单位

9) 一个细胞内可以同时存在野生型 mtDNA 和突变型 mtDNA，即存在异质性(heteroplasmy)现象。如果同一组织或细胞中的 mtDNA 分子都是一致的，称为同质性(homoplasmy)。这是由于 mtDNA 发生了突变，野生型 mtDNA 对突变型 mtDNA 有保护和补偿作用。因此，mtDNA 突变时并不立即产生严重后果。突变所产生的效应取决于该细胞中野生型和突变型 mtDNA 的比例，只有突变型 DNA 达到一定数量(阈值)才足以引起细胞的功能障碍，这种现象称为阈值效应。

10) mtDNA 基因的表达受核 DNA 的制约。

线粒体是一种半自主细胞器，绝大部分蛋白质亚基和其他维持线粒体结构和功能的蛋白质都依赖于核 DNA 编码，在细胞质中合成后，经特定转运方式进入线粒体。此外，线粒体氧化磷酸化酶系统的组装和维护需要核 DNA 和 mtDNA 的协调，二者共同作用参与机体代谢调节，因此线粒体受线粒体基因组和核基因组两套遗传系统共同控制。

人类线粒体与多种遗传病相关，自从 1987 年首次提出 mtDNA 的突变导致产生线粒体遗传病的概念以来，至今已经发现 100 多种疾病与线粒体 DNA 突变有关。因此，人类线粒体基因组的破译为研究与人类线粒体相关疾病展示了意义重大的前景。

思 考 题

1. 比较原核生物与真核生物基因组的一般特征。
2. 简述基因组的 C 值及 C 值矛盾。
3. 试述染色质的类型及其特征。
4. 简述核小体的结构要点及其主要作用。
5. 中期染色体的三种功能元件及其作用是什么？

6. 真核生物基因组中的DNA重复序列主要有哪些类型?
7. 比较酵母、线虫、人类基因组结构的相同与不同点。
8. 论述基因概念的发展、基因的类别及特征。
9. 人类基因组计划的主要内容是什么？基因组学的研究内容及其进展如何?
10. 什么是基因家族？基因家族的结构如何？为什么会存在基因家族?
11. 基因家族、重复基因、基因簇等概念的联系与区别?

第3章 复　　制

物种要延续，要求遗传信息代代相传。细胞要繁衍，分裂之前基因组 DNA 要先得到复制。细胞分裂后，基因组 DNA 平均分配到两个子细胞中。只有获得全部遗传信息的子代细胞才能行使正常的功能，因此，DNA 复制无可争议是生命活动最基本过程。虽然 DNA 复制是个极其复杂的过程，但经过 50 多年对 DNA 复制持续不断的研究，人们对复制机制已经积累了不少认识。本章节主要从 DNA 复制特点、复制过程及复制过程中参与的蛋白质介绍原核生物和真核生物基因组 DNA 的复制和复制调控。

3.1　DNA 复制概述

3.1.1　DNA 半保留复制

生物体最基本的特性是能将性状遗传给后代。在证明 DNA 是生物体的遗传物质之后，DNA 的复制成为了生物性状遗传的关键。1953 年，Watson 和 Crick 在 *Nature* 上发表论文宣布发现 DNA 双螺旋结构，DNA 复制问题似乎得以解决。正如他们在论文中所写的："我们已经注意到我们假设的特异的碱基配对方式提示了遗传物质可能的复制方式"。

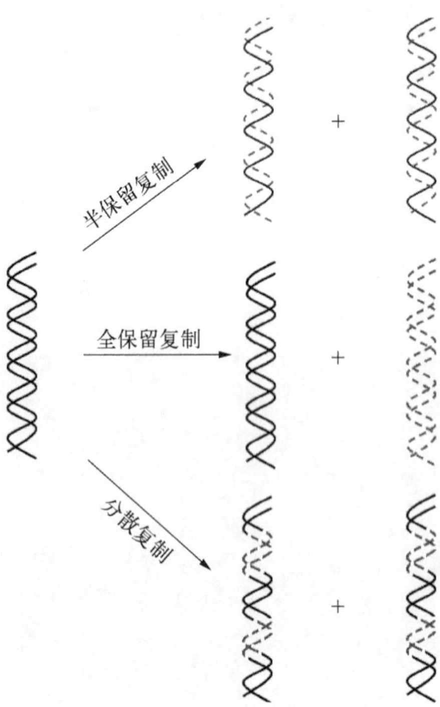

图 3-1　DNA 复制的 3 种模型
虚线表示新合成的 DNA 链

他们所指的可能复制方式就是 DNA 双螺旋解开双链，解旋的两条单链分别作为模板，子链以碱基配对方式与模板链配对合成新链，并与母链形成双螺旋，也就是现在熟知的半保留复制（semiconservative replication）。在半保留复制没有得到证实之前，另两种形式的复制方式——全保留复制（conservative replication）和分散复制（dispersive replication）也存在可能。全保留复制模型认为 DNA 复制后，两条新合成链形成子亲代 DNA 分子，两条母链还是相互结合在一起。分散复制模型认为子代 DNA 分子的每一条链都是由部分母链的片段与部分新合成的片段组成。图 3-1 描述了 3 种模型经一代复制后的结果。

不同复制方式的提出，促使人们设计实验去证实哪种复制方式是正确的。当时放射性同位素标记技术已经被引入分子生物学领域，用以标记 DNA 分子。在合成核苷酸时，用 ^{32}P 或 ^{33}P 代替其中的一个 P 原子、用 ^{35}S 代替磷酸基团中的一个氧原子或是用 ^{3}H 代替一个或多个 H 原子，都能使新合成的 DNA 得以标记。科学家试图通过两轮或多轮复制之后，通过分析新合成 DNA 链放射性同位素的含量来确定复制的方式。但由于新合成的链中掺入同位素的量难以准确测定，实验中很难提供一个可靠而明确的结果，因此，当时用放射性同位素标记技术来研究 DNA 复制方式没有取得实质性的进展。

1958 年，Matthew Meselson 和 Franklin Stahl 采用非放射性“重”同位素^{15}N标记的方法证实了 DNA 复制方式采取半保留复制模型。具体实验方法如下：Meselson 和 Stahl 将大肠杆菌在$^{15}NH_4Cl$为唯一氮源的培养基中培养，这样大肠杆菌基因组 DNA 都含有重氮(^{15}N)，然后将其转入到以正常的^{14}N的培养基中培养。每培养 1 代后提取 DNA 进行氯化铯密度梯度离心，观察各代培养物的 DNA 形成区带的位置和比例，根据实验结果对 DNA 复制的过程进行分析(图 3-2)。由于含^{15}N DNA 的密度比含^{14}N DNA 的大，在氯化铯密度梯度离心时，两条链都由^{15}N组成 DNA 分子，由于密度最大，离心后 DNA 区带离管底最近。两条链都由^{14}N组成 DNA 分子，由于密度最小，离心后 DNA 区带离管底最远。一条链由^{15}N组成，另一条链由^{14}N组成的 DNA 区带则落在前两者之间(图 3-3A)。如果是全保留复制，细菌在^{14}N培养基中培养一代后，氯化铯密度梯度离心时会产生两条区带，半保留复制和分散复制只产生一条区带。在两轮复制后，全保留复制仍然产生两条区带，重链区带占的比例为 1/4，轻链区带占的比例为 3/4；半保留复制也产生两条区带，但两条区带的位置和比例与全保留复制不同，半保留复制产生一条轻链区带和一条介于重链与轻链区带之间的区带，区带比例为 1∶1；分散复制还是产生一条区带，只是由于轻链比重增加，造成区带往管口方向移动(图 3-3B)。

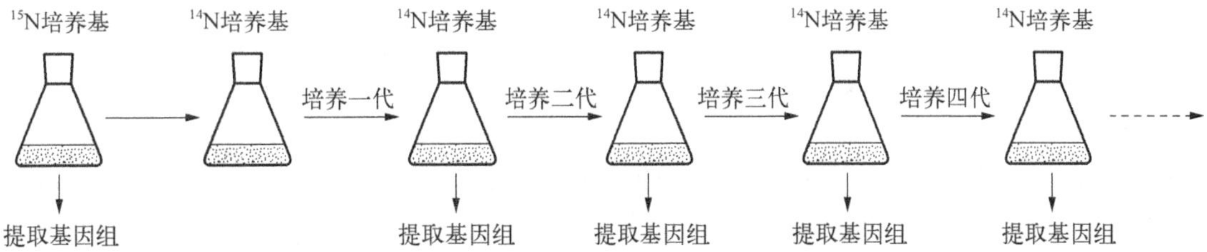

图 3-2 大肠杆菌在^{15}N和^{14}N培养基中培养

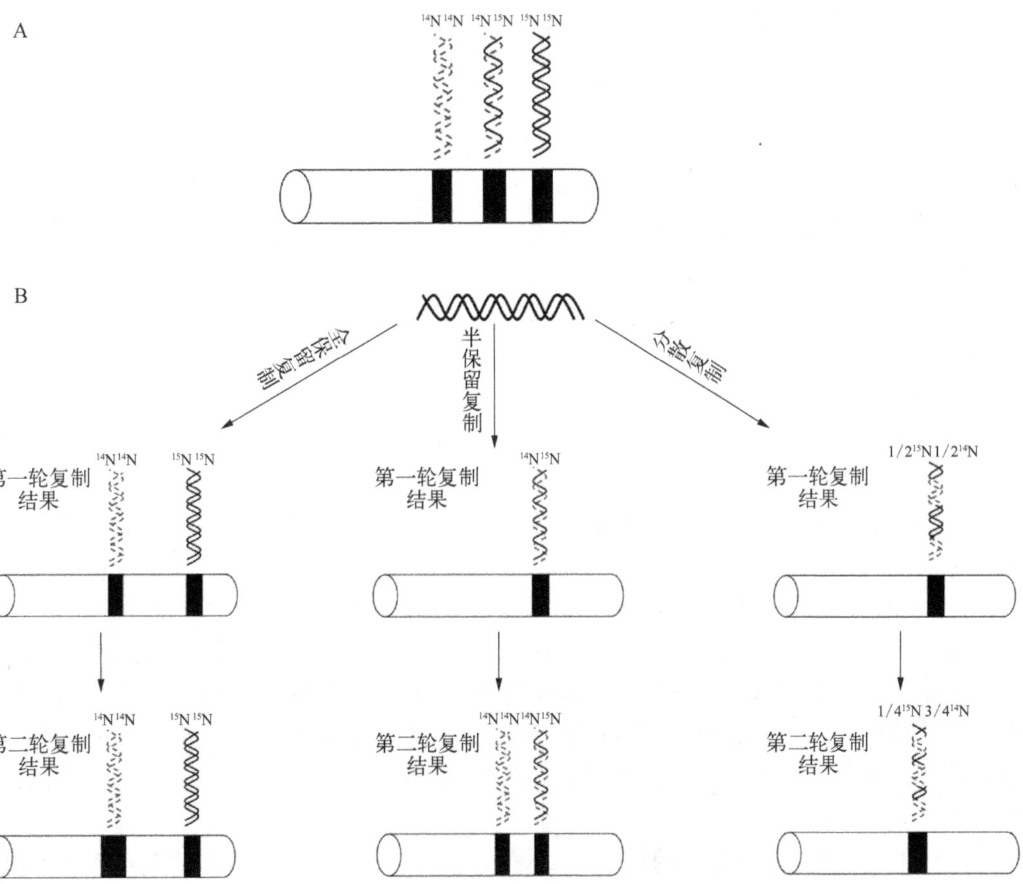

图 3-3 氯化铯密度梯度离心检测子代 DNA

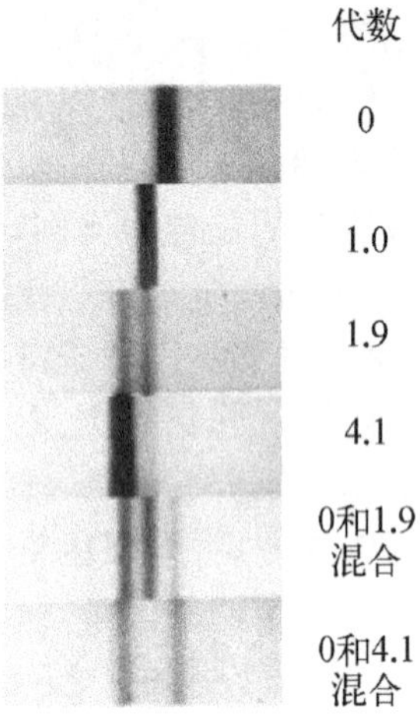

图 3-4 Meselson 和 Stahl 实验结果
(引自 Meselson et al, 1958)

Meselson 和 Stahl 对在^{15}N和^{14}N培养基中培养的大肠杆菌基因组 DNA 进行氯化铯密度梯度离心分析，实验结果如图 3-4 所示。在^{14}N培养基培养一代后，氯化铯密度梯度离心子代 DNA 呈一条区带，位置位于^{15}N(重链)带和^{14}N(轻链)带之间。培养两代后子代 DNA 形成两条区带，一条区带位于重链和轻链带之间，另一条区带位于轻链带位置上(见代数为 1.9 的实验结果)。培养四代后区带几乎都在轻链带处(见代数为 4.1 的实验结果)。Meselson 和 Stahl 的实验结果证实了 DNA 复制是半保留复制。

此外，Meselson 等还做了另一个实验，将子一代“杂合链”的 DNA 分子加热变性，然后进行氯化铯密度梯度离心，变性后由于子一代“杂合链”中 DNA 分子两条单链密度不同，出现了两条带，一条为^{14}N带，另一条为^{15}N带。这一结果进一步证明了大肠杆菌 DNA 半保留复制的正确性。

3.1.2 DNA 半不连续复制

在 DNA 复制的过程中，新生 DNA 链(子链)的合成方式也存在 3 种可能的模式，即连续复制、半不连续复制和不连续复制(图 3-5)。DNA 是极性分子，其 5′端是磷酸基团，3′端是羟基基团，且 DNA 双螺旋两条链互为反向平行。DNA 聚合酶只能按 5′—3′方向合成 DNA 链，即在 DNA 聚合酶作用下将脱氧核苷酸加到 DNA 链的 3′-OH 端，而不能加到 DNA 链的 5′-P 端。因此新生链的合成方向总是 5′—3′方向，而不能以 3′—5′方向进行合成。根据 DNA 两条链反向平行和 DNA 聚合酶聚合反应的特性，连续复制不可能进行。那么 DNA 复制是采取半不连续复制和不连续复制中的哪种方式进行呢？日本科学家 Reiji Okazaki 提出新生的两条 DNA 单链不能同时连续合成，理论上来讲在 DNA 聚合酶催化下，一条新生链连续合成，该链称为前导链(leading strand)；另一条新生链的合成是不连续的，该链称为后随链(lagging strand)，即 DNA 复制以半不连续的方式进行。

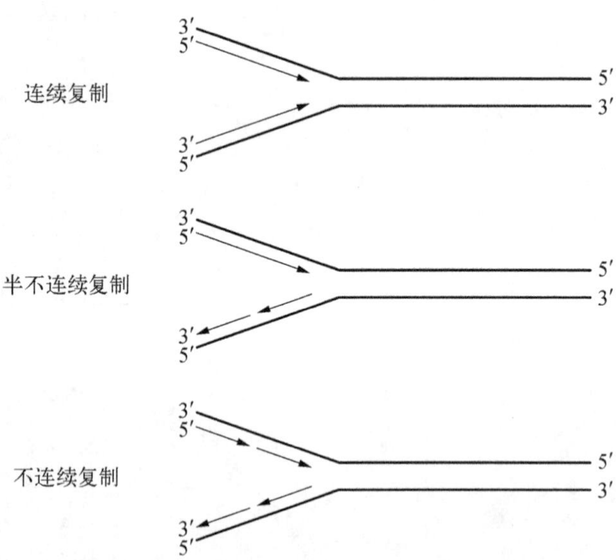

图 3-5 子代 DNA 链的 3 种可能复制模式

1968 年，Okazaki 通过脉冲标记实验(pulse-labeling experiment)证明 DNA 复制为半不连续复制。不连续合成的短的片段以他本人名字命名，称为冈崎片段(Okazaki fragment)。在实验中冈崎研究小组使用 T4 噬菌体 DNA 作为研究对象，使用 T4 噬菌体 DNA 是因为其基因组简单，并且有 T4 连接酶突变株。他们用含^{3}H的 dTTP 标记新生的 DNA 链。他们选择非常短的时间脉冲标记处于复制状态的噬菌体 T4 DNA，用来获得尚未被连接的小片段 DNA。脉冲标记后收集菌体，通过碱性密度梯度离心法分离标记的新合成的 DNA。实验结果表明在 2 s 的标记时间里，检测到小片段的标记 DNA，长度约为 1 000～2 000 个核苷酸。随着标记时间的延长，可以检测到相对分子质量较大的放射性标记的 DNA 片段，这是因为两个或更多的冈崎片段已经被 T4 连接酶连接在一起。为了进一步证实他们所分离到的冈崎片段不是实验过程中人为产生的，Okazaki 研究小组又选择了 DNA 连接酶基因缺陷的 T4 噬菌体突变体进行实验。在这个实验中，因为连接酶活性的缺失，小片段的冈崎片段无法连接形成大片段的 DNA，在长时间的延长脉冲标记后仍能检测到大量的小片段 DNA。实验结果进一步表明 DNA 复制中不连续合成片段的存在。

因为没有找到在前导链上连续合成的长片段 DNA，Okazaki 上面的实验不能确定不连续合成是在一条链上还是在两条链上发生。且 Okazaki 研究发现并不是一半新合成的 DNA 为冈崎片段，而是冈崎片段的数量远远超过一半，这个结果似乎表明两条链都是不连续复制的。后来研究发现是由于在复制时脱氧尿嘧啶的渗入，造成前导链产生小片段DNA。在细胞中存在大量的UTP，有些UTP会转变成dUTP。由于DNA聚合酶不能分辨dUTP和dTTP，大肠杆菌细胞中虽存在dUTPase，可以水解dUTP，但仍有少量未被水解的dUTP渗入到DNA中去和A配对。DNA修复系统会识别DNA链中的U，并进行修复。大肠杆菌细胞中的尿嘧啶N-糖基酶(uracil N-glycosylase)系统对此负责修复。修复的结果产生了无尿嘧啶的磷酸二酯键。磷酸二酯键发生水解而断裂，因此在前导链上形成DNA小片段(图3-6)。

Okazaki后来用缺乏尿嘧啶N-糖基酶的大肠杆菌突变体*ung*⁻进行实验，渗入到新合成DNA链中的尿嘧啶将不会被除去。对新合成链的放射性检测表明DNA小的片段约占50%的比例，其余是大的片段。因此DNA复制是半不连续的(semidiscontinuous)。

3.1.3 DNA复制需要RNA引物

如果准备以下材料：DNA聚合酶、4种dNTP和完整的双链DNA模板，在体外并不能合成新的DNA，为什么？原因在于DNA聚合酶在合成DNA链时需要两种底物——4种dNTP和引物-模板接头(primer-template junction)(图3-7)。引物-模板接头分子提供自由的3′-OH端。

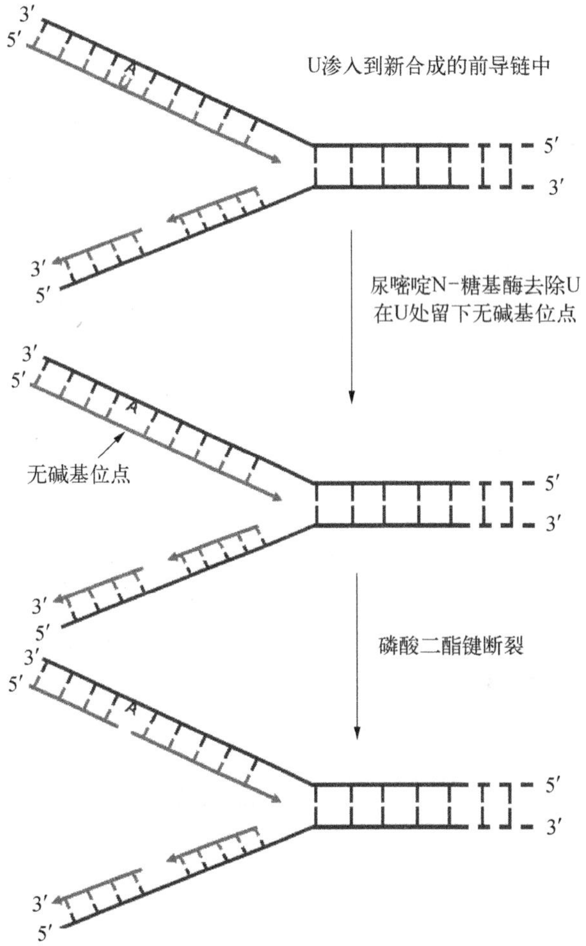

图3-6 复制时尿嘧啶的渗入造成前导链的断裂

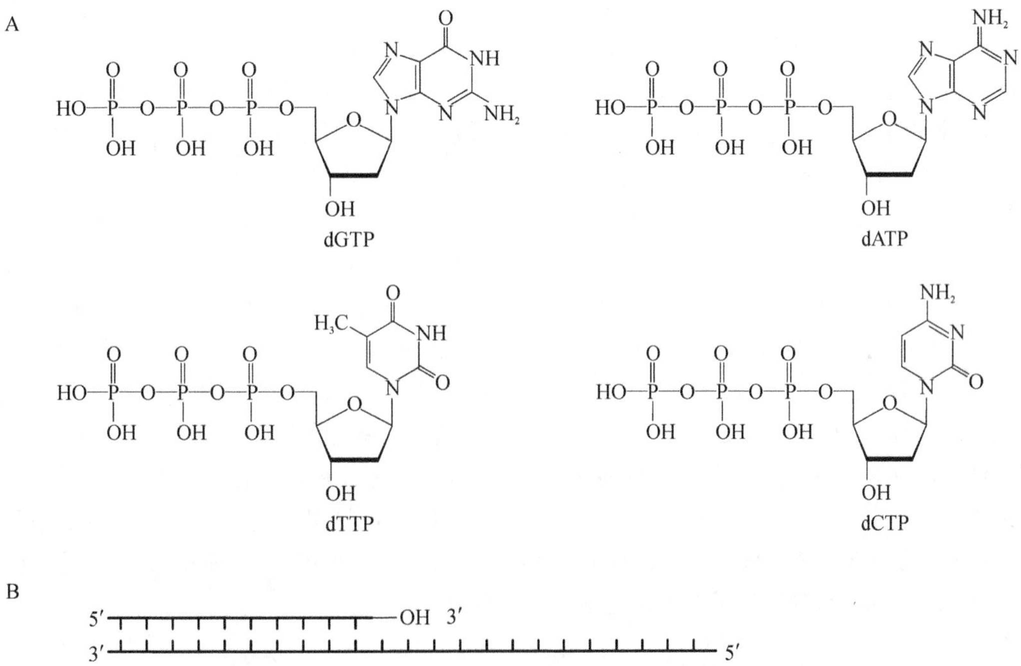

图3-7 DNA聚合酶底物

A. 4种dNTP；B. 引物-模板接头

体内DNA复制需要有一段RNA引物(primer)(图3-7B)。DNA复制需要RNA参与的第一个证据是人们利用大肠杆菌抽提物进行M13噬菌体基因组DNA复制研究时发现，抗生素利福平(rifampicin)能阻止 M13 DNA 复制。利福平是抑制 RNA 聚合酶而不是 DNA 聚合酶。现在知道,M13 噬菌体基因组 DNA 复制的 RNA 引物是由宿主细胞——大肠杆菌 RNA 聚合酶合成的。但并不是说其他生物 DNA 复制中 RNA 引物的合成都是由 RNA 聚合酶完成的。在绝大多数生物中,DNA 复制中 RNA 引物的合成是由一种称为 RNA 引发酶(primase)合成的。

DNA 复制需要 RNA 引物最直接有力的证据则来自 Tsuneko Okazaki 研究小组的实验结果。Tsuneko Okazaki 是冈崎的妻子,她在用 DNA 酶处理冈崎片段时发现,DNA 酶并不能完全降解冈崎片段。但 DNA 酶不能降解的片段却能被 RNA 酶所降解,表明冈崎片段中存在 RNA 分子。该研究小组利用末端转移酶,将放射性标记的[α-^{32}P]GTP 转移到冈崎片段的 5′端。[α-^{32}P]GTP 转移到 5′端即可以标记 RNA 引物,同时又能防止实验过程中外切核酸酶对 RNA 引物的降解。结果发现冈崎片段的 5′端确实存在 RNA 引物,RNA 引物的长度为 11～12 个核苷酸。

3.1.4 DNA 复制方向

DNA 复制是从 DNA 分子上的特定位置起始的,这一位置叫复制原点(origin of replication),通常用 *ori* 表示。DNA 在复制原点处解链,形成复制泡(replication bubble),也称复制眼(replication eye)。在复制泡的两侧,解开的两条 DNA 单链与还未解开的 DNA 双链形成一个似 Y 字结构,称为复制叉(replication fork)(图 3-8)。当 DNA 开始复制时,复制叉处双链 DNA 在 DNA 解旋酶(DAN helicase)的作用下,双链不断解链,造成复制叉向前移动。DNA 复制也沿着复制叉的运动方向对前进,最终完成 DNA 的复制。

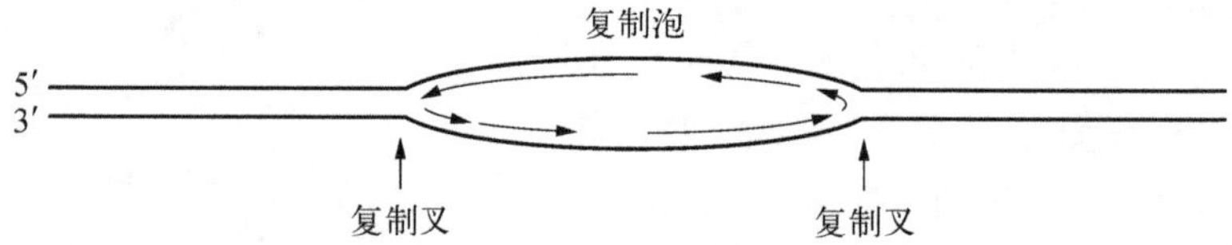

图 3-8 复制叉

DNA 从复制原点开始复制直到终止,每一个这样的 DNA 复制单位称为复制子(replicon)。原核生物的染色体 DNA 分子只有一个复制子,噬菌体和病毒的染色体 DNA 分子也都是作为单个复制子完成复制的。而真核生物染色体 DNA 分子可以同时在多个复制起点上起始复制,即它们的染色体 DNA 分子包含有多个复制子。

每个复制泡形成两个复制叉,DNA 复制是沿着两个复制叉同时进行还是只是选择其中的一个复制叉进行?即 DNA 复制是双向的还是单向的?Gyurasits 和 Wake 首先证明了 DNA 复制在细菌中是以双向方式进行复制,复制泡中两个复制叉同时进行复制。他们所用的实验材料为枯草杆菌(*Bacillus subtilis*)。实验设计如下:他们将枯草杆菌的芽胞放在含有低放射活性的^{3}H 胸腺嘧啶的培养基短暂培养,使正在复制的染色体 DNA 分子得以标记。一段时间后转移到含有高放射活性的^{3}H 胸腺嘧啶培养基中培养,对复制的染色体 DNA 分子继续进行标记,采用放射自显影的方法对标记结果进行检测。在放射自显影图像上,复制起始的区域,由于放射性标记密度较低,胶片上感光还原的银颗粒密度也就较低。继续合成区由于放射性标记密度较高,胶片上感光还原的银颗粒密度也就较高。如果复制是双向的,放射自显影后两个复制叉处将显示出高密度的银颗粒;如果是单向复制,放射自显影结果则显示两个复制叉中的一个含有密度高的银颗粒(图 3-9)。他们的实验结果显示:在放射自显影的图像上,两端感光还原的银颗粒密度高,中间感光还原的银颗粒密度低(图 3-10)。因此证实枯草杆菌基因组 DNA 是双向复制。随后用相同的方法也证实了大肠杆菌染色体 DNA 的复制也是双向的。J. Huberman 和 A. Tsai 使用类似的方法证实了真核生物果蝇(*Drosophila melanogaster*)基因组 DNA 的复制也采用双向复制的方式。

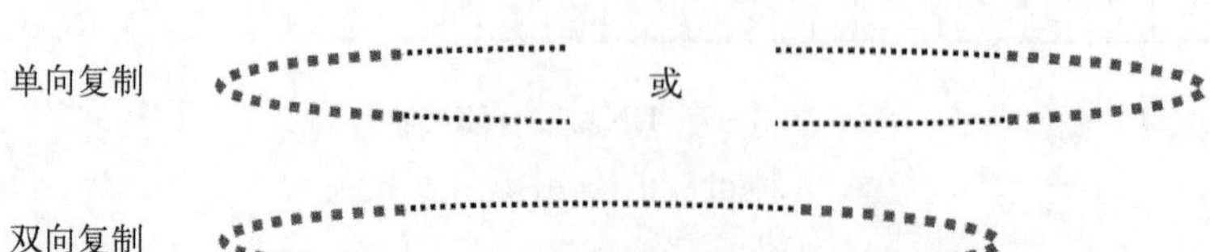

图 3-9 单向或双向复制结果

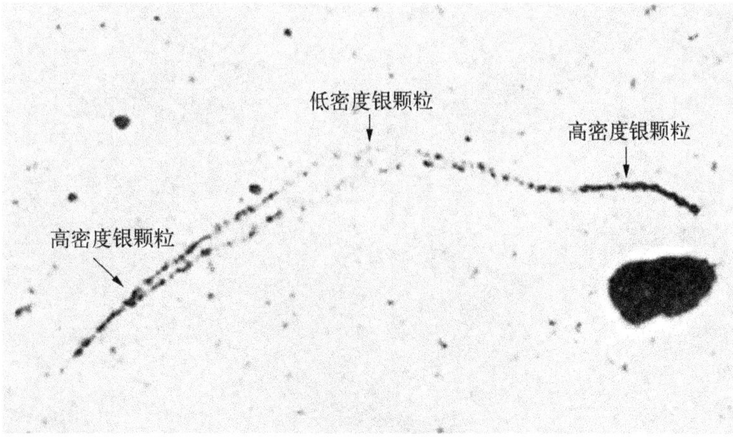

图 3-10 Gyurasits 和 Wake 实验结果(Gyurasits et al, 1973)

自然界中是否所有 DNA 的复制都是双向的呢？回答是否定的。目前发现大肠杆菌质粒 ColE1 的复制是单向的。

3.1.5 环形 DNA 的复制方式

1. θ 复制

20 世纪 60 年代早期，Cairns 用放射性同位素标记大肠杆菌 DNA 复制，发现了大肠杆菌 DNA 复制方式像希腊字母 θ，称为 θ 复制，又叫 Cairns 复制。大肠杆菌基因组为环形 DNA，具有一个复制原点。复制开始时，复制原点处 DNA 解链，形成两个复制叉。两个复制叉往相反的方向移动，形成似希腊字母 θ 的结构，所以这种复制方式也称为 θ 复制(图 3-11)。

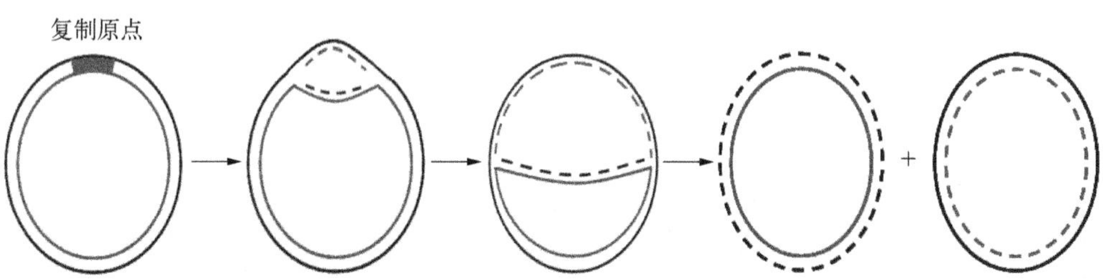

图 3-11 θ 复制

2. 滚环复制

某些环状 DNA 的复制方式并不是 θ 复制，而是滚环复制(rolling circle replication)。如单链噬菌体 ΦX174 复制时就采取这种简单快速的滚环式复制。ΦX174 基因组为正链 DNA，进入大肠杆菌后先以正链 DNA 为模板合成负链 DNA，形成双链环状 DNA，也称为复制型(replicative form)DNA。随后双链环状 DNA 通过滚环复制形成子代单链 DNA。在滚环复制中，在特定核酸酶的作用下，将双链 DNA 的一条链切开，形成 3′自由羟基端。3′端在 DNA 聚合酶的作用下，以未切断的另一条链为模板，在 3′端不断加上新的脱氧核苷酸。由于 3′端不断延长，5′端不断地被置换甩出而成为一条单链。复制过程好似在不断抽取卫生间的卷纸。这种复制方式由于像希腊字母 σ，因此也称为 σ 复制(图 3-12)。

滚环复制不仅存在于单链环状基因组 DNA 中，有些双链环状 DNA 噬菌体如 λ 噬菌体也采取滚环式复制。λ 噬菌体进入细菌后，采取 θ 复制，先合成几个双链环状 DNA。双链环状 DNA 并没有作为基因组而被包装到噬菌体颗粒中，而是作为复制型 DNA。随后 λ 噬菌体前导链采取滚环复制，后随链以滚环复制出的前导链为模板进行合成(图 3-13)。当合成的链长度达到几个基因组时开始包装，λ 噬菌体每次包装一个线性基因组 DNA 到头部颗粒内，因此，λ 噬菌体基因组是线性双链 DNA。λ 噬菌体复制出的多个基因组连在一起的 DNA 分子叫串联体(concatemer)。

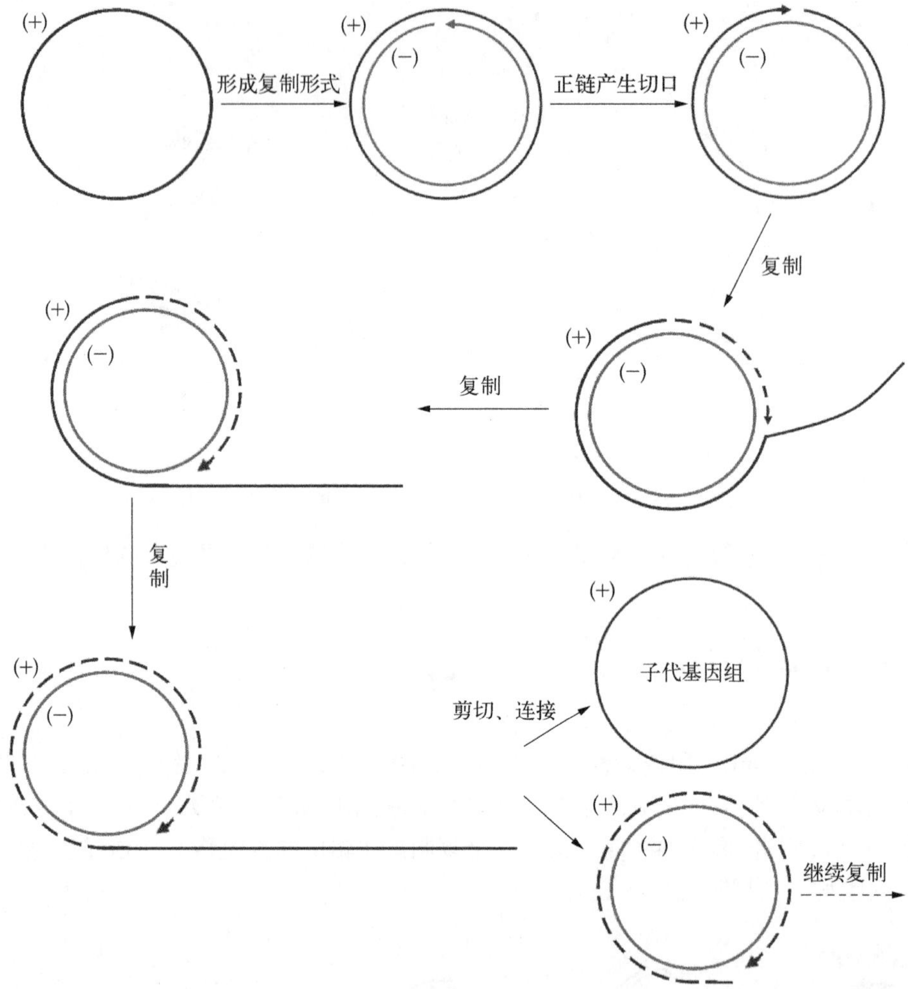

图 3-12　滚环复制

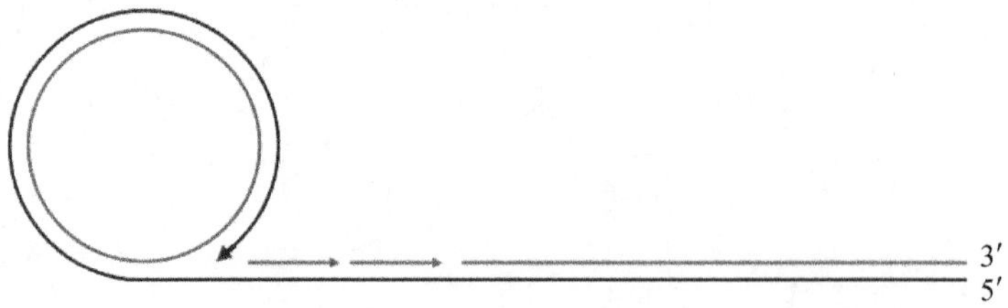

图 3-13　λ噬菌体滚环复制

3. D-环型复制

许多生物的染色体 DNA 的复制是双向的,并且是等速的。然而线粒体和叶绿体 DNA 则以一种特殊的单向复制方式进行复制,称为 D-环型复制。

线粒体 DNA 的两条链碱基组成不同,一条链中 G+T 的含量高,因而该链的密度较高,称为重链,即 H 链;另一条链密度较低,称为轻链,即 L 链。下面以哺乳动物线粒体 DNA 复制为例,对 D-环型复制进行简要说明。首先,在重链复制原点 O_H处,双螺旋开始解链,以轻链为模板开始复制它的子链,即新的重链。这样原来的亲本重链被新合成的重链取代,形成 D 环。线粒体 DNA 两条链的复制是不对称的,当新合成的重链达到全长的 2/3 位置时,轻链开始复制,从轻链复制原点 O_L开始,以重链为模板,复制一条子链,即轻链。由于线粒体 DNA 分子中轻链和重链复制的不同步性,导致当重链合成完成时,轻链仍在复制。此时形成了两个环形 DNA 分子,一个是完整的双链环形线粒体 DNA 分子,另一个是复制进行中的不完整的双链环。当重链和轻链分别完成复制后,由 DNA 连接酶将切口共价连接起来,形成两个线粒体 DNA 分子(图 3-14)。

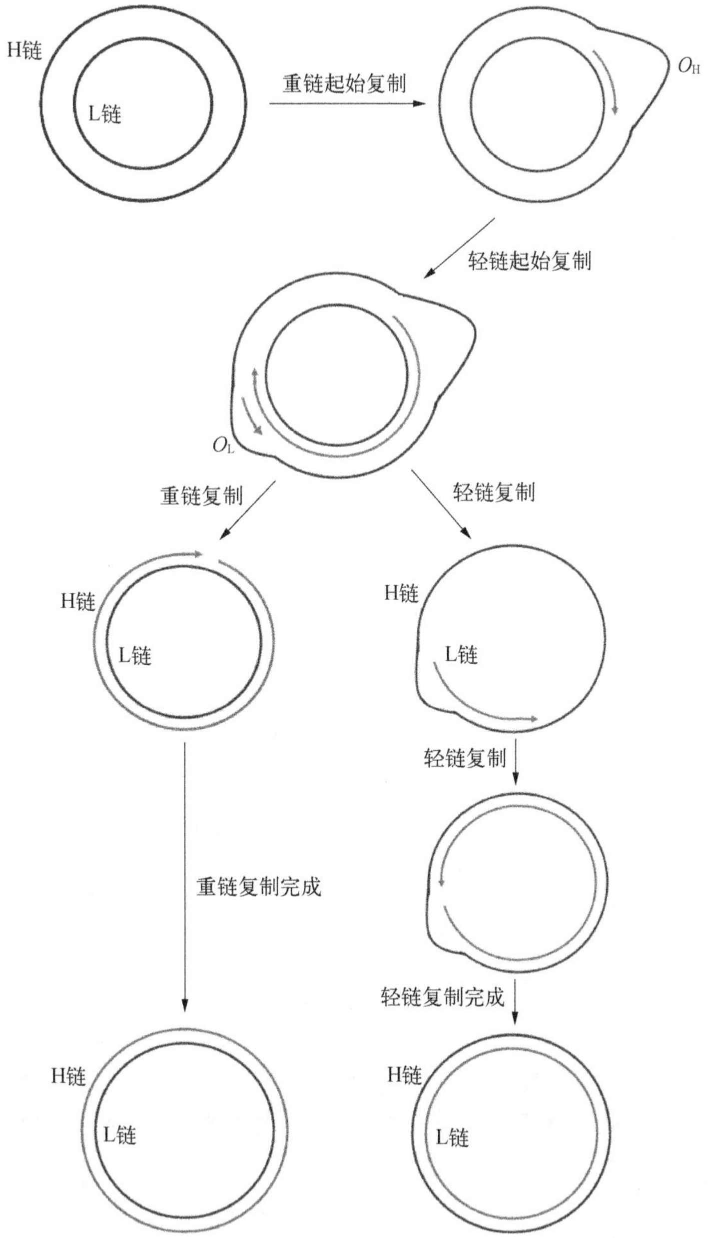

图 3-14 D-环型复制

3.2 DNA 复制酶学

3.2.1 解旋酶与 DNA 双链的分离

DNA 为双螺旋分子，两条单链通过配对碱基间形成的氢键和碱基堆积力维持 DNA 分子双螺旋构象的稳定。DNA 进行复制时，DNA 双链在复制原点处解链，起始子代 DNA 的复制。随着复制的进行，在复制叉位置，DNA 不断解开双链，复制叉向前移动，整个复制过程才能得以进行。在生物体内，DNA 双链的解开这项至关重要的任务由 DNA 解旋酶(DNA helicase)负责。

解旋酶是一类分子马达蛋白质(molecular motor protein)，能利用水解 NTP 产生的能量沿核酸分子单向易位(unidirectional translocation)移动，并解开双链 DNA 或去除 RNA 二级结构和替换结合在核酸分子上的蛋白质(图 3-15)。解旋酶是细胞中一种重要的蛋白质，在人类中，它的突变能导致癌症、早熟等众多疾病的发生。

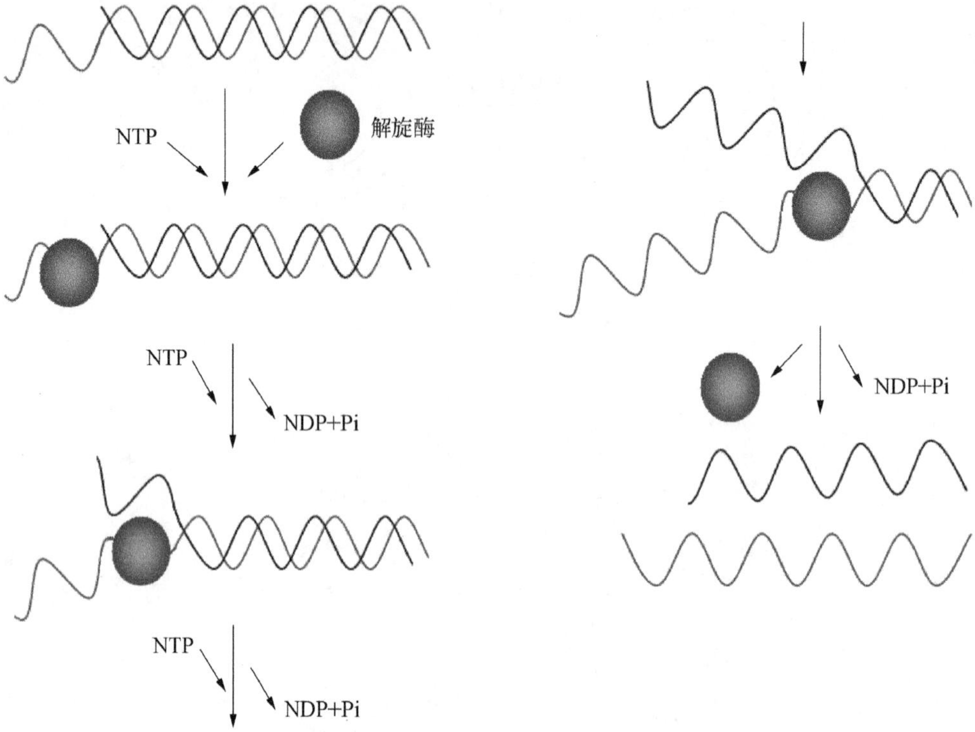

图 3-15 DNA 双链的解旋

DNA 解旋酶不仅仅涉及 DNA 复制,在许多场合如核苷酸切除修复、错配修复、重组和 RNA 转录终止等都可以看到 DNA 解旋酶的身影。DNA 解旋酶具有多种酶活性功能,这些功能包括 NTP 酶活性、单向转位和链的分离。所有解旋酶在核酸分子存在或不存在的情况下都能水解 NTP,通常水解 ATP,但在有核酸分子存在的情况下,NTP 酶活性得到显著加强。

单向转位是实现 DNA 解旋酶解开 DNA 双链的基本酶活特性。DNA 解旋酶是如何实现解旋?目前存在两种机制进行解释——主动机制(active mechanism)和被动机制(passive mechanism)。主动机制认为 DNA 解旋酶直接参与 DNA 双螺旋的去稳定而将 DNA 双链解开。被动机制认为 DNA 解旋酶只是通过结合瞬时解链的 DNA 而使双链 DNA 解链。事实上自发的瞬时解链在双链 DNA 中尤其是在双链 DNA 的末端常发生。

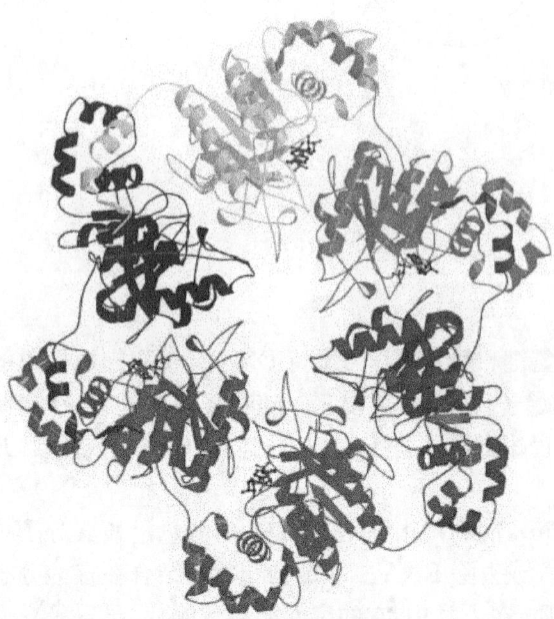

图 3-16 T7 gp4 蛋白结构(Singleton et al, 2000)

解旋酶多以聚合体形式存在,按聚合体中亚基数的不同,解旋酶可以分为两大类:一类为六个单体蛋白质组成的环状解旋酶,另一类为除六聚体环状解旋酶外的其他解旋酶。六聚体环状解旋酶出现在噬菌体、病毒、细菌和真核生物中,这类解旋酶主要负责催化 DNA 复制、重组和转录。如大肠杆菌基因组 DNA 复制中 DnaB 蛋白、T7 噬菌体 gp4 蛋白、SV40 中的大 T 抗原等,表 3-1 中列出一些六聚体环状解旋酶。这些解旋酶的六个亚基形成了一个环状结构,环的外径约为 12 nm,环的中间为一个 2 nm 直径的中央通道(central channel),中央通道足以容纳单链或是双链 DNA 分子(双链 DNA 分子的直径约为 2 nm)(图 3-16)。大多数环状解旋酶由六个相同的亚基组成,但真核生物的 MCM(minichromosome maintenance)解旋酶由 MCM 2~MCM 7 六个不同的亚基组成异六聚体。

在解旋酶进行工作时，核酸链穿过环状解旋酶的中央通道，解旋酶沿着核酸链从5′到3′或3′到5′方向单向转位移动。不同的解旋酶单向转位的方向不同(表3-1)。核酸链是如何穿过环状解旋酶呢？大多数的环状解旋酶使用开环机制，在装载蛋白(loader)的协助下，解旋酶环打开，使得核酸链得以进入中央通道。如大肠杆菌复制中解旋酶DnaB在DnaC的协助下才能有效地与DNA单链结合，真核生物MCM 2～MCM 7解旋酶复合物除了要求单链结合蛋白和原点识别复合物(origin recognition complex)外，还要求Cdc6(cell division cycle 6)的存在才能与复制原点处的DNA单链结合。

表3-1 部分六聚体环状解旋酶

解旋酶	转位方向	活性	功能
大肠杆菌DnaB	5′—3′	NTPase、解旋酶活性	DNA复制
T7噬菌体gp4	5′—3′	引发酶、解旋酶和NTPase活性	DNA复制
T4噬菌体gp41	5′—3′	NTPase、解旋酶活性	DNA复制
SV40大T抗原	3′—5′	NTPase、原点结合和解旋酶活性	DNA复制
枯草杆菌噬菌体SPP1基因40	5′—3′	NTPase、解旋酶活性	DNA复制
大肠杆菌RuvB	5′—3′	NTPase、支链迁移和解旋酶活性	DNA重组
大肠杆菌Rho	5′—3′	NTPase、解旋酶活性	转录终止
牛乳头瘤病毒解旋酶	3′—5′	NTPase、原点结合和解旋酶活性	DNA复制
真核生物MCM	3′—5′	NTPase、解旋酶活性	DNA复制

3.2.2 单链DNA结合蛋白与DNA单链的保护

DNA解旋酶在解开DNA双螺旋后，如果单链DNA没有得到及时的保护，单链DNA很快通过碱基互补重新形成双链DNA。在DNA复制时双链解开后，有一类蛋白质特异结合到单链的DNA上，这类蛋白质叫单链DNA结合蛋白(single-stranded DNA-binding protein, SSB)。单链DNA结合蛋白对单链DNA的保护存在两层含意：第一，单链DNA结合蛋白结合到单链DNA上能有效阻止双链的重新形成；第二，单链DNA结合蛋白结合到单链DNA上能有效防止DNA单链自身断裂和核酸酶的降解。

1960年，Bruce Alberts利用DNA-纤维素亲和柱分离到第一个单链DNA结合蛋白——T4噬菌体gp32，gp代表基因产物(gene product)。随后，Alberts和Malcolm Gefter实验室的研究人员共同发现了大肠杆菌的单链DNA结合蛋白(*ssb*基因产物)。目前已发现单链DNA结合蛋白广泛存在于原核与真核生物中，甚至噬菌体和腺病毒也编码自己的单链DNA结合蛋白。单链DNA结合蛋白多为多亚基复合体，根据亚基组成不同，单链DNA结合蛋白可分成3类：第一类由4个相同的亚基组成的同源四聚体蛋白，如大肠杆菌的单链DNA结合蛋白；第二类由2个相同的亚基组成的同源二聚体蛋白，如T4噬菌体gp32；第三类单链DNA结合蛋白由3个不同亚基组成的异源三聚体蛋白，如真核生物的RPA蛋白(replication protein A)。表3-2中列出了几种不同的单链DNA结合蛋白。

表3-2 几种单链DNA结合蛋白

单链DNA结合蛋白	亚基数	亚基是否相同	单体分子量/kDa
大肠杆菌SSB	4	是	19
嗜热细菌(*Thermus thermophilus*)SSB	2	是	29.9
嗜热水生菌(*Thermus aquaticus*)SSB	2	是	30
耐辐射球菌(*Deinococcus radiodurans*)SSB	2	是	32.6
T4噬菌体gp32	2	是	35
T7噬菌体gp2.5	2	是	26
人RPA	3	否	70、32、14

特异性结合非序列专一性的单链DNA是单链DNA结合蛋白最基本的特性。从单链DNA结合蛋白结构分析，不管单链DNA结合蛋白的氨基酸序列如何不同，都存在一个基本的单链DNA结合结构域——OB-结构域(oligosaccharide/oligonucleotide binding domain)，也称为OB折叠(OB-fold)(图3-17)。大

肠杆菌单链 DNA 结合蛋白由 4 个相同亚基组成,每个亚基多肽链的 N 端形成一个 OB-结构域,因此大肠杆菌单链 DNA 结合蛋白有 4 个 OB-结构域,大肠杆菌单链 DNA 结合蛋白的 OB-结构域中含有较多的碱性氨基酸。人的 RPA 蛋白由 3 个不同的亚基组成,含有 6 个 OB-结构域,最大的亚基 p70 含有 4 个,其他两个亚基各有一个 OB-结构域。单链 DNA 结合蛋白对单链 DNA 的结合具有协同作用,即一个单链 DNA 结合蛋白对单链 DNA 的结合有助于另一个单链 DNA 结合蛋白的结合。

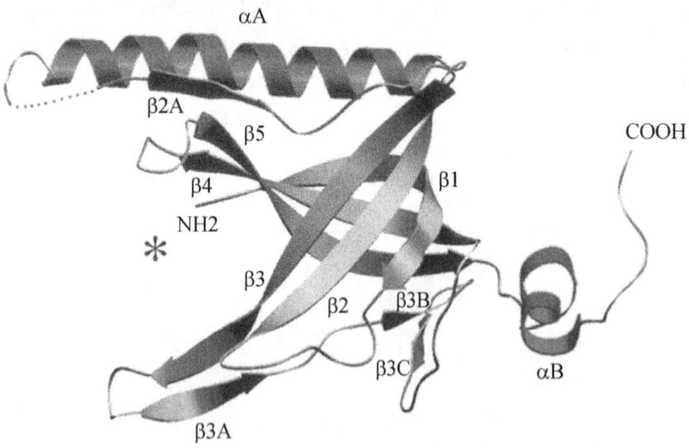

图 3-17 T7 gp2.5 蛋白结构(Hollis et al,2001)
β1～β5 折叠形成 OB-结构域,也称为 OB 折叠

单链 DNA 结合蛋白不仅通过 OB-结构域与单链 DNA 特异性的结合,它还通过其结构中的其他结构域或 OB-结构域与复制过程中其他蛋白质相互作用,促使复制更有效、更精确进行。在生理温度和离子条件下,单链 DNA 结合蛋白虽不能使 DNA 双链解开,但 DNA 在复制原点处的解链和随后 DNA 解旋酶的转位活性极大的被单链 DNA 结合蛋白和 DNA 促旋酶(DNA gyrase)所增强。单链 DNA 结合蛋白还可与 DNA 聚合酶作用直接影响聚合酶的活性。研究发现,单链 DNA 结合蛋白能增强 DNA 聚合酶的持续性(processivity)和复制的准确性,单链 DNA 结合蛋白增强 DNA 聚合酶持续性的原因可能是由于单链 DNA 结合蛋白的结合减少了单链 DNA 形成的二级结构对聚合酶的阻碍作用。

3.2.3 拓扑异构酶与 DNA 复制中拓扑结构的解决

1953 年,Watson 和 Crick 发现 DNA 双螺旋后曾预言 DNA 复制可能是以半保留方式复制,也就是在 DNA 复制时母链解开,通过碱基配对合成子链。这种复制方式要求 DNA 解链,这在当时(拓扑异构酶还没被发现)被认为是不可能的,因此,Watson 和 Crick 的 DNA 模型也遭到人们的怀疑。试想一下:人的基因组 DNA 大小约 3×10^9 bp,DNA 螺距以 10 bp 计算,在完成人基因组复制时,在小小细胞核中要使 DNA 链解开,DNA 约旋转 3×10^8 次!真核生物 DNA 复制的速度约为 700 nt/s,也就是说 DNA 解旋的速度要达到 4 200 r/min。在细胞核有限空间内以如此高的速度进行旋转是难以想象的。如果说在物理学上线性 DNA 的解螺旋还有可能,那么像细菌环状基因组 DNA 由于头尾相连,没有游离的末端,就不可能以此种方式解链。事实上真核生物线性 DNA 也不可能通过链的旋转进行解链,因为在生物体内,基因组 DNA 与大量的蛋白质如组蛋白、核基质等结合,基因组 DNA 不能进行自由旋转。

复制过程会使 DNA 产生拓扑结构问题。大多数生物基因组都维持 5%～10%的负超螺旋,负超螺旋使 DNA 更易解链,有利于复制。在 DNA 进行复制时,DNA 双螺旋在解旋酶的作用下解开双链,负超螺旋逐渐被抵消。随着解链的继续,双螺旋将变得越来越紧,也就意味着产生了正超螺旋(图 3-18)。正超螺旋如没有得到及时释放,DNA 双链将无法解开,复制不能进行。

DNA 拓扑异构酶 DNA(topoisomerase)解决了复制时产生的正超螺旋问题。DNA 拓扑异构酶是一组催化 DNA 链断裂-再连接反应的酶,它们能够消除超螺旋,甚至有的拓扑异构酶能引入负超螺旋。在 DNA 进行复制时,DNA 拓扑异构酶通过链断裂-再连接过程减少 DNA 链的连环数(linking number)使 DNA 解链得以进行。

目前发现的拓扑异构酶可分为两大类——Ⅰ型拓扑异构酶和Ⅱ型拓扑异构酶,其中Ⅰ型拓扑异构酶又可分为两个亚类——ⅠA 和ⅠB。表 3-3 中列出了一些不同类型的拓扑异构酶。除了一些特殊来源和功能的拓扑异构酶外,如属于Ⅰ型拓扑异构酶的反促旋酶(reverse gyrase)、线粒体拓扑异构酶(mitochondrial topoisomerase)、痘病毒拓扑异构酶(poxviral topoisomerase)和大肠杆菌 DNA 促旋酶(DNA gyrase)等,拓扑异构酶的命名有一定的规则,Ⅰ型拓扑异构酶通常以奇数罗马数字命名,如拓扑异构酶Ⅰ、Ⅲ;Ⅱ型拓扑异构酶以偶数罗马数字命名,如拓扑异构酶Ⅱ、Ⅳ、Ⅵ。

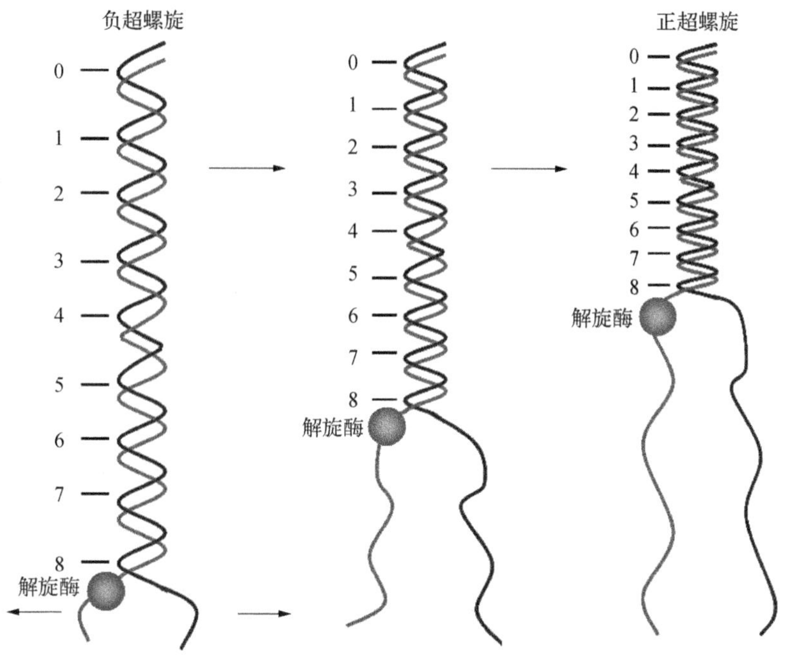

图 3-18 DNA 解链使双螺旋产生紧缠

表 3-3 部分拓扑异构酶及其功能

类 型		酶 名 称	功 能	来 源
Ⅰ型	ⅠA	拓扑异构酶Ⅰ	释放负超螺旋	所有细菌和一些古细菌
		拓扑异构酶Ⅲ	释放负超螺旋	一些细菌和大多数真核生物
		反促旋酶	引入正超螺旋	所有嗜热细菌和古细菌
	ⅠB	拓扑异构酶Ⅰ	释放正负超螺旋	真核生物
		线粒体拓扑异构酶	释放正负超螺旋	高等真核生物线粒体
		痘病毒拓扑异构酶	释放正负超螺旋	所有痘病毒家族成员
		拓扑异构酶Ⅴ	释放正负超螺旋	甲烷嗜热菌(古细菌)
Ⅱ型		拓扑异构酶Ⅱ	释放正负超螺旋	真核生物
		DNA 促旋酶	释放正超螺旋,引入负超螺旋	细菌
		拓扑异构酶Ⅳ	释放正负超螺旋	细菌
		拓扑异构酶Ⅵ	释放正负超螺旋	嗜热古细菌

Ⅰ型拓扑异构酶一次断开一条 DNA 链,通过所形成的切口将断裂的单链绕过未断裂的单链,然后再将断裂的单链连接在一起,每次作用改变一个连环数(图 3-19)。ⅠA 和ⅠB 在断裂反应中 DNA 末端与酶共价连接的结构和作用机制上存在差别。在ⅠA 中,断裂的 5′DNA 末端与酶的酪氨酸连接。而ⅠB 中,断裂的 3′DNA 末端与酶的酪氨酸连接。ⅠA 在催化反应时需要 Mg^{2+},ⅠB 在反应时不需要 ATP 或二价阳离子。

Ⅱ型拓扑异构酶能够去除 DNA 链中的正超螺旋或负超螺旋,其一次断开两条 DNA 链,连环数每次改变两个(图 3-20)。在反应时,Ⅱ型拓扑异构酶需要 Mg^{2+} 和 ATP。大肠杆菌 DNA 促旋酶为Ⅱ型拓扑异构酶,它不仅能去除正超螺旋,还能向基因组 DNA 引入负超螺旋,也是目前发现唯一能向 DNA 链引入负超螺旋的拓扑异构酶。

拓扑异构酶除了解决 DNA 复制过程拓扑异构问题,拓扑异构酶也解决转录、DNA 重组、修复和染色质重塑(chromatin remodeling)过程中 DNA 产生的拓扑异构问题,还有染色体 DNA 打结和缠绕。环形 DNA 复制后产生的联连分子也由拓扑异构酶释放。鉴于Ⅱ型拓扑异构酶在 DNA 复制中的重要作用,目前已经作为抗癌和抗菌的药物靶点。

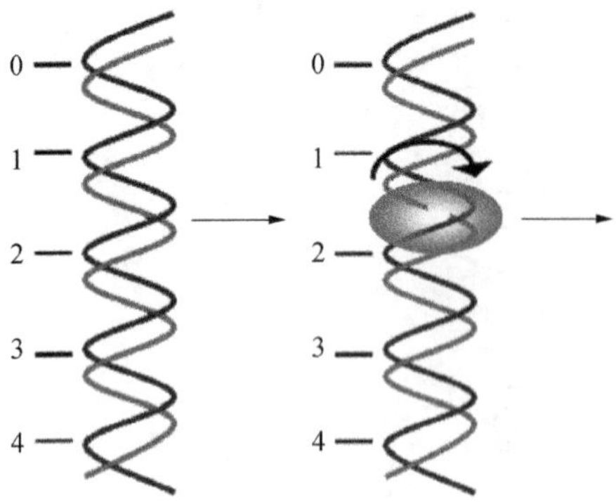

图 3-19　Ⅰ型拓扑异构酶作用机制

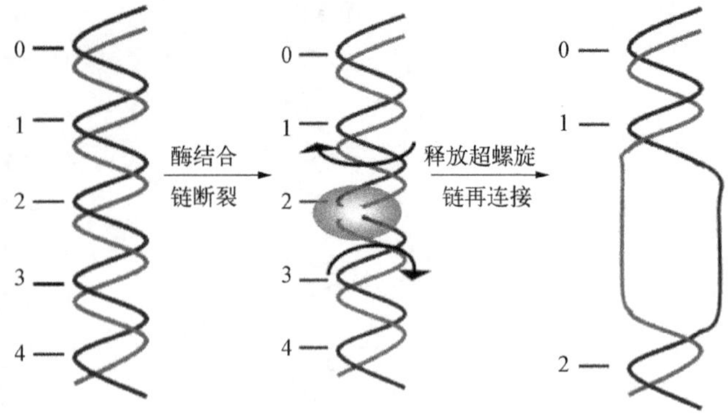

图 3-20　Ⅱ拓扑异构酶作用机制

3.2.4　DNA 聚合酶与 DNA 链的聚合

1. DNA 聚合酶Ⅰ

大肠杆菌 DNA 聚合酶Ⅰ是第一个被发现和研究的聚合酶，在细胞中含量最为丰富。虽然它不能参与长片段 DNA 的合成，但在短片段的合成中发挥了重要的功能，如在冈崎片段 RNA 引物去除后和 DNA 切除修复中缺口的合成。

大肠杆菌 DNA 聚合酶Ⅰ由一条多肽链组成，分子质量约为 93 kDa。聚合酶Ⅰ除具有正常聚合酶拥有的 5′到 3′聚合酶活性外，它还具有 3′到 5′的外切核酸酶活性和 5′结构特异性的核酸酶活性。用蛋白酶处理聚合酶Ⅰ会产生两个片段。大的片段叫 Klenow 片段，具有聚合和 3′到 5′外切酶活性。Klenow 片段现已广泛应用于重组 DNA 操作实验中。N 端小片段则拥有 5′核酸酶活性。3′到 5′外切核酸酶活性使得聚合酶Ⅰ在合成 DNA 时具有校正的功能，提高复制的保真度(fidelity)。如果在 DNA 合成时不小心插入与模板不配对的碱基，聚合酶Ⅰ能够通过其 3′到 5′外切核酸酶活性将错配碱基切除，为正确碱基的插入提供了保证(图 3-21)。5′核酸酶活性使得聚合酶Ⅰ拥有去除冈崎片段 5′端 RNA 引物的能力。

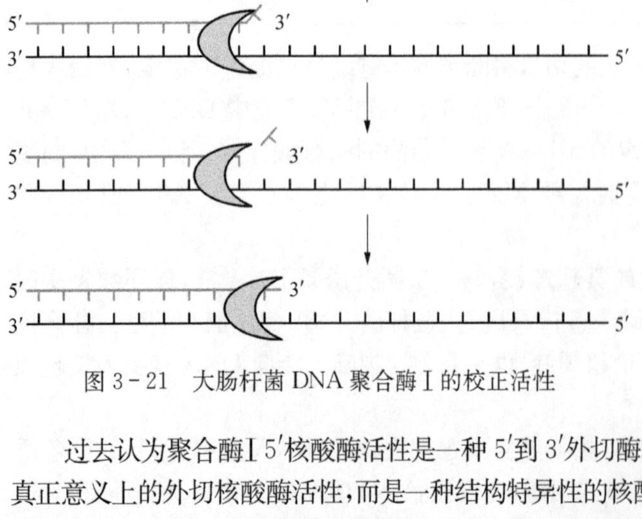

图 3-21　大肠杆菌 DNA 聚合酶Ⅰ的校正活性

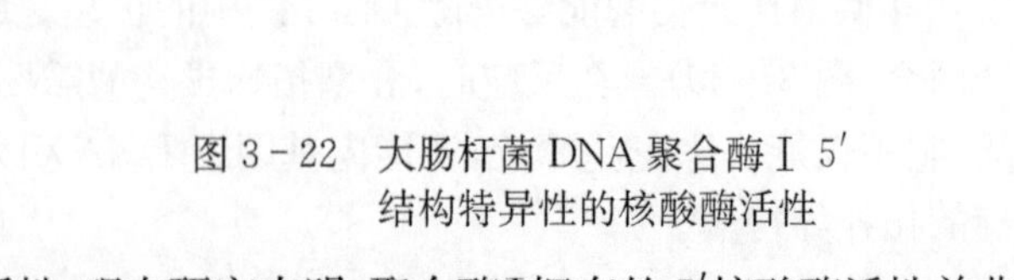

图 3-22　大肠杆菌 DNA 聚合酶Ⅰ 5′结构特异性的核酸酶活性

过去认为聚合酶Ⅰ 5′核酸酶活性是一种 5′到 3′外切酶活性，现在研究表明，聚合酶Ⅰ拥有的 5′核酸酶活性并非真正意义上的外切核酸酶活性，而是一种结构特异性的核酸酶活性。它能识别 5′端单链与双链 DNA 连接处，并在第一个和第二个配对碱基间切开磷酸二酯键(图 3-22)。大肠杆菌 DNA 聚合酶Ⅰ的聚合酶活性与 5′核酸酶活性使得有切口的 DNA 产生切口平移(nick translation)现象(图 3-23)，也是其去除冈崎片段 RNA 引物的根本。

变为较为松弛。复合物中 δ 亚基得以与 β 夹子相互作用,打开 β 夹子,载入 DNA 分子。此过程导致 ATP 水解,δ 亚基从 β 夹子中解聚,β 夹子关闭。DnaX 复合物中 τ 亚基和 γ 亚基则表现出 ATPase 活性。

4. 真核生物聚合酶

与原核生物相似,真核生物细胞中也不止一种 DNA 聚合酶。目前研究表明,真核生物 DNA 复制至少涉及 3 种不同的 DNA 聚合酶——聚合酶 α、聚合酶 δ 和聚合酶 ε,同时还有其他聚合酶负责 DNA 修复等 DNA 处理过程。表 3-5 中列出了几种真核生物 DNA 聚合酶和它们的功能。

表 3-5 几种真核生物 DNA 聚合酶及其他们的功能

聚 合 酶	功 能
DNA 聚合酶 α	DNA 复制起始,RNA 引物的合成
DNA 聚合酶 δ	DNA 复制延伸
DNA 聚合酶 ε	DNA 复制延伸
DNA 聚合酶 β	DNA 修复
DNA 聚合酶 ξ	易错的 DNA 移损修复(DNA translesion repair)
DNA 聚合酶 γ	线粒体 DNA 复制

DNA 聚合酶 α 由 4 个亚基组成。最大亚基具有聚合酶活性,分子质量为 165～180 kDa。最大亚基计算分子质量为 165 kDa,但在表达后经常被糖基化和磷酸化,分子质量会表现为 180 kDa。分子质量为 70 kDa的亚基不具有催化活性,但体外、体内实验表明它对复制的起始至关重要。另两个亚基分子质量分别为 49 kDa 和 58 kDa,这两个亚基一起具有 DNA 引发酶活性,能合成复制起始的 RNA 引物。因此,聚合酶 α 也常被称做聚合酶 α-引发酶复合物。聚合酶 α 在不同生物中较为保守。

聚合酶 α 最主要的功能是起始 DNA 的合成。聚合酶 α 中 p49 和 p58 二个亚基共同合成一段短的 RNA 引物,随后聚合酶 α 在 RNA 引物上继续合成一段长度约为 20 nt 的 DNA 片段。由于聚合酶 α 不是高持续性的聚合酶,随后基因组 DNA 的复制被持续性和复制保真度更高的聚合酶 δ 和聚合酶 ε 所代替。

聚合酶 δ 由一个核心酶和一个或多个结合较为松散的亚基组成。核心酶由分子质量分别为 125 kDa 和 50 kDa 两个不同亚基组成,大亚基具有核心酶催化活性和 3′到 5′外切核酸酶校正活性。小亚基虽没有催化活性,但可以与其他松散结合的亚基相互作用。聚合酶 δ 核心酶持续性不强,只能合成 10～20 nt 长的 DNA,但当它与持续因子增殖细胞核抗原(proliferating cell nuclear antigen, PCNA)结合后,持续性大大增强,能延伸 5×10^4nt 以上的 DNA 片段。

PCNA 为同源三聚体复合物,单体分子质量约为 29 kDa,三个亚基形成一个环形结构,酷似聚合酶Ⅲ中的 β 夹子(图 3-27)。PCNA 环形结构中间的孔径能容纳一条双链 DNA,因此也称它为滑动夹(sliding clamp)。夹子装载蛋白(replication factor C, RFC)将 DNA 装入到滑动夹 PCNA 中,这一过程需要 ATP 的水解。

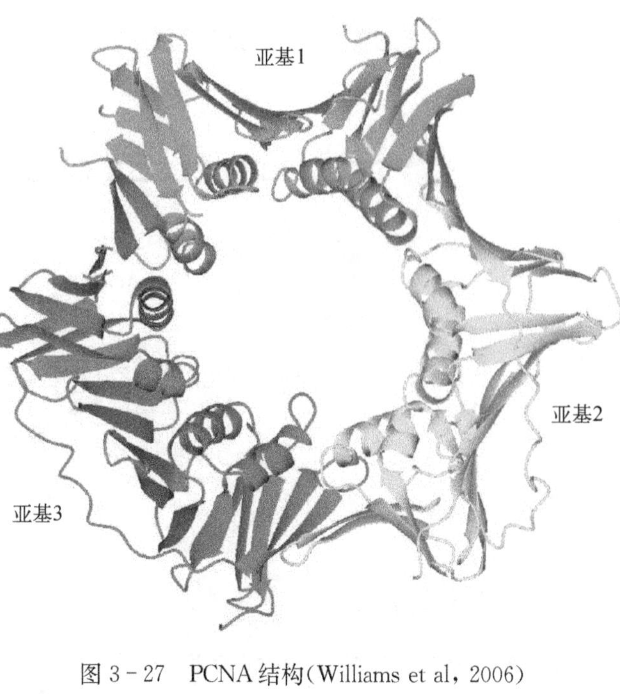

图 3-27 PCNA 结构(Williams et al, 2006)

最近研究表明,在复制叉处不只有聚合酶 δ 一种聚合酶,另一种聚合酶 ε 也参与了 DNA 的复制。酵母与人的聚合酶 ε 由 4 个亚基组成,酵母聚合酶 ε 基因突变导致突变率增加 10 倍。在聚合酶 ε 条件致死突变体中,在限制条件(restrictive condition)下染色体 DNA 合成停止。将聚合酶 ε 从非洲爪蟾卵抽提物中去除,抽提物的 DNA 复制活性显著下降。一系列实验表明正常染色体 DNA 复制需要聚合酶 ε。聚合酶 ε 在无 PCNA 的情况下也表现出高度的持续性,表明在 DNA 复制中,聚合酶 ε 可能负责前导链的合成,而聚合酶 α 和聚合酶 δ 负责后随链的合成。

3.2.5　DNA 连接酶与冈崎片段的连接

DNA 分子中两条单链互为反向平行，一个链的方向从 5′到 3′，另一条链的方向则从 3′到 5′。迄今为止，发现的 DNA 聚合酶只有 5′到 3′的聚合酶活性，因此，前导链的合成是连续的，后随链的合成是不连续的。在后随链上 DNA 聚合酶先合成一段段短的 DNA 片段(冈崎片段)，相邻冈崎片段最后通过 DNA 连接酶的催化连接在一起，最终完成后随链的合成。DNA 连接酶不仅涉及 DNA 复制，还涉及 DNA 重组和 DNA 修复等过程。

DNA 连接酶是一类催化 DNA 链中相邻的 3′- OH 和 5′- P 形成磷酸二酯键的酶。根据与其结合的辅因子的不同，DNA 连接酶可分为两类：一类辅因子可以为 NAD 或 ATP，如原核生物中的 DNA 连接酶；另一类只以 ATP 作为辅因子，如病毒、古细菌和真核生物 DNA 连接酶。

DNA 连接酶催化磷酸二酯键的反应分为三步进行(图 3 - 28)。第一步，连接酶腺苷酸化(adenylation)。DNA 连接酶与 ATP 反应形成酶- AMP 中间复合物，AMP 基团通过氨基磷酸酯键(phosphoramidate bond)连接到酶活性位点中保守的赖氨酸基团上，同时连接酶的构象发生变化，暴露出 DNA 结合位点。第二步，AMP 基团转移到切口 DNA 5′- P 末端，产生 DNA - AMP 中间复合物。第三步，5′- P 基团与相邻的 3′- OH 通过酯化反应形成磷酸二酯键，并释放出 AMP，至此两个 DNA 片段得以连接。

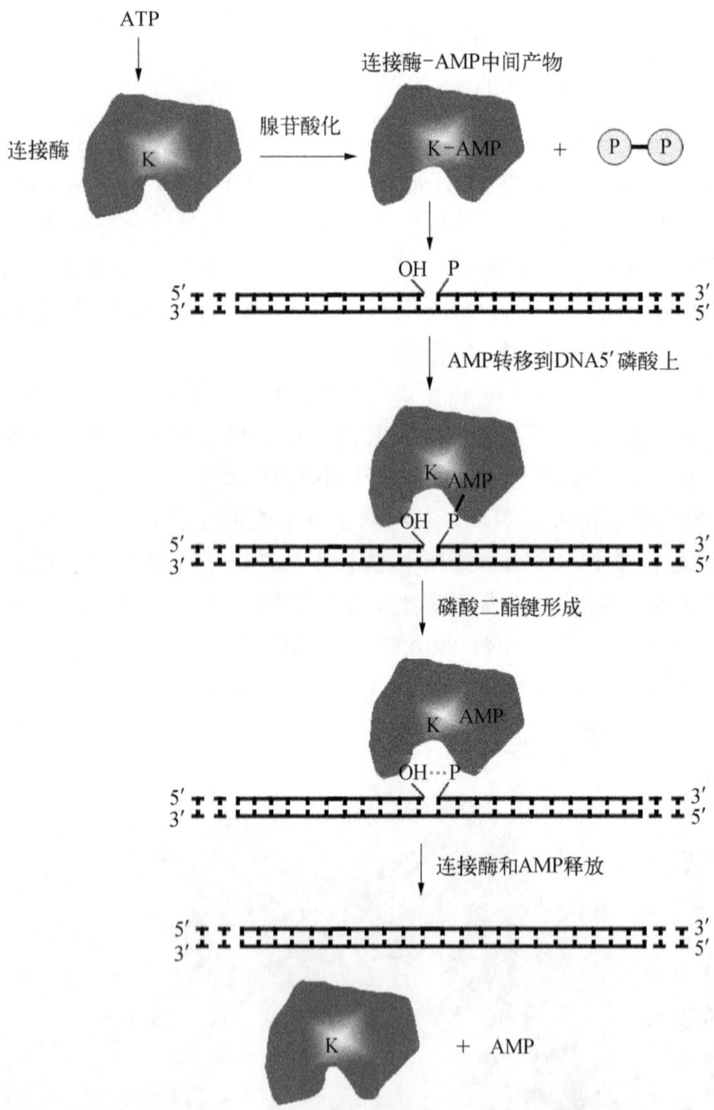

图 3 - 28　DNA 连接酶催化 DNA 片段的连接

过去认为在酿酒酵母和大肠杆菌中只有一种 DNA 连接酶，随着基因组测序的完成，已发现额外 DNA 连接酶的存在。在哺乳动物中也克隆出三个 DNA 连接酶基因 *LIG1*、*LIG3* 和 *LIG4*，分别编码 DNA 连接酶Ⅰ，DNA 连接酶Ⅲα、β 和 DNA 连接酶Ⅳ。不难理解一种生物中存在多种 DNA 连接酶，因为 DNA 连接酶涉及与 DNA 代谢有关的三个重要过程——DNA 复制、重组和修复，不同的过程可能需要特定 DNA 连接酶的参与。在复制过程中，DNA 连接酶通过蛋白质与蛋白质的相互作用增强了复制的效率。在哺乳动物中，DNA 连接酶Ⅰ负责冈崎片段的连接，其 N 端结构域与 PCNA 相互作用。PCNA 蛋白是真核生物复制过程中的夹子蛋白，它们的相互作用对于招募 DNA 连接酶到复制位点处至关重要。与哺乳动物相似，大肠杆菌的 DNA 连接酶也可与 β 夹子相互作用而被招募到复制位点处。

3.3　DNA 复制过程

3.3.1　DNA 复制起始

DNA 复制起始于特定的位点，这一位点称为复制原点(replication origin)。原核生物一条染色体只含一个复制原点，在复制原点处形成两个复制叉，往两个相反方向进行双向复制，因此，原核生物一条染色体就是一个复制子。

对大肠杆菌基因组DNA复制的研究揭示了原核生物DNA复制机制。大肠杆菌染色体DNA含有一个复制原点，称为*oriC*。*oriC*的最小序列长度为245 bp。该序列上有5个9 bp的重复序列和3个13 bp富含AT的重复序列。图3-29是大肠杆菌*oriC*序列，R1～R5为5个9 bp的重复序列，5个9 bp的重复序列方向互为相对。9 bp的重复序列也称为DnaA框(DnaA box)，DnaA蛋白特异性的结合到这个序列上。13 bp的重复序列AT含量很高，因为AT碱基对只含有两个氢键，比含三个氢键的GC碱基对更容易解链，大肠杆菌DNA复制最先解链区发生在这个序列内。在大肠杆菌的*oriC*序列中，还有11个GATC序列。GATC序列是DNA腺苷酸甲基转移酶的作用位点。DNA腺苷酸甲基转移酶通过对母链GATC序列中A进行甲基化来区别新生链与母链。9 bp的重复序列和13 bp的重复序列在不同的细菌中极其保守。

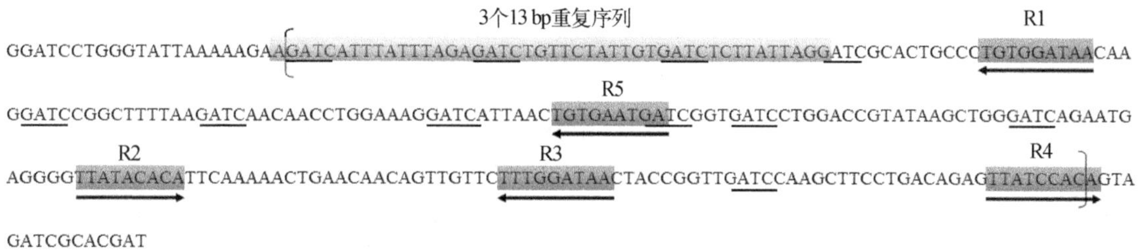

图3-29 大肠杆菌*oriC*序列

DnaA作为复制起始蛋白，对复制的起始起到了重要的作用。DnaA与ATP形成复合物后，结合到DnaA框上。DnaA与DnaA框的结合使结合部位的DNA弯曲，造成13 bp重复序列的AT富含区解链，形成开放复合物(open complex)。随后DnaB-DnaC复合物被DnaA招募到*oriC*的解链区。DnaB蛋白是大肠杆菌DNA复制的解旋酶，能使复制叉处的双链DNA解链形成单链模板。DnaB蛋白是由六个相同亚基组成的环形蛋白复合体，环形中央的孔径可以容纳单链的DNA。DnaC作为装载蛋白使DnaB能结合到单链DNA上。DnaC蛋白会抑制DnaB的解旋酶活性，只有DnaC离开DnaB蛋白后，DnaB才能发挥正常解旋酶功能在复制叉处解开双链DNA。DnaB结合到DNA后，ATP水解使DnaC从DnaB-DnaC复合物中释放(图3-30)。DnaB沿着5′到3′方向进行转位移动解开双链。DnaB-DnaC与DNA形成的复合物叫前引发复合物(prepriming complex)，由于DnaB不具有引发酶活性，不能合成复制所需要的RNA引物。

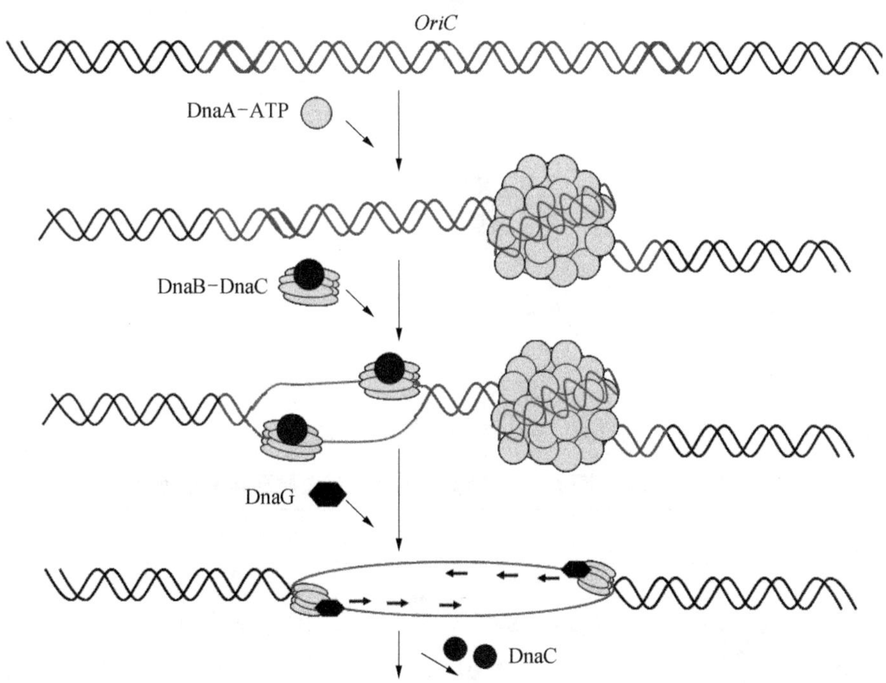

图3-30 大肠杆菌基因组DNA复制起始

DnaG蛋白是复制的引发酶,它会瞬时与DnaB相互作用,形成引发体(primosome),合成前导链与后随链冈崎片段所需的引物。

真核生物复制的起始与原核生物相似,复制起始也涉及复制原点处不同的相关蛋白质有序的组装过程。与原核生物不同的是真核生物有多个复制原点起始复制。在细胞分裂的M期晚期或G1期早期,由Orc1～Orc6六个亚基组成的原点识别复合物(origin recognition complex ORC)结合到复制原点处。同时Cdt1和Cdc6在ORC的协助下与复制原点结合并将DNA解旋酶MCM招募到复制原点,形成前复制复合物(pre-replicative complex)。解旋酶MCM由MCM 2～MCM 7六个不同亚基组成异六聚体复合物,具有3′到5′DNA解旋酶活性、ssDNA结合和DNA依赖的ATPase活性。一旦前复制复合体装配成功,在随后的S期中,复制才能被启动。在进入S期后,一个关键的步骤是在cyclin - Cdk和Cdc7 - Dbf4两个激酶的作用下使Cdc45结合到复制原点,随后单链结合蛋白RPA(replication protein A)和DNA聚合酶α-引发酶复合体结合到复制叉起始DNA复制。

3.3.2 复制叉

作为原核生物基因组DNA复制的模型,大肠杆菌染色体DNA的复制得到了详细的研究。大肠杆菌染色体DNA在复制起始蛋白DnaA的作用下,复制原点 *oriC* 处DNA解链,形成两个复制叉。随后多种与复制有关的蛋白质结合到复制叉形成复制体(replisome)。原核生物基因组DNA复制为双向复制,两个复制叉向相反方向移动。在复制叉向前移动进行DNA复制时,至少有以下几种蛋白质或蛋白质复合物参与:DNA聚合酶Ⅲ全酶、解旋酶与引发酶形成的引发体、单链DNA结合蛋白、DNA促旋酶、DNA聚合酶Ⅰ和DNA连接酶等(图3-31)。表3-6中列出了大肠杆菌复制所需的各种蛋白质及其在复制中行使的功能。

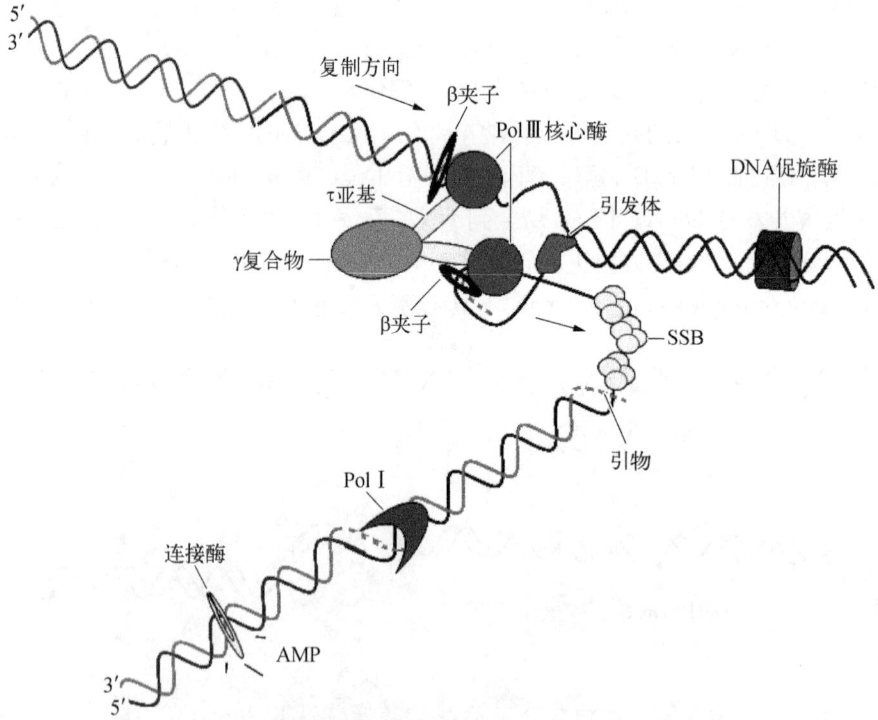

图3-31 大肠杆菌DNA复制

表3-6 大肠杆菌DNA复制参与的酶或蛋白质及其主要功能

参与的酶或蛋白	主 要 功 能
PolⅢ全酶	
核心酶	具有聚合酶和3′到5′外切核酸酶活性。负责前导链与后随链的合成和校正
τ亚基	在PolⅢ全酶中为同型二聚体。结合两个核心酶,使之形成二聚体
β亚基	在PolⅢ全酶中为同型二聚体,形成炸油饼圈结构。引物-模板双链穿过其中,保持核心酶的高持续性

续 表

参与的酶或蛋白	主 要 功 能
引发体	
解旋酶	解开 DNA 双螺旋，为复制提供单链模板
引发酶	合成 RNA 引物
SSB	结合到解旋酶解开的单链 DNA 上，防止打开的单链重新形成双链；防止 DNA 单链断裂和受到核酸酶的降解
DNA 促旋酶	释放复制过程产生的正超螺旋；引入负超螺旋
Pol Ⅰ	去除冈崎片段 5′端 RNA 引物；引物去除后缺口的合成
DNA 连接酶	连接两个冈崎片段

在体内，原核生物 DNA 复制速度是惊人的。复制机器每秒钟约合成 1 000 个碱基，前导链与后随链的复制几乎是同步的。知道 DNA 链中两条单链互为反向平行，DNA 聚合酶只能以 5′到 3′方向合成 DNA 链，那就意味着前导链与后随链合成的方向是相反的。前导链合成方向与复制叉移动方向相同，而后随链与复制叉移动方向相反。DNA 聚合酶Ⅲ是如何协调两条链的合成的呢？Bruce Alberts 用长号(trombone)复制模型来解释前导链与后随链协同复制过程(图 3－32)。为了与前导链协同合成，后随链模板在复制叉处折叠形成一个环(loop)，使后随链的复制方向与前导链相同，都沿着复制叉移动方向进行。当负责复制后随链的核心

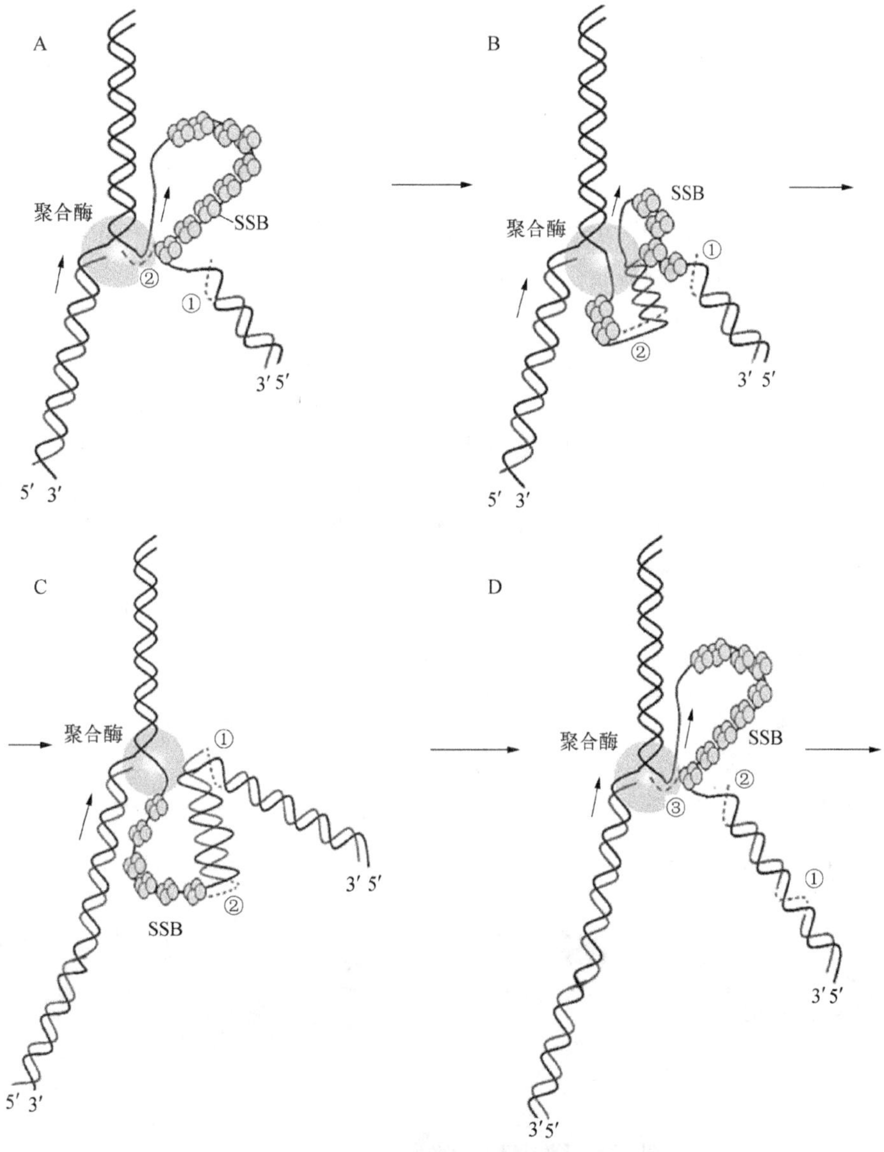

图 3－32 前导链与后随链协同复制

图中标注虚线表示后随链上的引物，序号①、②、③为合成引物的先后顺序

酶完成一个冈崎片段合成后,与β夹子解离。β夹子继续留在合成好的冈崎片段上,招募聚合酶Ⅰ和连接酶等蛋白质,完成冈崎片段最后的合成与连接。在冈崎片段前方新的 RNA 引物被合成,新的β夹子被装配。负责复制后随链的核心酶重新与新装配的β夹子结合,引发新的冈崎片段的合成。这个过程不断循环,直至后随链完全合成。

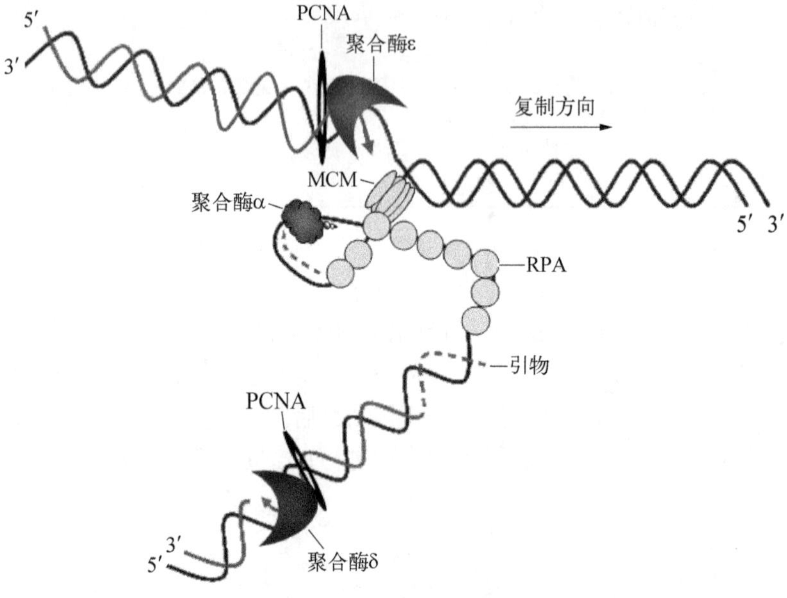

图 3-33 真核生物 DNA 复制

真核生物细胞进入 S 期后,细胞内的染色体 DNA 开始复制,复制过程起始于复制原点。与原核生物相似,起始阶段在复制原点处复制相关蛋白质进行复杂的复制机器装配。真核生物也在复制原点处形成两个复制叉,沿双向复制。每个复制叉由多种蛋白质组装成复制机器,负责 DNA 两条链的复制(图 3-33)。复制起始时 RNA 引物和 DNA 的复制由 DNA 聚合酶 α-引发酶复合体负责。由于 DNA 聚合酶 α-引发酶复合体对 DNA 复制的持续性不强,不能合成长片段的 DNA。在复制进入延伸阶段后,DNA 聚合酶 α 被持续性和保真度更高的聚合酶——聚合酶 δ 和 ε 所替代。

3.3.3 DNA 复制终止

与复制起始相似,原核生物的复制终止也是序列依赖性的,即复制终止在特定的序列上。原核生物复制的终止是由顺式作用位点与反式作用蛋白共同协作的结果。顺式作用位点是指基因组 DNA 上能终止 DNA 复制的序列,反式作用蛋白则指特异结合在顺式作用位点上的蛋白质。大肠杆菌质粒 R6K 第一个被发现有特异性的终止位点存在,接着在革兰氏阴性细菌大肠杆菌和革兰氏阳性细菌枯草杆菌中也发现了复制终止序列。

大肠杆菌和枯草杆菌的复制终止位点均位于复制原点约 180°的方位上。大肠杆菌的复制终止位点由 *TerA*~*TerF* 6 个序列组成,*TerA*~*TerF* 序列分成方向相反的两组,每个序列结合一个分子质量约为 36 kDa 单体蛋白(terminus utilization substance, Tus)(图 3-34A)。枯草杆菌复制终止位点也由两组方向相反的序列组成,*Ter Ⅰ*、*Ter Ⅲ*、*Ter Ⅴ* 位于逆时针方向,*Ter Ⅱ*、*Ter Ⅳ*、*Ter Ⅵ* 位于顺时针方向(图 3-34B)。枯草杆菌终止位点由核心序列和辅助序列两部分组成,核心序列和辅助序列部分重叠(图 3-34C)。核心序列和辅助序列各结合一个同源二聚体的复制终止子蛋白(replication terminator protein, RTP)。RTP 的结合具有协同作用,RTP 在核心序列的结合有助于 RTP 在辅助序列的结合。在缺少核心序列的情况下,RTP 不能结合到辅助序列上。

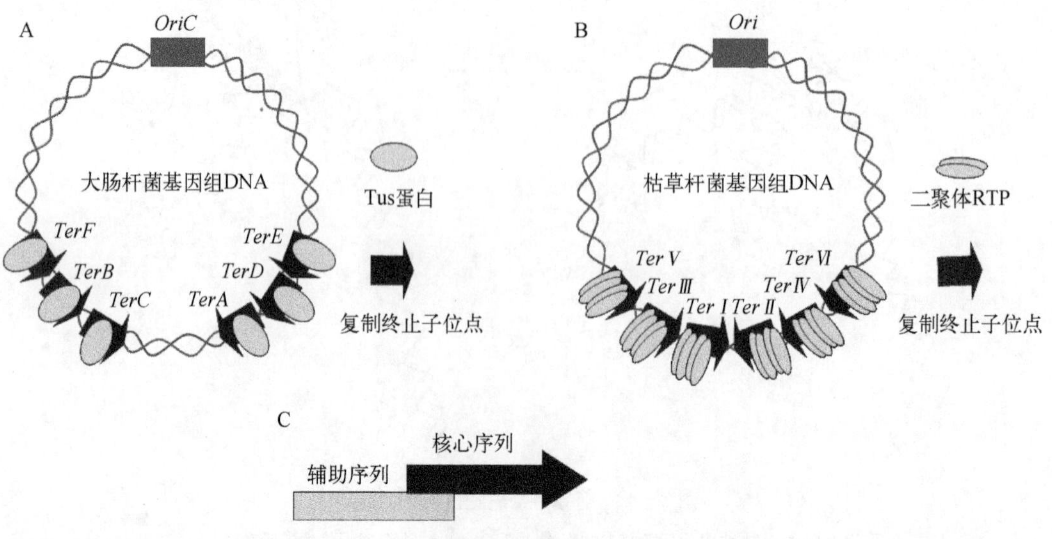

图 3-34 大肠杆菌和枯草杆菌复制终止位点

当复制叉进入复制终止区时，复制叉会被终止子-复制终止蛋白复合体所捕获，复制停止。在复制终止序列处剩余的DNA通过修复合成(repair synthesis)方式进行复制，由于原核生物的基因组是环状的，因此复制完成后两个子代DNA分子仍然连结在一起，形成联连分子(catenane)(图3-35)。这种联连分子在细胞分裂前必须分开，否则细胞分裂将失败，可能会导致细胞的死亡。研究证明，在大肠杆菌中联连分子的分离不是由DNA促旋酶负责，而是由另一个Ⅱ型拓扑异构酶——拓扑异构酶Ⅳ负责。

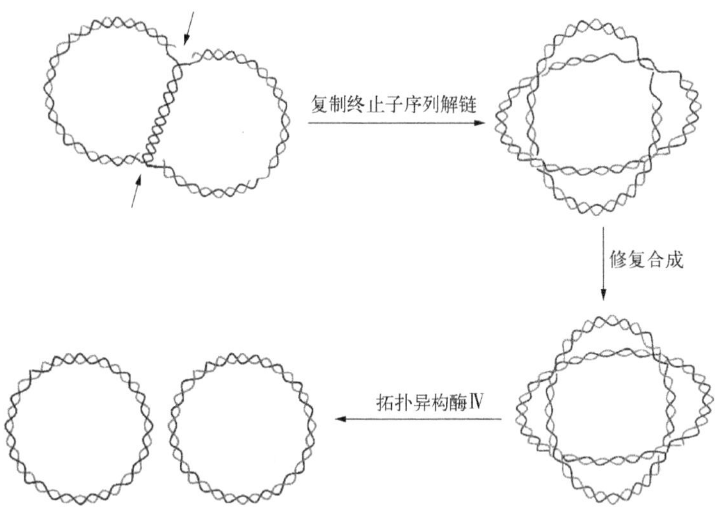

图3-35 联连分子的分离

原核生物基因组是环状的，复制结束产生的主要问题是子代DNA是连结在一起的，产生联连分子。真核生物是线性基因组DNA，由于聚合酶在复制两条链时采取不同方式——前导链连续复制，后随链不连续复制。后随链在复制到基因组DNA末端时，由于5′端RNA引物的去除，5′端会产生一个缺口。DNA聚合酶在没有3′-OH存在的情况下无法合成DNA链，因此，DNA聚合酶没有能力填补最末端后随链RNA引物去除后留下的缺口。如果缺口没有得到填补，在下一轮DNA复制后，5′端将变得更短，多轮复制后末端变得越来越短(图3-36)。

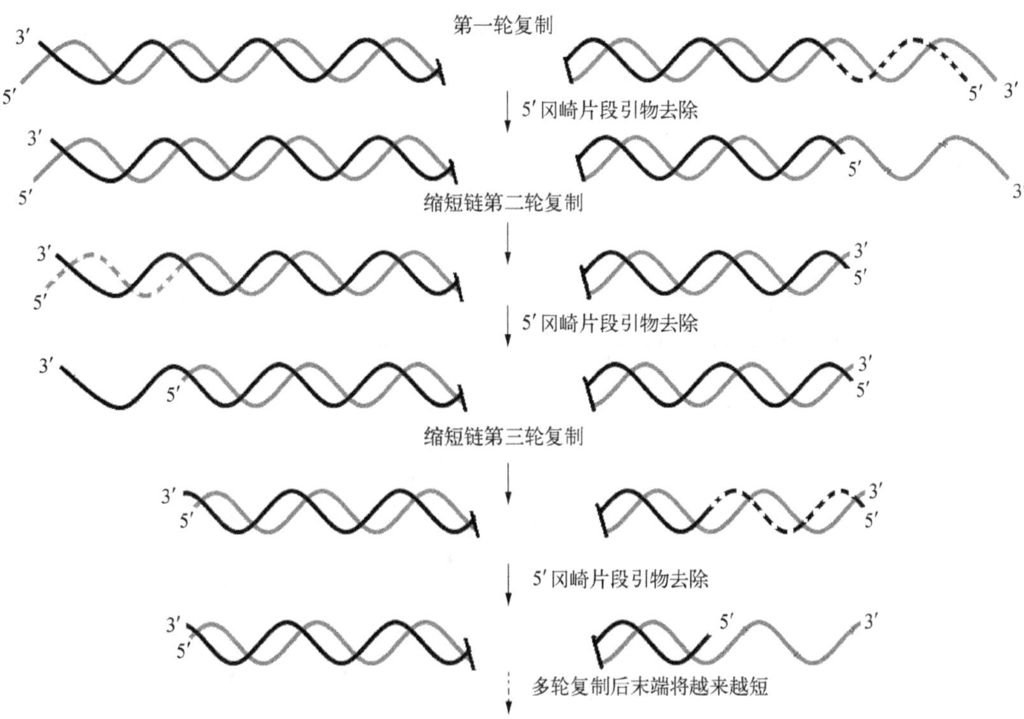

图3-36 线性DNA复制产生末端缩隐

真核生物是如何解决因复制而产生的末端缩隐的问题？在回答这个问题之前，来看看真核生物DNA末端的结构。真核生物染色体末端是一个叫端粒(telomere)的特殊结构。在大多数真核生物中，端粒DNA序列由一定长度的重复序列组成。不同生物端粒重复序列的长度和序列不同，表3-7中列出了几种生物的端粒序列。重复序列的长度一般为5～8 bp，但长的也可达到25 bp。不同的生物端粒的长短差异较大，从几十个核苷酸到几万个核苷酸对不等。在酵母中端粒的长度约为300 bp，人的端粒长度为6～12 kb。即便是同一种生物，不同个体之间端粒的长度也会存在差别。端粒序列的存在对于生物体来说至少有两个重要的功能：第一，一些特异蛋白能识别并结合到端粒序列上形成特定的核蛋白结构，这种结构保护了染色体

DNA末端免受核酸酶的降解。第二,细胞内有一种修复系统能将断裂的DNA重新连接,如果染色体DNA末端没有端粒结构,修复系统会误认为是断裂的染色体而将其连接在一起。两条染色体如被连接,在细胞进行分裂时将无法进行正确的分配,这对细胞将是致命的。

表3-7 不同物种的端粒重复序列

物种	端粒重复序列
人	TTAGGG
小鼠	TTAGGG
家蚕	TTAGG
线虫	TTAGGC
拟南芥	TTTAGGG
衣藻	TTTTAGGG
酿酒酵母	$T(G)_{1\sim3}$
乳酸克鲁维酵母	ACGGATTTGATTAGGTATGTGGTGT
四膜虫	TTGGGG

端粒的存在为正常复制过程产生的后随链5′端缩隐的问题提供了一种特异的复制形式——端粒酶复制。端粒酶是一种核蛋白,由一条RNA链和一个蛋白质分子组成。端粒酶具有反转录酶活性,它能利用自身RNA链作为模板合成端粒DNA重复序列。端粒酶通过不断延伸和转位重复过程合成端粒DNA重复序列,图3-37

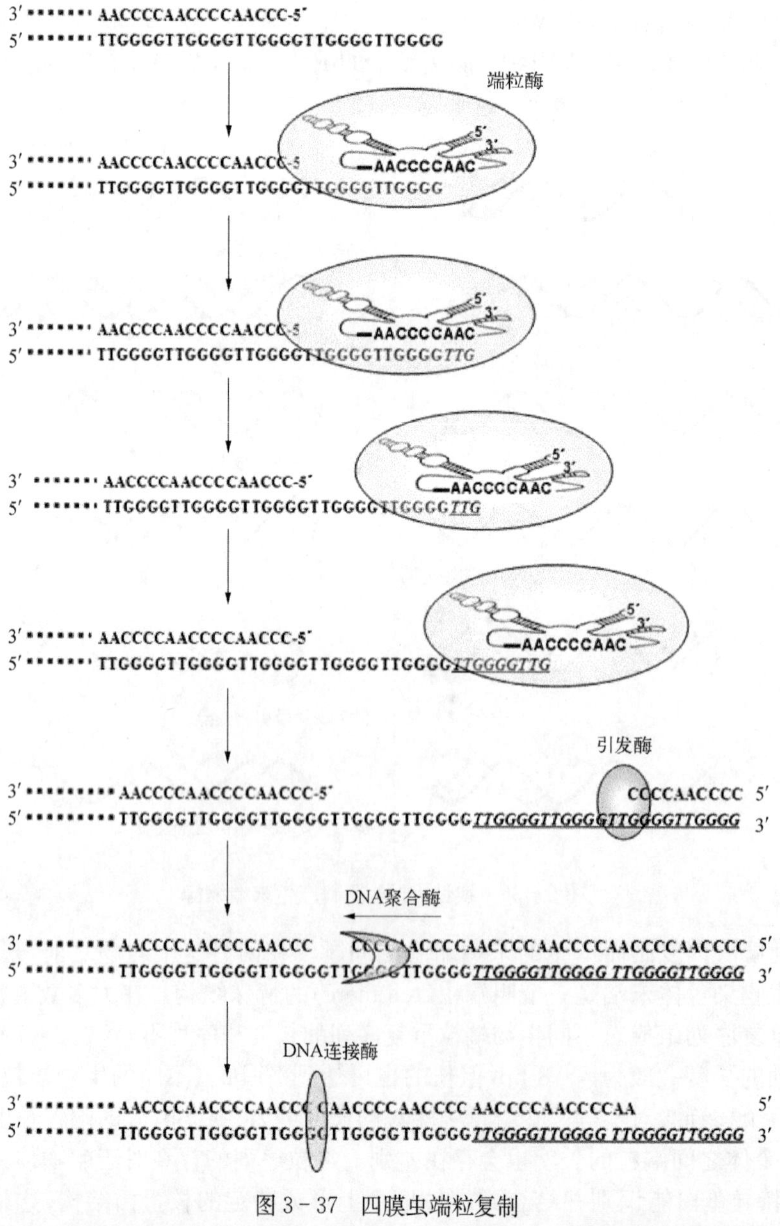

图3-37 四膜虫端粒复制

中描述了四膜虫端粒DNA的合成过程。四膜虫端粒酶RNA存在AACCCCAAC序列，该序列可与四膜虫端粒重复序列TTGGGG配对。四膜虫端粒酶以自身RNA为模板，先合成TTG，然后端粒酶转位，再合成TTGGGG。不断重复这个过程，可使端粒延伸。人的端粒酶只存在于配子系细胞中，体细胞没有检测到端粒酶活性，在体细胞不断进行分裂过程中，染色体DNA的端粒序列也不断缩短，最终造成细胞的损伤和死亡。

3.4 DNA复制调控

3.4.1 细胞周期

细胞周期是指连续分裂的细胞从一次分裂结束到下一次分裂完成的时期，其在生物界中是一个通用的过程。对于单细胞生物来说，细胞周期也是生物繁殖过程。单细胞生物通过细胞分裂增加数量的同时也繁衍了自身。对于多细胞组成的真核生物而言，受精卵通过细胞分裂和分化形成新个体，同时成体也需通过细胞分裂以补充衰亡的细胞或修复受损的组织。在细胞周期中最重要的事情就是保持遗传物质的稳定，即细胞通过有丝分裂产生两个子代细胞，子代细胞中染色体的组成和拷贝数与父代细胞保持一致。这就要求细胞在分裂的某个时期染色体需进行复制，在细胞分裂的另一个时期复制的染色体要进行正确的分离，平均分配到子代细胞中。同时这些过程还需受到严密的调控。染色体复制的时期发生在S期(synthesis phase)，复制的染色体分离的时期发生在有丝分裂期(mitosis phase)，有丝分裂期也称为M期。细胞周期可以分为间期(interphase)和有丝分裂期，间期由G1期(Gap 1 phase)、S期和G2期(Gap 2 phase)组成(图3-38)。在细胞周期中DNA的复制和有丝分裂是最重要的两件事情。

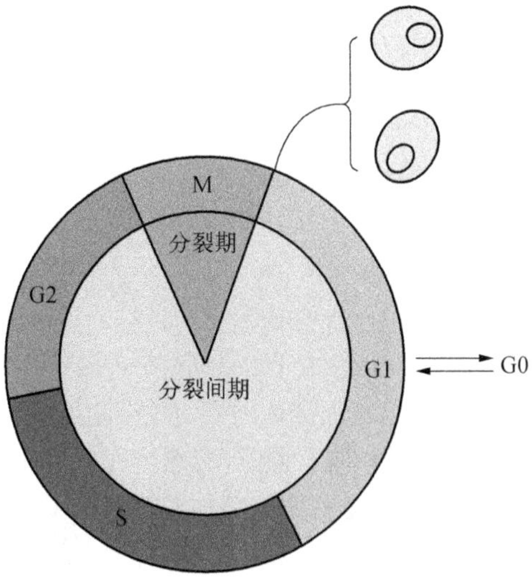

图3-38 细胞周期

有丝分裂后期，细胞通过胞质分裂(cytokinesis)形成两个子代细胞。对于继续分裂的细胞，此时细胞进入了相对于有丝分裂来说长得多的时期——间期。间期是一个为有丝分裂做准备的时期。在间期，细胞进行生长，增加细胞的体积。同时染色体进行复制，使细胞染色体的拷贝数增加一倍。细胞分裂后，染色体并未立即进行复制，而要经过一个较长的准备时期，这个时期叫G1期。G1期是细胞生长的重要时期，这个时期进行蛋白质的合成和新细胞器的生成。对于大多数细胞来说，停留在G1期的时间比细胞周期中的任何一个时期都长。G1期的长时间除了提供给细胞生长外，同时也为细胞提供时间来监测细胞内外环境是否适合DNA的合成和细胞分裂。如果外部环境不适合或环境中没有细胞生长和分裂的信号存在，细胞会停滞在G1期甚至进入一个叫做G0期(G zero)的休眠期。如果外部环境适合且有细胞生长、分裂的信号存在，细胞将从G1早期或G0期通过起始点(酵母)或限制点(哺乳动物)进入DNA合成期(S期)。进入S期后，DNA进行复制。DNA复制整个过程受到多种细胞周期调节因子的调控。对于二倍体的生物来说，在S期结束后，DNA的数量增加了一倍，由G1期的$2n$变成了$4n$。一条染色体通过复制后形成两条染色单体，称为姐妹染色单体。姐妹染色单体并未彼此分离，而是通过黏粒结合在一起，因此这时染色体的数目仍保持不变。G2期是间期的最后一个时期，在G2期，细胞继续进行生长和活跃的蛋白质合成。对于一些细胞，G2期并非是必需的，如早期非洲爪蟾胚胎和一些癌细胞。但对于大多数细胞来说，G2期提供了时间对复制的DNA进行检查和修复。在细胞分裂间期的每一个时期结束，都有一个细胞检查点(cellular checkpoint)，以确定是否可以进入下一个时期。在G2期到M期间有一个DNA损伤检查点(DNA damage checkpoint)，如果DNA受到损伤，细胞将停止进入有丝分裂期。

有丝分裂期是细胞周期的另一个重要时期。有丝分裂期发生的事件是使复制的染色体平均分配到两个子细胞中，可以分为前期(prophase)、前中期(prometaphase)、中期(metaphase)、后期(anaphase)和末期(telophase)(图3-39)。

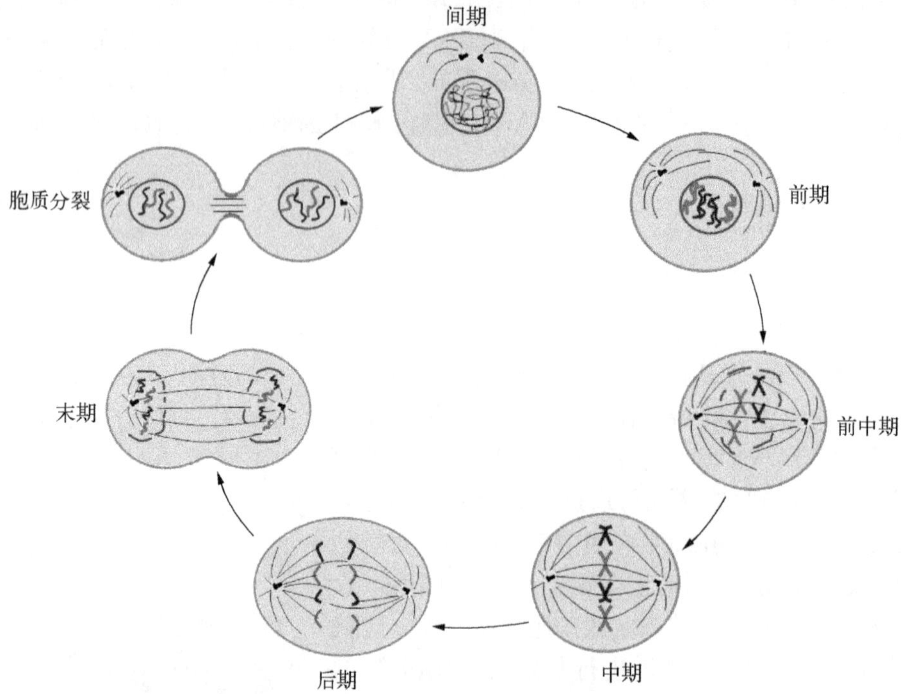

图 3-39 细胞有丝分裂过程

前期：染色体开始凝缩(condensation)。DNA 经过组蛋白的包装、盘绕、折叠等过程，由间期细长的染色质逐渐形成光学显微镜下可见的早期染色体结构。前期除染色体开始凝缩外，纺锤体(spindle)也开始装配。

前中期：核膜解体，纺锤体完成装配，并形成有丝分裂器(mitotic apparatus)。染色体开始向赤道面移动，这个过程也称为染色体整列(chromosome alignment)。

中期：染色体整列完成，排列在细胞的中线上。纺锤丝与着丝粒连接，呈现出典型的纺锤样结构。

后期：染色单体分离形成两条子代染色体，每条染色体在纺锤丝收缩下朝着两极移动。

末期：姐妹染色单体到达相反的两极，并开始解压缩。新的核膜形成，最终完成两个细胞核，两个细胞核的形成标志着核分裂的结束。在末期的最后，进行胞质分离(cytokinesis)，两个子细胞形成。

3.4.2 DNA 复制的调控

1. 大肠杆菌染色体复制的调控

细菌在不同的培养条件下，细胞分裂与染色体 DNA 的复制有关。例如，在以葡萄糖作为唯一碳源的培养基中，在 37℃培养条件下，大肠杆菌细胞 45 min 分裂一次，在琥珀酸作为碳源时 70 min 细胞分裂一次，在丰富培养基中 21 min 细胞分裂一次，然而在上述所有情况中，染色体 DNA 复制的时间都在 40 min 左右。这说明在不同的条件下 DNA 的复制受到了调控。

关于细菌染色体 DNA 复制的调控，早在 1963 年，Jacob 等就提出复制子模型。他们认为：细菌的染色体 DNA 通常构成一个复制单位，即一个复制子，并作为一个整体而进行复制的调控。在此复制子中存在一种正调节系统。它的一个结构基因能够产生某种蛋白质，即起始因子，以感受细胞内的信号，并识别复制子 DNA 的特定部位，即识别复制因子(replicator)，促使 DNA 开始复制。后来的许多实验都证明复制子模型的基本设想是正确的，还需要进一步完善。调控因子既可以是基因的某种产物，如蛋白质或 RNA，表现出反式作用(*trans*-acting)；也可以是 DNA 的一段脱氧核苷酸序列，表现出顺式作用(*cis*-acting)。细菌染色体 DNA 的复制不仅存在正调控系统，而且还存在负调控系统。

在大肠杆菌染色体 DNA 中，复制子的调控可以分成两个部分，一是复制起始因子，二是复制原点。大肠杆菌的复制原点主要是 *oriC*，主要的起始因子有 DnaA、DnaB 和 DnaC 等蛋白质。这些调节蛋白通过与复制复合物的相互作用确定复制起始的频率和复制方式。

对带有大肠杆菌 *oriC* 构建的质粒进行研究，从体外复制的情况来看，DNA 复制起始的频率主要取决于模板的转录活性和含有 DnaA 蛋白、Hu 蛋白等的复制起始复合物形成。

2. 质粒 ColE1 DNA 复制的调控

目前,对 DNA 复制调控研究得比较清楚的是质粒 ColE1,它的 DNA 复制是受到反义 RNA 和 Rop 蛋白的调控。

ColE1 是一个长度为 6 646 bp 的小质粒,在每个大肠杆菌中有 20 个拷贝。拷贝数与 ColE1 复制原点处复制的起始有关。ColE1 的复制需要一个 RNA 引物,在复制原点的上游 555 bp 处开始右向转录产生 RNA Ⅱ(图 3-40),转录持续进行通过复制原点,在复制原点处由 RNAase H 将 RNA 转录物切断,从而产生 3′-OH 端,它作为 DNA 合成引物。引物 RNA 与 DNA 形成持久的杂交分子。引物 RNA 有两个调控系统在起作用,一个是 RNA Ⅰ;另一个是 Rom 蛋白。在上游 445 bp 处还有一个左向转录起始点,通过转录产生了一个小分子的 RNA,叫做 RNA Ⅰ。RNA Ⅰ长度为 108 bp,与 RNA Ⅱ的 5′端区域互补,是一个反义 RNA。在生物体外,当把 RNA Ⅰ加到 ColE1 DNA 复制系统中时,引物 RNA 的活性受到抑制,但 RNA Ⅰ的存在对 RNA Ⅱ的起始或延伸并没有抑制作用。这说明 RNA Ⅰ可以阻止 RNAase H 产生 RNA 引物的 3′-OH 端。在没有 RNA Ⅰ存在时,RNA Ⅱ分子可以形成具有茎、环的二级结构,当有 RNA Ⅰ存在时,RNA Ⅰ和 RNA Ⅱ分子 5′端互补结合时产生了二级结构,形成了 3 个互补的发夹结构,这时 RNAase H 就不能识别和切割引物 RNA,也就不能在复制原点处使 RNA Ⅱ产生 3′-OH,此时的 RNA Ⅱ不能作为 DNA 合成的引物。在复制原点的下游有一个 *rop* 基因,它编码蛋白质 Rom(或 Rop 蛋白)。Rom 蛋白由 63 个氨基酸残基组成,它可以促进 RNA Ⅰ和 RNA Ⅱ相互结合,并使 RNA Ⅱ合成到长度 100~220 bp 后就终止,不能到达复制原点,RNAase H 也无法对它进行识别和切割,不能形成具有 3′-OH 端的引物 RNA。因此 Rom 蛋白可抑制引物 RNA 的形成。

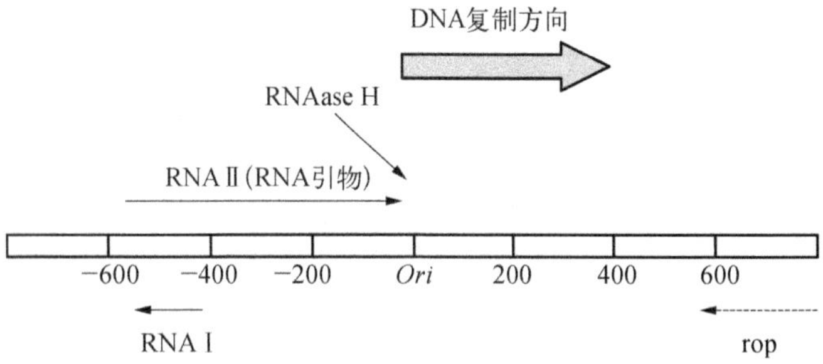

图 3-40 质粒 ColE1 DNA 复制的调控

3. 真核生物 DNA 复制的调控

真核生物 DNA 复制的调控分为 3 种水平。① 复制子水平调控:它决定复制的起始与否。这种调控从单细胞生物到高等生物是高度保守的。② 细胞周期水平调控:它是通过限制点进行调控的,决定细胞停留在 G1 期,还是进入 S 期。许多外部因素和细胞因子参与限制点调控。促细胞分裂剂、致癌剂、外科切除等都可诱发细胞由 G1 期进入 S 期。一些细胞质因子如四磷酸二腺苷和聚 ADP-核糖也可诱导复制。③ 染色体水平调控:真核生物染色体是线性双链分子,具有多个复制子,在一个细胞周期中,染色体上所有复制子都起始复制,尽管它们不是在同一时间活化的,但都是在一个周期内被激活的,而且每个复制子在一个细胞周期内只被激活一次。染色体不同部位的复制子按照一定顺序在 S 期起始复制,这种有序复制的机制目前尚不清楚。

思 考 题

1. 什么是 DNA 的半保留复制?简述 DNA 半保留复制的实验依据。
2. 如果^{15}N标记的大肠杆菌在^{14}N培养基中生长三代,提取 DNA,并用平衡沉降法测定 DNA 密度,其^{14}N-^{15}N杂合 DNA 分子与^{14}N-DNA 分子之比应为多少?
3. 环状双链 DNA 有几种复制方式?简述它们各自的特点。
4. DNA 复制过程需要哪些酶与蛋白质的参与?它们在复制过程中有何功能?
5. 大肠杆菌 DNA 聚合酶Ⅲ结构特点是什么?试述 DNA 聚合酶的共同结构特征。
6. 什么是 DNA 半不连续复制?什么是冈崎片段?论述冈崎片段的合成过程。
7. 简述大肠杆菌和枯草杆菌 DNA 复制终止过程。
8. 什么是端粒?什么是端粒酶?简述端粒酶的生物学作用。
9. 什么是β夹子和β夹子装载器?其在 DNA 复制中起什么作用?
10. 已知玉米染色体 DNA 全长 1.71 m,假如在它的细胞中 S 期为 4 h,其 DNA 复制速度为 0.6 μm/min,计算染色体复制时共有多少个复制叉在进行复制?

第4章 DNA的损伤、修复与重组

DNA损伤包括自发性损伤和胞内代谢物与外界物理或化学因素诱发引起的损伤，受损DNA可通过直接修复、切除修复、错配修复、重组修复和易错修复等胞内修复系统予以修复，DNA损伤未能得到消除，则产生基因突变。细胞内DNA分子间或分子内发生遗传信息的重新组合，称为DNA重组，其广泛存在于各类生物的基因组中，包括同源重组、位点特异性重组和转座重组等主要类型。

4.1 DNA的损伤

DNA分子存储着生物体赖以生存和繁衍的遗传信息，所以对于生命的存在和延续，保持DNA分子高度的精确性和完整性是至关紧要。外界环境和生物体内部的各种因素经常会导致DNA分子的损伤或改变。如果DNA的损伤或遗传信息的改变不能得到更正，对机体细胞而言可能会影响其功能甚至致死，对生殖细胞则可能影响到子代。所以在生物进化过程中细胞所获得的DNA损伤修复能力就显得十分重要，这是生物体能保持遗传稳定性的原因所在。一方面，在细胞中能进行修复的生物大分子唯有DNA，这反映了DNA对生命体的重要性。另一方面，在生物进化过程中，遗传与变异相对立却又统一，也正是因为损伤修复与突变之间的这种良好平衡，才使生物进化和生物多样性的形成得以实现。

DNA的损伤是指在生物体的生命过程中DNA双螺旋结构发生的任何改变。DNA结构的改变主要为两类：单个碱基改变(single base change)和结构扭曲(structural distortion)。前者仅影响DNA序列而不改变DNA的结构，当DNA双链被分开时不影响其转录或复制，而是通过序列变化改变子代的遗传信息。而后者则对DNA的复制或转录产生了严重的生理性损伤。引起DNA损伤的因素很多，有来自DNA分子本身在复制等过程中发生的自发性损伤，也有来自细胞内代谢产物及外界物理或化学因素等诱发引起的损伤。

4.1.1 DNA的自发性损伤

所谓DNA自发性损伤是指DNA内在的化学活性及细胞中正常活性分子所导致的损伤。

1. DNA复制过程中的损伤

DNA复制过程中的损伤是指复制过程中碱基配对发生错误，经过DNA聚合酶等综合校对因素作用后仍未得到校正的损伤。以DNA为模板根据碱基配对原则进行的DNA复制是一个严格而精确的事件，但也不是完全不会发生错误。例如，在大肠杆菌中，DNA复制时发生的碱基配对的错误频率为$10^{-2}\sim10^{-1}$，经过DNA聚合酶的校正作用之后为$10^{-6}\sim10^{-5}$，再经过DNA结合蛋白和其他因素的作用，错误配对频率可降至10^{-10}。

2. 碱基的自发性化学改变

生物体内的DNA分子在细胞正常的生理活动过程中，经常会发生碱基自发性化学改变的损伤，这种损伤的产生主要包括以下几种因素：碱基之间的互变异构、碱基的脱氨基作用、自发的脱嘌呤和脱嘧啶及碱基的氧化性损伤等。

(1) 碱基间的互变异构

DNA分子的4种碱基自发地改变氢原子的位置，产生互变异构体。异构体间可以自发地相互变化(比如烯醇式与酮式碱基间的互变)，进而使碱基的配对性质发生改变。例如，胞嘧啶环上的氮原子通常是以较为稳定的氨基(—NH_2)状态存在，与G配对，如果发生了互变异构作用，处于亚氨基(═NH)状态，就可以与A配对。同样，胸腺嘧啶环上的C_6上的氧原子常处于稳定的酮式(═O)状态，与A配对，如果转变成烯醇式(COH)，就可以与G配对。

(2) 碱基的脱氨基作用

碱基的脱氨基作用是指碱基的环外氨基自发脱落的现象，结果使胞嘧啶(C)变成尿嘧啶(U)、腺嘌呤(A)变成次黄嘌呤(I)、鸟嘌呤(G)变成黄嘌呤(X)等，当DNA复制时，U与A配对、I和X都与C配对，就会导致子代DNA序列的配对变化。图4-1显示了脱氨基反应的两个典型例子，图4-2显示了C脱氨基变成U、A脱氨基变成I以后碱基配对性质的改变。

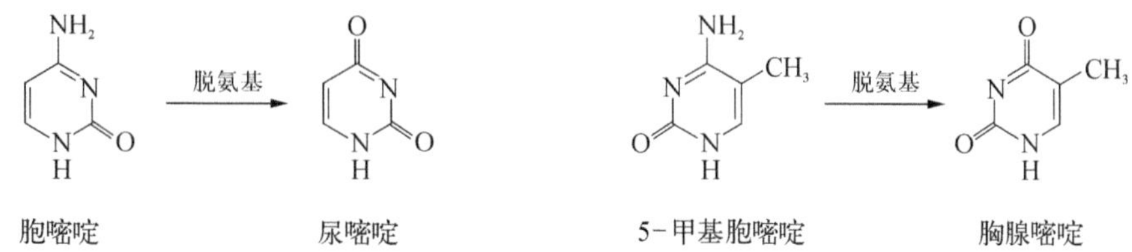

图4-1　碱基的脱氨基反应

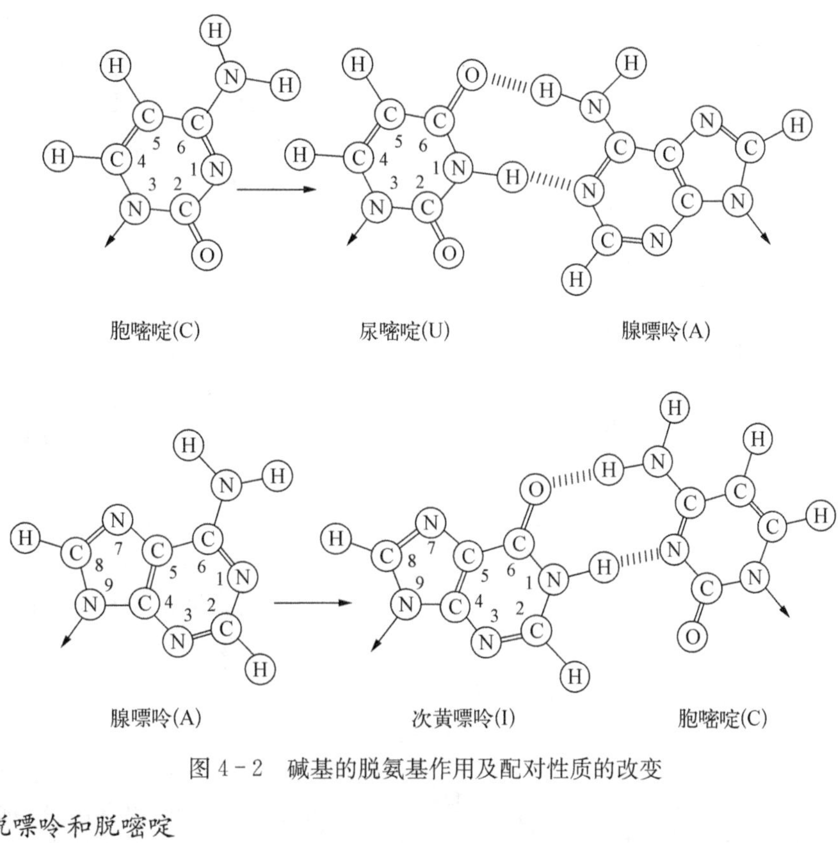

图4-2　碱基的脱氨基作用及配对性质的改变

(3) 自发的脱嘌呤和脱嘧啶

自发的水解可使嘌呤和嘧啶从DNA链的糖-磷酸骨架上脱落下来，DNA因此失去了相应的嘌呤/嘧啶碱基，而糖-磷酸骨架仍然是完整的。产生了脱嘌呤的位点呈现“非编码损伤”，即该碱基所编码的遗传信息丢失了。图4-3显示了G的N-9与脱氧核糖C-1′之间的N-糖苷键发生断裂的自发水解反应。

(4) 碱基的氧化性损伤

细胞氧化代谢产生的氧自由基(如O^{2-}、H_2O_2、·OH等活性氧)活性很高，在正常的生理条件下会对DNA产生氧化损伤。这些氧自由基可在许多位点攻击DNA，产生一系列特性变化了的氧化产物，如8-氧化鸟嘌呤、2-氧化腺嘌呤和5-羟甲基尿嘧啶等碱基修饰物(图4-4)。

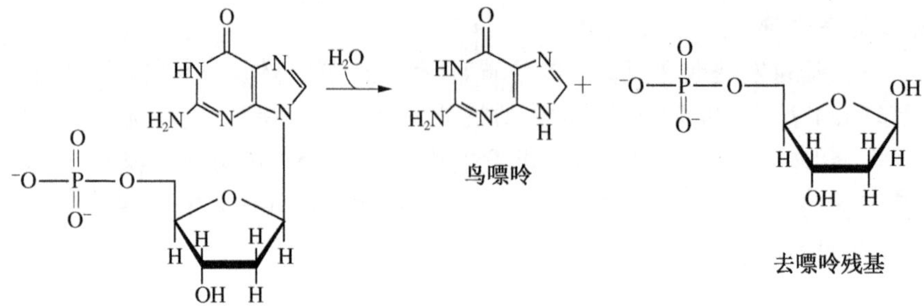

鸟嘌呤　去嘌呤残基

DNA 中的鸟苷酸

图 4-3　脱嘌呤反应(N-β糖苷键被水解)

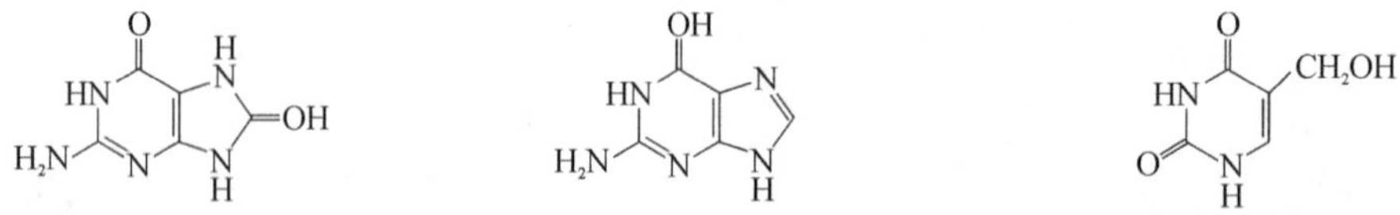

8-氧化鸟嘌呤　2-氧化腺嘌呤　5-羟甲基尿嘧啶

图 4-4　活性氧作用造成在 DNA 上形成氧化碱基

4.1.2　物理因素引起的 DNA 损伤

1. 紫外线

紫外线照射可通过 DNA 链上相邻嘧啶每个碱基的 C_5 双键和 C_6 碳原子环化形成一个环丁烷从而形成环丁烷嘧啶二聚体(最容易形成的是 TT 二聚体),结果不能与其相对应的链进行碱基配对,产生破坏复制与转录的大块损伤,使得 DNA 双螺旋扭曲变形,引起 DNA 局部变性,扰乱了 DNA 的正常功能。

另一种嘧啶二聚体 6-4 光化物,则是由一个嘧啶环上的 C_6 与其相邻碱基上的 C_4 之间生成键以后而形成的(图 4-5)。

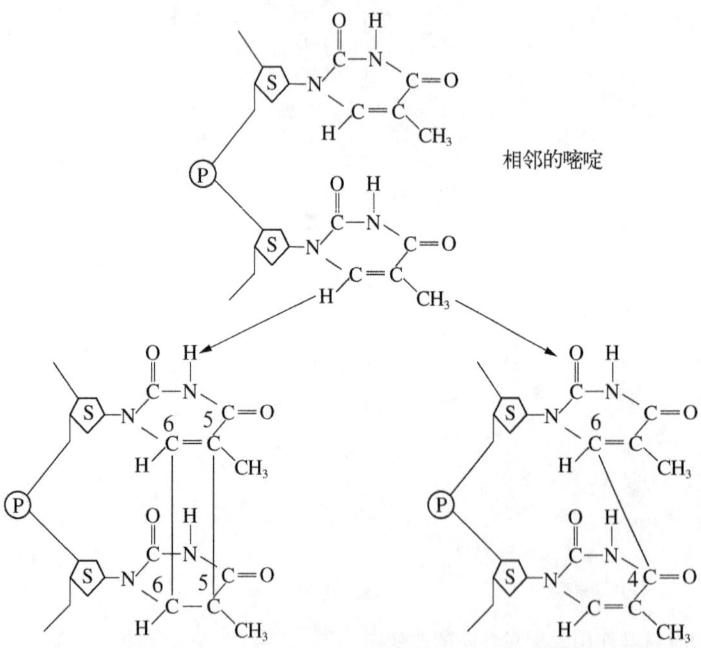

环丁烷嘧啶二聚体　6-4 光化物

图 4-5　紫外光诱发形成嘧啶二聚体

2. 电离辐射

电离辐射对 DNA 的损伤有直接效应和间接效应两种途径。直接效应是由于 DNA 直接吸收射线能量而遭受损伤,间接效应是指 DNA 周围的其他分子(主要是水分子)吸收射线能量后产生具有很强反应活性的自由基进而损伤 DNA。电离辐射可对 DNA 分子的造成多种损伤。

(1) 碱基损伤

水经电离辐射解离后产生的许多不稳定的具有高活性的自由基(如・OH 自由基),对碱基造成氧化性损伤,有时还可导致碱基脱落。一般表现为:嘧啶碱比嘌呤碱更敏感,游离碱基比核酸链中的碱基更敏感。

(2) DNA 链断裂

DNA 受到电离辐射后的另一个严重的生物学后果是链的断裂。这是电离辐射引起的严重损伤事件,断裂链数随照射剂量增加而增加。射线的直接和间接作用都可能使脱氧核糖破坏或磷酸二酯键断开从而导致 DNA 链的断裂。DNA 双链中一条链断裂称为单链断裂(single strand broken),DNA 双链在同一处或相近处断裂称为双链断裂(double strand broken)。单链断裂发生的频率为双链断裂的 10～20 倍,但产生的后果并不严重，也比较容易修复。然而双链断裂则难以修复，通常会造成永久性突变。对单倍体细胞而言(如细菌)，一次双链断裂就是致死事件。

(3) DNA 交联

DNA 交联包括 DNA 链间交联和 DNA-蛋白质交联。DNA 分子中一条链上的碱基与另一条链上的碱基间以共价键结合称为 DNA 链间交联。DNA 与蛋白质之间以共价键结合称为 DNA-蛋白质交联。在真核细胞中，组蛋白、非组蛋白、调控蛋白、拓扑异构酶及与复制和转录有关的各种核基质蛋白质等都可能会与 DNA 产生共价连接而形成交联。

4.1.3 化学因素引起的 DNA 损伤

1. 烷化剂

烷化剂是一类亲电子化合物，容易与体内的大分子负电中心作用。烷化剂能将烷基(如甲基)加入核酸链上各种负电位点(如带负电荷的磷酸基团和部分带负电荷的碱基)，引起 DNA 的烷基化，但其加入位点有别于正常甲基化酶作用而产生的甲基化位点。鸟嘌呤的 N_7 位和腺嘌呤的 N_3 位最容易被烷基化，DNA 链上的磷酸二酯键中的氧也容易被烷基化，还有参与碱基互补配对的氮原子和氧原子也会被烷化修饰。

常见的烷化剂有甲基磺酸甲酯(MMS)和乙基亚硝基脲(ENU)(图 4-6A)。甲基化碱基的典型例子是 7-甲基鸟嘌呤、3-甲基鸟嘌呤和 O^6-甲基鸟嘌呤(图 4-6B)。这些损伤中的大部分会在 DNA 复制及转录时干扰 DNA 解旋，因而可能是致死的。

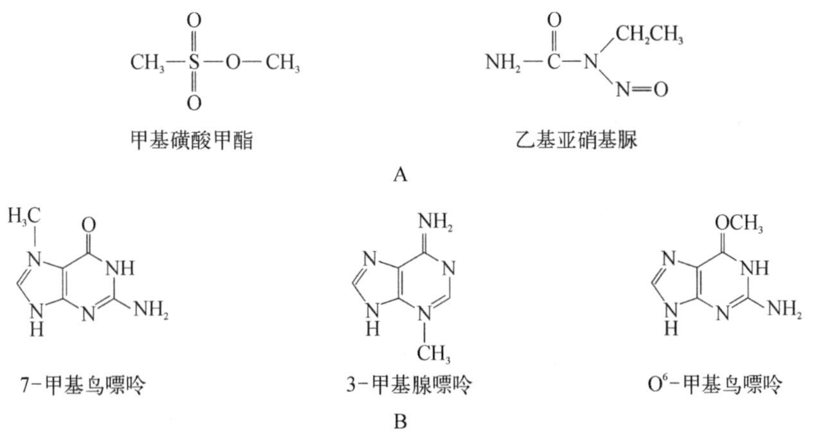

图 4-6 烷化剂和烷化碱基

2. 碱基类似物

碱基类似物是一类与碱基相似的人工合成的化合物，当它们进入细胞后，便能替代正常的碱基而掺入 DNA 链中，干扰了 DNA 的正常合成。最常见的碱基类似物为 5-溴尿嘧啶(5-BU)，是 Br 取代了 T 中的—CH_3，其结构与 T 非常相似。5-溴尿嘧啶有酮式和烯醇式两种形态，当处于酮式时，能与 A 配对(图 4-7A)；当处于烯醇式时，可与 G 配对(图 4-7B)。此外，还有 2-氨基嘌呤(2-AP)，在正常的酮式状态时与 T 配对，在烯醇式状态时与 C 配对。

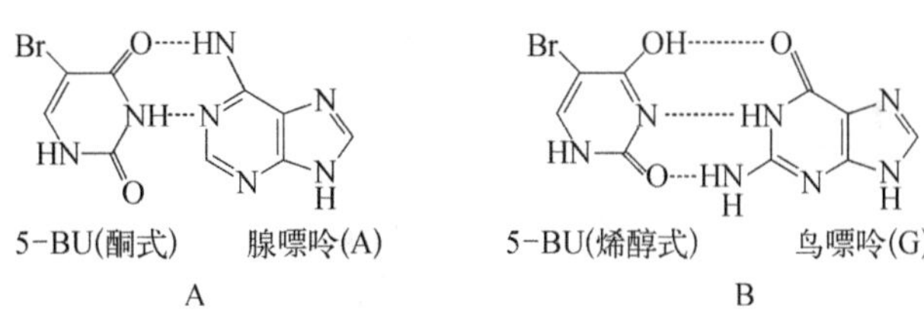

图 4-7 5-BU 与正常碱基配对

A. 5-BU(酮式)与腺嘌呤(A)配对；B. 5-BU(烯醇式)与鸟嘌呤(G)配对

4.2 DNA 损伤的修复

DNA 修复(DNA repairing)是细胞对 DNA 受损后的一种正常反应，这种反应可能使 DNA 结构恢复原样，并重新执行它原来的功能。如果细胞不具备这些修复功能，就无法应对经常发生在细胞内的 DNA 损伤事件，细胞也就不能生存。因此，DNA 修复是生物在长期进化过程中获得的一种自我保护功能，在遗传信息传递的稳定性方面具有非常重要的作用。对于不同的损伤,细胞有不同的修复系统。目前认为细胞对DNA损伤的修复系统主要有以下几种:直接修复(direct repair)、切除修复(excision repair)、错配修复(mismatch repair)、重组修复(recombination repair)和易错修复(error-prone repair)。

4.2.1 直接修复

直接修复是一种将损伤碱基直接回复到正常状态的修复作用。细胞内存在4种损伤后直接修复而不需要切除碱基或核苷酸的作用机制:① 光复活修复。② O^6-甲基鸟嘌呤-DNA甲基转移酶修复。③ 单链断裂的重接。④ 碱基的直接插入。

1. 光复活修复(photoreactivation repair)

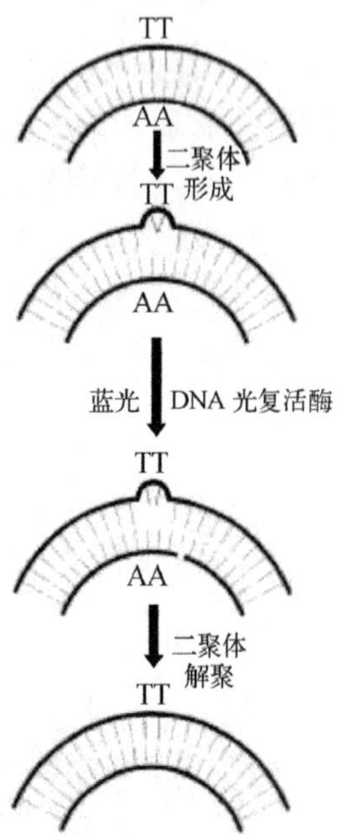

图4-8 紫外线损伤的光复活机制

光复活修复最典型的例子是紫外线照射形成的胸腺嘧啶二聚体的修复机制。最早发现细菌在紫外线照射后立即用可见光照射,可以显著提高细菌的存活率。后来进一步了解到光复活修复是由细菌中的DNA光复活酶(photoreactivating enzyme)完成的,具体过程是:① 光复活酶特异性识别紫外线造成的核酸链上相邻嘧啶共价结合形成的二聚体并与之结合,这步反应不需要光。② 结合后光复活酶受300～600 nm波长的光照射而被激活,将二聚体分解为两个正常的嘧啶单体。③ 光复活酶从DNA链上解离,完成修复(图4-8)。

光复活修复是一种高度专一的直接修复方式。*E. coli* 的光复活酶含两个辅因子:N^5,N^{10}-次甲基四氢叶酸和还原性黄素腺嘌呤二核苷酸(FADH)。酶分子通过生色基团吸收蓝色光或接近UV波长的射线,再把能量转移到待切环丁烷环中的辅因子上。被激活的FADH通过电子传递引发环丁烷嘧啶二聚体裂解,同时酶脱落下来,从而完成修复。光复活修复广泛分布于生物界,从低等单细胞生物一直到鸟类,然而高等哺乳类却没有。这种修复方式对植物体特别重要。高等动物主要是暗修复(dark repair),即切除含嘧啶二聚体的一段核酸链,然后再修复合成。

2. O^6-甲基鸟嘌呤-DNA甲基转移酶修复

在细胞中发现有一种O^6-甲基鸟嘌呤-DNA甲基转移酶(O^6-methylguanine-DNA methyltransferase, MGMT),能直接将烷基(如—CH_3)从O^6-甲基鸟嘌呤(可与T配对)上去除并转移到酶自身的半胱氨酸残基(—Cys)上,从而使DNA的损伤得以修复(图4-9)。但是这个酶的修复能力并不强,而且只能发生一次作用,究其原因是因为该酶完成修复反应后,由于自身结构的改变而失活。MGMT存在于酵母和人类细胞中。

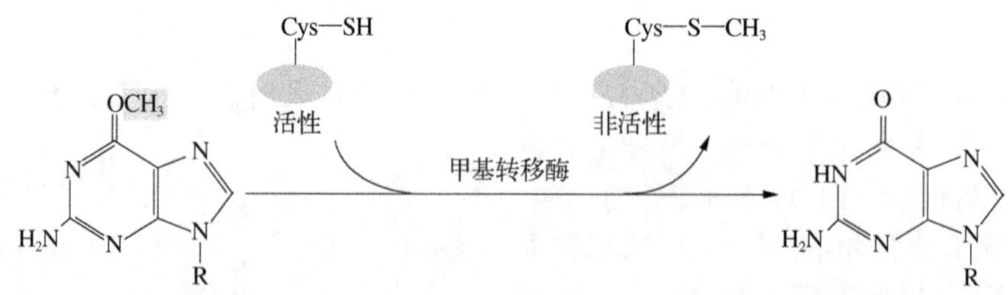

图4-9 O^6-甲基鸟嘌呤-DNA甲基转移酶使O^6-甲基鸟嘌呤恢复成鸟嘌呤

(王曼莹,2006)

3. 单链断裂的重接

DNA单链断裂是常见的损伤,其中一部分可由DNA连接酶(DNA ligase)完成修复,这种修复属于直接修复。DNA连接酶只能催化DNA双链之一的缺口处(磷酸二酯键断裂,而非缺失碱基)的5′磷酸与相邻的3′-OH形成磷酸二酯键,对DNA双链断裂不起作用。

4. 碱基的直接插入

DNA链上嘌呤的脱落会造成无嘌呤位点,该位点能被嘌呤插入酶(insertase)识别并结合,在K^+存在的条件下，催化游离嘌呤或脱氧嘌呤核苷插入并生成糖苷键。该酶催化插入的碱基具有高度的专一性，与另一条链上的碱基严格配对，从而使DNA得到完全修复。

4.2.2 切除修复

所谓切除修复是指在一系列酶的作用下，将DNA分子中受损伤的部分切除，并以完整的那一条DNA链为模板，合成被切去的那部分DNA序列，使受损DNA恢复正常结构的过程。切除修复包括两个基本过程：一是由细胞内特异的酶找到DNA的损伤部位，切除包含有损伤结构的一段寡核酸链；二是修复合成并连接。切除修复主要包括：碱基切除修复(base excision repair, BER)和核苷酸切除修复(nucleotide excision repair, NER)两种形式。单个碱基缺陷时用前者，如果损伤造成DNA螺旋结构较大变形时需要通过后者进行修复。

碱基切除修复(BER)过程见图4-10。首先由专一的DNA糖苷酶(glycosylase)识别受损碱基，通过DNA链的局部扭曲使得受损碱基凸出，之后水解受损碱基与脱氧核糖之间的糖苷键，以除去受损碱基，产生一个无嘌呤或无嘧啶位点，称AP位点。一旦AP位点形成后，即由AP核酸内切酶在AP位点附近将DNA链切开。不同的AP核酸内切酶其作用方式不同，或在AP位点的5′侧切开，或在3′侧切开。然后AP核酸外切酶将包括AP位点在内的一段寡核苷酸链切除。DNA聚合酶Ⅰ可按5′—3′端方向合成新片段，最后由DNA连接酶将新旧链断口连接完成修复。在AP位点必须切除若干核苷酸后才能进行修复合成，细胞内没有任何酶能在AP位点直接将碱基插入，这是因为DNA合成的前体物质是核苷酸而不是碱基。当DNA结构有较大程度损伤变形(包括胸腺嘧啶二聚体在内)或DNA链多处发生严重损伤时，将诱导短或长片段的修复机制，即以核苷酸切除的方式进行修复。

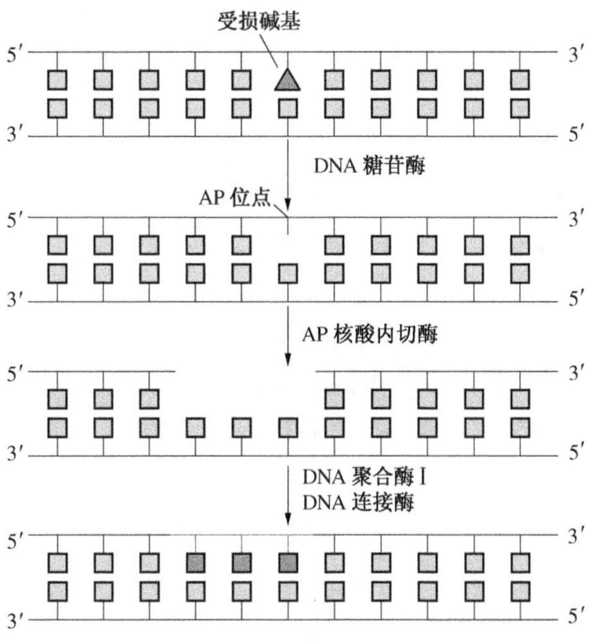

图4-10 碱基切除修复过程示意图(王曼莹，2006)

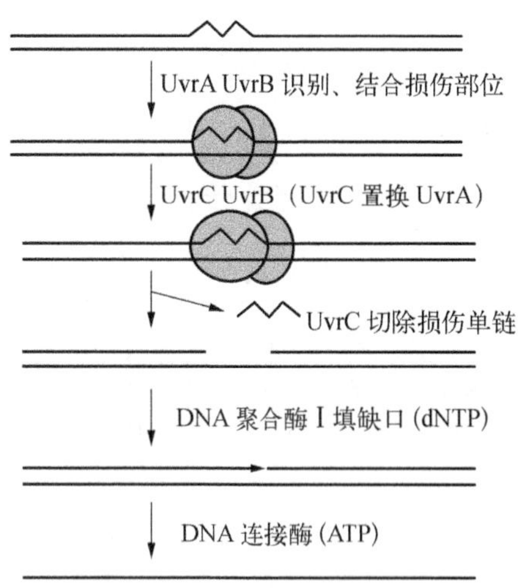

图4-11 核苷酸切除修复过程示意图

在核苷酸切除修复系统中，已损伤的片段由切除酶(excisionase)识别并切除。该酶是一种核酸内切酶，但与一般的核酸内切酶有所不同，它在链损伤部位的两侧同时切开，切除包含损伤区域在内的一段寡核苷酸链。*E. coli*中NER途径的关键酶是UvrABC核酸切除酶，编码此酶的基因称为*uvr*基因，该酶由三个亚基组成：UvrA、UvrB和UvrC，分别由*uvrA*、*uvrB*和*uvrC*三个基因编码。*E. coli*的NER修复过程包括：① UvrA和UvrB亚基组成复合物A_2B。② 由A_2B寻找并结合到损伤部位。③ UvrA二聚体随机解离，留下UvrB与DNA结合在一起。④ UvrC亚基结合到UvrB上，然后由UvrB切开损伤部位3′侧的第5个磷酸二酯键，UvrC切开5′侧第8个磷酸二酯键，结果一个12～13个核苷酸的片断在UvrD解旋酶帮助下被切除，空隙由DNA聚合酶Ⅰ填补，最后由DNA连接酶连接新旧链的断口(图4-11)。人类和其他真核生物的切除酶水解损伤部位3′侧第6个磷酸二酯键及5′侧第22个磷酸二酯键，切除一段长27～29个核苷酸的片段，然后由DNA聚合酶ε和DNA连接酶填补空缺。

4.2.3 错配修复

错配修复用于修复在复制过程中错配并漏过校正检验的任何碱基，其修复机制是在对 *E. coli* 的研究中被阐明的。复制中错配的碱基存在于子代链中，如果新合成的子链被校正，基因编码信息可得到恢复。但是如果模板链被校正，则复制后突变就被固定下来。因此，该修复系统必须在复制叉通过之后有一种能识别亲代链与子代链的方法，以保证只从子代链中去除错配碱基。

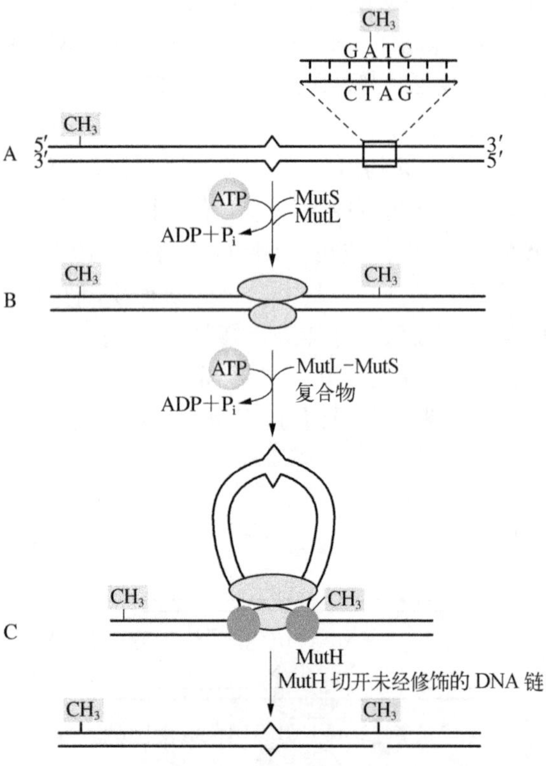

图 4-12 根据母链甲基化原则找出错配碱基过程示意图(朱玉贤，2007)

A. 发现碱基错配；B. 在水解 ATP 的作用下，MutS、MutL 与碱基错配位点的 DNA 双链结合；C. MutS-MutL 在 DNA 双链上移动，发现甲基化 DNA 后由 MutH 切开非甲基化的子链

在原核生物中，该修复系统识别母链的依据来自 Dam 甲基化酶，该酶能使 5′-GATC-3′序列中的腺嘌呤残基的 N^6 位甲基化。亲本链 5′-GATC-3′序列中的 A 正常情况下是甲基化的，而子代链的甲基化在复制完成几分钟后才随即进行。这样新复制的双链 DNA 在短期内(数分钟)是半甲基化的 GATC 序列，即亲本链是甲基化的，而子代链是未甲基化的，所以很容易将它们区分(图 4-12)。一旦发现错配碱基，即将未甲基化链切除，并以甲基化链为模板进行修复合成。

E. coli 参与错配修复的蛋白质至少有 12 种，它们的功能或是对两条 DNA 链进行区分，或是参与修复过程。其中几个特有的蛋白质由 *mut* 基因编码。MutS 二聚体首先识别并结合到 DNA 的错配碱基部位，随即 MutL 二聚体与 MutS 结合。二者组成的复合物可沿 DNA 双链向两方向移动，DNA 因此形成突环结构(图 4-12)。以水解 ATP 提供的能量驱使复合物的移动，直至遇到 GATC 序列为止。随后 MutH 核酸内切酶结合到 MutS-MutL 复合物上，并在未甲基化链 GATC 位点的 5′端切开。如果切开处位于错配碱基的 3′侧，由核酸外切酶Ⅰ或核酸外切酶Ⅹ沿 3′—5′方向切除核酸链(图 4-13 右)；如果切开处位于 5′侧，由核酸外切酶Ⅶ或 RecJ 沿 5′—3′方向切除核酸链(图 4-13 左)。在此切除链的过程中，解旋酶Ⅱ和 SSB 帮助链的解开。切除的链可长达1 000 bp以上直到将错配碱基切除。新的 DNA 链由 DNA 聚合酶Ⅲ和 DNA 连接酶合成并连接。

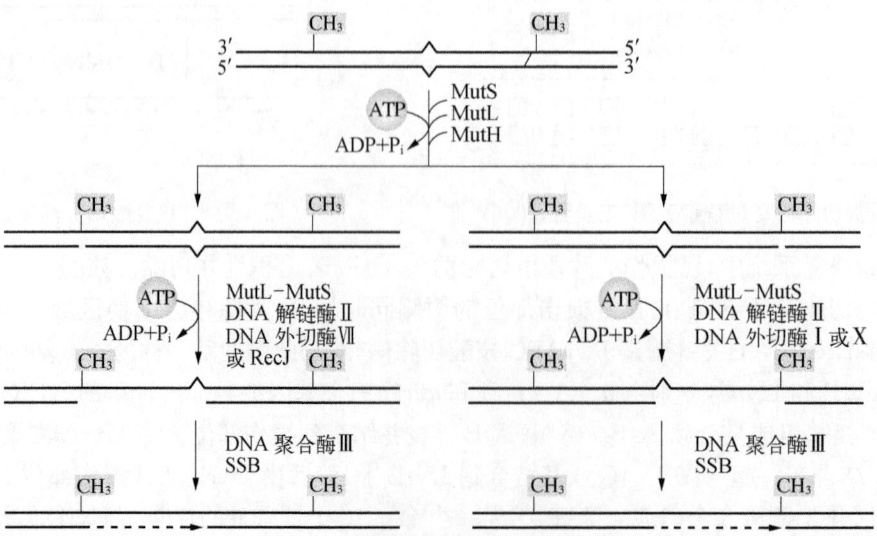

图 4-13 碱基错配修复过程示意图(朱玉贤，2007)

当错配碱基位于切口的 3′下游端(5′侧)时，在 MutS-MutL、解链酶Ⅱ、DNA 外切酶Ⅶ或 RecJ 核酸酶的作用下，从错配碱基 3′下游端开始切除单链 DNA 直到原切口，并在 DNA 聚合酶Ⅲ和 SSB 的作用下合成新的子链片段；若错配碱基位于切口的 5′上游端(3′侧)，则在 DNA 外切酶Ⅰ或Ⅹ的作用下，从错配碱基 5′上游端开始切除单链 DNA 直到原切口，再合成新的子链片段

真核生物的DNA错配修复机制与原核生物大致相同。人类的hMSH2(human MutS homolog2)和hMLH1(human MutL homolog1)基因编码的蛋白质能够识别错配碱基和GATC序列,与大肠杆菌对应的MutS和MutL一样。

4.2.4 重组修复

上述几种切除修复过程均发生在DNA复制之前,因此又称为复制前修复。然而,机体细胞对在复制起始时尚未修复的损伤部位也可以进行先复制再修复,这种方式就是重组修复(recombination repair)(又称旁路修复)。例如,含有嘧啶二聚体、烷基化引起的交联和其他结构损伤的DNA仍然可以进行复制,但是复制酶系统在损伤部位无法通过碱基配对合成子代DNA链。此时,可以跳过损伤部位,在下一个冈崎片断的起始位置或前导链的相应位置上重新合成引物和DNA链。结果子代链在损伤相对应处留下了缺口。这种遗传信息有缺损的子代DNA分子可通过DNA重组来加以修复,即从同源DNA的母链上将相应核苷酸序列片断移至子链缺口处,然后用再合成的序列来补上母链的空缺(图4-14)。此过程称为重组修复,因为该过程发生在复制之后,所以又称为复制后修复。

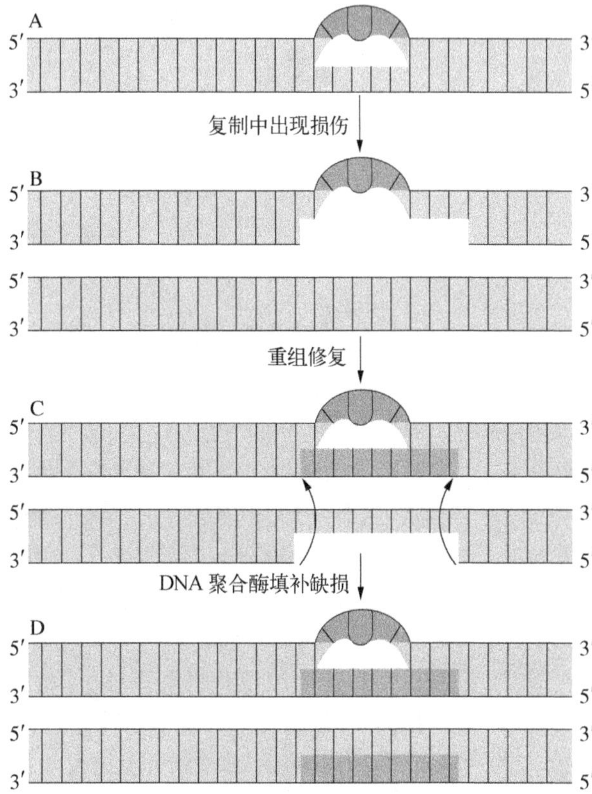

图4-14 重组修复过程示意图

在重组修复过程中,DNA链的损伤并未除去。当进行第二轮复制时,留在母链上的损伤仍会给复制带来困难,复制经过损伤部位时所产生的缺口还需要同样的重组修复过程来弥补,直至损伤被完全消除。但是,随着复制的不断进行,若干代后,即使损伤始终未从亲代链中除去,而在后代细胞群中也已经被稀释,因此,基本能消除损伤对DNA复制的影响。

参与重组修复的酶系统包括重组和修复两个过程有关的酶类。例如,*E. coli* 的重组基因 *recA* 编码一种分子质量为38 000 Da的RecA蛋白。其作用能促进同源DNA链之间的交换,被认为在DNA重组和修复过程中起关键作用。*recBCD* 基因编码的多功能蛋白RecBCD,具有解旋酶、核酸酶和ATP酶活性,使DNA在重组位点产生3′单链,有利于修复链的延伸。这两种酶的具体功能将在4.4.1中详细阐述。

4.2.5 SOS反应和易错修复

前面介绍的几种DNA损伤修复过程是可以不经诱导而发生。然而,许多造成DNA损伤或抑制DNA复制的过程能引起一系列复杂的诱导效应,称为应急反应(SOS response)。SOS反应包括诱导DNA损伤修复、诱变效应、抑制细胞分裂及溶原性细菌释放噬菌体等过程。细胞的癌变也可能与SOS反应有关。

SOS反应是细胞DNA受到严重损伤或复制系统受到抑制,细胞处于紧急状态时为求得生存而产生的一种应急措施。SOS反应诱导的修复系统包括避免差错的修复(error-free repair)和易错修复(error-prone repair)两类,但主要诱导的是易错修复系统。直接修复、切除修复、错配修复和重组修复系统都能识别DNA的损伤部位或错配碱基而对之进行修复,这些修复过程中并不引入错配碱基,因此它们均属于避免差错的修复系统。SOS反应能诱导切除修复和重组修复中某些关键酶和蛋白质的合成,使这些酶和蛋白质在细胞内的含量迅速升高,从而加强细胞切除修复和重组修复的能力。此外,SOS反应还能诱导合成缺乏3′核酸外切酶活性的DNA聚合酶Ⅳ和Ⅴ,使之能在DNA链的损伤部位即使出现不配对碱基,复制也能继续进行,以保证细胞的存活,但这个过程也带来了很高的突变率。

SOS 反应是由 RecA 蛋白和 LexA 阻遏物相互作用而引发。RecA 蛋白不仅在同源重组中起重要作用，而且也是 SOS 反应的发动因子。在有单链 DNA 和 ATP 存在时，RecA 蛋白被激活而促进 LexA 蛋白的自身蛋白水解酶活性。LexA 蛋白(分子质量为 22 700 Da)是许多修复系统基因的阻遏物。当它被 RecA 蛋白激活后自我分解，受其抑制的基因将被诱导激活而表达。图 4-15 所示 LexA 蛋白自体水解引发 SOS 反应的机制。

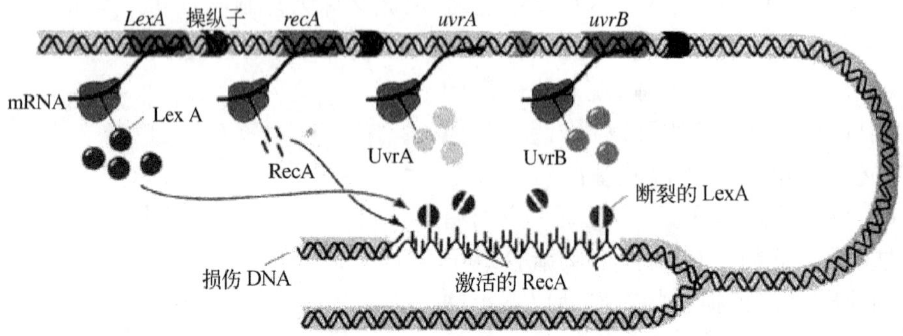

图 4-15 SOS 反应机制(Weaver，2008)

损伤的 DNA 与 RecA 结合，激活 LexA 的自身断裂，SOS 修复系列蛋白质得以合成

一般情况下，*recA* 基因表达并不完全受 LexA 阻遏，每个细胞平时大约有 1 000 个 RecA 蛋白单体游离于细胞质中。当 DNA 受损而造成 DNA 复制中断时，单链 DNA 缺口数量增加，RecA 与缺口处的单链 DNA 结合，并激活成 LexA 阻遏蛋白特异性的蛋白酶，将 LexA 阻遏蛋白切割成无阻遏活性和无 DNA 结合能力的两个肽段，从而使 SOS 体系(包括 *recA* 基因)能够高效表达，并启动 DNA 的修复过程。只要有活化信号(如一定数量的单链 DNA 缺口)存在，该操纵子就一直处于转录状态。当 DNA 修复完成后，由于相应的活化信号消失，RecA 蛋白又恢复成无蛋白水解酶活性的形式，LexA 蛋白又逐渐积累，并重新建立起阻遏体系。

SOS 反应广泛存在于原核生物和真核生物，是生物在不利环境中求得生存的一种基本功能。SOS 反应的意义主要包括两个方面：① DNA 的修复；② 产生变异。在一般环境中，突变通常是不利的，可是在 DNA 受到损伤和复制被抑制的特殊条件下，生物发生突变将有利于它的生存，因此，SOS 反应可能在生物进化中起着重要作用。

4.3 基因突变

4.3.1 基因突变的概念

突变是指 DNA 在碱基序列水平上产生的可遗传的永久性改变。广义的突变包括染色体畸变和基因突变。遗传重组也导致可遗传的变异，因此，染色体畸变、基因突变和遗传重组都是可遗传变异产生的基础。突变有可能产生于 DNA 复制或减数分裂重组过程中的自发性错误，也可能是由于物理或化学因素造成的 DNA 损伤所致。

引起突变的物理因素(如 X 射线)和化学因素(如亚硝酸盐)称为诱变剂(mutagen)。由于诱变剂的作用而发生突变的过程称为诱变(mutagenesis)。但是，如果突变生成作用是在自然条件下发生的，不管其是由于自然界中诱变剂作用的结果，还是由于偶然的复制错误被保留下来，都称为自发突变生成(spontaneous mutagenesis)。其结果产生一种称为自发突变(spontaneous mutation)的遗传状态，携带这种遗传状态的个体或群体或株系称为自发突变体(spontaneous mutant)。自发突变的频率平均为每一核苷酸每一世代 $10^{-10} \sim 10^{-9}$。相反，如果引起突变的作用是由于人为使用诱变剂处理生物体而产生的，就叫做诱发突变生成(induced mutagenesis)，简称诱变。它产生的遗传状态称为诱发突变(induced mutation)，携带这种遗传状态的有机体就称之为诱发突变体(induced mutant)。诱发突变比自发突变的频率要高得多。

4.3.2 基因突变的类型

基因突变有多种类型，根据导致突变的原因，可将突变分为自发突变和诱发突变两大类。

根据 DNA 碱基序列改变多少来分，可以分为点突变(point mutation)和移码突变(frameshift mutation)两类。点突变是最简单、最常见的突变，一般包括碱基替代(base substitution)、碱基插入(base insertion)和碱基缺失(base deletion)三种情况。点突变这个术语通常仅指碱基替代。碱基替代是一个或多个碱基被相同数目的其他碱基所替代，大多数情况只有一个碱基被替代。碱基替代可以分为转换(transition)，即嘌呤与嘌呤之间或嘧啶与嘧啶之间互换；颠换(transversion)，是指嘌呤与嘧啶之间发生互换(图 4-16)。碱基插入是指一个或多个碱基插入到 DNA 序列中，如果插入碱基的数目不是 3 的整倍数，将引起移码突变。碱基缺失是指 DNA 序列缺失一个或多个碱基，如果缺失的碱基数目不是 3 的整倍数，也会引起移码突变。显然移码突变就是由于一个或多个非 3 整倍数核苷酸对的插入或缺失，而使编码区该位点之后的三联体密码子阅读框架发生改变，导致突变位点之后的氨基酸都发生错误。通常该基因产物会完全失活，如果出现终止密码子则会导致翻译提前结束。

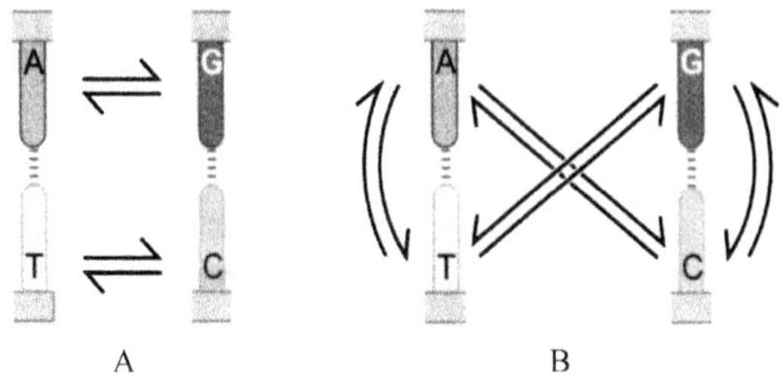

图 4-16 碱基的替换(Watson et al，2009)
A. 转换；B. 颠换

从对遗传信息的改变来看，点突变又可以进一步分为沉默突变(silent mutation)、错义突变(missense mutation)和无义突变(nonsense mutation)。如果点突变发生在 DNA 的非编码区、非调节区或密码子的第 3 个碱基位置，那么它就不会影响掺入蛋白质中的氨基酸，则该突变是沉默突变。如果点突变改变了基因产物中的氨基酸序列，则是错义突变。错义突变的效应可以是无作用的，也可以是致死的，这取决于被影响的氨基酸在基因产物中的重要性。如果错义突变的基因是必需基因，则该基因的突变将严重影响蛋白质活性甚至完全无活性，最终导致生物死亡，这种突变就是致死突变(lethal mutation)。有不少错义突变的产物仍然具有活性，使表现型介于完全的突变型和野生型之间的某种中间类型，这种突变称为渗漏突变(leaky mutation)。也有一些错义突变不影响或基本上不影响蛋白质的活性，不表现出明显的性状变化，这种突变通常被称为中性突变(neutral mutation)。形成新的终止密码子的突变称为无义突变，结果会产生一个截短了的蛋白质产物，该产物一般没有活性。无义突变有三种类型：琥珀型(amber)、赭石型(ochre)和蛋白石型(opal)。

点突变有时还会引起一种称为外显子遗漏(exon skipping)的情况。内含子的剪接需要一个必要的信号“GT……AG”。如果剪接受体位点 AG 突变，如图 4-17 中 A→C，剪接体(splicing machinery)就会自动寻找下一个受体位点。结果，两个内含子之间的外显子就被“遗漏”了。

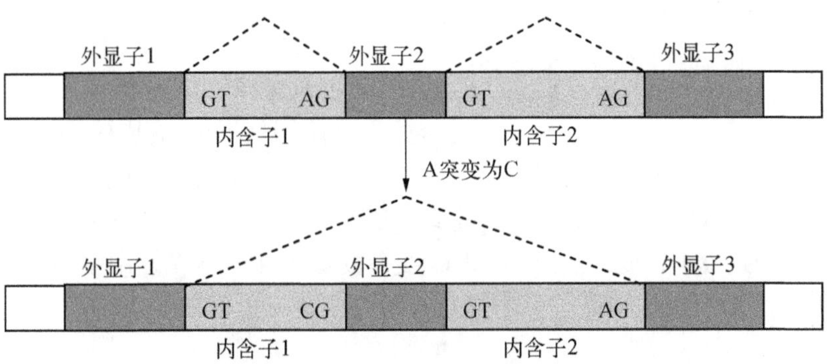

图 4-17 外显子遗漏(王曼莹，2006)

突变位点也可能存在于负责基因调控的 DNA 序列当中。比如，突变存在于启动子区域，若能增强启动子对于转录的发动作用，就称为启动子上升突变(promoter up mutation)；若降低了启动子的效能，就称为启动子下降突变(promoter down mutation)。如果突变位点发生在操纵子(operon)上，其位点不能为阻遏蛋白所识别;或由于调节基因发生突变,不能产生有功能的阻遏蛋白。这两种情况或二者之一都会使结构基因失去负向调控,而以组成型方式表达。产生这种表达方式的操纵子突变或调节基因的突变就叫做组成型突变(constitutive mutation)。启动子突变体和组成型突变体是研究基因调控的重要材料。

4.3.3 基因突变生成的分子机制

虽然所有细胞都具有 DNA 修复系统,或在复制前,或在复制后发挥作用,但并不是所有的 DNA 损伤都能够得到修复,这样就产生了突变。因此突变又可以定义为 DNA 修复的缺陷(deficiency in repair)。关于 DNA 损伤的原因已在 4.1 中比较详细地介绍过,此处仅简要介绍自发突变和诱发突变的生成过程。

1. 自发突变

复制中的错误是突变的主要来源,各种原因造成的错配碱基如果逃避了 DNA 聚合酶的校正作用,又未能被错配修复机制所纠正,错配的碱基就会在子代双螺旋中得以保存,经过第二轮 DNA 复制,将产生一个携带该突变的永久性双链版本的子二代分子。复制错误不仅可引起点突变,异常复制也可造成合成的多聚核苷酸中插入少量多余核苷酸或模板中部分核苷酸未被拷贝,即复制滑移(replication slippage)现象(图4-18)。当模板 DNA 中含有短重复序列时,复制滑移的发生尤为普遍,这是因为重复序列更容易诱发复制滑移。当新链和模板链错配时,在重复序列处模板链和新链发生相对移动,使部分模板被重复复制或者被遗漏,其结果是新链拥有多一些或少一些的重复单位。微卫星多态性(microsatellite polymorphism)主要就是由于复制滑移引起的。如果引起的突变发生在编码区,就可能形成不正常的蛋白质或导致疾病等。

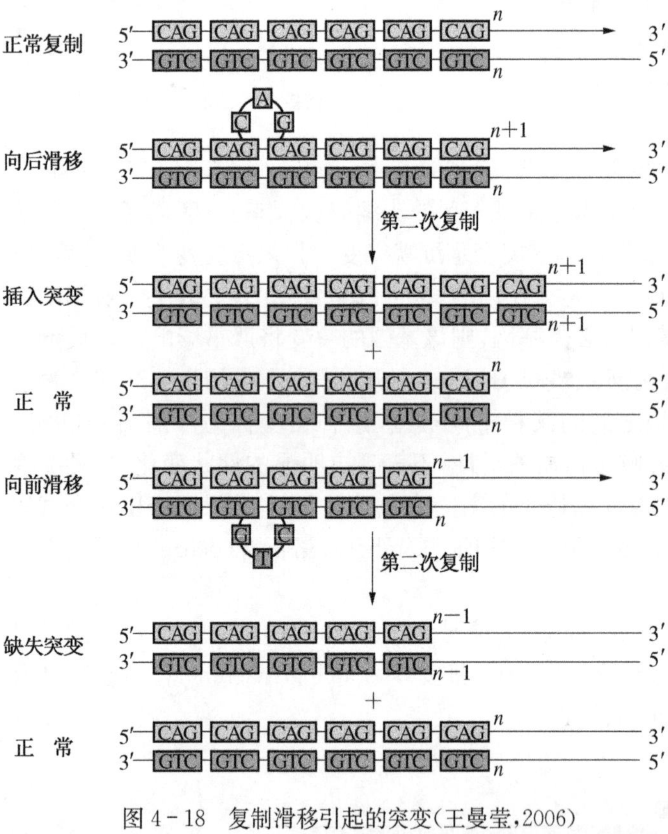

图 4-18 复制滑移引起的突变(王曼莹,2006)

图中的错配只涉及一个重复,实际上,复制滑移可能引起多个重复序列的错配

引起自发突变的两种最为常见的化学变化是特殊碱基脱嘌呤(depurination)和脱氨(基)(deamination)作用。在脱嘌呤时,脱氧核糖和嘌呤之间的糖苷键断裂,A 或 G 从 DNA 上被切下来(图 4-3)。若这种损伤得不到修复的话,在 DNA 复制时,就没有碱基与之互补,而是随机地选择一个碱基插入,这样很可能产生一个与原来不同的碱基对,结果导致突变。

脱氨(基)作用是在一个碱基上去掉氨基。例如,在 C 上有一个很易受影响的氨基,脱去这个氨基后产生 U(图 4-1)。在 DNA 中"U"不是一个正常的碱基,修复系统需要除去大部分由 C 脱氨而产生的 U,从而使序列中发生的突变减少到最小程度。然而,如果 U 没有被修复,在 DNA 复制中它将和 A 配对,结果使原来的 C-G 对转变成一个 T-A 对,结果产生了碱基转换突变。亚硝酸的脱氨作用是另一个脱氨引起突变的例子。

此外,原核和真核生物的 DNA 中含有相对少量的修饰碱基——5-甲基胞嘧啶(5mC),脱氨后变成 T(图 4-1)。因此,5mC 脱氨的结果是 5mC-G 对转换成 T-A 对。T 是 DNA 中正常的碱基,修复系统很难检测出这种变化。因此,基因组中 5mC 位点是一个突变热点(hot spot of mutation),即在此位点发生突变的频率要比别处高得多。所有需氧细胞在正常生理条件下,容易发生 DNA 的氧化性损伤,如 G 的氧化物 8-氧鸟嘌呤(8-O-G)可和 A 错配,最终导致 G-C 对转变成 T-A 对。

2. 诱发突变

物理诱变剂包括紫外线和电离辐射，为强诱变剂。紫外线的高能量可以使相邻嘧啶之间双键打开形成二聚体（图 4－5），并使 DNA 产生弯曲和变形。电离辐射（如 X 射线、γ 射线等）的作用比较复杂，除射线的直接效应外，还可以通过水在电离时所形成的自由基起作用（间接效应）。紫外线引起的突变包括各种形式的转换和颠换，但不完全是随机的，由 G－C 配对向 A－T 配对的转换最多，且有某种序列优先性。如 C 在 TCA 序列中产生的 C 向 T 转换频率比在 ACA 序列中高 15 倍。此外紫外线还可引起缺失、重复、移码突变。

化学诱变剂包括碱基类似物（base analog）、碱基修饰剂（base modifier）、烷化剂（alkylating agent）和嵌入染料（intercalating dye）等。

（1）碱基类似物

碱基类似物是与 DNA 正常碱基结构类似的化合物，能在 DNA 复制时取代正常碱基掺入并与互补链上碱基配对。但是这些类似物易发生互变异构，在复制时改变配对的性质，于是引起碱基对的置换。所有碱基类似物引起的置换都是转换，而不是颠换。

5－溴尿嘧啶（5－BU）是 T 的类似物，通常情况下以酮式（keto）结构存在，能与 A 配对；但它有时以烯醇式（enol）结构存在，则与 G 配对（图 4－7）。结果会使 A－T 对转换为 G－C 对；而在相反的情况下使 G－C 对转换为 A－T 对（图 4－19）。

2－氨基嘌呤（AP）是 A 的类似物，正常状态下可代替 A 与 T 配对，但以罕见的亚氨基状态存在时却与 C 配对。因此它能引起 A－T 对转换为 G－C 对，但一般不能产生 G－C 对与 A－T 对的转换。

（2）碱基修饰剂

通过直接修饰碱基的化学结构，改变其配对性质而导致诱变，如亚硝酸（HNO_2）、羟胺（NH_2OH）等。亚硝酸能脱去碱基上的氨基，A 脱氨后成为 I（次黄嘌呤），与 C 配对，而不与原来的 T 配对。C 脱氨后成为 U，与 A 配对。DNA 经过两次复制后，分别由于 A 和 C 的脱氨，而使 A－T 对转换为 G－C 对，或 C－G 对转换为 A－T 对。G 脱氨后成为黄嘌呤（X），后者仍与 C 配对，经 DNA 复制后恢复正常，并不引起碱基对置换。羟胺（NH_2OH）与 DNA 分子上碱基的作用十分特异，它只与 C 作用，生成 4－羟氨基胞嘧啶（HC），能与 A 配对，结果导致 G－C 对转换为 A－T 对（图 4－20）。

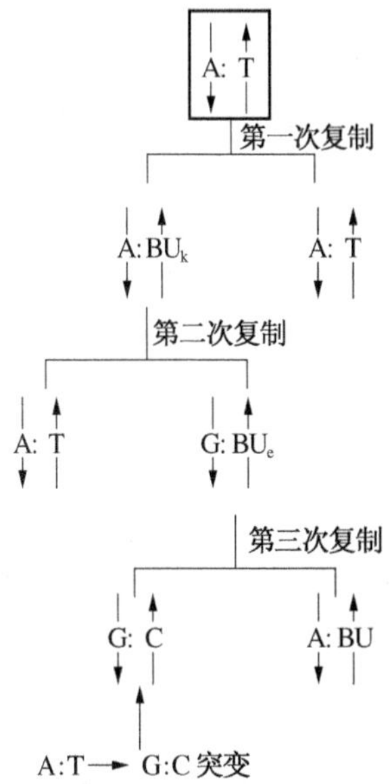

图 4－19　5－BU 的诱变机制（王曼莹，2006）

假定在第一轮复制时酮式 5－BU（BU_k）掺入新链中，在第二轮复制过程中，酮式 5－BU 互变异构为烯醇式 5－BU（BU_e），将会引起 A－T 配对转换为 G－C 配对的突变

（3）烷化剂

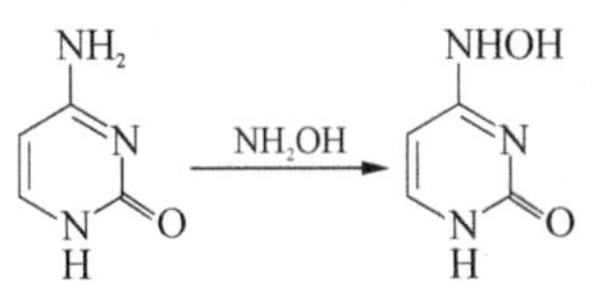

胞嘧啶C　　4-羟氨基胺嘧啶

图 4－20　羟氨诱导的碱基转换

烷化剂是一类极强的化学诱变剂，较常见的除了甲基磺酸甲酯和乙基亚硝基脲外，还有氮芥（nitrogen mustard）、硫芥（sulfur mustard）、乙基甲烷磺酸（ethyl methane sulfonate, EMS）、乙基乙烷磺酸（ethylethane sulfonate, EES）和亚硝基胍（nitrosoguanidine, NTG）等。烷化剂能使 DNA 碱基上的氮原子烷基化，最常见的是 G 上第 7 位氮原子的烷基化，它能引起分子内电荷分布的变化而改变碱基配对性质，烷基化的 G 不再与 C 配对而是与 T 配对，从而造成 G－C 对转换为 A－T 对。此外，烷化后的嘌呤与脱氧核糖结合的糖苷键变得极不稳定，容易造成嘌呤脱落而产生突变，原来的 G－C 对可以变为任何碱基对，既有转换，又有颠换。

（4）嵌入染料

一些扁平的稠环分子如吖啶橙（acridine）、原黄素（proflavine）、溴化乙锭等染料可以插入 DNA 的碱基对之间，故称之为嵌入染料（intercal-ating dye）。这些扁平分子插入 DNA 后将碱基对间的距离撑大约 1 倍，正好占据了一个碱基对的位置。嵌入染料若插入碱基重复位点处可造成两条链错位，在 DNA 复制时，新合成的链或者增加核苷酸插入，或者使核苷酸缺失，结果造成移码突变。

4.3.4 基因突变的热点

从理论上讲,DNA 分子上任何碱基都能发生突变,但实际上 DNA 分子上不同部分有着不同的突变率。S. Benzer 利用各种诱变剂处理 T4 噬菌体,筛选出了大约 1 500 个 *r*Ⅱ 基因的突变体。现在已知 *r*Ⅱ *A* 包含 1 800 个核苷酸对,*r*Ⅱ *B* 有 850 个核苷酸对。通过遗传学方法分析突变在不同位点上的分布情况发现,*r*Ⅱ *A* 有 200 个突变位点,*r*Ⅱ *B* 有 108 个。可见鉴别出来的突变位点数目大大少于基因实际具有的核苷酸对数目。突变位点在基因的分布并不是随机的,许多位点上没有突变型或突变型很少,而在某些位点上突变型很多,共突变率大大高于平均数。这些位点就称为突变热点。简言之,突变热点是指同一基因内部突变频率特别高的部位。在诱发突变和自发突变中都有突变热点的存在。

现在认为,形成突变热点的最主要原因是 5-甲基胞嘧啶(5mC)的存在。用亚硝酸作诱变剂,在 5mC 处会明显地出现突变热点。另外,在短的连续重复序列处容易发生的复制滑移现象会导致插入或缺失突变,也是突变热点的一个成因。

突变热点还与诱变剂有关,使用不同的诱变剂出现的突变热点也不同。这是容易理解的,因为不同的诱变剂作用机制不同,有的碱基对某种诱变剂更为敏感,有的则相反。转座子(transposon,Tn)和紫外线的诱变作用也都具有某种不同程度的序列优先性。

4.4 DNA 的重组

DNA 分子内或分子间发生遗传信息的重新组合,称为遗传重组或基因重排。重组的产物称为重组 DNA(recombinant DNA)。DNA 重组广泛存在于各类生物体。真核生物基因组之间的重组多发生在减数分裂时同源染色体之间的交换时期。细菌及噬菌体的基因组为单倍体,来自不同亲代的两组 DNA 之间可通过多种形式进行遗传重组。

DNA 重组分主要有 3 种类型:同源重组(homologous recombination)、位点特异性重组(site specific recombination)和转座重组(transposition recombination)。同源重组发生在 DNA 的同源序列之间,调节这一过程的蛋白质是同源性依赖的。位点特异性重组的重组对之间无需同源性,调节这一过程的蛋白质在供体和受体分子中识别短的特异 DNA 序列,也就是说在供体和受体位点之间存在同源性。转座重组不需要同源性,调节这一过程的蛋白质识别重组分子中的转座因子,受体位点在序列上相对非特异,重组过程将可转座因子整合到宿主 DNA 中。

DNA 重组对生物进化起着关键的作用。生物进化以不断产生可遗传的变异为基础。首先有突变和重组,由此产生可遗传的变异,然后才有遗传漂变和自然选择,最后才有了进化。可遗传变异的根本原因是突变。然而突变的概率很低,且多数是不利的。如果生物只有突变没有重组,在积累具有选择优势突变的同时不可避免地积累许多难以摆脱的不利突变,有利突变随不利突变一起被淘汰,新的优良基因就不可能出现。DNA 重组的意义是能迅速增加群体的遗传多样性(diversity),使有利突变与不利突变分开,通过优化组合(optimization)积累有意义的遗传信息。此外 DNA 重组还参与许多重要的生物学过程,它为 DNA 损伤或复制障碍提供了修复机制。某些生物的基因表达还受到 DNA 重组的调节。

4.4.1 同源重组

DNA 同源序列间发生的重组叫同源重组,它是由两条同源区的 DNA 分子通过配对、链的断裂和再连接,进而产生的片段之间交换(crossing over)。在减数分裂前期,参与联会的同源染色体实际上各自已经复制形成了两条姐妹染色单体,因而出现由四条染色单体构成的四分体。在四分体的某些位置,非姐妹染色单体之间可以发生交换。前面的学习已知,通过有性生殖繁衍的后代往往具有与双亲不同的遗传组成。这种变异除了源自减数分裂过程中双亲染色体的自由组合以外,绝大部分的变异来源于同源染色体之间的同源重组。这个过程改变了父源和母源染色体上基因的组成,使后代个体中出现非亲本型的重组染色体。这些新组合使得后代个体能获得比亲本更具有优势的存活机会,因此这种重组型具有更为广泛的生物学意义。同源重组在细胞 DNA 修复过程中也起着重要作用,被称为重组修复,在 4.2.4 中已经阐述。

1. 同源重组的分子模型

同源重组分子模型是由Holliday等在1964年提出的，Holliday模型能够较好解释同源重组现象。简要步骤如下：① 两条同源染色体DNA分子相互靠近并形成联会。② 两个同源DNA分子发生单链断裂，产生单链DNA区域。③ 断裂的DNA单链形成的3′游离端，侵入到双链DNA内，寻找同源区域并配对结合，产生短的链置换区。④ 链侵入之后，两个DNA分子相互交叉的DNA链联系在一起，这个交叉的结构称为Holliday联结体。⑤ Holliday联结体通过配对碱基连续的解链和配对沿着DNA移动，产生异源双链DNA。⑥ Holliday联结体的拆分，在Holliday联结体处切断将四链DNA复合体按不同方向拆分，DNA重新生成分开的双螺旋DNA，并分别形成片段重组体和拼接重组体(图4-21)。

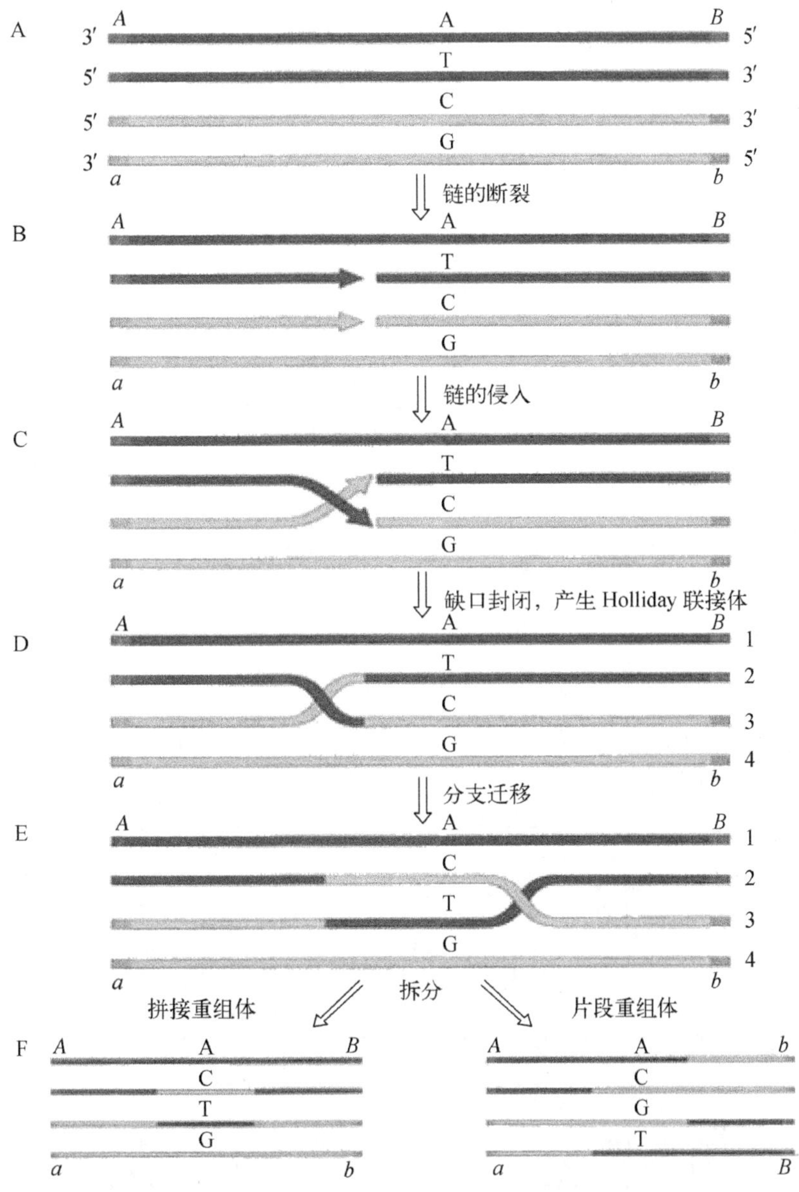

图4-21 同源重组的Holliday模型(Weaver，2008)

两条DNA分子之间形成的交叉点可以沿DNA移动，称为分支迁移(branch migration)，迁移速度一般为30 bp/s。迁移过程中两条DNA分子之间交叉互补的同源单链发生相互置换，迁移方向可以朝向DNA分子的任意一端。在重组部位每个双链中均有一段DNA链来自另一条双链中的相对应链，这一部分称为异源双链(hetero duplex)。Holliday联结体还能发生立体异构现象，通过空间重排而改变各条链的彼此关系，这种重排称为异构化，异构化过程中不涉及碱基间键的断裂，也不需要能量，所以能很快发生转变，每种构象存在概率各占 50%。

Holliday 联结体形成后必须进行拆分(resolution),使连接在一起的两条双螺旋 DNA 分子又回复到彼此分开的双螺旋分子状态。拆分需要核酸内切酶在交叉点处形成一对拆分口,然后再由 DNA 连接酶连接。由于交联在一起的联结体不断地处在空间重排和异构化之中,切口可能发生在两对同源链中的任意一对上。根据链裂断的方式不同,得到的重组产物各异。如果切开的链为原来断裂那一条链,则重组体会含有一段异源双链区,其两侧为来自同一亲本 DNA,称为片段重组体(图 4-22 左)。如切开的链不是原来断裂的那一条链,重组体异源双链区的两侧来自不同亲本 DNA,称为拼接重组体,此种重组又称为交叉重组(图 4-22 右)。

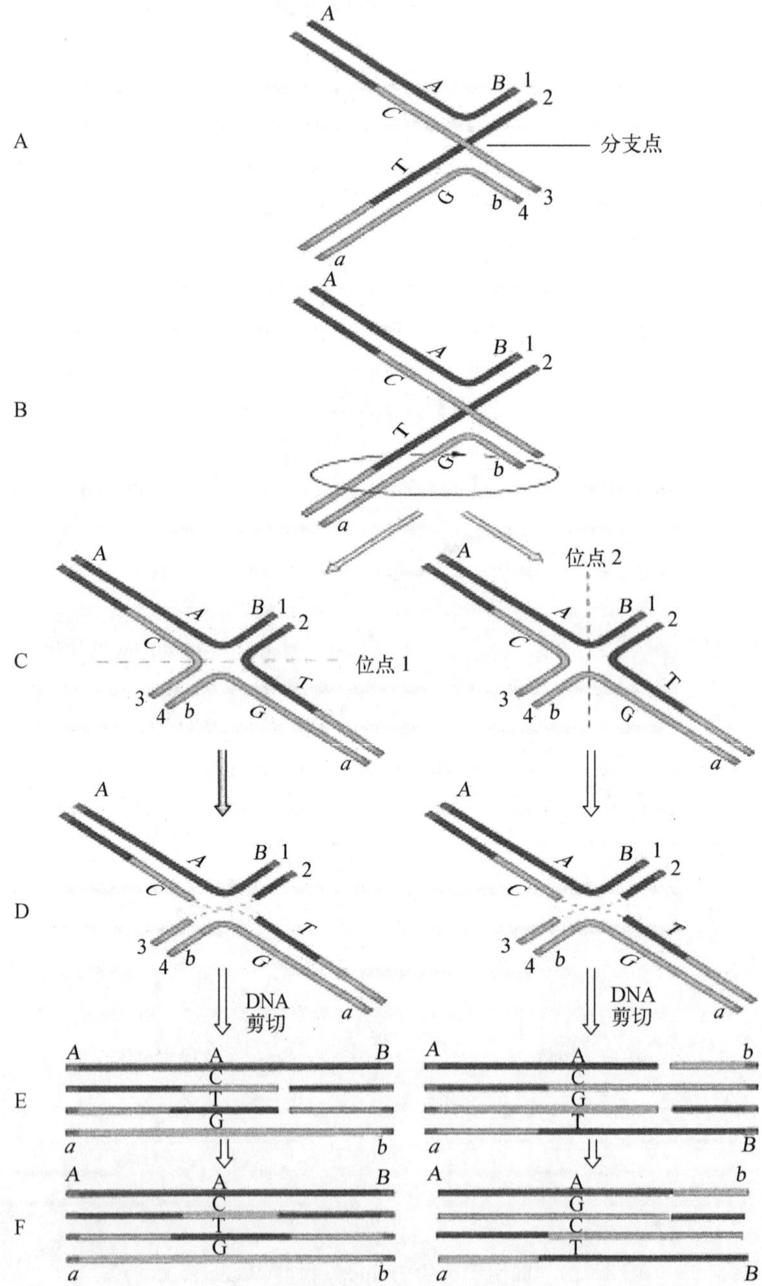

图 4-22 Holliday 联结体的拆分(Weaver, 2008)

Holliday 联结体按不同方向拆分,分别形成拼接重组体(右)和片段重组体(左)

2. 同源重组的酶学分子机制

生物体都能编码催化 DNA 重组各步骤所需要的酶。有些重组步骤中,所有的生物体都由相同功能的酶催化。但是,在另外一些重组步骤中,则不同的生物由不同的蛋白质所催化。目前,对大肠杆菌 DNA 重组的分子基础研究得较为深入，与重组有关的酶已得到了鉴定。

(1) 双链断裂的 RecBCD 途径

RecBCD 途径首先起始于对重组 DNA 分子中的一条双链 DNA 进行双链切断。RecBCD 蛋白由 3 个亚基组成(分别为 *recB*、*recC* 和 *recD* 基因的产物)，其结合到 DNA 链断裂而产生的单链区域，并利用 RecBCD 蛋白自身具有的 DNA 解旋酶活性，向具有 5′-GCTGGTGG-3′序列的 χ 位点进行 DNA 解旋。在 *E. coli* 基因组中平均大约每 5 000 bp 就有一个 χ 位点。RecBCD 蛋白不仅具有外切双链和单链的活性，也具有单链内切核酸酶活性。这使得 RecBCD 蛋白可以产生 3′单链末端，该末端被 RecA 蛋白(*recA* 基因产物)和 SSB 所包裹。RecBCD 蛋白也能协助 RecA 蛋白装载到 3′ DNA 末端，图 4-23 示 RecBCD 作用于 DNA 的步骤。

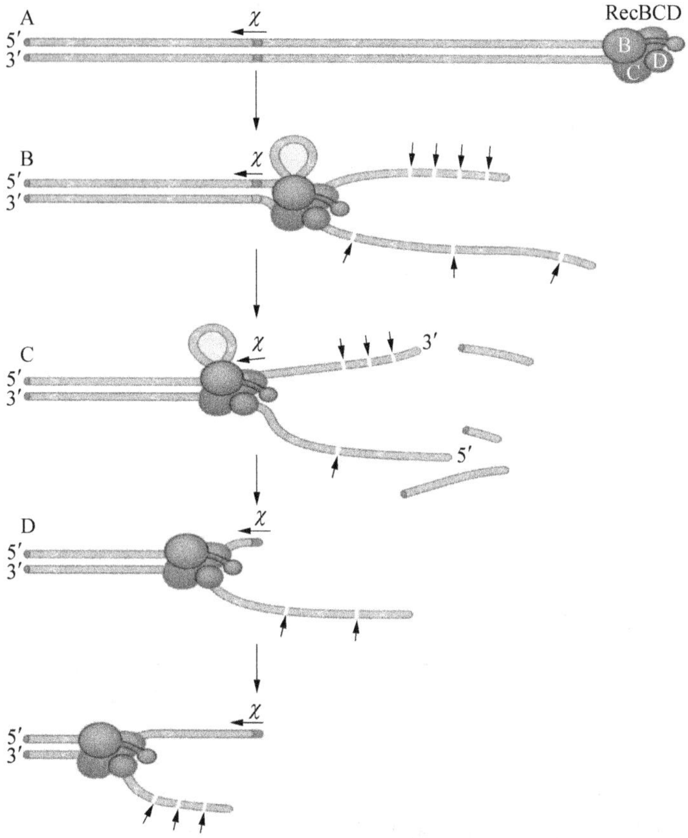

图 4-23　RecBCD 作用于 DNA 的步骤(Watson et al, 2009)

A. RecBCD 蛋白首先结合在双链 DNA 断裂缺口上并使之解链；B. RecBCD蛋白的解旋酶活性向着 χ 位点方向打开 DNA 双链，形成有 3′端的凸形 DNA 结构；C. 当 RecBCD 到达 χ 位点，就切割 χ 位点下游的核苷酸，并由 RecA 蛋白包裹环凸的 DNA；D. RecBCD 继续解开 DNA 螺旋，形成 3′端覆盖着 RecA 蛋白的单链 3′端

RecA 蛋白能促使单链末端侵入到其他双链 DNA 分子内，并寻找能配对的同源区域，进而产生配对结合。当配对区间进一步延伸扩展，就产生了链的置换区。接下来在 RecBCD 蛋白的协助下，DNA 的置换区域形成一个缺口。在缺口处，RecA 蛋白和 SSB 能在已被入侵双链的置换区产生一个与另一条 DNA 的间隙区互补配对的新末端。在 DNA 连接酶的作用下封闭缺口，产生一个 Holliday 联结体(Holliday junction)，联结体进一步在交叉点处沿 DNA 链以约 30 bp/s 速度移动(即所谓的分支迁移)。

(2) χ 位点

在对细菌 λ 噬菌体的遗传学研究中发现了 χ 位点，它是 RecBCD 酶作用的靶位点。在细菌中通常不存在大量双螺旋 DNA 的交换，而是有许多其他引发重组的方式。在某些情况下，DNA 以游离单链 3′端的形式被用于重组，例如，DNA 的辐射损伤可以产生单链，噬菌体基因组经滚环式复制也能产生大量的单链。研究发现，在 λ 噬菌体的一些突变体中，单一碱基对的改变就能产生激发重组的一些位点，如 χ 位点。这些位点都含有一个恒定的非对称的 8 bp 序列(5′-GCTGGTGG-3′)，该序列天然存在于 *E. coli* 的 DNA 中，每 5～10 kb 长的序列中即可出现一次。

(3) RecBCD 核酸酶

RecBCD 核酸酶由基因 *recBCD* 编码。RecBCD 核酸酶是一种多功能酶，具有三种酶活性：① 依赖于 ATP 的核酸外切酶活性。② 可被 ATP 增强的核酸内切酶活性。③ ATP 依赖的解旋酶活性。当 DNA 分子断裂时，RecBCD 酶随即便结合在其游离端，使 DNA 双链解旋并降解，解旋所需能量由 ATP 水解提供。当 RecBCD 酶移动至 χ 位点 3′侧 4～6 个核苷酸的位置时，将链切开，产生具有 3′端的游离单链。因此，RecBCD 所介导的解旋和切割可以被用来产生单链末端并引发异源双链的形成。RecA 蛋白便能够利用由 RecBCD 在 χ 位点附近切割所释放出的单链 3′端与同源的双链发生配对重组反应而产生交联分子。

(4) RecA 蛋白

RecA 蛋白的分子质量大约为 38 kDa，它与 SSB 一起结合于单链 DNA 形成螺旋纤丝(helical

filament)。此复合物可与双链 DNA 作用发生部分解旋以便识别碱基,迅速扫掠寻找与单链互补的序列。互补序列一旦被找到,双链进一步被解旋,从而转换碱基配对,使单链与双链中的互补链配对,同源链被置换出来(图 4-24)。链交换沿单链 5′—3′方向进行,速度约为 6 bp/s,直至交换终止,在此过程中由 RecA 水解 ATP 提供反应所需能量。SSB 的存在可激发此反应,因为它可以确保底物减少二级结构。在大肠杆菌中,RecA 蛋白参与了重组的关键步骤。

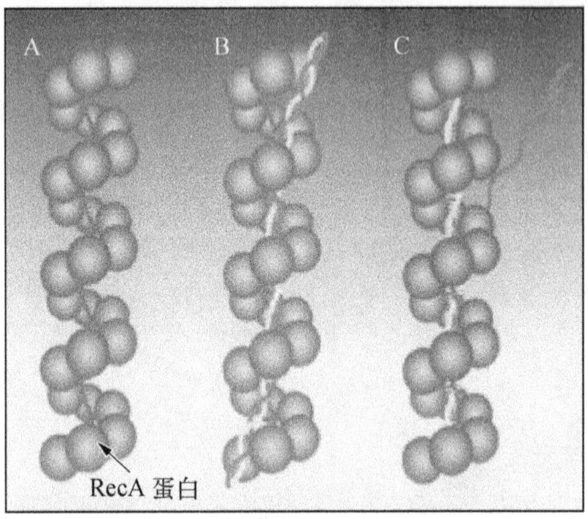

图 4-24 RecA 蛋白介导的 DNA 链交换

A. RecA 蛋白与单链 DNA 结合;B. 复合物与同源双链 DNA 结合;C. 入侵单链与双链的互补链配对,同源链被置换出来

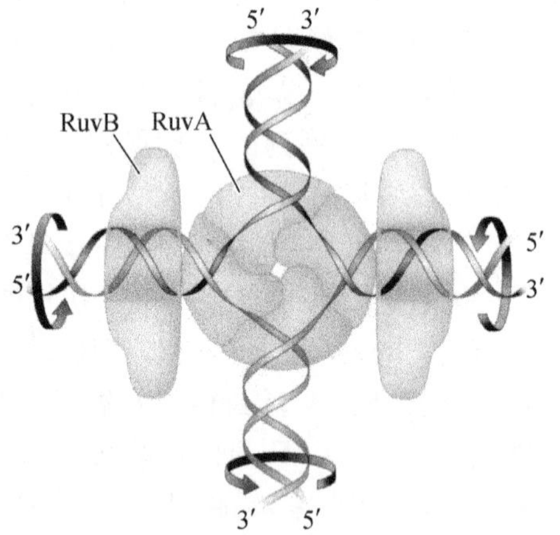

图 4-25 RuvAB 复合物与 Holliday 联结体结合(Watson et al, 2009)

在同源重组过程中,RecA 蛋白有两个主要功能:① 诱发 SOS 反应。② 促进 DNA 单链与同源双链发生链交换,从而保证了重组过程中 DNA 配对、Holliday 联结体的形成及分支迁移等步骤的进行。

(5) RuvA 和 RuvB 蛋白

由于 DNA 分子是螺旋结构,在持续进行链交换时要发生分子旋转。RuvA 和 RuvB 蛋白共同构成了 DNA 解旋酶。RuvA 蛋白四聚体有平面对称的四方形结构,能识别 Holliday 联结体的交叉点,Holliday 联结体也采用这种四方平面构象,从而启动了在 Holliday 联结体上的 RuvB 六聚体环,继而 RuvB 利用其 ATP 酶的水解活性而驱动 DNA 解旋和分支迁移,在移动的后方又重新形成螺旋(图4-25)。

(6) RuvC 蛋白

RuvC 蛋白是一种核酸内切酶,同源重组最后由 RuvC 将 Holliday 联结体切开,并由 DNA 聚合酶和 DNA 连接酶修复合成。RuvC 特异性识别 Holliday 联结体并将其切开,它识别不对称四核苷酸 ATTG,此序列因而成为切开 Holliday 联结体的热点,并决定重组结果是片段重组体还是拼接重组体,即异源双链区的两侧来自同一 DNA 分子还是不同的 DNA 分子(图 4-22)。

4.4.2 位点特异性重组

位点特异性重组(site specific recombination)指非同源 DNA 的特异片段间的交换,由能识别特异 DNA 序列的蛋白质介导,并不需要 RecA 或单链 DNA。位点特异性重组广泛存在于各类细胞中,有着特殊的作用,包括某些基因表达的调节,发育过程中程序性 DNA 重排,以及某些病毒和质粒 DNA 复制循环过程中发生的整合与切除等。此过程一般发生在某个特定的短 DNA 序列(20～200 bp)内(重组位点),有特异的酶(重组酶)和辅助因子对该位点进行识别和作用。位点特异性重组的结果决定于重组位点的位置和方向,通常有 4 种方式:① 重组位点位于不同的 DNA 分子上,重组过程发生单个位点交换。② 重组位点在不同的 DNA 分子上,重组过程发生双位点交换。③ 在同一条染色体 DNA 分子内,当重组位点以相同方向存在时重组结果发生倒位。④ 当重组位点以相同方向存在于同一染色体的 DNA 分子内,重组发生切除(图 4-26)。重组通常是相互的,即参与重组的两个 DNA 片段是双向互换的。DNA 分子可以发生一次、二次或多次的片段交换事件,交换的次数明显地影响了最终产物的性质。

重组酶通常是由 10 多个亚基组成的寡聚体,作用于两个重组位点的 4 条链上,使 DNA 链断开产生

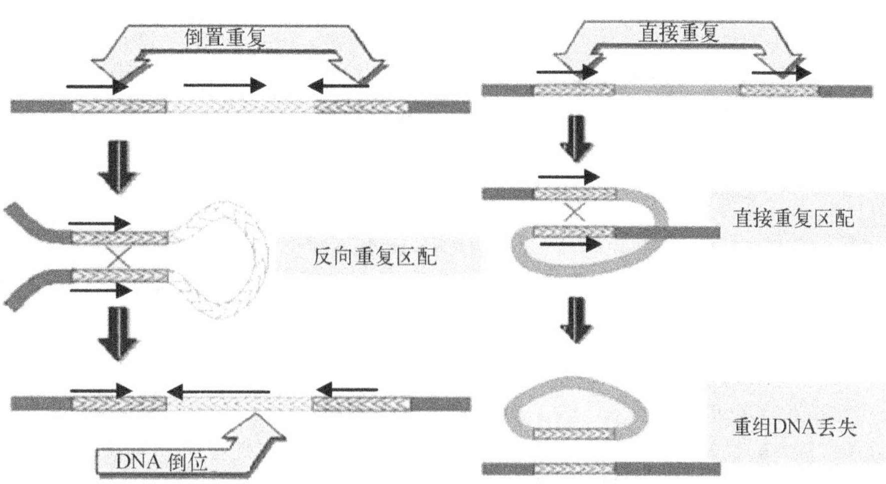

图 4-26　位点特异性重组的主要方式（Lewin，2004）

3′-磷酸基与 5′-OH，3′-磷酸基与酶形成磷酸酪氨酸或磷酸丝氨酸键。这种暂时的蛋白质-DNA 连接可以在 DNA 链再连接时无需靠水解高能化合物提供能量。重组的两个 DNA 分子，如果先断裂两条链，交错连接，此时形成中间联结体，然后另两条链断裂并交错连接，使联结体分开。有些重组酶使 4 条链同时断裂并连接，不产生中间物。本节简要介绍 λ 噬菌体 DNA 的整合与切除，鼠伤寒沙门氏菌的位点特异性重组。

1. λ 噬菌体 DNA 的整合与切除

目前研究较清楚的位点特异性重组系统是 λ 噬菌体 DNA 在宿主染色体上的整合与切除。λ 噬菌体基因组长约 50 kb，共包含 61 个基因，其中有 38 个基因较为重要。λ 噬菌体基因组的转录调控区有 4 个启动子，分别是 P_L、P_R、P_M和 P_E。其中 P_L是左向转录启动子，P_R为右向转录启动子，二者均属强启动子。P_M和 P_E为 *cⅠ*基因的启动子，由 P_M启动 *cⅠ* 基因转录和翻译得到 CⅠ 蛋白（λ 阻遏物），该蛋白质是维持细菌溶原化状态的一个关键调节蛋白，但由 P_M启动转录的 mRNA 由于缺少 SD 序列，导致其与核糖体结合能力减弱，因而被翻译的蛋白质也少，仅仅只能维持已建立的溶原状态。启动子 P_E位于基因 *cro* 与 *cⅡ* 之间，由它启动转录的 *cⅠ* mRNA具有 SD 序列，能被高效翻译并得到较多的 CⅠ 蛋白，这样可使细菌从头建立溶原化状态。λ 噬菌体的转录有 6 个调节基因，分别为 *cⅠ*、*cⅡ*、*cⅢ*、*N*、*Q* 和 *cro*。其中 *cⅠ*、*N* 和 *cro* 基因位于 *cⅢ* 与 *cⅡ* 之间。根据其编码蛋白质对转录的调控方向，这些调节基因被分为正调节基因（*cⅡ*、*cⅢ*、*N* 和 *Q*）和负调节基因（*cⅠ* 和 *cro*）。*cⅡ* 和 *cⅢ* 编码的蛋白质能激活由 P_E启动的 *cⅠ*阻遏蛋白基因的转录及由 P_L启动的整合酶基因（*int*）的转录。*N* 基因的产物 pN 蛋白调控早期基因表达，是一种抗终止子，能与 3 个终止子（t_L、t_{R1} 和 t_{R2}）作用。*Q* 基因是 λ 噬菌体裂解途径中晚期基因表达的正调节基因，其编码的蛋白质可激活从 P_R启动的晚期基因转录，包括裂解基因及头部、尾部组分的编码基因。Q 蛋白和 N 蛋白一样也是抗终止子蛋白。*cⅠ*和 *cro* 是负调节基因，其转录物 CⅠ蛋白和 Cro 蛋白对 λ 噬菌体的生活史在溶原和裂解两种途径之间的选择至关重要。当 λ 噬菌体进入宿主 *E. coli* 细胞后，溶原和裂解两条途径的最初过程是相同的，都需要早期基因的表达，为两条途径的歧化作准备。溶原和裂解两种生活周期的选择取决于 CⅠ和 Cro 蛋白相互拮抗的结果。

（1）CⅠ蛋白

CⅠ蛋白（λ 阻遏物）的作用是通过与操纵序列结合以阻止 λ 噬菌体 DNA 的复制与基因的表达，并促进噬菌体 DNA 与宿主基因组的整合。一旦 *cⅠ* 基因突变，噬菌体则不能进入溶原途径，而是进入裂解途径使宿主细胞裂解。λ 阻遏物是一种自体调节因子（autogenous regulator），其调节效应与它的浓度有关，低浓度时可作为正调节物促进自身转录，高浓度时则作为负调节物阻遏自身的转录。当 λ 阻遏物的浓度达到足以阻遏 P_L和 P_R启动转录时，细菌则保持溶原状态。λ 阻遏物能抑制除自身之外所有噬菌体基因的转录。因此，如果 CⅠ 蛋白占优势，细菌的溶原状态就得到建立和维持。

（2）Cro 蛋白

Cro 蛋白是 *cro* 基因编码的一种阻遏蛋白，是 λ 噬菌体侵入宿主细胞后进入裂解循环的关键调控蛋白。Cro 蛋白抑制 *cⅠ* 基因的表达及从 P_L和 P_R起始的早期基因转录，当 Cro 蛋白占优势时，促进噬菌体进入繁殖周期，并导致宿主细胞裂解。

λ噬菌体的整合发生在噬菌体和宿主染色体的特定位点，因此是一种位点特异性重组。整合的原噬菌体随宿主染色体一起复制并传递给后代。但在UV照射或升温等因素的诱导下，原噬菌体可从宿主染色体上切除下来，进入裂解途径，释放出噬菌体颗粒。

λ噬菌体与宿主的特异重组位点称为附着位点(attachment site)。碱基删除实验确定了λ噬菌体附着位点(*attP*)长度为240 bp，细菌相应的附着位点(*attB*)为23 bp，二者有共同的15 bp核心序列(O区)。噬菌体*attP*位点序列以POP′表示，细菌*attB*位点以BOB′表示。整合需要重组酶，由λ噬菌体编码，称为λ整合酶(λ integrase，Int)，此外还需要有宿主编码的整合宿主因子(integration host factor，IHF)协助作用。整合酶作用于POP′和BOB′序列，分别交错7 bp将两个DNA分子切开，然后交互连接，噬菌体DNA被整合，两侧形成新的重组附着位点BOP′和POB′(图4-27)。此整合过程无需水解ATP提供能量，因整合酶的作用机制类似于拓扑异构酶Ⅰ，它催化是磷酸基转移反应，而不是水解反应，故无能量丢失。在切除反应中需将原噬菌体两侧附着位点联结到一起，因此除Int和IHF外，还需噬菌体编码的Xis蛋白参与作用。

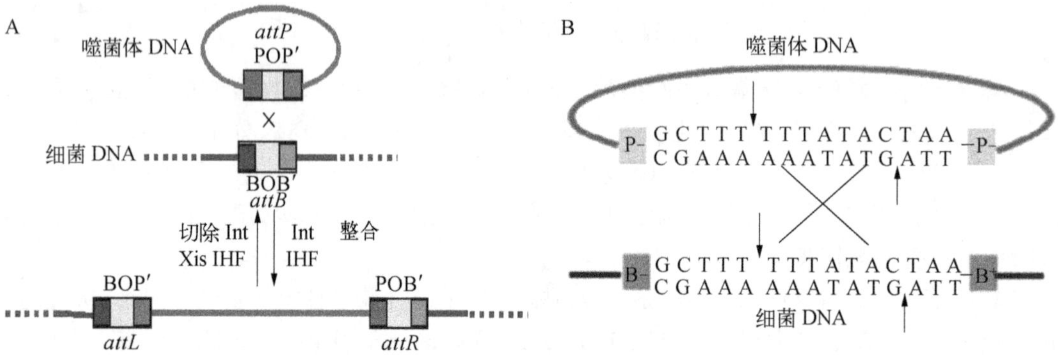

图4-27 λ噬菌体在宿主染色体靶位点的位点特异性重组

A. 为整合和切除过程；B. 为共同的核心序列

2. 鼠伤寒沙门氏杆菌的位点特异性重组

鼠伤寒沙门氏杆菌(*Salmonella typhimurium*)由鞭毛蛋白决定的H抗原有两种，分别为H1鞭毛蛋白和H2鞭毛蛋白。从单菌落的沙门氏杆菌中经常出现少数呈另一H抗原的细菌细胞，这种现象称鞭毛相转变(phase variation)。遗传分析表明这种抗原相位的改变是由一段995 bp称为H片段的DNA发生倒位决定的。H片段两端为14 bp特异重组位点(*hix*)，其方向相反，发生重组后可使H片段倒位。H片段上存在两个启动子，一个启动子驱动*hin*基因表达；另一个启动子当取向与*H2*和*rH1*基因一致时驱动这两个基因的表达，倒位后*H2*和*rH1*基因均不表达。*hin*基因编码特异的重组酶，即倒位酶(invertase)Hin。该酶为22 000 kDa亚基的二聚体，可分别结合在两个*hix*位点上，并由反向刺激因子(factor for inversion

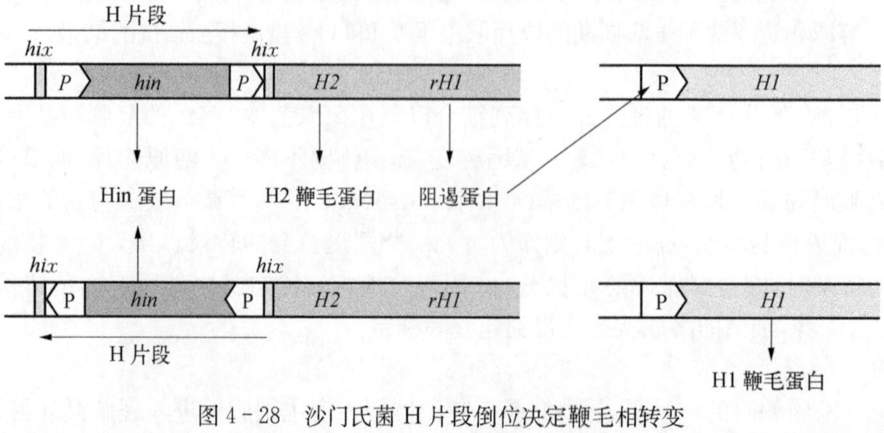

图4-28 沙门氏菌H片段倒位决定鞭毛相转变

*Hix*为14 bp的反向重复序列，它们之间的H片段在*Hin*控制下进行特异性位点重组。H片段上有两个启动子，其中一个启动子驱动*hin*基因表达；另一个启动子正方向时驱动*H2*和*rH1*基因的表达，反向(倒位)时*H2*和*rH1*不表达。*rH1*为H1阻遏蛋白基因，P为未启动子

stimulation, Fis)促使DNA弯曲而将两个*hix*位点联结在一起,DNA片段经断裂和再连接而发生倒位。*rH1*表达产物为H1阻遏蛋白,控制*H1*基因的表达(图4-28)。

4.5 DNA的转座

DNA的转座(transposition),是一种由可移位因子(transposable element)介导的遗传重组现象。与同源重组相比,转座现象发生的频率虽然要低得多,但它仍然有着十分重要的生物学意义,这不仅因为它能说明在细菌中发现的许多基因缺失和倒位现象,而且它常常被应用于突变体的构建。转座子(transposon, Tn)是存在于染色体DNA上可自主复制和移位的一段DNA序列。

转座子最初是由Barbara McClintock于20世纪40年代后期,在印第安玉米的遗传学研究中发现的,当时称之为控制元件(controlling element)。她的这些发现在当时并未引起重视,直到60年代后期,细菌学家Shapiro在对行为异常的噬菌体突变体的研究中,发现这种突变体不像点突变那样容易发生回复突变,且突变基因含有一长串额外的DNA序列,认为这是一种由插入序列引起的多效突变,之后在不同的实验室又发现了一系列可转移的抗药性转座子,这才引起了人们的重视。1983年,McClintock被授予诺贝尔生理学或医学奖,距离她公布玉米控制因子的时间已有32年之久。目前已知,转座子广泛存在于地球所有生物体内,人类基因组中约有35%以上的序列为转座子序列,其中大部分与疾病相关。

4.5.1 转座子的分类

转座子分为两大类:插入序列(insertion sequence, *IS*)和复合型转座子(composite transposon)。

1. 插入序列

插入序列是最简单的转座子,简称*IS*因子,它不含有任何宿主基因。目前已发现的IS序列有10余种,如*IS1*、*IS2*等。*IS*因子属于一种较小的转座子,长度一般为750~1 550 bp,只含有满足自身转座所需要的因子,如至少有一个编码转座酶的基因。*IS*因子的两端都具有一段反向重复序列(IR)。*IS*因子本身不具有表型效应,只有当它转座到某一基因附近或插入某一基因内部后,引起该基因失活或产生极性效应时,才能判断其存在,所引起的效应与其插入的位置和方向有关。*IS*因子都是可以独立存在的单元,带有介导自身移动的蛋白质,也可作为其他转座子的组成部分。最早被鉴定的转座元件是细菌操纵子中的自主插入序列,为大约1 kb的小片段,中间带有编码自身转座的转座酶基因,两端是短的IR。

*IS*因子是细菌染色体和质粒的正常组成部分,一个大肠杆菌标准株常含有少于10个拷贝的*IS*因子。科学上通常用双冒号来表示一个转座元件,例如,λ:*IS1*表示一个*IS1*元件插入到λ噬菌体基因组中。当一个*IS*因子转座时,在插入部位两侧的一段宿主DNA序列(靶序列)被复制而形成两个拷贝。*IS*因子在靶位点插入后,形成一种典型结构模式,即它的末端为IR,而与IR相连是宿主靶位点复制形成的正向重复区。根据这种结构可以用来鉴别基因组中的转座子。除*IS1*外,所有*IS*因子都只有一个可译框架,翻译起始于一端的IR区内,终止于另一端的IR之前或内部,用来编码转座酶。*IS1*结构较为复杂些,其有两个单独的ORF,在翻译过程中通过一个ORF的移动使两个ORF都被激活,用来编码转座酶。转座酶的活性主要是识别靶部位和转座子的末端并引起转座。转座子的末端可视为转座酶的部分底物,转座酶水平的改变能控制转座子的转位频率。转座频率随不同转座因子而异,通常每一世代的转座频率为10^{-3}~10^{-4},自发突变的频率为10^{-5}~10^{-7}。*IS*因子被精确切除而使基因恢复活性的频率也很低,为10^{-6}~10^{-10}。表4-1列出了部分常见*IS*因子的结构及其特征。

表4-1 部分*IS*因子的结构特征比较(赵亚华,2011)

插入序列	长度/bp	两侧正向重复区/bp	末端反向重复区/bp	靶位点
*IS*因子				
IS1	768	9	23	随机
IS2	1 327	5	41	有热点
IS4	1 428	11~13	18	$AAAN_{20}TTT$
IS5	1 195	4	16	有热点

续 表

插入序列	长度/bp	两侧正向重复区/bp	末端反向重复区/bp	靶位点
类 *IS* 因子				
IS10R	1 329	9	22	NGCTNAGCN
IS50R	1 531	9	9	有热点
IS903	1 057	9	18	随机

2. 复合转座子

这类转座子中除了有转座酶基因外,还带有药物抗性标记基因(或其相关基因),因其结构较大且复杂,故称为复合转座子,以 Tn 表示。根据结构的不同分为两种:一是两个末端由相同的 *IS* 因子构成(图 4-29),*IS* 序列有正向和反向两种排列方式,这种结构说明 *IS* 因子插入到某个功能基因两端可能产生一个复合转座子。一旦形成复合转座子,*IS* 因子就不能再单独移动,因为它们的功能被修饰了,只能作为复合体移动。二是两个末端由 38 bp 的反向重复序列组成,如 *TnA* 族转座子(图 4-30)。Tn 有 3 个特点:① 末端有反向重复序列,为转座酶所必需。② 中间有 ORF 作为标记基因。③ 转座后,靶位点大都成为正向重复序列。表 4-2 列出了部分大肠杆菌复合转座子及其性质。

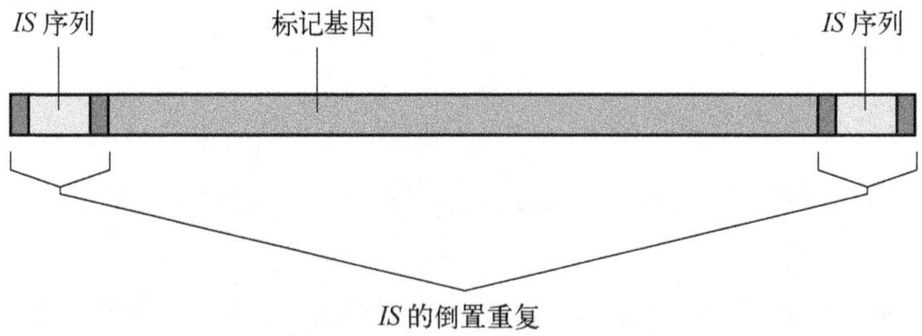

图 4-29 复合转座子的一般结构模式

转座子的两端往往各有一个 *IS* 因子,在每个 *IS* 因子两侧各有倒置重复区

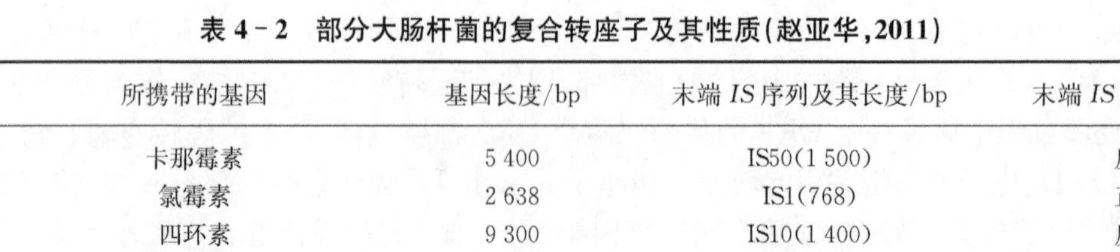

图 4-30 转座子 TnA 的结构示意图(朱玉贤等,2007)

表 4-2 部分大肠杆菌的复合转座子及其性质(赵亚华,2011)

转座子	所携带的基因	基因长度/bp	末端 *IS* 序列及其长度/bp	末端 *IS* 序列的方向
Tn5	卡那霉素	5 400	IS50(1 500)	反向
Tn9	氯霉素	2 638	IS1(768)	正向
Tn10	四环素	9 300	IS10(1 400)	反向
Tn204	氯霉素、梭链孢酸	2 457	IS1(768)	正向
Tn903	卡拉霉素	31 004	IS903(1 050)	反向
Tn681	潮霉素	2 088	IS1(768)	反向

4.5.2 转座作用的机制

已发现所有的转座子都有在基因组中增加其拷贝数的能力,通常以两种方式发生:一种是通过在转座过程中转座子的复制;另一种是从染色体已完成复制的部位转座到尚未复制的部位,然后随着染色体再复制。

转座子插入到一个新的靶 DNA 部位的过程可概括为:① 转座酶先识别转座子的 IR,在两翼的末端反向重复序列外沿切断。② 宿主(如靶质粒)靶位的双链被交错切开,每侧 5 bp,交错形成单链。③ 转座子移动,靶部位的 5′端与转座子的 3′端连接,留下两个 5 bp 的缺口。④ 沿 5′—3′方向缺口被修复补齐。转座的结果是在转座子的两侧产生了 5 bp 的短正向重复序列(图 4-31)。在此过程中,转座子两条链如同桥梁,交错末端的产生和填充可以说明在插入部位产生靶 DNA 正向重复的现象(互补复制),两条链切口间交错的核苷酸数目决定正向重复的长度。转座子的转座特点是靶序列通常是任意的,但交错切开的长度相对固定,一般为 5~9 bp。

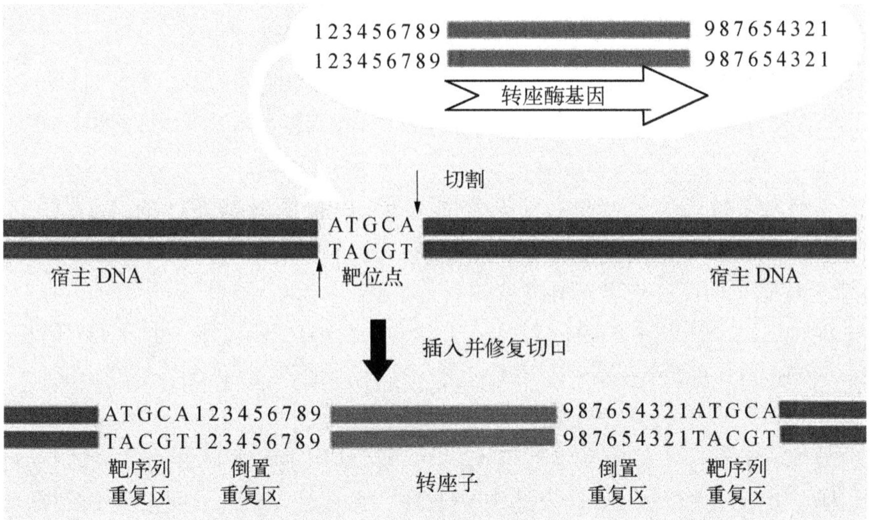

图 4-31 DNA 转座的一般模式(Lewin, 2004)

不同类型的转座子能以不同的方式进行转座,根据转座子在转座过程中是否发生了复制,分为复制型转座和非复制型转座两类。如 *TnA* 家族主要以复制型的方式进行转座,*IS* 因子、*Mu* 及 *Tn5* 以非复制型途径转座。

(1) 复制型转座

在转座过程中,形成靶部位与转座子连接中间体后,转座子进行了复制,使原转座子位置与新的靶部位各存在一个转座子,因此转座过程伴随着转座子拷贝数的增加(图 4-32A)。复制型转座涉及两种酶,一种是转座酶,作用于原转座子的末端;另一种是解离酶,在转座过程中促使转座的中间产物解离,使转座子复制。*TnA* 家族转座子以复制型转座方式转座。

(2) 非复制型转座

又称非保留型转座,转座子直接由一个部位转移到另一个部位,在原来的部位没有保留,主要利用供体和靶 DNA 序列的直接连接而发生,需要转座酶(图 4-32B)。*IS* 因子、*Mu*、*Tn10* 和 *Tn5* 利用这种机制进行转座。

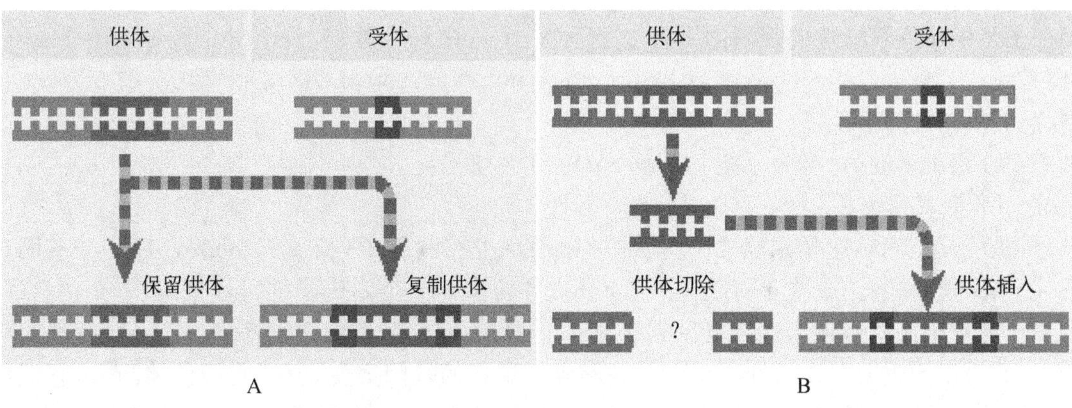

图 4-32 转座的主要方式(Lewin, 2004)

A. 复制型转座;B. 非复制型转座

4.5.3 转座子转座的基本特征

转座子转座主要有以下一些特征：

1) 转座不依赖 RecA：细菌的转座过程与重组过程不同，重组一般发生在同源序列之间，且依赖于 RecA 蛋白的作用，而转座过程并不要求一定发生在同源序列之间，且 *recA* 基因的突变不影响转座。可见，转座与依赖于宿主细胞 RecA 蛋白的同源重组不同。

2) 转座后靶序列重复：所有的转座子在插入新位点以后，都使靶 DNA 序列上出现较短的一段核苷酸重复，一般为 3、5、9 或 11 个核苷酸，并以正向重复方式位于转座子的两侧。

3) 转座子有插入选择性：有些转座子在插入靶位点时有一定的序列专一性，如 *Tn10* 插入位点上的核苷酸序列都是 GCTNAGC；*Tn9* 一般插入在 AT 丰富区；但 Mu 噬菌体几乎可以插入到大肠杆菌基因组的所有位点。

4) 区域性优先：绝大多数转座子可插入到染色体 DNA 的任何碱基序列内，但更倾向于插入到某些特定的"靶序列"位点。有的则倾向于插入到某个热点区域。这种优先插入特性取决于 DNA 双螺旋的状况或 DNA 与蛋白质的结合状态，而不是决定于靶位点的具体序列。

5) 转座具有排他性：一个质粒上如果已经插入一个 *Tn3*，则会排斥另一个 *Tn3* 转座到该质粒上，但不会妨碍它转座到同一细胞的其他没有 *Tn3* 的质粒上去，这种排他性又称转座免疫。某些 *TnA* 族转座子之间(如 *Tn3*、*Tn501*、*Tn1771*)具有转座免疫现象。

6) 转座有极性效应：当转座子插入到某个操纵子中时，不但能使插入的结构基因功能丧失，还使得这个操纵子中下游基因的功能发生障碍，使其表达水平下降。大多数 *IS* 因子插入到 *gal* 或 *lac* 操纵子上时都有很强的极性效应。*IS1*、*Tn9*、*Tn10* 以任意方向插入都能产生强极性效应，而 *IS2*、*IS3* 只能以一个方向插入才能产生强极性效应。

7) 活化临近的沉默基因：当 *IS3* 以任意方向插入到因缺失启动子而不能表达或表达很弱的 *ArgE* 基因的 5′端时，能使这个沉默的 *ArgE* 基因重新表达。

4.5.4 DNA 转座引起的遗传学效应

转座子引起的遗传学效应主要表现为：① 转座引起插入突变。② 转座引起插入位置染色体 DNA 的重排而出现新基因。③ 转座影响插入位置邻近基因的表达，使宿主表型改变，从而引起生物进化。④ 转座子插入染色体后引起两侧染色体畸变。

4.5.5 真核生物的转座子

转座子不仅存在于原核生物(如大肠杆菌)和低等真核生物(如酵母)中，也同样存在于高等真核生物中。如玉米和果蝇中发现了多个在基因组中随机分布而且能重复移动的转座子。大量研究证实，几乎所有高等生物基因组中都存在类似转座子序列。

1. 玉米中的控制元件(controlling element)

目前在玉米中研究较清楚的控制因子有 3 个系统：① *Ac*－*Ds* 系统(activator-dissociatior system)，即激活-解离系统；② *Spm*－*dSpm*(suppressor-promoter-mutator system)，即抑制-促进-增变系统；③ *Dt* 系统(dotted system)，即斑点系统。

下面主要介绍玉米的 *Ac*－*Ds* 系统和 *Spm*－*dSpm* 系统。

(1) *Ac*－*Ds* 系统

Ac－*Ds* 系统是玉米转座子系统之一。其中 *Ac* 是自主控制因子，长 4 563 bp，含有一个基因，其转录产生的 RNA 编码转座酶。成熟 mRNA 长 3 500 bp，并含有 807 个密码子的可读框，被 4 个内含子分隔成 5 个外显子。与转座酶基因近末端重复区邻接是一短的、不完整的反向重复序列(11 bp)，在靶 DNA 位点复制形成 8 bp 的正向重复。*Ac* 能自主转座，并形成不稳定的基因突变，但不使染色体断裂，它能使 Ds 因子活化、转座，并通过 *Ds* 控制结构基因的表达，有剂量效应，当 *Ac* 剂量增加时，相关的遗传效应延迟发生。

Ds 是非自主因子(nonautonomous element),又称解离因子,是与 *Ac* 属于同一家族的控制因子,*Ds* 是由 *Ac* 因子中间序列的缺失而形成,因而失去了转座酶的功能。*Ac* 缺失后能形成不同形式的 *Ds*(图 4-33)。

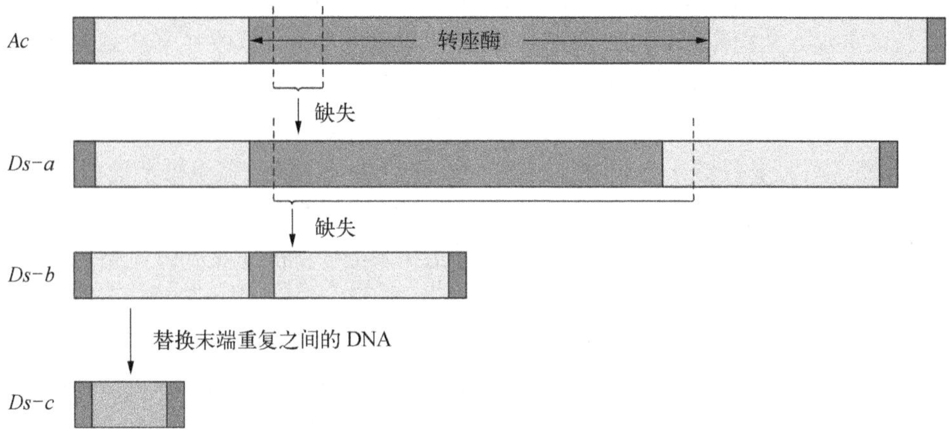

图 4-33　激活-解离系统(*Ac*-*Ds* 系统)的结构比较

Ac 含有转座酶和两个不完整的 IR 及近末端重复区域;*Ds*-*a* 中缺失了转座酶基因中一段 149 bp 的区域,其余部分与 *Ac* 相同;*Ds*-*b* 缺失了 *Ac* 中更大的片段;*Ds*-*c* 仅有 IR 和近末端重复区域与 *Ac* 相似

当 *Ac* 因子存在时,能活化 *Ds*,使其在基因组内转座,导致基因失活或改变结构基因的表达水平,也可使染色体特定部位断裂,引起缺失或重组。*Ds* 的转座通过非复制型机制发生,且总是转移到邻近的位置,当插入靶位点后,原来位置上由于失去 *Ds* 因子,结果可能造成染色体断裂或重排,并由此可引起显性基因丢失,使隐性基因得以表达。

(2) *Spm*-*dSpm* 系统

Spm-*dSpm* 系统是玉米的另一个研究较为清楚的转座子系统。该系统中,*Spm* 是自主性因子,又称增强因子,长 8 287 bp,末端 IR 为 13 bp,靶位点正向重复为 3 bp,含有 3 个内含子,2 个 ORF。成熟 mRNA 有 2 500 个碱基,编码一个含 621 个氨基酸的蛋白质,该蛋白质能与转座子近末端区 12 bp 多拷贝保守序列结合。*Spm* 能以激活型、钝化型和程序型 3 种形式存在,具有转座、整合和解离活性。*dSpm* 是非自主性因子(又称抑制因子),所有 *dSpm* 均由 *Spm* 缺失而形成,长度不等,末端 IR 为 13 bp,靶位点正向重复 3 bp(图 4-34)。当 *dSpm* 插入到结构基因后可引起渗漏突变(leaky mutation),被激活时即可发生转座。*Spm*-*dSpm* 在功能上与 *Ac*-*Ds* 系统相似,可引起基因的插入突变,影响结构基因的表达,解离后发生回复突变,*Spm*-*dSpm* 还能导致染色体断裂。

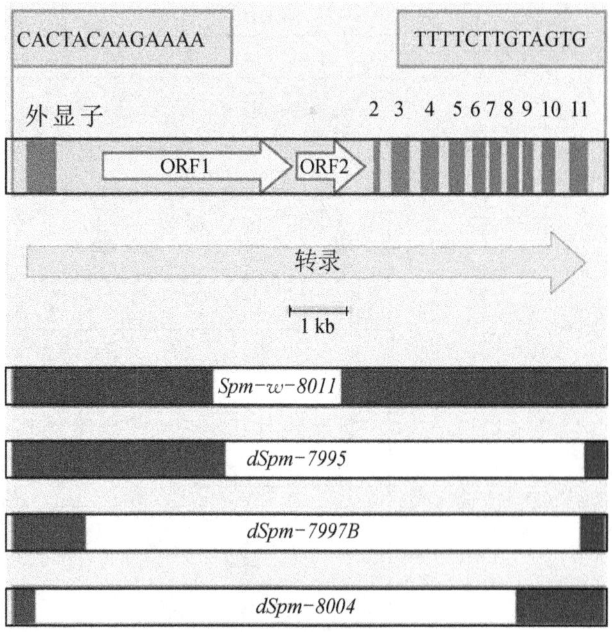

图 4-34　抑制-促进-增变系统(*Spm*-*dSpm* 系统)的结构比较(Lewin, 2004)

2. 果蝇的转座元件

转座子广泛存在于高等真核生物基因组中,近些年在果蝇基因组中也鉴定出多种转座子,目前研究较为清楚的有 *P* 因子(*P* element)。

在果蝇中有几个转座子家族。*P* 因子是在对果蝇杂种败育(hybrid dysgenesis)的研究中发现的。*P* 因子是黑腹果蝇的一种自主性转座子,在某些品系中含有 40～50 个 *P* 因子,而其他品系则无。*P* 因子两端有 31 bp 的 IR,中间是转座酶,转座后在靶 DNA 部位产生 8 bp 的正向重复。最长的 *P* 因子约 2.9 kb,有 4 个 ORF,优先的靶点是 GGCCAGAC。约 2/3 的 *P* 因子是缺陷型的,中间序列有不同程度的缺失而成为非自主因子。

P 因子能诱发果蝇产生杂种不育,是由真核生物转座子转座而产生突变的又一例证。杂种败育是指在一个品系的果蝇与另一个品系的果蝇杂交产生的杂种后代中,染色体受到多种损伤而使得杂种后代败育或不育。杂种败育是亲本双方共同作用的结果。例如,在 *P*-*M* 系统中,父本必须是 *P* 品系(父本贡献),母本必须是 *M* 品系(母本贡献)。*M* 父本与 *P* 母本的反交,以及品系内的杂交($P\times P$ 或 $M\times M$)产生的子代都正常可育。研究发现,任何 *P* 系雄性染色体都能导致与 *M* 系雌性杂交后代的败育,即杂种败育只发生在 *P* 系雄性与 *M* 系雌性果蝇之间。来自部分 *P* 系雄性和部分 *M* 系雌性染色体的重组雄性染色体也常引起后代败育,表明这些染色体的多个位点上都带有 *P* 性状,这种现象说明 *P* 性状可能受到转座子的控制,后来在许多不同的位点上都发现有 *P* 性状。负责 *P* 性状的转座子称为 *P* 因子,它仅存在于野生型果蝇中,在实验室培养的品系中除非专门导入,否则均未发现 *P* 因子。

P 因子为何仅在杂种中才转座并引起败育呢?答案是当 *P* 雄性与 *M* 雌性果蝇杂交时,子代细胞正常,生殖细胞则发育不全,因而无后代。研究表明 *P* 因子在体细胞和生殖细胞中 mRNA 前体的剪接方式不同。mRNA 前体中有 3 个内含子,体细胞剪接保留了第 3 个内含子,因为有一蛋白质结合其上阻止了该内含子的剪接。由此翻译产物是一个 66 kDa 的蛋白质,它是转座阻遏蛋白。而在生殖细胞中可剪接除去全部内含子包括第 3 个内含子,翻译产物为 87 kDa 的转座酶。两者的这一差别,使 *P* 因子在体细胞中不能转座,而在生殖细胞中活跃转座。导致转座子插入新的位点,引起突变,而原来的位置失去转座子,也造成了染色体断裂,带来有害的结果。如果改变交配亲本品系,就不会造成后代不育,如 *M* 雄性与 *M* 雌性果蝇交配,二者均不携带 *P* 因子,则无 *P* 因子转座。*P* 雄性或 *M* 雄性与 *P* 雌性果蝇交配,因 *P* 雌性果蝇卵中存在抑制 *P* 因子转座酶合成有活性的蛋白质,从而阻遏 *P* 因子的转座。这是一种细胞质效应,由细胞质中存在的 66 kDa蛋白质引起(图 4-35)。

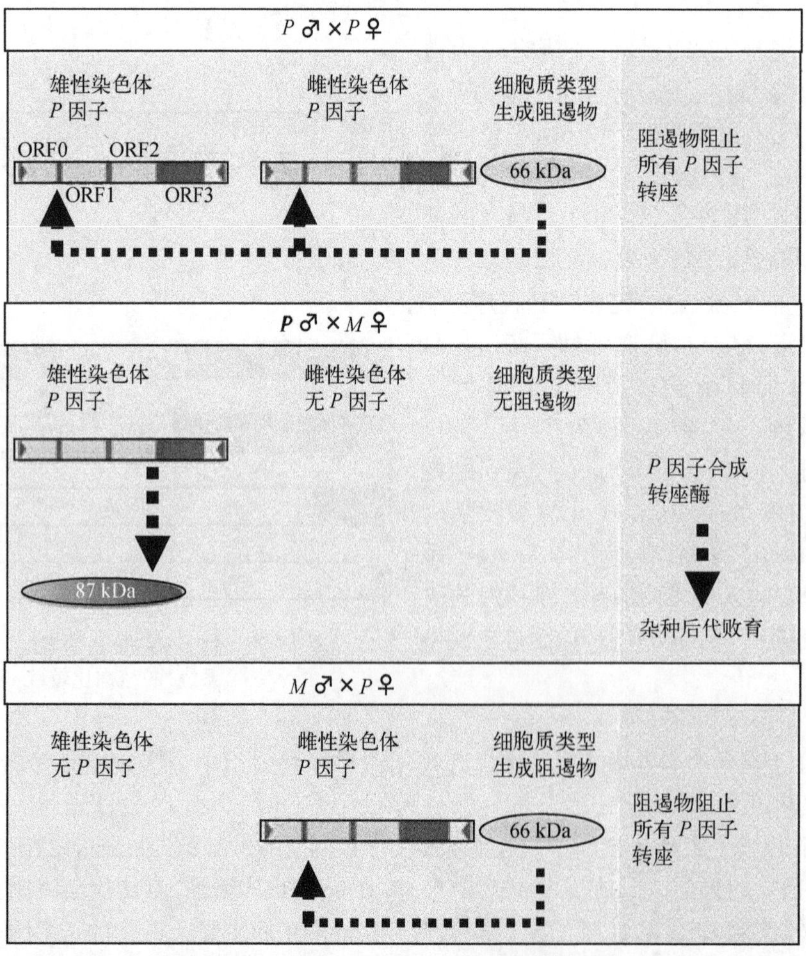

图 4-35 *P* 因子与杂种不育(朱玉贤等,2007)

真核生物的转座子与原核转座子十分相似，转座依赖于转座酶，转座子两端有被转座酶识别的 IR，转座的靶位点都是随机的，被交错切开后插入转座子，再经修复可形成转座子两翼的正向重复序列。但二者在结构和性质上存在一些差异，原核生物的转录和翻译几乎是同时进行的，真核生物由于核结构的存在而使这两个过程在时空上被分隔。因此，真核生物细胞内只要存在转座酶，任一序列片段只要具有该酶识别的 IR，均可发生转移，而无需由被转移序列自身编码转座酶。这就说明了为什么真核生物的转座子家族中只保留少数拷贝具有编码转座酶基因的活性，而在多数拷贝中发生程度不同的删除，失去转座酶基因活性，但仍然保留了两端的 IR。原核生物的转座酶主要作用于产生它的转座子，表现出顺式显性(*cis* dominance)，真核生物则无此现象。

4.6　反转录转座子

4.6.1　反转录转座子的概念

移动因子在转座过程中以 RNA 为中间体，经过反转录过程再分散到基因组中，这类移动因子称为反转录转座子(retrotransposon)。经 RNA 中间体介导的转座是真核生物特有的过程。反转录转座子类似于反转录病毒，能将 RNA 病毒基因组的 DNA 拷贝(原病毒)整合到宿主细胞的基因组中。研究表明，所有高等真核生物基因组中，均存在与反转录病毒基因组非常相似的反转录转座子。例如，酵母的 *Ty* 单元和果蝇 *Copia* 元件，它们位于长末端重复(long terminal repeat，LTR)区域内，通过转录、反转录、再整合过程中发生移动。

根据复制模式的不同，反转录转座子分为两类：

第一类是带有 LTR 的反转录转座子，复制模式与反转录病毒很相似，但它们不在细胞间传递病毒颗粒。含有 *gag* 和 *pol* 基因，但无被膜蛋白基因 *enu*。如酵母的 *Ty* 单元、果蝇的 *Copia* 和 *gypsy*、玉米的 *Bs1*、啮齿类的 *LAP*、人类的 *THEI* 等。

第二类是不带 LTR，但具有 3′- poly(A)的反转录转座子，其中心编码区含有与 *gag* 和 *pol* 类似的序列，5′端通常被截短，如果蝇的 *L1* 因子。

4.6.2　反转座子的结构和作用机制

1. 带有 LIR 的反转录转座子

反转录转座子最初在果蝇(*Drosophila melanogaster*)和酵母(*Saccharomyces cerevisiae*)中被发现。果蝇转座子的原型称为 *Copia*，因它在基因组数量巨大(copious quantity)而得名。*Copia* 及 *Copia* 因子类似的转座子占果蝇全基因组的 1%。酵母中与 *Copia* 类似的转座子称为 *Ty* 单元，是酵母转座子(teansposon yeast)的简称。反转录转座作用的关键酶是反转录酶和整合酶(integrase，IN)。反转录转座子中的 LTR 与反转录病毒中的 LTR 类似，而且其转座过程也类似于反转录病毒的复制。

2. 无 LTR 的反转录转座子

在哺乳动物中无 LTR 的反转录转座子比含有 LTR 的反转录转座子要多得多。丰度最高的是长散在重复元件子(long interspersed element，LINE)，其中 *L1* 至少存在 1×10^5 拷贝，占人类基因组的 17%。*L1* 因子的完整结构如图 4-36 所示。两个 ORF 中的 ORF1 编码一个 RNA 结合蛋白(p40)，ORF2 编码一个具有两种酶活性的蛋白质(具内切核酸酶和反转录酶活性)。这类反转录转座子都有聚腺苷酸化的 3′端。无 LTR 反转录转座子复制的引物是一个利用内切核酸酶在靶 DNA 上产生的一个单链断裂切口，反转录酶利用这个单链断裂切口的 3′端作为引物进行反转录。

4.6.3　反转录转座子的生物学意义

反转录转座子广泛地分布于真核生物基因组中，对基因组的功能有重要影响，归纳起来主要有以下几个方面。

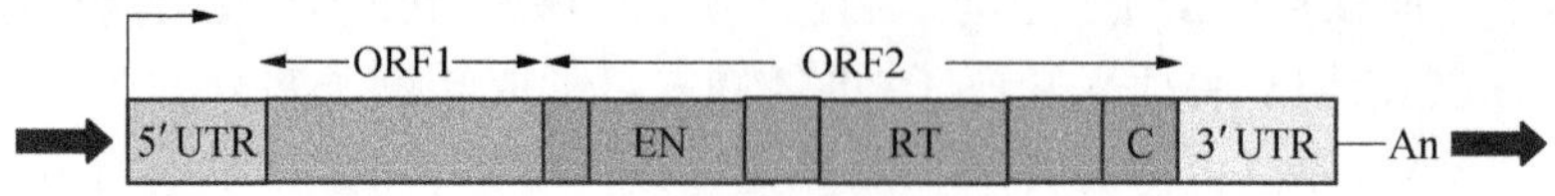

图 4-36　*L1* 因子结构示意图(Weaver, 2008)

在 ORF2 亚区有 EN(内切核酸酶)、RT(反转录酶)和 C(半胱氨酸富集区)。两端的箭头表示寄主 DNA 的正向重复序列,右端的 An 表示多聚 A[poly(A)]

1. 影响基因表达

反转录转座子对宿主基因表达的影响与其整合的部位密切相关,当插入到基因的编码区和启动子序列时即造成基因失活,插入到基因的 3′和 5′非翻译区或内含子区时影响基因的转录、转录后加工或翻译,有时还影响基因表达的组织特异性和发育阶段性。反转录转座子如果插入到基因上游启动子和增强子等调控区可使邻近沉默的基因得到表达。

2. 介导基因重排

分散在真核基因组中的大量反转录转座子是基因组的不稳定因素,能引起基因组序列的删除、扩增、倒位、易位和断裂等事件。由反转录转座子引起基因重排有 3 种方式:① 反转录转座子能提供同源序列,促进同源重组。② 反转录转座子经转座作用插入到基因组新位点。③ 反转录转座子编码的反式因子或顺式元件能引起基因重排。

3. 反转录转座子在生物进化中的作用

反转录转座子除了能促进基因组的流动,有利于形成生物遗传多样性外,它们分散在基因组中也成为进化的种子。当遇到合适的基因组序列环境,即可通过突变形成新基因或基因的结构域,或是与原先存在的基因互配成为新的调节因子。

思　考　题

1. 哪些因素能引起 DNA 损伤?生物机体如何修复 DNA 的损伤?这些损伤修复机制对生物机体有何意义?
2. 何谓应激反应(SOS)和易错修复?它们之间存在什么关联?SOS 反应由什么物质引起?对生物有机体有何意义?
3. 突变型 *LacZ-1* 是用吖啶处理 *E. coli* 而诱导产生的,*LacZ-2* 是由 5-BU 诱导产生的,请问它们各属于何种突变?为什么?通过对这些细胞中的半乳糖苷酶结构的研究能证实这个推断吗?
4. 简述同源重组的过程,什么是 Holliday 联结体和分支迁移?
5. 什么是转座子?转座子可分为哪些种类?转座子有哪些特征和遗传学效应?
6. 什么是反转录转座子?反转录转座子对基因组功能有哪些影响?

第5章 转　　录

转录(transcription)是指以DNA为模板,在依赖的RNA聚合酶催化下,以4种NTP(ATP、CTP、GTP和UTP)为原料合成RNA的过程。转录过程是整个基因表达过程的中心环节。

转录过程可分为起始、延伸和终止3个阶段。转录的起始是RNA聚合酶识别启动子并与之结合从而启动RNA合成的过程。原核生物RNA聚合酶的σ因子在识别启动子的过程中发挥着至关重要的作用。真核生物的转录起始需要多种转录因子参与,其中定位因子TBP是识别启动子的关键成分。在转录的延伸过程中,DNA双螺旋结构瓦解形成转录泡,RNA聚合酶沿着DNA链移动,不断合成RNA链。当转录进行到终止子序列时,RNA聚合酶停止向正在延伸的RNA链添加核苷酸,新生的RNA产物从DNA模板上释放,RNA聚合酶与DNA解离,DNA重新形成双螺旋。

大多数的转录初始产物并无生物学活性,必须经过进一步的后加工(post-transcriptional precess)处理才获得生物学活性,尤其是真核生物的mRNA要经过一系列复杂的转录后加工(如5′端加帽、3′端加尾、剪切、编辑等)才具有翻译活性。

DNA是遗传信息的储存者,它通过转录生成信使RNA(mRNA)分子,再以RNA为模板翻译生成蛋白质来实现基因的功能和控制生命现象。转录和翻译统称为基因表达(gene expression)。其中转录(transcription)是指以DNA为模板,在依赖的RNA聚合酶(RNA polymerase, RNA pol)催化下,以4种NTP(ATP、CTP、GTP和UTP)为原料合成一条RNA链的过程(图5-1)。在有些RNA病毒中,RNA也可以指导合成RNA。

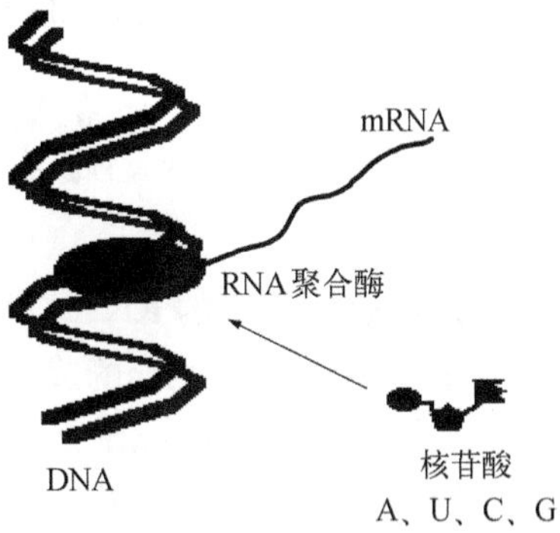

图5-1　转录过程示意图
(王曼莹, 2006)

转录过程是DNA将遗传信息传递给蛋白质的第一步,也是关键的一步。因为在转录阶段进行基因表达的调控可以避免能量的浪费和合成不必要的转录产物,符合生物亿万年来的进化原则;而且在翻译过程中所必需的3种主要的RNA——rRNA、mRNA和tRNA都来自转录过程。因此,转录过程是整个基因表达过程的中心环节。

5.1　转录的基本过程和一般特征

5.1.1　转录单位

RNA的生物合成由RNA聚合酶(RNA polymerase)催化。当RNA聚合酶结合到一个称为启动子(promoter)的特殊区域时,转录就开始了。最先转录成RNA的一个碱基对是转录的起始点(start point)。从起始点开始,RNA聚合酶沿着模板链不断合成RNA,直到遇见终止子(terminator)。从启动子到终止子的一段DNA序列称为一个转录单位(transcription unit)。转录起始点前面的序列称为上游(upstream),后面的序列称为下游(downstream)。起始点为+1,上游的第一个核苷酸为-1,其他的依次类推。一个典型的转录单位结构如图5-2所示。

通常把与mRNA序列相同的DNA链称为编码链(coding strand)或有义链(sense strand);把另一条根据碱

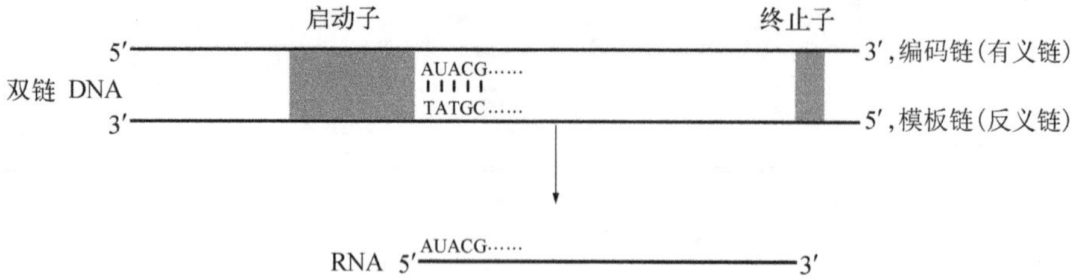

图 5-2 典型的转录单位结构(蒋继志等,2011)

基互补原则指导 mRNA 合成的 DNA 链称为模板链(template strand)或反义链(antisense strand)(图 5-2)。

5.1.2 转录的基本过程

无论是原核生物还是真核生物,RNA 链的合成都是按 5′—3′方向合成,以 DNA 双链中的反义链(模板链)为模板,以 4 种核苷三磷酸(NTP)为原料,以 Mg^{2+}/Mn^{2+} 为辅助因子,根据碱基配对原则(A-U,T-A,G-C),催化 RNA 链的起始、延伸和终止,它不需要任何引物,催化的产物是与 DNA 模板链互补的 RNA。转录的基本过程包括模板识别、转录起始、通过启动子及转录的延伸和终止(图 5-3)。

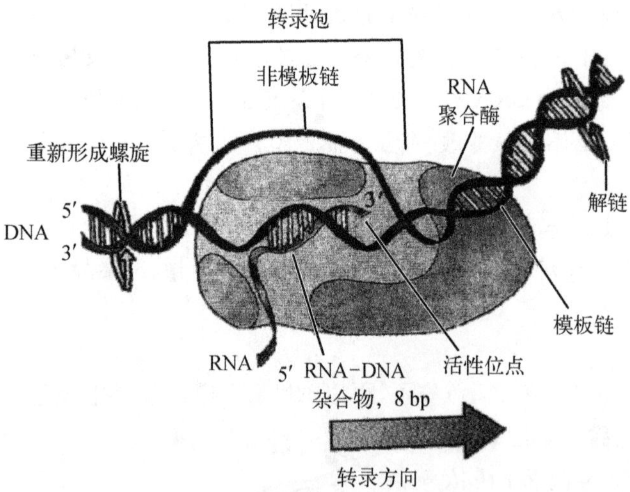

图 5-3 大肠杆菌中依赖于 DNA 的 RNA 转录过程图示(朱玉贤等,2007)

1) 模板识别(template recognition):主要指 RNA 聚合酶与启动子 DNA 双链相互作用并与之相结合的过程。

2) 转录起始(initiation):不需要引物,RNA 聚合酶结合在启动子(promoter)上以后,使启动子附近的 DNA 双链解旋并解链,形成转录泡以后促使底物核糖核苷酸与模板 DNA 的碱基配对。

3) 通过启动子阶段:转录起始后直到形成 9 个核苷酸短链的过程。此时 RNA 聚合酶一直处于启动子区域,新生的 RNA 链与 DNA 模板链的结合不够牢固,很容易从 DNA 链上掉下来并导致转录重新开始。一旦 RNA 聚合酶成功地合成 9 个以上核苷酸并离开启动子区,转录就进入正常的延伸阶段。

4) 转录延伸(elongation):RNA 聚合酶释放 σ 因子离开启动子后,核心酶沿模板 DNA 链移动,并使新生 RNA 链不断伸长的过程。

5) 转录终止(termination):当 RNA 链延伸到转录终止位点时,RNA 聚合酶不再形成新的磷酸二酯键,RNA-DNA 杂合物分离,转录泡瓦解,DNA 恢复成双链状态,而 RNA 聚合酶和 RNA 链都被从模板上释放出来。

5.1.3 转录的一般特征

转录与 DNA 的复制其化学反应十分相似。两者都在酶的催化作用下以 DNA 为模板按碱基互补配对的原则沿 5′—3′方向合成与模板互补的新链。但是复制是精确地拷贝基因组,而转录是把基因的遗传信息表达成 RNA,两者的功能极为不同,因而也存在一些明显的差别。转录具有以下几个特征。

1) 转录具有选择性,即转录只对特定的基因组或基因进行转录。因为在基因组内,只有部分基因在某一类型的细胞中或在某一发育阶段才能被转录,随着细胞的不同生长发育阶段和细胞内外条件的改变将转录不同的基因。转录时只对被转录基因的转录区进行转录,启动子不被转录。

2) 被转录的双链 DNA 分子中只有一条单链为模板。在转录区域内 DNA 双链必须部分解链,以其中一条作为模板链 DNA,与转录产物 RNA 形成 RNA-DNA 杂合物,随着转录向前推进,释放出 RNA,被转录的 DNA 又恢复成双链 DNA。而 DNA 复制时两条链都可作模板。

3) 转录的起始是由 DNA 分子上的启动子控制的，不需要引物的参与，而 DNA 复制一定要引物的存在。

4) 转录的底物是 4 种核糖核苷三磷酸，即 ATP、GTP、CTP 和 UTP。每个 NTP 的 3 位和 2 位碳原子上都有一个—OH。在聚合酶作用下一个 NTP 的 3′-OH 和另一个 NTP 的 5′-P 反应，并需要 Mg^{2+} 参与，去掉焦磷酸，形成 3′,5′-磷酸二酯键；按照碱基互补配对原则，DNA 中的 A、G、C、T 将分别转录成 U、C、G、A。而复制的底物是 dNTP，碱基互补配对关系为 G-C 和 A-T。

5) RNA 的合成依赖于 RNA 聚合酶的催化作用，而 DNA 复制则需要 DNA 聚合酶。两种聚合酶系不同，真菌和细菌的 RNA 聚合酶具有解旋酶的活性，本身能够促进 DNA 双链解链。另外，RNA 聚合酶只有 5′—3′聚合酶活性，没有 5′—3′外切酶活性和 3′—5′外切酶活性，也就说 RNA 聚合酶没有自我校对的能力，从而降低了转录的忠实性。

6) 转录时 RNA-DNA 杂合双链分子是不稳定的，RNA 链在延伸过程中不断从模板链上游离出来，模板 DNA 又恢复双链状态。而 DNA 复制叉形成之后一直打开不断向两侧延伸新合成的链，与亲本链形成子链。

7) 真核生物基因和 *rRNA*、*tRNA* 基因经转录生成的初级转录物一般都需要经过加工才能成为具有生物功能和成熟的 RNA 分子。

5.2 RNA 生物合成的酶学体系

RNA 生物合成的酶学过程的研究始于 20 世纪 50 年代末，在动物、植物和细菌中均发现了 RNA 聚合酶的存在。60 年代末期，人们便通过 SDS-PAGE 电泳的方法确定了大肠杆菌 *E. coli* RNA 聚合酶的多肽组成。目前对 RNA 聚合酶体系的研究已比较清楚。

5.2.1 原核生物的 RNA 聚合酶

大部分原核生物的 RNA 聚合酶的结构十分相似，但蓝藻和古细菌的 RNA 聚合酶比较特别。原核生物一般只有一种 RNA 聚合酶，几乎负责所有 mRNA、tRNA 和 rRNA 的合成。大肠杆菌的 RNA 聚合酶是目前了解得最详细的 RNA 聚合酶。在一个大肠杆菌菌体中，大约有 7 000 个左右的 RNA 聚合酶，可能在任何时刻都有大约 2 000～5 000 个酶分子在合成 RNA，具体数目与细菌的生长状态有关。在生长旺盛时期，参与 RNA 合成的分子较多。大肠杆菌的 RNA 聚合酶合成 RNA 的速率比 DNA 复制速率(每秒 800 碱基对)要慢得多，在 37℃约为每秒 40 个核苷酸，大概和蛋白质的翻译速率(15 个氨基酸/s)相当。

1. 大肠杆菌的 RNA 聚合酶

大肠杆菌的 RNA 聚合酶由 5 种类型的亚基组成，$\alpha_2\beta\beta'\omega\sigma$ 称为全酶(holoenzyme)，分子质量约为 465 kDa。σ 亚基与全酶结合疏松，容易与酶分离，解离后的部分($\alpha_2\beta\beta'\omega$)称为核心酶(core enzyme)。转录的起始过程需要全酶，由 σ 因子识别起始位点(initiator, Inr)，延长过程需要核心酶的催化。大肠杆菌 RNA 聚合酶全酶的亚基构成及功能见表 5-1 所示。

表 5-1 大肠杆菌 RNA 聚合酶的组成及其功能(蒋继志等,2011)

亚基	基 因	相对分子质量/$\times10^3$	亚基数	组 分	功 能
α	*rpoA*	36	2	核心酶	核心酶组装，启动子结合
β	*rpoB*	151	1	核心酶	结合底物，催化磷酸二酯键生成
β′	*rpoC*	155	1	核心酶	参与模板结合
ω	*rpoZ*	11	1	核心酶	与 β′亚基一起构成催化中心，稳定 β′的结合；在体外为变性的 RNA 聚合酶成功复性所必需
σ	*rpoD*	70	1	σ 亚基	启动子的识别，负责转录的起始

α 亚基与核心酶的组装及启动子结合有关，并参与 RNA 聚合酶和部分调节因子的相互作用，是核心酶

组装所必需的。实验证明，当噬菌体 T4 感染 *E. coli* 时，α 亚基会通过一个精氨酸的 ADP 核糖基化作用(ADP - ribosylation)而被修饰。这种修饰会使全酶与所识别的启动子之间的亲和力降低，表明 α 亚基在启动识别中起了一些作用。

β 亚基可以和模板 DNA、产物 RNA 及底物核苷酸(NTP)形成交联。β 亚基的编码基因 *rpoB* 的突变会影响到转录的每一阶段。利福平(rifampicin)类药物和链霉溶菌素(streptolydigin)对细菌 RNA 聚合酶转录的抑制实验提供了证据。利福平类抗生素与 β 亚基的一个口袋(pocket)结合，虽然此位点与活性中心的距离大于 12 Å，但这种结合阻断了新生 RNA 链的第三或第四个核苷酸的添加，抑制了新生 RNA 链的延伸，进而抑制了转录的起始。链霉溶菌素可抑制延伸反应。两种抗生素均是通过与 β 亚基的结合而发挥作用的。

β′亚基可能与模板 DNA 结合。肝素可以与 β′亚基结合，并且可以和 β′亚基竞争 DNA 的结合位点，进而抑制转录的进行。β′亚基的编码基因 *rpoC* 的突变研究表明，β′亚基也参与了转录的所有阶段。β 和 β′亚基的一级结构与真核生物 RNA 聚合酶中最大的亚基有同源性，表明所有 RNA 聚合酶所催化的反应都有一些共同的特征。

ω 亚基至少是体外为变性的 RNA 聚合酶成功复性所必需的，而且它能稳定 β′亚基的结合。此外，ω 亚基是水生嗜热菌 RNA 聚合酶必不可少的组分。

σ 因子(或亚基)的研究是最为清楚的亚基，它的作用是负责转录基因的选择和转录的起始。它是 RNA 聚合酶的别构效应物，是酶专一性识别特定基因的启动子。σ 因子可以极大地提高 RNA 聚合酶对启动子区 DNA 序列的亲和力。例如，它可使酶底结合常数提高 10^3 倍，结合常数达 10^{14}，使酶底复合物的半衰期可达数小时甚至数十小时。σ 因子还能使 RNA 聚合酶与模板 DNA 上非特异性位点的结合常数降低为原来的万分之一，使非特异位点的酶底复合物的半衰期小于 1 s。因此，σ 因子的作用是帮助全酶对启动子进行特异性的识别并与之结合。

σ 因子在 RNA 聚合酶识别并结合启动子的过程中起着非常关键的作用。在大肠杆菌中，RNA 聚合酶要负责所有基因的转录，也就是说要识别所有转录单位的启动子。并且，在不同的生长时期及外界条件发生改变时，细菌基因的表达也不同。因此，RNA 聚合酶在识别启动子时必须具有很强的灵活性。这种灵活性不可能体现在核心酶上，只能由 σ 因子来承担。

在很长的一段时间内，人们一直认为大肠杆菌只有一种 σ 因子，即 σ^{70}。目前已发现了至少 6 种 σ 因子(表 5 - 2)。σ 因子是根据其分子质量命名的。σ^{70} 是最通用的 σ 因子，负责正常条件下绝大部分基因的转录。σ^{S}、σ^{32}、σ^{E}、σ^{54} 在环境发生改变时被激活；σ^{28} 用于表达正常生长条件下的鞭毛基因，但其表达水平随外界条件的改变而发生变化。除了 σ^{54} 以外，所有的 σ 因子都属于同一个家族，以相同的方式发挥功能。

表 5 - 2　大肠杆菌的 σ 亚基及其特性

σ 因子	基　因	分子质量/kDa	用　途	−35 区	识别序列间隔/bp	−10 区
σ^{70}	*rpoD*	70	普通	TTGATC	16～18	TATAAT
σ^{32}	*rpoH*	32	热激	CCCTTGAA	13～15	CCCGATNT
σ^{E}	*rpoE*	24	热激	GAA	16	不详
σ^{54}	*rpoN*	54	氮缺乏	CTGGNA	6	TTGCA
σ^{28}	*fliA*	28	芽孢	CTAAA	15	GCCGATAA
σ^{S}	*rpoS*	38	应激	TTGACA	16～18	TATAAT

枯草杆菌的 RNA 聚合酶具有与大肠杆菌相同的结构，有 10 种作用的 σ 因子。有些 σ 因子存在于生长期细胞，有些只出现在噬菌体感染或由正常生长状态转变为芽孢状态等特殊情况下。在正常生长状态下，其 σ 因子的分子质量为 43 kDa，写作 σ^{43} 或 σ^{A}，它所识别的启动子序列与大肠杆菌的 σ^{70} 相同。其他的 σ 因子在细胞中的含量较少，且识别的启动子序列也有所不同。随着新的基因序列的破译，可能会发现新的 σ 因子。

σ 因子是通过识别启动子上的某一序列来控制 RNA 聚合酶与启动子结合的。在启动子的结构中，有两处保守序列，位于−35 区和−10 区。在每一组启动子中，或是两处保守序列均有所差异，或是一处保守序列有所不同。这些不同的保守序列能被不同的σ因子所识别。σ因子的二级结构属于α螺旋(图5-4),α螺旋识别DNA的特异序列是一种常见的方式。

2. 古细菌的RNA聚合酶

古细菌只有单一形态的RNA聚合酶,其结构和组成上像真核生物的细胞核RNA聚合酶,而不像真细菌的RNA聚合酶,如产甲烷细菌、嗜盐菌和极度嗜热菌的RNA聚合酶由8个亚基组成。

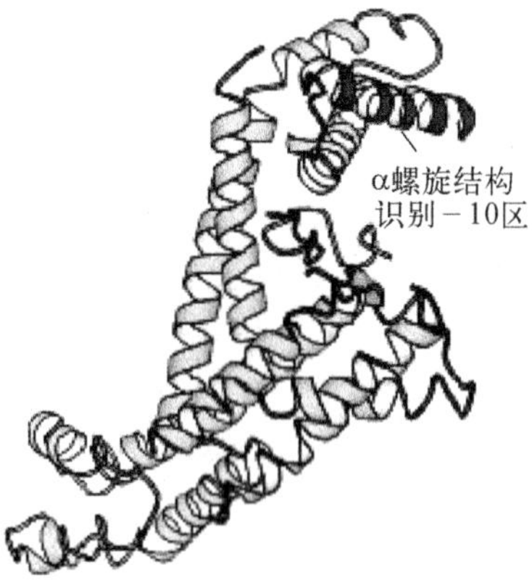

图5-4 大肠杆菌σ因子(σ^{70})的结构(Berg et al, 2002)

5.2.2 真核生物的RNA聚合酶

1969年,Robert Roeder和William Rutter利用DEAE-葡聚糖离子交换层析的方法对真核细胞内的RNA聚合酶进行了分离。结果表明,真核生物的RNA聚合酶一般由8~14个亚基组成,分子质量高达800 kDa。在真核生物细胞中,主要包含3种RNA聚合酶,即RNA聚合酶Ⅰ、RNA聚合酶Ⅱ和RNA聚合酶Ⅲ。另外,真核生物还含有线粒体RNA聚合酶和叶绿体RNA聚合酶。这些RNA聚合酶分别负责不同类型基因的转录,其功能特点见表5-3。

表5-3 真核生物五种RNA聚合酶的特点(蒋继志等,2011)

名称	定位	组成	α-鹅膏蕈碱的敏感性	转录因子	转录产物
RNA聚合酶Ⅰ	核仁	多亚基	不敏感	1~3种	rRNA前体
RNA聚合酶Ⅱ	核质	多亚基	高度敏感	8种以上	mRNA前体和snRNA前体
RNA聚合酶Ⅲ	核质	多亚基	中度敏感或不敏感	4种以上	tRNA与5SRNA前体
线粒体RNA聚合酶	线粒体基质	单体酶	不敏感	2种	所有线粒体RNA的合成
叶绿体RNA聚合酶	叶绿体基质	类似于原核细胞	不敏感	3种以上	所有叶绿体RNA的合成

最初,真核生物RNA聚合酶的分类依据是根据它们从DEAE纤维素柱上洗脱下来的先后顺序命名的。但后来发现不同真核生物的3种RNA聚合酶的洗脱顺序并不相同,于是采用了根据对α-鹅膏蕈碱(α-amanitine)的敏感性不同来分类(图5-5和表5-3)。它们在细胞中的定位不同,对鹅膏蕈碱的敏感性也会有差异。动物、植物和昆虫的RNA聚合酶Ⅰ对鹅膏蕈碱最不敏感,RNA聚合酶Ⅱ最敏感。不同来源的RNA聚合酶Ⅲ对鹅膏蕈碱的敏感性有差异,动物细胞的RNA聚合酶Ⅲ的敏感性介于RNA聚合酶Ⅰ和RNA聚合酶Ⅱ之间,受高浓度的鹅膏蕈碱的抑制,而酵母和昆虫的RNA聚合酶Ⅲ不受抑制。RNA聚合酶的抑制剂在分类上有一定的意义。

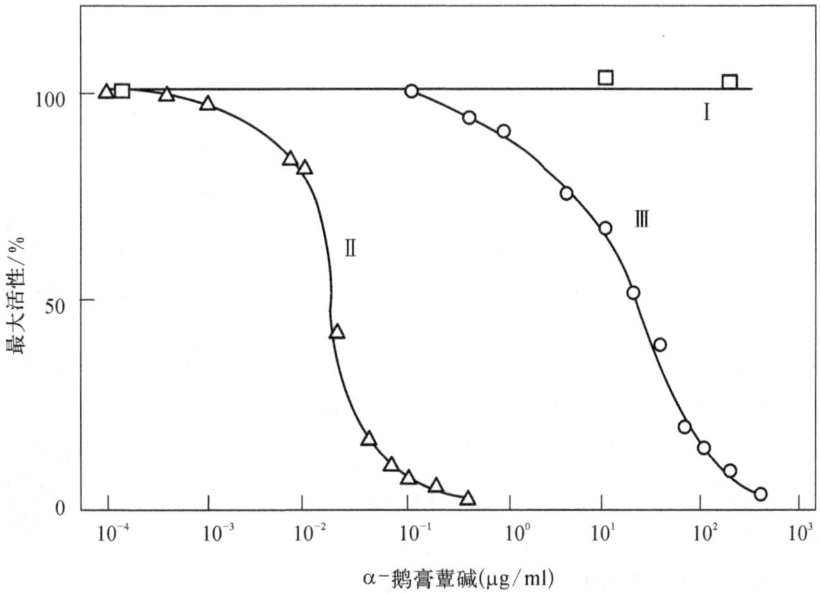

图5-5 3种真核生物RNA聚合酶对鹅膏蕈碱的敏感性分析(Weaver, 2005)

1. RNA 聚合酶Ⅰ

在细胞核中,RNA 聚合酶Ⅰ位于核仁,活性所占比例最大。RNA 聚合酶Ⅰ的转录产物是 45S rRNA,经剪切后生成除 5S rRNA 外的各种 rRNA(5.8S、18S 和 28S)。由于 rRNA 与蛋白质组成的核糖体是蛋白质的合成场所,且其占总 RNA 的比例最大,所以 RNA 聚合酶Ⅰ负责了细胞内大部分 RNA 的转录。RNA 聚合酶Ⅰ在低离子强度时活性最高,Mg^{2+} 和 Mn^{2+} 能促进其活性。真核生物的 RNA 聚合酶Ⅰ不受 α-鹅膏蕈碱抑制。

2. RNA 聚合酶Ⅱ

RNA 聚合酶Ⅱ位于核质,活性所占比例次于 RNA 聚合酶Ⅰ,在核内转录生成核内不均一 RNA(heterogenous nuclear RNA,hnRNA)和几种核内小 RNA(如剪接体中的 snRNA)的转录。经剪接加工后生成的 mRNA 被运送到胞质中作为蛋白质合成的模板。RNA 聚合酶Ⅱ在较高离子强度时有高活性,优选离子为 Mn^{2+} 而非 Mg^{2+}。RNA 聚合酶Ⅱ的两个大亚基(RPB1 和 RPB2)与细菌核心酶的两个大亚基(β 和 β′)是同源的。目前尚不能完成 RNA 聚合酶的体外重建,所以无法确定哪些亚基是活性所必需的,哪些是活性非必需的,是不是所有的亚基都是活性所必需的。目前了解最为详细的是酿酒酵母,其中 10~11 个亚基是活性所必需的。最大的 3 个亚基分别相当于细菌 RNA 聚合酶 β、β′和 α 亚基的同源物,其物质的量比为 1∶1∶2,它们担负着 RNA 聚合酶的基本功能。真核生物的 RNA 聚合酶Ⅱ的活性都可被低浓度的 α-鹅膏蕈碱抑制。

RNA 聚合酶Ⅱ具有羧基末端域(carboxy-terminal domain,CTD),由多个重复的一致序列 Tyr-Ser-Pro-Thr-Ser-Pro-Ser 组成,这些序列是 RNA 聚合酶Ⅱ所独有的,这些序列在酵母中重复 26 次,而在哺乳动物中重复 50 次左右。重复次数是重要的,因为缺失典型重复数的一半时是致死的。

3. RNA 聚合酶Ⅲ

RNA 聚合酶Ⅲ也位于核质,活性所占比例最小,负责 tRNA、5S rRNA、Alu 重复序列和其他小 RNA(snRNA)的转录。在离子强度很宽的范围内都有活性,离子优选 Mn^{2+}。动物 RNA 聚合酶Ⅲ受高浓度的 α-鹅膏蕈碱抑制,而酵母、昆虫的 RNA 聚合酶Ⅲ不受抑制。

4. 线粒体和叶绿体的 RNA 聚合酶

真核生物除了以上 3 种细胞核内的 RNA 聚合酶外,有些生物还具有线粒体和叶绿体 RNA 聚合酶。线粒体和叶绿体的 RNA 聚合酶活性较小,与细菌的 RNA 聚合酶更为相似。其功能也较真核生物的 RNA 聚合酶简单,只需转录为数不多的几个特定蛋白质的编码基因,不需要更为复杂的功能来适应环境的变化。

线粒体 RNA 聚合酶只有一条多肽链,相对分子质量小于 7×10^4,是已知最小的 RNA 聚合酶之一,与 T7 噬菌体 RNA 聚合酶有同源性。叶绿体 RNA 聚合酶比较大,结构上与细菌中的聚合酶相似,由多个亚基组成,部分亚基由叶绿体基因组编码。尽管这两种 RNA 聚合酶的结构简单,但能转录所有种类的 RNA,类似于细菌 RNA 聚合酶。线粒体和叶绿体 RNA 聚合酶活性均不受 α-鹅膏蕈碱抑制。

5.2.3 RNA 聚合酶的三维结构

晶体结构分析发现,真核生物与原核生物的 RNA 聚合酶具有相似的结构特征,其 RNA 聚合酶的三维结构形状大体均像一只蟹爪(图 5-7)。

1. 原核生物聚合酶的三维结构

除蓝藻和古细菌的 RNA 聚合酶比较特别外,大部分原核生物的 RNA 聚合酶的结构十分相似。细菌 RNA 聚合酶整体三维尺寸约为 9.0 nm×9.5 nm×16.0 nm。结构分析表明,在 RNA 聚合酶的表面有一个宽约 2.5 nm 的"通道"(channel)或称为"沟"(groove),可能是 DNA 通过的路径(图 5-6)。细菌 RNA 聚合酶"通道"的长度可达到 16 bp,但是转录过程中

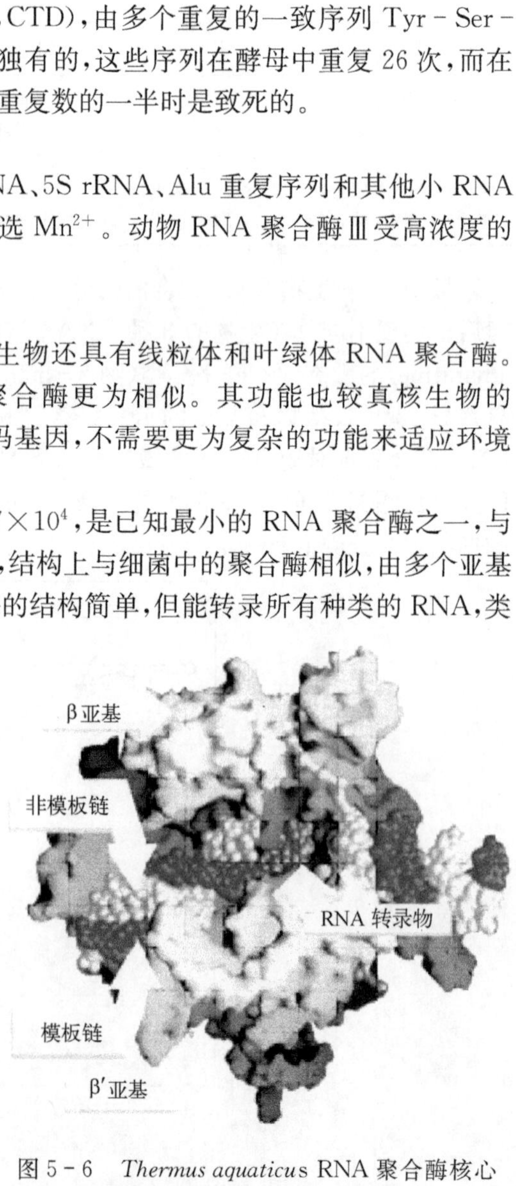

图 5-6 *Thermus aquaticus* RNA 聚合酶核心酶的晶体结构(Lewin, 2004)

RNA 聚合酶结合的 DNA 分子的长度可能还要长。

2. 真核生物聚合酶的三维结构

结构分析发现，真核生物与细菌的 RNA 聚合酶都具有相同的结构特征，在酶的表面都有一个宽约为 25 Å的槽或沟，可能是 DNA 经过的位置(图 5-7)。细菌的 RNA 聚合酶可以容纳 16 个碱基对，而真核生物的 RNA 聚合酶可以容纳 25 个碱基对，但这只是转录过程中被结合的 DNA 全长的一部分。

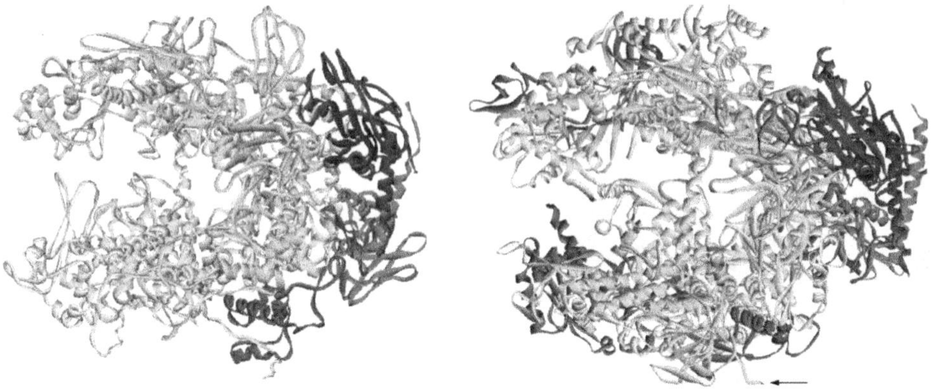

图 5-7 原核生物(A)与真核生物(B)RNA 聚合酶的比较(Berg et al, 2002)

目前了解最为详细的是酿酒酵母的 RNA 聚合酶Ⅱ，由 12 个亚基组成，所有的亚基均已找到了编码的基因。图 5-8 所示的晶体结构已定位了酵母 RNA 聚合酶Ⅱ的 10 个亚基，催化位点位于两个大亚基(1 和 2)之间的沟缝中，当 DNA 进入 RNA 聚合酶时，下游的一对钳子结构(jaw)可以夹住 DNA 链。亚基 4 和 7 没有出现在晶体结构中，它们形成的亚复合物可从全酶中解离下来。酵母 RNA 聚合酶的结构和细菌的大致相似，图 5-9 所示的晶体结构可以更清楚地显示这一特点。

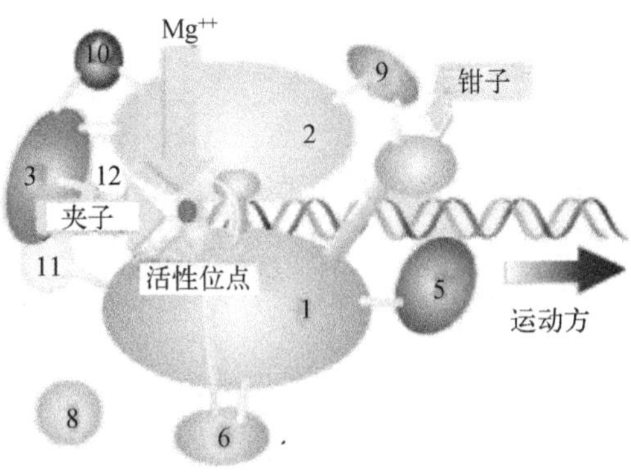

图 5-8 以晶体结构来定位 RNA 聚合酶中 10 个亚基的位置(Lewin, 2004)

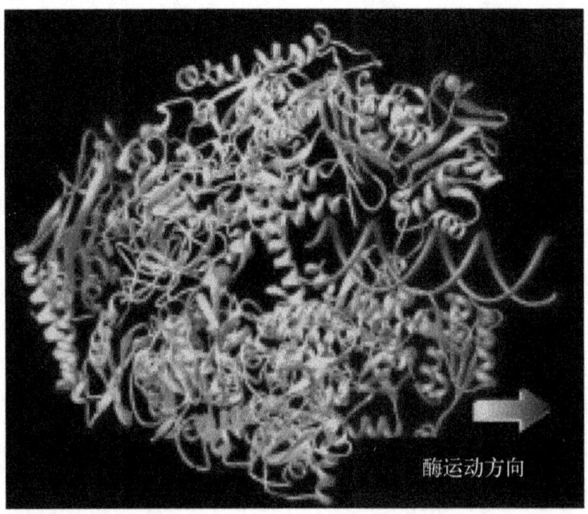

图 5-9 酵母 RNA 聚合酶Ⅱ晶体结构侧面图(Lewin, 2004)

图 5-10 中 RNA 聚合酶包裹着 DNA 链，在酶的活性位点上还发现了起催化作用的 Mg^{2+}，DNA 链在该位点上被亚基 1、2 和 6 钳住。图 5-11 显示，由于受到相邻蛋白质墙的阻隔，DNA 被迫在活性位点的入口处改向。RNA 杂合链的长度还受到一个称作舵(rudder)的蛋白质的阻隔限制。当 RNA 杂合链遇到舵形蛋白质时，被迫从 DNA 上解离下来。

5.3 原核生物的转录

转录是 DNA 指导下的 RNA 合成过程，可分为起始、延伸和终止 3 个阶段。也有人将转录分为 4 个阶

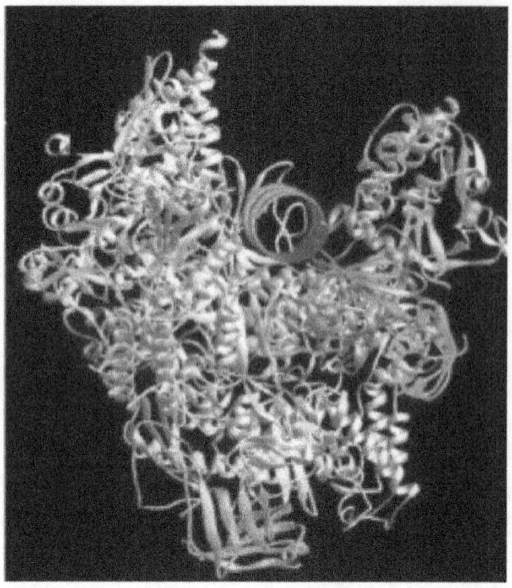

图 5-10 酵母 RNA 聚合酶Ⅱ晶体结构的末端显示 DNA 被蛋白质包围了约 2/3(Lewin, 2004)

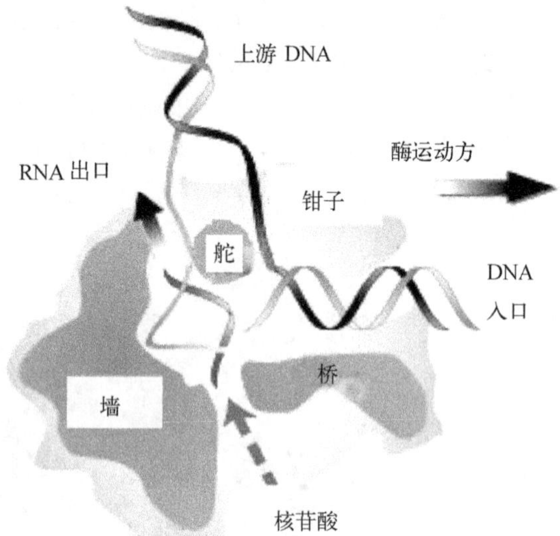

图 5-11 舵蛋白对 RNA 杂合链长度的调控(Lewin, 2004)

段,即模板的识别、转录起始、延伸和终止。其中,转录的起始机制比较复杂,因为转录的调控乃至整个基因表达的调控主要发生在转录的起始阶段。

5.3.1 转录起始

转录起始是 RNA 聚合酶识别启动子并与之结合从而启动 RNA 合成的过程,主要分为模板的识别(template recognition)和转录的起始(initiation)两个阶段。原核生物转录的起始虽不像真核生物那样,需要多种转录因子参与,但原核生物的转录起始过程也很复杂。原核生物转录起始过程中,RNA 聚合酶的 σ 因子在识别启动子的过程中发挥着至关重要的作用。

1. 启动子

启动子(promoter)是指 DNA 分子上被 RNA 聚合酶识别并结合形成转录起始复合物的区域,它还包括一些调节蛋白质因子的结合序列。无论是原核生物还是真核生物,启动子是控制转录起始的序列,并决定着某一基因的表达强度。与 RNA 聚合酶亲和力高的启动子,其起始基因表达的频率和效率均高。启动子作为能被蛋白质识别的一段 DNA 序列,不同于被转录或被翻译的序列。反应启动子功能的信息直接来源于 DNA 序列本身:其结构就是信号。而转录区的 DNA 序列要转变成 RNA 和蛋白质后才体现出它存储的信息。

研究表明,原核生物基因组能提供足够信息让 RNA 聚合酶识别的最小 DNA 片段为 12 bp,随着基因组长度的增加,特异性识别所需的最小长度也相应增加。因此,能被 RNA 聚合酶识别的启动子 DNA 最小长度为 12 bp,这 12 bp 的长度不一定是连续排列的,可以被其他序列隔开。如果两个碱基数恒定的短序列被某一特定数目的碱基对隔开,两个短序列长度之和可以短于 12 bp,因为这些间隔序列的长度本身就可以提供部分信息(即使间隔序列本身是不相关的)。

细菌的启动子是待转录 DNA 分子中的一段特定的核苷酸序列,一般位于待转录基因的上游。启动子一般位于转录起始位点+1 的上游。启动子序列的编号为负数,其数值可反映它在转录起始位点上游的距离。

原核生物和真核生物的启动子的结构还有些差异。原核生物基因的启动子大致可分为两类:一类是 RNA 聚合酶能够直接识别并结合的启动子,称为核心启动子(core promoter);另一类在与 RNA 聚合酶结合时需要蛋白质辅助因子的参与,这类启动子除了具有 RNA 聚合酶结合位点之外,还有辅助因子结合位点,后者位于核心启动子的上游,因此称为启动子上游部位(upstream part of promoter, UP)。核心启动子与启动子上游部位共同构成了原核生物基因的启动子。

2. 原核生物启动子特征

RNA 聚合酶与启动子之间相互作用的关键问题是聚合酶如何识别特定的启动子序列。在原核生物的启动子中,有 4 个保守的序列特征(图 5-12):转录起始点、−10 区、−35 区和−10 区与−35 区之间的序列。

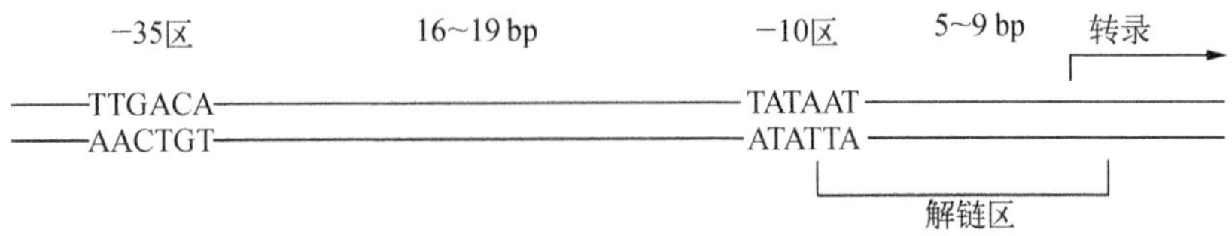

图 5-12 典型的原核生物启动子结构(王曼莹,2006)

(1) 转录起始点

转录起始点在多数情况(>90%)下为嘌呤,常见的序列为 CAT,A 为转录起始点。但仅凭此三联体的保守性还不足以构成专有信号,不能作为固定的转录起始点序列。

(2) -10 区

在转录起始点的上游,几乎所有的启动子都存在一个六联体(haxamer)的保守序列,此保守序列的中心位于转录起始点上游约-10 bp 处。这个距离在不同启动子中有所差别,在-18~-9 位。因此,这一保守序列又称为-10序列,该序列最早由 Pribnow 提出,又称为 Pribnow 框(Pribnow box)。其共有序列为TATAAT,因此该保守序列又称为TATA 框(TATA box),由于每个碱基的出现频率不同,又可写为 $T_{80}A_{95}T_{45}A_{60}A_{50}T_{96}$。其中,下标数字表示该位置碱基在目前所有的启动子中出现的频率(%)。如果该位置的碱基没有保守性,则用 N 表示。前两位的 AT 和最后一位的 T 保守性最强,预示着这三个碱基在与 RNA 聚合酶的作用中可能是最重要的。

该保守序列是 RNA 聚合酶的牢固结合点,又称为结合位点,或称为解链区。该区域富含 AT 对,熔点较低,在 RNA 聚合酶的作用下易于首先解链,使封闭的复合物转变为开放的复合物,便于转录的起始。

(3) -35 区

在转录起始点上游-35 bp 处,另有一个六联体保守序列,以起始点上游-35 位为中心,称为-35 区。其共有序列为 TTGACA,由于每个碱基的出现频率不同,又可写为 $T_{82}T_{95}G_{78}A_{65}C_{54}A_{45}$,该保守序列又称 Sextama 框(Sextama box)。RNA 聚合酶的 σ 因子可以识别该位点,所以该保守序列又称做识别位点。RNA 聚合酶首先识别这一区域并与之结合,然后再与结合位点相互作用。该区域是启动子强弱的决定因素。

(4) -10 区和-35 区间的距离

-35 区和-10 区之间的距离在 90%的原核生物启动子为 16~19 bp,少数情况下,该距离可少至 15 bp,多至 20 bp。该区域内的碱基序列本身并不重要,但碱基的数量即该距离的长短却是至关重要的。适宜的长度可以为 RNA 聚合酶提供合适的空间结构,便于转录的起始。

分析大量启动子的结构得出,典型的原核生物启动子的结构为-35 区、16~19 bp 的间隔区、-10 区和转录起始点,-10 区到转录起始点的平均距离为 7 bp(图 5-12)。并不是所有的启动子都具有这样典型的结构,有些启动子缺少其中的某一结构。有时只有 RNA 聚合酶本身并不足以与启动子结合,还需要其他的辅助因子。另外,转录起始点左右的碱基也可影响转录的起始。+1~+30 的转录区也可影响 RNA 聚合酶离开启动子,从而影响启动子的强度。

3. 转录起始

转录起始过程是指从 RNA 链的第一个核苷酸合成开始到 RNA 聚合酶离开启动子为止的反应阶段。转录的起始分为模板的识别(template recognition)和转录的起始(initiation)两个阶段(图 5-13)。原核生

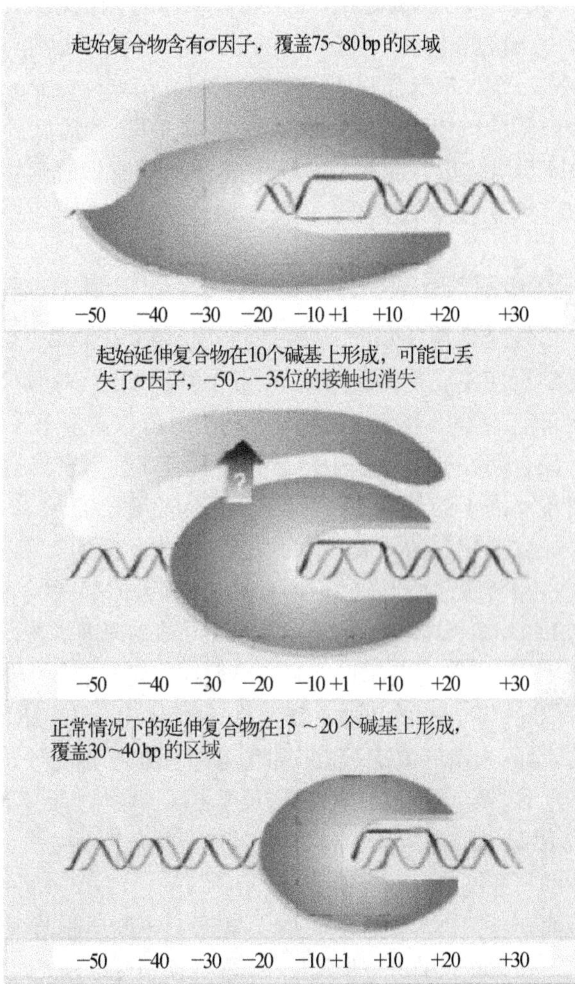

图 5-13 RNA 聚合酶在起始和延伸过程中所结合的 DNA 长度发生变化(Lewin, 2004)

物 RNA 聚合酶的 σ 因子在识别启动子的过程中发挥着至关重要的作用。

(1) 模板识别

模板识别是先由 σ 因子辨认 DNA 的启动子,并由 RNA 聚合酶全酶与启动子结合,DNA 双链打开 10~20 个碱基对,形成转录泡(transcription bubble)的过程。首先是由 RNA 聚合酶全酶接近自然卷曲构象的 DNA 分子,并做相对的分子运动,通过接触—解离—再接触,酶分子在 DNA 上搜索启动子序列。当 σ 因子发现 −35 区识别位点时,全酶与 −35 序列紧密接触。除了酶分子本身的特性外,启动子 DNA 序列结构也决定这种结合的性质。

在启动子 DNA 区域,RNA 聚合酶非对称性地结合在转录起点上游 −50~+20 的一段序列上,即形成封闭复合物(closed complex)。这是酶与启动子结合的一种过渡形式。在此阶段,DNA 并没有解链,聚合酶主要以静电引力与 DNA 结合。这种封闭复合物的形成是可逆的,并不十分稳定。随后 σ 因子使 DNA 部分解链。一旦 DNA 解链,DNA 产生一个小的发夹环,导致 DNA 模板链进入活性中心,封闭复合物转变成开放复合物(open complex)。开放复合物也就是起始转录泡(transcription bubble),大小为 12~17 bp。开放复合物十分稳定,它的形成是转录起始的限速步骤。对于强启动子来说,封闭复合物向开放二元复合物的转变是不可反转的,而且反应速度很快。

(2) 转录起始

聚合酶在与启动子形成复合物期间,经历了显著的构象变化,σ 因子刺激封闭复合物异构成开放复合物。开放复合物的形成不单是 DNA 两条链的解链,而且 DNA 的模板链还必须进入全酶的内部,以便靠近酶的活性中心。RNA 聚合酶按模板链上核苷酸的序列,以 4 种 NTP 为原料,按碱基互补原则依次与模板链上的相应碱基配对(A-T,U-A,G-C)。在起始点处,两个与模板配对的核苷酸,在 RNA 聚合酶的催化下,前两个与模板链互补的 NTP 从聚合酶的次级通道进入活性中心,由活性中心催化第一个 NTP 的 3′-OH 亲核进攻第二个 NTP 的 5′-α-P 而形成第一个磷酸二酯键。一旦有了第一个磷酸二酯键,RNA-DNA-RNA 聚合酶的三元复合物(ternary complex)就形成了,也就是转录起始复合物。RNA 5′端总是三磷酸嘌呤核苷酸(GTP 或 ATP)。以 GTP 最常见。所以起始复合物是由 RNA 聚合酶全酶、DNA、pppGpN-OH 3′所构成。起始复合物生成后,σ 因子即脱落。脱落的 σ 因子可再次与核心酶结合,开始下一次转录,所以 σ 因子可反复使用于转录起始过程的。

5.3.2 转录的延伸

转录延伸(elongation)是转录起始复合物 3′-OH 端逐个加入 NTP 形成 RNA 链的过程。延伸阶段的化学反应主要是催化与模板相配对的核苷三磷酸(NTP)相聚合,形成 3′,5′-磷酸二酯键。转录延伸阶段与转录起始阶段有很大的差异:起始过程仅需要 RNA 聚合酶与特定序列(启动子)牢固结合,而延伸阶段则要求聚合酶在转录过程中与遇到的所有序列紧密结合。σ 因子与 RNA 聚合酶的可逆性结合解决了这个问题。由于 σ 因子的数量少于核心酶,所以从核心酶释放的 σ 因子可以立即被另一个核心酶再循环利用(图 5-14)。核心酶释放 σ 因子之后,恢复了对所有 DNA 的一般亲和力,有利于转录的继续进行。

当转录起始形成 9~10 个核苷酸后,RNA 聚合酶的 σ 因子释放,离开核心酶,使核心酶的 β′ 亚基构象变化,与 DNA 模板亲和力下降,在 DNA 上移动速度加快。核心酶的催化下,与 DNA 模板链互补的 NTP 逐个聚合到新生的 RNA 链上(图 5-15)。聚合时,是与前一个核苷酸以 3′,5′-磷酸二酯键相连,合成方向 5′到 3′。大肠杆菌 RNA 聚合酶的活性一般为 50~90 nt/s。随着 RNA 聚合酶的移动,RNA 链不断延伸,DNA 双螺旋持续解开,暴露出新的单链 DNA 模板,新生 RNA 链的 3′端不断延伸,在解链区形成 RNA-DNA 杂合物。

在 RNA 聚合酶结合的转录模板区域,大约有 17 nt 的 DNA 形成解链区,产物 RNA 链大约有 12 nt,与模板形成 RNA-DNA 杂合双链,并保持三元复合物的结构。随着 RNA 聚合酶不断向前移位,杂合双链不断地形成新的磷酸二酯键。由于杂合双链较短,RNA 与 DNA 链间的亲和性远不如 DNA 模板链和编码链之间相互结合的稳定。因而,产物 RNA 很容易从 DNA 模板链不断地脱落下来,酶分子又不断地前移转录,一直保持约 12 bp 的杂合双链。随着转录的进一步延长,RNA 与模板逐渐分离,在解链区的后面,DNA 模板链与其原先配对的非模板链重新结合成为双螺旋。研究还发现,在同一 DNA 模板上,可以有相当多的 RNA 聚合酶在同时催化转录,生成相应的 RNA,而且在较长的 RNA 链上可以看到核糖体附着,说明转录过程未完全终止,就可以开始进行翻译。

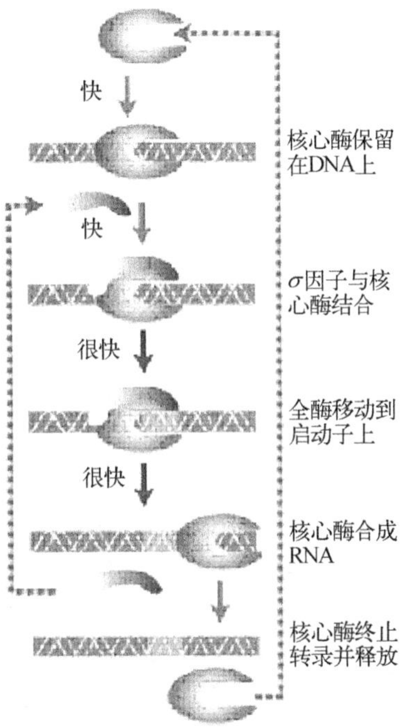

图 5-14 σ因子和核心酶的再循环利用(Lewin, 2004)

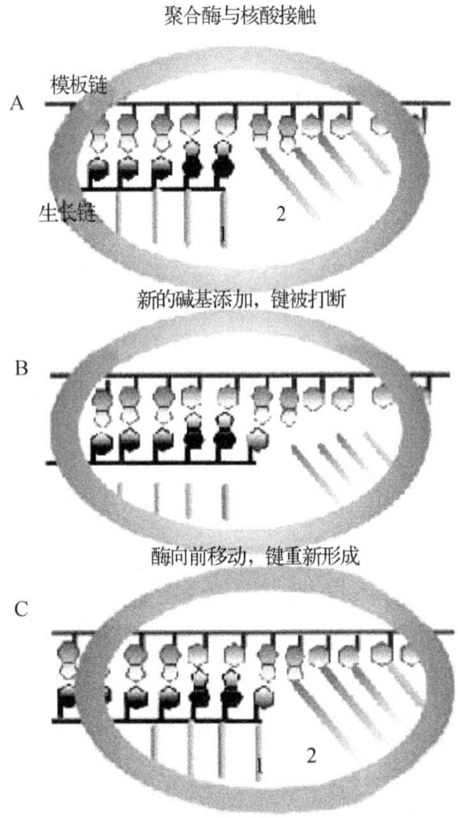

图 5-15 RNA 聚合酶的移动与转录延伸(Lewin, 2004)

5.3.3 转录的终止

当转录进行到终止子序列时，就进入了终止阶段。此时，酶停止向正在延伸的 RNA 链添加核苷酸，从 DNA 模板上释放新生的 RNA 产物，RNA 聚合酶与 DNA 解离。终止过程需要所有维持 RNA-DNA 杂合的氢键断裂，然后 DNA 重新形成双螺旋。原核生物的转录终止机制有两种：一类是依赖 ρ 因子的转录终止，另一类是不依赖 ρ 因子的转录终止。

1. 不依赖 ρ 因子的终止机制

不依赖 ρ 因子的转录终止是通过 RNA 产物的特殊结构实现的。不依赖 ρ 因子的终止子在结构上有以下几个特征：① 含有一个反向重复序列，可形成茎环结构或发夹结构(hairpin)，茎环结构可使 RNA 聚合酶核心酶变构不再前移。② 茎区域内富含 G-C，使茎环不易解开。③ 发夹结构末端紧跟着 6 个连续的 U 串(图 5-16 A)，和模板形成的连续 U-A 配对，寡聚 rU-dA 杂合链之间的结合异常弱，为 RNA-DNA 杂合链的分离提供了条件。

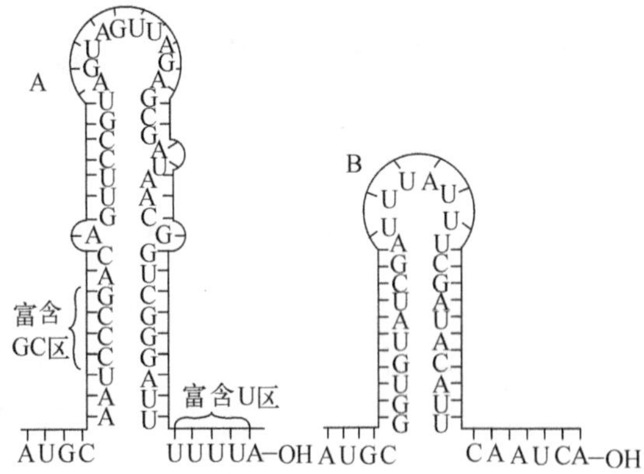

图 5-16 两种终止子转录产物 RNA 的二级结构示意图(蒋继志等，2011)

A. 不依赖 ρ 因子的终止子；B. 依赖 ρ 因子的终止子

不同终止子的发夹结构长度有差异，一般为 7～20 bp。发夹结构由一反向重复序列构成茎，中间的间隔形成环。发夹结构中的突变可阻止转录的终止，说明发夹结构的重要作用。经研究确定，新生 RNA 链的发夹结构可使 RNA 聚合酶催化的聚合反应暂停，暂停的时间因终止子不同有所差异，但典型的终止子暂停时间为 60 s 左右。转录的终止并不只依赖于发夹结构，新生的 RNA 中可有多处发夹结构。RNA 聚合酶的暂停只是为转录的终止提供了机会，如果没有终止子序列，聚合酶可以继续转录，而不发生转录的终止。6 个连续的 U 串可为 RNA 聚合酶与模板的解离提供信号。如果将 U 串缺失或缩短，尽管 RNA 聚合酶可以发生暂停，但不能使转录终止。DNA 上与 U 串对应的为富含 AT 对的区域，这说明 AT 富含区在转录的终止和起始中均起重要的作用。

2. 依赖ρ因子的终止机制

体外实验发现,有些转录单位尽管有终止子存在,但RNA聚合酶只在终止子处暂停,但转录并不终止。向该反应系统中加入ρ因子,则可使转录在特定的位点终止,产生有独特3′端的RNA分子。这种终止称为依赖ρ因子的转录终止。ρ因子是一个同源六聚体蛋白质,大小为60 kDa,是RNA聚合酶的一种重要的蛋白质辅助因子,只在转录终止过程中发挥作用。

ρ因子是一种RNA结合蛋白,可识别终止位点上游50~90 bp的区域(图5-16 B)。这段RNA序列C的含量多,G的含量少,终止发生在CUU中的某一个位置。一般而言,这种富含C少G的序列越长,依赖于ρ因子的终止效率越高。另外,依赖ρ因子的终止子虽有发夹结构,但GC含量低,且缺少U串。每个ρ因子约能结合12个碱基,六聚体形式能结合约72个碱基。ρ因子具有依赖于RNA的ATP酶活性,ρ因子开始附着在新生RNA上,靠ATP水解产生的能量推动沿着5′—3′朝RNA聚合酶移动。另外,ρ因子还具有解旋酶活性,使转录泡的RNA-DNA解链,然后ρ因子及RNA聚合酶释放,转录终止。

体外实验表明,ρ因子的突变对转录终止的影响变化很大。不同的依赖ρ因子的终止子对ρ因子浓度的要求高低不一。在ρ因子的渗漏突变时,不同终止子的反应也有所区别。ρ因子的突变可被其他的基因突变所抑制。在ρ因子突变引起的转录不能终止的菌株中,RNA聚合酶β亚基基因(*rpoB*)的一种突变可以恢复转录的终止。*rpoB*的另一种突变可减弱依赖ρ因子的转录终止,说明β亚基可能是ρ因子的作用部位。

图5-17给出了ρ因子终止机制的"热追踪(hot puesuit)"模型。其主要步骤和作用机制如下:① ρ因子首先结合于终止子上游新生RNA链5′端的某一个可能有序列特异性或二级结构特异性的位点。② 利用其ATP酶活性提供的能量,沿着RNA链向转录泡靠近,其运动速度比RNA聚合酶在DNA链上的移动速度快。③ 当RNA聚合酶移动到终止子而暂停时,ρ因子追赶上RNA聚合酶。④ 终止子与ρ因子共同作用使转录终止。⑤ ρ因子的RNA-DNA的解旋酶活性,使转录产物RNA从DNA模板链释放。

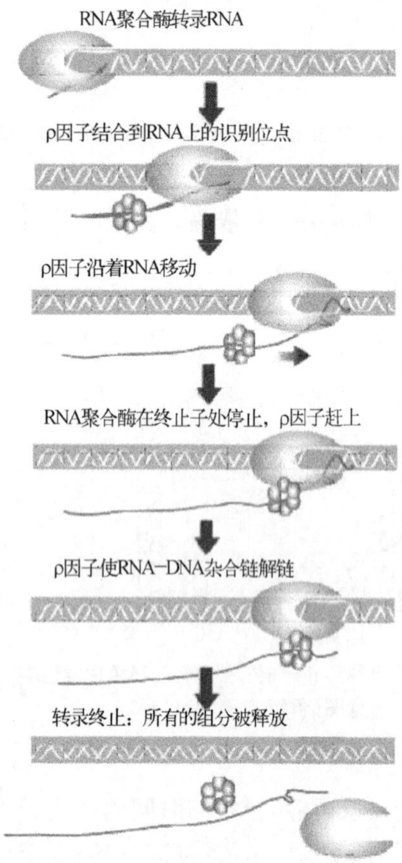

图5-17 ρ因子的热追踪模型(Lewin, 2004)

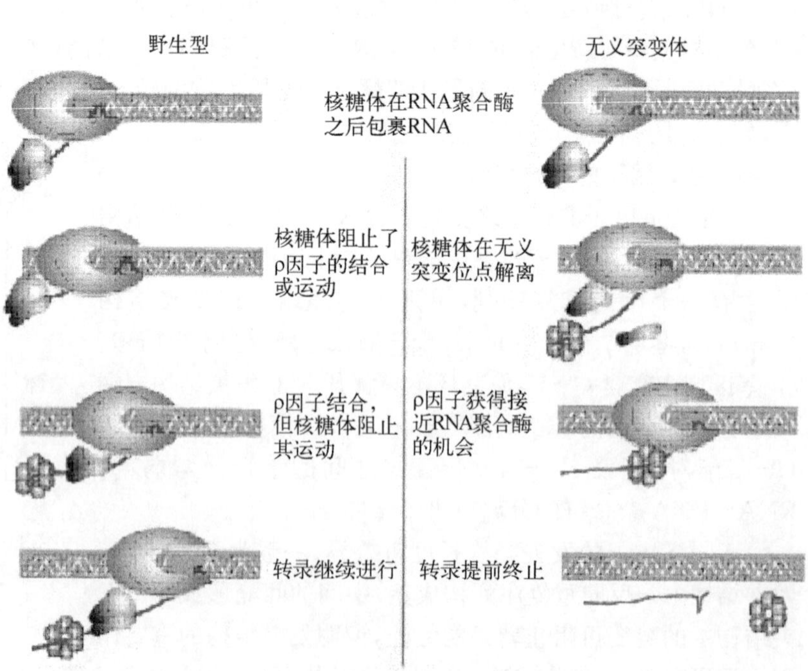

图5-18 ρ因子在转录和翻译之间起到桥梁作用(王曼莹,2006)

ρ因子沿RNA移动的想法引发了一个关于转录和翻译之间联系的重要预测(图5-18)。首先,ρ因子必须有结合RNA的机会,然后沿RNA移动。如果核糖体正在翻译一条RNA,则这些情况将会被阻断。所以，ρ 因子接近在终止子处的 RNA 聚合酶的能力取决于翻译的状态。其次，"热追踪"模型还解释了一个令人迷惑的现象。在有些例子中，转录单位的一个基因发生无义突变(nonsense mutation)会阻止此转录单位中后续基因的表达，这种影响称为极化现象(polarity)。这种情况发生的常见原因是不能产生转录单位中后续基因的 mRNA(图 5-18)。因为在正常情况下，较早的终止子不被使用，因为核糖体阻止了 ρ 因子到达 RNA 聚合酶。但是无义突变使核糖体释放，于是 ρ 因子能够自由结合或沿着 mRNA 移动，使它能够作用于终止子上的 RNA 聚合酶。因此，聚合酶被释放，转录单位远端区域不被表达。转录单位中的终止子也可能是一些类似于 ρ 因子依赖型终止子的简单序列。另外一些有大量二级结构的稳定 RNA 不受极化现象的影响，可能这些二级结构阻止了 ρ 因子的结合或移动。

3. 抗终止作用

抗终止作用(anti-termination)是转录过程中能够控制 RNA 聚合酶越过终止子并继续通读后续基因的一种外部作用，是细菌操纵子和噬菌体调控回路中的一个调控机制(图 5-19)。正常情况下，RNA 聚合酶在 1 区末端终止了转录，但抗终止作用使得它继续转录 2 区。因为启动子没有变化，两种情况都产生了具有相同 5′端的两条 RNA，不同之处在于抗终止作用之后，RNA 在 3′端多延伸了一段新序列。

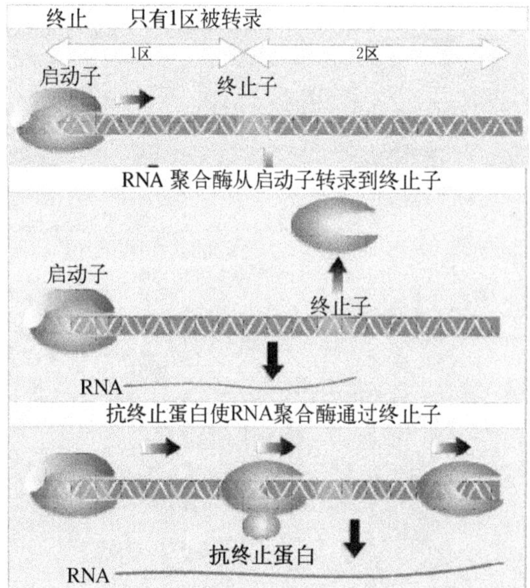

图 5-19 抗终止作用决定着 RNA 聚合酶在终止子上是终止转录还是继续通读(Lewin, 2004)

抗终止作用是在噬菌体感染细菌中发现的，它作用于噬菌体基因表达的两个阶段：早期基因表达(early gene expression)和晚期基因表达(late gene expression)。噬菌体侵入细菌后，即开始控制宿主的 RNA 聚合酶表达其早期基因。噬菌体的早期基因表达产物很多是调控因子，它们的产生能够以级联反应的方式作用于下一组噬菌体基因表达。其中一种调控因子就是抗终止蛋白，使得 RNA 聚合酶获得继续延伸 RNA 转录物的通读能力。噬菌体在每一个阶段所产生的抗终止蛋白都特异地作用于那个阶段表达的特定转录单位(表 5-4)。

表 5-4 抗终止蛋白作用于特定的终止子上(王曼莹,2006)

转录单位	启动子	终止子	抗终止蛋白
早早期	P_L	t_{L1}	pN
早早期	P_R	t_{R1}	pN
晚期	$P_{R'}$	$t_{R'}$	pQ

噬菌体侵染后，宿主细菌首先转录的两个噬菌体基因称为早早期基因(immediate early gene)。早早期基因有两个转录单位，分别从启动子 P_L 和 P_R 转录，转录分别终止于 t_{L1} 和 t_{R1} 终止子。噬菌体 *N* 基因是一个早早期基因，其产物 pN 蛋白即是一个抗终止蛋白，它作用于早早期两个转录单位的基因，允许细菌的 RNA 聚合酶通读两个基因的终止子 t_{L1} 和 t_{R1}，到达其后的迟早期基因。切换到下一个表达阶段是由早早期基因转录单位末端的抗终止作用来控制的，这就导致了迟早期基因(delayed early gene)的表达。表达噬菌体颗粒组分的晚期基因还需要另一种调控。这种转换由基因 Q 调控，而基因 Q 即为迟早期基因之一。其产物 pQ 是另外一种抗终止蛋白，可以允许 RNA 聚合酶在另一位点，即晚期启动子 $P_{R'}$ 处起始转录，从而通读它和晚期基因之间的终止子(图 5-20)。pN 和 pQ 的不同特异性提出一个重要的普遍原则：RNA 聚合酶与转录单位之间可以相互作用。在这个过程中，辅助因子(抗终止蛋白)支持对特异转录物的抗终止。

抗终止作用是高度特异的，但抗终止作用并不是由终止子决定的。抗终止作用所识别的位点位于转录单位的上游，即它不同于最终抗终止作用完成所在的终止子位点。如图 5-20 所示，pN 抗终止作用所需要识别的位点称为 *nut*。负责左向和右向抗终止的位点分别称为 nut_L 和 nut_R。经突变作图定位证实，nut_L 接近启动子而 nut_R 接近终止子。这就意味着对于不同组织形式的转录单位的两个 *nut* 位点处于不同的位置。

当 pN 识别 *nut* 位点时,它必须作用于 RNA 聚合酶使其不再对终止子起反应。*nut* 位点位置的可变性也说明抗终止作用既不与起始相关,又不与终止相联系,而是发生在 RNA 聚合酶延伸 RNA 链并通过 *nut* 位点时才能发生。如图 5-21 所示,RNA 聚合酶越过终止子,而无视它的终止信号。

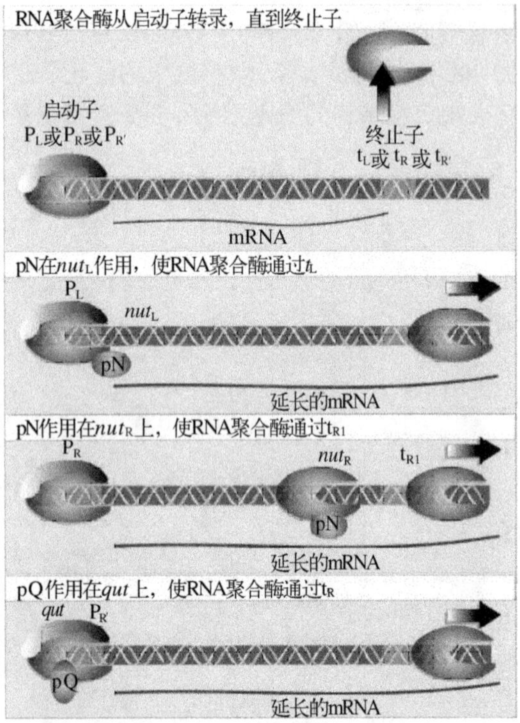

图 5-20 抗终止可以作用在转录单位的不同位置上(Lewin, 2004)

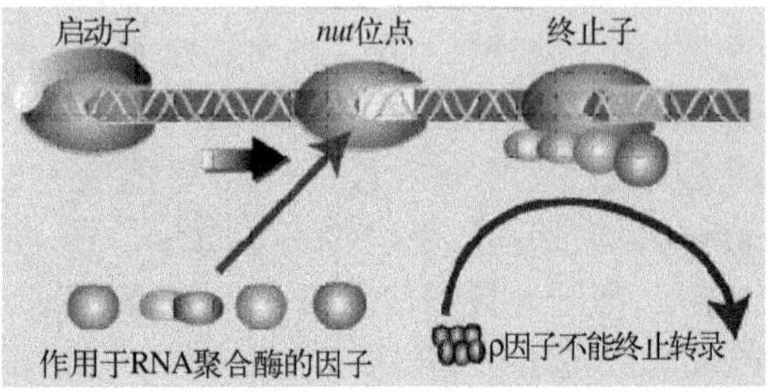

图 5-21 终止作用被作用在 nut 位点上的抗终止蛋白阻抑(Lewin, 2004)

终止作用和抗终止作用是密切相关的,这其中包含了与 RNA 聚合酶相互作用的细菌蛋白质和噬菌体蛋白质。通过这些蛋白质与 RNA 聚合酶的相互作用,将转录的基本原则总结如下: RNA 聚合酶存在不同的形式,有能力承担不同阶段的转录任务,只有适当改变它的形式,才能改变其在这些阶段的活性。因此,σ 因子的替代可以改变 RNA 聚合酶的起始能力,而抗终止蛋白等因子的添加可以改变聚合酶的终止特性。RNA 聚合酶的 α 亚基在这些调控因子与聚合酶的相互识别和结合中发挥着重要的作用。

5.4 真核生物的转录

真核生物和原核生物在转录起始上的主要区别是: 真核生物的转录起始涉及许多蛋白质因子。凡是转录起始过程必需的蛋白质,只要不是 RNA 聚合酶的组成成分,就可以将其定义为转录因子(transcription factor, TF)。许多转录因子是通过识别 DNA 上的顺式作用位点(*cis*-acting site)而起作用的,而 RNA 聚合酶并不直接接触启动子的上游延伸区域。然而结合 DNA 并不是转录因子的唯一作用方式;转录因子还可以通过识别另一种因子而起作用,或识别 RNA 聚合酶或者和其他几种蛋白质一起组成转录起始复合体。

真核生物细胞中的转录可以分为 3 类,分别由 3 种 RNA 聚合酶(Ⅰ、Ⅱ、Ⅲ)催化。RNA 聚合酶Ⅰ转录 rRNA,RNA 聚合酶Ⅱ转录 mRNA,RNA 聚合酶Ⅲ转录 tRNA 和其他 sRNA(small RNA)。对于 3 种真核生物的 RNA 聚合酶而言,在识别启动子过程中起主要作用的是转录因子而不是 RNA 聚合酶本身。转录因子首先在启动子上形成一种结构,以此作为 RNA 聚合酶识别的靶点。对于 RNA 聚合酶Ⅰ和 RNA 聚合酶Ⅲ而言,与它们配合的转录因子相对比较简单;但对于 RNA 聚合酶Ⅱ来说,与它配合的转录因子是一个相当大的家族,统称为基本转录因子(basal factor)。这些由基本转录因子与 RNA 聚合酶Ⅱ一起形成的包围着转录起始点的复合体,又称为基础转录装置(basal transcription apparatus),它们决定了转录起始的位置。下面分别介绍 3 种真核生物 RNA 聚合酶负责的基因转录。

5.4.1 RNA 聚合酶Ⅰ所负责的基因转录

RNA 聚合酶Ⅰ只转录 rRNA 基因，转录产物在切割和加工后产生成熟的 5.8S、18S 和 28S rRNA。3 种 rRNA 的基因(rDNA)成簇存在，共同转录在一个转录产物上(47S rRNA)，很快转变为 45S rRNA，随后通过转录后加工反应分别得到 3 种 rRNA。

1. RNA 聚合酶Ⅰ的启动子

RNA 聚合酶Ⅰ的启动子是目前了解较清楚的启动子。和其他两类启动子相比，RNA 聚合酶Ⅰ的启动子之间的差异最小，它只有一类简单启动子。RNA 聚合酶Ⅰ的启动子位于转录起始点的上游，由两部分序列组成：核心启动子(core promoter)和上游启动子元件(upstream promoter element, UPE)(图 5-22)。核心启动子位于转录起始点附近，-45 延伸至+20 的区域内，这段序列就足以使转录起始。这种启动子是富含 GC，这对于其他 RNA 聚合酶的启动子并不常见。仅有的保守序列元件是一个富含 A-T 的短序列元件，环绕着起始位点。与核心启动子相关的上游启动子元件 UPE 位于核心启动子的上游，位置在-180～-170 的区域，可以大大地提高核心启动子的转录起始效率。虽然在序列上会有很大的变化，但许多物种的 RNA 聚合酶Ⅰ常常采用这种结构。

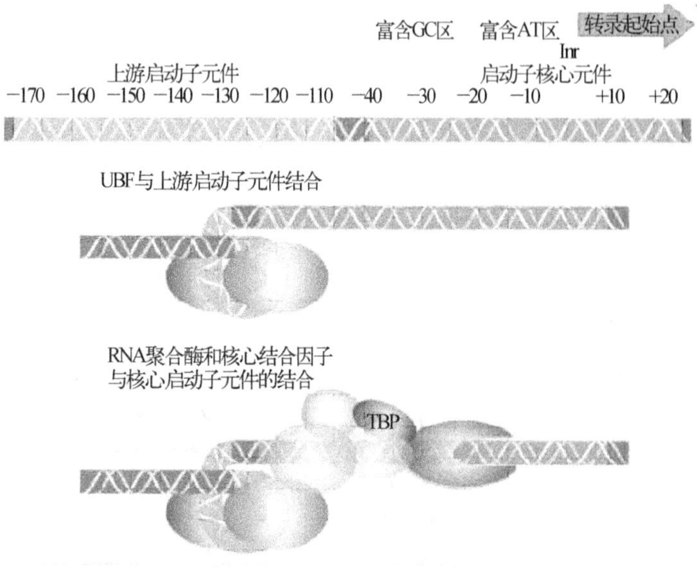

图 5-22 RNA 聚合酶Ⅰ启动子由核心启动子与上游启动子元件两部分组成(Lewin, 2004)

2. RNA 聚合酶Ⅰ所需的转录因子

RNA 聚合酶Ⅰ需要两种辅助因子：核心结合因子(core binding factor)和上游调控元件结合因子(Upstream control element biding factor, UBF)。结合核心启动子的辅助因子称为核心结合因子(core binding factor)，由 4 种蛋白质组成，在不同物种中分别被称为 SL1、TIF-IB 和 Rib1。核心结合因子的一个蛋白质成分称为 TBP，是一种通用因子，也是 RNA 聚合酶Ⅱ和聚合酶Ⅲ起始转录所必需的因子。TBP 并不直接与富含 GC 的 DNA 结合，但 TBP 有可能与 RNA 聚合酶相互作用，或者是与聚合酶的一个通用亚基或者与聚合酶的某个保守结构相互作用。核心结合因子使得 RNA 聚合酶Ⅰ能够在启动子上以一个较低的基础频率起始转录。

核心结合因子主要负责确保 RNA 聚合酶正确定位于转录起始点上。随后就可以看到，由 TBP 和其他蛋白质结合所组成的因子在 RNA 聚合酶Ⅱ和聚合酶Ⅲ的转录起始中也发挥着相似的定位作用。依靠由 TBP 和不同蛋白质组成的定位因子将聚合酶定位于转录起始点上是 3 种 RNA 聚合酶转录起始过程中的一个共同特征。研究还发现，SL1 具有物种特异性，能够区分人和老鼠 rRNA 基因的启动子。

另一种辅助因子 UBF 仅由一条肽链组成，可特异地识别上游启动子元件中富含 GC 的区域，并与之结合。UBF 可以被看做是一种装配因子(assembly factor)，能够使所结合部位的 DNA 发生显著的弯折或扭曲，以利于 SL1 结合到核心启动子上。同时，UBF 和 SL1 需要结合到 DNA 链的同一侧面才能相互作用。UBF 的存在可以使 SL1 能够与核心启动子更有效地结合，提高转录的起始频率。UBF 的种属特异性不强，它与 RNA 聚合酶Ⅰ相互作用可识别不同来源的模板。

3. RNA 聚合酶Ⅰ所负责的转录起始、延伸和终止

RNA 聚合酶Ⅰ催化前 rRNA 的合成。前 rRNA 基因转录起始点上游有两个顺式作用元件(*cis*-acting element)：一个是跨越起始点的核心元件(core element)，另一个在-100 bp 处有上游调控元件(upstream control element, UCE)。RNA 聚合酶Ⅰ催化的转录需要两种转录因子。核心结合因子 SL1 含有 4 个亚基，一个是 TATA 框结合蛋白(TATA-binding protein, TBP)，另三个是 TBP 相关因子(TBP-associated factors, TAF)。UBF 与 DNA 结合令模板 DNA 发生弯曲,使相距上百个碱基的 UCE 和核心元件靠拢,接着核心结合因子和 RNA 聚合酶Ⅰ相继结合到 UBF-DNA 复合物上,完成起始复合物的组建,开始转录,如图 5-23 所示。

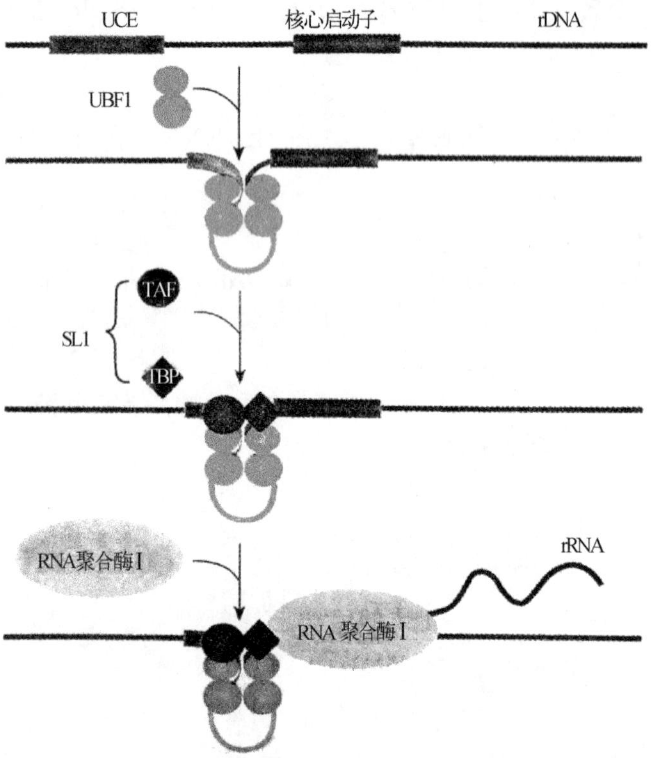

图 5-23 真核生物 RNA 聚合酶Ⅰ负责的转录(蒋继志等,2011)

RNA 聚合酶Ⅰ的转录起始复合物的装配分 3 步(图 5-23):① 两个 UBF 分别特异性地结合到上游调控元件(UCE)和核心启动子上。通过 UBF 蛋白的相互作用,使 UCE 与核心启动子之间的 DNA 形成环状结构。② SL1 结合到 UBF-DNA 复合物上。③ 当 SL1 和 UBF 结合后,RNA 聚合酶Ⅰ就结合到核心启动子上。原来结合于核心启动子的 UBF 直接作用于 RNA 聚合酶Ⅰ,而结合于 UCE 的 UBF 再与前一个 *rRNA* 基因单元中的 UBF 接触结合,并发生相互作用,两个位点间的 DNA 序列成环。

RNA 聚合酶Ⅰ催化的基因转录终止于一个分散的由 18 nt 组成的终止子区域,该终止子序列位于编码区末端序列下游约 1 000 nt 处,需要一个转录终止因子(TTF-1)。当 RNA 聚合酶Ⅰ遇到与终止子结合的 TTF-1 以后,终止就发生了:先是 TTF-1 招募了一种释放因子,催化 3′端的形成;然后由外切酶剪切 rRNA 前体新生的 3′端,产生成熟的 3′端;最后 RNA 聚合酶Ⅰ与模板解离。

5.4.2 RNA 聚合酶Ⅱ负责的基因转录

RNA 聚合酶Ⅱ主要负责蛋白质编码基因的 mRNA 和部分核内小 RNA(small nuclear RNA, snRNA)及某些病毒 RNA 的转录。RNA 聚合酶Ⅱ催化的转录最为复杂,需要较多的转录因子参与。

1. RNA 聚合酶Ⅱ启动子的结构

RNA 聚合酶Ⅱ的启动子位于转录起始点的上游,属于通用启动子,即在各种组织中均可被 RNA 聚合酶Ⅱ所识别,没有组织特异性。RNA 聚合酶Ⅱ必须和通用转录因子(RNA 聚合酶Ⅱ在任何启动子上起始转录所必需的一组蛋白质,general transcription factor)相互作用,共同组成基础转录装置(basal transcription apparatus)才能起始转录。这些通用转录因子称为 TFⅡX,X 代表不同的大写字母,表示各个不同的因子,分别称为 TFⅡA~TFⅡJ。在真核生物中,RNA 聚合酶Ⅱ的各个亚基和通用转录因子都是保守的。

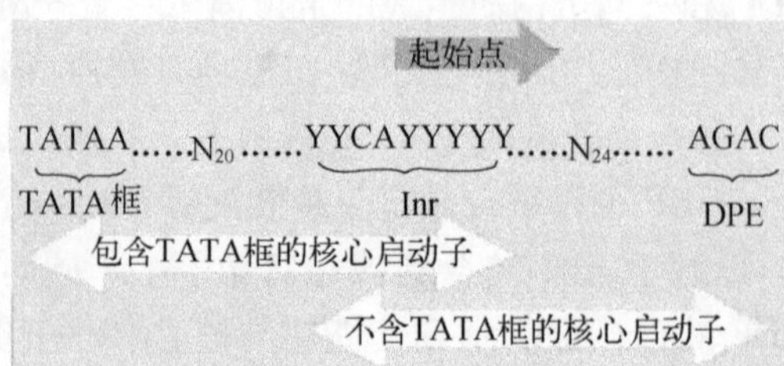

图 5-24 RNA 聚合酶Ⅱ核心启动子的结构(Lewin, 2004)

考虑启动子结构的出发点是首先确定 RNA 聚合酶Ⅱ能够起始转录时所需要的最短序列,将它作为核心启动子(core promoter)。原则上核心启动子可以在任何细胞中启动 DNA 下游基因的表达,它所组成的最短序列应该能使通用转录因子在转录起始点上进行装配。这些短序列是 RNA 聚合酶Ⅱ与 DNA 的结合并起始转录必不可少的一部分。图 5-24 显示了一个典型的 RNA 聚合酶Ⅱ核心启动子的结构。

最小的 RNA 聚合酶Ⅱ启动子有一个位于起始子(initiator, Inr)上游约 25 bp 的 TATA 框,含有 TATAA 共有序列。在起始点,Inr 周围有若干嘧啶围绕在 CA 碱基前后。起始子最初由 Grosschdl 和 Birnstiel 提出,用于描述海胆组蛋白 H2A 基因中包括转录起始点在内的一个 60 bp DNA 片段,缺失这一片段时，启动子能正常起始转录，但强度下降了4倍。在含有或不含TATA框的启动子中，均有起始子发现。

当在RNA聚合酶Ⅱ的启动子之间进行比较时，发现起始点附近区域的同源性集中在几个很短的序列之内。这些元件与启动子功能突变时所暗示的序列相符合。图5-25总结了RNA聚合酶Ⅱ典型启动子的结构。在β-珠蛋白基因的转录起始点上游100 bp的范围内，几乎在每个位点上都引入了单个碱基替换的突变。结果是大多数突变并没有影响启动子起始转录的能力。下调突变只出现在3个位点上，相对应于3个相互分开的短序列元件。与离转录起始点最近的元件相比，两个上游元件对转录水平的影响要大一些；上调突变仅出现在其中的一个元件上。由此，得出的结论是分别以-30位、-75位和-90位为中心的短序列组成了启动子，每一个元件都对应着启动子元件常见的共有序列。

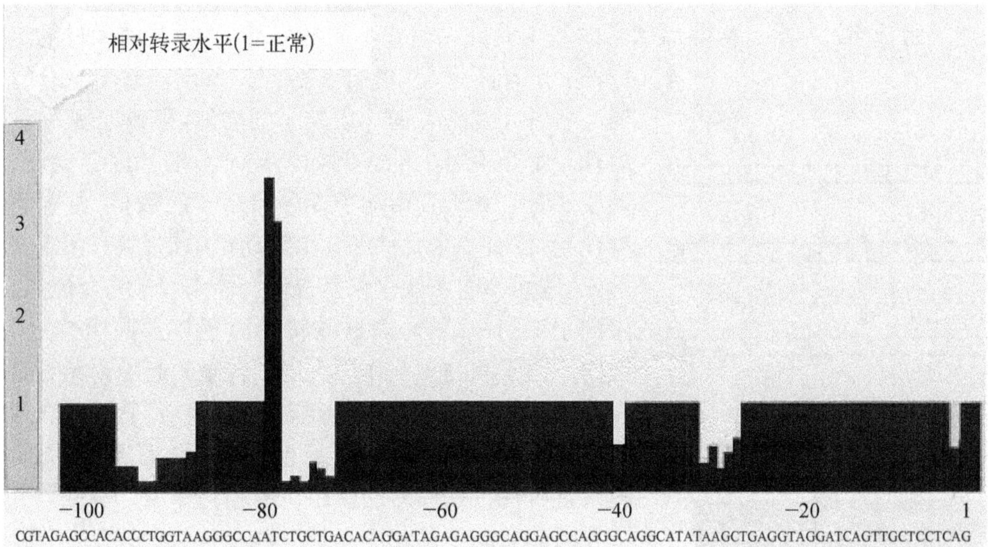

图5-25 β-珠蛋白基因的转录起始点上游饱和诱变鉴定出转录起始所需要的3个小区域(Lewin, 2004)

(1) 转录起始点

转录起始点的序列并没有多大的同源性，但mRNA的第一个碱基往往是腺嘌呤(A)，其两侧为嘧啶，这个同源区称为起始子(initiator, Inr)，也称为帽子位点(cap site)。转录起始点的共有序列为Py2CAPy5，包含了-3～+5位的区域。

(2) TATA框(TATA box)

许多启动子含有一个称为TATA框的序列，通常位于转录起始点上游约25 bp的位置，又称Hogness框或Golderg Hogness框，一致序列为TATAA(T)AA(T)。相对于转录起始点而言，TATA框是具有相对固定位置的上游启动子元件。TATA序列常位于富含GC的序列内，这可能是它发挥功能的条件之一。TATA框与细菌启动子中的-10区序列几乎相同，事实上两者之间除了位置差异外，可以被认为是等同的。

TATA框中的单个碱基替代突变会产生明显的转录下调作用。将TATA框反向排列，也可降低转录的效率；所以仅有碱基组成还不是发挥功能的充分条件。虽然有些TATA框的突变不影响转录的起始，但可改变转录起始位点；这说明TATA框具有定位转录起始位点的功能。在这一点上，TATA框和原核生物的启动子有些相似。

在有些启动子中缺少TATA元件。不含TATA元件的启动子称为无TATA启动子(TATA-less promoter)。对启动子序列的调查显示，50%或更多的启动子可能没有TATA序列。当启动子不含TATA序列时，它通常会有另一个位于+28～+32位的下游启动子元件(downstream promoter element, DPE)。核心启动子会由TATA框加上Inr或者由DPE加上Inr组成(图5-24)。

(3) CAAT框(CAAT box)

CAAT框位于转录起始点上游大约-80 bp处，一致序列为GGC(T)CAATCT，因其保守序列为CAAT而得名。虽然命名为CAAT框，一致序列中两个G的作用却十分重要。它是最先被人们发现的转录起始元件。CAAT框距离转录起始位点的大小对其作用影响不大，并且正反方向排列均能起作用。

CAAT 框内的突变敏感性提示它在决定启动子转录效率上有着很强的作用，它的存在可增加启动子的强度。对于启动子的特异性，CAAT 框并无直接的作用。

(4) GC 框(GC box)

GC 框位于−90 bp 附近，核心序列为 GGGCGG，一个启动子中可以有多个拷贝，并且可以正反两个方向排列。GC 框也是启动子中相对常见的成分。

另外，在有些启动子中还发现了其他的元件，如八聚体元件(octamer element, OCT element)，一致序列为 ATTTGCAT；κB 元件，一致序列为 GGGACTTTCC；ATF 元件，一致序列为 GTGACGT。在转录起始点下游也有一些与启动子功能有关的元件。各元件间的距离对启动子的功能没有太大影响，不同启动子中各元件的距离差异很大。但如果距离太近(小于 10 bp)或太远(大于 30 bp)，就会影响启动子的功能。

上面讲述了组成 RNA 聚合酶Ⅱ启动子的基本元件。但在不同的启动子中，这些元件的组成情况是不同的。启动子遵循“混合和匹配”(mix and match)的原理进行组建。各种元件会有助于启动子的功能，但没有哪一种元件是所有启动子都必不可少的。例如，SV40 早期基因启动子、胸苷激酶启动子、组蛋白 H2B 启动子 3 种启动子的数目、位置和排列方向均有差异，没有一个元件在 3 个启动子中都存在(图 5－26)。这也提示，这些元件的功能仅仅是提供一个 DNA 结合位点，被相应的转录因子识别并结合，而这些转录因子将共同组合成起始复合物。蛋白质因子间的相互作用决定了转录的起始。结合这些序列的蛋白质因子的结构应该具有足够的韧性，不管自身的 DNA 结合结构域是何种取向及距离转录起始点的距离大小，均能保证和基础转录装置保持蛋白质和蛋白质的相互作用。例如，将 β-珠蛋白和胸苷激酶启动子的相应元件互相交换，形成的杂交启动子的功能也没有变化。

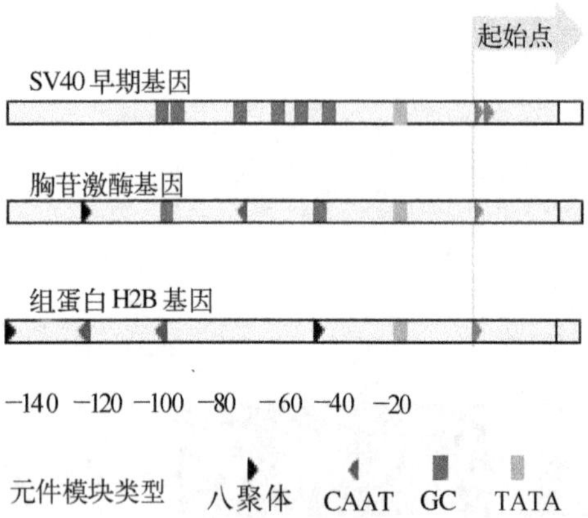

图 5－26 RNA 聚合酶Ⅱ的启动子包含了几种不同元件的组合(Lewin, 2004)

在这些启动子中，也存在一些启动子功能必需的元件。在转录起始点周围，尽管碱基的保守性较差，但也可发现 CA 的出现概率高些，CA 被几个嘧啶碱基包围。经计算机分析上百个启动子的序列，发现+3 位的 T 比较保守。经过对 80 个不含 TATA 框的启动子进行突变实验，得到一个比较保守的序列 PyPyA$_{+1}$NT/APyPy。进一步实验证实，这一保守序列是启动子必需的，可能在不同组织中被一种蛋白质因子所识别。在上述保守序列中，+1 位的 A、+3 位的 A 或 T 和−1 位的嘧啶碱基是十分关键的，但只有 CANT 是不够的，还必须有几个嘧啶碱基。在此保守序列中，不要求 4 个嘧啶碱基均存在时启动子才有活性，只是 4 个嘧啶碱基都存在时能增强启动子的活性。令人不解的是，这样一个序列如何保证其功能的发挥。在基因组中，会有很多类似的结构。至于哪些能作为起始信号，可能与它们所处的位置有关，即只有处于启动子特定的上下游序列中才能发挥作用。

在不含 TATA 框的启动子中，转录起始位点的下游也有一些元件，对转录的起始非常重要。实验证明在 AdML 的启动子中，+7～+33 这段 DNA 片段是启动子活性所必需的，TFⅡD 可保护其免受 DnaseⅠ的降解，说明 TFⅡD 可与之结合。另外还发现帽子结合蛋白(cap binding protein, CBP)可与+10 左右的区域结合；TFⅡI 和 USF 可与+45 左右的区域结合。在鼠的 TdT 启动子中，缺失+33～+58 的 DNA 片段可使启动子完全失去活性。在果蝇基因不含 TATA 框的启动子下游，发现了一段保守序列 A/GGA/TCGTG，称为下游启动子元件(downstream promoter element, DPE)，可与高度纯化 TFⅡD 结合。并且，DPE 对于含 Inr 但不含 CAAT 框的启动子的活性十分重要，但对含 CAAT 框的启动子却无作用。

另外，现有研究表明，RNA 聚合酶Ⅱ的启动子有的只有 CAAT 框；有的只有 Inr；有的二者均有；有的二者均没有。各种启动子具体的结构与功能还有待于进一步的研究。

2. 增强子和沉默子对基因转录的影响

真核生物基因上游调节区能与特殊的转录因子结合而影响转录的 DNA 序列称为顺式作用元件(*cis*-acting element)。除了启动子以外，近年来发现还有一些序列与转录的起始有关。它们不是启动子的一部分，但能增强或促进转录的起始，除去这两段序列会大大降低这些基因的转录水平，若保留其中一段或将之取出插至DNA分子的任何部位，就能保持基因的正常转录。因此，称这种能强化转录起始的序列为增强子或强化子(enhancer)。另外还有一种和增强子起相反作用的DNA序列，被称为沉默子(silencer)，它可以抑制基因的转录。

通过一系列的实验表明，增强子具有如下特征。

1) 顺式调节：可以通过启动子提高同一条染色体上靶基因的转录效率；而对其他染色体上的基因没有作用。

2) 增强效应与位置和取向无关：增强子无论位于靶基因的上游、下游或内部都可发挥增强转录的作用。

3) 具有远距离增强效应：增强子一般位于上游－200 bp处，但可增强远处启动子的转录，即使相距大于10 kb也能发挥作用，个别可达到30 kb。

4) 无物种和基因的特异性：可以连接到异源基因上发挥作用。

5) 具有组织和细胞特异性：SV40的增强子在3T3细胞中比多瘤病毒的增强子要弱，但在HeLa细胞中SV40的增强子比多瘤病毒的要强5倍。增强子的效应需特定的蛋白质因子参与，说明增强子发挥功能可能需要蛋白质因子的参与。

6) 具有相位性：其作用和DNA的构象有关。

7) 有的增强子可以对外部信号产生反应：例如，热激基因在高温下才表达，金属硫蛋白基因在镉和锌的存在下才表达，某些增强子可以被固醇类激素所激活。

8) 多位重复对称序列，一般长度为50 bp，适合与某些蛋白质因子结合，其内部常含有一个核心序列——(G)TGGA/TA/TA/T(G)，该序列是在另一个基因附近产生增强效应时所必需的。

真核基因受启动子上游附近元件和一个或多个远端增强子序列的调控。增强子和启动子常交错覆盖或连续。从功能上说，没有增强子，启动子通常不表现活性；而没有启动子，增强子也无法发挥作用。

3. RNA聚合酶Ⅱ所需要的转录因子

纯化的RNA聚合酶Ⅱ自身不能起始转录，必须在其他辅助因子的作用下才能起始转录。RNA聚合酶Ⅱ转录起始的过程所需要的辅助因子按一定的顺序与DNA结合形成转录起始复合物。参与蛋白质基因转录的转录因子有两大类：一类为基础转录因子或普通转录因子，另一类属于特异性转录因子。前者是所有的蛋白质基因表达所必需，后者为特定的基因表达所必需。

基础转录因子是广泛存在于各类细胞中的DNA结合蛋白，一般是指RNA聚合酶Ⅱ催化基因转录所必需的蛋白质因子。它们是在基因启动子上构成转录复合物的基本组分，属于组成型的转录因子，一般简写为TFⅡ。目前认识较多的有TFⅡA、TFⅡB、TFⅡD、TFⅡE、TFⅡF、TFⅡH、TFⅡS等。它们的一般特性和功能见表5-5。

表5-5 RNA聚合酶Ⅱ所需的部分转录因子

转录因子	亚基数目	分子量/kDa	功 能
TFⅡA	3	12～35	稳定TFⅡD和启动子DNA的结合，激活TBP亚基
TFⅡD	1 TBP	30	识别TATA，将聚合酶组入复合体中
	12 TAF		调节功能，识别不同启动子
TFⅡB	1	33	招募RNA聚合酶Ⅱ，确定转录起始点，保护模板链
TFⅡE	2	34和57	协助招募TFⅡH，激活TFⅡH，促进启动子的解链，使被保护的DNA区域向下延伸
TFⅡF	2	74和38	大亚基(RAP74)具解旋酶活性，小亚基(RAP38)和聚合酶Ⅱ结合，介导其加入复合体，促进聚合酶与启动子的结合
TFⅡH	9		具有ATP酶、解链酶、CTD激酶活性，促进启动子解链和聚合酶Ⅱ逸出，延伸
TFⅡS	1		RNA合成延伸，刺激RNA聚合酶Ⅱ的剪切活性，提高转录的忠实性
TFⅡG	未知		作用类似于TFⅡA
TFⅡI	未知	120	识别Inr，起始TFⅡF/TFⅡD结合

4. 介导因子

介导因子(mediator)是在纯化RNA聚合酶Ⅱ时得到的与羧基末端域(carboxy-terminal domain，CTD)结合的复合物。约由20种蛋白质组成，是前转录起始复合物的成分。它们在体外能够促进转录5～10倍，刺激CTD依赖于TFⅡ H的磷酸化反应提高30～50倍。

介导因子的组分有两类：一类是 SRB 蛋白，它们直接与 CTD 结合，可校正 CTD 的突变；另一类是 SWI/SNF 蛋白，其功能是破坏核小体的结构，促进染色体的重塑。

5. 转录起始、延伸和终止

RNA 聚合酶Ⅱ的转录起始复合物的转配过程与原核生物的转录起始形成了鲜明的对比。本质上细菌 RNA 聚合酶是一种仅有内在结合 DNA 能力的紧密聚合体；在转录起始中需要 σ 因子，而转录延伸过程中并不需要它。σ 因子在酶结合 DNA 之前是酶的一部分，随后被释放。RNA 聚合酶Ⅱ的转录起始复合体必须在转录因子结合到 DNA 上以后，RNA 聚合酶Ⅱ才能与 DNA 结合。这些转录因子主要负责特异性地识别启动子；只有一些转录因子参加了蛋白质-DNA 的结合。

对比可以发现，RNA 聚合酶Ⅱ的转录因子起了和细菌 RNA 聚合酶 σ 因子相似的作用：使核心聚合酶能特异地识别启动子序列。这些转录因子随着进化出现了更多的独立性。RNA 聚合酶Ⅱ的起始过程也类似于原核生物，先有 RNA 聚合酶和 DNA 形成封闭型复合物，DNA 解链后形成开放型复合物。在转录起始的过程中，需要上述各种转录因子和 ATP 的参与。ATP 可能与一些转录因子从复合物上的解离有关。参与转录起始过程的转录因子有多种，很多转录因子又由多亚基组成，共计有 20 多种多肽分子；RNA 聚合酶本身有 10 多个亚基组成，所以形成的起始复合物十分庞大，总计分子质量在 1 000 kDa 以上。

在 RNA 聚合酶Ⅱ的启动子结构中，除了 TATA 框之外还有 CAAT 框、GC 框和八聚体元件等。对这些元件的识别都需要有特定的转录因子，而且是按照一定的次序，通过招募的方式先形成前转录起始复合物(preinitiation complex, PIC)的过程。转录因子和 RNA 聚合酶Ⅱ与启动子结合的次序可能是：TFⅡD→TFⅡA→TFⅡB→TFⅡF+RNA 聚合酶Ⅱ→TFⅡ E→TFⅡH。一般一轮转录循环包括以下步骤(图 5-27)。

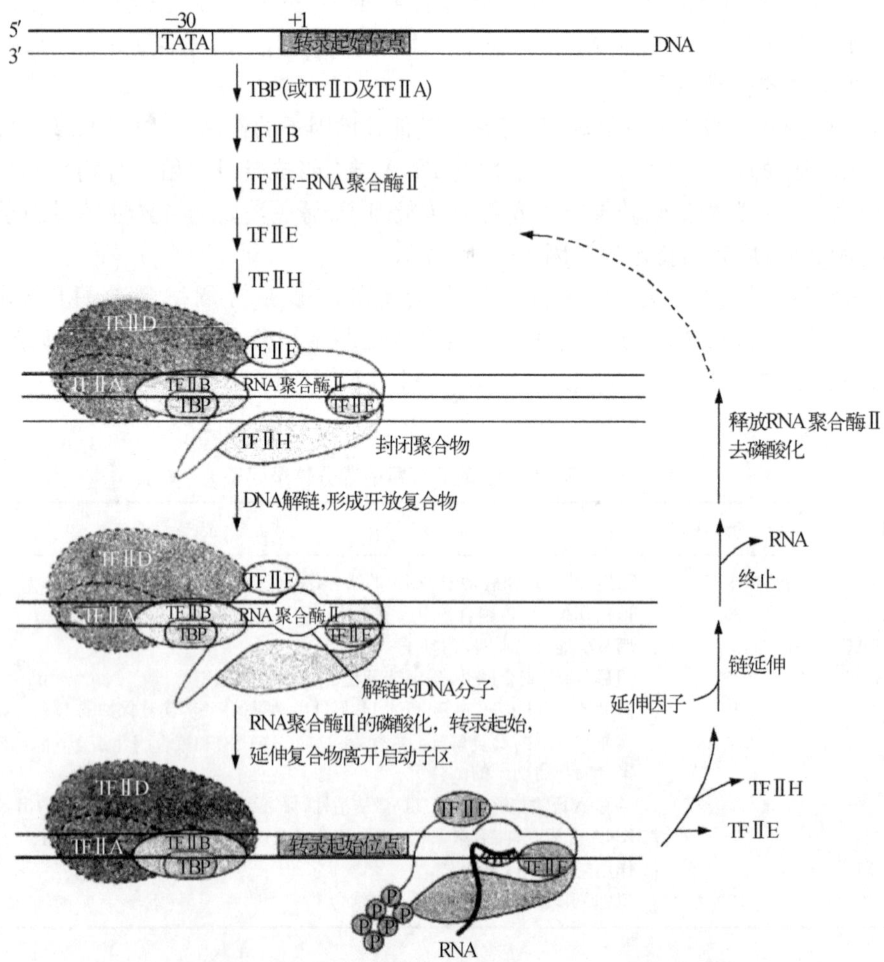

图 5-27 RNA 聚合酶Ⅱ催化的基因转录全过程(蒋继志等,2011)

1) 前转录起始复合物(PIC)的形成。先是 TFⅡD 识别 TATA 框并与它结合，随后是 TFⅡA 和TFⅡB 结合上来，稳定 TFⅡD 和启动子 DNA 的结合，激活 TBP 亚基。然后，TFⅡF+RNA 聚合酶Ⅱ与调节物结合,促进聚合酶与启动子的结合;最后,TFⅡE协助招募TFⅡH,形成完整的PIC。

2) PIC形成以后,很快从封闭状态转变成开放状态。TFⅡE激活TFⅡH,促进启动子的解链。由于TFⅡH具有ATP酶、解旋酶、CTD激酶活性等作用,PIC处于开放状态,DNA被解链,RNA开始合成。不久,TFⅡH催化CTD磷酸化,导致转录从起始走向延伸。有证据表明,TFⅡS参与延伸。

3) CTD被磷酸化后,介导因子与CTD解离,同时高度磷酸化的CTD与TBP脱钩。

4) RNA聚合酶Ⅱ离开启动子,启动子被清空,但TFⅡE、TFⅡH、TFⅡA、TFⅡD和介导因子仍然在启动子上。

5) 在TFⅡF的刺激下,CTD磷酸基因被水解。

6) RNA聚合酶Ⅱ/TFⅡF复合物离开模板,与介导因子再形成复合物,重新开始下一轮的转录循环。

RNA聚合酶Ⅱ催化的转录终止于一段终止子区域,没有明确的终止信号。终止子的性质及它如何影响终止还不清楚。但已有证据表明,与RNA聚合酶Ⅱ最大亚基CTD结合的、参与加尾反应的CPSF和CStF可能在调节终止反应中起作用。

5.4.3 RNA聚合酶Ⅲ的启动子结构

RNA聚合酶Ⅲ负责转录结构比较稳定的小分子RNA,如5S rRNA、tRNA、7S LRNA、核内小RNA(small nuclear RNA, snRNA)、小分子核仁RNA(small nucleolar RNA, snoRNA)和某些病毒的mRNA等。

1. RNA聚合酶Ⅲ所负责转录的基因启动子结构

研究发现,RNA聚合酶Ⅲ的启动子可分为两大类(含3种),由不同的转录因子通过不同的途径识别(图5-28)。① 5S rRNA和tRNA两类基因的启动子位于起始点下游,称为基因内部启动子。② 核内小RNA(snRNA)基因和某些病毒的mRNA的启动子则位于起始点的上游,与其他常规启动子的作用方式相同,称为基因外启动子。这两种情况下,都是由转录因子特异性识别启动子中由单一元件组成的序列,进而指导RNA聚合酶与启动子的结合。

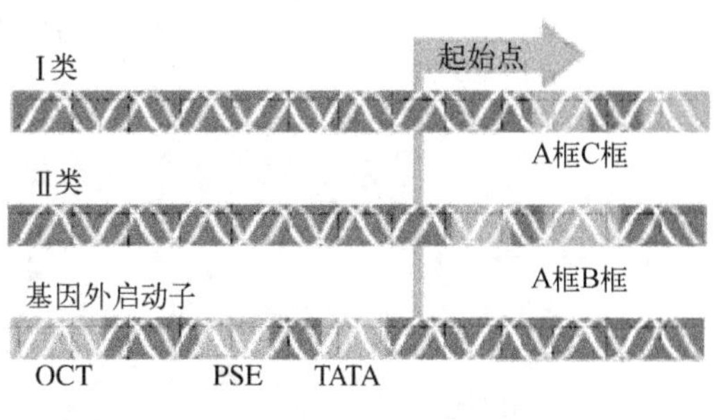

图5-28 RNA聚合酶Ⅲ的3种启动子(Lewin, 2004)

RNA聚合酶Ⅲ的基因内部启动子又可分为两种(Ⅰ型和Ⅱ型),每种启动子均含有两个短的保守序列元件。含A框(box A)和C框(box C),Ⅱ型内部启动子含A框和B框(box B);两个保守区域之间由一段其他的可变序列隔开。Ⅱ型内部启动子的A框和B框之间的间隔序列长短差异很大,但如果间隔序列过短,就会影响启动子的功能。转录起始点也可影响转录起始的效率,紧接转录起始点的上游序列的突变会影响转录的起始。因此可以推断,内部启动子被RNA聚合酶Ⅲ识别以后,转录起始点附近的序列能够控制转录起始的效率。原核生物的tRNA基因的启动子也由A框和B框组成,但位于转录起始点的上游,不属于内部启动子。

RNA聚合酶Ⅲ的基因外启动子位于转录起始点的上游,含3个短序列元件,分别为CAAT框、近端序列元件(proximal sequence element, PSE)和八聚体元件。由RNA聚合酶Ⅱ转录的一部分基因,它们的启动子也有相似的结构,3个元件也有相似的功能。CAAT框决定着启动子与两种RNA聚合酶的作用。只需要转录起始点加上一段含CAAT框的短序列,RNA聚合酶就能起始转录,但PSE和OCT元件能大大提高其转录效率。PSE对RNA聚合酶Ⅱ的启动子来说是必需的,对RNA聚合酶Ⅲ的启动子只起刺激作用。RNA聚合酶Ⅲ三种启动子的结构如图5-28所示。

2. RNA聚合酶Ⅲ所需要的转录因子

RNA聚合酶Ⅲ转录的起始需TFⅢA、TFⅢB和TFⅢC等转录因子参与(表5-6)。TFⅢA已被克隆,由一条肽链组成,是一种含锌指结构的蛋白质,仅为5S rRNA基因转录所必需。TFⅢB由TBP和其他两种蛋白质组成,是一种定位因子,结合于A框上游约50 bp的位置,但与它结合的序列无特异性。TFⅢC由6个亚基组成,负责与tRNA启动子的A框和B框结合。

表 5-6 RNA 聚合酶Ⅲ所需的部分转录因子

转录因子	结构特点	功能
TFⅢA	含 9 个锌指	结合Ⅰ型内部启动子(5S rRNA 基因)的 A 框,使 TFⅢC 结合在 C 框下游,辅助 TFⅢB 定位结合
TFⅢB	含 TBP 和 2 种蛋白质	定位因子,使聚合酶结合在起始位点上
TFⅢC	含 6 个亚基	结合Ⅱ型内部启动子(tRNA 基因)的 AB 框;辅助 TFⅢB 定位
TFⅡD	含 TBP 亚基	结合 TATA 框,确定选择聚合酶 Ⅲ
PBP	次近端结合蛋白	结合次近端序列元件 PSE,和 TFⅢD 共同辅助 TFⅢB 定位结合在 3 种启动子上
OCT-1		结合八聚体 OCT 元件,增加转录效率

3. RNA 聚合酶Ⅲ负责的转录起始、延伸和终止

RNA 聚合酶Ⅲ的启动子,无论是基因内部启动子还是上游启动子,其发挥功能所需的各种元件所组成的序列被某一类专门的转录因子识别,转录因子进而依次指导 RNA 聚合酶的结合。

图 5-29 总结了基因内部Ⅰ型启动子指导转录的各个反应阶段。TFⅢA 因子必须先结合到 A 框序列上才能使 TFⅢC 结合到 C 框上。TFⅢA 和 TFⅢC 都是装配因子,它们的唯一任务就是帮助 TFⅢB 正确定位。一旦 TFⅢB 结合上去,TFⅢA 和 TFⅢC 就从启动子上脱落,而不影响转录的起始反应。TFⅢB 则结合到起始点附近,它的持续存在足以使 RNA 聚合酶Ⅲ结合到起始点上。所以只有 TFⅢB 才是 RNA 聚合酶Ⅲ真正所需的转录因子。这一系列的事件解释了内部启动子是如何指导 RNA 聚合酶Ⅲ结合到更上游的起始位点上的。这些基因的转录能力主要由内部启动子赋予,但起始点上游相邻区域中碱基的变化也能影响转录效率。

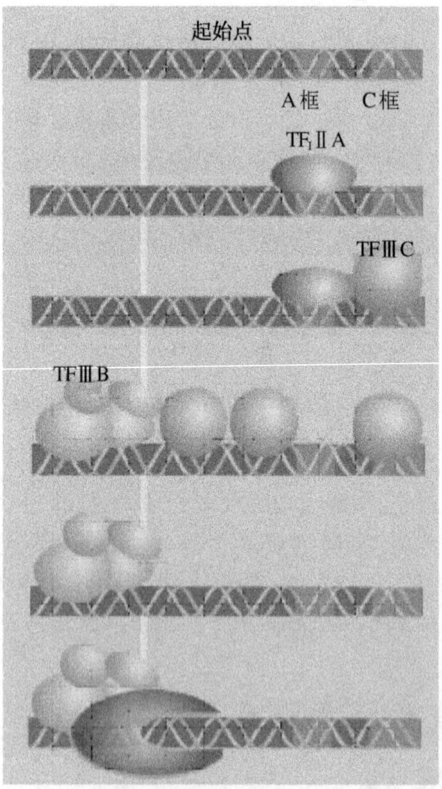

图 5-29 RNA 聚合酶Ⅲ的Ⅰ型内部启动子指导的转录起始过程(Lewin, 2004)

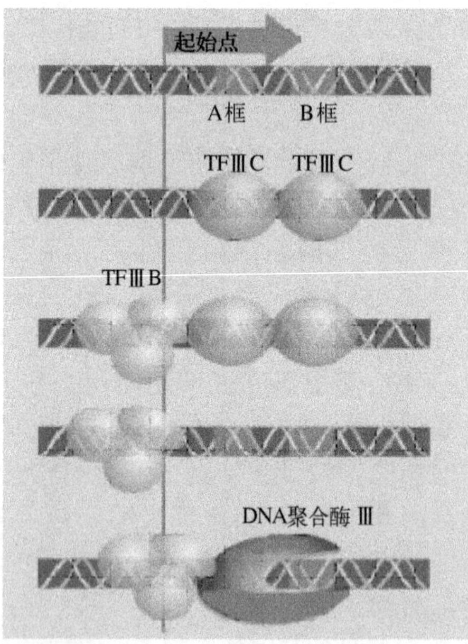

图 5-30 RNA 聚合酶Ⅲ的Ⅱ型内部启动子指导的转录起始(Lewin, 2004)

TFⅢA 是一类含有锌指基序(一种 DNA 结合结构域)的蛋白质,而 TFⅢC 是一个大的蛋白质复合体,分子质量大于 500 kDa,由 6 个亚基组成。TFⅢB 由 3 个亚基组成,其中一个亚基是定位因子 TBP。TFⅢB 的另一个亚基是 Brf,与 RNA 聚合酶Ⅱ的 TFⅡB 有关。TFⅢB 的第 3 个亚基是称为 B″,其功能是产生转录泡,可能与细菌 RNA 聚合酶中的 σ 因子相似。

图 5-30 总结了 RNA 聚合酶Ⅲ的Ⅱ型内部启动子指导转录的各个反应阶段。TFⅢC 同时结合到 A 框和 B 框序列上,这样 TFⅢB 才能结合到起始点上,进而 RNA 聚合酶Ⅲ才能结合上来。

在RNA聚合酶Ⅲ的基因外部启动子中，上游区域元件担负着转录起始的功能。这些元件也存在于由RNA聚合酶Ⅱ所转录的snRNA基因的启动子中(部分snRNA由RNA聚合酶Ⅱ转录，部分由RNA聚合酶Ⅲ转录)。RNA聚合酶Ⅲ从上游启动子的转录起始发生在一小段区域内，这一区域位于起始点前面，只含有TATA框。TATA 框赋予能够识别snRNA启动子的聚合酶具有专一性。含有TBP蛋白的因子能结合TATA 框，然而只有当PSE和OCT元件存在时，转录效率才会大大提高。结合到后两者上的蛋白质因子可相互协同作用。

在RNA聚合酶Ⅲ三种类型的启动子中，蛋白质因子都以相同的方式起作用。在RNA聚合酶自身能结合上去之前，蛋白质因子都要事先结合到启动子上，形成前起始复合物，再引导RNA聚合酶结合上去。在Ⅰ型和Ⅱ型内部启动子中，由装配因子来确保TFⅢB结合到紧靠起始点上游的位置来提供定位信息；就上游启动子而言，TFⅢB则直接结合含有TATA框的区域。所以不管启动子位于何处，蛋白质因子总是结合到紧邻起始点的位置来指导RNA聚合酶Ⅲ的结合。

RNA聚合酶Ⅲ催化转录模板的下游存在一个终止子，是位于GC丰富序列之中的TTTT。富含GC的序列不需要形成茎环结构，RNA聚合酶Ⅲ有内源性的转录终止功能。

5.5 转录产物的后加工

大多数的转录初始产物并无生物学活性，必须经过进一步的后加工(post-transcriptional precess)处理才获得生物学活性，尤其是真核生物的mRNA要经过一系列复杂的转录后加工才能由细胞核运输至胞质作为翻译的模板。三种主要的RNA(mRNA、tRNA和rRNA)在原核细胞和真核细胞中所经历的后加工反应并不是完全相同的，而且同一种RNA前体(一般是mRNA前体)也可能有不同的加工路线。总体来说，RNA经历的后加工主要有剪切、拼接和修饰等。

5.5.1 原核生物转录产物的后加工

在原核生物中，mRNA的寿命非常短，有的或大多数半衰期只有几分钟，通常mRNA一经转录，就立即进行翻译，一般不进行转录后的加工。这是原核生物基因表达调控的一种手段。原核生物的rRNA和tRNA比较稳定，半衰期通常为几个小时。另外，原核生物rRNA基因与某些tRNA基因组成混合操纵子，其他的tRNA基因也成簇存在，并与编码蛋白质的基因组成操纵子，它们转录形成多顺反子转录物。将原核生物成熟的rRNA和tRNA与其转录产物进行对比可以发现：成熟分子比原始转录产物小；两种RNA成熟分子的5′端为单磷酸，而原始转录产物为三磷酸；成熟分子含有异常碱基，而原始转录产物中没有。因此，rRNA和tRNA的转录产物必然存在着后加工过程。

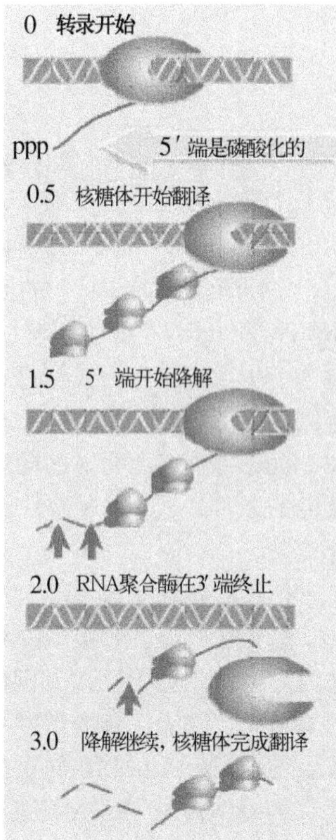

图5-31 细菌mRNA的转录、翻译和降解(Lewin,2000)

1. 原核生物mRNA前体的加工

原核生物mRNA的转录和翻译是前后相连的事件。原核生物的mRNA一般不需要进行转录后加工，可以直接作为翻译的模板。经常见到的现象是mRNA的转录刚刚开始，便有核糖体在mRNA的5′端核糖体结合位点(SD序列)上进行组装。在有些表达活跃的mRNA上经常见到核糖体排队的现象(图5-31)。原核生物mRNA的半衰期非常短，大多数只有几分钟，这是原核生物基因表达调控的一种手段。这也是原核生物能够对外界环境的变化做出迅速反应的原因。

最近的研究也发现，有些原核生物的RNA转录后也有在3′端添加poly(A)的现象。大肠杆菌的poly(A)聚合酶早在1962年就已被发现。尽管对这种生物学现象还缺乏了解，但它必定有其存在的意义，并且还可能发现一些相类似的现象。另外，大肠杆菌和某些噬菌体mRNA，也经历最简单的内切酶的剪切反应，将多顺反子mRNA切割成单顺反子，如大肠杆菌的一个操纵子含有4个结构基因(*rplJ*、*rplL*、*rplB*和*rplC*)。在转录出多顺反子 mRNA 前体后，需通过 RNA 酶Ⅲ切割，4 个基因两两分开，产生两个成熟的 mRNA。某些原核生物和某些噬菌体的 mRNA 也含有内含子，需要经过相对复杂的拼接反应才能成熟(如 T4 噬菌体编码的胸苷酸合成酶)。

2. rRNA 的后加工

原核生物有 3 种 rRNA，分别为 5S rRNA、16S rRNA 和 23S rRNA，其基因(rDNA)与 tRNA 的基因(tDNA)混在一起排列在一个操纵子(rrn)中(图 5－32)。大肠杆菌中有 7 个这样的操纵子。各种基因在操纵子中的排列没有一定的规律，其种类、数量和位置都不相同。但 3 种 rRNA 基因的相对位置有一定规律，一般为 16S rDNA、tDNA、23S rDNA、5S rDNA，最后为 tDNA。大肠杆菌中的 7 个 rrn 操纵子多数位于复制起始点的两侧，且转录方向与 DNA 的复制方向一致。

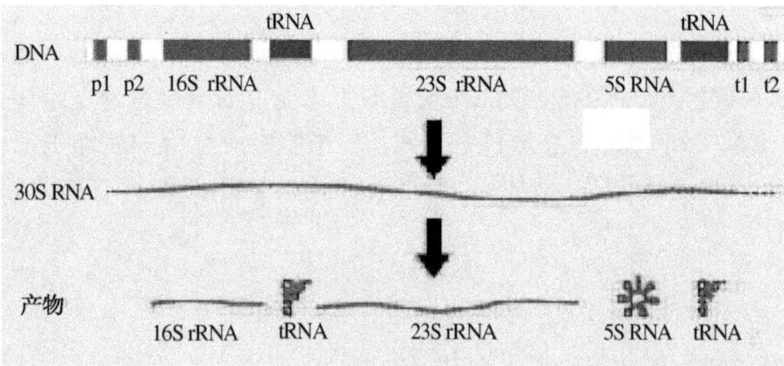

图 5－32 大肠杆菌 rrn 操纵子的结构及 rrn 转录物的切割(Lewin，2000)

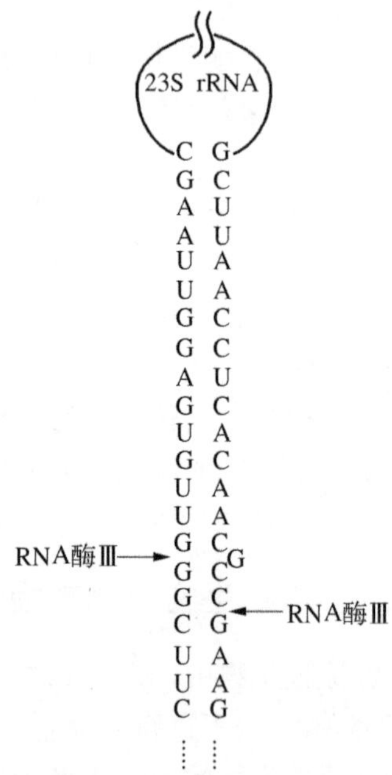

图 5－33 大肠杆菌 rrn 操纵子转录中间产物 p25(Weaver，2005)

大肠杆菌 rrn 操纵子有两个启动子，第一个为 p1，位于 16S rRNA 序列上游 300 bp 左右，可能为主要的启动子。第二个启动子 p2 位于 p1 下游 110 bp 左右。该操纵子转录的产物为 30S RNA。大肠杆菌 rrn 操纵子启动子的位置和 30S rRNA 前体的加工过程如图 5－32 所示，加工反应主要包括剪切、修剪和核苷酸修饰等。RNA 酶Ⅲ负责该转录产物的后加工。在缺乏 RNA 酶Ⅲ的菌体细胞中，没有成熟 rRNA 的出现，且产生 30S RNA 堆积。RNA 酶Ⅲ在体外能作用于 30S RNA，产生 p16 和 p25。p16 和 p25 比成熟的产物只稍长一些，可再进一步切割转变为成熟的 rRNA。在 p16 和 p25 RNA 的初始转录产物中，5′和 3′端的碱基互补，形成双链结构(图 5－33)。互补区域的间隔序列相对稳定，p16 为 1 600 nt，p23 为 2 900 nt。RNA 酶Ⅲ在 p16 和 p23 的酶切位点无明显的同源性。除了 RNA 酶Ⅲ要求切点或其周围为双链结构之外，还不清楚是否有其他的条件。经 RNA 酶Ⅲ作用后的产物需经进一步的加工才能成为成熟的分子，其具体的机制尚不十分清楚。

3. tRNA 的转录后加工

原核生物有两种类型的 tRNA 基因(图 5－34)：一种具有 CCA 序列，称为Ⅰ型；另一种没有 CCA 序列，称为Ⅱ型。Ⅰ型 tRNA 基因的转录产物中 CCA 下游仍有一段序列，需在酶的作用下切除。Ⅱ型 tRNA 基因的转录产物需在酶的作用下添加 CCA 序列。原核生物的 tRNA 多为Ⅰ型，少数噬菌体如 T4 为Ⅱ型。原核生物的 tRNA 的初始转录产物可以包含几个同种 tRNA 的基因拷贝，也可以含有几个不同种的 tRNA。还有些 tRNA 与 rRNA 转录在一起。tRNA 的初始转录产物要经过多种加工处理后才能变为有功能的分子。目前了解较多的是大肠杆菌的 tRNATyr。它由 85 个核苷酸组成。其编码基因有两个基因拷贝，长 350 bp。两个基因拷贝间有 200 bp 的间隔子。

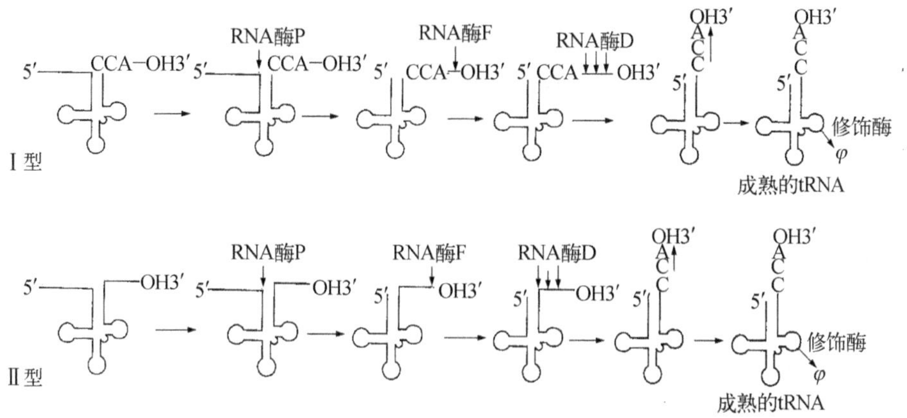

图 5-34 两种类型 tRNA 前体的转录后加工过程(蒋继志等,2011)

tRNA 的转录后加工是在多种酶的作用下完成的,下面介绍几种常见的。

1) RNA 酶 P(RNaseP):该酶是一种核酸内切酶,能切割 tRNA 操纵子和 rRNA 操纵子转录产物中的 tRNA 前体,产生成熟的 5′端。该酶由两个组分组成,一个是 14 kDa 的蛋白质组分 C5 蛋白,另一个是由 375 个核苷酸组成的 120 kDa 的 RNA 组分 M1RNA。它们以紧密结合的核蛋白形式存在。这两种组分高度保守,大肠杆菌的 RNA 酶 P 成分可与人类的 RNA 酶 P 成分交叉重建为有活性的 RNA 酶 P。各种成熟 tRNA 的 5′端没有序列同源性,但 RNA 酶 P 均能使之产生正确的 5′端。因此,RNA 酶 P 识别的是 tRNA 的空间构象,特别是 5′端的构象,并不识别切点附近的序列。在不同的 tRNA 分子中也存在少数保守核苷酸,可能是维持空间构象所必需的。RNA 酶 P 的专一性很强,只作用于 tRNA 前体,无种属特异性。

2) RNA 酶 D:该酶为核酸外切酶,能逐个切除 tRNA 3′端多余的核苷酸,使 CCA 暴露。体外实验证明,该酶对 CCA 下游序列具有高活性,对 CCA 上游序列也有一定的活性。在体内,当 CCA 末端产生后,会立即产生氨酰化而得到保护。RNA 酶 P 存在时 RNA 酶 D 可达最大活性。另外,还存在一些与 RNA 酶 D 作用相同的酶,如 RNA 酶 Q、RNA 酶 Y 和 RNA 酶 P3 等。

3) tRNA 核苷酸转移酶(tRNA nucleotidyl transferase):该酶能以 ATP 和 CTP 为前体,催化 tRNA 的 3′端生成 CCA。尽管大肠杆菌的 tRNA 大多为Ⅰ型,但编码 tRNA 核苷酸转移酶的基因(*cca*)突变后,也会影响菌体的生长。这是因为 tRNA 的 CCA 末端常常因为核酸酶的降解作用而发生丢失。在这种情况下,该酶就起到了修复作用。tRNA 核苷酸转移酶只需要 ATP、CTP 和 tRNA,就能生成 CCA。另外,该酶几乎没有种属特异性。实验证明,该酶识别 tRNA 的空间结构。

4) RNA 酶Ⅲ:RNA 酶Ⅲ和 RNA 酶 O、RNA 酶 P2 的功能相似,负责切开间隔序列。

另外,还有其他的一些酶类,如 RNA 酶 P4,也参与 tRNA 的后加工。

原核生物的 tRNA 均来源于一个长的前体,其 5′和 3′端都要经过切割加工,才形成成熟的 tRNA。如前所述,原核生物 tRNA 的前体经常包含多个 tRNA,或者是 tRNA 与 rRNA 共存于一个前体中。因此,原核生物 tRNA 加工的第一步便是将前体 RNA 切割成小片段,每一个小片段只含有单一的 tRNA(图 5-34)。此切割步骤是由 RNA 酶Ⅲ完成的,该酶既可以切割含有多个 tRNA 的前体,也可以切割含有 tRNA 和 rRNA 的前体。

经 RNA 酶Ⅲ切割的 tRNA,其 5′端和 3′端仍然含有多余的核苷酸序列。tRNA 5′端多余序列的切除由 RNA 酶 P 一步酶切完成,酶切后即得成熟 tRNA 的 5′端(图 5-34)。tRNA 3′端的形成比 5′端要复杂得多,有 6 种 RNA 酶[RNA 酶 D、RNA 酶 BN、RNA 酶 T、RNA 酶 PH、RNA 酶Ⅱ及寡核苷酸磷酸化酶(PNPase)]参与。这 6 种 RNA 酶在体外均可切割 tRNA 的 3′端,而且每一种酶都是必需的。大肠杆菌 tRNA 3′端加工的模式如图 5-34 所示。RNA 酶Ⅱ和寡聚核苷酸磷酸化酶 PNPase 两者协同作用将 tRNA 前体 3′端绝大部分多余的序列剪除,只剩下两个多余的核苷酸,由 RNA 酶 PH 和 RNA 酶 T 去除,特别是最后一个碱基的切除主要由 RNA 酶 T 完成。含有 CCA 的 tRNA 经剪切后暴露出 CCA 末端,形成成熟的

tRNA。然而有些 tRNA 基因中并不编码成熟 tRNA3′端的 3 个碱基 CCA,而是由 tRNA 核苷酸转移酶以 CTP 和 ATP 为前体添加形成成熟的 3′端。

成熟 tRNA 的一个重要特征便是含有一些特殊的碱基,所有这些碱基都是在 tRNA 合成之后经修饰形成的。而且各种 tRNA 均含有不同程度的修饰碱基,这种碱基的修饰可出现在 tRNA 的任意位点上。据统计,tRNA 共有 50 多种修饰碱基。

5.5.2 真核生物的转录后加工

真核细胞 RNA 前体的后加工反应远比原核细胞的复杂。真核生物转录后加工除 tRNA 和 rRNA 外,mRNA 也要经过后加工的过程。此外,真核生物转录后加工需要各种酶和蛋白质的参与,用于转录初始产物加工过程中切除间隔序列、内含子拼接、5′端和 3′端修饰及碱基的修饰等。

1. 真核生物 rRNA 的转录后加工

真核生物有 4 种 rRNA,即 5.8S rRNA、18S rRNA、28S rRNA 和 5S rRNA。其中,前三者的基因组成一个转录单位,产生 47S 的前体,并很快转变成 45S 前体(图 5-35)。成熟 rRNA 通过切割和修整(trimming reaction)从前体释放。真核生物 rRNA 的成熟过程比较缓慢,所以其加工的中间体易于从各种细胞中分离得到,使得对其加工过程也易于了解。哺乳动物的 45S 前体包含着 18S、28S 和 5.8S rRNA,但其长度是 3 种成熟 rRNA 长度之和的 2 倍。45S 前体中共有 110 多个甲基化位点,在转录过程中或以后被甲基化。甲基基团主要是加在核糖上。这些甲基化位点在加工后仍保留在成熟的 rRNA 中。这表明甲基化是 45S 前体上最终成为成熟 rRNA 区域的标志。真核生物的 5S rRNA 也是和 tRNA 转录在一起的,经加工处理后成为成熟的 5S rRNA。

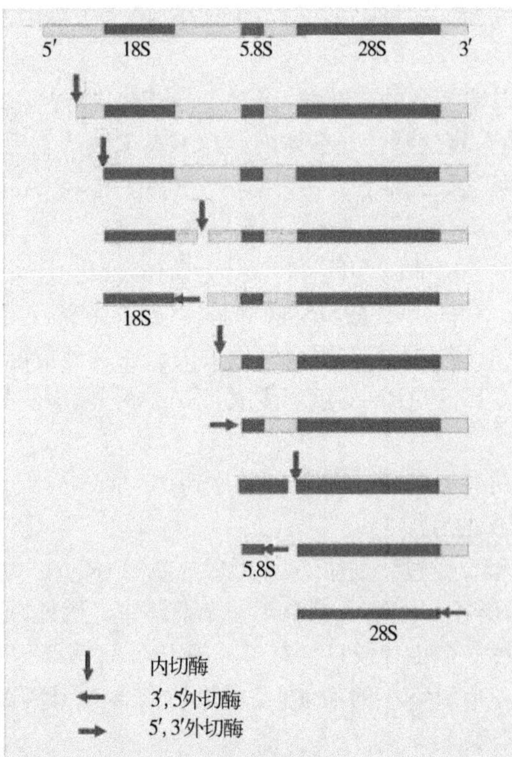

图 5-35 真核生物前体 rRNA 切割和修整(Lewin,2000)

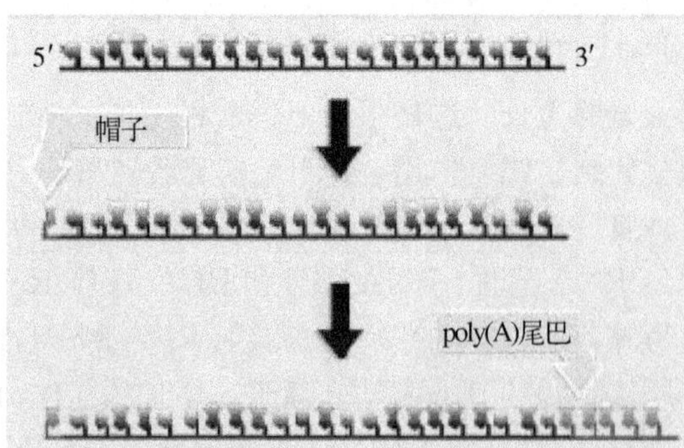

图 5-36 真核生物 mRNA 转录后加工(Lewin,2000)

2. 真核生物 mRNA 的转录后加工

真核生物的 mRNA 是转录时或转录后的短时间内在细胞核内被加工修饰的。成熟真核生物的 mRNA 并没有游离的 5′端,而是一种被称为帽子(cap)的结构。几乎所有的成熟 mRNA 都有 5′帽子结构,多数还有 3′的 poly(A)尾巴,这些结构都是在转录后经过修饰的结果。如图 5-36 所示,转录物的两端通过进一步加入核苷酸而进行修饰。除了加帽和加尾之外,真核生物的 mRNA 还要经过剪接和 RNA 编辑等转录后加工过程。只有在所有的修饰和加工完成之后，mRNA 才能由细胞核转运到细胞质。

(1) 5′端加帽

真核生物的转录起始于一个核苷三磷酸(经常是嘌呤，A 或者 G)。第一个核苷酸保留着其5′三磷酸，通常的磷酸二酯键在其3′位与下一个核苷酸的5′位之间生成。转录产物的初始序列可以描述为 5′pppA/GpNpNpNpN……将成熟的 mRNA 降解为单核苷酸时，其5′端经常是两个核苷酸，通过5′-5′三磷酸键相连。最末端的碱基是带有甲基的鸟嘌呤，是在转录后加到原始转录物的5′端的第一个碱基上的。添加 G 残基的反应是在转录产物的5′端刚刚显现时发生的，先由 RNA 三磷酸酶脱去新生 RNA 链末端的 γ 磷酸基，再由鸟苷酸转移酶催化 G 残基的添加。鸟苷酸转移酶与 RNA 聚合酶Ⅱ已发生磷酸化的 CTD 尾巴相连，G 残基是以 GMP 的形式加入的。随后 G 残基再经过甲基化，就形成了真核生物 mRNA 的帽子结构 m7GpppApNpNp…… 负责催化这种修饰反应的酶是鸟嘌呤-7-甲基转移酶(guanine-7-methyltransferase)。在加帽(capping)的过程中，初始转录物的5′三磷酸被一个鸟苷酸在相反方向上(3′→5′)取代，这样就封闭了5′端。该反应可以看做是 GTP 与新生 RNA 的5′三磷酸末端之间的缩合反应，反应如下：

$$\text{Gppp}+\text{pppApNpNp}\cdots\cdots\rightarrow\text{GpppApNpNp}\cdots\cdots+\text{pp}+\text{p}$$

缩合产生的焦磷酸来自 GTP，另一分子的磷酸来自新生 RNA 5′端的嘌呤。图5-37显示了所有可能的甲基化位点都加上甲基之后的帽子结构，帽子的类型发生了甲基化的多少而区分。真核生物的帽子结构可归纳为3种：m7GpppX 为帽子0；m7GpppXm 为帽子1；m7GpppXmYm 为帽子2。不同真核生物的 mRNA 可有不同的帽子结构，同一种真核生物的 mRNA 也常有不同的帽子结构。同一种 mRNA 是否有不同的帽子结构，目前尚不清楚。

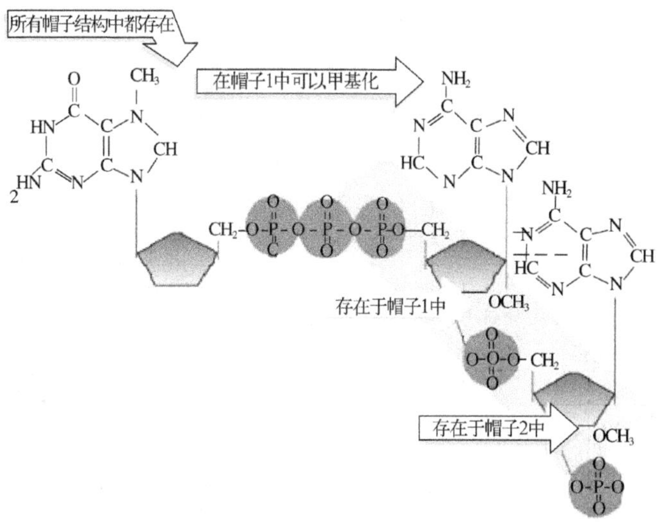

图5-37 真核生物的3种帽子结构(Lewin，2000)

真核生物 mRNA 5′帽子结构的作用还不十分清楚，但可以肯定具有重要的功能。目前认为它有下列作用：① 为核糖体识别 mRNA 提供信号。② 增加 mRNA 的稳定性。③ 与某些 RNA 病毒的正链 RNA 的合成有关。

(2) 3′端加 poly(A)尾巴

多数真核生物 mRNA(酵母除外)的3′端具有约为200 bp 长的 poly(A)尾巴。具有此特征的 mRNA 表示为 poly(A)$^+$，不具有该特征的写为 poly(A)$^-$。poly(A)尾巴不是由 DNA 所编码，而是在转录后在 RNA 末端腺苷酸转移酶(RNA terminal riboadenylatetransferase)的催化下，以 ATP 为前体，在 mRNA 3′端添加腺苷酸形成的。核 RNA 也具有 poly(A)结构。无论是 mRNA 还是核 RNA，其 poly(A)都与 poly(A)结合蛋白[poly(A)-binding protein，PABP]结合。PABP 的单体分子质量为70 kDa，可与 poly(A)序列中的10～20个碱基结合。PABP 与真核生物翻译起始因子 eIF4G 结合形成一个封闭的环状复合物，mRNA 的5′端和3′端被封闭于同一个蛋白质复合体中。这个复合体的形成可能对 poly(A)在 mRNA 中的特性有影响。poly(A)通常可以稳定 mRNA，这种保护作用需要 PABP 的结合。

RNA 末端腺苷酸转移酶又称为 poly(A)聚合酶(poly(A) polymerase)，分子质量为300 kDa。poly(A)的添加位点并不在 RNA 转录终止的3′端，而是首先由一个360 kDa 的内切酶和特异因子 CPSF 识别切点上游大约13～20碱基处的保守序列 AAUAAA 和下游的 GUGUGUG(有些情况例外)，然后切除一段序列。在此基础上，由 RNA 末端腺苷酸转移酶催化添加 poly(A)。因此，AAUAAA 被称为多聚腺苷酸化信号(polyadenylation signal)，其保守性很强，这段序列的突变可阻止 poly(A)的形成。poly(A)聚合酶催化poly(A)的生成可分为两个阶段。第一个阶段，在 mRNA 的3′端添加10个左右的 poly(A)，该过程严格依赖 AAUAAA 的存在，且是在特异因子 CPSF 的协助下完成的。第二个阶段，将 poly(A)尾延长致全长，这一过程不依赖 AAUAAA，而是需要另外一个刺激因子 PAB_{II} 识别已形成的 poly(A)并引导其延长。当poly(A)达到 200～250 bp 时，PAB_{II} 还负责终止 poly(A)聚合酶向 mRNA 的 3′端添加腺苷酸的反应。

有些 mRNA 的 3′端无 poly(A)尾，如组蛋白的 mRNA，其 3′端的正确形成依赖于 RNA 本身形成的茎环结构，即转录终止于此处。组蛋白 mRNA 成熟 3′端的形成也需要剪切过程，如组蛋白 H3mRNA，其转录原始产物要经切除一段序列才能成为成熟的 mRNA。另外，还有其他一些成分参与了 poly(A)的形成过程，如 U1 snRNA(small nuclear RNA)。现已明确，poly(A)在细胞质中可受核酸酶的降解，但总是维持在 100～200 bp，其机制尚不十分清楚，可能是细胞质中有一种 poly(A)聚合酶，能延长已有的 poly(A)。

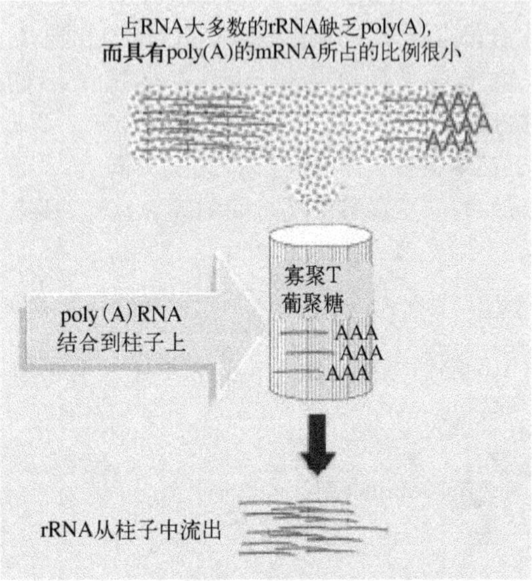

图 5-38 oligo(dT)柱分离纯化 poly(A) mRNA(王曼莹，2006)

关于 poly(A)的功能，目前认为与 mRNA 的寿命有关。如去掉 poly(A)的 mRNA 易被降解。但 poly(A)的长度与其寿命间没有发现相关性。poly(A)的缺失可抑制体外翻译的起始，而酵母 PABP 的缺乏也能抑制翻译。例如，在胚胎发育过程中，mRNA 的 poly(A)化对其翻译有影响。非 poly(A)化的 mRNA 作为一种储存形式，添加 poly(A)后开始翻译。对含 poly(A)的 mRNA 去除 poly(A)，可减弱其翻译。另外，poly(A)在分子生物学实验中有很大的应用价值。利用 mRNA 的该特性，可用寡聚 T[oligo(dT)]为引物，反转录合成 cDNA；也可将 oligo(dT)与载体相连，用于从总 RNA 中分离纯化 mRNA(图 5-38)。

(3) mRNA 的剪接

mRNA 的基因在低等真核生物中只有少数含有内含子，但在高等真核生物基因组中绝大部分都是断裂基因，含有大量内含子。去除初始转录产物的内含子，将外显子连接为成熟 mRNA 的过程称为 RNA 剪接(RNA splicing)。

随着生物进化程度的增加，不连续基因的数目不断增加。在典型的哺乳动物基因中，约有 7～8 个内含子，分布在 16 kb 左右的范围内。外显子较短(100～200 bp)，而内含子较长(1 kb)。初始转录产物称为 mRNA 前体，与基因是等长的，去除内含子后成熟的 mRNA 约为 2.2 kb。高等真核生物细胞核 RNA 的平均长度比 mRNA 长，非常不稳定，序列的复杂程度也非常高，根据其大小的广泛分布状态，称之为不均一核 RNA (heterogenous nuclear RNA，hnRNA)。其中包含 mRNA 前体，也包括其他的转录物。hnRNA 的物理结构核糖核蛋白颗粒(ribonucleoprotein particle，hnRNP)，颗粒中的蛋白质包围着 DNA。hRNP 的形状是一个球体和一个与之相连的纤维状结构(图 5-39)。球体的沉降系数为 40S，主要成分为 100～800 个核苷酸的 RNA 和多种蛋白质，其精确的结构及 RNA 以这种形式存在的作用还有待进一步探讨。事实上，RNA 剪接过程中真正识别的是 hnRNP，而不是前体 mRNA。

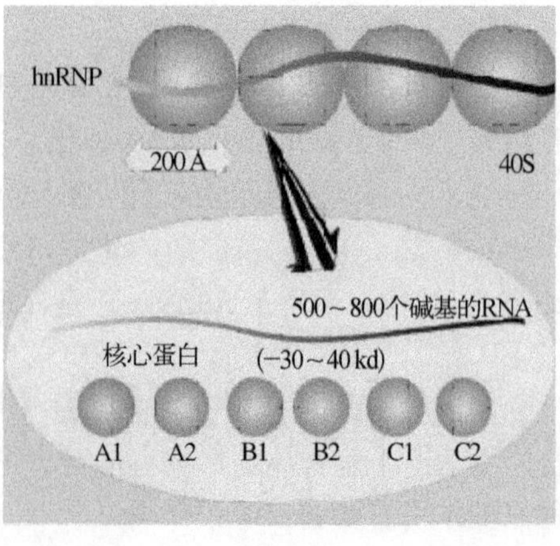

图 5-39 hnRNP 的结构(Lewin，2000)

1) 核基因 mRNA 的剪接位点：核基因 mRNA 的剪接位点(splicing site)是指内含子与外显子的交接区域，包含了断裂与再连接的位点。经过比较 mRNA 与相应结构基因的核苷酸序列，可以发现内含子和外显子的接头点有一些特点：一个内含子的两端并没有很广泛的序列同源性或互补性，连接点序列尽管非常短却有极强的保守性。在内含子两端分别有两个非常保守的碱基，左剪接点为 GU，右剪接点为 AG，内含子在剪接位点的这种特征又称为 GU－AG 规则。左(5′)剪接点又可称为供体位点，右(3′)剪接点可称为受体位点。如图 5－40 所示，在每一个共有位点处，下标数字表示该位置碱基所出现的百分数。点突变研究证明，剪接位点 GU 或 AG 的突变可以阻止剪接的出现。几乎所有的真核细胞核基因的内含子均遵循 GU－AG 规则，这也暗示着这类内含子存在着共同的剪接机制。线粒体、叶绿体和酵母 tRNA 的内含子不遵循这一规则。

图 5－40 内含子的 GU－AG 定义规则(Lewin，2000)

典型的哺乳动物的 mRNA 有多个内含子。要将这些内含子全部去除并使外显子正确的连接起来，肯定存在着十分精确的作用机制。可能会有以下两种机制：一种可能是，RNA 本身有一种性质使内含子末端的某一点连接起来，这种特性所需的是特定的序列或结构的配对；另一种可能是，所有的 5′剪接点具有相同的功能，而所有的 3′剪接点没有结构上的区别，剪接遵循着某一规则，保证 5′剪接点正确的与 3′剪接点相连。由于核 mRNA 的剪接位点及其周围并没有自身的互补序列，所以可以排除内含子末端之间的碱基配对模型。

2) mRNA 剪接的机制：体外的剪接过程可以分为 3 个阶段进行。第一阶段，内含子的 5′端切开，形成游离的左侧外显子和右侧的内含子-外显子分子。左侧的外显子呈线状，而右侧的内含子-外显子并不呈线状。在距内含子的 3′端约 30 个碱基处有一高度保守的 A，称为分支位点(branching site)。右侧内含子游离的 5′端以 5′，2′-磷酸二酯键与 A 相连，形成一个套索(lariat)结构。第二个阶段，内含子的 3′剪接点被切断，内含子以套索状释放，与此同时右侧外显子与左侧外显子连在一起。第三个阶段，内含子的套索被切开，形成线状并很快被降解(图 5－41)。

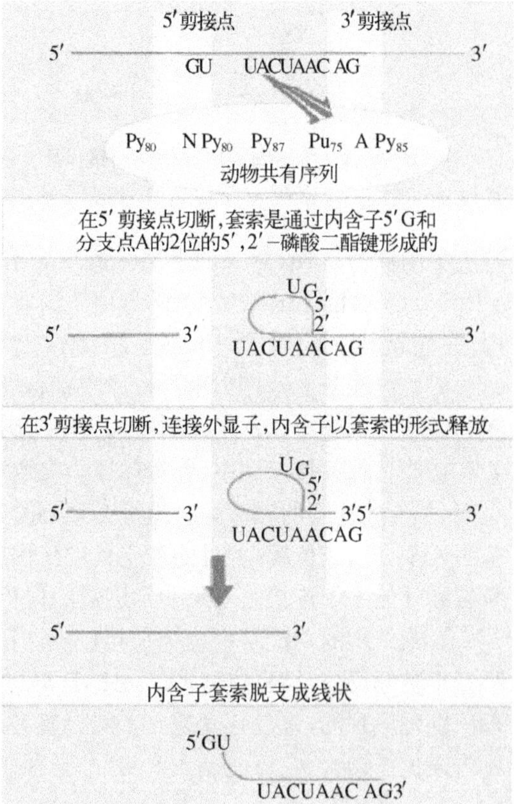

图 5－41 剪接反应分 3 个阶段进行(Lewin，2005)

完成剪接所需的条件是只有 3 个序列，即 5′端的 GU、3′端的 AG 和分支点序列 A。经突变实验证明，内含子或外显子其他序列的缺失并不影响剪接。也说明剪接过程不需要内含子或外显子的特定构象。分支点周围的序列也有一定的保守性，在酵母保守性很强，其一致序列为 UACUAAC。其他高等真核生物保守程度差一些，但也有一定的规律，一些位置倾向于或是嘌呤或是嘧啶，其一致序列为 Py80NPy80PY80Pu75APy95。分支点位于内含子 3′剪接点上游 18～40 个核苷酸处。在酵母中，分支点序列的突变可阻止剪接过程。高等真核生物分支点序列有一定的灵活性，当分支点缺失时，可以选择其他相类似的序列来替代，并能产生正确的剪接产物，但替代位点总是尽可能的接近原来的分支点。因此，分支点的作用是选择距之最近的 3′剪接点作为与 5′剪接点相连的靶位点。

套索是通过内含子 5′的保守 G 与分支点 A 形成磷酸二酯键而形成的，这两个碱基在所有的真核生物高度保守。在剪接过程中，没有酶的参与，但存在一种机制在反应前对上述保守的序列进行检查。在有些 5′剪接点的突变中，如内含子的第一个碱基由 G 变为 A，可切断左侧外显子并形成套索，使反应不能进一步进行。分支点序列的突变可阻止 3′剪接点的断裂。另外一些突变只是简单地阻断剪接反应。这些实验结果说明,在剪接反应前有某种机制对剪接所需的序列元件进行检查,只有这些元件都存在的情况下剪接反应才会开始,而任一元件的严重缺失都会抑制剪接反应。如果每个元件在适当的位置上以可识别的形式存在,剪接反应才能起始,但反应会停止在突变元件处。

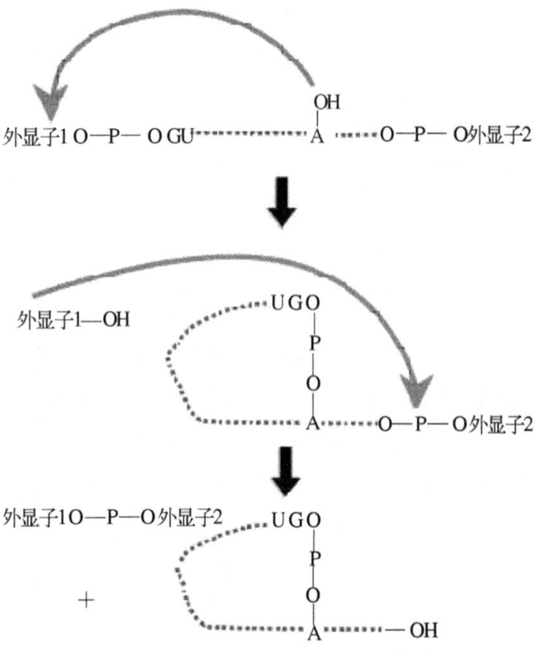

图 5-42 核基因 mRNA 剪接中的两次转酯反应(Lewin, 2004)

剪接过程中的反应为转酯反应(transesterification),即酯键由一个位置转移到另一个位置(图 5-42)。首先由分支点保守的 A 通过 2′羟基对 5′剪接点 GU 发动亲核攻击,然后由已释放的外显子的 3′羟基攻击内含子的 3′端剪接点 AG。在剪接反应前后,磷酸二酯键的数目并没改变,只是由原来的两个 5′,3′-磷酸二酯键(内含子与两个外显子间)变为 5′,3′-磷酸二酯键(两个外显子间)和 5′,2′-磷酸二酯键(内含子本身的套索结构)。在转酯反应中,并不需要能量,ATP 水解释放的能量可能是用于剪接过程中的某些构象变化。

剪接点的识别是剪接过程中的关键问题。有两种可能:一是通过酶来识别,二是通过 RNA 经碱基配对的方式形成二级结构,然后由酶进行识别。在后一种可能中,识别剪接点的 RNA 可以来源于转录产物的本身(如线粒体的内含子),或来源于其他的 RNA 分子。各种参与剪接的成分形成一个剪接体系,称为剪接体(spliceosome),大小在 50~60S,与核糖的大亚基相似。该体系由几种 snRNP 和大量其他的蛋白质分子组成,这些蛋白质分子称为剪接因子,估计有 40 多种。细胞核中的小分子 RNA 称为 snRNA,位于胞质中的称为 scRNA(small cytoplasmic RNA),它们均以核蛋白颗粒的形式存在,分别称为 snRNP 和 scRNP。所有的 snRNP 所含的蛋白质约有 40 种,其中一部分直接参与剪接,另外一些可能提供特定的结构,或是起组装颗粒的作用,或是起联系颗粒的各种成分的作用。

剪接点和分支点序列由剪接体识别,snRNA 和蛋白质都参与了识别,特别是 snRNA 之间及与 mRNA 间的碱基配对起重要作用。剪接体按一定顺序组装,已分离到一些组装的中间体。只有组装完整的剪接体才有功能。在剪接反应中,剪接体还会释放和添加某些成分。在剪接过程中,剪接体中的各种 snRNA 间及 snRNA 与底物间的碱基配对是至关重要的,这些作用可引起结构的变化以利于剪接的进行,使参与反应的基团处于合适的位置,并可能产生具催化作用的活性中心,而且上述结构的变化是可逆的,另外,3′剪接点的断裂和外显子的连接是一个非常迅速的过程。

套索结构的功能是定位 3′剪接位点。在第一次转酯反应即 5′剪接点断裂和套索结构形成后,立即进行第二步转酯反应,该反应需 U5 snRNP 与 3′剪接点的结合。但目前尚不清楚 U5 snRNP 是否通过碱基配对来识别靶序列的,也没有发现二者间有互补序列。蛋白质成分可能参与了此过程,已鉴定到了一种蛋白质可与该位点结合,它可能是 snRNP 的某种成分。

(4) 编辑

RNA 编辑(RNA editing)是通过核酶在转录后或转录中的 RNA 顺序中增加或缺失或替换一个碱基,改变 mRNA 的信息,最终导致 DNA 所编码的遗传信息的改变。也就是基因转录物的序列不与基因编码序列互补,使翻译生成的蛋白质的氨基酸组成,不同于基因序列中的编码信息现象。RNA 编辑的结果不仅扩大了遗传信息,而且使生物更好地适应生存环境。有些基因的主要转录产物必须经过编辑才能有效地起始翻译,或产生正确的可读框(ORF)。

RNA 编辑是通过比较成熟的 mRNA 与相应基因的编码信息时发现的。成熟的 mRNA 序列中有几种意想不到的变化,包括尿嘧啶(U)突变为胞嘧啶(C)、胞嘧啶突变为尿嘧啶、尿嘧啶的插入或缺失、多个鸟嘌呤(G)或胞嘧啶的插入等。最典型的例子是锥虫(trypanosome)动质体(kinetoplastid)的线粒体基因

mRNA 的编辑，涉及上百个尿嘧啶的缺失和插入。另外，RNA 编辑在哺乳动物细胞核基因组存在局部编辑现象。

3. 真核生物 tRNA 的转录后加工

真核生物 tRNA 前体除了在 5′端和 3′端含有多余的核苷酸序列以外，还具有小的内含子。成熟的 tRNA 被高度修饰，并且它们 3′端的 CCA 序列是 tRNA 前体所没有的。因此，真核生物 tRNA 前体也需要经过后加工过程。研究发现，所有真核生物 tRNA 成熟过程的反应基本类似，可能各种作用的顺序在不同 tRNA 及不同生物之间有所差异。真核生物 tRNA 转录后加工方式主要包括剪切、修剪、碱基修饰、添加 CCA 和剪接。其中剪切、修剪、碱基修饰和原核生物相似，而 tRNA 剪接是真核生物所特有的后加工，下面主要介绍酵母 tRNA 基因的特点及剪接过程。

通过诱变可以获得酵母 tRNA 加工的温度敏感突变型，以此可获得未加工的 tRNA 前体，然后在体外加入野生型酵母细胞的抽提物和控制 ATP 来观察 tRNA 加工过程。研究发现，在 272 个左右的酵母 tRNA 基因中，有 59 个属割裂基因。每一个 tRNA 只含有一个内含子，位于反密码环 3′端的下游，相距只有一个核苷酸。内含子的长度不一，在 14～16 bp。功能相同的 tRNA 内含子有着相似的序列，但携带不同氨基酸的 tRNA 的内含子的序列却大相径庭。在所有的内含子中，并没有发现可被剪切酶识别的同源序列，无论是在植物和两栖类，还是在哺乳动物中都是这样。所有酵母 tRNA 的内含子都含有一段与反密码环互补的序列，序列互补的结果是在反密码环处形成了一个与成熟 tRNA 分子不同的构象(图 5－43)，而其他部位的结构均和成熟的 tRNA 相同。

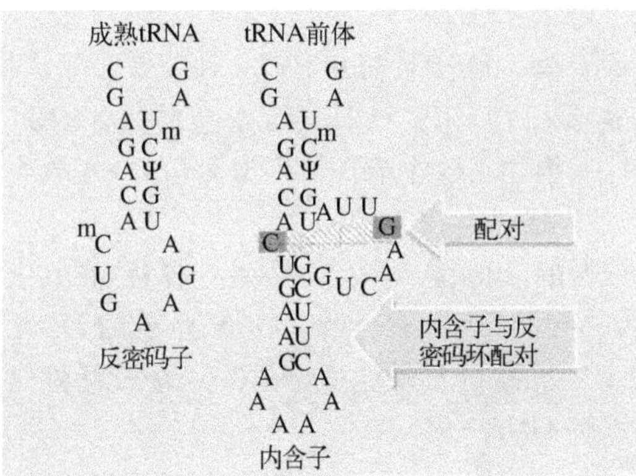

图 5－43　成熟 tRNA 和前体 tRNA 二级结构的比较(王曼莹，2006)

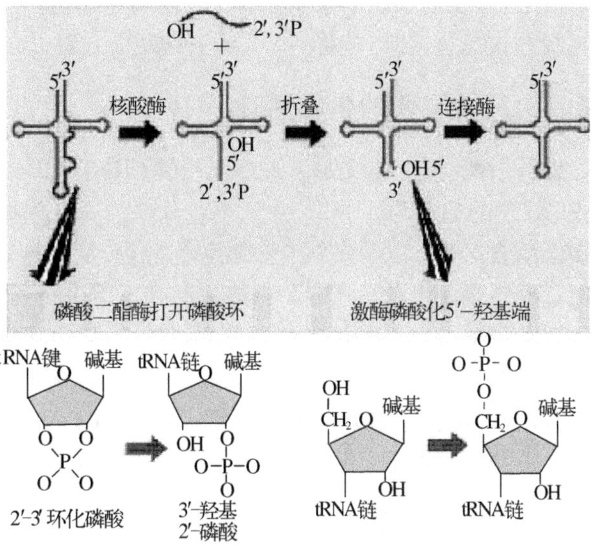

图 5－44　tRNA 的剪接(王曼莹，2006)

酵母 tRNA 剪接主要分 3 步进行(图 5－44)。① 内含子切除：内切酶在内含子的两端切断二酯键，形成一线状的内含子分子和两个 tRNA 半分子。该反应属非典型的核酸酶反应，不需要 ATP。tRNA 半分子有独特的末端结构，5′端均为羟基(—OH)，3′端均为 2′,3′-环磷酸基团。② 两个半分子 tRNA 的连接：这一步需要 ATP，主要由 RNA 连接酶催化。第一步反应产生的两个半分子 tRNA 不是连接酶的正常底物，因此需要对它们进行加工。加工需要两种酶：一种是环磷酸二酯酶，负责打开 5′- tRNA 半分子 3′端的 2′,3′-环磷酸，以游离出 3′- OH；另一种是 GTP -激酶，负责将另一个半分子 tRNA 的 5′- OH 转变成 5′-磷酸。一旦两个半分子 tRNA 被加工好，tRNA 连接酶就将其连接起来，使其成为一个完整的 tRNA 分子。③ 2′磷酸基团的去除：经历以上两步后，内含子已被去除，但剪接点处的核苷酸仍有一个 2′磷酸基团，需在磷酸酶的作用下去除，最后形成熟的 tRNA。

2′,3′-环磷酸基团在植物和哺乳动物的 tRNA 剪接中也出现。植物形成环磷酸基团的反应与酵母基本相似，但具体的化学反应在动物中是不同的。酵母的 tRNA 前体也可被卵细胞核提取物催化来完成剪接过程，说明剪接反应是非种属特异性的。

5.6 反转录

5.6.1 反转录病毒与反转录的发现

"中心法则"确定后,人们发现并不是所有RNA都是在DNA模板上复制的。许多病毒并没有DNA,只有单链的RNA作为遗传物质。当这些病毒侵入寄主细胞后,进行自我复制。另外,在某些真核细胞里原有的信使RNA也能在复制酶的作用下复制自己。这样就需要对原来的"中心法则"进行修改,即不仅DNA可以进行自我复制,RNA也具有自我复制的功能。

20世纪70年代初,Temin和Baltimore等各自独立地发现了在RSV和鼠白血病病毒中含有一种能使遗传信息从单链病毒RNA转录到DNA上去的酶——依赖于RNA的DNA聚合酶,即反转录酶,他们并因此获得1975年度诺贝尔生理学或医学奖。当RNA致癌病毒,如鸟类劳氏肉瘤病毒(Rous sar-coma virus)进入宿主细胞后,其反转录酶先催化合成与病毒RNA互补的DNA单链,继而复制出双螺旋DNA,并经另一种病毒酶的作用整合到宿主的染色体DNA中。此过程中,核酸合成与转录(DNA→RNA)过程遗传信息的流动方向相反(RNA→DNA),故称为反转录(reverse transcription)。此整合的DNA可能潜伏(不表达)数代,待遇适合的条件时被激活,利用宿主的酶系统转录成相应的RNA,其中一部分作为病毒的遗传物质,另一部分则作为mRNA翻译成病毒特有的蛋白质。最后,RNA和蛋白质被组装成新的病毒粒子。在一定的条件下,整合的DNA也可使细胞转化成癌细胞。反转录病毒RNA病毒的基因组是RNA而不是DNA,其复制方式是反转录,故称为反转录病毒(retrovirus)。

5.6.2 反转录酶的生物活性

反转录酶(reverse transcriptase)又称RNA指导的DNA聚合酶。反转录酶和其他DNA聚合酶一样,合成DNA的方向为5′→3′,并且不能从头合成DNA,反应也需要引物,该引物是病毒本身的一种tRNA。反转录酶含Zn^{2+},以脱氧核苷三磷酸为底物,从5′到3′合成DNA、引物。这个酶在许多方面与DNA聚合酶相似。反转录酶催化的DNA合成机制和反应进行所需的各种条件已基本搞清。

反转录酶兼有3种酶的生物活性:① RNA指导的DNA聚合酶,可以利用病毒RNA为模板,在其上合成出一条互补DNA链,形成RNA-DNA杂交分子。② DNA指导的DNA聚合酶,它以新形成的DNA链为模板,合成出另一条互补DNA链,形成双链DNA分子。③ RNA酶H活性。所谓RNA酶H活性是指除去杂合分子中的RNA。它可以从5′→3′和3′→5′两个方向水解DNA-RNA。

5.6.3 反转录的过程

反转录病毒的生活周期如图5-45所示,其反转录的过程主要包括3个步骤。

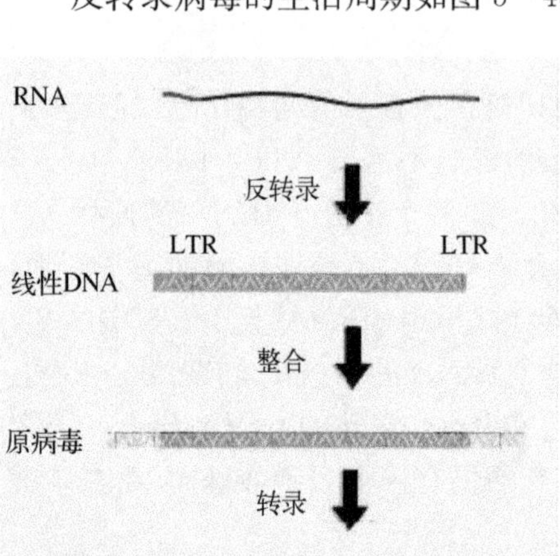

图5-45 反转录病毒的生活周期(王曼莹,2006)

1) 以单链RNA的基因组为模板,在反转录酶(RNA指导的DNA聚合酶)的催化下,合成一条单链DNA。

2) 产物与模板生成RNA∶DNA杂化双链,杂化双链中的RNA被反转录酶(RNA酶H)水解。

3) 以新合成的单链DNA为模板,反转录酶(DNA指导的DNA聚合酶)催化合成第二链的DNA。

5.6.4 反转录现象的意义

反转录现象的发现向人们展示了遗传信息传递方式的多样性,完善了中心法则,使人们对RNA的生物学功能有了更新、更深的认识,从而极大地丰富了DNA、RNA和蛋白质三者之间的相互关系。既然反转录现象存在于所有致癌RNA病毒中,那么可以想见,它的功能可能与病毒的恶性转化有关。如果能找到这类酶的专一性抑制剂，就可以不损害健康细胞而达到治疗肿瘤的目的。

思 考 题

1. 简述转录的基本过程和一般特点。
2. 试述大肠杆菌 RNA 聚合酶的组成、各亚基的功能及大肠杆菌的转录起始过程。
3. 大肠杆菌的终止子有哪两大类？依赖 ρ 因子的终止子所致的转录终止过程中，ρ 因子的作用是什么？
4. 按装配顺序列出组成酵母 RNA 聚合酶Ⅱ前起始复合物的主要蛋白质，并说明其各自功能。
5. poly(A)的作用是什么？如何验证 poly(A)位于 mRNA 的 $3'$端而且是转录后添加的？

第6章 翻 译

翻译是细胞内一个极其复杂的生化过程，是由200多种生物大分子协同作用的结果。这些大分子包括mRNA、tRNA、核糖体及大量其他必需的蛋白质因子。多肽链合成结束后还需要经过修饰、加工、定向运输到特定部位才能具有生物活性。

对于终产物为RNA的基因，只要完成转录及转录后的处理，也就完成了基因表达的全过程；而对于终产物是蛋白质的基因，其基因的表达在转录后还必须将mRNA的遗传信息转化为蛋白质中的氨基酸信息。所谓翻译(translation)就是将储存在mRNA核苷酸顺序中的遗传信息按照遗传密码的专一性转变成蛋白质氨基酸顺序的过程。

蛋白质合成的过程非常复杂，需要一系列的生物大分子的参与，包括：① 约有40～60种不同的tRNA分子。② 3～5种核糖体中的rRNA分子。③ 组成核糖体中蛋白质的50多种多肽。④ 至少20种氨基酸活化酶类。⑤ 参与多肽翻译过程中起始、延伸和终止的大量可溶性蛋白质因子等(图6-1)。

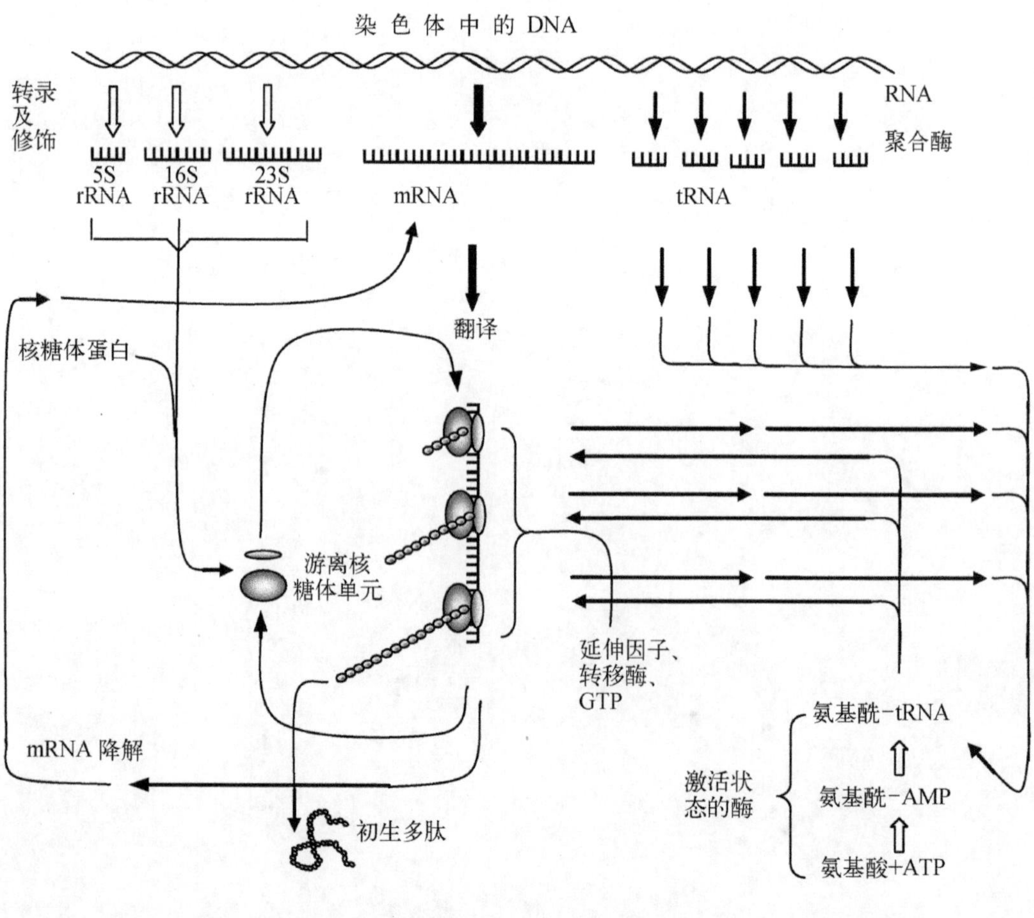

图6-1 蛋白质的合成过程(仿自赵寿元等，2011)

6.1 mRNA与遗传密码

储存在DNA上的遗传信息通过mRNA传递到蛋白质上，而mRNA与蛋白质之间的联系是通过遗传密码的破译来实现的。

6.1.1 原核生物和真核生物的mRNA

mRNA是蛋白质合成的直接模板，其核苷酸排列顺序取决于相应DNA的碱基排列顺序，又决定了所形成的蛋白质多肽链中氨基酸的排列顺序。所以mRNA又称为信使核糖核酸，此处的m是messenger的简称。

几乎所有mRNA都可以被分为三部分：位于AUG之前的5′端上游非编码区和位于终止密码子之后的3′端下游非编码区，之间是翻译区或编码区。编码区从起始密码子AUG开始，经一连串编码氨基酸的密码子直至终止密码子，即一个完整的开放阅读框(open reading frame，ORF)。非编码区对于mRNA的模板活性是必需的，特别是5′端非编码区在蛋白质合成中被认为是与核糖体结合的部位。

虽然mRNA在所有细胞内执行着相同的功能，并通过密码子翻译生成蛋白质，但其生物合成的具体过程、成熟mRNA的结构和寿命在原核生物和真核生物细胞内是不同的。

1. 原核生物和真核生物mRNA 5′端特有序列结构

原核生物起始密码子AUG上游7～12个核苷酸处有一被称为SD序列(图6-2)的保守区，因为该序列与16S rRNA 3′端反向互补，所以被认为在核糖体与mRNA的结合过程中起作用。各种mRNA的核糖体结合位点中能与16S rRNA配对的核苷酸数目及这些核苷酸到起始密码子之间的距离是不一样的，反映了起始信号的不均一性。一般来说，互补的核苷酸越多，30S亚基与mRNA起始位点结合的效率也越高。互补的核苷酸与AUG之间的距离也会影响mRNA-核糖体复合物的形成及其稳定性。

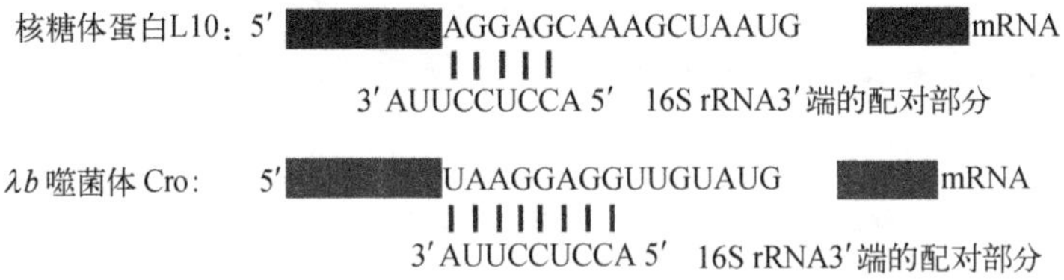

图6-2 原核生物2个基因的mRNA 5′端与16S rRNA 3′端的序列比较

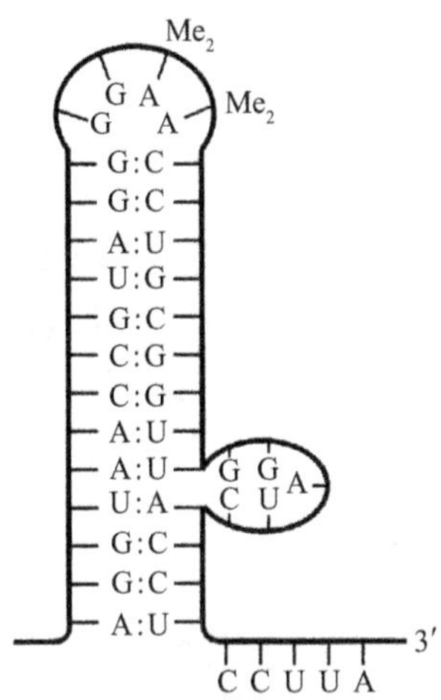

图6-3 大肠杆菌16S rRNA 3′端的发夹结构

细菌16S rRNA 3′端序列既非常保守，又高度互补，能够形成“发夹”结构(图6-3)。与mRNA保守序列互补的也是“发夹”的中的一部分。研究推测，在rRNA的3′端与mRNA 5′端配对形成起始复合物时，“发夹”结构被改变，先形成mRNA-rRNA杂合体，促使了小亚基与之结合，进而引入大亚基，而在启动蛋白质翻译以后，这个杂合体解体，核糖体在mRNA模板上运动。发夹结构的动态改变可能有利于翻译起始复合物的形成和移动。

真核细胞mRNA(不包括叶绿体和线粒体)的5′端有一个7-甲基鸟苷三磷酸帽子结构，其通式为5′m^7 GpppNm。其中，N代表mRNA分子原有的第一个碱基；m^7 G是转录后加上去的。不同真核生物的mRNA 5′端帽子也不同。帽子可分为3种不同的类型：① O型为m7GpppN。② Ⅰ型为m^7GpppNm，即转录出的mRNA第一位碱基也被甲基化(C_2甲基化)。③ Ⅱ型为m^7 GpppNmNm，即mRNA的第一个碱基和第二个碱基均被甲基化。帽子结构中 m^7Gppp 与下一个核苷酸连接是以 5′与 5′相连的方式,这和一般的多核苷酸中的 5′与 3′连接方式不同(图 6-4)。这种特殊的连接方式称为相对核苷酸结构(confronted nucleotide structure)。

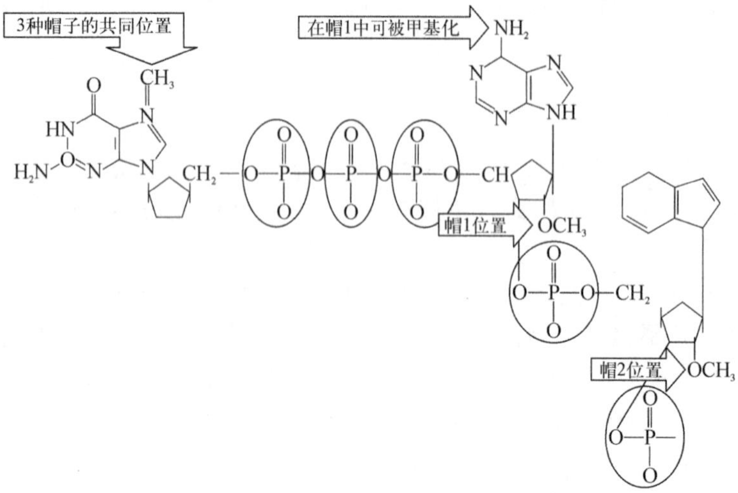

图 6-4 真核生物 mRNA 5′端帽子结构

真核生物的帽子结构至少有两种功能。一是对翻译起识别作用,促进起始反应,因为核糖体上有专一位点或因子识别 mRNA 的帽子,使 mRNA 与核糖体结合(具体机制见真核生物蛋白质合成的起始);第二个功能是稳定 mRNA 的作用。mRNA 的帽子结构可保护 mRNA 5′端避免外切核酸酶的攻击。因为相对核苷酸结构(5′-5′连接)不能被外切核酸酶识别。

由上述可见,原核生物 mRNA 5′端的 SD 序列,真核生物的帽子结构均是蛋白质起始合成所不可缺少的,它们对密码子的翻译有着重要的影响。除此之外,mRNA 上还有许多结构特点与翻译过程密切相关。

2. 原核生物和真核生物 mRNA 3′端特有序列结构

大多数真核生物 mRNA 的 3′端都有 50～200 个腺苷酸残基构成的 poly(A)结构。Poly(A)也是转录后当 mRNA 还未离开胞核时(此时称 hnRNA)就加上去的。但有些真核细胞 mRNA(如组蛋白 mRNA、呼肠弧病毒及一些植物病毒 mRNA)没有 poly(A)。目前,还没有发现有关真核生物 RNA 聚合酶Ⅱ所转录基因的终止位点有保守的序列特征,但比较研究发现,几乎所有真核基因 3′端 poly(A)的上游 15～30 bp 处,有一个非常保守的 AAUAAA 序列,其对初级转录产物的准确切割和加上 poly(A)是必需的,因此认为其是加尾的信号(图 6-5)。

真核生物 mRNA 加 poly(A)时,需要由内切酶切开 mRNA 3′端的特定部位,然后由 poly(A)聚合酶催化多聚腺苷酸的合成。实验研究表明,若通过点突变将 AAUAAA 变为 AAGAAA 序列,该基因的转录活性不会改变,但由于 mRNA 的剪接加工受阻,因而没有功能性的 mRNA 产生。

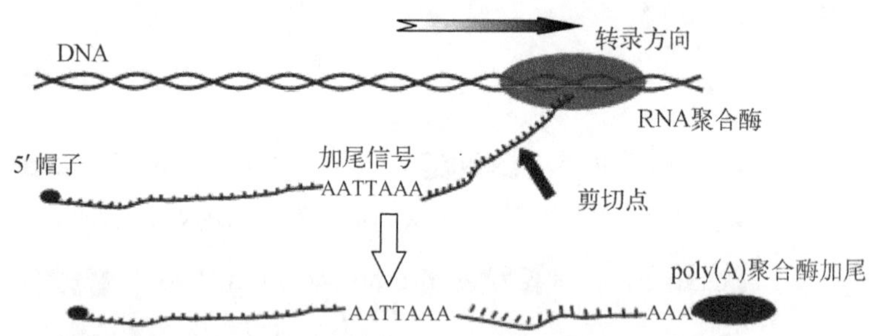

图 6-5 帽子结构和 poly(A)促进翻译起始复合物的形成

真核生物 mRNA poly(A)尾巴的功能主要表现在 3 个方面,第一是 poly(A)与 mRNA 分子 5′端的帽子,共同参与形成翻译起始复合物(图 6-5)。第二是 poly(A)尾巴可以抵抗外切核酸酶从 3′端降解 mRNA,因此,poly(A)大大提高了 mRNA 在细胞质中的稳定性,当 mRNA 刚从细胞核进入细胞质时,其 poly(A)一般较长,随着在细胞质中逗留的时间延长,poly(A)逐渐变短消失,mRNA 进入降解过程。第三,poly(A)是 mRNA 由细胞核进入细胞质所必需的。原核细胞的 mRNA 没有加帽或加尾修饰。其蛋白质合成的起始主要通过 SD 序列进行。

3. 原核生物的多顺反子 mRNA

许多细胞 mRNA 已被纯化且序列也被测定。到目前为止,所发现的真核细胞 mRNA 几乎都只有合成一种多肽链的信息,是单顺反子的形式。而原核细胞中每种 mRNA 分子常带有多个功能相关蛋白质的编码信息,以一种多顺反子的形式排列,在翻译过程中可同时合成几种蛋白质。

对于原核生物多顺反子 mRNA 来说,如果基因间的间隔序列较长,则核糖体在第一个基因的终止密码子处发生解离,并脱离了 mRNA。因此第二个基因产物合成的起始是独立的,同样需要全部的起始过程。如果基因间间隔序列的长度只相当于正常的 SD 序列到起始密码子的距离并具有 SD 序列特征,则核糖体大小亚基分离后，小亚基并不离开 mRNA，大亚基暂时离开，但又会很快地结合上来。如果前一基因的终止密码子与后一基因的起始密码子部分重叠，则核糖体两个亚基可能都不离开 mRNA，而接下去翻译第二个基因产物。因而在原核生物的多顺反子 mRNA 中，各基因产物的数量并不一定都相等，特别是基因间间隔序列较长的情况下更是如此，这时候，各基因 SD 序列则起关键作用。

例如，乳糖操纵子(lac operon)中各基因产物数量就不相等。半乳糖苷酶(*Z* 基因产物)：半乳糖苷透性酶(*Y* 基因产物)：半乳糖苷乙酰化酶(*A* 基因产物)大约为 1：0.5：0.2。这是因为，*Z*、*Y*、*A* 三个基因间的终止密码子与第二个基因的起始密码子有较大的间距，翻译时第一个基因的核糖体到终止子处会发生脱离，第二个基因的翻译需要重新起始。此外，在 lac mRNA 分子的内部，*LacA* 基因比 *LacZ* 更容易受内切酶作用而发生降解，因此其产物在细胞内的含量较低。

6.1.2 遗传密码及其破译

遗传密码是在 20 世纪 60 年代由生物化学和遗传学家通过理论推测、设计精妙绝伦的实验来阐明的，充满了想象和科学智慧之光，是科学史上杰出的成就之一，不仅为研究蛋白质的生物合成提供了理论依据，也证实了中心法则的正确性。

前面的学习中，已经知道是基因控制着多肽的合成，值得注意的是 DNA 上 4 个不同的核苷酸之间的排列组合是如何控制蛋白质上 20 种氨基酸顺序的呢？在 1956～1961 年，由 Jacob 等领导的 4 个不同的实验室通过用 T4 噬菌体感染大肠杆菌，发现了真正的遗传模板，即 DNA 通过转录形成 RNA，而后者是指导形成蛋白质的模板。这样，问题就演化成了 mRNA 分子 4 种碱基的顺序是怎样决定了多肽上氨基酸序列的。无疑，遗传密码所用的符号或字符肯定是碱基对，但遗传密码是什么呢？

1. 遗传密码的破译

要破译一个未知的密码，一般的思路就是比较编码的信息，即密码和相应的译文。对于遗传密码来说最简单的破译方法应是将 DNA 顺序或 mRNA 顺序和多肽相比较。1954 年，Sanger 用纸层析分析了胰岛素的结构后，对蛋白质的氨基酸序列了解得越来越多。在此基础上，1954 年，Gamov 对破译密码首先提出了挑战。他在 *Nature* 上首次发表了遗传密码的理论研究文章，指出“氨基酸正好按 DNA 的螺旋结构进入各自的洞穴”。他设想若一种碱基与一种氨基酸对应的话，那么只可能产生 4 种氨基酸，而已知天然的氨基酸约有 20 种，因此不可能由 1 个碱基编码 1 种氨基酸。若 2 个碱基编码一种氨基酸的话，4 种碱基共有 $4^2=16$ 种不同的排列组合，也不足以编码 20 种氨基酸。因此他认为 3 个碱基编码一种氨基酸就可以解决问题。虽然 3 个碱基组成三联体密码，经排列组合可产生 $4^3=64$ 种不同形式，要比 20 种氨基酸大 2 倍多，但若是四联体密码，就会产生 $4^4=256$ 种排列组合。相比之下只有三联体较为符合 20 种氨基酸。

三联体遗传密码子单位的这个理论推测，很快得到了 Crick 和 Brenner 等用遗传学方法的证明。他们用吖啶类试剂(诱导核苷酸插入或从 DNA 链上丢失)处理 T4 染色体上的一个基因(rⅡ位点)，引起 T4 噬菌体 DNA 插入或删去 1、2 或 3 个碱基。实验的原理可用假设的噬菌体 DNA 加以说明(图 6-6)。

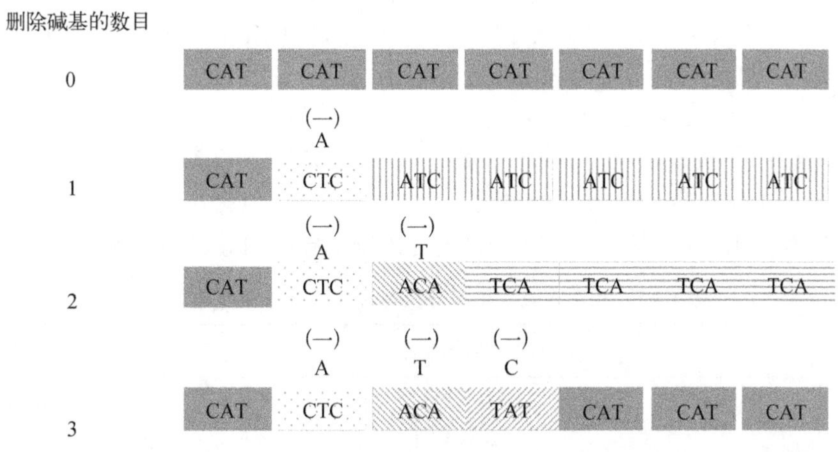

图 6-6 用核苷酸的删除实验证明 mRNA 模板上每 3 个核苷酸组成一个密码子

当删去一个碱基A时,从这一点以后的密码就发生了差错。删去2个碱基时,情形也如此。但是删去3个碱基时,情况就不同了。最先也形成几组错误的密码子,但以后又恢复正常。前面两类突变往往使基因产物全部失去活力,而第三种突变类型使基因产物仍具有一定活力。这只能用遗传密码是三联体这个事实来加以解释。

至此,可以看出所谓遗传密码是核酸中的核苷酸序列指定蛋白质中的氨基酸序列的一种方式,mRNA上每3个核苷酸代表蛋白质多肽链上的一个氨基酸,这3个核苷酸就称为遗传密码(genetic codon),也称为三联体密码。

虽然遗传密码是三联体,科学家还需要回答以下几个问题:① 20个不同的氨基酸对应着哪些密码子?② 64个可能的密码子使用了多少?③ 遗传密码是如何终止的?④ 各类生物中使用的密码子是否相同?回答这些问题,在20世纪60年代初期既充满了挑战,又十分令人向往。Nirenberg和他的同事所建立的体外蛋白质合成体系和核酸人工合成技术的发展,使得密码子的破译得到了迅速解决。

(1) *利用多聚单核苷酸破译遗传密码*

1961年,Nirenberg等建立了无细胞反应系统。他们用DNA酶处理大肠杆菌抽提物,使DNA降解,除去原有的细菌模板。在抽提物中含有核糖体、ATP及各种氨基酸,除mRNA以外,是一个完整的翻译系统。由于DNA被降解,不再转录新的mRNA,即使原来残留mRNA,因其半衰期很短,也很快会降解掉。当他们把人工合成的poly(U)加入这种无细胞系统中代替天然的mRNA时,发现合成了单一的多肽,即多聚苯丙氨酸,它的氨基酸残基全是苯丙氨酸。这一结果不仅证实了无细胞系统的成功,同时还表明UUU是苯丙氨酸的密码子。他们用同样的方法分别加入poly(A)和poly(C),结果相应地获得了多聚赖氨酸、多聚脯氨酸。由于poly(G)的鸟嘌呤残基会配对,而形成三链结构,所以其不能作为体外翻译系统中的mRNA。

值得说明的是,Nirenberg的体外翻译系统成功破译部分密码子是非常幸运的,由于上述无细胞体系中Mg^{2+}浓度很高,人工合成的多聚核苷酸不需要起始密码子就能指导多肽的生物合成,但读码起始是随机的。而在生理Mg^{2+}条件下,没有起始密码子的多核苷酸是不能被用作多肽合成的模板的。

(2) *采用多聚重复共聚物破译密码*

为了破译其他的密码,Nirenberg和他的同事又采用各种随机的共聚物或特定序列共聚物作模板合成多肽。例如,以只含A、C的共聚核苷酸作模板,任意排列时可出现8种三联子,即CCC、CCA、CAC、ACC、CAA、ACA、AAC、AAA,获得由Asn、His、Pro、Gln、Thr、Lys共6种氨基酸组成的多肽。这里CCC和AAA的密码子是已知的,而其他的密码子还需要进一步探知。

1965年,Khorara以不同的思路和方法巧妙地破译了全部的密码。用多聚二核苷酸、三核苷酸或四核苷酸作模板,形成特定重复序列的mRNA,在体外翻译系统中加入同位素标记的氨基酸,然后分析所合成多肽的氨基酸顺序,再进行比较分析来推测各氨基酸的密码子。

如当重复顺序为(UC)*n*时,组成的重复mRNA为:5′…UCUCUCUCUCUCUCUCUC…3′,翻译时,无论从哪个位点开始阅读,产生的密码子是UCU、CUC两种,都只能翻译出丝氨酸(Ser)和亮氨酸(Leu)相间排列的多肽,当然,这种方法还不能确定这两种氨基酸的相应密码子。

当重复顺序为(UUC)*n*时,组成的重复mRNA为:5′…UUCUUCUUCUUCUUCUUCUUCUUC…3′,根据阅读起点不同,产生UUC、UCU或CUU三种密码子,所以得到的多肽也只能是三种多聚氨基酸,即多聚苯丙氨酸(Phe)多聚丝氨酸(Ser)和多聚亮氨酸(Leu)。

当重复序列为(UUAC)*n*时,组成的重复mRNA为:5′…UUACUUACUUACUUACUUACUUACUUACUUAC…3′,无论怎么读法,只会是4个密码子的循环:UUA-CUU-ACU-UAC,但合成的肽链中氨基酸3种,即Leu-Leu-Thr-Tyr。

把上面的3个实验列出表格(表6-1),就可以进行比较推导出相应氨基酸的密码子了。

表6-1 用2,3或4个核苷酸重复共聚体来确定密码子

重复顺序	可组成的三联体密码子	多肽的氨基组成
(UC)*n*	UCU、CUC	Ser-Leu
(UUC)*n*	UUC、UCU、CUU	poly(Phe)、poly(Ser)、poly(Leu)
(UUAC)*n*	UUA、CUU、ACU、UAC	Leu-Leu-Thr-Tye

与第一行比较，只有一个密码子 UCU 相同，但同样都有 Ser 和 Leu，所以仍不能确定。再看第三行，将密码子和氨基酸与第二行作对照，彼此共有密码子 CUU 和氨基酸 Leu，所以可以确定 CUU 是 Leu 的密码子。那么第二行中既然 CUU 已知是亮氨酸，毫无疑问 UCU 是丝氨酸。第一行中原来 UCU - CUC 难以确定哪一个是 Ser、哪一个是 Leu，现在可以确定 UCU 是 Ser，那么余下的 CUC 肯定是亮氨酸了。Khorara 就是用这种方法将所有的遗传密码都破译了。这项实验还同时证实了三联密码的正确性及兼并性的存在。

(3) 利用核糖体结合技术破译遗传密码

Nirenberg 和 Leder 于 1964 年还采用核糖体结合实验，一举破译了所有密码，取得了重大的突破(图 6 - 7)。这个方法的思路是建立在两项基础上的：① tRNA 和氨基酸及三联体的结合是特异的；② 上述结合的复合体大分子不能通过硝酸纤维素膜(NC)的微孔，而 tRNA -氨基酸的复合体是可以通过的。

他们首先发现，当简单的特定核苷酸加入到大肠杆菌的核糖体上时，它们并不促使蛋白质的合成，而引起了特定的 tRNA 及其携带的氨基酸结合到核糖体上，形成大的复合体。因此，他们每次在无细胞系统中仅加一种已知顺序的三联体 RNA(如 ACA)，同时在氨基酸中只用^{14}C 标记一种氨基酸(如 Trp)。若 ACA 进入核糖体后，与其结合的 tRNA 上携带的不是所标记的 Trp，那么 tRNATrp 和其携带的 Trp 就会从 NC 上透过。测定透过 NC 的氨酰- tRNA 复合体是否带有标记。如带有标记就可以确定输入的三联体 ACA 不是 Trp 的密码子，那么就可重新输入另外的三联体 RNA，一直到 tRNA 所带有的标记的氨基酸不透过 NC，说明此三联体 RNA 正好是标记氨基酸的密码子(表 6 - 2)。就这样 Nirenberg 小组一举破译了全部的密码。由于 Nirenberg 和 Khorara 两人在破译遗传密码研究中的卓越贡献，他们共同获得了 1968 年的诺贝尔化学奖。

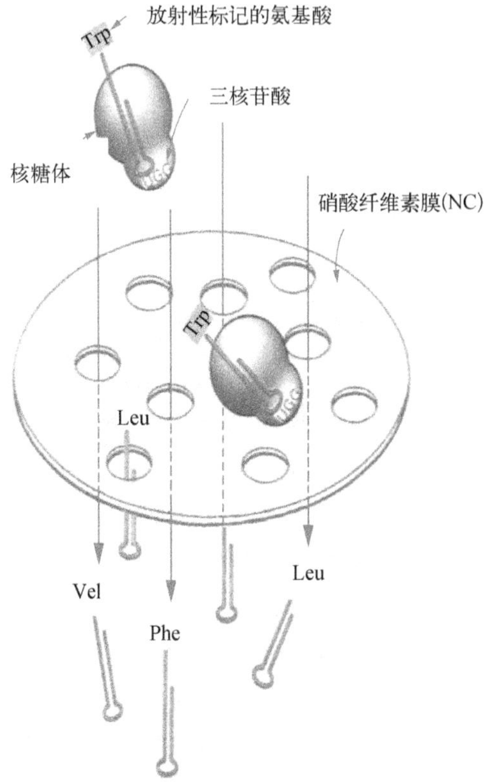

图 6 - 7 核糖体结合实验破译密码子(王曼莹，2006)

表 6 - 2 三核苷酸密码子能使特定的氨酰— tRNA 结合到核糖体上

密码子	与核糖体结合的^{14}C 标记的氨酰- tRNA		
	Phe - $tRNA^{Phe}$	Lys - $tRNA^{Lys}$	Pro - $tRNA^{Pro}$
UUU	4.6*	0	0
AAA	0	7.7	0
CCC	0	0	3.1

* 数字代表特定氨酰- tRNA 与带有模板三核苷酸的核糖体相结合的效率，随机结合＝1

仅用了 4 年时间，人们就应用以上各种方法，于 1965 年完全查清了 20 种基本氨基酸所对应的全部 61 个密码子，编出了遗传密码字典(表 6 - 3)。另外的 3 个密码子是终止密码子(termination codon 或 stop codon)，它们结束蛋白质的合成。在发现它们时人们给它们起了别名：UAG 叫琥珀(amber)密码子；UAA 是赭石(ochre)密码子；UGA 有时称为蛋白石(opal)密码子。

以上都是应用无细胞体系所获得的结果。生物体内的情况也是如此。烟草坏死卫星病毒(tobacco necrosis satellite virus)的基因组中有一 RNA，约由 1 200 个核苷酸所组成，此 RNA 分子编码外壳蛋白的亚基。经分析，每个蛋白质亚基约由 400 个氨基酸组成，所以用于编码一个氨基酸的数目恰好为 1 200/400＝3。

表 6-3 通用的遗传密码子表

第一位（5′端）	第二位 U	第二位 C	第二位 A	第二位 G	第三位（3′端）
U	UUU Phe	UCU Ser	UAU Tyr	UGU Cys	U
	UUC Phe	UCC Ser	UAC Tyr	UGC Cys	C
	UUA Leu	UCA Ser	UAA 终止	UGA 终止	A
	UUG Leu	UCG Ser	UAG 终止	UGG Trp	G
C	CUU Leu	CCU Pro	CAU His	CGU Arg	U
	CUC Leu	CCC Pro	CAC His	CGC Arg	C
	CUA Leu	CCA Pro	CAA Gln	CGA Arg	A
	CUG Leu	CCG Pro	CAG Gln	CGG Arg	G
A	AUU Ile	ACU Thr	AAU Asn	AGU Ser	U
	AUC Ile	ACC Thr	AAC Asn	AGC Ser	C
	AUA Ile	ACA Thr	AAA Lys	AGA Arg	A
	AUG Met	ACG Thr	AAG Lys	AGG Arg	G
G	GUU Val	GCU Ala	GAU Asp	GGU Gly	U
	GUC Val	GCC Ala	GAC Asp	GGC Gly	C
	GUA Val	GCA Ala	GAA Glu	GGA Gly	A
	GUG Val	GCG Ala	GAG Glu	GGG Gly	G

6.1.3 遗传密码的主要特征

1. 密码子的连续性

两个密码子之间没有任何起“标点符号”作用的间隔。因此要正确阅读密码必须按一定的读码框架(reading frame)，从一个正确的起点开始，一个密码子接一个密码子连续地读下去，直至碰到终止信号为止。若插入或删去一个碱基，就会使这以后的读码发生错误，称为移码。由移码引起的突变称移码突变。

目前已经证明在绝大多数生物中，遗传密码也不重叠(non-overlapping)，每三个碱基编码一个氨基酸，碱基不重复使用。但是在少数大肠杆菌噬菌体(如 R_{17}、Qβ 等)的 RNA 基因组中，部分基因的遗传密码是重叠的。

2. 密码子的简并性(degeneracy)

按照 1 个密码子由 3 个核苷酸组成的原则，4 种核苷酸可组成 64 个密码子，而在通用遗传密码表中，有 61 个密码子编码 20 种氨基酸，其中 9 种氨基酸各有 2 个密码子、1 种氨基酸有 3 个密码子、5 种氨基酸各有 4 个密码子、3 种氨基酸各有 6 个密码子(表 6-4)。由 1 种以上密码子编码同一种氨基酸的现象称为简并性(degeneracy)，对应于同一氨基酸的不同密码子互称为同义密码子(synonymous codon)。在遗传密码子表中，甲硫氨酸(AUG)和色氨酸(UGG)只有 1 个密码子。

表 6-4 氨基酸密码子的简并性

氨 基 酸	密码子数目	氨 基 酸	密码子数目
丙氨酸	4	亮氨酸	6
精氨酸	6	赖氨酸	2
天冬酰胺	2	甲硫氨酸	1
天冬氨酸	2	苯丙氨酸	2
半胱氨酸	2	脯氨酸	4
谷酰胺	2	丝氨酸	6
谷氨酸	2	苏氨酸	4
甘氨酸	4	色氨酸	1
组氨酸	2	酪氨酸	2
异亮氨酸	3	缬氨酸	4

密码子的简并性具有重要的生物学意义，可以减少有害的突变。一方面，如果每个氨基酸只有一个密

码子,20组密码子就可以应付20种氨基酸的编码了,那么剩下的44组密码子都将会导致肽链合成的终止。由于突变而引起的肽链合成终止的频率也会大大提高。这样合成出来的残缺不全的多肽往往不具有生物活力。另一方面,密码简并性使DNA的碱基组成有较大的变化余地,而仍保持多肽的氨基酸序列不变。如亮氨酸的密码子CUA中C突变成U时,密码子UUA决定的仍是亮氨酸,即这种基因的突变并没有引起基因表达产物——蛋白质的变化。细菌DNA中G+C含量变动很大,但不同G+C含量的细菌却可以编码出相同的多肽链。所以,密码子的简并性在物种稳定上具有重要意义。

3. 密码子的摆动性(wobble)

密码子的简并性往往表现在第三位碱基上,如甘氨酸密码子是GGU、GGC、GGA和GGG,丙氨酸的密码子是GCU、GCC、GCA和GCG,它们的前两位碱基都相同,只是第三位碱基不同。密码子的专一性主要由前两位碱基决定,而第三位碱基有较大的灵活性。Crick对第三位碱基的这一特性给予一个专门的术语,称"摆动性"。当第三位碱基发生突变时,仍能翻译出正确的氨基酸来,从而使合成的多肽仍具有生物学活力。表6-5给出了tRNA上的反密码子与mRNA上密码子的配对与"摆动"分析。

表6-5 线粒体中密码子的改变

生 物 体	UGA	AUA	AGA/AGG	CUN	CGG
通用密码动物	终止	Ile	Arg	Leu	Arg
脊椎动物	Trp	Met	终止	+	+
果蝇	Trp	Met	Ser	+	+
酵母(*Saccharomyces cerevisiae*)	Trp	Met	+	Thr	+
酵母(*Torusopsis glabrata*)	Trp	Met	+	Thr	+
酵母(*Schizosaccharomeyses pombe*)	Trp	+	+	+	+
丝状真菌	Trp	+	+	+	+
锥虫	Trp	+	+	+	+
高等植物	+	+	+	+	Trp
莱茵衣藻	?	+	+	+	?

根据摆动假说,在密码子与反密码子的配对中,前两对严格遵守碱基配对原则,第三对碱基有一定的自由度,可以"摆动",因而使某些tRNA可以识别1个以上的密码子。但1个tRNA究竟能识别多少个密码子,是由反密码子的第一位碱基的性质决定的,反密码子第一位为A时只能识别U,为C时只能识别G,为G时可以识别C或U两种密码子,为U时可以识别A或G两种密码子,为I时可识别U、C或A三种密码子。根据这个规则,61个密码子最少需要32个tRNA。研究已经发现,原核生物中有30~45种tRNA,真核细胞中可能只存在50种tRNA。

4. 密码子的相对通用性

所谓密码的通用性是指各种高等和低等生物(包括病毒、细胞及真核生物等),以及在体内外都共同使用同一套密码字典。较早时,曾认为密码是完全通用的。但是1979年以后得到的发现对此提出了挑战,在支原体、嗜热四膜虫及人的线粒体DNA中的蛋白质编码情形显然违背了遗传密码的通用性。如人线粒体中UGA不再是终止密码子,而编码色氨酸。表6-5列出了几种生物线粒体中密码子的改变酵母线粒体和原生动物纤毛虫也有类似情形,AGA、AGG不再是终止信号而编码精氨酸。除线粒体外,在非线粒体的遗传系统中也发现有密码的改变。例如,在一种纤毛虫(*Euplotes octacarinatus*)中,UGA编码半胱氨酸,只有UAA是终止密码子,不存在UAG这种密码子。在纤毛原生动物(*Thermophila*)中,UAA和UAG不作为终止密码子而改变为编码Glu。一般来说,在绝大多数情况下各种生物仍是用通用的标准密码,只在少数情况下出现密码子的变异。这说明地球上的生物在遗传上是同源的。所以,遗传密码具有相对的通用性。

5. 起始密码子和终止密码子

在64种密码子中,密码子AUG是起始密码,代表合成肽链的第一个氨基酸的位置,位于mRNA 5′端,它是甲硫氨酸(俗称蛋氨酸)的密码子,因此原核生物和真核生物多肽链合成的第一个氨基酸都是甲硫氨酸[原核生物是甲酰甲硫氨酸(fMet)]。当然少数细菌中也用GUG[缬氨酸(Val)]作为起始密码。密码子UAA、UAG、UGA不编码任何氨基酸而成为肽链合成的终止密码子,又称无义密码子(nonsense codon)。它们单独或共同存在于mRNA 3′端。因此翻译是沿着mRNA分子5′→3′方向进行的。

6.2 tRNA 与氨基酸转运

mRNA 中的三联体核苷酸代表一个氨基酸,然而 mRNA 分子与氨基酸分子之间并无直接的结构对应,那么每个密码子如何去对应特定的氨基酸呢? 这要归功于 tRNA(transfer RNA)的功能。细胞中的 tRNA 一方面可以准确无误地将所需氨基酸运送到核糖体上,起到运送载体的作用;另一方面就是起转接器分子(adaptor molecular)的作用,其特殊的反密码子(anticodon)能与代表所携带氨基酸的密码子进行碱基配对,从而识别密码子。20 种氨基酸中的每一种对应 1~4 个 tRNA。

6.2.1 tRNA 的结构

tRNA 一般有 76 个碱基,相对分子质量约为 2.5×10^4。通常在原核生物细胞中有 30~45 种 tRNA,真核细胞中可能存在 50 种 tRNA。不同的 tRNA 分子可有 74~95 个核苷酸不等。虽然 tRNA 分子各自的序列不同,但所有的 tRNA 都具有几个共同的特征:除了 4 种标准的碱基(A、C、G、U)外,还存在一些转录后经修饰的"稀有"碱基;其 3′端都以 CCA-OH 结束,该位点是 tRNA 与相应氨基酸结合的位点。所有 tRNA 的二级和三级结构都具有相似的特征。tRNA 分子由于小片段碱基互补配对而形成三叶草形的二级结构(图 6-8)。其特点是具有 4 条根据它们的结构或已知功能命名的手臂。

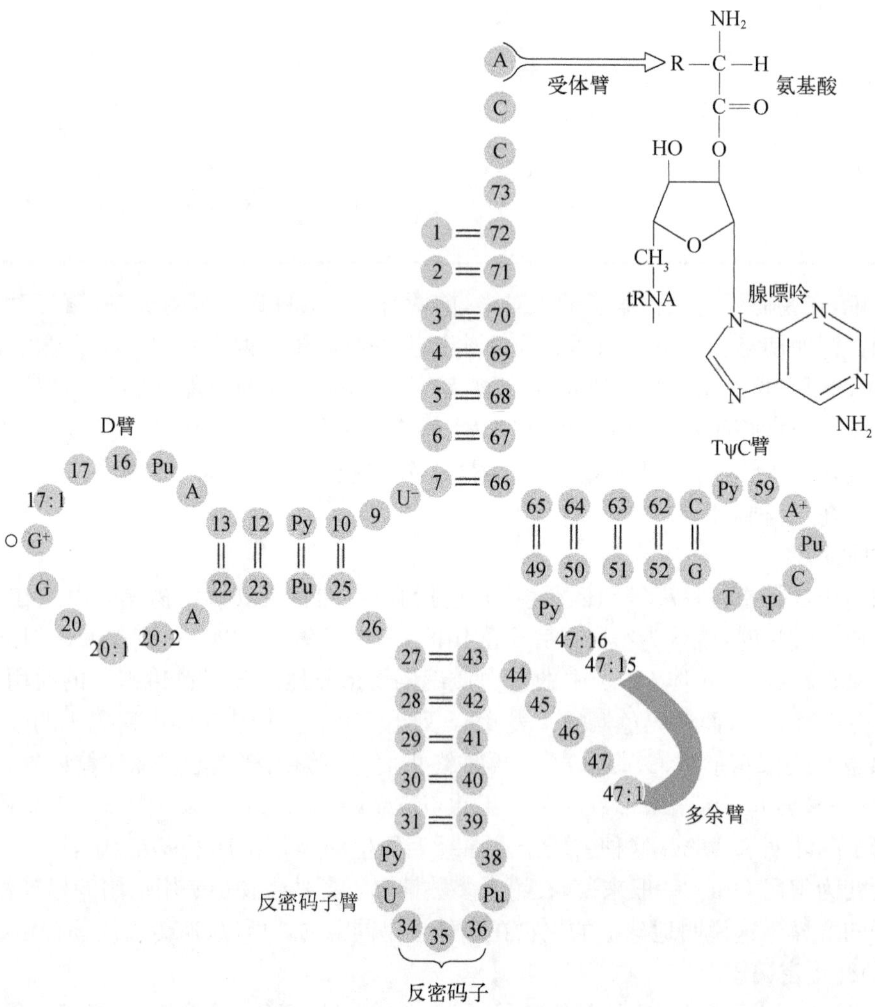

图 6-8 tRNA 的三叶草二级结构(仿自朱玉贤等,2007)

1) 受体臂(acceptor arm):主要由链 5′和 3′两端序列碱基配对形成的 7 bp 杆状结构和 3′端未配对的 3~4 个碱基所组成,其 3′端的最后 3 个碱基序列是 CCA(真核生物中是经加工添加上去的),最后一个碱基的 3′或 2′自由羟基可以被氨酰化,从而携带上氨基酸。

2) TΨC 臂：其由 5 个碱基组成的臂和一段恒定碱基 TΨC 的环组成。其中 Ψ 表示假尿嘧啶，是一种修饰碱基。

3) D 臂：其由 3～4 个碱基配对成茎和一个 D 环(二氢尿苷环)组成，含有的二氢尿嘧啶(dihydrouracil)也是一种修饰的碱基。在 D 臂中存在多至 3 个可变核苷酸位点，包括 17：1(位于第 17 和 18 核苷酸之间)及 20：1、20：2(位于第 20 和 21 核苷酸之间)。最常见的 D 臂缺失这 3 个核苷酸。

4) 反密码子臂：其包括一个 5 bp 的茎和 7 个碱基的环，环中含有可与 mRNA 三联体密码互补的相邻三核苷酸，即反密码子。

5) 额外臂(extra arm)

tRNA 分子中最大的变化发生在位于 TΨC 和反密码子臂之间的额外臂上。根据额外臂的特性，又可以将 tRNA 分为两大类：第一类 tRNA 占所有 tRNA 的 75%，只含有一条仅为 3～5 个核苷酸的额外臂；第二类 tRNA 含有一条较大的额外臂，包括杆状结构上的 5 个核苷酸，套索结构上的 3～11 个核苷酸。额外臂的生物学功能尚不清楚。

值得一提的是 tRNA 分子中大多数的恒定残基位于环区，在二级结构中并不起主要作用，但其中的几个有助于三级结构的形成。

tRNA 的三级结构为 L 形(图 6－9)，其保留了二级结构中由于碱基互补而产生的双螺旋杆状结构，又通过分子重排创造了另一对双螺旋。受体臂和 TΨC 臂的杆状区域构成了第一个双螺旋，D 臂和反密码子臂的杆状区域形成了第二个双螺旋，两个双螺旋上各有一个缺口。TΨC 臂和 D 臂的套索状结构位于“L”的转折点。所以，受体臂顶端的碱基位于“L”的一个端点，反密码子臂的套索状结构生成了“L”的另一个端点，这种倒“L”的两端，呈最大限度的分离。倒“L”的结构与其功能十分吻合，分子中两个不同的功能基团是最大限度分离的，即密码子识别区域与小亚基上 mRNA 配对的同时，氨基酸输送域必须靠近核糖体大亚基多态合成位点。

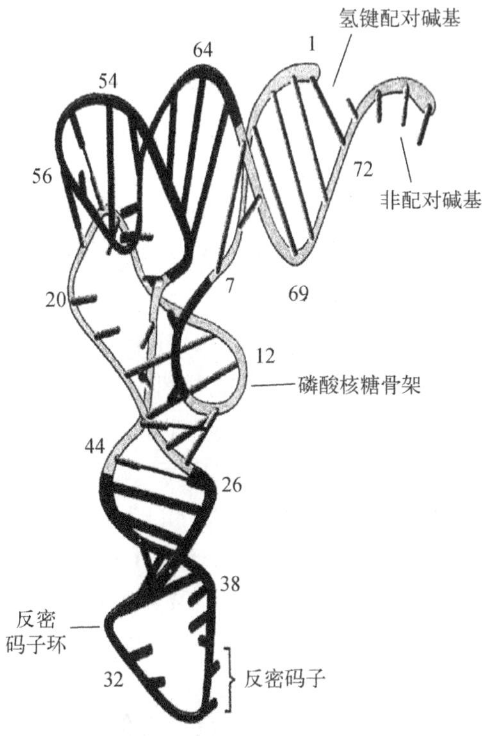

图 6－9 tRNA 的 L 型三级结构
(王曼莹，2006)

6.2.2 tRNA 的种类

根据 tRNA 在蛋白质多肽合成过程中的作用，tRNA 可以分为以下几种。

1. 起始 tRNA 和延伸 tRNA

起始 tRNA 是在蛋白质多肽合成过程的起始阶段，能特异地识别 mRNA 模板上起始密码子的一类 tRNA。其他的 tRNA 统称为延伸 tRNA。真核生物的起始密码子是 AUG，其起始 tRNA 携带甲硫氨酸(Met)作为新生肽链的 N 端氨基酸。原核生物绝大多数起始密码子是 AUG，少数是 GUG(Val)，起始 tRNA 携带甲酰甲硫氨酸(fMet)，其 Met－tRNA 必须首先甲酰化生成 fMet－tRNA^{fMet}才能参与起始蛋白质的生物合成。这一过程需要两个酶的参与。

$$\text{tRNA}^{\text{fMet}} + \text{Met} + \text{ATP} \xrightarrow[\text{合成酶}]{\text{fMet-tRNA}^{\text{fMet}}} \text{Met-tRNA}^{\text{fMet}} + \text{AMP} + \text{ppi}$$

$$\text{Met-tRNA}^{\text{fMet}} + \text{N}^{10}\text{-CHO-FH}_4 \xrightarrow{\text{转甲酰基酶}} \text{fMet-tRNA}^{\text{fMet}} + \text{FH}_4$$

2. 同工 tRNA

由于一种氨基酸可能有多个密码子，因此有多个 tRNA 来识别这些密码子，即多个 tRNA 代表一种氨基酸，这样的 tRNA 称为同工 tRNA(cognate tRNA)。同工 tRNA 在结构上具有两个共同的特点：① 同工 tRNA 具有不同的反密码子，以识别该氨基酸的各种同义密码。② 同工 tRNA 有某种结构上的共同性，能被同一氨酰-tRNA 合成酶识别，对应于一种氨基酸可能有一种或一种以上的氨酰- tRNA 合成酶。因此可以说，同工

tRNA组内肯定具备了足以区分其他tRNA组的特异构造,保证氨酰-tRNA合成酶能准确无误地加以选择。

那么,氨酰-tRNA合成酶是如何把40种以上的tRNA去正确对应20种氨基酸呢?也就是如何确定tRNA的"身份"(identity)?要给出答案人们需要解决几个问题:① tRNA怎样接受特定的氨基酸,氨酰-tRNA合成酶怎样识别tRNA?② tRNA中的哪些结构和接受特定氨基酸有关?有部分的实验证据说明,tRNA的二级和三级结构对它的专一性起着举足轻重的作用。

由于tRNA是通过反密码子与mRNA密码子相互识别才得以将正确的氨基酸结合到核糖体上进行肽链的合成,从这个角度看,tRNA上的反密码子应该与氨基酸的正确负载有关。对于某些tRNA来说也确实如此。然而,对于大多数tRNA来说,情况则又多种多样。早在20世纪70年代初,一些实验室就观察到tRNA分子上某些(个)碱基对能决定tRNA的特异性。例如,酪氨酸tRNA($tRNA^{Tyr}$)琥珀抑制子在氨基酸接受柄上的突变能使$tRNA^{Tyr}$错误地携带谷氨酸(Glu)。1984年,Prather等发现突变的赖氨酸tRNA($tRNA^{Lys}$)不仅保留对Lys的特异,而且也能携带丙氨酸(Ala)或甘氨酸(Gly)。这个突变的错义抑制子$tRNA^{Lys}$是在氨基酸受体臂螺旋区的G3:C70被G3:U70碱基对所取代。更为直接的证据是Normanly等的实验显示,取代亮氨酸tRNA($tRNA^{Leu}$)中的12个碱基(反密码子碱基未被取代),能够使$tRNA^{Leu}$转变为丝氨酸tRNA($tRNA^{Ser}$)。又比如,琥珀型抑制性半胱氨酸tRNA($tRNA^{Cys}$)、苯丙氨酸tRNA($tRNA^{Phe}$)和丙氨酸tRNA($tRNA^{Ala}$),其反密码子均是CUA,然而它们却携带不同的氨基酸。由此可见,反密码子在决定tRNA的特异性上并非是唯一的因素。

1988年,侯雅明和Schimmel做了十分出色的实验:将丙氨酸抑制tRNA($tRNA^{Cys/CUA}$)分子突变了许多位点,组成了28种突变体(其中14种在受体臂上)。结果发现许多突变都不改变接载丙氨酸的性质,而只有改变单个碱基对G3:U70的突变体才有明显的突变效应,能够使tRNA失去负载Ala的功能;进一步将G3:U70引入$tRNA^{Cys}$或$tRNA^{Phe}$,亦可给予二者携带Ala的功能。他们主要采用上述三种琥珀型抑制性tRNA在二氢尿嘧啶臂(D臂)、反密码子臂、TψC臂、氨基酸受体臂等部位进行单个或多个碱基突变,然后检测宿主大肠杆菌FTP3689的表型抑制作用。发现在总共36种不同突变的tRNA中,只有在氨基酸接受臂上A3、C70和C6G7C66G67C70三种突变具有清楚的Sup^-表型(即这种宿主大肠杆菌在2 d内不生长),而这三种突变都有原来的碱基对G3:U70的改变。显而易见,tRNA从氨基酸受体臂上G3:U70单个碱基对决定着Ala的特异性。用上述方法证明了$tRNA^{Ala}$的G3:U70碱基对,仅一对碱基决定了丙氨酰-tRNA合成酶与tRNA的识别。这样很小的元件称之为tRNA的身份(identity),或称为副密码子(paracodon)。到目前为止,已知tRNA的"身份"如表6-6及图6-10所示。

表6-6 每种合成酶通过几个特殊碱基来识别其同工tRNA

tRNA	合成酶识别的碱基
一类氨酰-tRNA合成酶	
Val	反密码子上的三个碱基
Met	反密码子上的三个碱基
Ile	反密码子上的C34修饰碱基
Glu	U35(反密码子);U1:A72和G37(受体臂)
二类氨酰-tRNA合成酶	
Phe	反密码子上的三个碱基;G20(D环);A73(末端)
Ser	G1:C72;G2:C71;A3:U70(受体臂);C11:G24(D环)
Ala	G3:U70(受体臂)

表6-6表明这些位置的共同特点是:① 关键位点的碱基数很少,一般为1~5个。② 副密码子较集中在反密码子和受体臂上,此与tRNA的L型三维结构和氨酰-tRNA合成酶结合的空间构型有关。③ 由于一个碱基对不足以使20套tRNA被普遍地识别,因此不同的tRNA都有自己特殊的规律来进行识别。

3. 校正tRNA

在蛋白质的结构基因中,一个核苷酸的改变可能使代表某个氨基酸的密码子变成终止密码子(UAG、UGA、UAA),使蛋白质合成提前终止,合成无功能的或无意义的多肽,这种突变称为无义突变(nonsense mutation),而无义突变的校正tRNA可通过改变反密码子区校正无义突变(图6-11)。

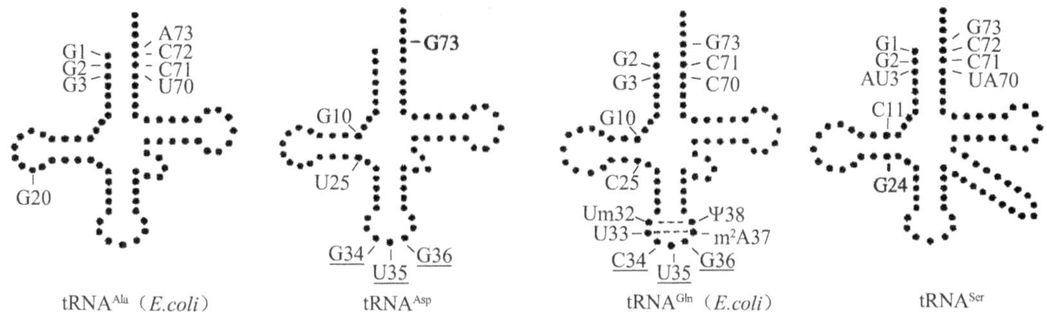

图 6-10　几种 tRNA 分子的主要元件(王曼莹,2006)

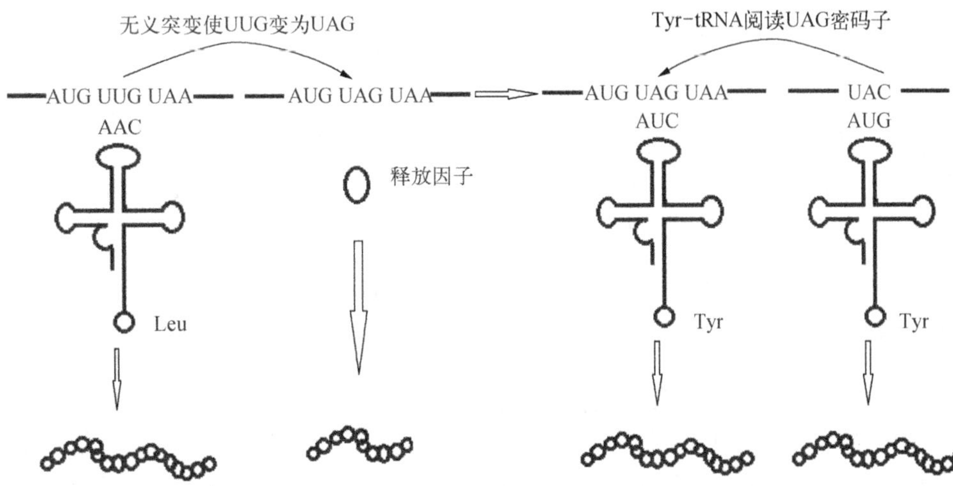

图 6-11　反密码子发生突变可抑制错义突变

错义突变(missense mutation)是因为结构基因中某个核苷酸的变化使一种氨基酸的密码子变成另一种氨基酸的密码子而造成的。错义突变的校正 tRNA 通过反密码子区的改变把正确的氨基酸添加到肽链上,合成正常的蛋白质。如某大肠杆菌细胞色氨酸合成酶中的一个甘氨酸密码子 GGA 错义突变成 AGA(编码精氨酸),指导合成了错误的多肽链,甘氨酸校正 tRNA 的校正基因突变使其反密码子从 CCU 变成 UCU,它仍然是甘氨酸的反密码子但不结合 GGA 而能与突变后的 AGA 密码子结合,把正确的氨基酸(甘氨酸)放到 AGA 所对应的位置上。

校正 tRNA 在进行校正过程中必须与正常的 tRNA 竞争结合密码子,无义突变的校正 tRNA 必须与释放因子竞争识别密码子,错义突变的校正 tRNA 必须与该密码的正常 tRNA 竞争,这些因素都会对校正效率产生影响。所以,某个校正基因的效率不仅决定于反密码子与密码子的亲和力,也决定于它在细胞中的浓度及竞争中的其他参数。一般说来,校正效率不会大于 50%。无义突变的校正基因 tRNA 不仅能校正无义突变,也会抑制该基因 3′端正常的终止密码子,导致翻译过程的通读,合成更长的蛋白质,这种蛋白质如果过多就会对细胞造成伤害。同样一个基因错义突变的校正也可能使另一个基因错误翻译,因为如果一个校正基因在突变位点通过取代一种氨基酸的方式校正了一个突变,它也可以在另一位点这样做,从而在正常位点上引入新的氨基酸。

6.2.3　tRNA 的功能

转录是指信息从一种核酸分子(DNA)转移到另一种结构极为相似的核酸分子(RNA)上的过程,信息转移是通过碱基配对来实现的。翻译阶段的遗传信息从 mRNA 分子转移到结构极不相同的蛋白质分子上,信息是以能被翻译成单个氨基酸的三联体密码子形式存在的,通过 tRNA 的解码机制发挥作用。

根据 Crick 的接合体假说,氨基酸必须与一种接合体结合,才能被带到 RNA 模板的适当位置上正确合成蛋白质。所以,氨基酸在合成蛋白质之前必须通过氨酰- tRNA 合成酶活化,在消耗 ATP 的情况下结合到 tRNA 上,生成有蛋白质合成活性的氨酰- tRNA。同时,氨酰- tRNA 的生成还涉及信息传递的问题,因为只有 tRNA 上的反密码子能与 mRNA 上的密码子相互识别并配对,而氨基酸本身不能识别密码子,只有结合到 tRNA 上生成氨酰- tRNA,才能被带到 mRNA -核糖体复合物上,插入到正在合成的多肽链的适当位置上。研究证实 tRNA 的性质是由反密码子而不是它所携带的氨基酸决定的。

下面的实验证明模板 mRNA 只能识别特异的 tRNA 而不是氨基酸。^{14}C 标记的半胱氨酸与 $tRNA^{Cys}$ 结合后生成 ^{14}C -半胱氨酸- $tRNA^{Cys}$,经强烈还原性镍粉处理可生成 ^{14}C - Ala - $tRNA^{Cys}$,再把 ^{14}C - Ala - $tRNA^{Cys}$ 加进含血红蛋白 mRNA、其他 tRNA、氨基酸及兔网织细胞核糖体的蛋白质合成系统中,结果发现 ^{14}C - Ala - $tRNA^{Cys}$ 插入了血红蛋白分子通常由半胱氨酸占据的位置上,这表明在这里起识别作用的是 tRNA 而不是氨基酸。因此说 tRNA 是遗传信息传递的纽带。

6.3 rRNA 与核糖体

核糖体是一个巨大的核糖核蛋白体。在原核细胞中,它可以游离的形式存在,也可以与 mRNA 结合形成串状的所谓多核糖体(polysome),在生长旺盛的大肠杆菌细胞内约含有 200 000 个核糖体,约占整个细胞干物重的 25%。真核细胞中的核糖体既可游离存在,也可以与细胞内质网相结合,形成粗糙内质网。每个真核细胞所含核糖体的数目要多得多,为 10^6～10^7 个。线粒体、叶绿体及细胞核内也有自己的核糖体。

核糖体很像一个流动的小工厂,不断地沿着 mRNA 移动,以极快的速度合成肽链。氨酰- tRNA 以极快的速度进入核糖体,卸下氨基酸后又以极快的速度离开核糖体。各种辅助因子也周期性地与核糖体结合或解离。核糖体和它的辅助因子在一起,拥有蛋白质合成各个阶段所需要的全部酶活性。

6.3.1 核糖体的结构

虽然核糖体在体内的量很多,但在蛋白质合成的间隙,它们均以大亚基和小亚基的形式分散存在于细胞质中,而只有在蛋白质合成过程中,才装配成完整的核糖体,其中大亚基大约是小亚基的两倍大小。而每个亚基又由几十种蛋白质和几种 rRNA 组成。大肠杆菌和其他原核生物的核糖体为 70S,分子质量为 2.5×10^6 Da,由 50S 大亚基和 30S 小亚基结合而成,大亚基包括 5S、23S 两种 rRNA 和 34 种蛋白质,小亚基包括 16S rRNA 和 21 种蛋白质。这些蛋白质以数字命名。50S 亚基中的蛋白质分别命名为 L_1,……L_{34},30S 亚基中的蛋白质分别标记为 S_1,……S_{21}。高等生物的核糖体为 80S,由 60S 大亚基和 40S 小亚基组成,大亚基包含 5S、5.8S 和 28S 三种 rRNA 及 49 种蛋白质,小亚基包含 18S rRNA 和 33 种蛋白质。图 6-12 为原核与真核细胞核糖体大小亚基比较。

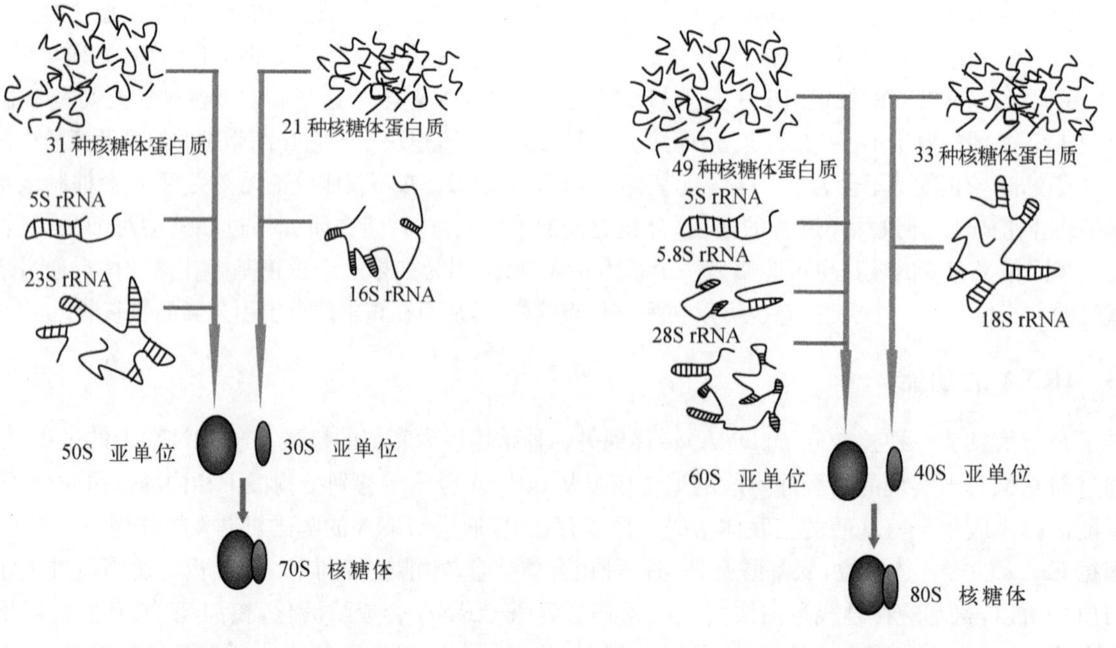

图 6-12 原核生物和真核生物核糖体大小亚基比较

尽管原核生物与真核生物在核糖体蛋白质和 rRNA 上差异很大，但核糖体的总体结构却很相似，特别是负责与 mRNA 结合的小亚基更是如此。原核生物和真核生物的 rRNA 都有甲基化现象。大肠杆菌 16S rRNA 含有 10 个甲基化核苷酸，23S rRNA 含有 20 个甲基化核苷酸。这些甲基化大多发生在 A 和 G 上。哺乳动物 18S 和 28S rRNA 分别含有 43 个和 74 个甲基化位点，几乎全部发生在核糖的 2′-O 上。已知这些甲基化与核糖体 RNA 的转录处理过程中酶的识别有关，与核糖体功能的关系还不清楚。不同生物的 rRNA 序列也有一定的相关性，特别是甲基化位点和形成二级结构的配对碱基。原核生物的 5S rRNA 和真核生物的 5.8S rRNA 分子都有许多配对的碱基，因此其序列亦高度保守。所以，在研究生物进化上，常用 5S(5.8S)rRNA 的碱基序列差异来推算进化的年代。

6.3.2 核糖体 rRNA 的功能

在细胞内，rRNA 与蛋白质组成核糖核蛋白复合体(ribonucleoprotein, RNP)即核糖体。其中的 rRNA 不仅是重要的结构成分，也是核糖体发挥重要生理功能的主要元件，各类 rRNA 的组成和功能如下。

1. 原核生物 rRNA

1) 16S rRNA：其长为 1 475～1 544 个核苷酸，含有少量修饰碱基，3′端 ACCUCCUUA 十分保守，能与 mRNA 5′端翻译起始区富含嘌呤的序列互补，表明其在识别与结合 mRNA 上可以发挥重要作用。近 3′端有一段与 23S rRNA 互补的序列，表明其在 30S 与 50S 亚基的结合中可能起重要作用。此外，16S rRNA 还与 P 位和 A 位的 tRNA 反密码子直接作用，第 1 400 位的 C 和第 1 500 位的 A 及附近核苷酸是核糖体解码的关键区域。目前，其解码的具体过程尚不十分清楚。

2) 23S rRNA：大肠杆菌 23S rRNA 基因长 2 904 bp，第 143～157 位的 12 个核苷酸序列与 5S rRNA 上第 72～83 位的序列具有互补性，此表明这两种 rRNA 分子在 50S 大亚基上可能存在相互作用。此外，23S rRNA 序列上还有约 20 个蛋白质结合位点，这些互补序列和结合位点在组装 50S 大亚基时具有重要作用。第 1 984～2 001 位的核苷酸序列与 $tRNA^{Met}$ 序列具有互补性，表明 23S rRNA 在核糖体大亚基结合 $tRNA^{Met}$ 上起关键作用。

3) 5S rRNA：长为 116 个核苷酸(革兰氏阳性菌)或 120 个核苷酸(革兰阴性菌)，有两个高保守区，其一为 CGAAC，与 tRNA 分子 TΨC 环上的 GTΨCG 序列互补，在识别 tRNA 中起重要作用；其二为 GCGCCGAAUGGUAGU，与 23S rRNA 一段序列互补，这是 5S rRNA 与 50S 大亚基相互作用的重要位点，在结构上有重要作用。

2. 真核生物 rRNA

1) 5.8S rRNA：是真核生物特有 rRNA，长为 160 个核苷酸，含有修饰碱基。其还含有与原核生物 5S rRNA 中的保守序列 CGAAC 相同的序列，可能是与 tRNA 作用的识别序列，表明其功能可能类似于原核生物的 5S rRNA。

2) 18S rRNA：酵母 18S rRNA 长为 1 789 个核苷酸，其 3′端与大肠杆菌 16S rRNA、人线粒体 mtDNA 的 12S rRNA 的 3′端有 50 个碱基的同源序列，表明其功能可能类似于原核生物的 16S rRNA。

3) 28S rRNA：长为 3 890～4 500 个核苷酸，其功能目前还不清楚。

从以上分析可以看出 rRNA 与 tRNA 及 mRNA 之间的相互关系，以及不同的 rRNA 之间的关系，这种关系是建立在序列互补或同源基础上的。

6.3.3 核糖体的装配

1968 年，人类第一次完成了大肠杆菌核糖体小亚基由其 rRNA 和蛋白质在体外的重新组装。这个重组装的颗粒具有与 30S 亚基功能完全相同的蛋白质合成活性。重组装只需 16S rRNA 和 21 种蛋白质，而不需要加入其他组分(如酶或特殊因子)，表明这是一个“自我组装”(self-assembly)的过程。所谓自我组装，是指进行组装所需要的全部信息都在亚基结构里，其蛋白质和 rRNA 都带有规定组装过程的信息。各种核糖体蛋白质在大小亚基内都有一定的位置，rRNA 是其中的骨架。有的核糖体蛋白质直接与 rRNA 结合，在这些蛋白质与 rRNA 结合以后改变了 rRNA 的构象，从而使另外一些蛋白质再与 rRNA 结合。有些蛋白质不直接与 rRNA 接触，而是结合在其他蛋白质上。

人们对大肠杆菌核糖体30S亚基的装配过程研究得比较清楚。首先将16S rRNA与一组大约15种小亚基蛋白质(S4、S8、S20、S7、S15、S13、S16、S17、S9、S19、S6、S18、S11、S5等)在低温下(0℃)相互作用,则形成一种R1颗粒,然后将温度提高至40℃,R1颗粒就改变了构象,变为21S的R1*颗粒,然后加入其余6种蛋白质,则生成30S亚基。整个装配过程是自发的,不需要酶的催化,只是需要提高温度。如果将EDTA加到30S亚基体系中,由于失去了Mg^{2+},30S亚基就释放出若干种脱落蛋白质(split protein)而变为一种类似于R1的颗粒(图6-13)。

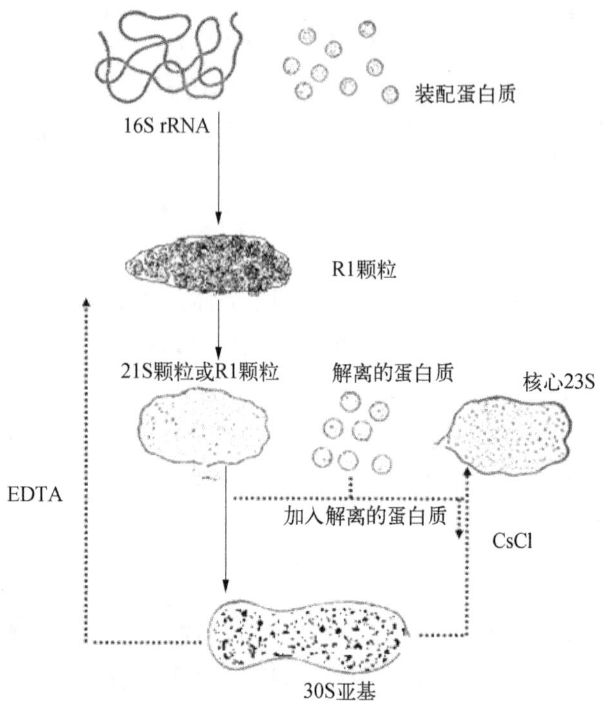

图6-13 30S亚基的装配(孙乃恩等,1990)

上述体外重建核糖体的实验需要提高温度,就暗示着能找到在低温下不能装配核糖体的敏感突变体。根据这一设想,Nomura等分离到若干种*sad*(subunit assembly defective)突变体。这些突变产物,有的是核糖体蛋白质,有的是直接或间接影响亚基装配的成分。*sad*突变体细胞中,积累了较小的核糖体亚基的前体,其中包含rRNA和部分核糖体蛋白质。根据*sad*突变体的研究,已发现小亚基有26S和21S前体,大亚基有43S和32S前体。可能还会有其他前体尚未被发现。这些前体的存在表明核糖体亚基的装配存在着若干重要的步骤。

真核生物核糖体的装配过程相当复杂,组成核糖体大、小亚基的各种蛋白质在细胞质的游离核糖体上合成后,会进入细胞核并在核仁区参与核糖体亚基的装配。而组成核糖体亚基的18S rRNA、5.8S rRNA和28S rRNA基因则是在核仁中边转录边参与核糖体亚基的装配,5S rRNA却是在细胞核中转录后运送到核仁中参与核糖体亚基的装配。装配过程中,45S RNA、5S RNA同蛋白质形成80S RNA颗粒,然后80S RNA颗粒被降解成大小两个颗粒,大颗粒为55S,含有32S和5S两种RNA,小颗粒含有20S的前体rRNA。然后,小颗粒中的20S RNA前体被快速降解成18S的rRNA,并运送到细胞质中,即是成熟的核糖体小亚基。55S大颗粒中的32S RNA被加工形成28S和5.8S两种rRNA成为成熟的大亚基后,被运送到细胞质中,这个过程比较慢。如果这时有mRNA同小亚基结合的话,大亚基即可结合上去形成完整的核糖体,并进行蛋白质的合成。

6.3.4 核糖体的活性位点

虽然不同生物核糖体大小有别,但结果和功能则是基本相同的。也就是说,核糖体都是按照mRNA的遗传信息,以tRNA为媒介,将特定的氨基酸连接成蛋白质的多肽。核糖体上若干个不可缺少的活性位点为蛋白质多肽链的合成提供了基础:起始翻译时,30S亚基与mRNA,以及与起始tRNA和起始因子构成的复合物相结合,然后再与50S亚基相结合而成为70S核糖体。70S核糖体上有A位和P位,A位供氨酰-tRNA结合,P位供肽基-tRNA结合。肽基转移酶活性位点就在50S亚基上,位于P位和A位之间。此外,还有转位因子EF-G、延伸因子EF-Tu和5S rRNA位点等,这几个位点均在50S亚基上。人们采用亲和标记、交联剂、抑制剂、抗体等来分析这些活性位点的结构和功能。下面主要介绍核糖体的活性位点及所涉及的核糖体蛋白质(图6-14)。

1. mRNA结合位点

mRNA结合位点位于30S亚基的头部。30S亚基与mRNA的起始结合,必须有有功能的Sl蛋白。Sl蛋白的作用是与mRNA的结合,防止mRNA链内碱基对的形成。通过亲和标记实验,发现与Sl蛋白直接有关的蛋白质有S18和S21。这三种蛋白质构成一个小的结构域,负责与mRNA的初始结合及与起始tRNA的结合。

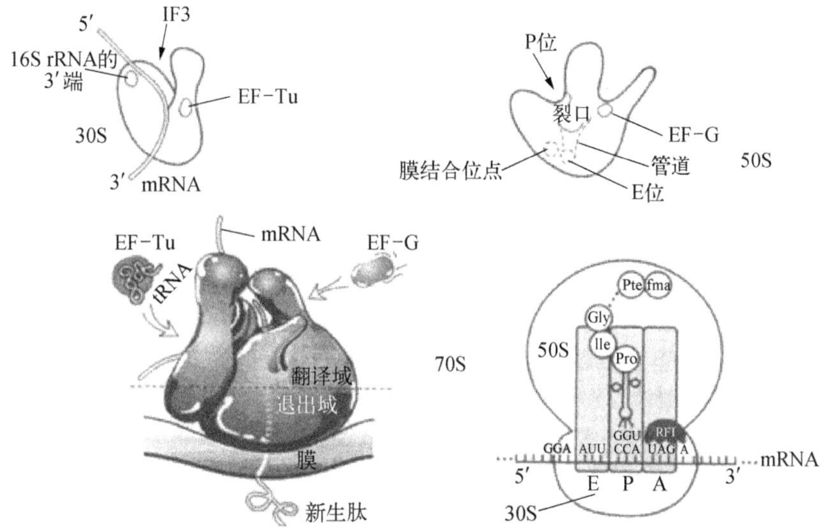

图 6-14 大肠杆菌核糖体的功能位点(陈启明等,2010)
IF. 起始因子;EF. 延伸因子;RF. 终止因子;E. 多肽出口位;P. 肽位;A. 氨酰位

2. P位

通过亲和标记实验,发现P位大部分位于30S亚基,小部分位于50S亚基。16S rRNA的3′端区域也是P位不可缺少的组成部分。大亚基上涉及的重要蛋白质有L2、L27及L14、L18、L24、L33。P位能够与起始tRNA(fMet-tRNA^{fMet})相结合。

3. A位

A位靠近P位,但其精确位置尚不清楚。16S rRNA是其构成成分之一。A位主要在50S亚基上,涉及的核糖体蛋白质有L1、L5、L7/L12、L20、L30、L33。

4. 肽基转移酶活性位点

位于P位和A位的连接处,靠近tRNA的受体臂。涉及的核糖体蛋白质有L2、L16及L3、L4、L15,还涉及23S rRNA。

5. 5S rRNA位点

在50S亚基上,靠近肽基转移酶位点。涉及的蛋白质有L5、L8、L25。tRNA的TΨC噜噗的保守序列与5S rRNA的序列互补,可能与tRNA的进入有关,但还缺乏有力的证据。

6. EF-Tu位点

位于大亚基内,靠近30S亚基,涉及的蛋白质有L5、L1、L20和L7/L12。这一位点与氨酰-tRNA的结合有关。

7. 转位因子EF-G结合位点

在大亚基上,靠近与小亚基的界面处。这一位点靠近S12,并与L7/L12二聚体相邻。

以上位点的空间关系还有许多问题有待解决。例如,P位点和A位点必须很靠近,因为两个tRNA要与相邻的两个密码子配对。相邻的两个密码子的最大距离为10 Å,而每个tRNA的直径就有20 Å。可能是mRNA在两个密码子之间发生扭转,使两个tRNA从不同的方向与mRNA结合。如果是这样,tRNA从A位轻轻地弹出,转过一个角度进入P位。因此mRNA对于核糖体的移动实质上是tRNA的移动。因为反密码子和密码子之间的配对,才能使每次移动的距离是精确的一个密码子。

6.4 肽链合成

前面已经分析了蛋白质翻译系统的各主要成分及其功能,mRNA分子提供了合成蛋白质多肽的遗传信息(决定氨基酸顺序的特异性)。核糖体提供了翻译过程中所需的许多种大分子成分。tRNA分子提供了同mRNA分子反应而在多肽中掺入氨基酸所需的接头分子。此外,多个可溶性蛋白质也参与到这个过程中。

现将蛋白质生物合成各阶段的必需组分列于表 6-7。

表 6-7 原核和真核生物蛋白质合成各阶段的主要组分简表

阶 段	原 核	真 核	必 需 组 分
氨基酸活化			20 种氨基酸 20 种氨酰-tRNA 合成酶 20 种或更多的 tRNA ATP; Mg^{2+}
肽链的起始	IF1 IF2 IF3	eIF2 eIF3、eIF4C	参与起始复合物的形成
		CBP Ⅰ	与 mRNA 帽子结合
		eIF4A eIF4B eIF4D eIF4E eIF4F	识别并结合 mRNA 帽子结构;促进 mRNA 与核糖体的结合;参与寻找第一个 AUG 等
		eIF5	协助 eIF2、eIF3、eIF4C 的释放
		eIF6	协助 60S 亚基从无活性的核糖体上解离
肽链的延伸	EF-Tu	eEF1α	协助氨酰-tRNA 进入核糖体
	EF-Ts	eEF1β	帮助 EF-Tu、eEF1α 周转
	EF-G	eEF2	移位因子
肽链的终止	RF-1 RF-2	eRF	释放完整的肽链

1. 氨基酸的活化

在蛋白质生物合成中,各种氨基酸在掺入肽链之前必须先经过活化,然后再由其特异的 tRNA 携带至核糖体上,才能以 mRNA 为模板合成多肽。催化氨基酸活化的酶是氨酰-tRNA 合成酶。

2. 起始(initiation)

包括参与蛋白质合成的两个氨基酸之间形成肽键之前的反应。起始阶段的主要任务是在 mRNA 分子的正确起始点即起始密码子处完成完整核糖体的组装。涉及的组成元件有大小核糖体亚基、mRNA、第一个氨酰-tRNA、各种起始因子及 GTP。起始这一步骤在蛋白质合成中相对较慢,通常是翻译的限速步骤。

3. 延伸(elongation)

包括第一个肽键形成到最后一个氨基酸掺入这一过程中的所有反应。氨基酸的掺入非常迅速,是蛋白质合成中的最快步骤。

4. 终止(termination)

包括释放完整的多肽链及核糖体与 mRNA 的分离。这一过程要比延伸过程中加上一个氨基酸所需的时间长得多。

以上每一个步骤都需要不同的辅助因子参与,能量由 GTP 水解提供。蛋白质合成过程总的来说仍然是一个非常迅速的过程。在 37℃时,细菌细胞内合成速度为每秒 15 个氨基酸。所以合成一个 300 个氨基酸的蛋白质(相当于蛋白质的平均分子质量)只需要 20 多秒。细菌细胞内,80%的核糖体都在忙于蛋白质的合成,很少有游离的核糖体。真核生物中蛋白质合成速度要低一些。红血球蛋白质合成速度只有每秒 2 个氨基酸。

6.4.1 氨基酸的活化

催化氨基酸活化的酶是氨酰-tRNA 合成酶(AA-tRNA synthetase),其是一类以消耗 ATP 为能量催化氨基酸与 tRNA 结合的特异性酶,其反应式如下:

$$AA+tRNA+ATP \longrightarrow AA-tRNA+AMP+PPi$$

它实际上包括两步反应：第一步是氨基酸活化生成酶-氨酰腺苷酸复合物。

$$AA+ATP+酶(E) \longrightarrow E-AA-AMP+PPi$$

第二步是氨酰基转移到 tRNA 3′端腺苷酸残基的 2′或 3′-羟基上。

$$E-AA-AMP+tRNA \longrightarrow AA-tRNA+E+AMP$$

蛋白质合成的真实性主要决定于 tRNA 能否把正确的氨基酸放到新生多肽链的正确位置上，而这一步主要取决于氨酰-tRNA 合成酶是否能使氨基酸与对应的 tRNA 相结合。尽管氨酰-tRNA 合成酶都是负责把氨基酸连接到相应的 tRNA 上，各合成酶却有很大的差异。其多肽的长度从 334 个氨基酸到 1 000 多个不等。氨酰-tRNA 合成酶是在 tRNA L 型的侧面与之结合，并有各自的氨基酸结合位点(图 6-15)。

氨酰-tRNA 合成酶既要能识别 tRNA，又要能识别特异的氨基酸，对两者都具有高度的专一性。不同的 tRNA 由不同的碱基组成，并具有不同的空间结构，易被特异性氨酰-tRNA 合成酶所识别，但这些酶如何识别结构非常相似的氨基酸却存在一定困难。例如，异亮氨酸只比缬氨酸多一个甲烯基团，而异亮氨酸-tRNA 合成酶对异亮氨酸的亲和力比对缬氨酸大 225 倍，从而把二者区别开来。现在知道，每个氨酰-tRNA 合成酶都有两个位点，即底物结合位点和水解位点。在 Ile-tRNA 合成酶分子上，如果错误的 Val 进入底物结合位点，发生了与 ATP 的连接反应，形成复合物 E^{Ile}-Val-AMP，但反应不能继续进行下去，而是被酶本身水解，重新分离出 Val，而 E^{Ile}-Val 不会错误地与 tRNA 结合。其可能的原因是空间结构的不吻合，Val 只能进入相应的底物结合位点，即活化阶段产生的误差在后一阶段可以被再次校正。

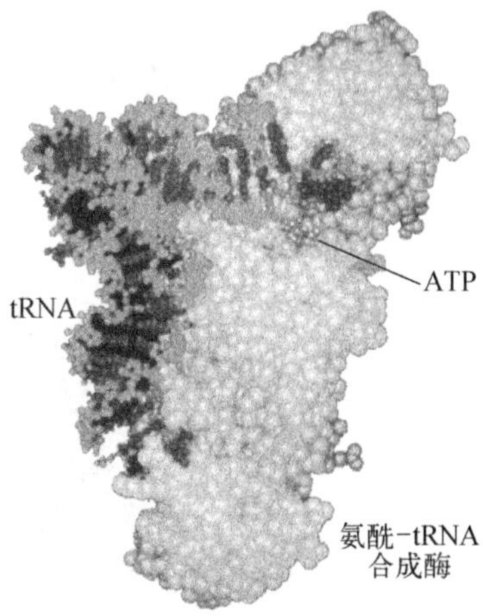

图 6-15 氨酰-tRNA 合成酶与 tRNA 的结合

6.4.2 合成的起始

蛋白质合成的起始需要核糖体大、小亚基，起始 tRNA 和多种蛋白质因子的参与，无论是原核生物还是真核生物，蛋白质合成的起始都需要在 mRNA 的编码区 5′端生成起始复合物：核糖体＋mRNA＋起始 tRNA。

1. 起始 tRNA 与起始密码子的识别

原核生物蛋白质合成的起始密码子为 AUG(在细菌中偶尔也有用 GUG 的)。细菌中有两种 tRNA 能够携带甲硫氨酸，一种是 $tRNA_i^{fMet}$，它只能识别起始密码子 AUG；一种是 $tRNA^{Met}$，它只能识别内部 AUG 密码子。$tRNA_i^{fMet}$ 首先与 Met 结合，然后再在 Met 的-NH_2 上产生甲酰化作用从而封闭了这个氨基，这个氨酰-tRNA 可缩写为 fMet-$tRNA_i$。起始密码子 AUG 和 GUG 均由这种 fMet-$tRNA_i$ 所识别。而这两个密码子如果在 mRNA 的内部则分别由 $tRNA^{Met}$ 和 $tRNA^{Val}$ 所识别。在细菌中，N 端的甲酰基，一般在合成 15～30 个氨基酸后由甲酰基酶除去。

在真核生物中，情况有所不同。起始密码子只能是 AUG，而没有 GUG 作为起始密码子的。识别起始 AUG 与内部 AUG 的工作同样是由不同的 tRNA 担任的，负责起始 AUG 识别的是 $tRNA_i^{Met}$，负责内部 AUG 识别的是 $tRNA_m^{Met}$。但 Met-$tRNA_i$ 并不被甲酰化。在哺乳动物线粒体中也有两类 tRNA 分别识别起始 AUG 和内部 AUG，但起始 tRNA 上携带的是甲酰化的甲硫氨酸。不同的是线粒体 fMet-$tRNA_i$ 还能将 AUA、AUC、AUU 用作起始密码子。

原核生物和真核生物的蛋白质合成在几个方面是相同的，其主要的不同在起始阶段，在下面略加分开谈。

2. 蛋白质合成的起始

(1) *原核生物蛋白质合成的起始*

原核生物蛋白质合成的起始主要是 70S 核糖体复合物的形成，在大肠杆菌中，起始过程涉及核糖体

30S 亚单位，1 个特异起始 tRNA，1 条 mRNA 分子，以及 3 种可溶性起始因子(initiation factor)：IF1、IF2 和 IF3，还有 1 个 GTP 分子(图 6-16)。三种起始因子在数目上均是核糖体的十分之一，其分子质量分别为9 kDa、120 kDa 及 22 kDa，只有 IF2 与 GTP 结合。翻译发生在 70S 核糖体上，不过当它们完成了一条多肽链的合成之后，核糖体每次都会解离成 30S 和 50S 亚单位。在翻译起始的最初阶段，一个游离的 30S 亚单位同一个 mRNA 分子及起始因子相互作用。而在起始过程的最后，50S 亚单位结合到这个复合物中形成 70S 核糖体。

起始复合物与 70S 核糖体形成的三个步骤如下(图 6-16)。

第一步，IF1 和 IF3 与游离的 30S 亚基结合，以阻止在与 mRNA 结合前 30S 亚基与大亚基的结合，从而防止无活性核糖体的形成。结合起始因子的 30S 亚基利用 mRNA 分子上的核糖体结合位点(RBS)附着到 mRNA 上。

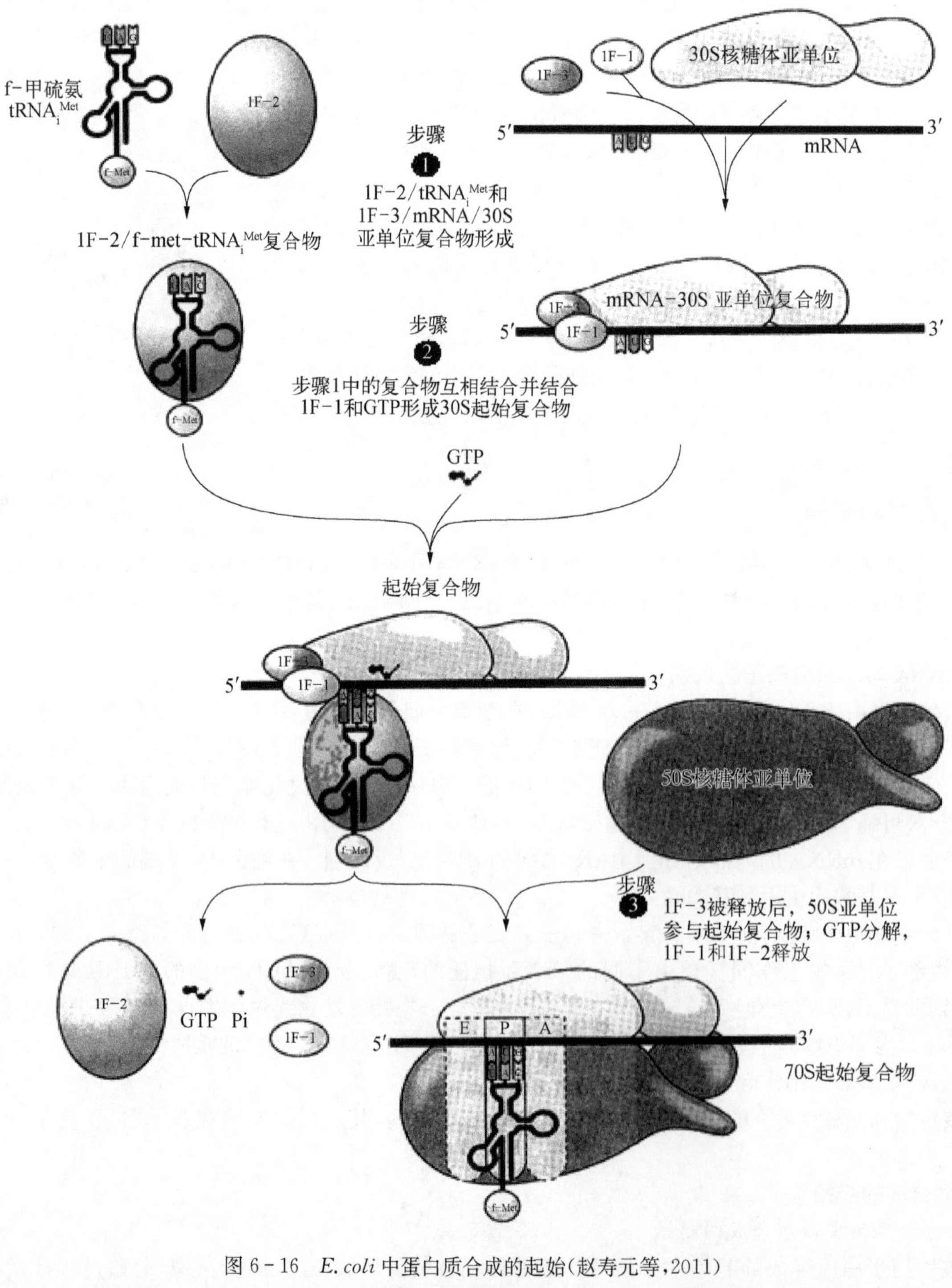

图 6-16 *E. coli* 中蛋白质合成的起始(赵寿元等，2011)

第二步，IF2 与 GTP 形成的复合体帮助 fMet－$tRNA_i^{fMet}$结合到小亚基上，并进入小亚基的 P 位，此时，tRNA 上的反密码子与 mRNA 上的起始密码子 AUG 配对，同时释放出 IF3。IF3 的作用在于保持大小亚基彼此分离状态，以及有助于 mRNA 结合。此时的复合体称为 30S 起始复合体。

第三步，50S 大亚基与上述复合体结合，同时替换出 IF1 和 IF2，而 GTP 在此耗能过程中被水解。起始后期形成的该复合体被称为 70S 起始复合体。

如图 6－16 所示，组装完的核糖体有两个 tRNA 结合位点，分别称为 A 位和 P 位，即氨酰基位点和肽酰基位点，A 位是氨酰- tRNA 结合的位点，而 P 位则是延伸肽链所在处。两个位点均位于小亚基的凹槽处，含有正在被翻译的相邻密码子。起始的主要结果是将起始 tRNA 置于 P 位。只有起始 tRNA 能进入该位点，其他 tRNA 必须进入 A 位。

(2) 真核生物蛋白质合成的起始

真核生物蛋白质合成的起始过程与原核生物有一些相似之处。其主要差异是真核生物核糖体较大，有较多的起始因子参与，其 mRNA 具有 m^7GpppNp 帽子结构，Met－$tRNA^{Met}$不甲酰化等。目前已发现真核生物的起始因子有 9 种，用符号 eIF 表示。这些因子的作用细节大多还不清楚。

真核生物起始复合物的形成过程如图 6－17。第一步是形成 43S 前起始复合物：eIF3 结合在游离的 40S 亚基上，干扰了 40S 小亚基与 60S 大亚基的结合，或促使 80S 核糖体释放出 60S 大亚基。elF3 与 40S 亚基结合形成一个 43S 亚基。同时 GTP 与 eIF2 结合，这一结合增加了 eIF2 与起始 Met－$tRNA_i^{Met}$的亲和力，这样起始 tRNA、GTP 和 eIF2 三者便结合成一个三元复合物。这个三元复合物通过 eIF3 及 eIF4C 的作用，再与 43S 亚基结合形成 43S 前起始复合物，这时，起始 tRNA 已经处于 P 位了。这里需要注意的是真核生物中起始因子的装配顺序是在 mRNA 结合之前，起始 tRNA 就与小亚基结合了。

第二步是形成 48S 前起始复合物：由 mRNA 及 5′帽子结合蛋白、elF4A、elF4B 和 elF4F 等共同构成一个 mRNA 复合物。mRNA 复合物与 43S 前起始复合物作用，形成 48S 前起始复合物。在此过程中需水解 1 分子 ATP 以提供能量，这样，起始复合物就形成了。

实验表明，真核生物 mRNA 的帽子结构能促进起始反应，这是因为核糖体上有专一位点或因子识别 mRNA 帽子，使 mRNA 与核糖体结合，如果没有 5′端帽子，翻译活性会下降。此外，真核生物 mRNA 3′端的多聚 A 尾巴也会参与翻译起始复合物的形成(图 6－18)。

40S 起始复合物形成过程中有一种蛋白质因子——帽子结合蛋白(eIF4E)能专一地识别 mRNA 的帽子结构，并与 mRNA 的 5′端结合生成蛋白质- mRNA 复合物，利用该复合物对 elF3 的亲和力，可以实现与含有 elF3 的 40S 亚基结合，从而形成 48S 的前起始复合物。

除了帽子结构以外，40 S 小亚基还能识别 mRNA 上的起始密码子 AUG。Kozak 等研究过起始密码子 AUG 周边碱基定点突变后对转录和翻译所造成的影响，并总结出在真核生物的 mRNA 中，起始密码子 AUG 两翼的序列为：5′- G/N－C/N－C/N$\underset{A}{-}$NN$\underset{G}{A}$UG－3′，如为 GCCACCAUGG、GCCAUGAUGG 时，蛋白质翻译的效率最高，若把 AUG 定义为＋1 位点，这里－3 位的 A 对翻译效率非常重要。根据研究，在帽子结构上形成的 40S 亚基起始复合物向 3′方向移动时，如发现 AUG 密码子处于这样的序列中，就不再向前移动，而是与 60S 亚基结合成为完整的核糖体，于是从 AUG 上开始合成蛋白质。如果这个 AUG 的临近序列不大合适，40S 亚基起始复合物就会继续向前移动，在碰到下一个位于较合适的临近序列中的 AUG 时停下来而形成 80S 亚基核糖体，并从这个 AUG 上开始合成蛋白质。因此，A/GCCAUGG 被称为 kozak 序列或扫描序列。根据 Kozak 序列，后人通常将该序列构建在真核生物表达载体中，以便提高真核表达载体的表达效率。

48S 前起始复合物形成过程中，mRNA 与 40S 小亚基结合时还需要 ATP，这可能是因为蛋白质合成中消除 mRNA 二级结构是一个耗能过程，需由 ATP 水解提供能量。另外根据“扫描模型”，在 40S 亚基沿 mRNA 移动过程中也需要能量。

第三步是形成 80S 起始复合物：在 elF5 的作用下，催化 GTP 水解为 GDP 及 Pi，并使 48S 前起始复合物中的所有起始因子从 40S 小亚基表面脱落，从而有利于 40S 与 60S 两个亚基结合起来，最终形成 80S 起始复合物，即 40S 亚基- mRNA－Met－$tRNA_i^{Met}$－60S 亚基。

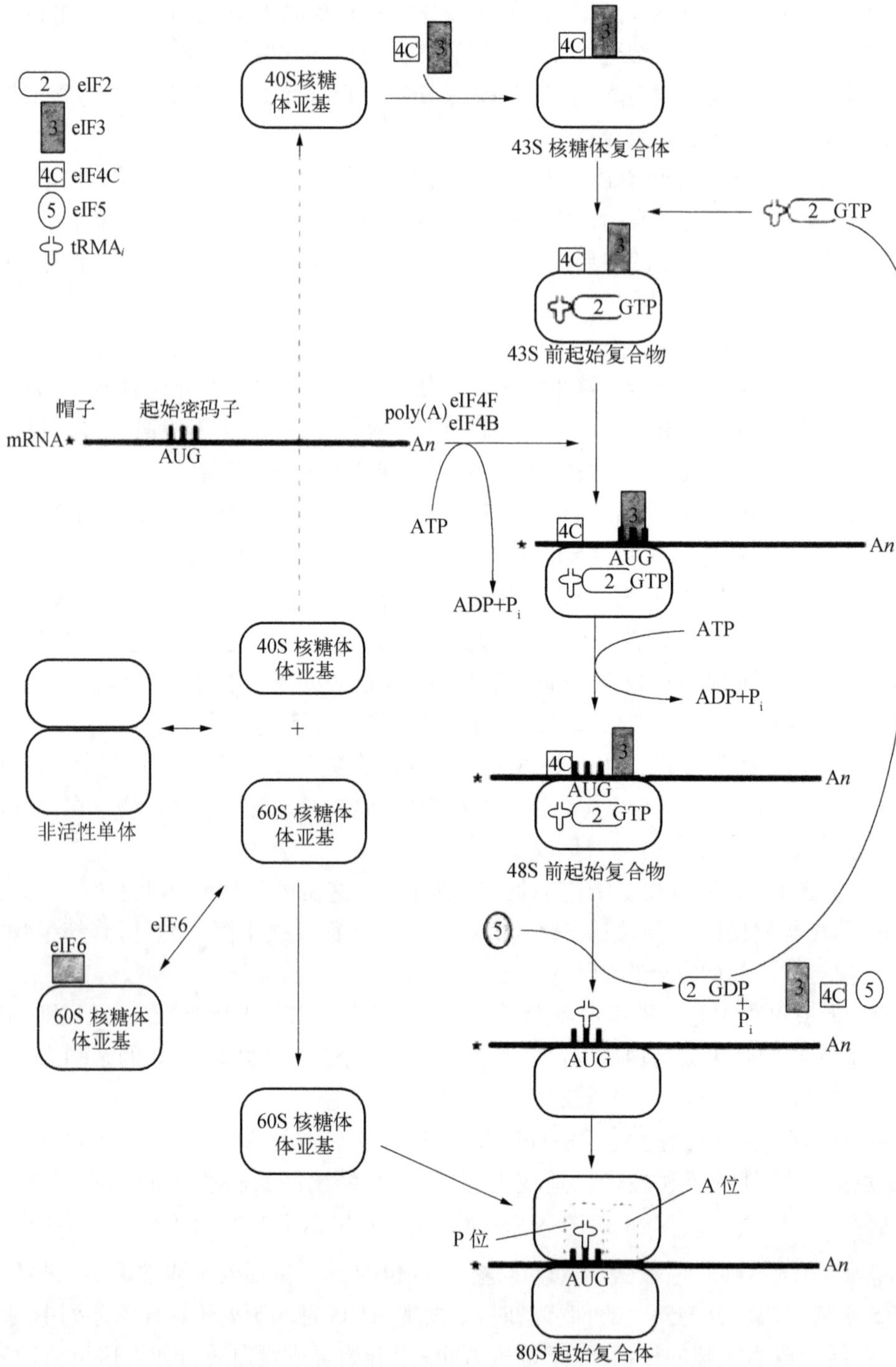

图 6-17 真核生物蛋白质合成的起始(Turner et al, 2000)

3. 肽链的延伸

原核生物和真核生物蛋白质合成的延伸过程十分相似,所涉及的因子及机制也大体相同,主要包括延伸氨酰-tRNA 进入核糖体的 A 位、肽键的生成和移位反应(图 6-19)。

(1) 延伸氨酰-tRNA 进入核糖体的 A 位

当完整的核糖体在起始密码子处形成以后,延伸氨酰-tRNA 进入核糖体 A 位(P 位已被起始氨酰-tRNA 占据)的反应周期即开始。结合有 GTP 的延伸因子(EF-Tu)与氨酰-tRNA 结合形成三元复合物,并进入 A 位。氨酰-tRNA 和 A 位的结合需要 GTP,但是直到肽键形成后 GTP 才会水解。除了起始的氨酰-tRNA$_i$之外的任何氨酰-tRNA 都能进入 A 位,这个过程由延伸因子(EF)介导,按照 mRNA 模板密码

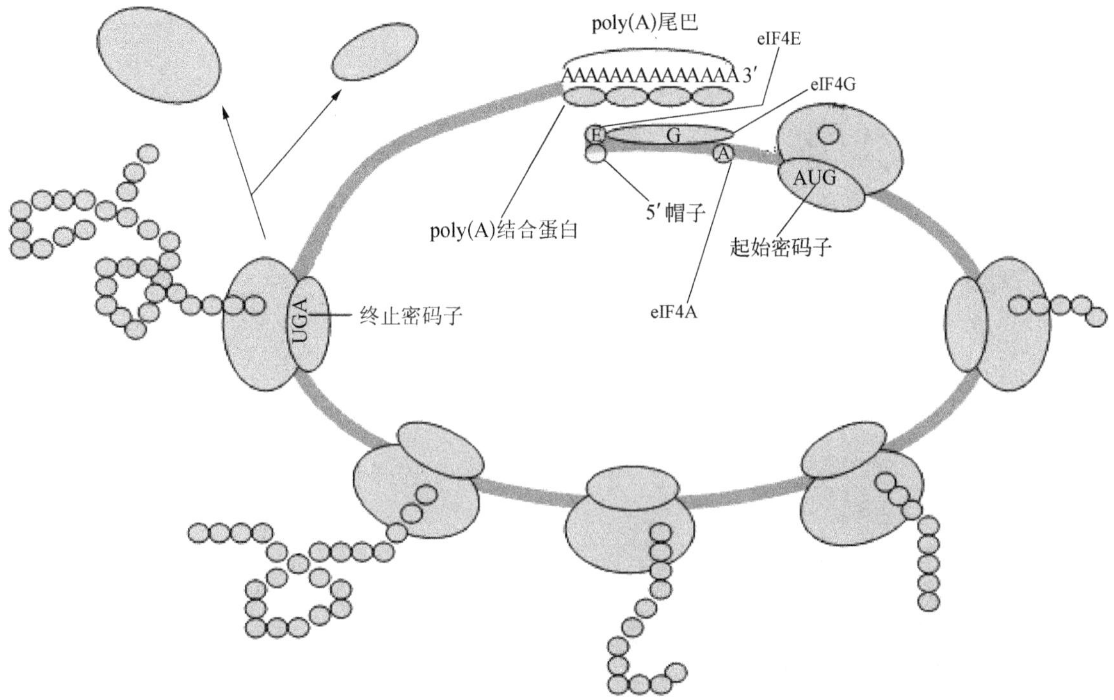

图 6-18 真核生物 mRNA 的 5′帽子和 3′尾巴参与翻译起始复合物的形成

子的排列，氨基酸通过新生肽键的方式被有序地结合上去。肽链延伸由许多循环组成，每加一个氨基酸就是一个循环。

(2) 转肽与肽键的形成

一旦三元复合物进入 A 位以后，GTP 立即水解成 GDP，EF-Tu、GDP 这个二元复合物就与氨酰-tRNA 解离而释放出来。这时，肽基转移酶把位于 P 位的甲酰甲硫氨酰基或肽基转移到 A 位的氨酰-tRNA 的氨基上并形成第一个肽键或新的肽键。这一步的关键是 GTP 的水解和 EF-Tu·GDP 的释放。

现在已有充足的证据说明 GTP 的存在及其水解释放与氨酰-tRNA 进入 A 位和肽键形成的关系。人们使用一个不能被水解的 GTP 同系物 GMP-PCP，其中 C 代表连接 β 和 γ 磷原子的亚甲基而不是 GTP 中的氧原子。利用这种同系物照样能够形成三元复合物，然后进入 A 位，但是肽键不能形成。这就说明三元复合物的形成及其进入 A 位所需的是 GTP 的存在而不是它的水解。GTP 水解后，EF-Tu·GDP 就不能有效地与氨酰-tRNA 结合，这说明鸟嘌呤核苷酸控制着 EF-Tu 的分子构象。对于肽键的形成，不但需要 GTP 的水解，而且需要 EF-Tu·GDP 的释放。人们用黄霉素(kirromycin)来抑制 EF-Tu 的功能。当 EF-Tu与黄霉素结合以后，依然能够形成三元复合物并使氨酰-tRNA 进入 A 位，GTP 也依然能够水解，但EF-Tu·GDP 不能从核糖体上释放下来，其继续存在妨碍了肽基-tRNA 和氨酰-tRNA 之间肽键的生成，其结果是蛋白质合成停滞不前。

在 GTP 水解之后，EF-Tu·GDP 会从核糖体上解离下来。EF-Tu·GDP 是没有活性的，不会和氨酰-tRNA结合。延伸因子 EF-Ts 的作用就在于使使用过的 EF-Tu·GDP 能够转变为有用的形式 EF-Tu·GTP。首先 EF-Ts 将 GDP 置换掉，生成结合的因子 EF-Tu-EF-Ts。这就是人们最初发现的 T 因子即转移因子。然后 EF-Ts 又被 GTP 置换出来而生成 EF-Tu·GTP，而 EF-Ts 又可进行下一次循环。

(3) 移位反应

当肽链在 A 位上形成之后，也只有在这个时候，转位因子 EF-G 和 GTP 才能够结合上来。EF-G 与 GTP 可能形成很松弛的复合物，也可能二者在肽键形成之后直接结合到核糖体上。同样，这种结合需要的是 GTP 的存在而不是 GTP 的水解。因为 GMP-PCP 照样能促进这种结合。然后，由核糖体中具有 GTP 酶活性的某种蛋白质将 GTP 水解，把在 A 位生成的肽基-tRNA 转移到 P 位，同时将原来 P 位上空

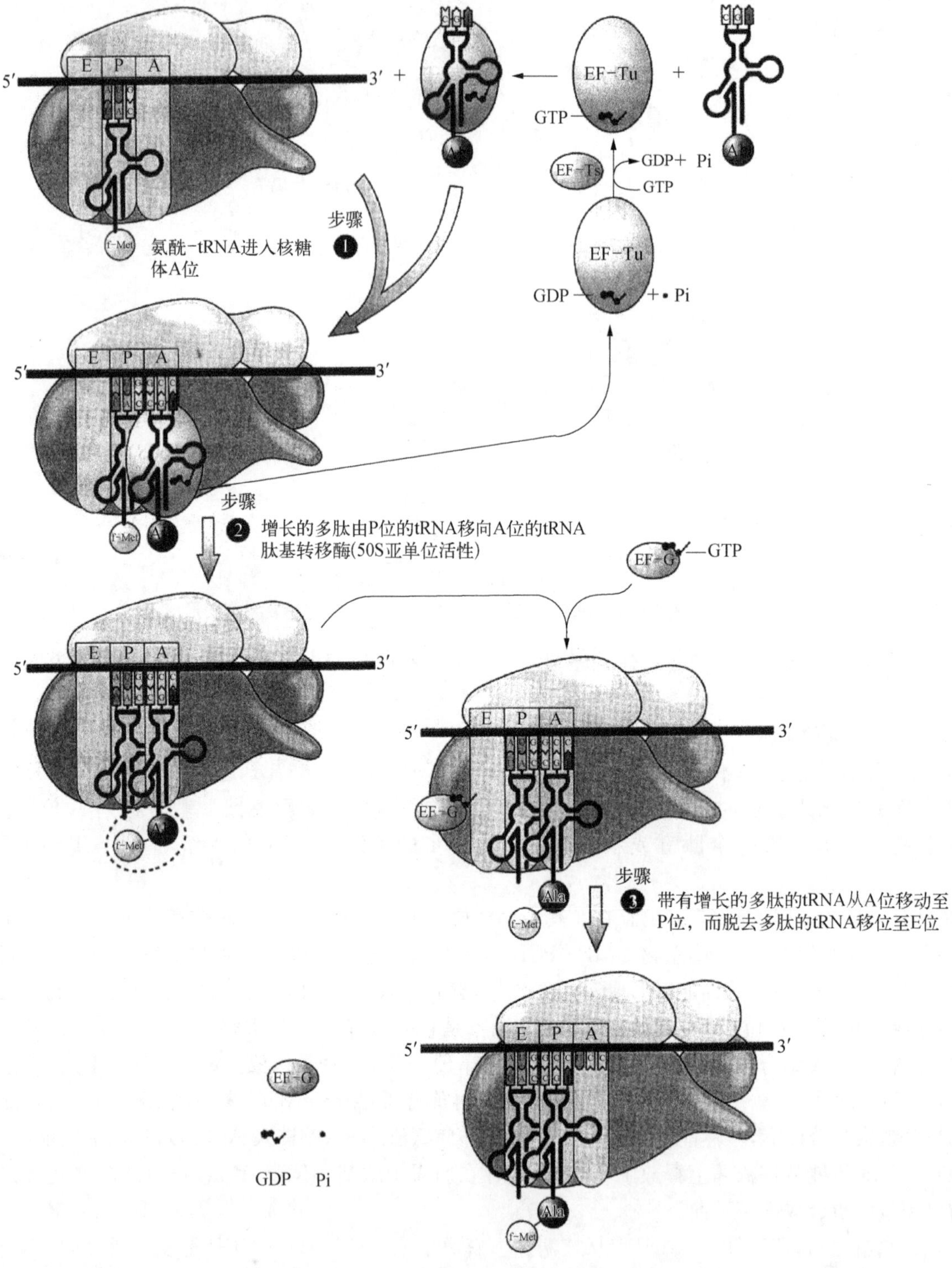

图 6-19 *E. coli* 中的多肽链延伸(赵寿元等,2011)

载的 tRNA 逐出核糖体,mRNA 也移动了一个密码子。在转位以后,EF-G 和 GDP 必须释放出来,下一个氨酰-tRNA 的三元复合物才能进入 A 位。有一种抗生素叫甾酸霉素(fusidic acid)能够使核糖体停在转位后的状态。这是因为甾酸霉素稳定了 EF-G·GDP 与核糖体的复合物,使下一个氨基酸不能加到肽链上来。

4. 终止和肽链的释放

无论原核生物还是真核生物都有三种终止密码子 UAG(amber)、UAA(ochre)和 UGA(opal)。没有一个 tRNA 能够与终止密码子作用,而是由特殊的蛋白质因子促成终止作用。这类蛋白质因子叫做释放因子

(release factor, RF)。原核生物有三种释放因子：RF1 识别 UAA 和 UAG；RF2 识别 UGA 和 UAA；RF3 能够刺激 RF1 和 RF2 的活性。真核生物中只有一种释放因子 eRF，eRF 需要 GTP 与之结合才能结合于核糖体，GTP 可能在终止反应后被水解，这一作用可能与 eRF 与核糖体的解离有关。

不管原核生物还是真核生物，释放因子都是作用于 A 位，并且需要 P 位被肽基-tRNA 所占据。这个过程同样需要肽基的转移及把空载的 RNA 逐出核糖体。肽基的转移仍然是由肽基转移酶活性起作用的，只不过由于释放因子的某种作用使肽基转移到水分子上因而并不形成新的肽键(图 6-20)。核糖体是如何从 mRNA 上释放下来的，现在还不清楚，可能是释放因子触发了核糖体构象的改变，并有可能涉及未知的蛋白质因子。

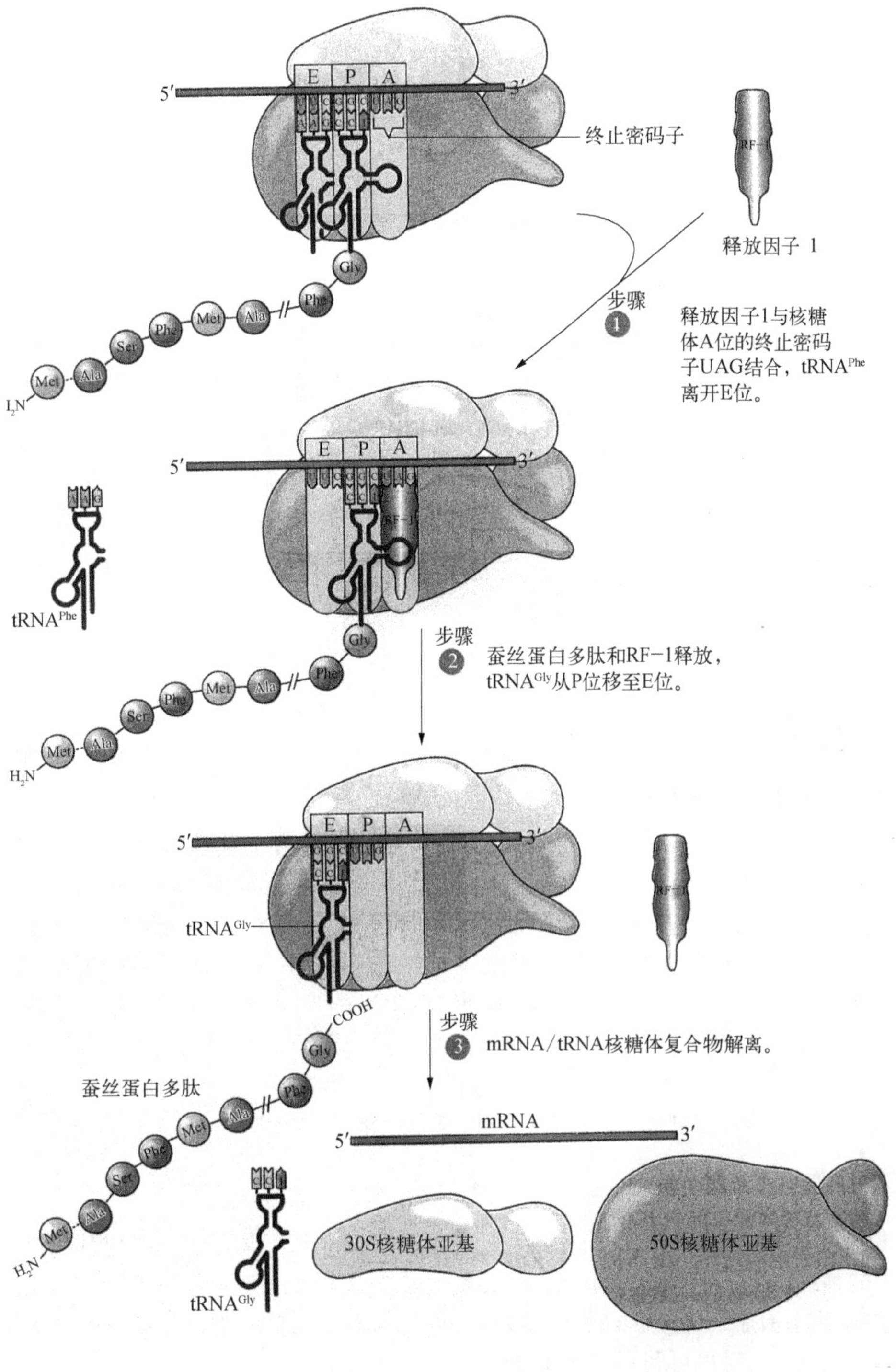

图 6-20 蛋白质合成的终止

6.5 多核糖体与蛋白质生物合成的抑制剂

6.5.1 多核糖体

上述合成过程所表示的是单个核糖体的情况,实际上生物体内合成蛋白质通常是多个核糖体同时与同一 mRNA 的不同部位相连,构成多核糖体(polyribosome),形成念珠状。两个核糖体之间有一定的长度间隔,每个核糖体都独立完成一条多肽链的合成。所以这种多核糖体可以在一条 mRNA 链上同时合成多条相同的多肽链,这就大大提高了翻译的效率(图 6-21)。

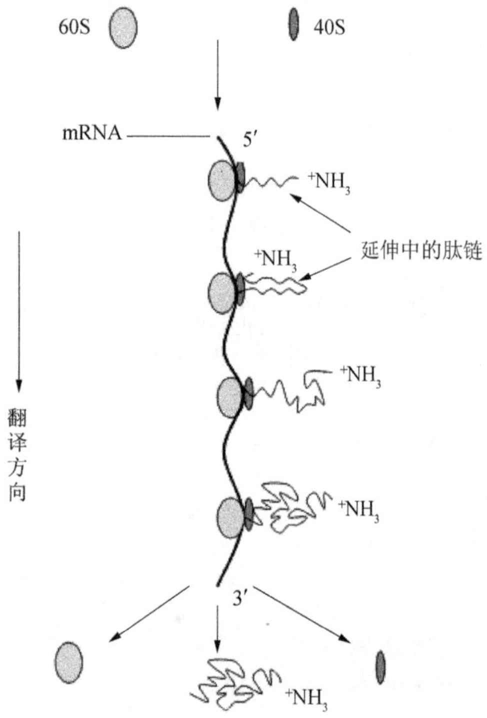

图 6-21 多聚核糖体

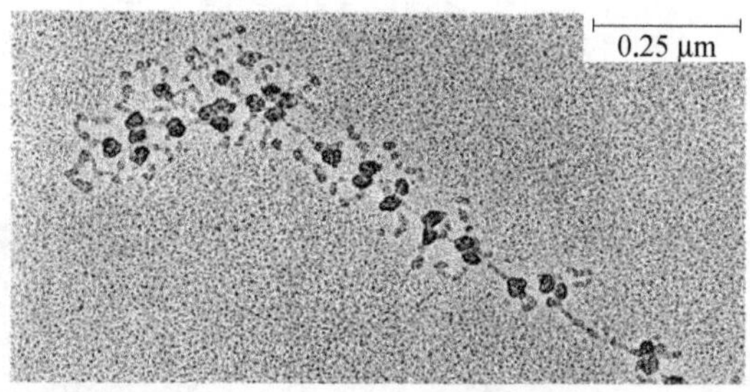

图 6-22 电镜下的多聚核糖体

蛋白质开始合成时,第一个核糖体在 mRNA 的起始部位结合,引入第一个甲硫氨酸,然后核糖体再沿着 mRNA 链由 5′端向 3′端移动,根据 mRNA 链的信息,有次序地接受携带氨酰基的各种 tRNA,并合成多肽链。当这一核糖体向 mRNA 的 3′端移动一定距离后,第二个核糖体又在 mRNA 的起始部位结合,并开始合成另一条同样的多肽链,向前移动一定的距离后,在起始部位又结合第三个核糖体,依次下去,直至终止。每当一个核糖体到此 mRNA 的终止密码子时,多肽链即合成完毕,并从核蛋白体及 tRNA 上释出。同时,此核糖体随之从 mRNA 链上脱落分离为两个亚基,而脱落下来的大、小亚基又可重新投入核糖体循环的翻译过程。多聚核糖体的核糖体个数与模板 mRNA 的长度有关。例如,血红蛋白多肽链的 mRNA 链较短,只能附着 5 个核糖体;而肌球蛋白 mRNA 链较长,可附着 50~60 个核糖体。mRNA 链上核糖体的密度大约为每 80 个核苷酸 1 个核糖体,在电镜下可以看到一长串的念珠(图 6-22)。

6.5.2 蛋白质生物合成的抑制剂

蛋白质生物合成过程中,有很多天然抗生素和某些毒素可以作用于某靶点,通过阻断真核、原核生物蛋白质翻译体系中的某组分功能,干扰和抑制蛋白质生物合成。这些抑制剂不仅对于研究蛋白质的合成机制十分重要,也是在临床上治疗细菌感染的重要药物。因此可针对蛋白质生物合成必需的关键组分作为研究新抗菌药物的作用靶点。同时也可利用真核、原核生物蛋白质合成体系的某些差异,设计、筛选仅对病原微生物特效而不损害人体的药物。

目前发现的蛋白质生物合成抑制剂主要是一些抗生素,如嘌呤霉素、链霉素、四环素、氯霉素、红霉素等，此外，还有如 5 -甲基色氨酸、环己亚胺、白喉毒素、干扰素、蓖麻蛋白和其他核糖体灭活蛋白等。

1. 抗生素类阻断剂

抗生素对蛋白质合成的作用可能是阻止 mRNA 与核糖体结合（氯霉素）、或阻止氨酰- tRNA 与核糖体结合（四环素类）、或干扰氨酰- tRNA 与核糖体结合面产生错读（链霉素、新霉素、卡那霉素等）、或作为竞争性抑制剂抑制蛋白质合成（表 6 - 8）。

表 6 - 8　抗生素抑制蛋白质生物合成的原理

抗　生　素	作用点	作用原理	应　用
四环素族（金霉素、新霉素、土霉素） 链霉素、卡那霉素、新霉素	原核核蛋白体小亚基	抑制氨酰- tRNA 与小亚基结合 改变构象引起读码错误、抑制起始	抗菌药 抗菌药
氯霉素、林可霉素 红霉素 梭链孢酸	原核核蛋白体大亚基	抑制转肽酶、阻断延长 抑制转肽酶、妨碍转位 与 EF - G · GTP 结合，抑制肽链延长	抗菌药
放线菌酮	真核核蛋白体大亚基	抑制转肽酶、阻断延长	医学研究
嘌呤霉素	真核、原核核蛋白体	氨酰- tRNA 类似物，进位后引起未成熟肽链脱落	抗肿瘤药

线粒体是一个“半自主”性的细胞器，它的蛋白质除由胞质核糖体循环产生供应外，还有其自身的蛋白质合成系统。哺乳动物线粒体核糖体与细菌核糖体相似，因此能抑制细菌核糖体功能的抗生素，往往也能抑制哺乳动物线粒体的核糖体循环。

值得说明的是，四环素族类（包括四环素、土霉素、金霉素等）对真核细胞的无细胞系统蛋白质合成具有抑制作用，但对完整的真核细胞无抑制作用，这是由于四环素族类抗生素不易透过真核细胞膜的缘故。

2. 干扰素对病毒蛋白质合成的抑制

干扰素（interferon，IFN）是病毒感染后，感染病毒的细胞能够合成和分泌的一种小分子蛋白质。从白细胞中可以得到 α -干扰素，从成纤维细胞中可以得到 β -干扰素，在免疫细胞中得到 γ -干扰素。干扰素结合到未感染病毒的细胞膜上，诱导这些细胞产生寡核苷酸合成酶、核酸内切酶和蛋白激酶。在细胞未被感染时不合成这三种酶，一旦被病毒感染。有干扰素或双链 RNA 存在时，这些酶被激活并以不同的方式阻断病毒蛋白质的合成。一种方式是干扰素和 dsRNA 激活蛋白激酶，蛋白激酶使蛋白质合成的起始因子磷酸化，使它失活（图 6 - 23）；另一种方式是 mRNA 的降解，干扰素和 dsRNA 激活 2,5 -腺嘌呤寡核苷酸合成的酶的合成。2,5 -腺嘌呤寡核苷酸激活核酸内切酶，核酸内切酶水解 mRNA。

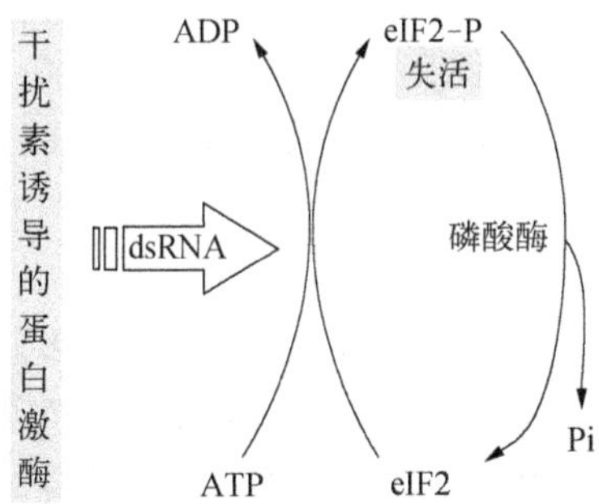

图 6 - 23　干扰素诱导 eIF2 磷酸化使其失活

干扰素具有很强的抗病毒作用，因此在医学上有重大的实用价值。但组织中含量很少，难于从生物组织中大量分离干扰素。现在已经应用基因工程合成干扰素以满足研究与临床应用的需要。

3. 毒素的作用

由白喉杆菌（*Corynebacterium diptheriae*）所产生的致死性毒素是目前研究得较为清楚的真核细胞蛋白质合成抑制剂。白喉毒素是一种 65 kDa 的蛋白质，它不是由细菌基因组编码的，而是由一种寄生于白喉杆菌体内的溶源性噬菌体 β 编码的。该毒素只是经白喉杆菌转运分泌出来，然后进入组织细胞内。一旦进入真核内，白喉毒素就催化 ADP -核糖与 eIF2 连接，ADP -核糖由 NAD^+ 提供，与 eIF2 分子中修饰的组氨酸残基结合。在体外，这种结合很容易被加入烟酰胺而反转。一旦 eIF2 被 ADP -核糖化，eIF2 就完全失活。白喉毒素起催化作用，因此只需微量（也许少至一个分子）就能有效抑制细胞的整个蛋白质合成，而导致细胞死亡。eIF2 中修饰的组氨酸残基亦称为白喉酰胺（diphthamide）。假如在 eIF2 中不存在白喉酰胺，白喉毒素就不会杀死哺乳动物细胞。

4. 抗代谢物

嘌呤霉素是氨酰- tRNA 的结构类似物，不需要延伸因子就可以结合在核糖体的 A 位上进而抑制氨酰- tRNA 的进入。它所带的氨基与氨酰- tRNA 上的氨基一样，能与生长中的肽链上的羧基反应生成肽键，这个反应的产物是一条3′羧基端挂了一个嘌呤霉素残基的小肽,肽酰嘌呤霉素随后从核糖体上解离出来,所以嘌呤霉素是通过提前释放肽链来抑制蛋白质合成的。

6.6 翻译后处理

大多数的新生肽链是没有功能的,常常要进行一系列翻译后的加工处理,才能成为具有活性的成熟蛋白质。与翻译过程相比,蛋白质产物的翻译后处理显得更加复杂。一般来说,蛋白质的成熟过程涉及信号肽的切除、多肽链内二硫键的正确形成、多肽链的正确折叠、某些氨基酸残基的修饰、寡聚体的形成等一系列翻译后的加工过程。这通常是在特定的细胞器或亚细胞结构中完成的。

6.6.1 N端fMet或Met的切除

细菌蛋白质的N端一般不保留fMet,由氨肽酶(aminopeptidase)水解切除,也有少数肽链N端的fMet由脱甲酰酶(deformylase)去除甲酰基。而不管是原核生物还是真核生物N端的甲硫氨酸往往在多肽链合成完毕之前就被切除。在真核生物中,常常在多肽链合成到一定长度(15～30个氨基酸)时,其N端的甲硫氨酸被除去。这一步反应也是由氨肽酶来完成的。水解的过程有时发生在肽链合成的过程中,有时在肽链从核糖体上释放以后。因此,成熟的蛋白质分子N端一般没有甲酰基,或没有甲硫氨酸。至于脱甲酰还是除去fMet常与邻接的氨基酸有关。如第二氨基酸是Arg、Asn、Asp、Glu、fly或Lys,以脱甲酰基为主,而如果邻接的氨基酸是Aly、Gly、Pro、Thr或Val,则常除去fMet。

6.6.2 二硫键的形成

在mRNA分子上没有胱氨酸的密码子,而不少蛋白质分子中含有胱氨酸二硫键,有的还有多个。肽链内或两条肽链间的二硫键是在肽链形成后通过两个半胱氨酸的巯基氧化而形成的。二硫键的形成对于许多酶和蛋白质的活性是必需的。

6.6.3 肽链的折叠

从核糖体上释放出来的多肽链,按照一级结构中氨基酸侧链的性质自发地卷曲,形成一定的空间结构,使它具有最大限度的氢键、范德华力、离子键和疏水作用力。肽链的折叠在肽链合成没有结束时就已经开始。核糖体可保护30～40个氨基酸残基长的肽链。当肽链从核糖体中露出后,便开始折叠。三级结构的形成几乎和肽链合成的终止同时完成。例如,大肠杆菌β-半乳糖苷酶的抗体可识别酶的三级结构,能与合成该酶的多核糖体结合。该酶的活性形式为四聚体,当新生的肽链还未由核糖体释放时,就能与游离的酶分子形成活性形式。这说明高级结构的形成在合成终止前就开始了。由此可见,蛋白质的折叠是从N端开始的。

过去一直认为,蛋白质空间结构的形成是其一级结构决定的,不需要另外的信息。近些年来发现许多细胞内蛋白质正确装配都需要一类称作"分子伴侣"的蛋白质帮助才能完成。分子伴侣这一类蛋白质能介导其他蛋白质正确装配成有功能活性的空间结构,而它本身并不参与最终装配产物的组成。目前认为"分子伴侣"蛋白质有两类:第一类是一些酶,如蛋白质二硫键异构酶可以识别和水解非正确配对的二硫键,使它们在正确的半胱氨酸残基位置上重新形成二硫键;第二类是一些蛋白质分子,可以和部分折叠或没有折叠的蛋白质分子结合,稳定它们的构象,免遭其他酶的水解或促进蛋白质折叠成正确的空间结构。总之"分子伴侣"在蛋白质合成后折叠成正确空间结构中起重要作用。

6.6.4 化学修饰

化学修饰是蛋白质加工的重要部分,修饰的类型也很多,主要类型有以下几种。

1. 羟基化

肽链中某些氨基酸的侧链可被专一的酶催化进行修饰,例如,脯氨酸被羟基化生成羟脯氨酸,胶原蛋白在合成后,其中的某些脯氨酸和赖氨酸残基发生羟基化。在X-Pro-Gly(X代表除Gly外的任何氨基酸)序列中的多数脯氨酸羟基化为4-羟脯氨酸,少数生成3-羟脯氨酸。脯氨酸的羟基化有助于胶原蛋白螺旋的稳定。

有一些赖氨酸则再被糖基化。其他蛋白质如核心专一凝集素(core-specificle)也含有羟脯氨酸和羟赖氨酸。

2. 糖基化

在多肽链合成过程中或在合成之后氨基酸的侧链常以共价键与单糖或寡糖侧链连接,生成糖蛋白。这些糖可连接在天冬酰胺的酰胺键上(N-连接寡糖)或连接在丝氨酸、苏氨酸或羟赖氨酸的羟基上。糖基化是多种多样的,可以在同一条肽链上的同一位点连接上不同的寡糖,也可以在不同位点上连接上寡糖。糖基化是在酶催化反应下进行的。糖蛋白是一类重要的蛋白质,许多膜蛋白和分泌蛋白都是糖蛋白。大多数的糖基化是由内质网中的糖基化酶(glycosylase)催化进行的。

3. 磷酸化

酶、受体、介质(mediator)和调节因子等蛋白质的可逆磷酸化使普遍存在的蛋白质在细胞生长和代谢调节中有重要功能。磷酸化多发生在多肽链丝氨酸和苏氨酸的羟基上,偶尔也发生在酪氨酸残基上。这种磷酸化的过程受细胞内一种蛋白激酶催化,磷酸化后的蛋白质可以增加或降低它们的活性。例如,促进糖原分解的磷酸化酶,无活性的磷酸化酶 b 经磷酸化以后变成有活性的磷酸化酶 a,而有活性的糖原合成酶 I 经磷酸化以后变成无活性的糖原合成酶 D,共同调节糖原的合成与分解。

4. 酰基化

蛋白质的乙酰化普遍存在于原核生物和真核生物中,如烟草花叶病病毒外壳在细菌、真菌和动植物中均存在。乙酰化有两个类型:一类是由结合于核糖体的乙酰基转移酶将乙酰-CoA 的乙酰基转移至正在合成的多肽链上,当将 N 端的甲硫氨酸除去后,便乙酰化,如卵清蛋白的乙酰化;另一类型是在翻译后由细胞质的酶催化发生的乙酰化,如肌动蛋白和猫的珠蛋白。此外,细胞核内的组蛋白的内部赖氨酸也可以被乙酰化。

5. 羧基化作用

一些蛋白质的谷氨酸和天冬氨酸可发生羧基化作用。例如,凝血酶原(prothrombin)的谷氨酸在翻译后羧化成 γ-羧基谷氨酸,后者可以与 Ca^{2+} 合。这依赖于维生素 K 的羧化酶的催化作用。

6. 甲基化

在一些蛋白质中,赖氨酸被甲基化,如肌肉蛋白和细胞色素 c 中含有一甲基和二甲基赖氨酸。大多数生物的钙调蛋白含有三甲基赖氨酸。有些蛋白质中的一些谷氨酸链羧基也发生甲基化。

6.6.5 剪切

蛋白质的剪切分为三类:一是将多蛋白质切开成为几个成熟蛋白质;二是切除成熟蛋白质中不含有的肽段;三是蛋白质内含子被切除,外显子重新连接在一起。

1. 水解断链

前体蛋白要经过剪切后方可成为成熟的蛋白质。如哺乳动物的鸦片样促黑皮激素原(proopimelanocorlin,POMC)初翻译产物为 265 个氨基酸,在脑垂体细胞中 POMC 初切割成为 N 端片段和 C 端片段的 β-促脂解激素,然后 N 端片段又被切割成较小的 N 端片段和 9 肽的促肾上腺皮质激素。而在脑下垂体中叶细胞中,β-促脂解激素再次被切割产生 β-内啡肽,ACTH(adreno-cortico-tropic-hormone)也被切割产生 13 肽的促黑激素(α-melanotropin)(图 6-24)。

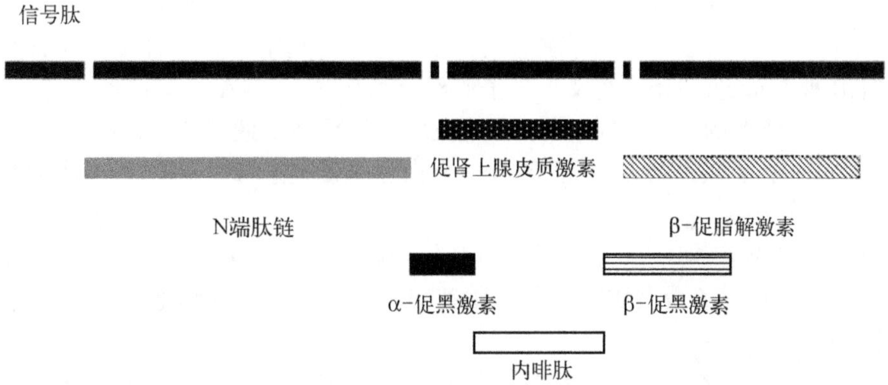

图 6-24 鸦片样促黑皮激素原(POMC)的水解修饰

2. 切去一段肽链

有些新合成的多肽链要在专一性的蛋白水解酶作用下切除部分肽段才能成为有活性的成熟蛋白质。最有名的例子是高等生物的胰岛素,它是一种分泌蛋白,具有信号肽。新合成的前胰岛素原(preproinsulin)在ER中切除信号肽变成了胰岛素原(proinsulin)。胰岛素原是单链的多肽,由A链(21个氨基酸残基)、B链(31个氨基酸残基)和C链(33个氨基酸残基)三个连续的片段构成,并由3个二硫键将主链连在一起,弯曲成复杂的环形结构。当胰岛素原转运到胰岛细胞的囊泡中,C链被切除,成为A、B两条分开的链,并由3个二硫键连接为成熟的胰岛素(图6-25)。不少多肽类激素和酶的前体也要经过加工才能变为活性分子,如血纤维蛋白原、胰蛋白酶原经过加工切去部分肽段才能成为有活性的血纤维蛋白、胰蛋白酶。

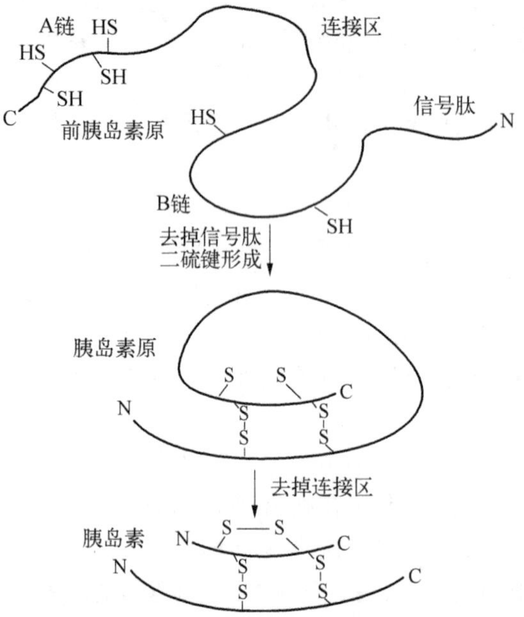

图6-25 前胰岛素原蛋白翻译后成熟过程示意图

3. 切除蛋白质内含子

20世纪80年代末发现的蛋白质剪接现象和RNA剪接十分相似,只不过剪去的不是多核苷酸,而是多肽罢了。有人把剪去的序列称为蛋白质内含子(protein intron),又称为内含肽(intein),留下的称为蛋白质外显子(protein exon),又称为外显肽(extein)。根据现有资料,蛋白质内含子与C端外显肽交界处,似乎序列保守,内含肽最后两个氨基酸残基一律是His和Asn,C端外显子为首的氨基酸是Cys、Ser或Thr,内含子为首的氨基酸是Cys或Ser。

内含肽的基因不是单独的开放阅读框,而是插入在外显肽的基因中,和内含子的区别在于不是其mRNA被切除,而是可以和外显肽的基因一道表达,产生前体蛋白以后再从前体中被切除掉,余下的外显肽连接在一起成为成熟的蛋白质,这也不同于胰岛素。胰岛素的A键和B键本身是不相连接的,仅仅通过二硫键将两个片段连在一起。

蛋白质内含子的剪切最著名的例子是酿酒酵母质子易位腺苷三磷酸酶(H^+-ATPase)的一个亚基的加工,该酶由8个亚基组成,其中一个亚基由*TFPl*编码。按照*TFPl*的读框计算所编码的蛋白质应该有119 kDa,但实际上只有69 kDa,酿酒酵母其他近缘种的同一亚基也都是69 kDa。氨基酸序列分析表明酿酒酵母69 kDa确由*TFPl*编码,共1 071个氨基酸,但285～737位氨基酸残基已被切去,只留下1～284位和738～1 071位。*TFPl* mRNA没有剪切位点的共有序列,285～737位编码区如果出现无义突变,就不能译出69 kDa的蛋白质。所以一定是先将编码区1 071个密码子全部译完之后,才把285～737位残基切去的。

6.6.6 亚基之间、亚基与辅基之间的聚合

具有四级结构的蛋白质由几个亚基组成,因此必须经过亚基之间的聚合过程才能形成具有特定构象和生物功能的蛋白质。结合蛋白含有辅基成分,所以也要与辅基部分结合后才能具有生物功能。例如,成人血红蛋白由两条α链、两条β链及4分子血红素所组成,α链在多聚核糖体合成后自行释放,并与尚未从多聚核糖体上释下的β链相连,然后一并从多聚核糖体上脱下来,变成α、β二聚体,此二聚体再与线粒体内生成的两个血红素结合,最后形成一个由4条肽链和4个血红素构成的有功能的血红蛋白分子。

翻译后处理具有重要的生物学意义。翻译后加工有两方面目的:① 功能需要;② 定向转运的需要,这在真核生物中尤为复杂。合成的蛋白质要定向运输到细胞质、质膜、各种细胞器(如叶绿体、线粒体、溶酶体、过氧化物酶体等)。

在结合于内质网上的核糖体中合成的蛋白质,几乎都要进行糖基化修饰,获得共价连接的寡聚糖,因此被称为糖蛋白。蛋白质连接寡聚糖的功能是多方面的:① 蕴含着定位的信息,酶分泌到胞外需要寡聚糖作

为定位信号；② 防止蛋白酶的降解；③ 也是蛋白质正确地折叠并行使生物活性所必需的，糖蛋白若失去寡聚糖就不能适当地折叠，因此也不具有酶活性；④ 未能正确折叠糖蛋白不能沿着分泌途径运输；⑤ 可以使蛋白质分子通过糖链的结合而与其他的蛋白质分子接触，还能够改变蛋白质的免疫和物理化学性质。可见，寡聚糖对于糖蛋白来说并不是可有可无的。

蛋白质在合成的过程及合成以后的运输过程中都受到精确的调控。然而，生物体内的蛋白质并不全是在恰当地折叠并且正确地定位之后就有活性的，有些还需要受到其他类型的修饰作用，如甲基化、乙酰化、磷酸化和核蛋白酶水解等。其中最主要的应当是磷酸化或脱磷酸化调节，许多酶、转录因子、组蛋白和非组蛋白、微管蛋白、膜蛋白等都受到磷酸化或脱磷酸化调节。这些蛋白质通常处于非活性状态，当机体有需要时才被磷酸化或脱磷酸化而成为活性状态参与体内的一系列生理生化反应。

6.7 蛋白质的转运与定位

不论是原核还是真核生物，在细胞质内合成的蛋白质，除一部分仍停留在胞质之中，所有的蛋白质都要被导入特殊的位置，以行使各自的生物功能。这种依赖于蛋白质和细胞膜系统相互作用的能力，或通过蛋白质顺序的特点，或通过在其上共价基团使一种蛋白质可被特殊膜上的受体识别，使蛋白质穿越过膜而进入某种细胞器的过程称为蛋白质转运(protein transport)。真核生物细胞结构复杂，而且有多种不同的细胞器，因此合成后的蛋白质还要跨越不同的膜而到达溶酶体、线粒体、叶绿体、胞核等不同的细胞器。

细胞中蛋白质的转运有两种类型：翻译后转运和协同转运。表 6-9 表示细胞中蛋白质合成的地方及合成后蛋白质的定位及转运。

表 6-9 几类主要蛋白质的运转机制

蛋白质性质	运 转 机 制	主 要 类 型
分泌	核糖体上合成，并以翻译转运同步机制运输	免疫球蛋白、卵蛋白、水解酶、激素等
细胞器发育	蛋白质在游离核糖体上合成，以翻译后转运机制运输	核、叶绿体、线粒体、乙醛酸循环体、过氧化物酶体等细胞器中的蛋白质
膜的形成	两种机制均有	质膜、内质网、类囊体中的蛋白质

6.7.1 翻译后转运

翻译后转运是指在细胞质中完成多肽链的合成，然后才转运至膜围绕的细胞器，如线粒体、叶绿体、过氧化物酶体、细胞核及细胞质基质的特定部位，最近发现有些还可转运至内质网中。蛋白质转运的目的地取决于这些蛋白质是否具有特殊的定位信号。若没有任何特殊的信号，这种蛋白质只有以唯一可溶的形式留在胞液中。移向不同目的地的蛋白质具有各种不同的信号。这种信号以一种短的“模体”形式存在。信号的功能是在蛋白质合成完成后才发挥作用的，即蛋白质转运是在翻译后进行的，在运转过程中没有蛋白质的合成，所以这一过程称为翻译后转运(post-translational transport)。

1. 导肽

蛋白质通过 N 端的一段前导肽(leader peptide)与膜结合，这个与膜相互作用的内在保守顺序负责蛋白质穿过膜进入它的特异位置。前导肽一般具有如下特性：通常是疏水的，由非电负性(即不带电荷)氨基酸构成，中间夹有带正电荷的碱性氨基酸，缺少带负电荷的酸性氨基酸，羟基氨基酸含量高(特别是 Ser)，易形成双亲(既有亲水又有疏水部分)及螺旋结构。带正电荷的碱性氨基酸在前导肽中有重要的作用。如果它们被不带电荷的氨基酸所取代，就不能发挥牵引蛋白质过膜的作用。不同的前导肽顺序缺乏同源性，这意味着和识别有关的信号不是一级结构，而是二级、三级结构。表 6-10 表示由游离核糖体合成的蛋白质所用的信号顺序。通常被导入线粒体和叶绿体，在其 N 端有长约 25 个氨基酸残基的特殊顺序，此顺序可被细胞器被膜上的受体所识别，且在越膜后常被切断。进入核中的蛋白质，这段氨基酸顺序更短。这些“核定位信号”(nuclear localization signal)可穿越核孔。转运到过氧化物酶体的蛋白质是通过一个非常短的 C 端顺序。

表 6-10 导肽引导蛋白质进入的组织及其特点

组 织	信号的位置	类 型	信号顺序的长度
线粒体	N端	氨基酸	12~30个氨基酸
叶绿体	N端	氨基酸	~25个氨基酸
核	中部	碱性氨基酸	7~9个氨基酸
过氧化物酶体	C端	SKL(Ser Lys Leu)	3个氨基酸

2. 导肽在线粒体中决定蛋白质定位

线粒体是由一种含有两层膜的外被所包被。蛋白质转运到线粒体中可能被定位在外膜、内外膜的间隔、内膜或基质中。若一种蛋白质是膜的一种成分,那么它可被定向在膜的外侧或内侧表面。一个蛋白质定位在膜间质中或在内膜需要一个附加的信号,此信号对于其在细胞器中的定位位置是特异的。蛋白质是通过穿越两层膜进入基质的。此特点是由导肽N端所赋予的。在细胞质游离核糖体首先合成的肽段称为导肽,导肽部分被合成后即被细胞质中的分子伴侣(又称HSP70蛋白家族)识别并结合,肽链完全合成后被释放到细胞质中,分子伴侣的作用是保持合成的蛋白质处于非折叠状态,因为折叠的蛋白质不能穿过线粒体或叶绿体膜。HSP70是将非折叠的新生肽链转运到线粒体外膜上的运输受体蛋白,受体蛋白沿着膜滑动到达线粒体内外膜相接触的部位,新生肽链穿过该处转位蛋白形成的蛋白质通道进入线粒体,进入线粒体的新生肽链被线粒体HSP60结合,接着线粒体HSP60替换HSP70,并帮助新生蛋白质正确折叠成活性肽(图6-26)。

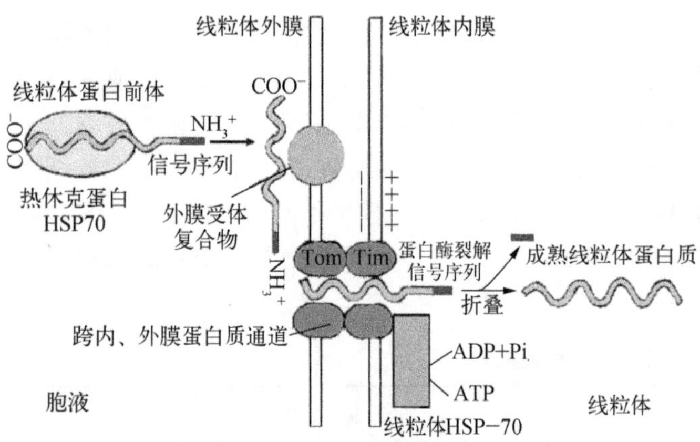

图 6-26 线粒体蛋白质的跨膜转运(王曼莹,2006)

蛋白质向线粒体内膜和膜间隙的定位需要双重信号,分别负责不同层次的定位功能。导肽的第一部分负责将蛋白质运送到线粒体基质,然后在导肽的第二部分信号的作用下返回定位到内膜或膜间隙。导肽的这两个部分可被连续切除。

含有两种信号的导肽其两个部分构成不同,细胞色素c1就是个例子。它结合在内膜和膜间质的表面,其导肽含61个氨基酸残基且可分为不同的功能区。完整的导肽可以转运一个附着蛋白(如成熟的DHFR)进入膜间隔中,但前32个氨基酸残基甚至此区域N端的一半就可将DHFR转运到基质中,因此导肽的第一部分(N端的32个氨基酸残基,非负电性氨基酸含量很高)构成了基质导向信号(matrix-targeting signal)。在基质导向信号区域的后面连接着19个连续的非负电性氨基酸构成的另一功能区,称为膜导向信号(membrane-targeting signal),它将蛋白质定位在内膜或膜的间隔区。

N端的基质导向信号的功能可能在所有线粒体蛋白质中都是相同的,被外膜受体识别,导致蛋白质穿越过两层膜。因此所有进入线粒体的蛋白质转运在开始都是相同的,无论它的最终定位在何处。而导肽的特点决定了随后的转运和定位,位于基质中的蛋白质除基质导向信号外没有其他的信号,因此这些蛋白定位于基质中。如有膜导向信号需要切除基质导向信号后才能显示其功能,切除后导肽保留的部分(新的N端)即膜导向信号就将蛋白质导入外膜膜间隔或内膜的合适位置。

基质导向信号的剪切是单独加工的,这一加工对于定位在基质中的蛋白来说是必要的。负责基质导向信号的剪切是由位于基质中的蛋白酶来完成的,这种蛋白酶是水溶性的Mg^{2+}依赖性酶。因此,定位于线粒体基质中的蛋白质需提供这种蛋白酶所识别的导肽N端并且N端序列必须要到达基质。有的线粒体蛋白是以其成熟的形式被识别的。它们有一段膜序列位于N端或中部,这段序列无需剪切就可发动越膜。在任何情况下剪切都不是和细胞器的识别机制相关,因此剪接位点的突变也并不阻止蛋白的输入。

3. 叶绿体蛋白质的转运

叶绿体蛋白质需要穿越两层膜,图6-27表明各种定位的叶绿体蛋白质。这些蛋白质穿过外被的外膜和内膜进入基质，此过程与蛋白质越膜转运到线粒体基质的情况相同。但有的蛋白质还要进一步穿越类囊体膜（thylakoid membrane）进入腔（lumen）中。定位于类囊体膜或腔中的蛋白质转运途中必须经过基质。

叶绿体的导向信号和线粒体的相似。导肽由50个氨基酸残基组成，N端的一半是叶绿体外被识别所需，决定该蛋白质能否进入叶绿体基质。在穿越外被时或穿越后在20～25个氨基酸残基位点发生剪切。定位在类囊体或腔中的蛋白质由N端余下的一半指导类囊体膜的识别。

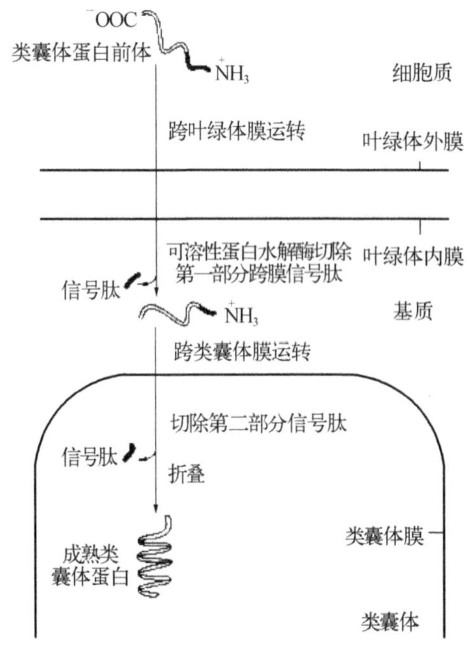

图6-27 叶绿体蛋白质跨膜转运

叶绿体蛋白质转运过程有如下特点。

1）活性蛋白水解酶位于叶绿体基质内，这是鉴别翻译后转运的指标之一。从完整的叶绿体内提取的可溶性物质，能够把RuBP羧化酶小亚基前体降解或加工为成熟小亚基，离心后产生的叶绿体基质和破碎的叶绿体也具有这种功能，而类囊体和提纯的叶绿体膜都无此特性。在叶绿体蛋白质的翻译后转运机制中，活性蛋白酶是可溶性的，这一点也不同于分泌蛋白质的翻译—转运同步机制，因为后者活性蛋白酶位于转运膜上。因此，可根据蛋白水解酶的可溶性特征来区别这两种不同的转运机制。

2）叶绿体膜能够特异地与叶绿体蛋白质的前体结合。从豌豆叶片中提取polyAmRNA，置于麦胚提取物的上清液中合成蛋白质，并与分离的叶绿体膜共温育，发现RuBP羧化酶小亚基前体和聚光叶绿素a、b结合蛋白的前体都能与叶绿体膜结合，而提取物中的其他蛋白质不与膜结合，说明叶绿体蛋白质前体与膜之间存在着特异性相互作用，或者说叶绿体膜上有识别叶绿体蛋白质的特异性受体。这种受体保证叶绿体蛋白质只能进入叶绿体内，而不是其他细胞器中。

3）叶绿体蛋白质前体内可降解序列因植物和蛋白质种类不同而表现出明显的差异。如衣藻叶绿体中RuBP小亚基的可降解序列含有44个氨基酸残基，在烟草叶绿体中相应的前导肽含有57个氨基酸残基。

4. 核定位蛋白质的转运机制

在细胞质中合成的蛋白质一般通过核孔进入细胞核。所有核糖体蛋白质都首先在细胞质中被合成，转运到细胞核内，在核仁中被装配成40S和60S核糖体亚基，然后转运回到细胞质中行使作为蛋白质合成机器的功能。RNA、DNA聚合酶、组蛋白、拓扑异构酶及大量转录、复制调控因子都必须从细胞质进入细胞核才能正常发挥功能。

在绝大部分多细胞真核生物中，每当细胞发生分裂时，核膜被破坏，等到细胞分裂完成后，核膜被重新建成，分散在细胞内的核蛋白必须被重新运入核内。因此，为了核蛋白的重复定位，这些蛋白质中的信号肽——为核定位蛋白（nuclear localization sequence，NLS）。NLS没有严格的共通序列，但有如下一些普遍规律：① 通常较短，一般不超过8～10个氨基酸残基；② 含有大量带正电的氨基酸残基；③ 在蛋白质中的位置不确定，NLS可以位于核蛋白的任何部位；④ 与信号肽不同，定位后不切除；⑤ 在蛋白质中可重复出现。

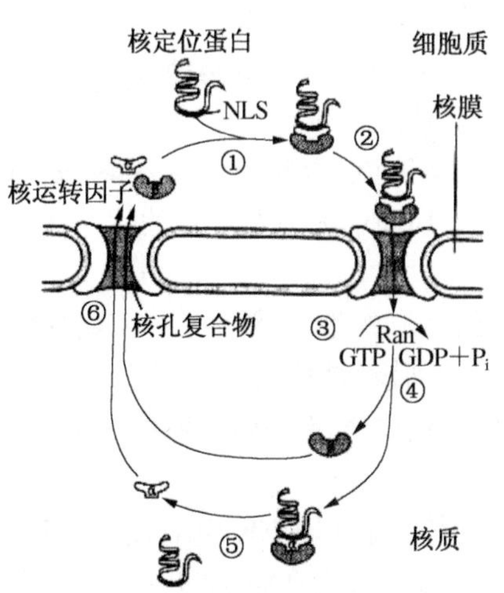

图6-28 核定位蛋白跨细胞核膜转运过程示意图（朱玉贤等，2007）

对于核蛋白输入细胞核的机制的研究主要集中在酵母系统。蛋白质向核内运输过程需要一系列循环于核内和细胞质的蛋白质因子，包括核运转因子（importin）α、β和一个相对分子质量较低的叫做Ran的小分子单体G蛋白——GTP酶（GTPase）。α和β组成的异源二聚体是核定位蛋白的可溶性受体，与核定位序列相结合的是α亚基。核蛋白输入细胞核的过程可能分为两个阶段：第一阶段，核蛋白借助NLS与由上述3个蛋白质组成的核孔复合物相结合并停靠在核孔处（图6-28中的①和②）；第二阶段，核蛋白依靠Ran GTP酶水解GTP提供的能量进入细胞核（图中6-28中的③），α和β亚基解离（图中

6-28中的④),核蛋白与α亚基解离(图6-28中的⑤),α和β分别通过核孔复合体回到细胞质中,起始新一轮蛋白质转运。

5. 过氧化物酶体的蛋白质转运

过氧化物酶体(peroxisome)是一种由单层膜包被的小体,含有与氧利用有关的酶。它们通过从底物中除去氧原子将氧变成为过氧化氢(hydrogen peroxide),然后催化过氧化氢来氧化其他各种底物。在过氧化物酶体中的所有酶都是从胞液中输入的。就像转运到核中一样,转运到过氧化物酶体的过程依赖一段短的顺序在翻译后进行。各种过氧化物酶体的酶都有C端顺序SKL(Ser-Lys-Leu),加在这种很短的顺序作为一种运输的工具。

6.7.2 翻译转运同步机制

在真核细胞中,一部分核糖体以游离状态停留在胞质中,主要合成胞质蛋白、核蛋白、叶绿体蛋白质及线粒体蛋白质,然后输入到相应的靶细胞器或继续留在胞质内。另一部分核糖体,受新合成多肽的N端上的信号序列(signal sequence)所控制而进入内质网,使原来表面平滑的内质网(smooth ER,SER)变成有局部凸起的糙面内质网(rough ER,RER)。与内质网相结合的核糖体可合成三类主要的蛋白质:溶酶体蛋白质、分泌到胞外的蛋白质和构成质膜骨架的蛋白质。对于这些蛋白质来说,肽链合成起始后就转移至糙面内质网,新生肽边合成边转入糙面内质网腔中,随后经高尔基体运至溶酶体、细胞膜或分泌到细胞外,内质网与高尔基体本身的蛋白质成分的转运也是通过这一途径完成的。因为蛋白质的合成和转运是同时发生的,所以属于翻译转运同步机制。

1. 信号肽假说的建立

1972年,Milstein等发现免疫球蛋白IgG轻链的前体要比成熟的IgG在N端多20个氨基酸,推测这20个氨基酸可能与其通过ER进而分泌有关。此后,美国Bloble实验室完成的三项重要实验支持了以上推测,他们的实验表明mRNA 5′端核糖体上合成的新生肽尚未来得及加工,而3′端核糖体上合成的新生肽在核糖体未分离前已部分进入RER,经过了加工,切除了N端的部分。在此基础上,Bloble和Dobberstin(1975)提出了信号肽假说(signal hypothesis),认为分泌蛋白N端有一段信号肽,当新生肽长约50~70个氨基酸后,信号肽从核糖体的大亚基中露出,立即被RER膜上的受体识别并与之结合,在信号肽越膜进入RER内腔后被信号肽酶水解,正在合成的新生肽随着信号肽通过RER膜上的蛋白质孔道穿过脂双层进入RER腔内。这一假说经过多年的继续研究又有了新的发展,但基本观点仍是正确的。Bloble因这项成就而荣获了1999年度诺贝尔生理学或医学奖。

2. 信号肽的结构和功能

分泌蛋白的N端通常由可被剪切的15~30个氨基酸残基的前导顺序组成,此顺序称为信号肽。信号肽具有一些共同的特征:① 肽链长度为13~26个氨基酸残基,氨基端至少含有一个带正电荷的氨基酸。② 在中部有一段长度为10~15个氨基酸残基的由高度疏水性的氨基酸组成的肽链,常见的有丙氨酸、亮氨酸、缬氨酸、异亮氨酸和苯丙氨酸。这个疏水区极为重要,其中某一个氨基酸被非极性氨基酸置换时,信号肽即失去其功能。③ 在信号肽的C端有一个可被信号肽酶识别的位点,此位点上游常有一段疏水性较强的五肽,信号肽酶切位点上游的第一个(−1)及第三个(−3)氨基酸常为一个具有很短侧链的氨基酸(如丙氨酸或甘氨酸)(图6-29)。信号肽的位置也不一定在新生肽的N端,有些蛋白质(如卵清蛋白)的信号肽位于多肽链的中部,但其功能则相同。

各种结合在膜上或越膜的蛋白质其特点是利用导肽上的各种信息到达目的地。然而在一个细胞器外被翻译后再转运的导肽与协同翻译进入分泌途径的导肽的作用是不同的,后者被称为信号肽。和导肽相似,信号肽也可以将任何附加的多肽转运进靶膜。例如,将信号肽加在珠蛋白的N端,就可使它不再留在胞液中,而是穿过膜分泌到胞外。

信号肽是作为一种附着在ER膜上的识别信号,可使正在翻译的核糖体附着到RER膜上,这可能借助于开始合成出的N端几个氨基酸的疏水作用。然后蛋白质链插进膜中,信号肽被埋在膜中的一种蛋白酶所剪切,多肽在延长的同时通过蛋白质孔道穿越胞膜。

Bloble等已证明,识别信号肽的是一种核蛋白体,称为信号识别颗粒(SRP)。SRP的分子质量为

切割位点

人流感病毒A蛋白	Met Lys Ala Lys Leu Leu Val Leu Leu Tyr Ala Phe Val Ala ↓ Gly Asp Gln –
人前胰岛素原蛋白	Met Ala Leu Trp Met Arg Leu Leu Pro Leu Leu Ala Leu Leu Ala Leu Trp ↓ Gly Pro Asp Pro Ala Ala Ala Phe Val –
牛生长激素	Met Met Ala Ala Gly Pro Arg Thr Ser Leu Leu Leu Ala Phe Ala Leu Leu Cys Leu Pro Trp ↓ Thr Gln Val Val Gly Ala Phe –
蜂毒素原蛋白	Met Lys Phe Leu Val Asn Val Ala Leu Val Phe Met Val Val Tyr Ile ↓ Ser Tyr Ile Tyr Ala Ala Pro –
果蝇	Met Lys Leu Leu Val Val Ala Val Ile Ala Cys Met Leu Ile Gly Phe Ala ↓ Asp Pro Ala Ser Gly Cys Lys –

图 6-29 信号肽序列的特点

396 000 Da，有两个功能域：一个用于识别信号肽；另一个用于干扰进入的氨酰-tRNA 和肽酰移位酶的反应，以终止多肽链的延伸作用。信号肽与 SRP 的结合发生在蛋白质合成的开始阶段，即 N 端的新生肽链刚一出现时。一旦 SRP 与带有新生肽链的核糖体相结合，肽链的延伸作用暂时终止，或延伸速度大大减低。SRP-核糖体复合体就移动到内质网上并与那里的 SRP 受体——停泊蛋白(docking protein，DP)相结合。只有当 SRP 与 DP 相结合时，多肽合成才恢复进行，信号肽部分通过膜上的核糖体受体及蛋白质转运复合物跨膜进入内质网内腔，蛋白质合成的延伸作用又重新开始，此时 SRP 及其受体的作用已完成，二者分离并恢复游离状，从而进入新的循环自由地发动另一些新生肽和膜的结合。目前认为，可能由于核糖体受体和核糖体接触后，在膜上聚集而形成孔道，使信号肽及其相连的新生肽得以通过。整个蛋白质跨膜以后，信号肽被水解，待翻译和转运完成后，核糖体大、小亚基相互解离，受体也发生解聚，通道消失，ER 膜也恢复成完整的脂双层结构(图 6-30)。

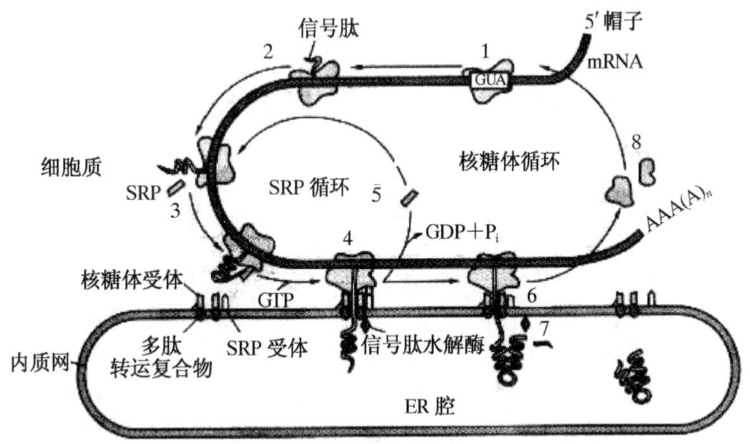

图 6-30 新生蛋白质通过翻译转运同步途径进入内质网内腔的主要过程

1. 核糖体组装、翻译起始；2. 位于蛋白质 N 端的信号肽序列首先被翻译；3. SRP 与核糖体、GTP 及带有信号肽的新生肽链相结合，暂时终止肽链延伸；4. 核糖体-SRP 复合物与膜上的受体相结合；5. GTP 水解，释放 SRP 并进入新一轮循环；6. 肽链重新开始延伸并不断向内腔运输；7. 信号肽被切除；8. 多肽合成结束，核糖体解离并恢复到翻译起始前状态

被转运到内质网中的多肽除少部分留在内质网腔中，多数还要运往他处。在运输过程中，蛋白质在不同亚细胞结构之间传递的同时还伴随一系列翻译后加工修饰。运输和修饰这两个过程是相互偶联的。少数滞留在内质网腔中的蛋白质具有一个共同的特征，即在多肽的 C 端含有由 Lys-Asp-Glu-Leu(KDEL)序列组成的 ER 滞留信号。滞留过程与受体的结合有关，当 KDEL 受体识别该序列并与其结合时，带有此序列的蛋白质就被滞留在 ER 内。事实证明，ER 滞留信号对于新生蛋白质滞留在 ER 内是必要且充分的条件。可溶性蛋白质和膜结合蛋白在内质网中经过初步的翻译后修饰被运输到高尔基体，这种运输是经过运输泡进行的。蛋白质进入高尔基体腔后穿过高尔基体到达反面，并被糖基化修饰，如 N 糖苷键型寡糖链被进一步处理以其特定的 Ser 和 Thr 残基进行 O-糖苷键型糖基化修饰。最后，高尔基体反面的分泌小泡将

糖基化的蛋白质包被并运载到质膜,小泡与质膜融合后就将包被的蛋白质内含物释放到胞外。溶酶体蛋白质添加一个6-磷酸甘露糖残基后被运往溶酶体。

6.7.3 蛋白质的降解

在所有的细胞中,为了防止异常的或不需要的蛋白质的积累,加速氨基酸的循环,蛋白质总是不断地被降解。降解是一个选择性的过程。任何蛋白质的寿命都是由专门执行这项任务的蛋白水解酶系统调节的,这与翻译后加工过程中发生的蛋白酶水解不同。在真核生物中,不同蛋白质的半衰期从半分钟到几个小时甚至几天不等。尽管一些稳定的蛋白质(如血红蛋白)可以与细胞的寿命相等(约110 d),但大多数蛋白质会在细胞中被代谢。被迅速降解的蛋白质包括那些在合成中由不正确氨基酸插入的缺陷蛋白质或者那些在发挥功能时受损的蛋白质。代谢途径中在关键调节点起作用的许多酶也被迅速降解。

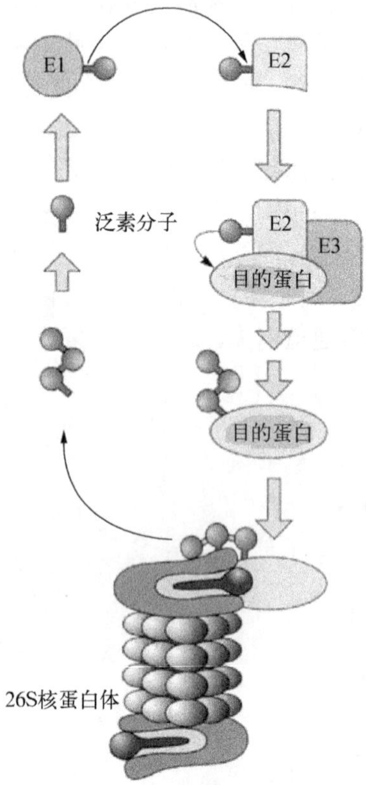

图6-31 蛋白质降解过程(翟中和等,2011)

缺陷蛋白质和那些短寿命的蛋白质无论在真核还是在细菌中都是由依赖于ATP的系统降解的。脊椎动物中另一个系统是在溶酶体中进行的,用于处理重新循环利用的膜蛋白、细胞外蛋白质和长寿命的蛋白质。

在大肠杆菌中,许多蛋白质是由一种依赖于ATP的被称为Lon的蛋白酶降解的。这种ATP酶只有在有缺陷蛋白质或那些特定短寿命的蛋白质存在时才被激活。Lon蛋白酶每切除一个肽键要消耗两个分子的ATP。在肽键切割过程中,ATP水解的精确分子功能尚不清楚。一旦一个蛋白质被降解成小的无活性的多肽时,别的不依赖于ATP的蛋白酶就可完成其余的降解过程。

真核细胞中,ATP依赖性途径是非常特别的。在这个系统中一个关键的组分是由76个氨基酸构成的蛋白质——泛素,之所以这样命名,是因为整个真核界中都有它的存在。作为已知的最保守的蛋白质之一,即使在酵母和人类这样不同的有机体中,泛素也是基本相同的。生物细胞内即将被降解的蛋白质首先在ATP的作用下与泛素相连(图6-31)。这个过程需要有E1、E2、E3三个降解因子参与。一旦被降解蛋白质与泛素相连接,这个复合体就能被运送到分子质量高达1×10^6 Da的蛋白质降解体系中,直到完全被降解。

触发蛋白质泛素化作用的信号不完全清楚。研究发现,成熟蛋白质N端的第一个氨基酸(除已被切除的N端甲硫氨酸之外,但包括翻译后修饰产物)在蛋白质的降解中有着举足轻重的作用。当某个蛋白质的N端是甲硫氨酸、甘氨酸、丙氨酸、丝氨酸、苏氨酸和缬氨酸时,表现稳定。其N端为赖氨酸、精氨酸时,其表现最不稳定,平均2~3 min就被降解了。有证据证明这些氨基末端信号是在亿万年的进化中被保留下来的。这种信号在细菌的蛋白质降解系统中的作用和在人类蛋白质泛素化途径中的作用是相同的。

思 考 题

1. 原核生物与真核生物在识别起始密码子的机制上有何不同?这种差别与原核生物的mRNA多数是多顺反子及真核生物的mRNA绝大多数是单顺反子有无某种关系?为什么?
2. 下列的DNA序列是在细菌中的一个结构基因的非模板链(启动子序列在左部但未列出):

   5′GAATGTCAGAACTGCCATGCTTCATATGAA ↓TAGACCTCTAG3′

   (1) 从这段DNA中转录的mRNA分子的核糖核酸序列是什么?
   (2) 这个mRNA编码的多氨基酸序列是什么?
   (3) 如果核苷酸在箭头所指的位置发生一个T到A的突变,则通过转录和翻译产生的多肽氨基酸序列是什么?
3. 在以下实验中,给细胞提供^{14}C标记的氨基酸一段时间以后,再给以过量的非放射性标记的氨基酸。然后在不同的时段,测定掺入^{14}C的分子或者与^{14}C标记分子结合的分子的沉降系数,沉降系数能反映这些分子的大小。每一个时间段的样品需要在两种不同条件下测定:一个条件是不用碱水解处理，另外一个条件是先用碱水解处理。结果如下图所示：

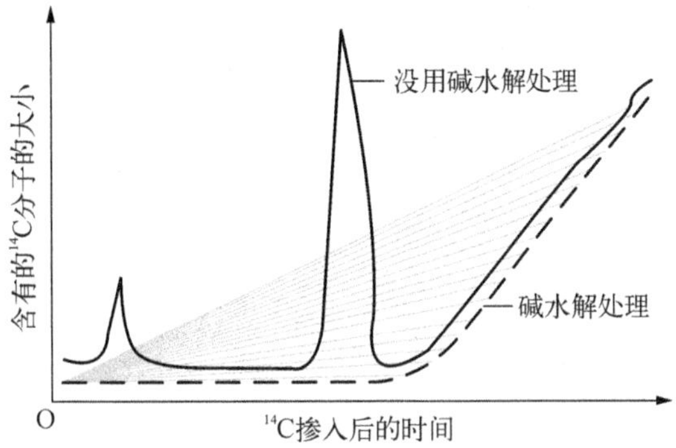

(1) 为什么没有用碱处理的样品在早期和中期各有一个峰？这两个峰各对应什么分子？

(2) 为什么在后期观测到在两种条件下的样品斜线都向上发展。

4. 设计一个简单的实验证明核蛋白定向和分拣到细胞核是翻译后事件。

5. 从大鼠肝细胞匀浆物分离到的两种不同的可溶性蛋白质的 N 端序列如下：

蛋白质 1：Met - Ala - Val - Arg - Leu - Gly - Ala - Lys - Leu - Leu - Val - Lys - Tip - Ala - Val - Ang - Val - Leu -

蛋白质 2：Met - Ala - Val - Ile - Leu - Gly - Ala - Ala - Leu - Leu - Val — Phe - Trp - Ala - Val - Ala - Val - Leu -

(1) 假定这两种蛋白质的 N 端序列为信号肽序列，试预测它们在细胞内最后定位到哪一个细胞器？为什么？

(2) 设计一个实验证明以上序列是定位到你预测的细胞器中的“充分、必要”序列。

(3) 这两段序列中包含了指导两种蛋白质最后的目的地的足够信息吗？为什么？

第7章 原核生物基因表达调控

本章介绍了原核生物基因表达的基本概念、表达的主要方式和主要特点。以乳糖操纵子和色氨酸操纵子为例，着重阐述了原核生物为适应营养条件或应对各种不利的物理化学因素而采用的操纵子调控模式；原核生物在生长发育的各个阶段按照一定的时间和空间表达的时序调控；以及翻译起始、延伸和终止的调控方式。重点阐述了转录水平调控的特点及转录后在翻译水平上的调控形式。

7.1 原核生物基因表达调控概述

生物的遗传信息是以基因的形式储藏在细胞内的DNA分子中。随着个体的发育，DNA有序地将遗传信息通过转录和翻译的过程转变成蛋白质，执行各种生理生化功能，完成生命的全过程。对于原核生物，其营养状况和所处的环境为主要影响基因表达的因素。

原核细胞是单细胞生物，在长期的进化过程中，具备了高度的适应环境和应变环境的能力。大多数细菌和蓝细菌可利用许多种物质作为能源合成生命所需的各种有机物。细菌通常生长在迅速变化的环境中，对某种酶的需要亦随之变化，细菌不是采取合成所有酶的方式以适应这种骤变，而是在接收到外界信号时才合成适当水平的蛋白质或酶以适应变化的环境。如原核生物中的乳糖操纵子，当环境中有葡萄糖这种营养性单糖时，即使环境中存在乳糖，乳糖操纵子仍是处于关闭状态；当环境中缺乏葡萄糖但有乳糖时，乳糖操纵子处于开放状态，以使细胞能分解乳糖满足自身生长需求。

7.1.1 原核生物基因表达调控的相关概念

基因表达(gene expression)就是指储存遗传信息的基因经过转录、翻译合成特定蛋白质，进而发挥其生物功能的整个过程。也即基因转录及翻译的过程。但并非所有基因表达过程都产生蛋白质，rRNA、tRNA编码基因转录合成RNA的过程也属于基因表达。

在生命活动过程中并非所有基因都表达，而是有些基因进行表达，形成其基因表达的特异产物，以构成细胞结构或代谢所需要的蛋白质或酶类。有许多基因关闭，不进行表达，而要在适当的时候才进行表达。对这个过程的调节就称为基因表达调控(gene expression regulation)。

1. 基因表达方式的相关概念

原核生物的不同基因对内、外环境信号刺激的反应不同，按其对刺激的反应，基因表达的方式分为组成型表达(constitutive expression)和适应性表达(adaptive expression)。

组成型表达又称组成型基因表达(constitutive gene expression)，是指在个体发育的任一阶段都能在大多数细胞中持续进行的基因表达。其基因表达产物通常是对生命过程必需的或必不可少的，且较少受环境因素的影响。这类基因通常又被称为管家基因(house-keeping gene)。其特点为：① 不易受环境变化影响，表达产物是整个生命过程中都持续需要的，是细胞存活所必需的。② 表达水平较恒定，只受到启动序列或启动子与RNA聚合酶相互作用的影响，而不受其他机制调节。例如，三羧酸循环是一枢纽性代谢途径，催化该途径各阶段反应的酶的编码基因就属这类基因。

适应性表达是指原核生物为适应环境的变化，而使基因表达水平发生变动的一类基因的表达。这类基因包括：① 可诱导基因(inducible gene)。在特定环境信号刺激下，相应的基因被激活，基因表达产物增加，这种基因是可诱导的。产生诱导作用的小分子物质称为诱导物(inducer)。② 可阻遏基因(repressible gene)。在特定环境信号刺激下，如果相应的基因对环境信号应答时被抑制，这种基因是可阻遏的。产生阻遏作用的小分子物质称为辅阻遏物(corepressor)。适应性表达的基因特点为：① 易受环境变化影响。② 除受到启动序列或启动子与RNA聚合酶相互作用的影响外，还受其他机制调节。这类基因的调控序列含有特异刺激的反应元件。

适应性表达，即为操纵子模型，具有普遍性。这种模型的特点是：在同一启动序列控制下，受到同一的调控、一开俱开、一闭俱闭的几个功能相关的结构基因排列一起，共同组成一个转录单位。乳糖操纵子模型是认知诱导和阻遏的典型模型。

2. 基因表达基本要素

顺式作用元件(cis-acting element)：又称分子内作用元件，指存在于DNA分子上的一些与基因转录调控有关的特殊序列。在原核生物中，大多数基因表达通过操纵子模型进行调控，其顺式作用元件主要由启动子、操作子和正调控蛋白结合的DNA序列组成。

反式作用因子(trans-acting factor)：又称为调节蛋白，指一些与基因表达调控有关的蛋白质因子。反式作用因子与顺式作用元件之间的共同作用，才能够达到对特定基因进行调控的目的。原核生物中的反式作用因子主要分为特异因子、激活蛋白和阻遏蛋白。特异因子决定RNA聚合酶对一个或一套启动序列的特异性识别和结合的能力。阻遏蛋白可结合操纵序列，阻遏基因转录。激活蛋白可结合启动序列邻近的DNA序列，促进RNA聚合酶与启动序列的结合，增强RNA聚合酶活性。

大多数调节蛋白在与DNA结合之前，需先通过蛋白质-蛋白质相互作用，形成二聚体或多聚体，然后再通过识别特定的顺式作用元件，而与DNA分子结合。这种结合通常是非共价键结合。

3. 正调控和负调控

正调控系统(system of positive regulation)和负调控系统(system of negative regulation)是在调节蛋白不存在的情况下，操纵子对于新加入的调节蛋白的响应情况来定义的。在调节蛋白不存在时，基因处于表达状态，加入这种调节蛋白后基因的表达活性便被关闭。这样的控制系统就称为负调控系统。负调控系统中的调节蛋白则称为阻遏蛋白(repressor)。相反，如果在调节蛋白不存在时基因是关闭的，加入这种调节蛋白后基因活性就被开启，这样的控制系统即为正调控系统。正调控系统中的调节蛋白则称为激活蛋白(activator)。当说一个操纵子处于关闭状态，并不意味着这个操纵子处于绝对的“关闭”，总还存在着本底水平的基因表达。通常在一个细胞周期中，这样的表达只能产生1～2个mRNA分子。负调控系统提供了一个万一保安机制，即万一调节蛋白失活，酶系统可照旧合成，只不过有时浪费一点而已，绝不会出现细胞因缺乏该酶系统而造成致命的后果。

无论是正调控还是负调控，都可以通过调节蛋白与小分子物质(诱导物和辅阻遏物)的相互作用而达到诱导状态或阻遏状态。图7-1总结了4种简单类型的控制网络。从图中可以看到存在4种调控模式，包括可诱导负调控、可阻遏负调控、可诱导正调控和可阻遏正调控。在负调控系统中，可诱导负调控系统表现为阻遏蛋白不与诱导物结合，而与操纵区相结合时，结构基因不转录，阻遏蛋白结合上诱导物时，阻遏蛋白与操纵区分离，结构基因转录；可阻遏负调控系统表现为阻遏蛋白与效应物结合时，结构基因不转录。在正调控系统中，可诱导正调控表现为诱导物的存在使激活蛋白处于活性状态，转录进行；可阻遏正调控表现为效应物分子的存在使激活蛋白处于非活性状态，转录不进行。在遗传学上，利用调节蛋白基因的突变(产生无功能的蛋白质)所产生的后果来区分负调控系统和正调控系统。阻遏蛋白的失活产生隐性的组成型表达，这是负调控系统的特征；激活蛋白的失活导致不可诱导状态或超阻遏(可阻遏操纵子变为不能解除阻遏)状态，则是正调控系统的特征。

7.1.2　原核生物基因表达调控的主要特点

原核生物基因的表达受多级调控。基因的转录起始、mRNA降解、翻译及翻译后加工、蛋白质降解等均为基因表达调控的控制点。可见，基因表达调控是在多级水平上进行的复杂事件。其中转录起始是基因表达的主要控制点，因为任何一系列连锁过程，控制其第一步是最有效的和最经济的。原核基因表达调控的

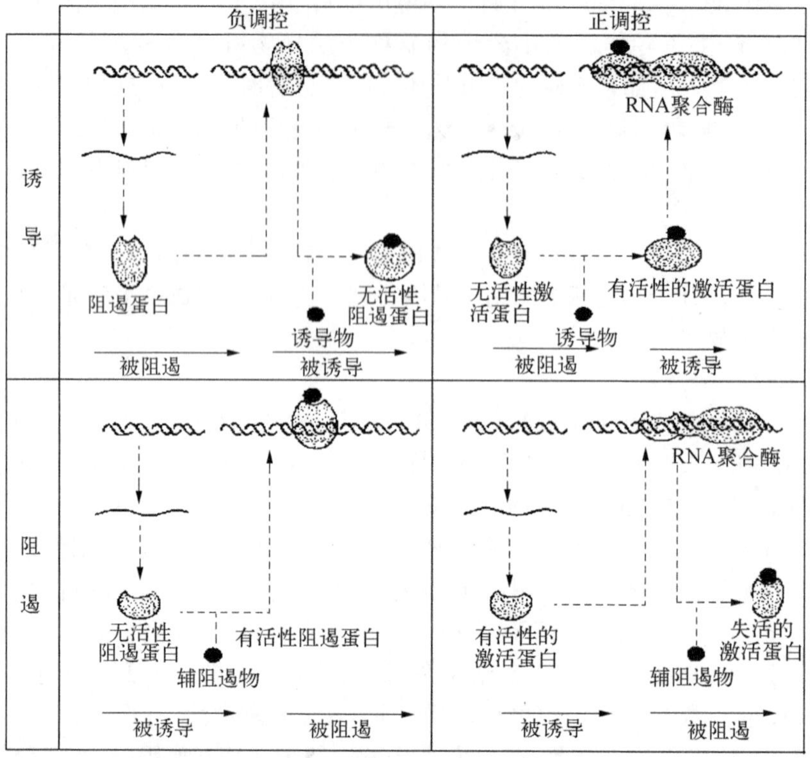

图 7-1　原核生物中调控基因表达的不同机制示意图(仿自孙乃恩等,2004)

主要特点如下。

1. 转录水平的调控(transcriptional regulation)

即对确定的某个基因是否被转录及转录频率的调控。转录水平的调控在所有调控中占主导地位,其主要形式为操纵子调控。转录水平的调控除了操纵子之外,还有其他各种形式,如噬菌体基因表达的时序调控。

2. 翻译水平的调控(translational regulation)

由于原核生物其转录和翻译过程是偶联的,mRNA 转录后的加工修饰基本不存在,因此转录后水平的调控主要表现在翻译水平(translational level)。翻译水平的调控表现在 mRNA 合成后,控制 mRNA 翻译为多肽链的速度,包括翻译的起始、延伸和终止过程。

7.2　转录水平的调控

细菌基因表达调控的许多原理是在研究 *E. coli* 乳糖代谢调节时被发现的。法国巴斯德研究院的 Francois Jacob 与 Jacques Monod 于 1960 年在法国科学院院报(*Proceeding of the French Academy of Science*)上发表了一篇论文,提出乳糖代谢中的两个基因被一靠近它们的遗传因子所调节。这两个基因的产物为β-半乳糖苷酶(β-galactosidase)和半乳糖苷透过酶(galactoside permease)。前者能水解乳糖成为半乳糖和葡萄糖,后者将乳糖运输到细胞中。在此文中他们首先提出了操纵子(operon)和操作子(operator)的概念,他们的操纵子学说(theory of operon)使人们得以从分子水平认识基因表达的调控,是一个划时代的突破。因此,他们二人于 1965 年荣获诺贝尔生理学或医学奖。

Jacob 与 Monod 所提出的关于基因表达调控的操纵子学说可以简述如下:有一个专一的阻遏分子(蛋白质)结合在靠近β-半乳糖苷酶基因上,这段 DNA 称之为操作子(operator)。由于阻遏分子结合在 DNA 的操作子上,从而阻止了 RNA 聚合酶合成β-半乳糖苷酶的 mRNA。此外,他们还指出乳糖为诱导物,当乳糖结合到阻遏分子上时,即阻止阻遏分子与操作子的结合。当有乳糖时,阻遏分子即失活,mRNA 就可以转录出来。如果去掉乳糖时,阻遏分子又恢复其活力,与操作子 DNA 结合,将乳糖基因关闭。下面将具体介绍大肠杆菌乳糖操纵子的结构和正负调控的机制。

7.2.1 乳糖操纵子

1. 乳糖操纵子的结构和功能

大肠杆菌的乳糖操纵子含 *Z*、*Y* 及 *A* 三个结构基因，还有一个操纵序列 *O*、一个启动序列 *P*、一个激活蛋白 CAP - cAMP 结合位点及一个调节基因 *lacI*(图 7 - 2)。*lacZ* 基因编码 β-半乳糖苷酶，此酶由 500 kDa 的四聚体构成，它可以切断乳糖的糖苷键，而产生半乳糖和葡萄糖，也可催化乳糖为别乳糖，别乳糖是阻遏蛋白的诱导物。*lacY* 基因编码 β-半乳糖苷透过酶，这种酶是一种分子质量为 30 kDa 膜结合蛋白，它构成转运系统，将半乳糖苷运入细胞中。*lacA* 基因编码 β-半乳糖苷乙酰转移酶，其功能只将乙酰-辅酶 A 上的乙酰基转移到 β-半乳糖苷上。在结构基因上游依次是 *O* 序列、启动序列 *P* 和一个分解(代谢)物基因激活蛋白 CAP - cAMP 结合位点，由这 3 个顺式作用元件共同构成乳糖操纵子的调控区，3 个酶的编码基因即在同一调控区调节，实现基因产物的协调表达。

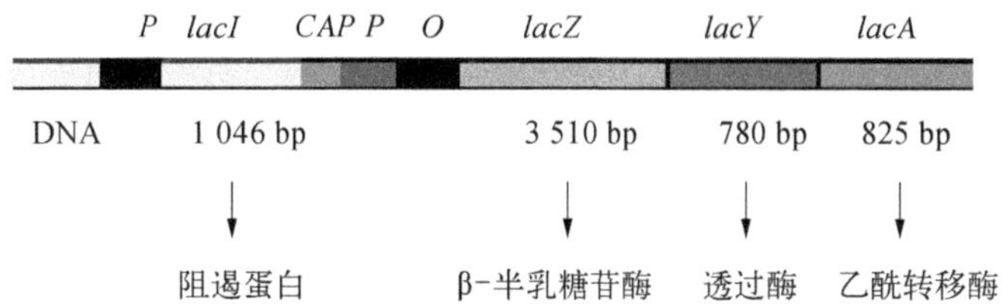

图 7 - 2 乳糖操纵子的结构和功能

lacI 基因和结构基因相毗连，但它本身具有自己的启动子和终止子，成为独立的转录单位。*lacI* 基因编码一种阻遏蛋白，后者与 *O* 序列结合，使操纵子受阻遏而处于转录失活状态。从图 7 - 2 可以看到，在 *lacI* 基因上游没有操作子区域，即无调节蛋白的结合位点，因此 *lacI* 基因的转录是组成型的，不受任何阻遏蛋白的控制，只受自身启动子强度的控制。*lacI* 基因表达效率很低，一个细胞中仅维持约 10 个分子的阻遏蛋白。

2. 阻遏蛋白的负调控

(1) 阻遏蛋白的结构及功能

阻遏蛋白由 4 个相同的亚基组成，每个亚基的分子质量为 38 kDa。用胰蛋白酶消化分析，阻遏蛋白单体由识别并结合操作子 DNA 的 N 端、能结合诱导物的核心区和能将 4 个单体结合为四聚体的 C 端组成。① N 端 1～59 个氨基酸残基的头部片段，为螺旋-转角-螺旋(helix-turn-helix，HTH)结构，HTH 是许多原核生物中蛋白质与 DNA 相互作用的基础。HTH 由两个短的 α-螺旋片段组成，各约 7～9 个氨基酸，中间由一条 β 转角隔开。两个短的 α-螺旋片段有一个称为识别螺旋，因为含有许多能与 DNA 相互作用的氨基酸，这个螺旋负责与操作子 DNA 的大沟结合；另一个 α-螺旋则是通过氢键同 DNA 的磷酸骨架相接触，这种相互作用对于同 DNA 结合是必需的，但并不控制对靶序列识别的专一性。② 核心区：有 6 个 β 折叠，诱导物就结合在两个核心区之间的裂缝中。诱导物结合位点的突变使阻遏蛋白结合到操纵序列 *O* 后，不可被小分子诱导变构而降低对 DNA 的亲和力，因此诱导物结合位点的突变则使阻遏蛋白的阻遏反应成为超阻遏。③ C 端为两组亮氨酸拉链，从而使 4 个阻遏蛋白单体形成四聚体。亮氨酸拉链(leucine zipper)见图 7 - 3，是一种特殊的 α-螺旋。它的疏水氨基酸集中排列在螺旋的一侧，疏水的表面是两个蛋白质分子构成的接触点。其显著特点是亮氨酸的频繁出现，每 7 个氨基酸残基出现 1 个。使之沿 α-螺旋的疏水侧排列为直线，有如拉链结构，故称为亮氨酸拉链。当两个蛋白质分子平行排列时，亮氨酸之间相互作用形成一个圈对一个圈的二聚体，即“拉链”。在“拉链”式的蛋白质分子中，所有带正电荷的氨基酸残基排在亮氨酸另一侧与带负电荷的 DNA 结合。

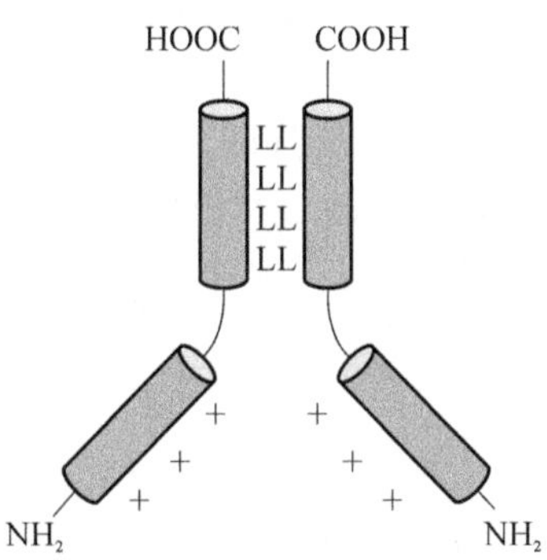

图 7 - 3 亮氨酸拉链

(2) 阻遏蛋白与操作子的相互作用

阻遏蛋白以对称的四聚体形式与操作子 *O* 序列结合，操作子 *O* 以+11 为对称轴，两侧有两段各 6 bp 的对称序列：TGTGTG 和 AATTGT(图 7 - 4)，与四聚体阻遏蛋白相应。

在没有乳糖存在时，乳糖操纵子处于阻遏状态。此时，*lacI* 基因表达的阻遏蛋白与 *O* 序列结合，阻断转录启动(图 7 - 5A)。当有乳糖存在时，乳糖操纵子即可被诱导，阻遏蛋白与诱导物结合后形成无活性阻遏蛋白离开操作子 *O* 序列(图 7 - 5B)。

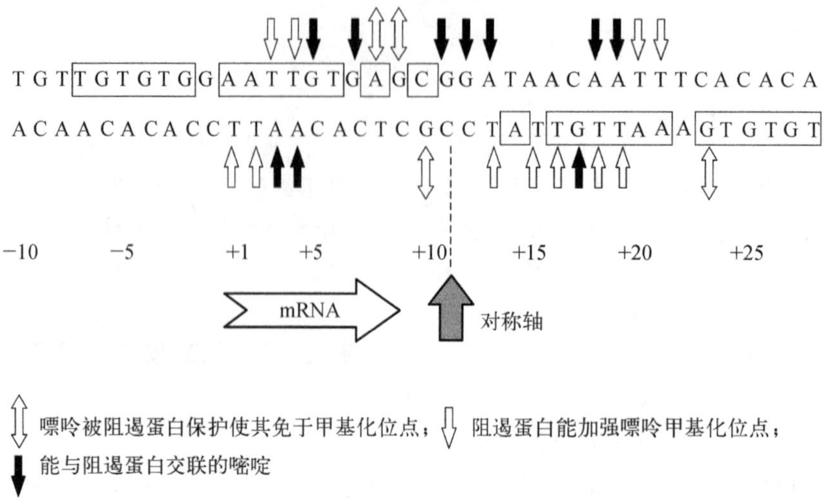

图 7-4　乳糖操纵子的操作子 O 的 DNA 序列(仿自 Lewin，1997)

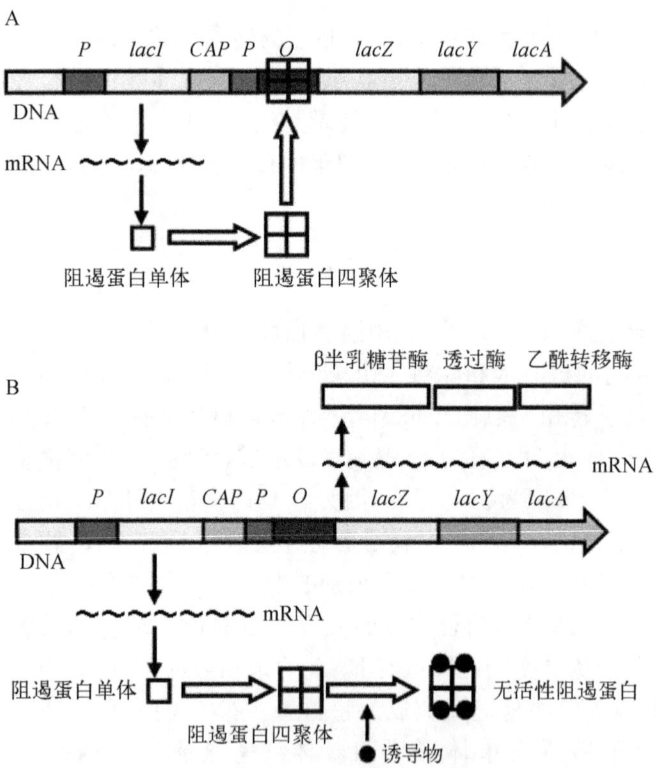

图 7-5　乳糖操纵子的调节
A. 乳糖操纵子被阻遏蛋白关闭；
B. 乳糖操纵子被诱导物开启

阻遏蛋白真正的诱导剂并非乳糖。乳糖经透过酶催化、转运进入细胞，再经原先存在于细胞中的少量β-半乳糖苷酶催化，转变为别乳糖。后者作为一种诱导剂分子结合阻遏蛋白，使蛋白质构型变化，导致阻遏蛋白与 *O* 序列解离、发生转录，使β-半乳糖苷酶分子增加 1 000 倍之多。诱导物和阻遏蛋白的相互作用是高度特异的，只有底物/产物或紧密相关的分子才能起作用，但小分子的活性并不依赖于和靶酶的相互作用。某些诱导物与自然的别乳糖相似，但并不能被酶分解，如异丙基硫代-β-D-半乳糖苷(isopropylthio-β-D-galactoside，IPTG)。其半乳糖苷键中的氧被硫取代，失去了水解活性，但硫代半乳糖苷和同源的氧代化合物与酶位点的亲和力相同，IPTG 虽不为β-半乳糖苷酶所识别，但它是乳糖基因簇十分有效的诱导物，图 7-6 为别乳糖和 IPTG 的分子结构式。

能诱导酶的合成，但又不被分解的分子，称为安慰诱导物(gratuitous inducer)。虽然别乳糖可诱导酶的合成，但又随之分解，产生很多复杂

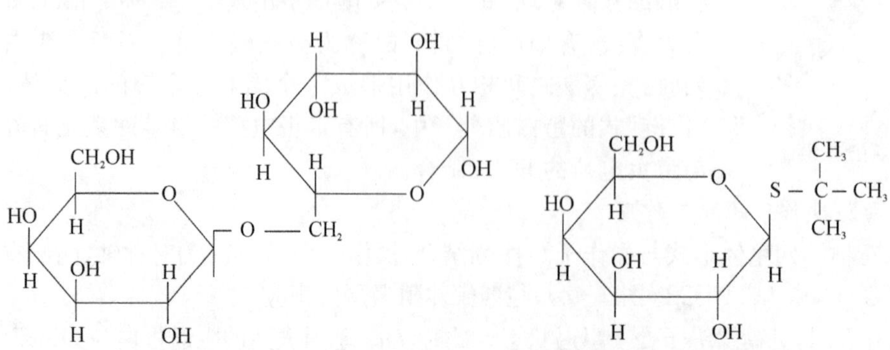

别乳糖　　　异丙基硫代-β-D半乳糖苷

图 7-6　别乳糖和异丙基硫代-β-D-半乳糖苷的分子结构式

的动力学问题,因此人们常用安慰诱导物来进行各种实验。

诱导物如何控制阻遏蛋白的活性呢？阻遏蛋白对于操作子有很高的亲和性,在缺乏诱导物时,阻遏物总是结合在操作子上,使其邻近的结构基因不能转录。但当诱导物存在时,它和阻遏物结合形成了一个阻遏物复合体,不再和操作子结合。

操纵子控制的重要特性是阻遏物的双重性：它既能阻止转录,又能识别小分子诱导物。前已述及阻遏蛋白有两个结合位点：一个是结合诱导物的,另一个是结合操作子的。当诱导物在相应位点结合时,它改变了阻遏蛋白的构象,干扰了另一位点的活性。这种类型的调控叫别构调控(allosteric control)。

要注意操纵子的潜在特点。乳糖操纵子含有 *lacZ* 基因,它编码糖代谢所必需的β-半乳糖苷酶;含有的 *lacY* 基因编码透过酶,此酶是负责将底物转运到细胞中。但操纵子在非诱导状态时,基因尚未表达,也就不存在透过酶。那么诱导物开始怎样进入细胞呢？阻遏蛋白的阻遏作用并非绝对,偶有阻遏蛋白与 *O* 序列解聚。因此,在细胞中透性酶等总是以最低量存在,足以供给底物开始进入之需。即操纵子有一个本底水平(basal level)的表达,即使没有诱导物的存在,它也保持诱导水平的 0.1%水平的表达。

3. CAP 的正调控

由于乳糖启动子是弱启动子,单纯因乳糖的存在发生去阻遏使乳糖操纵子转录开放,还不能使细胞很好地利用乳糖,必须同时有分解代谢物基因激活蛋白 CAP(catabolite activator protein,简称 CAP)和环化 AMP(cAMP)的复合物来加强转录活性,细菌才能合成足够的酶来利用乳糖。CAP 是同二聚体,亚基分子质量为 22.5 kDa,在其分子内有 DNA 结合区及 cAMP 结合位点。当 cAMP 没有与 CAP 结合时,CAP 是没有活性的。细胞中 CAP 的合成是组成型的,因而相对稳定。因此,具有正调控能力的 CAP - cAMP 复合物的多寡主要取决于 cAMP 的含量。负责合成 cAMP 的是基因 *cya* 编码的腺苷酸环化酶。当细菌利用葡萄糖分解供给能量时,其代谢中间产物可能对基因 *cya* 的转录有抑制作用,导致 cAMP 生成少而分解多,cAMP 含量低;相反,当环境中无葡萄糖可供利用时,cAMP 含量就相应升高。当 cAMP 浓度升高时,CAP 与 cAMP 结合并发生空间构象的变化而活化,即能以二聚体的方式与特定的 DNA 序列结合。

在乳糖操纵子的启动子 *P* 上游有一段与 *P* 部分重叠的序列能与 CAP - cAMP 特异结合,称为 CAP 结合位点(CAP binding site)。这个结合位点包含 TGTGA 序列,且为对称序列。CAP - cAMP 与这段序列结合时,可增强 RNA 聚合酶的转录活性,使转录提高 50 倍。相反,当有葡萄糖可供分解利用时,cAMP 浓度降低,CAP 不能被活化,乳糖操纵子的结构基因表达下降。

乳糖操纵子的强诱导既需要有乳糖的存在,又需要没有葡萄糖可供利用。通过这种机制,细菌优先利用环境中的葡萄糖,只有无葡萄糖而有乳糖时,细菌才能充分利用乳糖。由此可见,对乳糖操纵子来说 CAP 是正调控因子,乳糖阻遏蛋白是负调控因子。两种调节机制根据存在的碳源性质及水平协同调节乳糖操纵子的表达。

综上所述,乳糖操纵子属于可诱导操纵子(inducible operon),这类操纵子通常是关闭的,当受效应物作用后诱导开放转录。这类操纵子使细菌能适应环境的变化,最有效地利用环境提供的能源底物。

细菌对葡萄糖以外的其他糖(如阿拉伯糖、半乳糖、麦芽糖等)的利用上也类似于乳糖利用情况,在含有编码利用阿拉伯糖的酶类基因群的阿拉伯糖操纵子(ara operon)、半乳糖操纵子(gal operon)中也有 CAP 结合位点,CAP 起类似的正调控作用,只是 CAP - cAMP 复合物对不同的操纵子有不同程度的控制。所以 CAP 的通用名称是分解代谢基因激活蛋白质(catabolic gene activator protein)。

7.2.2 色氨酸操纵子

色氨酸是构成蛋白质的组分。一般的环境难以给细菌提供足够的色氨酸,细菌要生存繁殖通常需要自己经过许多步骤合成色氨酸。但是一旦环境能够提供色氨酸时,细菌就会充分利用外界的色氨酸,减少或停止合成色氨酸,以减轻自己的负担。细菌之所以能做到这点是因为有色氨酸操纵子(trp operon)的调控。色氨酸操纵子是一个典型的能被最终合成产物所阻遏的操纵子,即为可阻遏操纵子。

1. 色氨酸操纵子的结构

如图 7-7 所示,合成色氨酸所需要酶类的 5 个基因 *trpE*、*trpD*、*trpC*、*trpB*、*trpA* 串联排列组成结构基因簇,其中 *trpE* 和 *trpD* 基因分别编码邻氨基苯甲酸合成酶的两个亚基,分子质量各为 60 kDa;*trpC* 基因编码吲哚甘油磷酸合成酶,分子质量为 45 kDa;*trpB* 和 *trpA* 基因分别合成色氨酸合成酶的分子质量为 50 kDa的 β 亚基和分子质量为 29 kDa 的 α 亚基。这 5 个基因受其上游的顺式作用元件启动子(*P*)和操作子(*O*)的调控,启动子位于−40～+18,而操作子整体位于启动子内(−21～+1)并有较完美的 20 bp 的反向重复序列,即活性阻遏物与操纵子的结合完全排斥了 RNA 聚合酶的结合;在操作子和 *trpE* 基因之间有一段 162 bp 的前导序列(leader sequence)可以与合成色氨酸的基因共同转录为 mRNA;在 *trpA* 基因下游 36 bp 处有一个不依赖于 ρ 因子的终止子 *t*,在 *t* 的下游 250 bp 处有一个依赖于 ρ 因子的终止子 *t*′;调控基因 *trpR* 的位置远离 *P*-*O*-结构基因群,在其自身的启动子作用下,以组成型方式低水平表达分子质量为47 000 kDa 的四聚体阻遏蛋白 R,每个细胞中约有 20 个这样的四聚体。综上所述,色氨酸操纵子的结构特点为:① *trpR*和 *trpABCDE* 不毗邻。② 操作子在启动子内。③ 顺式作用元件和结构基因不直接相连,二者被前导序列所隔开。

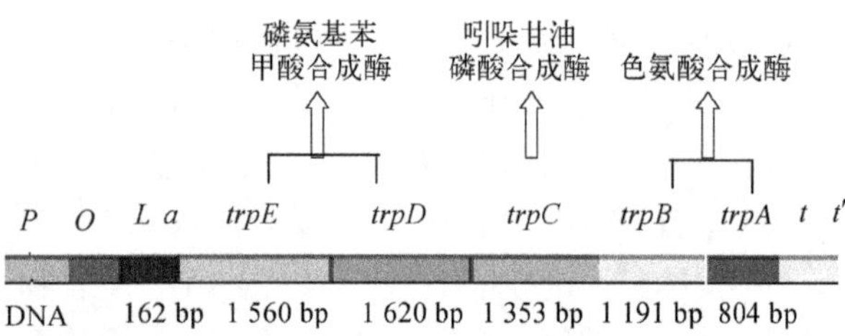

图 7-7 大肠杆菌色氨酸操纵子的基因组成及其基因产物

P. 启动子;*O*. 操作子;*L*. 前导序列;*a*. 衰减子;*t*,*t*′. 终止子

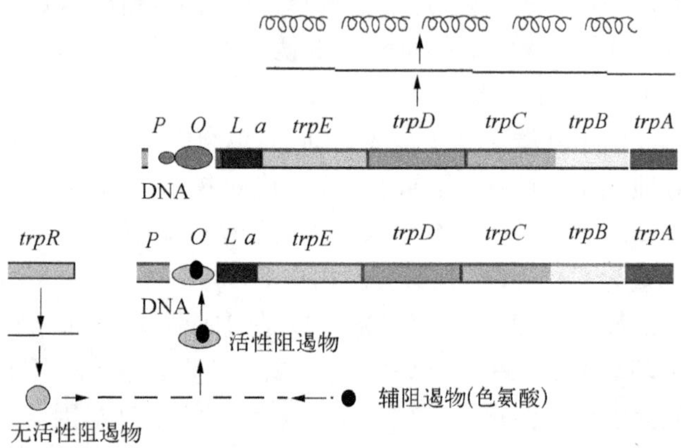

图 7-8 色氨酸操纵子的可阻遏调控系统

2. 阻遏蛋白的负调控

阻遏蛋白 R 并没有与操作子 *O* 结合的活性。当环境能提供足够浓度的色氨酸时,阻遏蛋白 R 与色氨酸结合后构象变化而活化,就能够与 *O* 序列特异性亲和结合,阻遏结构基因的转录,因此这是属于一种负性调控的、可阻遏的操纵子(repressible operon),即这操纵子通常是开放转录的,当有效应物(色氨酸为辅阻遏物)作用时,则阻遏关闭转录(图 7-8)。其中色氨酸既作为辅阻遏物激活无活性的阻遏蛋白 R,又对合成自身的已有的酶起到反馈抑制作用。细菌等不少生物合成系统的操纵子都属于这种类型,其调控可使细菌处在生存繁殖最经济最节省的状态。

3. 衰减子的作用

研究发现,当 mRNA 合成起始以后,除非培养基中完全没有色氨酸,转录总是在 *trp* mRNA 5′端 *trpE* 基因的起始密码前的长为 162 bp 的 mRNA 前导序列这个区域终止,产生一个仅有 139 个核苷酸的 RNA 分子即终止 *trp* 基因转录(图 7-9)。因为转录终止发生在这一区域,并且这种终止是被调节的,这个区域就被称为衰减子(attenuator)或弱化子。

研究这段引起终止的 mRNA 碱基序列,发现该序列有 4 段富含 GC 区且形成了两种可以交替的二级发卡结构,其中 1 区和 2 区可以进行碱基配对,2 区和 3 区可以配对,3 区和 4 区可以配对,均形成茎-环结构。当 2 区和 3 区配对时,3 区和 4 区不能配对;相反,则 3 区和 4 区配对(图 7-10)。当 3 区和 4 区配对时,具有典型的强终止子特点,即回文序列中富含 GC 碱基对,在回文的下游有 8 个尿嘧啶残基。这个总长为 28 bp 的强终止子就是衰减子的核心部分,也称为衰减子序列(图 7-9)。衰减子序列本身不能实现衰减作用,而是通过对前导序列上 14 个氨基酸的前导肽(leader peptide)的翻译才得以实现。因此衰减作用实质是以翻译手段控制基因的转录。分析这段前导肽序列,发现它包括起始密码子 AUG 和终止密码子 UGA,编码了一个 14 个氨基酸残基的多肽。该多肽有一个特征,其第 10 位和 11 位有相邻的两个色氨酸密码子(图 7-9)。正是这两个相邻的色氨酸密码子(组氨酸、苯丙氨酸操纵子中都有这种现象)调控了蛋白质的合成。

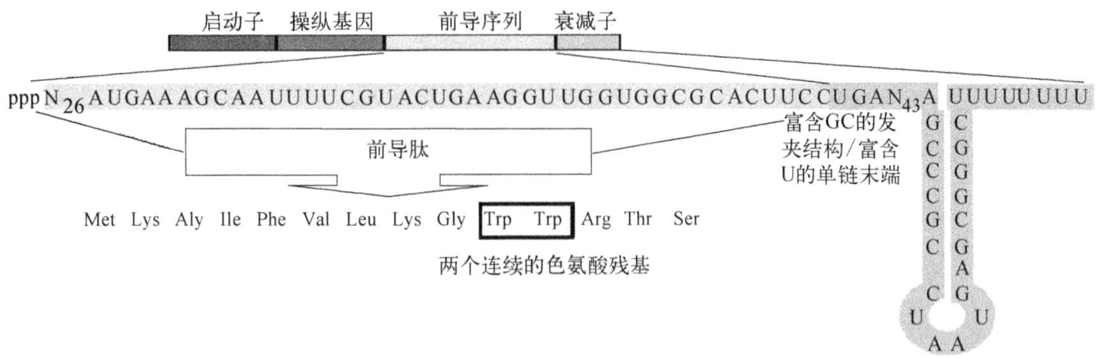

图 7-9　色氨酸操纵子 mRNA 的前导序列、前导肽及衰减子(仿自 Lewin,1997)

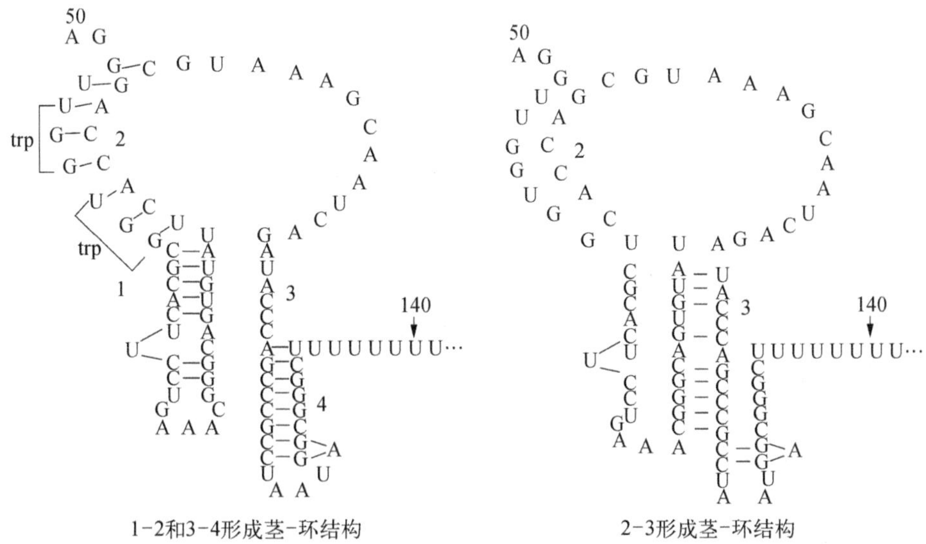

图 7-10　色氨酸操纵子 mRNA 的前导序列可以形成可能的两种二级结构(仿自 Lewin,1997)

在细菌中,由于没有核膜阻隔,转录和翻译过程是偶联的。这意味着 RNA 聚合酶刚转录出前导肽的部分密码子,核糖体就开始了翻译。当培养基中色氨酸浓度较高时,核糖体可顺利通过在 1 区的两个相邻的色氨酸密码子,在 4 区被转录之前就已到达 2 区,使 2-3 区不能产生有效的配对,因而 3-4 区自由配对形成茎-环终止子结构,转录被终止,*trp* 操纵子被关闭(图 7-11)。

当培养基中色氨酸的浓度很低时,负载有色氨酸的 $tRNA^{Trp}$ 也就少,这样核糖体通过两个相邻色氨酸密码子的翻译速度就会很慢。当 4 区被转录完成时,核糖体才进行到 1 区(或停留在两个相邻的 Trp 密码子处),这时的前导区结构是 2-3 区可以形成有效的配对,而不形成 3-4 区配对的终止结构,所以转录可继续进行,直到将 *trp* 操纵子中的结构基因全部转录,此时 *trp* 操纵子就处于开放状态。从上述阐述衰减子作用机制中,可以看到如果没有翻译作用的存在,则总是能形成 3-4 区配对的终止结构,则转录过程必定在衰减子处终止(图 7-11)。

衰减子作用机制得到了大量实验证据的支持。影响 3-4 区配对形成强终止结构的突变,包括 4 区后的 8 个 U 的突变都将降低衰减子的转录终止作用而增加 *trp* 酶系统的表达。相反,影响 2-3 区配对的碱基突变,则增加了衰减子的衰减作用。如果前导肽的起始密码子发生突变,则衰减子只能起到终止作用,从而极大地降低了 *trp* 酶系统的表达。

由上述可见,色氨酸衰减子对转录的调控关键在于空间和时间上的巧妙安排。在空间上,两个色氨酸的位置至关重要,不可随意更改,否则就不能实现衰减;在时间上,当色氨酸浓度低,核糖体停顿在两个色氨酸密码子上时,4 区还未转录出来,否则就不会形成 2 区和 3 区的有效配对,而只能是 3 区和 4 区的配对,也就无法使转录越过衰减子而继续进行。

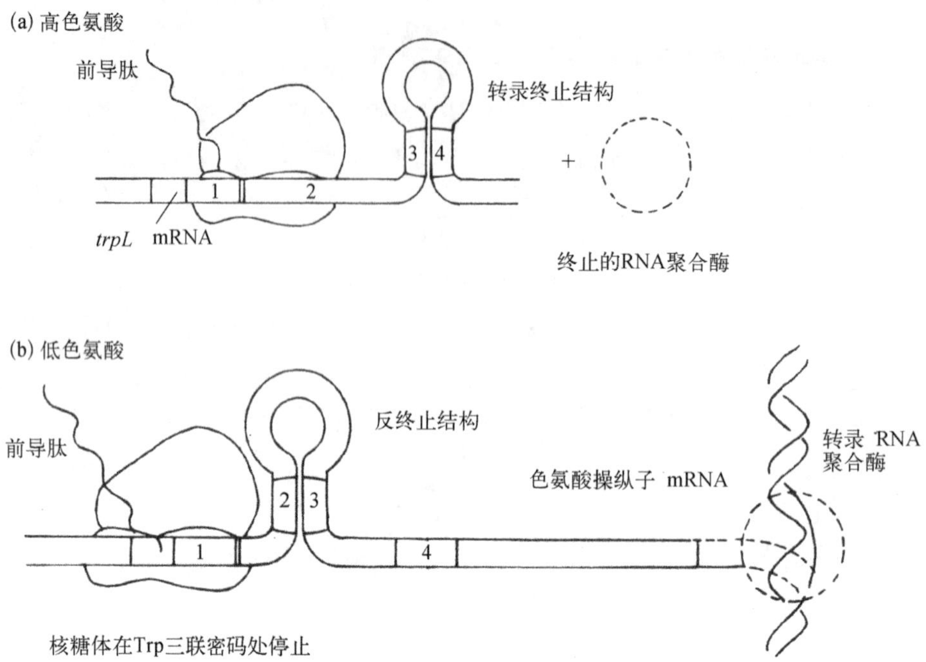

图 7-11 色氨酸操纵子的衰减作用

4. 阻遏与衰减作用的协调

在色氨酸操纵子中,阻遏效率是比较低的,阻遏状态和除阻遏状态使从启动子开始的转录起始频率相差大约 70 倍。但在阻遏状态下,*trp* 酶系统的活性,即酶的浓度,却只有除阻遏状态下的 1/700。这就是说,在色氨酸操纵子内衰减子参与了基因表达的控制。阻遏-除阻遏的调控系统参与调控相对不那么精细,而色氨酸操纵子需要对体内的氨基酸水平作较为精细的调节,因此演化出了更为精细的衰减子调控系统。

细菌通过衰减作用弥补阻遏作用的不足。因为阻遏作用只能使转录不起始,对于已经起始的转录,只能通过衰减作用使之中途停下来。阻遏作用的信号是细胞内色氨酸的多少;衰减作用的信号则是细胞内载有色氨酸的 tRNA 的多少,它通过前导肽的翻译来控制转录的进行。在细菌细胞内这两种作用相辅相成,体现着生物体内周密的调控作用。在 *trp* 操纵子中,对结构基因的转录,阻遏蛋白的负调控起到粗调的作用,而衰减子起到细调的作用。

衰减子调控的实质是以翻译手段调控基因的转录,即通过影响核糖体与 RNA 聚合酶在 mRNA 上的相对位置从而控制终止子的二级结构是否形成或形成的二级结构所持续的时间。

5. 衰减子的普遍性及其生物学意义

细菌其他氨基酸合成系统的许多操纵子,如组氨酸、苏氨酸、亮氨酸、异亮氨酸、苯丙氨酸等操纵子,也有类似的衰减子存在,特别是 *his* 操纵子,衰减子是其唯一的控制系统。在这些操纵子中,都存在前导肽这样的开放阅读框,同时具有不依赖 ρ 因子的终止子序列,而且在前导肽的 mRNA 中,具有比 *trp* 操纵子前导肽多得多的连续的相应氨基酸的密码子。例如,在 *his* 操纵子的长为 16 个氨基酸的前导肽中,有连续 7 个组氨酸;在 *phe* 操纵子的长为 15 个氨基酸的前导肽中,也有连续 7 个苯丙氨酸。在这些操纵子中引起核糖体停顿的密码子较多,因此可能需要一个以上的核糖体停顿在这一连串的密码子之处才能实现有效的除阻遏。这些操纵子的前导序列中,也都可能存在两种交替的二级结构,用以调节终止子发卡结构的形成。

细菌演化出衰减子调控系统,其生物学意义可能是:① 活性阻遏物和非活性阻遏物的转变可能较慢,而 tRNA 荷载与否可能更灵敏。② 氨基酸的主要用途是合成蛋白质,因而以 tRNA 荷载情况来进行控制可能更为恰当。③ 大多数这样的操纵子为什么又同时需要阻遏蛋白? 因为衰减子系统需要先转录出前导肽 mRNA,然后再根据前导肽的翻译情况来决定 mRNA 是否继续转录。当氨基酸供应充足时,就没有必要通过这样的步骤,而直接关闭 mRNA 的转录活性。也就是说,需要一个决定基础水平的控制系统,当细胞内氨基酸高于某一水平时,可以实现完全的阻遏;而低于这一水平时,才需要衰减子这个细调节来进行调节。两种调节机制都是为了避免浪费、提高效率。

7.2.3　其他操纵子

1. 具有双启动子的半乳糖操纵子

细胞代谢半乳糖(Gal)，需要三种酶，即半乳糖激酶(GalK)、半乳糖转移酶(GalT)、半乳糖表面异构酶(GalE)。Gal 既可为碳源，同时 UDP－Gal(尿苷二磷酸半乳糖)又是合成细菌细胞壁的重要前体。

(1) 半乳糖操纵子的结构

从图 7－12 可以看到，上述三个酶的基因，即 *galK*、*galT* 和 *galE* 组成半乳糖操纵子的主体部分；编码阻遏蛋白的 *galR* 基因则相距甚远，这与乳糖操纵子有着显著的区别。实际上大肠杆菌中调节基因有的离操作子很近，有的很远，距离的远近并不影响调控作用，因为调节基因的产物是可扩散的。任何引起半乳糖的阻遏蛋白的突变或操作子 *O* 序列的突变，都将导致半乳糖操纵子的酶系统组成型表达。

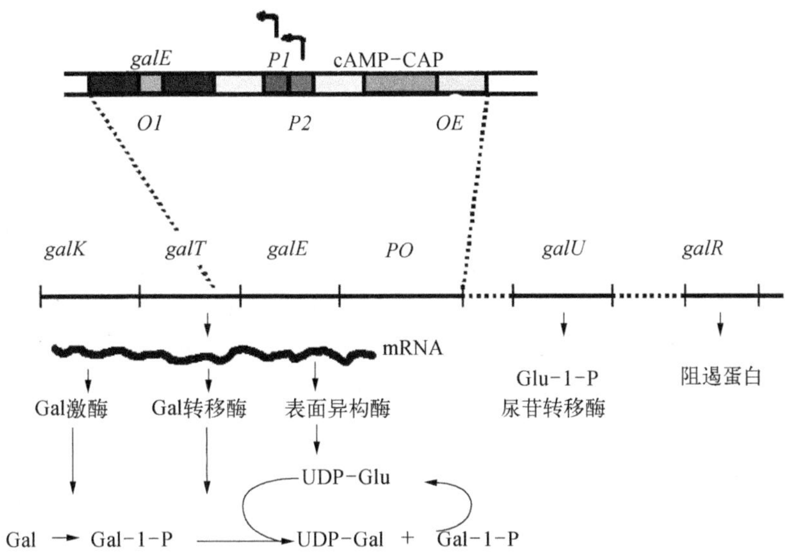

图 7－12　大肠杆菌半乳糖操纵子的结构及其产物

细菌对半乳糖的利用比对葡萄糖的利用要低得多。按照乳糖操纵子的可诱导体系，半乳糖操纵子在葡萄糖存在时，其酶系统应该是不会转录的。但实际上当葡萄糖存在时，半乳糖操纵子可被诱导，虽然水平很低。通过对启动子突变分析发现，半乳糖操纵子有两个相互重叠的启动子。其中 *galP1* 是依赖于 cAMP－CAP 的，转录起始位点为 S1(＋1 位置)；*galP2* 是不依赖于 cAMP－CAP 的，转录起始位点为 S2(－5 位置)。两个启动子有各自的 Pribnow 框，两者相距 5 bp(图 7－13)。均无－35 序列，这意味着 *galP1* 的启动比 *lacP* 更依赖于 cAMP－CAP 的激活作用。体外实验证实，*galP1* 与 RNA 聚合酶亲和力远远大于 *galP2* 与 RNA 聚合酶亲和力，即 *galP1* 启动子的强度远远强于 *galP2*。

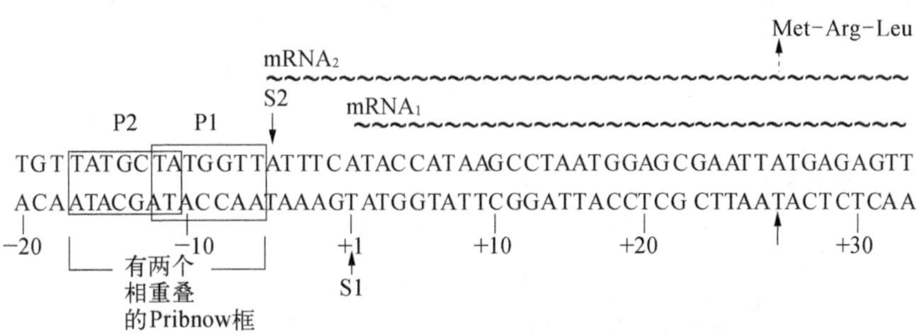

图 7－13　半乳糖启动子和操作子碱基序列

S1. *P1* 启动子的转录起点；S2. *P2* 启动子的转录起点

CAP 结合位点在 *galP2* 的上游，位置在－76～－47。相应于两个启动子，半乳糖操纵子有两个操作子序列 *OI* 和 *OE*，其中 *OE* 序列(位于－67～－53)在 CAP 结合位点之内，*OI* 位于基因 *galE* 中；两个操作子都离启动子有一段距离,不直接毗邻。

(2) 半乳糖操纵子的调控

galP1 启动子的启动必须具备两个条件:① *galP1* 启动子依赖于 cAMP-CAP 的激活作用,而 cAMP 的含量又是受到葡萄糖有无的影响。因此,*galP1* 启动子的启动只有在生长环境中无葡萄糖,才能产生充量的 cAMP。② 生长环境还需有半乳糖。半乳糖操纵子与乳糖操纵子一样是可被诱导的,只有半乳糖诱导阻遏蛋白变构离开与 CAP 结合位点重叠的 *OE* 操作子后,cAMP-CAP 才能与此位置结合,同时半乳糖也使在 *OI* 操作子上的阻遏蛋白离开,RNA 聚合酶才能顺利从 S1 开始转录。

galP2 启动子的启动也必须具备两个条件:① *galP2* 启动子的启动完全依赖于葡萄糖。因为无葡萄糖时,高水平的 cAMP-CAP 能抑制由这个启动子的转录。即当有 cAMP-CAP 时,转录从 S1 开始;当无 cAMP-CAP 时,转录从 S2 开始。② 需要生长环境有半乳糖诱导结合在 *galE* 基因中的 *OI* 操作子上的阻遏蛋白,使之变构离开,RNA 聚合酶才能顺利从 S2 开始转录。如果环境有葡萄糖,无半乳糖,即阻遏蛋白没有离开 *OI* 操作子,*galP2* 启动子可以起始转录,但只产生 20nt 长的 mRNA 即停止。因为操作子 *OE* 和 *OI* 结合形成环,两个阻遏蛋白相互作用强化了阻遏。

为什么半乳糖操纵子需要两个转录起始位点?半乳糖不仅可以作为唯一碳源供细胞生长,而且与之相关的物质——尿苷二磷酸半乳糖(UDP-Gal)是大肠杆菌细胞壁合成的前体。在没有外源半乳糖的情况下,UDP-Gal 是通过半乳糖表面异构酶的作用由 UDP-葡萄糖合成的,该酶是 *galE* 基因的产物。生长过程中的所有时间里细胞必须能够合成表异构酶。如果只有 *galP1* 一个启动子,那么由于这个启动子的活性依赖于 cAMP-CAP,当培养基中有葡萄糖存在时就不能合成表面异构酶。如果唯一的启动子是 *galP2*,葡萄糖不存在的情况下,细菌就不能利用半乳糖,因为 cAMP-CAP 抑制了 *galP2*,即使低水平合成半乳糖操纵子的酶系统也是不可能。因此,无论从必要性或经济性考虑,都需要两个启动子的存在,一个满足葡萄糖存在、半乳糖也存在时的低水平的需要;另一个满足无葡萄糖、有半乳糖时高水平的需要。

2. 阿拉伯糖操纵子

(1) 结构和功能

大肠杆菌细胞能把阿拉伯糖(arabinose,ara)变成 5-磷酸木糖这个戊糖磷酸途径的中间体,因而可作为碳源利用。参与阿拉伯糖代谢的酶基因分在 3 个操纵子中,分别是 *araBAD*、*araE* 及 *araFG*,其中 *araE* 及 *araFG* 编码的是与阿拉伯糖结合和转运有关的膜蛋白,负责分解阿拉伯糖是 *araBAD* 这个操纵子(图 7-14)。*araB*、*araA* 和 *araD* 基因分别编码 *L*-核酮糖激酶、*L*-阿拉伯糖异构酶和 *L*-核酮糖-5 磷酸-4-表面异构酶。在这个操作子中有两个转录相反的启动子,一个是 $araP_{BAD}$ 启动子,负责 *araBAD* 的转录,紧邻于这个启动子是调节位点 *araI*;另一个是 $araP_C$ 启动子,负责调控基因 *araC* 的转录,在这个启动子内部及其下游有两个调节基因的调节位点,分别是 $araO_1$ 和 $araO_2$。*araC* 基因编码的 AraC 蛋白存在两种形式,一种即为单纯的 AraC 蛋白,其表现为具有阻遏功能,也称为 Crep;另一种为 AraC 蛋白和阿拉伯糖结合形

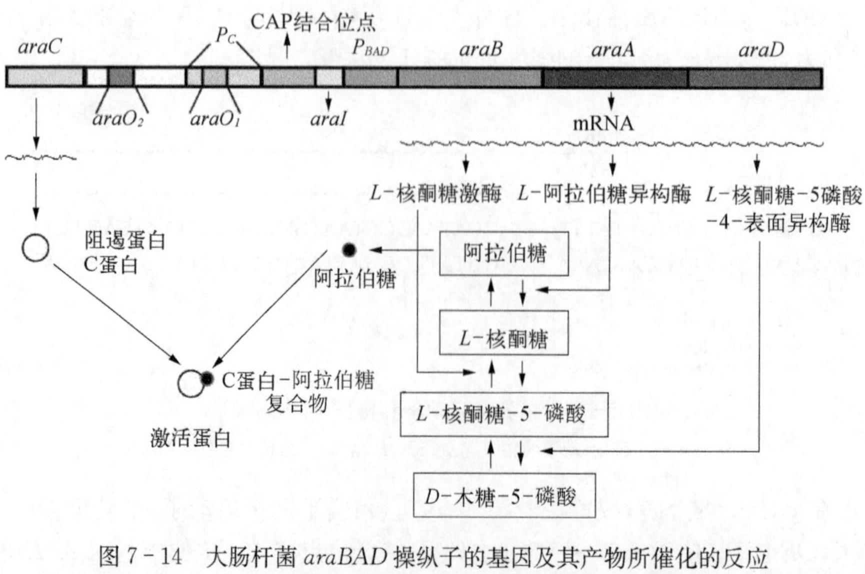

图 7-14 大肠杆菌 *araBAD* 操纵子的基因及其产物所催化的反应

成的复合体 Cind，具有诱导功能。Crep 结合于操作子 $araO_1$ 时，反馈性地阻遏了其本身的表达。当复合体 Cind 结合于操作子 *araI* 区时，能促使 RNA 聚合酶结合于 $araP_{BAD}$ 位点转录 *araB*、*araA* 和 *araD* 三个基因，表现为正调控。AraC 蛋白还可以调节分散的其他两个操纵子基因，因此其转录单位也称为调节子(regulon)。在两个启动子之间存在 CAP 结合位点，表明阿拉伯糖操纵子的调控也与乳糖操纵子一样表现为葡萄糖效应敏感。

(2) 阿拉伯糖操纵子的调控

当生长环境中葡萄糖含量高(导致 cAMP 处于低浓度)，阿拉伯糖含量低或高时，*araC* 基因本底转录，产生少量的 AraC 蛋白，反馈结合于操作子 $araO_1$，使 RNA 聚合酶不能结合 $araP_C$，*araC* 基因的转录受到阻遏。当环境中葡萄糖含量低(相应 cAMP 高)，阿拉伯糖含量高时，阿拉伯糖和少量的 AraC 蛋白结合形成了诱导型的复合物 Cind，它作为正调控因子结合于操作子 *araI*，协同 cAMP－CAP 促进 RNA 聚合酶与 $araP_{BAD}$ 的结合，转录产生了三种酶，使阿拉伯糖分解；当由于 *araBAD* 编码的蛋白质的代谢使得阿拉伯糖含量降低时，AraC 又转换成一个阻遏物，过量的 AraC 蛋白可以结合在操作子 $araO_1$ 上，阻碍 RNA 聚合酶在此区域结合，从而关闭了操纵子；或者结合到操作子 *araI* 和 $araO_2$ 上，彼此相互作用形成一个约 210 碱基对的环，阻遏 $araP_{BAD}$ 和 $araP_C$ 的启动(图 7－15)。

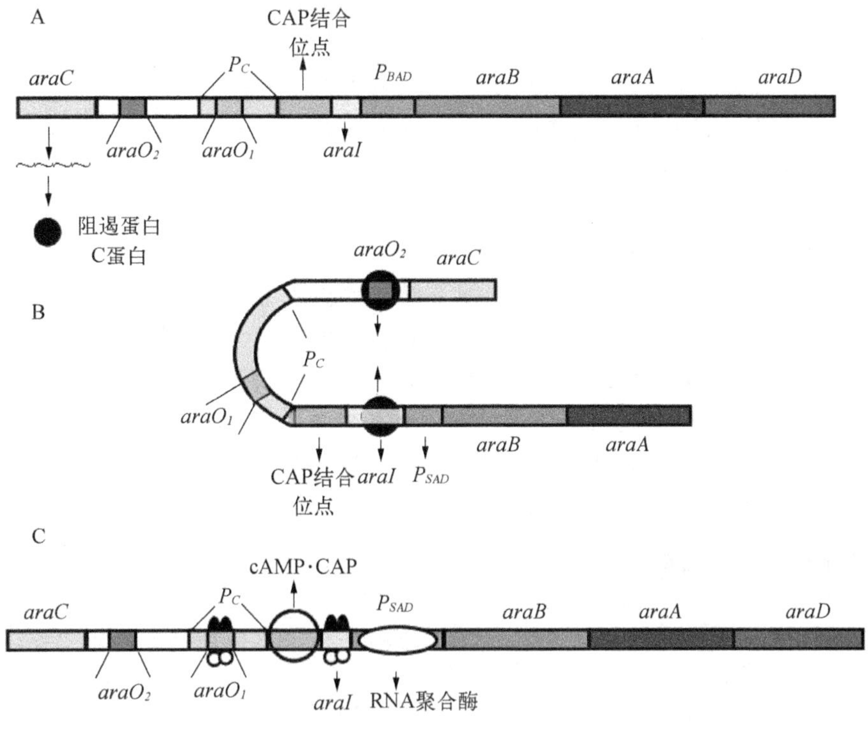

图 7－15　阿拉伯糖操作子的调节

A. 阿拉伯糖不存在时，*arcC* 基因转录；B. 葡萄糖含量高，阿拉伯糖含量低时，AraC 结合于 $araO_2$ 和 *araI*，形成 DNA 环阻止 *araBAD* 的转录；C. 阿拉伯糖含量高，葡萄糖含量低时，形成 Cind 激活子，协同 cAMP－CAP 促使 RNA 聚合酶转录 *araBAD*

综上所述，阿拉伯糖操纵子的调控有 3 个特点：第一，*araC* 基因的表达受到 AraC 蛋白的自身反馈调控。第二，AraC 即可充当阻遏物，也可作为激活剂。第三，AraC 与 CAP 结合可充分诱导阿拉伯糖操纵子。

7.3　基因转录的时序调控

原核生物在生长发育的各个阶段，基因的表达是按照一定时间顺序而展现的，这种调控机制就称为时序调控。这种调控使生物能够有效地利用能源、避免浪费，同时也避免了某些基因在不适当的时机表达可能带来的危害。

基因表达的时序调控大多是通过一种或几种蛋白质因子与 RNA 聚合酶相互作用而实现的。在转录章节,已经了解 RNA 聚合酶对 DNA 的识别是依靠 σ 因子,σ 因子是负责识别启动子的特征序列从而协助 RNA 核心酶结合启动子并起始转录。许多原核生物在生长发育的各个阶段能产生不同种 σ 因子。其中有的是替代原来的 σ 因子以协助核心酶识别特定的序列,如大肠杆菌在温度高于 37℃,会产生 17 种热激蛋白(heat shock protein),产生的原因即为 RNA 聚合酶的 σ70 因子被 σ32 因子取代,σ32 因子能识别这些特异的热激基因的启动子序列。有的通过修饰核心酶并取代原有的 σ 亚基,如 T4 噬菌体早、晚期基因的表达。有的则仅仅是修饰核心酶,或是使原有的核心酶失活,产生新的 RNA 聚合酶,从而达到转录调控的目的,如 T7 噬菌体三类基因的转录调控。

7.3.1 大肠杆菌热激基因的表达

大肠杆菌在正常的生长条件下没有 σ 亚基的替代现象。当大肠杆菌的生长环境从 37℃升高到 42℃时,则细胞体内会迅速诱导合成 17 种特异性蛋白质,这些大量表达的蛋白质称为热激蛋白,其编码基因称为热激基因,这些基因迅速表达的现象称为热激反应。当温度继续升高至 50℃,则这些热激蛋白是细胞体内仅能合成的物质。

为什么在高温条件下热激蛋白基因能够迅速地表达?研究发现,在大肠杆菌中 *rpoH* 基因编码一个分子质量为 32 kDa 的蛋白质,称为 σ^{32}亚基。这种亚基的含量在正常生长条件下与 σ^{70} 含量相比极低,但当温度升至 42℃时,σ^{32}亚基含量即增加,同时取代 σ^{70} 亚基,与核心酶结合后形成的 RNA 聚合酶全酶只能识别热激基因的启动子。因此,在温度诱导条件下,热激基因大量表达。分析发现,σ^{32} 亚基识别的一致序列为:TNNCNCNCTTGAA 和CCCCATNT,二者相距 13~15 bp,其中单下划线部分为－35 区域,双下划线部分为－10 区域,点下划线为－35 区域前的保守序列,虚下划线为－10 区域前的保守序列,N 为任意碱基。而 σ^{70} 亚基识别的一致序列为:－35 序列 TTGACA 和－10 序列 TATAAT,在－10 和－35 区域之前无相对保守的序列,二者相距 15~18 bp。

热能引起热激反应,其他特殊环境,如高盐、极度干燥和重金属离子等均能引起这种应急反应。其中,热激反应研究得最多。从大肠杆菌到人类都具有热激基因。温度升高,正在进行的蛋白质合成就停止或减少,而一系列新蛋白质则被合成。新蛋白质是热激基因的产物,它们保护细胞免受环境热激的损伤,并且可在其他类似热激的情况下被合成。有些热激基因产物的氨基酸序列在不同种属中高度相关,甚至核苷酸序列也有相关性,如分子质量为 66 kDa 的 DnaK 的基因有近一半的核苷酸序列与果蝇的热激蛋白 Hsp70 的基因相同。

7.3.2 枯草杆菌中 σ 亚基的更替

在枯草杆菌(*B. subtilis*)中 σ 因子广泛地用于转录起始的调节,现已知有 10 种不同的因子。有的存在营养期细胞中,有的仅在噬菌体感染的特殊环境,或者从营养生长转变成孢子形成期。处于正常营养生长期的枯草杆菌中发现的 RNA 聚合酶与 *E. coli* 的 $\alpha_2\beta\beta'\sigma$ 的结构相似,其 σ 因子的分子质量为 55 kDa,以 σ^{55} 或 σ^{A}表示。它所识别的启动子的保守顺序,与 *E. coli* σ^{70} 识别的相似。其他各种不同的聚合酶含有不同的 σ 因子,即识别不同启动子的－35 和－10 序列,但数量很少。

1. 枯草杆菌孢子形成过程中 σ 亚基的更替

几乎大部分 σ 因子转换的例子都发生在孢子形成(sporulation)期。孢子的形成涉及细菌生物合成活性的剧烈变化。这些变化和很多基因有关。在孢子形成时,一些营养期行使功能的基因被关闭,而孢子形成的特异基因在这一阶段表达。

在孢子形成的过程中,主要涉及 3 种 σ 因子的替换,它们分别是 σ^{55}、σ^{37} 和 σ^{29}。其中核心酶与 σ^{55} 组成的 RNA 聚合酶只能识别营养基因的启动子,核心酶与 σ^{37} 组成的 RNA 聚合酶能识别早期孢子形成基因的启动子,而核心酶与 σ^{29} 形成的 RNA 聚合酶则负责中、晚期孢子形成基因的转录。需要说明的是,枯草杆菌中 σ 因子的替换并不是彻底的更换,例如,核心酶与 σ^{37} 组成的 RNA 聚合酶只占总 RNA 聚合酶的 10%。

在孢子形成的起始阶段,还涉及一些感知营养耗竭而起始孢子形成的某些信号。σ^{55} 存在于营养生长阶段的细胞中,在负责与营养生长有关基因的转录和孢子的形成过程中产生了最初所需要的 *spoO* 基因的产物。在 *spoO* 基因的产物中,就有 σ^{28}因子。在营养生长阶段的细胞中,核心酶与 σ^{28} 组成的 RNA 聚合酶只占总RNA聚合酶极低的比例。一旦孢子生成过程启动，σ^{28}即失去活性。σ^{28}有可能是信号系统的一个成员，负责转录那些能够探测营养耗竭和起始孢子形成反应的基因。

孢子形成是由级联调控控制的，在级联调控中每一间隔部分的σ因子都相继被激活，每个σ因子指导一套特殊的基因合成蛋白质。这种级联调控通过一种信号从一个间隔部分传递到另一个间隔部分来彼此沟通协调。当一种新的σ因子被激活，原来的σ因子被取代，这样通过转移σ因子来打开基因或关闭基因。各种因子结合核心酶成为RNA聚合酶指挥一套靶基因表达。这些因子的量有效地影响基因表达的水平。在任何时候都有一个以上的σ因子被激活。某些σ因子的特异性是重叠的。

2. 枯草杆菌噬菌体SP01早、中、晚基因表达的转换

从一套基因的转录到另一套基因的表达是噬菌体感染的共同特点。噬菌体的发育涉及感染周期的改变。这些改变通过噬菌体编码的RNA聚合酶的合成来完成，或者通过噬菌体编码的控制细菌RNA聚合酶识别特异性序列的σ因子来完成。枯草杆菌噬菌体SP01是一种烈性噬菌体，其感染周期分为早、中、晚3个时期。

在侵染后，SP01早期基因立即被转录。执行这个任务的酶是寄主的RNA聚合酶全酶$\alpha 2\beta\beta'\sigma^{55}$。与此相对应的是早期基因启动子的－10序列和－35序列与寄主的启动子的一致序列很相似。在侵染4～5 min后，早期基因停止表达而开始转录中期基因。侵染后8～12 min，则中期基因转录又被晚期基因的转录所取代。

SP01噬菌体中、晚期基因的表达需要3种SP01自身的*28*、*33*和*34*调节基因的表达。基因*28*为早期基因。寄主的RNA聚合酶转录早期基因就产生调节蛋白gp28，其分子质量为26 kDa。gp28取代σ^{55}并与RNA核心酶结合，从而使RNA聚合酶对早期基因的启动子不识别，但能识别中期基因的启动子。这种替代对从早期基因的表达转为中期基因表达是必要的。它形成的全酶不再能转录宿主的基因和SP01噬菌体早期基因，而只能特异转录中期的基因。早期基因*28*的突变体不能转录中期基因。

中期基因的转录产生了gp33和gp34这两个晚期基因表达的调节蛋白，它们能取代gp28并使RNA聚合酶只能识别晚期基因的启动子。同样，无论是基因*33*还是*34*若发生突变将会阻止晚期基因的转录。这种连续更换σ亚基的途径使SP01的早、中、晚期3个阶段的基因能有条不紊的表达。

上述σ因子的相继取代具有双重的后果。一是每次亚基的改变使RNA聚合酶能够识别一组新的基因，而不再识别先前的基因。二是由于σ因子的转换使RNA聚合酶的活性全部发生了改变。可能所有的核心酶都是短暂地和不同的σ因子结合，但这种变化的程序是不可逆的。

7.3.3　T4噬菌体蛋白质合成的时序调节

T4噬菌体蛋白质合成的时序调节采用了与*E. coli*及枯草杆菌不同的策略，即依赖本身携带的蛋白质对宿主的核心酶加以修饰，改变核心酶和σ亚基的结合能力，使自身编码的蛋白质能取代原来的σ亚基，从而改变RNA聚合酶的识别能力。

T4噬菌体在生活周期的不同阶段合成不同的mRNA。其主要的两类是早期mRNA和晚期mRNA。早期转录的有很多基因，它们编码有关DNA合成、RNA的转录调控、重组等相关的酶；晚期转录的是一些编码噬菌体结构蛋白、粒子装配及裂解宿主等的基因。

T4感染起始是利用宿主的RNA聚合酶转录第一批早期mRNA；T4的头部含有几种小分子蛋白质，称为内部蛋白。当T4感染不久，这些蛋白质伴随着DNA一道注入细菌中，其中有一种转换蛋白是ADP-核糖转移酶(ADPRT)，它可将ADP-核糖(ADPR)连接到宿主RNA聚合酶的α亚基上的精氨酸胍基上使其被修饰，加入一个以上的ADPR，降低了RNA核心酶与原σ因子的结合能力，增加了其与T4噬菌体编码的蛋白质Mot的亲和力，这样Mot蛋白取代了σ亚基，使新的RNA聚合酶不再识别寄主的基因和T4早期基因的启动子，而只能识别下一阶段的启动子。转录晚期基因时，RNA聚合酶被进一步地修饰，其两个α亚基各结合了一个ADPR分子及4个修饰性蛋白质，有时称其为超修饰(supermodified)的RNA聚合酶。即使如此修饰仍不能转录晚期基因，要等到DNA复制时才能转录，形成了一种程序化的控制。实际上要到复制达到一定阶段才需要晚期基因编码的产物。至于复制时晚期转录的调控机制还不清楚，可能改变了晚期基因的构象，使其易于启动转录。

7.3.4 T7 噬菌体 RNA 聚合酶的代换

T7 噬菌体在转录的时序调控中不是采用 σ 因子的级联取代,也不像 T4 噬菌体那样对核心酶进行修饰,而是根据自动的感染特点采用了 RNA 聚合酶的代换来进行时序转录的调控。

T7 是 *E. coli* 的烈性噬菌体,基因组长为 39 936 bp。整个基因组可能具有 55 个基因,其中 44 个基因的产物已鉴别,这 44 个基因中的 30 个基因又根据 T7 噬菌体生长阶段分为 3 组。30℃整个生活周期约为 25 min,但其 DNA 的注入很慢,整个过程约 10 min,而其他的噬菌体仅 1 min 即可完成,这也是 T7 噬菌体进行调控的一种方式。在感染 6 min 后,*E. coli* 的 RNA 合成体系全部被 T4 的合成体系所取代。

在感染后的前 6 min,T7 噬菌体的 RNA 聚合酶尚未表达,因此仍使用了宿主 *E. coli* 的 RNA 聚合酶,转录的基因主要有 10 个(*0.3*、*0.4*、*0.5*、*0.6*、*0.65*、*0.7*、*1*、*1.1*、*1.2*、*1.3*),其 *0.3* 基因编码宿主限制酶的抑制蛋白,使 T7 进入宿主免遭降解;*0.7* 基因编码一种蛋白激酶,能将 *E. coli* 的 RNA 聚合酶磷酸化,为抑制宿主 RNA 聚合酶作准备;基因 *1* 编码 T7 RNA 聚合酶,分子质量为 98 kDa,是一条单链肽,它所识别的启动子是由 23 bp 组成的保守序列(−17～+16)。

晚期转录分为两组(Ⅱ和Ⅲ)。感染 6～12 min 后,T7 就利用自身的 RNA 聚合酶转录第Ⅱ组转录物。这一组约含 15 个基因(*1.4*、*1.5*、*1.6*、*1.7*、*1.8*、*2*、*2.5*、*2.8*、*3*、*3.5*、*3.8*、*4*、*5*、*5.7*、*6*),其中与转录调控有关的是基因 *2*,其产物是 *E. coli* 聚合酶抑制剂。宿主的 RNA 聚合酶先受到基因 *0.7* 产物的磷酸化,再经抑制完全失去了作用,此时 T7 已不再需要Ⅰ组的转录物,因此废除了宿主 RNA 聚合酶的功能,而将自己编码的 RNA 聚合酶取而代之。第Ⅱ组的基因多与 T7 复制酶系的合成及几种结构蛋白有关,但第Ⅱ组的启动子和复制的 *φL* 启动子因其保守顺序中分别有 2～7 个碱基发生了改变,所以是较弱的启动子,但由于其位置排在Ⅲ组启动子的前面,所以先进入宿主得以转录,而不与第Ⅲ组启动子(此时还未进入宿主)竞争。

晚期转录的另一组基因就是第Ⅲ组转录物,它排在最后,故在感染 12 min 后才得以表达。此转录物约含 15 个基因,它们主要编码头部蛋白、尾部蛋白及负责装配,这样使得 T7 噬菌体不至于过早地装配成粒子。这一组虽排在最后,但启动子的结构和保守顺序完全一致,所以是极强的启动子,从而保证最后阶段结构蛋白的合成。

第Ⅰ组转录的终止位置在邻近 *1.4* 基因的上游区(*1.3* 和 *1.4* 之间),是宿主 *E. coli* RNA 聚合酶识别的终止子序列。*E. coli* RNA 聚合酶解离后,T7 RNA 聚合酶则重新从第Ⅱ组起始转录。第Ⅱ组和第Ⅲ组都使用终止子 Tφ。由于 T7 噬菌体 DNA 全部注入宿主缓慢(需约 10 min 才能全部进入宿主),因此在第Ⅱ组转录时第Ⅲ组基因尚未注入,仍得不到表达。这也是 T7 噬菌体基因调控的手段之一。

Tφ 的终止效率是 90%,尚有 10%可以延长转录 T7 的末端,Tφ 位于基因 *10* 和 *11* 之间。基因 *10* 是主要的头部蛋白,需要量大,它排在第Ⅱ组末是合理的,即有强启动子的启动,又在转录后被终止,这样不仅满足了装配颗粒的需要,又不至造成浪费。而排在基因 *10* 后面的基因都是编码少量头部蛋白和尾部蛋白的,无需大量的转录,后面越过 Tφ 延长转录的强度就可满足需要了,这本身也是一种终止子对转录的调控。

7.4 翻译水平的调控

原核生物基因可以在 DNA 复制、转录和翻译 3 个不同层次进行表达调控。其中,转录水平的调控是最主要的,也是最经济、最有效的方式。但转录生成 mRNA 以后,再在翻译或翻译后水平进行微调,是对转录调控的有效补充。例如,λ 噬菌体的后期基因是长达 26 kb 的一个片段,作为一个单位转录成多顺反子 mRNA。然而不同基因编码的蛋白质用量不同,相差可达千倍,这就需要通过翻译水平进行调节。在翻译调控方面,mRNA 的寿命、mRNA 本身所形成二级结构都可影响到翻译的进行。除此之外,有些基因产物也可通过与其 mRNA 的结合,控制这种蛋白质的继续合成,如释放因子 RF2 和核糖体蛋白质的自体调控。另外,在不良营养条件下,由于氨基酸的缺乏,也可使细胞内蛋白质的合成受到抑制,出现严谨反应。总之,由于存在翻译水平的调控,使得原核生物基因表达调控更加适应生物本身的需求和外界条件的变化。

翻译的过程可分为 3 种不同的阶段——起始、延伸和终止。现在了解相对较多的翻译水平的调控包括:mRNA 翻译水平差异的调控、翻译起始的调控、翻译阻遏作用、蛋白质合成的自体调控、反义 RNA 的作用等几个方面。

7.4.1 翻译起始的调控

1. 反义 RNA 的调控

直到现在所讨论的反式作用调节因子都是蛋白质。但在 1983 年，Mizuno 和 Simon 等科学家同时发现了反义 RNA 对于基因表达的调控作用，从而揭示了一种新的基因表达调控机制，RNA 作为调节物同样能形成调节网络。反义 RNA 的靶顺序是单链核苷酸顺序，其功能是和靶顺序互补，形成一个双链区。其互补结合位点通常是 mRNA 上的 SD 序列(或称为核糖体结合位点 RBS)、起始密码子 AUG 和部分 N 端的密码子，从而阻遏了核糖体的结合，抑制 mRNA 的翻译。人们称这类 RNA 为干扰 mRNA 的互补 RNA (mRNA -interfering complementary RNA, mic - RNA)。

Mizuno 等在研究渗透压的变化对大肠杆菌外膜蛋白的基因表达的影响时发现，在 *E. coli* 中有两种外膜蛋白 OmpC 和 OmpF，在渗透压增高时 OmpC 产量增加，在渗透压减小时 OmpC 产量受到控制；与此相反，另一种膜蛋白 OmpF 在高渗透压条件下产量受控，而低渗时其产量增加。虽然两种外膜蛋白的含量随着渗透压的变化而改变，但二者的总量保持不变。它们如何对渗透压的改变作出反应呢？OmpC 和 OmpF 两种外膜蛋白分别为 *ompC* 和 *ompF* 两个基因的编码产物，这两个基因不毗邻。*envZ* 基因编码一种作为渗透压感受器的一种受体蛋白。当渗透压增加时，EnvZ 蛋白激活 *ompR* 的产物(一种正调节蛋白)。它可以激活 *ompC* 和 *micF* 这两个相互连锁的，但转录方向相反的基因的转录(图 7 - 16)。

micF 的产物是一条长 174 nt 的 RNA，称为 micRNA，又称为反义 RNA(antisense RNA)。MicF RNA 可以和 OmpF mRNA 上包括核糖体结合位点 SD 序列及起始密码子 AUG 在内的翻译起始区互补结合，形成双链区。MicF RNA 通过和 OmpF mRNA 的结合阻遏了其与核糖体的结合，从而关闭了 OmpF mRNA 的翻译(图 7 - 16)。

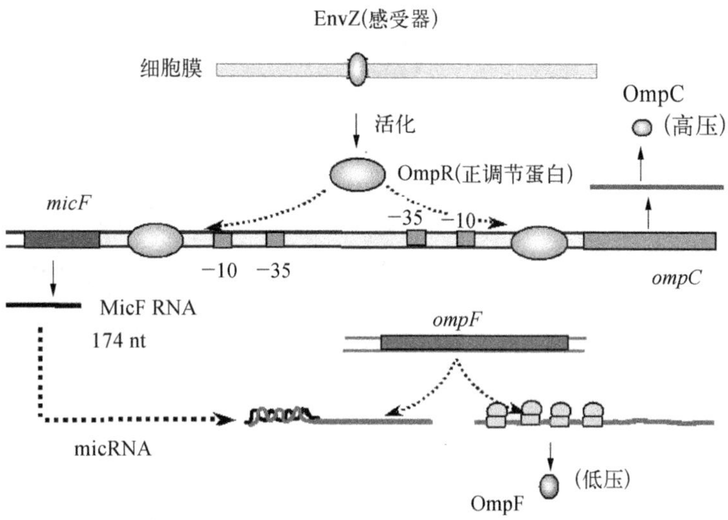

图 7 - 16 在大肠杆菌中通过反义 RNA 调控膜蛋白的合成

无论是在原核还是真核细胞中，看来似乎 micRNA 的合成是足以使其靶 RNA 失活。在 λ 噬菌体的生活周期中也存在着这种反义调控。

2. mRNA 5′端对翻译起始的调控

mRNA 的翻译能力主要受控于 5′端的结合序列(SD 序列，见前翻译章节)。SD 序列是位于起始密码子上游约 4～7 个核苷酸之前的一段富含嘌呤的 5′…AGGAGG…3′短小序列，它可以与核糖体 16S rRNA 3′…UCCUCC…5′完全互补。SD 序列与 16S rRNA 3′端的相应序列配对对于翻译的起始是很重要的。强的控制部位造成翻译起始频率高，反之则翻译频率低。同时，与核糖体的结合强度还取决于 SD 序列与起始密码 AUG 之间的距离。SD 与 AUG 之间相距一般以 4～10 个核苷酸为佳，9 个核苷酸为最佳。

mRNA 的 5′端二级结构也是翻译起始调控的重要因素。因为核糖体的 30S 亚基必须与 mRNA 结合，才能开始翻译。所以要求 mRNA 5′端要有一定的空间结构。SD 序列的微小变化，往往就会导致表达效率上百倍甚至上千倍的差异，这是由于核苷酸的变化改变了形成 mRNA 5′端二级结构的自由能，影响了核糖体 30S 亚基与 mRNA 的结合，从而造成了蛋白质合成效率上的差异。

3. 二级结构对翻译的调控

mRNA 的二级结构可以在不同的水平上对基因表达进行调控，如在转录水平上采用 mRNA 的二级结构进行调控的有终止子和衰减子。本小节主要论述 mRNA 本身的二级结构对于翻译的影响。

大肠杆菌有几种十分相似的单链 RNA 噬菌体，如 MS2、R17、f2 和 Qβ 等，它们的共同特征是都非常小

(直径约为 250 nm),基因组长 3 600~4 200 nt,只含 4 个基因,其中 3 个基因的序列都非常相似,从 5′端到 3′端依次是附着蛋白 A、外壳蛋白 CP 及复制酶 Rep。在 MS2、R17 和 f2 中,*cp*(coat protein)外壳蛋白基因所编码的 CP 蛋白由 129 个氨基酸构成,分子质量为 13.7 kDa。*A*(atachment)蛋白基因编码 A 附着蛋白(含 393 个氨基酸,分子质量为 44 kDa);*Rep*(replicase)基因编码复制酶 Rep(含 544 个氨基酸,分子质量为 61 kDa);第 4 个基因 *lys*(lysis)编码裂解蛋白,它和 *cp*、*Rep* 基因重叠,该蛋白质含 75 个氨基酸。而 Qβ 噬菌体前 3 个基因产物的分子质量稍大一点,第 4 个基因则为 *cp* 基因的延伸。Qβ 没有 *lys* 基因,但有 *A1* 和 *A2* 两个基因。*A2* 编码成熟蛋白质,它兼有裂解蛋白的功能;A1 蛋白是主要的病毒粒子蛋白,它是核糖体通读外壳蛋白终止密码子 UGA 而产生的。

对于 4 种基因表达的调控,以 R17 为例进行阐述。当 R17 噬菌体基因组进入宿主细胞后,分子内形成许多二级结构,*A* 基因和 *Rep* 基因的核糖体结合位点都处于二级结构中,只有 *cp* 基因的核糖体结合位点是处于单链状态(图 7-17),可被核糖体结合并合成外壳蛋白。当核糖体翻译 CP 蛋白时,使形成二级结构的氢链断裂,将其下游的 *Rep* 位点也冲开了。因此 *Rep* 基因 mRNA 的翻译总是依赖于位于前面的 *cp* 位点和核糖体的结合。

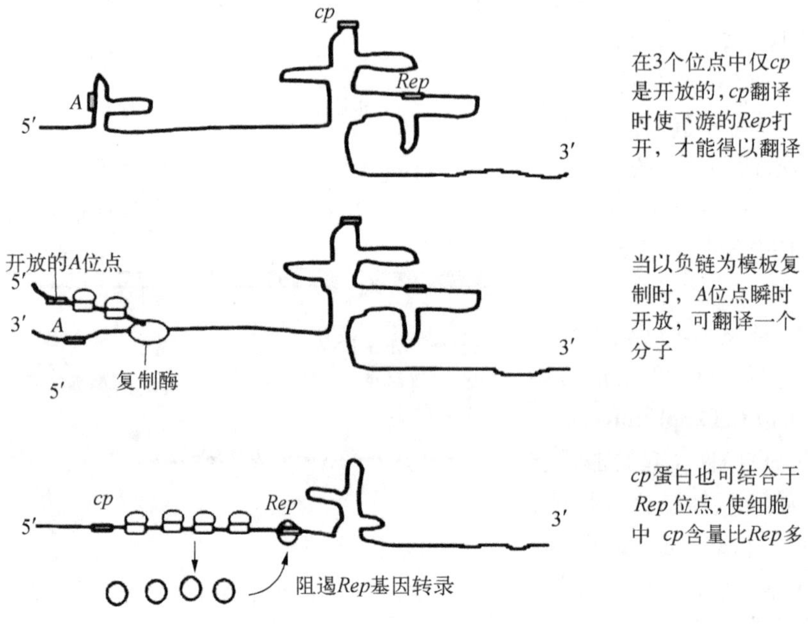

图 7-17 二级结构对翻译的调控

虽然 *Rep* 基因的核糖体结合位点每次都被 *cp* 基因的翻译所打开,但是 RNA 噬菌体的 CP 蛋白多肽链产生的量要比复制酶多肽链多得多,这就意味着其间存在一种调控:新产生的外壳蛋白的亚基可以特异地附着到 *Rep* 基因的核糖体结合位点,阻止了核糖体的附着。这样外壳蛋白就成了复制酶基因的特异性翻译阻遏物。在感染 10 min 后,外壳蛋白足以阻断复制酶的进一步合成。这样就避免了合成过多的复制酶而造成浪费。

RNA 噬菌体的复制酶复合体是由本身合成的复制酶和宿主合成的 Tu、Ts 及 S1 三种蛋白质组成。其中噬菌体编码的 RNA 复制酶起催化作用,Tu 和 Ts 则负责识别正链和负链模板的 3′端,从而促进复制的起始。S1 只有在以正链为模板复制负链时是必需的,这可能是因为噬菌体进入细胞后只有唯一的正链模板,S1 能够帮助复制酶复合体识别噬菌体 RNA 上的特定结合位点。

A 蛋白的翻译是在开始复制时,其位点裸露了出来,在尚未形成二级结构之前核糖体结合上去,进行翻译产生 A 蛋白的。当结合了 1~2 个核糖体后,互补序列就复制完毕,核糖体再也无法进行翻译活动。也就是说,每产生一个正链,大约合成了 1~2 个 A 蛋白。实际上,每个成熟的噬菌体颗粒只含有一分子的 A 蛋白,因此这种调控是十分经济有效的。

mRNA 的二级结构不但可以通过影响核糖体的结合而实现调控,而且 mRNA 的二级结构也是决定其寿命的重要因素之一。

4. mRNA 寿命对翻译的调控

原核生物的 mRNA 寿命很短，一般大多数 mRNA 的半衰期为 2～3 min，这样就能使细菌迅速适应环境的变化。但是细菌中各种 mRNA 的半衰期还是有相当大的差异，决定其寿命的许多因素都影响到基因的表达。

在大肠杆菌中尚未发现 5′—3′外切活性的核糖核酸酶，降解 mRNA 的酶有两种：RNA 酶Ⅱ和多核苷酸磷酸化酶，这两种酶都是 3′—5′的外切酶，但 mRNA 的二级结构可以阻遏这些酶的作用。在大肠杆菌和沙门氏菌中，发现一种高度保守的反向重复序列(IR)，对 mRNA 的稳定性起着重要的作用。在大肠杆菌中这种 IR 估计含有 500～1 000 拷贝。它们有的位于 3′端非编码区，有的在基因间的间隔区。IR 的存在提供了形成茎环结构的可能性，从而增加 mRNA 上游部分的半衰期，对下游部分影响不大。这是由于 IR 的存在可以防止 3′—5′外切酶的降解作用。因此在多顺反子的操纵子中，基因间的 IR 可以特异地使其某些基因上游 mRNA 得到保护。例如，在 *E. coli* 的麦芽糖操纵子中的 *malE* 和 *malF* 基因之间存在两个 IR 顺序。*malE* 和 *malF* 虽然同在一个操纵子中，而且紧密连锁，但 *malE* 的产物(周质结合蛋白)要比 *malE* 的产物(一种 40 kDa 的内膜蛋白)的含量高 20～40 倍。这可能由于 *malG* 和 *malF* 的 mRNA 区域不如 *malE* 的区域稳定，在 *malE* 3′端有两个 IR 存在，可以形成茎环保护其不被外切酶所降解。若 IR 区缺失，那么 *malE* 产物的量就会减少到原来的 1/9。

同时，人们早就发现不依赖 ρ 因子的强终止子结构使其 mRNA 更为稳定，凡是降低终止子基环(stem-loop)结构强度的突变都将造成 mRNA 稳定性的降低。由此可见，终止子结构的意义不仅在于转录的终止，而且能延长 mRNA 寿命。但是，在细胞体内具有强终止子结构的某些 mRAN 仍然是不稳定的。这表明，可能存在着具有一定序列专一性的核酸内切酶能影响 mRNA 的稳定性。最典型的例子是 λ 噬菌体 *int* 基因的表达。

早期，噬菌体还未决定进入溶原时期，此时噬菌体不需要整合酶。由于抗终止蛋白 N 的作用，左向转录物 *L2*(包含 *int* 基因)就越过终止子 t_{L2} 直至一个很强的终止子处才停止转录。这样，就形成了两个柄-噜噗结构。后附加的柄-噜噗结构恰好构成 RNA 酶Ⅲ的识别位点和作用位点(又称为 *sib* 位点)，在此处将左向转录物 *L2* 切断。这样，整合酶 mRNA 的 3′端就暴露于外切核酸酶之下而很快被分解。由于整合酶 mRNA 的降解是从 3′向 5′方向进行，因此 *sib* 位点对于整合酶基因的表达的负调控又称为返回调控。

噬菌体溶原生长期在 CⅡ蛋白的帮助下，从 *P1* 起始转录整合酶基因。这时 RNA 聚合酶没有受到 N 蛋白的修饰，转录至 t_{L2} 终止子时即终止。由于转录物形成具有 11 个碱基对的柄-噜噗结构，从而保护了整合酶 mRNA 的 3′端避免受到外切核酸酶的攻击。由于 *P1* 位于 *xis* 基因内，因此从 *P1* 发起的转录只能表达整合酶基因，而没有切除酶的产生。

当受到外界因素的诱导，噬菌体与染色体分离。这一过程的实现需要切除酶 *xis* 基因和整合酶基因的表达。这两个基因的转录物都包含在从 PL 起始转录的 mRNA *L2* 中。这个 *L2* 与游离的噬菌体所产生的 *L2* 不同，它不包含 *sib* 位点，因而不存在返回调控。这样，左向转录物中的切除酶和整合酶都能表达。这两种基因产物是噬菌体从溶原状态转变为裂解生长的过程所必需的。

5. 蛋白质合成的自体调控

近来有证据表明 SD 序列的工作效率受与它们结合的蛋白质控制，从而阻碍其翻译。这种在翻译水平上的阻遏作用称为翻译阻遏。大肠杆菌的核糖体蛋白(ribosomal protein，r-蛋白)就是一个例证。组成核糖体的蛋白质共有 50 多种，它们的合成需要严格保持与 rRNA 相适应的水平。当有过量 r-蛋白存在时，即引起它自身及有关蛋白质合成的阻遏。对 r-蛋白起翻译阻遏作用的调节蛋白均为能直接和 rRNA 相结合的 r-蛋白，它们由于能和自身的 mRNA 起始控制部位 SD 序列相结合，所以可以影响翻译的进行。例如，在 *L11* 操纵子中，起调节作用的为第二个蛋白质 L1，它能与多顺反子 mRNA 的第一个编码区(*L11*)的起始密码子邻近的 SD 序列结合，从而阻止核糖体起始翻译(图 7-18)。

利用这种机制可使 r-蛋白的合成与 rRNA 的合成直接相关联。自身调节的 r-蛋白与 rRNA 的结合能力大于和 mRNA 的结合能力。因此，凡有 r-蛋白合成出来必定首先与 rRNA 结合以装配成核糖体。但是，一旦 rRNA 的合成变慢或停止，游离的 r-蛋白便会积累。于是它们就可以与其自身的 mRNA 结合，从而阻遏进一步的翻译。该过程促进 r-蛋白维持在与 rRNA 相应的水平上。

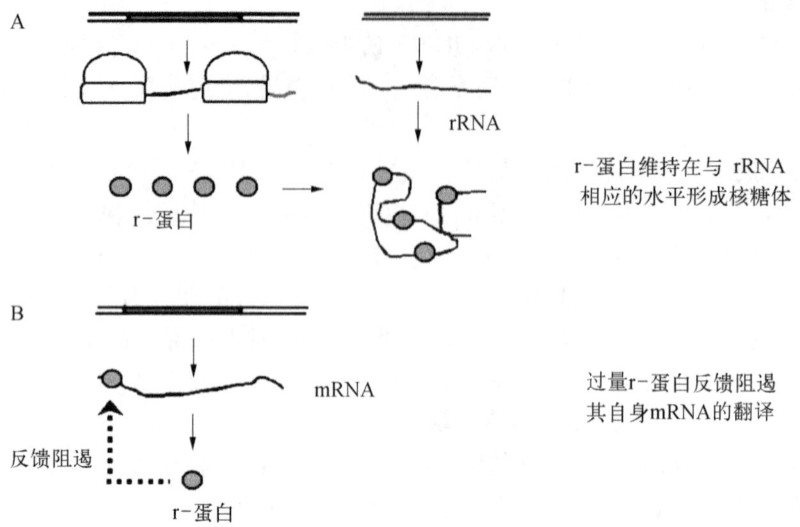

图 7-18 r-蛋白的自体调控以维持与 rRNA 在相应的水平

蛋白质合成的自体调控不仅表现翻译的起始,而且在翻译的合成中也出现,典型的一例是 RF2 合成的自体调控。

7.4.2 翻译延伸的调控

1. RF2 合成的自体调控

对于 mRNA 可翻译性的控制,大多是控制翻译的起始,即控制核糖体与 mRNA 的结合。然而,1985 年,人们发现的 RF2 对于自身 mRNA 的翻译控制是利用它释放肽链的功能提前终止其 mRNA 的翻译,即在翻译合成过程进行自体调控,使人们又了解了一种新的翻译控制手段。

RF2 是原核生物中催化翻译终止作用的特殊蛋白质因子,它可识别终止密码子 UGA 和 UAA。RF2 的结构基因一共编码 340 个氨基酸,但其密码子并不连续排列,而是在第 25 位和 26 位密码子之间多了一个 U,这个 U 可以与第 26 位密码子 GAC 头两个核苷酸组成 RF2 所识别终止密码子 UGA。当细胞内 RF2 充足时,核糖体 A 位进入到第 25 个密码子后在 UGA 处便终止 RF2 的合成,释放不具 RF2 的终止活性的只有 25 个氨基酸的短肽。如果细胞内 RF2 不足,核糖体就会以+1 的移码机制将第 26 位密码子译成天冬氨酸(Asp),并完成整个 RF2 的翻译。可见,RF2 作为一个调节蛋白,可根据自身在细胞内的丰歉程度决定其翻译是连续还是半途而废。

2. 稀有密码子对翻译的影响

mRNA 采用的密码系统也会影响其翻译速度。大多数氨基酸由于密码子的简并性而具有不止一种密码子,它们对应的 tRNA 的丰度也差别很大。因此采用常用密码子的 mRNA 翻译速度快,而相应的稀有密码子比例高的 mRNA 翻译速度慢。多顺反子 mRNA 在进行翻译时,当每个结构基因上游都有自身的 SD 序列,通常核糖体完成一个编码区的翻译后即脱落和解离,然后在下一个编码区上游重新形成起始复合物。当各个编码区翻译频率和速度不同时,它们合成的蛋白质质量也就不同了。

在大肠杆菌基因组中,*dnaG*(编码引发酶)和 *rpoD*(编码 RNA 聚合酶亚基)及 *rpsU*(30S 核糖体上的 S21 蛋白)在同一个操纵子中,但这 3 个基因产物在数量上却大不相同,每个细胞内 *dnaG* 产物仅有 50 拷贝,而 *rpoD* 为 2 800 拷贝,*rpsU* 则高达 40 000 拷贝之多。研究 *dnaG* 序列发现其中含有不少稀有密码子,也就是说这些密码子在其他两个基因中出现的频率很低,而在 *dnaG* 中出现的频率却很高,导致相应的蛋白质含量低。

许多调控蛋白如 LacI、AraC、TrpR 等在细胞内含量也很低,编码这些蛋白质的基因中稀有密码子的使用频率和 *dnaG* 相似。高频率使用这些稀有密码子的基因翻译过程极容易受阻,从而影响了蛋白质合成的总量。

3. 重叠基因对翻译的影响

重叠基因最早在大肠杆菌噬菌体 ΦX174 中发现,后来在丝状 RNA 噬菌体、线粒体 DNA 和细菌染色体上都发现有重叠基因存在。在原核生物操纵子中常常出现相邻的基因有少量的DNA顺序发生重叠，这不仅能充分利用有限的碱基，而且有时可以起到调控的作用。下面举一例来说明这个问题。

色氨酸操纵子在前面已作了介绍，操纵子的5个基因中*trpE*和*trpD*分别编码邻氨基苯甲酸合成酶的不同亚基，同样*trpB*和*trpA*基因也是分别编码色氨酸合成酶的α亚基和β亚基，相应的*trpE*和*trpD*产物的量一定要保持一种严格的当量关系，*trpB*和*trpA*产物的量亦要求一致，否则就造成浪费。那么如何来保证产量的一致呢？仅仅依靠操纵子的调节是不够的。

人们发现当*trpE*基因发生突变时，*trpD*的产量也随之下降，但不影响下游的*trpC*基因的翻译，这是否是极性效应所致呢？回答是否定的。因为在这种情况下即使是ρ因子也发生突变，*trpD*的产量仍不能恢复。在上游基因发生的无义突变时，有义密码子突变成了终止密码子，细胞中无对应的α-tRNA，因核糖体在此解离，紧跟其后的ρ因子可以沿着mRNA追上RNA聚合酶，使RNA聚合酶从DNA上解离下来停止转录。因此上游的基因突变就会影响到下游基因的产量。若ρ因子的基因也发生突变就不会使RNA转录半途中止。但ρ因子发生突变，*trpD*产物不能恢复，说明*trpD*产量下降不是极性突变而致。那么影响到*trpD*产量的机制是什么呢？原来在*trpE*、*trpD*两个基因之间存在着翻译偶联效应。*trpE*的终止密码子和*trpD*的起始密码子相互重叠(图7-19)。

TrpE——苏氨酸-苯丙氨酸-终止
AUC-UUC-UGA-UGG-CU
AUG-GCU-
甲硫氨酸-丙氨酸——TrpD

图7-19 *trpE*和*trpD*基因重叠

当TrpE翻译终止时，核糖体尚未来得及解离，已处于TrpD的起始密码子上，使翻译偶联起来，这两个基因的彼此协调，而于下游邻近的*trpC*基因由于有自身的SD序列，就不存在这种翻译偶联的关系。*trpC*基因是独自编码吲哚甘油磷酸合成酶，也无需和*trpE*、*trpD*保持严格的一致性。*trpB*和*trpA*也同样以这种偶联的关系来协调一致。这种重叠的密码保证了同一核糖体对两个连续基因进行一致性的翻译调控。

7.4.3 翻译终止的调控

翻译终止是蛋白质合成的最后一步，它包括肽酰-tRNA的水解及新生肽链的释放。然而翻译终止并不是一个简单的终止过程，不仅有多种因素(如释放因子、终止密码子的上下游序列、反式作用因子)影响翻译终止的效率，而且其本身也可以作为调节基因表达的一个控制点。最近的科学研究表明终止对蛋白质表达水平有很大的影响。总的来说，有效的翻译终止利于蛋白质表达。

1. 翻译终止序列框架

对于大肠杆菌，翻译终止效率可因终止密码子及临近的下游碱基的不同而显著不同，从80%(UAAU)到7%(UGAC)。对于UAAN和UAGN系列，终止密码子下游碱基对翻译的有效终止的影响力大小次序为U>G>A、C。UAG极少被大肠杆菌利用，相比UAAN和UGAN，UAG表现了有效的终止，但其后的碱基对有效终止的影响力为G>U、A>C。

2. 严谨反应

当细菌生长在饥饿的条件，缺乏维持蛋白质合成的氨基酸时，细胞的许多生理生化反应都受到影响，代谢水平下降，生长速度变慢，此即为严谨反应(stringent response)。这是细菌抵御不良条件，保存自己的一种机制。严谨反应导致rRNA和tRNA合成大量减少(10～20倍)，使RNA的总量下降到正常水平的5%～10%，部分种类的mRNA的减少，导致mRNA总合成量减少约3倍。蛋白质降解速度增加，很多代谢进行调整，核苷酸、糖类、肽类等的合成都随之减少。

任何一种氨基酸的缺乏或使任何氨酰-tRNA合成酶的失活突变都足以起始严谨反应，表明严谨反应的触发器是位于核糖体A位点中的空载tRNA。在正常条件下氨酰-tRNA在EE-Tu进位因子的作用下进入A位点，但当氨酰-tRNA对一个特殊的密码子不能作出有效反应时，空载tRNA进入A位点以后，无法形成新的肽键，而GTP却在不断的消耗，这就是所谓空转反应(idling reaction)。而这种空转反应导致了两种特殊核苷酸积聚：① ppGpp——鸟苷-5′-二磷酸-3′-二磷酸；② pppGpp——鸟苷5′-三磷酸-3′-二磷酸。由于两种特殊的核苷酸在薄层层析中的迁移率和一般的核酸不同，就分别称之为“魔斑Ⅰ”和“魔斑Ⅱ”。

ppGpp和pppGpp是如何产生的呢？人们通过遗传学方法分离到不表现严谨反应的突变体，即所谓松弛型突变体。松弛突变大部分位点位于 *relA* 基因中,此基因编码一种蛋白质,称为严谨因子(stringent factor)。在正常情况下,*relA* 基因的表达很少,大约 200 个以上的核糖体中才有一个核糖体结合一个严谨因子。但当氨基酸饥饿时,*relA* 基因的表达增加。*relA*$^-$ 松弛型细胞提取液中不会产生 ppGpp 和 pppGpp,但只要加入 *relA* 基因的产物——严谨因子就能产生这两种魔斑。

提纯的严谨因子本身是没有活性的,只有在核糖体存在时才有活性。其活性是由核糖体在合成蛋白质中的状态所控制的。控制的特点是通过另一个位点的松弛突变而显示,此突变就是编码 50S 亚基 L11 蛋白的 *rp1K* 基因。L11 蛋白位于 A 位点和 P 位点的附近,它在此位置对合适的配对作出反应,空载 tRNA 是在 A 位。L11 蛋白或某些其他成分构象的改变可能激活严谨因子,这样空转反应就代替了肽酰-tRNA 的转位。

ppGpp 和 pppGpp 合成的每条途径都触发空载 tRNA 从 A 位点释放出来,因此 ppGpp 和 pppGpp 的合成是一种对空载 tRNA 水平的持续反应。在饥饿条件下,当氨酰-tRNA 不能对 A 位点的密码子作出有效反应时,核糖体便停滞不前。空载 tRNA 的进入,触发了这两种魔斑分子的合成,并将空载 tRNA 排出,使 A 位重新空出来。核糖体是恢复多肽的合成,还是进行另一轮的空转反应,关键是取决于氨酰-tRNA 是否有效。

核糖体 RNA 及 tRNA 的合成与非核糖体蛋白的合成也是相互协调的。当氨基酸缺乏时,这些 RNA 即停止合成。当氨基酸缺乏时,ATP 和 GDP 合成一种新的化合物,从 ATP 分子上转移 2 个磷酸分子到 GDP 的 3′-羟基(—OH)上形成 ppGpp, ATP 及 GTP 形成的 pppGpp 经水解也可生成 ppGpp。当核糖体的 A 部位上存在未氨酰化的 tRNA 时,ppGpp 的合成即发生。因此,ppGpp 和 pppGpp 只在缺乏氨基酸的细胞中形成。这是由于在不饥饿的细胞中 A 位总是由氨酰-tRNA 占据着,一旦 ppGpp 形成,它即抑制操纵子转录的起始,并使许多其他转录的延长变得缓慢下来。总之,ppGpp 和 pppGpp 通过某种方式控制细胞的许多生理过程,以使细胞能适应有限的营养条件。

当细胞处于氨基酸饥饿时,产生 ppGpp 和 pppGpp;当细胞处于葡萄糖缺乏时,前面已经讲过,细胞产生 cAMP。这些特殊的代谢产物能影响某些操纵子的开启或关闭,能影响某些蛋白质和酶的活性或性质,从而帮助细胞渡过难关。这些特殊的代谢产物,称之为报警素(alarmone)。细胞内可能存在多种报警素。在原核细胞和真核细胞中都已发现双腺苷四磷酸(ApppppA)。当原核细胞内 tRNA 短缺时,由氨酰-tRNA 合成酶催化产生 ApppppA。真核细胞中,当复制叉停顿时也会产生 ApppppA。

7.5 翻译后的调控——蛋白质的分泌

从核糖体上释放出来的多肽链,按照一级结构中氨基酸侧链的性质,自然卷曲,形成一定的空间结构,过去一直认为,蛋白质空间结构的形成靠其一级结构决定的,不需要另外的信息。近些年来发现许多细胞内蛋白质正确装配都需要一类称作"分子伴侣"(molecular chaperone)的蛋白质帮助才能完成,这一概念的提出并未否定"氨基酸顺序决定蛋白质空间结构"这一原则。而是对这一理论的补充,分子伴侣这一类蛋白质能介导其他蛋白质正确装配成有功能活性的空间结构,而它本身并不参与最终装配产物的组成。目前认为"分子伴侣"蛋白质有两类:第一类是一些酶,例如,蛋白质二硫键异构酶可以识别并水解非正确配对的二硫键,使它们在正确的半胱氨酸残基位置上重新形成二硫键;第二类是一些蛋白质分子,它们可以和部分折叠或没有折叠的蛋白质分子结合,稳定它们的构象,使其免遭其他酶的水解并促进蛋白质折叠成正确的空间结构。总之"分子伴侣"对蛋白质合成后折叠成正确空间结构起重要作用。

不论是原核还是真核生物,在细胞质内合成的蛋白质需定位于细胞特定的区域,有些蛋白质合成后要分泌到细胞外,这些蛋白质叫做分泌蛋白。在细菌细胞内起作用的蛋白质一般靠扩散作用而分布到它们的目的地。如内膜含有参与能量代谢和营养物质转运的蛋白质;外膜含有促进离子和营养物质进入细胞的蛋白质;在内膜与外膜之间的间隙称为周质,其中含有各种水解酶及营养物质结合蛋白。

细胞的内膜蛋白、外膜蛋白和周质蛋白是怎样越过内膜而到其目的地的呢?绝大多数越膜蛋白的 N 端都具有大约 15～30 个以疏水氨基酸为主的 N 端信号序列或称信号肽。信号肽的疏水段能形成一段 α 螺旋结构。在信号序列之后的一段氨基酸残基也能形成一段 α 螺旋,两段 α 螺旋以反平行方式组成一个发夹结构，很易进入内膜的脂双层结构，一旦分泌蛋白的 N 端锚定在膜内，后续合成的其他肽段部分将顺利通过膜。疏水性信号肽对于新生肽链跨膜及把它固定在膜上起一个拐棍作用。之后位于内膜外表面的信号肽酶将信号肽序列切除。当蛋白质全部翻译出来后，羧基端穿过内膜，在周质中折叠成蛋白质的最终构象（图7－20）。

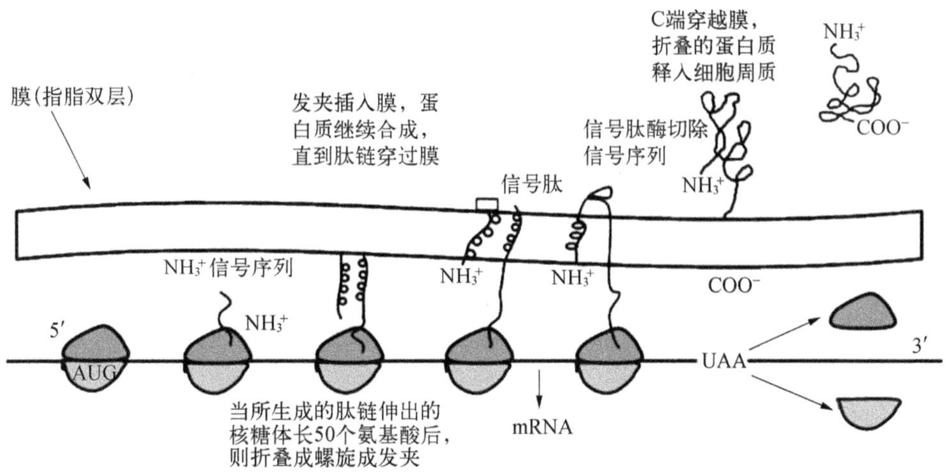

图7－20　蛋白质合成后的分泌过程

思　考　题

1. 简述乳糖操纵子的正负调控及其相互协调机制。
2. 以色氨酸操纵子为例，简述衰减子调控机制。
3. 以在大肠杆菌中通过反义 RNA 调控膜蛋白的合成为例，简述反义 RNA 的调控作用。
4. 简述影响外源基因在大肠杆菌中表达的因素。

第8章 真核生物基因表达调控

真核生物基因表达调控可以发生在基因表达的任何环节，包括DNA和染色质水平、转录水平、转录后水平、翻译水平及翻译后水平等许多层次的调控，其中转录水平的调控是最重要的调控环节。真核生物转录调控的顺式作用元件包括启动子、增强子、绝缘子和沉默子等，反式作用因子包括通用转录因子、转录激活因子和转录抑制因子。

8.1 真核生物基因表达调控特点

真核生物(除酵母、藻类和原生动物等单细胞类之外)主要由多细胞组成，在进化上比原核生物高级，具有更加复杂的细胞结构，庞大的基因组和复杂的染色体结构，因而其基因表达的调控系统与原核生物有很大的区别。与原核生物相比，真核生物基因表达调控具有以下特点。

8.1.1 真核生物基因表达调控环节更多

基因表达就是遗传信息从基因到产物(蛋白质或RNA)的转化过程。大部分基因的产物是蛋白质，也可以说基因表达就是基因经过转录、翻译产生有活性的蛋白质的过程。在基因表达的各个环节都是可以调控的，与原核生物一样，转录调控是基因表达调控的最关键的环节。但真核生物基因表达调控环节更多：首先，真核生物的DNA和组蛋白结合形成核小体，然后经过多次紧密盘旋形成染色质。DNA被蛋白质包裹，使RNA聚合酶和其他各种蛋白质因子无法接近DNA，使基因表达沉默。DNA转录时必须经过染色质活化，暴露出DNA，因此染色质的结构与基因表达调控有密切关系。其次，原核生物基因转录和翻译同时进行，而真核生物转录和翻译分别在细胞核和细胞质中进行。这无疑增加了基因调控的环节，mRNA从细胞核到细胞质的运输、mRNA稳定性都影响最后的产物量。最后，真核生物基因大多是断裂基因，新合成的mRNA必须经过加工去除内含子序列才能成为成熟的mRNA。真核生物还可以在mRNA加工水平调控基因表达，如mRNA的选择性剪接使得同一个转录单位可以产生多种蛋白质产物。

根据基因表达调控的多层次性，真核生物基因表达调控可以分为以下几个层次。① 染色质和DNA水平的调控：基因扩增、基因重排、DNA修饰、核染色质结构都影响基因表达。② 转录水平的调控：包括转录起始的调控和转录延伸的调控。③ 转录后水平的调控：RNA加工及成熟的RNA从核运出都受到调控。④ 翻译水平的调控。⑤ 翻译后水平的调控：翻译后产生的蛋白质常常需要修饰等才能成为有活性的蛋白质。

8.1.2 真核生物基因表达的时间特异性和空间特异性

对大多数真核生物细胞来说，基因表达调控最明显的特征是能在特定的时间和特定的细胞中激活特定的基因，从而实现预定的、有序的、不可逆的分化与发育。

绝大多数的真核生物都是多细胞的复杂有机体，由一个受精卵分化发育产生各种细胞类型和组织。分化是不同基因选择性表达的结果。一个成熟的动物约有200多种细胞类型，不同类型细胞形态、结构和功能不同，这是基因表达差异的结果；同一个个体所有细胞具有相同的基因，但不同类型的细胞表达不同的基因，如胰岛素只在胰岛B细胞中表达，生长素只在脑垂体中表达。多细胞生物个体中，这种同一基因在不同细胞或组织中表达不同的特性，称为基因表达的空间特异性(spatial specificity)，也称为细胞或组织特异性。

真核生物基因表达还具有时间特异性(temporal specificity)，即特定基因的表达严格按照特定的时间顺序发生，以适应细胞或个体特定分化、发育阶段的需要，故又称为发育阶段特异性。在各个发育阶段，相应的基因按一定时间顺序开启和关闭，表现为与发育阶段一致的时间性。脊椎动物不同发育阶段基因表达变化研究较多的是β样珠蛋白(β-like globin)。β样珠蛋白基因簇含有5个功能基因(ε、$G\gamma$、$A\gamma$、δ和β)和1个假基因($\psi\beta$)，在染色体上按$5'-\varepsilon-G\gamma-A\gamma-\psi\beta-\delta-\beta-3'$的顺序排列，编码5种β肽链。在胚胎发育过程中，随着胚胎发育，β样珠蛋白按基因排列顺序表达。ε基因首先在胚胎卵黄囊血岛中表达，胚胎第4～5周ε基因关闭，$G\gamma$和$A\gamma$基因开始表达，在7～8周γ基因表达达到高峰，到出生前后γ基因表达逐渐下降，同时β基因表达逐渐增强，至出生12～18周后，主要是β基因表达，并有少量的γ和δ基因表达。

然而，一些基因是维持细胞基本功能所必不可少的，如编码组蛋白基因、编码核糖体蛋白基因、线粒体蛋白基因、糖酵解酶基因等。这类基因在所有类型的细胞中都进行表达。这些在个体发育的任一阶段都能在大多数细胞中持续进行表达的基因通常称为管家基因(house-keeping gene)。管家基因较少受环境因素的影响，在个体各个生长阶段的几乎全部组织中持续表达或表达量变化很小，这种表达方式称为组成型表达(constitutive expression)。

8.1.3　真核生物基因表达以正调控为主

不管是原核生物还是真核生物，转录过程是基因调控的主要环节。但是，原核生物RNA聚合酶可以单独识别和结合在原核基因的启动子上起始转录，变换不同的σ亚基就能转录不同的基因。真核生物RNA聚合酶对启动子的亲和力很低，基本上不依靠自身来起始转录，需要依赖多种转录激活蛋白的协同作用。真核基因调控中虽然也发现有负性调控组件，但其存在并不普遍；真核生物基因转录表达的转录因子也有起阻遏和激活作用或兼有两种作用，但以激活蛋白的作用为主。即多数真核生物基因在没有调控蛋白作用时是不转录的，需要表达时就要有激活蛋白来促进转录。换言之，真核基因表达以正调控为主。

总的来说，真核生物基因表达调控的范围更大，调控过程更加复杂、更加精细和微妙。

8.2　染色质和DNA水平上的调控

8.2.1　染色质水平上的调控

真核生物的重要特征之一是其核基因组DNA与蛋白质结合，形成以核小体为基本单位的染色质结构存在于细胞核内。染色质的基本结构是核小体，经过几个层次的螺旋、盘绕，形成染色体。DNA转录时必须经过染色质活化，暴露出DNA，因此染色质的结构与基因表达调控有密切关系。

1. 染色质结构对基因表达的调控

在细胞分裂间期，在染色体的不同部位上，由于染色质凝集程度的差异，分为常染色质区和异染色质区。异染色质是间期染色体内保持高度浓缩的部分，而常染色质是间期染色体内比较松散的部分，二者在结构上是连续的，这种差别被称为“异固缩现象”。许多证据表明异染色质没有转录活性，只有在常染色质区才能发生基因转录。虽然常染色质是所有转录发生的区域，但常染色质的构成也不是均一的，其中大部分是30 nm纤丝区。30 nm纤丝是核小体紧密盘旋构成的螺线管，DNA被组蛋白包裹而被保护，没有基因转录。只有约10%的区域是转录活跃区，此区域的30 nm纤丝已松散、伸展成为10 nm纤丝。10 nm纤丝区的核小体呈线状排列，部分区段没有核小体，DNA裸露可以和转录因子结合启动转录(图8-1)。通常认为染色质伸展成10 nm的核小体链是基因转录的必要前提。

转录活跃区(即活性染色质区)的一个显著特点是对脱氧核糖核酸酶Ⅰ(DNase Ⅰ)的高度敏感性。

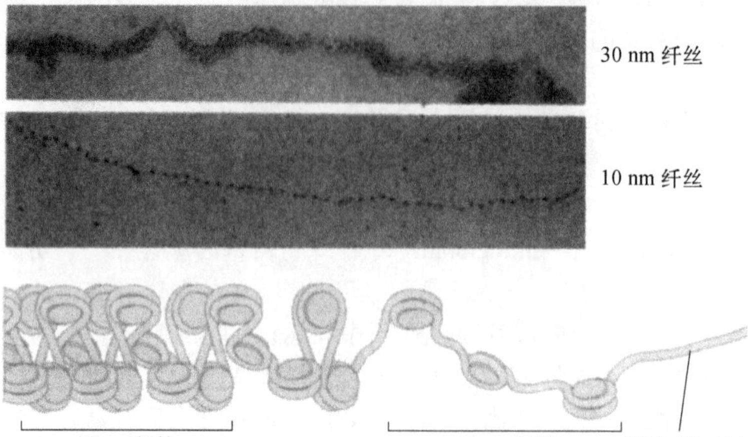

图 8-1 30 nm 纤丝和 10 nm 纤丝的电镜图片和示意图(仿自沃森等,2009)

DNase Ⅰ可以切割 DNA,除非 DNA 因结合蛋白而被保护,在活性染色质区,核小体呈串珠状排列,部分区段没有核小体,DNA 是裸露的,从而很容易被 DNase Ⅰ降解。用低浓度的 DNase Ⅰ处理染色质时,切割将先发生在少数特异性位点上,这些特异性位点叫做 DNase Ⅰ超敏感位点(DNase Ⅰ hypersensivity site)。DNase Ⅰ超敏感位点一般位于基因启动子区,为 50～200 bp,DNA 甲基化程度低,没有核小体。DNase Ⅰ超敏感位点与基因转录活性有关,染色质对 DNase Ⅰ的敏感度也随着基因的表达而显著的增加。例如,球蛋白基因主要在网织红细胞中表达,而卵清蛋白基因则主要在输卵管中表达。用 DNase Ⅰ处理从母鸡的红细胞提取的染色质,β-球蛋白基因很快被降解,卵清蛋白基因的降解程度则很小;反之,若从鸡输卵管细胞中的染色质作同样的处理,优先降解的是卵清蛋白基因,而不是β-球蛋白基因。可见活跃表达的基因对核酸酶有更大的敏感性,说明基因活化时其染色质发生了伸展。

总之,染色质结构对基因转录起着重要的调控作用,染色质松弛和伸张使 DNA 调控序列更易于接触转录调节因子,通常具有活化基因转录的功能。而一个更为紧凑有序的染色质结构则起抑制转录的作用。这种染色质结构改变的过程称为染色质重塑(chromatin remodeling)。染色质重塑是由一些大的复合物承担,一种是 ATP 依赖的染色质重塑复合物,如酵母 SWI/SNF(switching/sucrose non-fermenting,交换型转换/蔗糖不发酵)复合物是第一个鉴定出的染色质重塑复合物。另一种是对组蛋白进行共价修饰的组蛋白修饰酶复合物。

关于 ATP 依赖的染色质重塑的机制尚不完全清楚,目前主要有以下 3 种模型:第一,经典的滑动模型认为染色质重塑复合物利用 ATP 水解的能量使组蛋白八聚体滑行到同一个 DNA 分子的另一位点,改变了核小体和 DNA 的相对位置。滑动只改变裸露 DNA 的位置,而不改变裸露 DNA 的数量。1999 年,已有实验证明重塑复合物 ISWI(imitation switch)能够利用 ATP 水解的能量改变核小体相对 DNA 的位置,而无需组蛋白八聚体解离。同年,另一个研究小组也证明酵母 SWI/SNF 能通过顺式滑行的方式使核小体的相对位置改变。第二种模型认为,染色质重塑时,SWI/SNF 复合物直接和核小体大部分 DNA 结合,利用水解 ATP 的能量使 DNA 从组蛋白八聚体表面剥离。脱离的 DNA 部分又可重新与原先的核小体结合,或与组蛋白八聚体的不同位点结合,使得 DNA 在核小体表面形成 DNA 环或 DNA 扭曲。根据此模型,在重塑过程中核小体并没有发生平移性位置改变,似乎是 DNA 在核小体八聚体表面尺蠖状前进。前两种模型都认为染色质重塑不需要核心组蛋白的解离。第三种模型则认为染色质重塑时,核心组蛋白八聚体的部分或全部的解离,随后又在新的 DNA 位点重新组装,从而使原来的核小体 DNA 裸露。

2. 组蛋白的修饰作用

染色质的基本结构单位是核小体,核小体是由核心组蛋白八聚体(H2A、H2B、H3 和 H4 各 2 个拷贝)及缠绕其外周长度为 146 碱基的 DNA 组成。组蛋白变异体、组蛋白修饰、DNA 甲基化及染色质中的非组蛋白成分都影响染色质的结构,其中组蛋白修饰和组蛋白变异体对染色质结构的重塑和基因转录的调控起主要作用。

核心组蛋白的N端暴露在核小体的表面并可发生共价修饰。常见的组蛋白修饰方式有乙酰化、甲基化、磷酸化、泛素化和多聚ADP糖基化等。

乙酰化是最早发现的与转录活性有关的组蛋白修饰。乙酰化是可逆的，被两组作用相反的酶所调控：乙酰化由组蛋白乙酰基转移酶(HAT)催化，而去乙酰化由组蛋白去乙酰基酶(HDAC)催化。乙酰化主要发生在组蛋白H3和H4的N端比较保守的赖氨酸残基上，乙酰基转移酶利用乙酰辅酶A作为辅助因子，将乙酰基转移到赖氨酸残基上。

乙酰化对染色质结构重塑和转录的影响机制是：组蛋白尾部赖氨酸残基的乙酰化能中和组蛋白携带的正电荷，降低其与带负电荷的DNA链的亲和性，使相邻核小体的聚合受阻，同时影响泛素与组蛋白H2A结合，导致蛋白质选择性降解。组蛋白H3和H4是蛋白酶修饰的主要位点，其乙酰化可能有类似促旋酶的活性，使核小体间的DNA因产生过多的负螺旋而易于从核小体脱落，致使对核酸酶的敏感性提高，有利于转录调控因子的结合。总之，组蛋白的高乙酰化是活跃转录染色质的一个标志，即高乙酰化标志活跃转录、而低乙酰化则与转录抑制有关。

组蛋白甲基化主要发生在组蛋白H3的赖氨酸和精氨酸的侧链N原子上。赖氨酸可以被单甲基化、双甲基化或三甲基化；而精氨酸只能被单甲基化或双甲基化。已知组蛋白H3和H4的7个赖氨酸残基(H3K4、H3K9、H3K27、H3K36、H3K64、H3K79、H4K20)可以被甲基化；另外，组蛋白H1也可以在H1.4K26残基上甲基化。组蛋白甲基化也与染色质活化程度相关，其中H3K9、H3K27、H3K64、H4K20和H1.4K26甲基化与基因沉默有关，而H3K4、H3K36和H3K79甲基化与染色质活化相关。甲基化一直被认为是稳定的、不可逆的，直到2004年第一个组蛋白的去甲基化酶LSD1及其他组蛋白去甲基化酶被发现，人们才认识到组蛋白甲基化修饰也是可逆的。在FAD的参与下，LSD1可以特异地去掉组蛋白H3第4位赖氨酸(H3K4)的单甲基或双甲基。在体内，LSD1也可以去掉H3K9的单甲基或双甲基。LSD1去甲基的活性受到底物的限制，不能去掉赖氨酸的三甲基修饰。

组蛋白的泛素化和磷酸化也影响染色质结构，从而影响基因表达。组蛋白的泛素化影响蛋白质的稳定性。一般认为组蛋白H1对转录的抑制作用主要是通过维持染色质高级结构的稳定性来实现的。组蛋白的泛素化即通过影响蛋白质的稳定性，从而影响染色质高级结构的稳定性。H1的磷酸化与去磷酸化也直接影响染色质的活性，哺乳动物体细胞H1的磷酸化主要发生在有丝分裂期，每个H1分子可以接受6个磷酸基。这些磷酸基在子细胞核形成时减少了80%。由于H1是染色质由10 nm纤丝产生30 nm纤丝所必需的，其磷酸化在有丝分裂时的出现被认为可能与染色质构象的改变有关。某些不能进行磷酸化的温度敏感突变体中，染色体的复制受阻，细胞不能进行细胞分裂。这一观察支持了上面的推论。这可能是H1磷酸化后带有更多的负电荷，导致对DNA亲和力下降，从而影响了染色质的稳定性，造成染色质疏松，直接影响染色质的活性。

3. DNA甲基化

在较高等的真核细胞DNA中有少量胞嘧啶残基(2%～7%)被甲基化，而且甲基化多发生在5′-CG-3′二核苷酸对(即CpG)中的C。基因组中大约80%的CpG位点处于甲基化状态。CpG甲基化主要存在于异染色质中。

相对于其他核苷酸序列，CpG二核苷酸在哺乳动物基因组出现的频率要低得多，推测可能是由于5-甲基胞嘧啶可以自发脱氨转化为胸腺嘧啶(T)，而这种错误得不到修复，所以甲基化的CpG很快转变为TpG。这些CpG不均匀地分散于基因组中，在基因组的某些区段CG平均含量高于正常概率，这些CpG位点高度密集的区域被称为CpG岛。CpG岛中G+C的比例大于55%，CpG位点的密度至少达到理论密度(1/16)的0.65(即1/25)。在CpG岛中，CpG位点的密度大约是非CpG岛区域的10倍。人类基因组中约有4.5万个这样的CpG岛，约占基因组的1%。几乎所有的管家基因和部分组织特异性表达基因的启动子中都含CpG岛，且CpG岛大部分处于非甲基化状态。

CpG位点甲基化参与基因表达的调控并影响染色质的结构，可能是异染色质标记和基因沉默的信号。因为甲基化的CpG可以被一种DNA结合蛋白(如MeCP2)所识别，从而招募组蛋白去乙酰酶和组蛋白甲基化酶，修饰临近的组蛋白，使基因表达沉默。正常细胞的CpG岛由于被保护而处于非甲基化状态，启动子区的高甲基化导致抑癌基因失活是人类产生肿瘤所具有的共同特征之一。

8.2.2 DNA 水平上的调控

在个体发育过程中,用来合成 RNA 的 DNA 模板也会发生规律性变化,从而控制基因表达和生物的发育。真核生物可以通过基因丢失、基因扩增和基因重排等方式消除或变换某些基因从而改变它们的活性。显然,这些调控方式与转录和翻译水平上的调控不同,因为它是从根本上使基因组发生了改变。

1. 基因丢失

一些低等真核生物(如原生动物、昆虫和甲壳类动物)在个体发育过程中,一些体细胞通过丢失某些基因去除这些基因的活性,达到基因调控的目的。如马蛔虫的一个变种,当个体发育到一定阶段时,在将要分化为体细胞的那些细胞中染色体破裂为许多小染色体,有的小染色体具有着丝粒,在细胞分裂中得以保留,不具有着丝粒的小染色体因不能在以后的细胞分裂中正常分配而丢失,而在将形成生殖细胞的那些细胞中却没有染色体的破碎与丢失现象。马蛔虫卵中这些基因的丢失决定细胞是分化成体细胞还是生殖细胞。与马蛔虫相似,小麦瘿蚊的个体发育过程中,卵裂时,只有形成卵的一端的细胞保持了全部 40 条染色体,而其他部位的细胞只保留了 8 条染色体。有 40 条染色体的细胞就分化为生殖细胞,而只有 8 条染色体的细胞继续增殖为体细胞。如果用尼龙线把卵结扎,使核不能向极细胞质移动,或用紫外线照射极细胞质,那么所有的核都丢失 32 条染色体,结果发育成为了没有生殖细胞的不育蚊。

在个体发育过程中的基因丢失只在少数低等的生物中发现,在高等生物正常细胞中目前还没有发现基因丢失的现象。但在癌细胞中常有基因丢失的现象。早在 20 世纪 60 年代,有人将癌细胞与正常成纤维细胞融合,所获杂种细胞的后代只要保留某些正常亲本染色体时就可以表现为正常表型,但随着染色质的丢失又可重新出现恶变细胞,这一现象表明癌细胞中丢失了抑制肿瘤发生的基因。例如,成视网膜细胞瘤的发生就是 13 号染色体上 *RB1* 基因丢失导致的。

2. 基因扩增

基因扩增是指基因组中特定序列在某些情况下会复制产生许多拷贝的现象。基因扩增和基因丢失都是基因调控的一种机制,即通过改变基因数量调节基因表达产物。基因扩增增加了转录模板的数量,使细胞在短期内产生大量的基因产物以满足生长发育的需要,由于发育需要而产生的基因扩增现象,在原生动物、某些昆虫及两栖动物中都有发现。如非洲爪蟾卵母细胞为储备大量核糖体以供卵受精后发育所需,通常要专一性地增加编码核糖体 rRNA 的基因(rDNA)。非洲爪蟾的卵母细胞便是通过 rDNA 扩增的形式大量合成 rRNA 的,rDNA 在卵母细胞核中重复串联形成核仁组织区(nucleolar organizer),其后可扩增形成 1 000个以上的核仁,这些 rDNA 通过滚动环方式进行复制,拷贝数由扩增前的 1 500 个猛增至 2×10^6 个,其总量可达细胞 DNA 的 75%,以适应卵裂时对于核糖体的大量需要。当胚胎期开始后,所合成的 rDNA 失去需要而逐渐降解消失。除了 rDNA 的专一性扩增以外,还发现果蝇的卵巢囊泡细胞中的编码绒毛膜蛋白、几丁质结合蛋白和转运蛋白的基因,在转录之前也先进行专一性的扩增。通过这种方式,细胞在很短的时间内积累起大量的基因拷贝,从而合成出大量的绒毛膜蛋白等卵壳蛋白。

在一些双翅目昆虫幼虫的唾腺细胞、肠细胞等细胞中存在多线染色体。多线染色体就是核内 DNA 多次复制产生的。如果蝇唾腺细胞中每一个多线染色体都是经过大约 9 个循环的复制产生的,每条多线染色体至少包含了 500~1 000 条单染色体。

除了在发育中存在基因扩增之外,许多癌症的发生与原癌基因扩增密切相关。原癌基因是促进细胞增殖的基因,在原癌基因发生扩增时,基因产物增多,使细胞过度增殖,从而形成肿瘤。在癌细胞中经常可检查出原癌基因的扩增。在某些造血系统恶性肿瘤中,基因扩增是一个常见的特征,如某些白血病细胞中原癌基因 *c-myc* 可以扩增 8~32 倍。

3. 基因重排

基因重排(又称为 DNA 重排)是通过基因的转座、DNA 的断裂错接而使正常基因顺序发生改变的现象。基因重排广泛存在于动物、植物和微生物的体细胞基因组中。基因重排可能导致基因结构的变化,产生新的基因,也可以改变基因的表达模式。

基因重排可能产生新基因,用于特定环境中的表达。例如,机体对外界环境中众多抗原刺激可产生相应的特异性抗体,这种抗体多样性主要是由基因重排产生的。哺乳动物的免疫球蛋白(IgG)的基因是由胚系中数个分隔开的DNA片段(基因片段)经重排而形成。免疫球蛋白的肽链主要由可变区(V区)、恒定区(C区)及两者之间的连接区(J区)组成,*V*、*C*和*J*基因片段在胚胎细胞中相隔较远。编码产生免疫球蛋白的细胞发育分化时通过染色体内DNA重组把3个相隔较远的基因片段连接在一起,从而产生了具有表达活性的免疫球蛋白基因。编码V区的基因很多,而只有少数几个基因编码C区;多个*V*区基因中的一个和*C*区基因组合,产生一条DNA。*V*区和*C*区不同片段在DNA水平上的各种排列组合是形成Ig分子多态性的根本原因。

基因重排也是基因表达活性调节的一种方式。这种调节主要是根据DNA片段在基因组中位置的变化,即从一个位置变换到另一个位置,从而改变基因的转录活性。将一个基因从远离启动子的地方移到启动子附近的位点从而启动基因表达,或者将一个基因转移到沉默子附近而被抑制表达。最熟知的一个例子是酵母交换型的控制。控制交配型的*MAT*基因位于酵母菌第3染色体上,*MATa*和*MATα*互为等位基因。含有*MATa*单倍体细胞具有α交配型,具有*α*基因型的细胞为α交配型。在*MAT*位点的两端,还有类似*MAT*基因的*HMLα*和*HMRa*基因,它们分别位于第3染色体左臂与右臂上。这两个基因分别具有与*MATα*和*MATa*相同的序列,但在其基因上游各有一个抑制转录起始的沉默子,所以不表达。当*HML*序列整合到*MAT*座位时便表达,如*HMLα*转移到*MAT*座位上后细胞便呈现α型;当*HMRa*转移到*MAT*座位后细胞变成a型。

基因重排可以导致细胞中基因组不稳定的发生。哺乳动物基因组的许多重排事件都是与细胞的病理变化相关的,特别是从正常细胞转化为肿瘤细胞的肿瘤发生过程中。Burkitt淋巴瘤细胞的染色体易位,使*c*-*myc*与Ig重链基因的调控区为邻,由于免疫球蛋白重链基因表达十分活跃,其启动子为强启动子,且在C_H-V_H之间还有增强子区,致使*c*-*myc*过表达。MLL白血病是由于染色体易位形成MLL融合蛋白得名。*MLL*基因涉及50余种染色体易位,且每种融合蛋白都与特定的白血病表型相关。

8.3　转录水平及转录后的调控

由于真核生物细胞具有高度的分化性及基因组结构的复杂性,因而在转录水平的调控上除了表现出与原核生物存在相似点外,也具有自身的特点。真核生物基因表达调控具有多层次性,但是转录水平的调控仍是关键阶段。研究表明,真核细胞基因表达调节一方面受控于基因调控的顺式作用元件(*cis*-acting element),另一方面同时又受到一系列反式作用因子(*trans*-acting factor)的调控,真核生物基因的转录起始与延伸是通过两者的相互作用进行调节的。

8.3.1　基因调控的顺式作用元件

顺式作用元件是对基因表达有调节活性的DNA序列,其活性只影响与其自身同处在一个DNA分子上的基因。其中起正调控作用的顺式作用元件有启动子(promoter)和增强子(enhancer),同时近年来又发现起负调控作用的沉默子(silencer)和另外一种特殊的调控元件——绝缘子(insulator)。这些DNA序列多位于基因的旁侧及内含子中,不参与编码蛋白质。

1. 启动子

启动子是位于转录起始位点附近,为转录起始所必需的DNA序列。它是基因准确和有效地进行转录所必需的结构。真核基因有3种RNA聚合酶(Ⅰ、Ⅱ、Ⅲ),分别负责tRNA、mRNA和rRNA的转录。3种不同的RNA聚合酶转录的基因的启动子具有各自的结构特点,本章只讨论RNA聚合酶Ⅱ转录的基因的启动子。启动子由核心启动子(core promoter)和上游调控元件(upstream regulatory element, URE)两个部分组成。

核心启动子是保证RNA聚合酶Ⅱ转录从正确的位置起始所必需的最短DNA序列。核心启动子包括转录起始位点及其上游或下游约35 bp序列,总长度约40 bp。

许多基因的核心启动子都含有一个高度保守的7 bp序列:TATAAAA,这个保守序列称为TATA框,位于转录起始位点上游26～31 bp处(图8-2)。其功能类似于原核生物的普里布诺框,在通用转录因子和一些特异性转录因子的作用下,它能保证转录准确地在起始点开始。与TATA框特异结合的蛋白质称为

TATA 结合蛋白(TATA — binding Protein, TBP)。

许多基因在转录起始位点周围存在一个起始子(initiator, Inr),起始子可以与 TATA 框存在于同一启动子中,也可以单独存在。起始子与 TATA 框具有同样功能,即指导转录前起始复合体形成,但它还决定起始位点的位置,介导上游激活蛋白的行为并与转录起始位点直接重叠。例如,哺乳动物基因起始子的保守序列为 Py-Py-A_{+1}-N-T/A-Py-Py(Py 代表嘧啶 C 或 T),转录位点为 A。序列:PyPyA_{+1}NT/APyPy(图 8-2)。

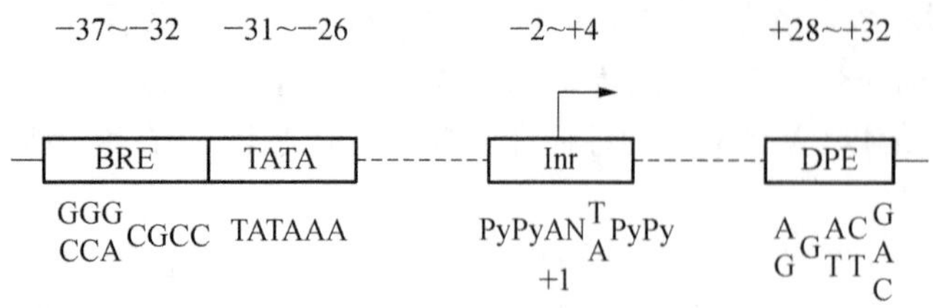

图 8-2 核心启动子的保守序列及相对位置

核心启动子下游元件(downstream promoter element, DPE)位于起始位点下游大约 30 bp,保守序列是 RGWYV(R 代表 A 或 G,W 代表 A 或 T,Y 代表 C 或 T,V 代表 G、A 或 C)。DPE 功能上与起始元件联合作为 TFⅡD 在缺少 TATA 框的启动子上结合位点(图 8-2)。

TFⅡB 识别元件(TFⅡB recognition element, BRE),位于 TATA 上游的−37~−32 区,其保守序列是 G/CG/CG/ACGCC, BRE 在大量真核启动子中发现。起始过程中结合成 TBP-TFⅡB-TATA 三元复合体(图 8-2)。

上游调控元件是位于核心启动子上游 100~200 bp 的保守序列,控制转录起始效率,基本不参与起始位点的确定。如 CAAT 框(保守序列为 GGTCCAATCT)和 GC 框(保守序列为 GGGCGGG)。CAAT 框一般位于−75 bp 左右,一致性序列为 GGGCCAATCT,是转录激活因子 NF1 和 CTF 成员等多种蛋白质识别和结合序列,对基因转录有较强的激活作用,对两个方向都可激活,而且作用距离不定;GC 框一致性序列为 GGGCGG,是转录激活因子 SP1 识别与结合序列,它和 CAAT 框都是不对称的序列,但都能对两个方向行使激活功能,GC 框的位置可以处于 TATA 框与 CAAT 框之间,也可位于 CAAT 框上游,位置因不同基因而异。

2. 增强子

增强子是指能使与它在同一条 DNA 上的基因转录频率明显增加的 DNA 序列,一般位于靶基因上游或下游远端 1~4 kb 处,个别可远离转录起始点 30 kb。在病毒与真核细胞基因中均有发现增强子的存在。基因调节区通常有多个增强子,长度可为 50 bp~1.5 kbp,但是一般为 100~200 bp。增强子最早在 SV40 病毒中发现,SV40 DNA 的一个 140 bp 序列可使旁侧的基因转录提高 100 倍。

增强子具有如下特征:① 可以通过启动子提高同一条链上靶基因的转录效率。② 没有基因的专一性,可在不同的基因组合上表现增强效应。③ 增强效应与位置和取向无关,可在基因 5′端上游、基因内部或其 3′端下游序列中。④ 增强子可以远距离发挥作用,通常 1~4 kb 都可以,个别可达到 30 kb。⑤ 多为重复对称序列,适合与某些蛋白质因子结合。其内部常含有一个核心序列(G)TGGA/TA/TA/T(G)。⑥ 增强子具有组织和细胞特异性,说明增强子发挥功能可能需要特异的蛋白质因子的参与。

增强子必须通过启动子发挥作用,没有启动子,增强子无法发挥作用。那么增强子是如何发挥远距离作用的呢?目前有 3 种模型:① 成环模型(looping model),增强子和启动子之间的染色质弯曲形成了一个 DNA 环,从而使增强子和启动子靠近。该模型解释了增强子对启动子长距离、无方向性的激活,但无法说明染色质成环的能量来源是什么。② 连接模型(linking model),它则认为一系列转录激活因子、辅助激活因子及染色质重塑复合物等沿 DNA 形成一条链将增强子和启动子连接起来。这种机制并不能解释增强子如何激活发夹结构中的启动子。③ 跟踪模型(tracking model)则综合了以上两种模型,认为结合在增强子上的激活子、辅助激活因子及染色质重塑复合物沿着染色质小步移动,直到遇见相关启动子从而使染色质形成一个环状的结构,这种机制的关键点在于染色质模板结构的改变,如组蛋白的乙酰化和染色质的去折叠等。如具有乙酰基转移酶活性的 CBP 和 p300 可以识别并修饰染色质,使染色质结构发生改变,从而促进了增强子和启动子的结合作用。此外,ATP 依赖的染色质重塑复合物在改变染色质结构的同时促进在增强子上的复合物沿染色质模板上的追踪(图 8-3)。

3. 绝缘子

绝缘子是一段 DNA 序列,它能阻断经过它的正或者负调节信号,是一种中性的转录调节的顺式作用元

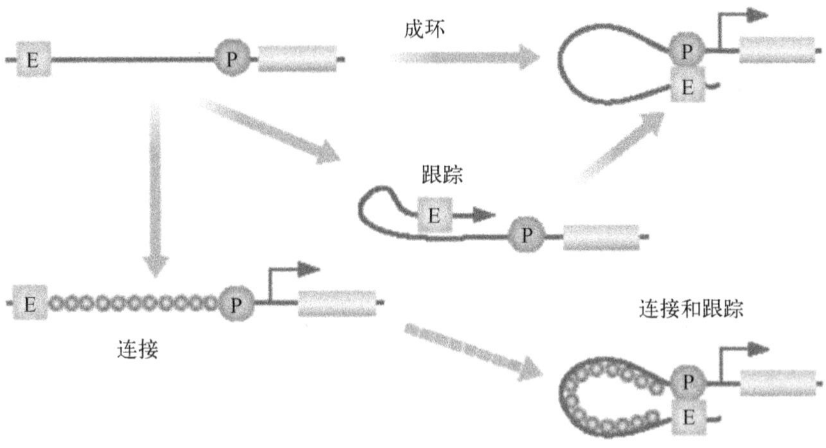

图 8-3 增强子作用机制模型(仿自 Carter et al, 2002)

件。绝缘子位于基因的旁侧的非编码区,因此又称为边界元件(boundary element)。绝缘子本身对基因的表达既没有正效应,也没有负效应,其作用只是不让其他调控元件对基因的活化效应或失活效应发生作用。

当绝缘子处于启动子和增强子之间时,会阻断增强子对启动子的激活。其作用机制有 3 种:第一种机制可能是绝缘子通过与增强子结合,使得增强子无法与启动子相互作用,从而抑制增强子的功能。第二种机制是,增强子必须与特定的蛋白质因子结合后才能发挥增强转录的作用,而绝缘子可以阻断这些蛋白质因子与启动子的联系,阻断了增强转录的信号传递。第三种机制是,两个绝缘子或者绝缘子与其他调控元件之间形成环,形成一个独立的调控区域,阻断了环外增强子的功能。CTCF(CCCTC-binding factor)是目前为止在脊椎动物中发现的唯一一个与绝缘子结合的蛋白质,CTCF 与未甲基化的绝缘子结合,从而阻断上游启动子与下游增强子之间的联系,使得上游基因的转录被抑制。例如,在小鼠第 7 号染色体上,编码 28S RNA 的基因 *H19* 和类胰岛素生长因子-2(IGF2)基因之间的印迹控制区(imprinting control region, ICR)是一个绝缘子。小鼠的 *H19* ICR 区域有 4 个锌指蛋白 CTCF 结合位点。体细胞中母源等位基因 ICR 区呈未甲基化状态,结合 CTCF 蛋白作为绝缘子,阻止 IGF2 启动子与 *H19* 下游增强子结合导致 IGF2 不表达,仅 *H19* 基因表达;而父源等位基因上 ICR 和 *H19* 启动子呈高甲基化状态,不能结合 CTCF 蛋白形成绝缘子,下游增强子作用于 *IGF2* 启动子,此时 *IGF2* 表达,*H19* 不表达(图 8-4)。

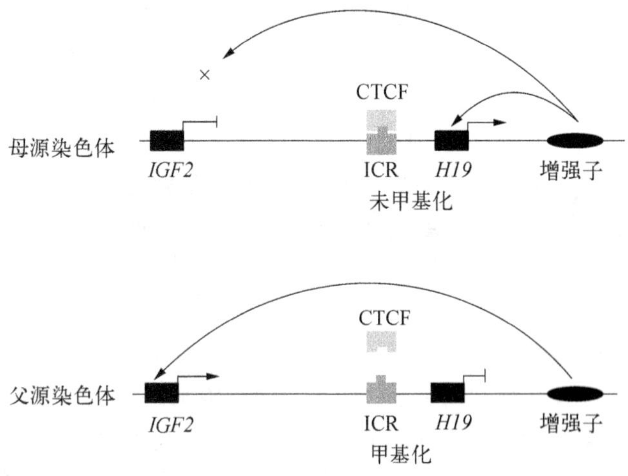

图 8-4 小鼠 *IGF2* 和 *H19* 基因的调控

当绝缘子位于一个活化基因和异染色质之间时,它能够阻断异染色质结构的蔓延,保护基因免受由异染色质扩展所造成的失活。这类绝缘子通过募集组蛋白乙酰转移酶等组蛋白修饰酶,来改变染色质结构,从而阻止异染色质区域的扩散,维持保护区域内染色质活化状态。如鸡 β 珠蛋白基因的绝缘子 5′HS4 含有 USF1 的结合位点对屏障绝缘功能是必需的,USF1 可以募集组蛋白修饰酶。如果敲除 USF1 会降低 H3K4 的甲基化程度和 H3 的乙酰化水平,这些变化会导致非活性染色体的形成。

4. 沉默子或静止子

沉默子(silencer)是真核生物中的一种负调控顺式作用元件,其序列长短不一,短者仅数十碱基对,长者超过 1 kb,它们之间没有明显的同源性。沉默子与相应的反式作用因子结合后可以使正调控系统失效。沉默子的作用机制可能与增强子类似,不受距离和方向的限制,只是效应与增强子相反。

沉默子最初在酵母中发现。酵母细胞的 *MATa* 和 *MATα* 基因可以转录,而在 *HMR* 和 *HML* 基因座位中不能转录,虽然它们高度同源。缺失分析表明在 *HMR* 基因和 *HML* 基因的上游约 1 kb 位点存在着抑制基因转录的序列，即沉默子。

在人β珠蛋白基因上游5′端已鉴定出2个沉默子，在ε基因和α基因的5′端也各鉴定出一个沉默子，它们接近正调控区。此外，在白细胞介素-2基因、T细胞受体α亚基基因、*AchRδ*基因及鸡波形蛋白基因等都发现沉默子。

5. 应答元件

位于基因调控区能被转录因子识别和结合，从而调控基因特异性表达的DNA序列，这种DNA序列称为应答元件(response element)，如热激应答元件(heat shock response element, HSE)、糖皮质激素应答元件(glucocorticoid response element, GRE)、金属应答元件(metal response elements, MRE)和血清应答元件(serum response element, SRE)等。它们含有较短的保守序列，在不同的基因中应答元件拷贝数不完全相同但很接近。应答元件既可位于启动子内也可位于增强子中。例如，HSE存在于启动子中，而GRE存在于增强子中。

所有的应答元件通过与特定转录因子结合发挥作用。无论是细菌还是高等真核生物，在最适温度范围以上时，受到热的诱导，就会使许多热激蛋白基因转录，合成一系列热激蛋白(heat shock protein，HSP)。热激蛋白是一种分子伴侣，可以使因温度升高而构型发生改变的蛋白质恢复成原有的三维构象，不致丧失功能而使机体得以存活。热激蛋白基因的启动子中都含有HSE(保守序列为NGAANNTTCNNGAAN)，可以被热激转录因子(heat shock transcription factor，HSF)所识别。

有的基因可以受多种不同的调控机制的调控。例如，金属硫蛋白基因上含有多种应答元件(如MRE、GRE等)，每个应答元件都能单独激活基因表达。金属结合蛋白与金属硫蛋白基因上游序列中的MRE结合，从而启动金属诱导应答；而GRE元件，能和类固醇受体结合，介导类固醇激素的反应。

8.3.2 基因调控的反式作用因子

当启动子和增强子发挥其功能时，都不外乎是通过与它们特异性结合的蛋白质因子，以蛋白质与蛋白质间相互作用、蛋白质与DNA间相互作用的方式，调节真核生物基因转录。能直接或间接地识别并结合在各类顺式作用元件核心序列上参与调控靶基因转录效率的蛋白质，称为反式作用因子(trans-acting factor)或转录因子。一些以反式作用方式调控靶基因的RNA，如siRNA和miRNA，也可称作反式作用因子。

按功能特性可将转录因子分为通用转录因子(general transcription factor)、转录激活因子(transcription activator)、转录抑制因子(transcription repressor)和转录共作用因子(transcription co-factor)。通用转录因子是和RNA聚合酶一起结合于转录起始位点组成转录基本复合物的蛋白质。转录激活(抑制)因子是一种能结合到启动子或增强子上的共有序列，通过增加(降低)转录基本复合物结合于启动子的效率而起作用，因而增加(降低)转录频率。转录共作用因子自身不和DNA结合，通过蛋白质与蛋白质相互作用影响转录激活或抑制因子的功能。与转录激活因子有协同作用的共作用因子称为共激活因子(co-activator)，而与转录阻遏因子有协同作用的称为共阻遏因子(co-repressor)。

转录激活因子至少包含两个结构域：一个是识别和结合DNA特异序列的结构域，叫DNA结合结构域(DNA binding domain, BD)；另一个是起激活转录作用的转录激活结构域(transcription activating domain, AD)。大多数转录因子在与DNA结合之前，需先通过蛋白质与蛋白质相互作用，形成二聚体或多聚体，然后再通过识别特定的顺式作用元件，而与DNA分子结合，因此许多转录因子还含有二聚体结构域(dimerization domain)。

转录因子识别双链DNA上的特异序列是因为蛋白质表面与DNA双螺旋的特殊表面通过氢键、离子键和疏水键的相互作用，例如，天门冬氨酸可和碱基A结合，精氨酸与组氨酸可以和碱基G结合。识别DNA序列的蛋白质结构主要是α螺旋，但也有β折叠。对于被识别的双链DNA来说，并不需要解开螺旋和形成单链，每个碱基对的边缘是暴露在双螺旋表面的，能为蛋白质的识别呈送不同的氢键供体、氢键受体和疏水的模式。DNA结合结构域有螺旋-转角-螺旋，螺旋-环-螺旋，锌指结构，亮氨酸拉链，碱性结合结构域，带-螺旋-螺旋等。

1. 螺旋-转角-螺旋

螺旋-转角-螺旋(helix-turn-helix, HTH)的特点是两个α螺旋通过一个β转角相连。β转角中常含脯氨酸，使两个螺旋形成一个固定的角度并通过疏水作用装配起来。第一个螺旋稳定并使第二个螺旋暴露出来，通过第二个螺旋与 DNA 的大沟相互作用而特异性地与碱基接触，因此第二个螺旋被称为识别螺旋。上述的相互作用锚定了蛋白质中识别螺旋的位置并稳定了 DNA 的构象，从而调节了不同蛋白质与其结合位点的亲和力(图 8－5)。

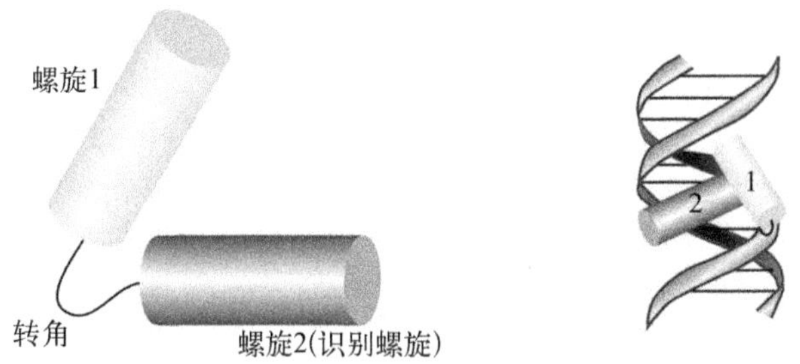

图 8－5　螺旋-转角-螺旋结构域(仿自沃森等，2009)

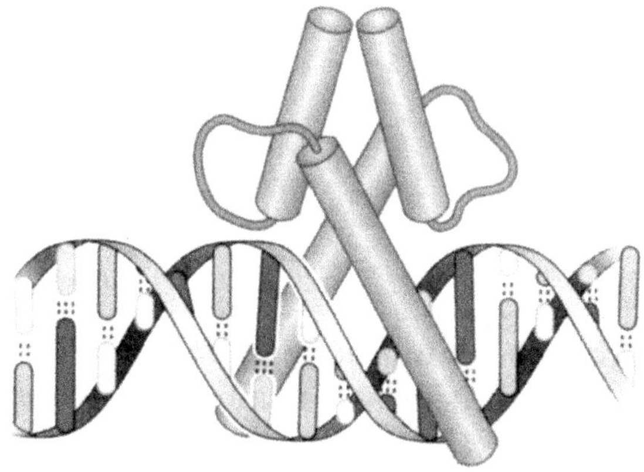

图 8－6　螺旋-环-螺旋结构域(引自沃森等，2009)

2. 螺旋-环-螺旋

螺旋-环-螺旋(helix-loop-helix，HLH)是一段短的 α 螺旋和另一段长的 α 螺旋之间由一可弯曲的环连接，其中一个较长的 α 螺旋参与 DNA 识别，而这个环的作用是容许两个螺旋区自由独立的作用。大多数螺旋-环-螺旋结构域中的与 DNA 结合的 α 螺旋包含碱性氨基酸，因此这类结构域又称为碱性螺旋-环-螺旋(basic helix-loop-helix，bHLH)结构域(图 8－6)。

3. 锌指结构

锌指结构(zinc finger)特点是通过锌离子把 4 个氨基酸(组氨酸和半胱氨酸)连在一起，利用锌离子相连的一段 α 螺旋识别 DNA 序列，有的蛋白质连续几个锌指结构排列在一起。没有与 Zn^{2+} 结合的一段氨基酸形成环状结构凸出于蛋白质表面形如手指，因此称为锌指结构。其中 C_2H_2 为典型的锌指结构，其保守序列为 X_2－Cys－$X_{2,4}$－Cys－X_{12}－His－$X_{3,4,5}$－His(X 代表任意氨基酸)。C_2H_2 有一个 12 个氨基酸组成的环，通过 2 个组氨酸和 2 个半胱氨酸固定。锌指二级结构被认为是 β 发夹和一个相邻的 α 螺旋(包含有 His 残基)，前一种结构同 DNA 的主链作用并使螺旋维持在大沟处产生序列特异性的接触(图 8－7)。

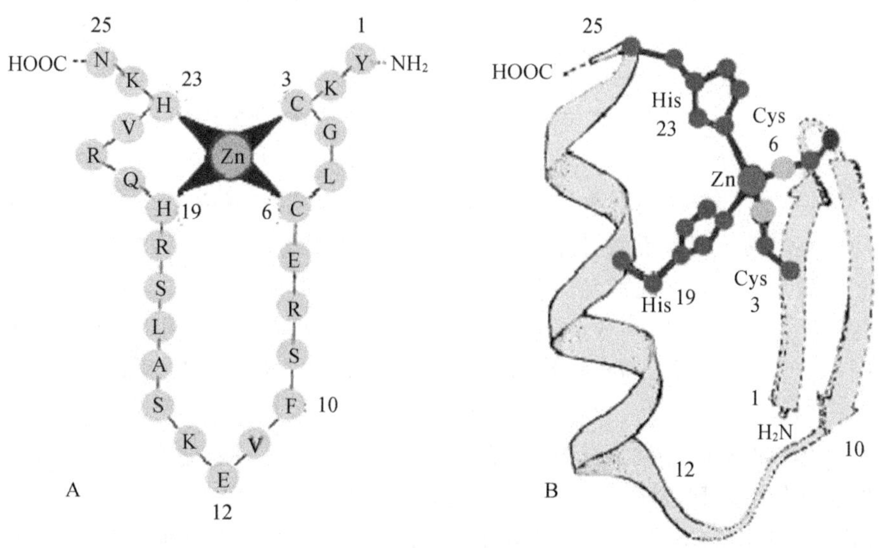

图 8－7　锌指结构

含有锌指结构的蛋白质称为锌指蛋白，锌指蛋白是哺乳动物细胞中种类最多的蛋白质，除 C_2H_2 型锌指外，还有 C_3H、C_2HC 等锌指结构。在转录因子 SP1 中含有 3 个锌指的 DNA 结合域。

4. 亮氨酸拉链

亮氨酸拉链(Leucine zipper)是由一段富含亮氨酸残基的氨基酸序列组成,所有这些蛋白质都含有 4 或 5 个亮氨酸残基,精确地相距 7 个氨基酸残基。这样,在 α 螺旋的某一侧面每两圈就出现一个亮氨酸,这些亮氨酸排成一排。因而两个蛋白质分子的两个 α 螺旋之间依赖亮氨酸残基之间的疏水作用形成一条拉链。两个相邻拉链的疏水面以互相平行的方向作用时,所产生的二聚体化作用会将各自的碱性区连在一起。两个亮氨酸拉链形成一个 Y 形结构,两个碱性区对称地形成 DNA 结合臂(图 8-8)。

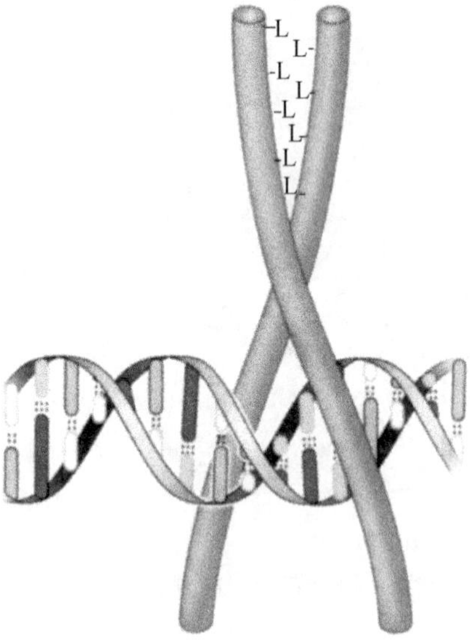

图 8-8 亮氨酸拉链(仿自沃森等,2009)

5. 转录激活结构域

转录激活结构域(transcription activation domain)一般由 20～100 个氨基酸残基组成。如 GAL4 分子中有两个这种结构域,分别位于多肽链的第 147～196 位和第 768～881 位。DNA 结合结构域具有基因特异性,转录激活结构域一般不具有基因特异性。如果把 A 激活蛋白的 DNA 结合结构域与 B 激活蛋白的激活结构域部分融合在一起,可以构成一种新的有功能的基因激活蛋白,这种融合蛋白只能激活 A 蛋白所能激活的基因。转录激活结构域可以与通用转录因子结合,从而促进转录效率。

组成转录激活结构域的氨基酸多为表面带负电荷的酸性氨基酸,因此被称为酸性激活区域。该结构域含有由酸性氨基酸残基组成的保守序列,多呈带负电荷的亲脂性 α 螺旋,包含这种结构域的转录因子有 GAL4、GCN4、糖皮质激素受体和 AP-1/Jun 等。SP1 的 N 端含有两个转录激活区,氨基酸组成中有 25%的谷氨酰胺,很少有带电荷的氨基酸残基,这种结构域叫谷氨酸丰富区。酵母的 HAP1、HAP2 和 GAL2 及哺乳动物的 OCT-1、OCT-2、Jun、AP2 和 SRF 也含有这种结构域。CTF 家族(包括 CTF-1、CTF-2、CTF-3)的 C 端与其转录激活功能有关,含有 20%～30%的脯氨酸残基,即脯氨酸丰富区。

8.3.3 真核基因转录调控的主要模式

1. 组成型转录调控

管家基因较少受环境因素的影响,在个体各个生长阶段的几乎全部组织中持续表达或变化很小,这种表达方式称为组成型表达(constitutive expression)。绝大多数管家基因的启动子中含有 GC 框(保守序列为 GGGCGG)。一种广泛存在于几乎所有类型细胞中的转录因子——SP1 可以特异地识别并结合到 GC 框上。SP1 包含 3 个锌指结构域及 2 个富含谷氨酰胺转录激活结构域。SP1 的富含谷氨酰胺结构域与 $TAF_{Ⅱ}$ 110 发生特异作用,$TAF_{Ⅱ}$ 110 是 $TAF_{Ⅱ}$ 中的一种,后者与 TATA 结合蛋白(TBP)相结合组成 TFⅡD。

2. 激素调控

类固醇激素,又称为甾体激素,包括糖皮质激素、雄激素、雌激素和视黄酸等。类固醇激素是脂溶性的,能够穿过细胞膜与细胞内的类固醇激素受体相互作用。类固醇激素受体是一类在结构和功能上相关的能被类固醇激素等配体激活和具有序列特异的转录因子,又称核受体。在没有类固醇激素时,该受体与抑制蛋白结合,游离在细胞质中。有类固醇激素时,激素结合到受体上,将其从阻遏物中释放出来,然后受体二聚化并转移到核中。受体与其特异的 DNA 结合序列(应答元件)结合,从而激活靶基因。

3. 磷酸化调控

与脂溶性的类固醇激素不同,亲水性信号分子(所有的肽类激素、神经递质和各种细胞因子等)均不能进入细胞。它们的受体位于细胞表面。这些受体与信号分子结合后,可以诱导细胞内发生一系列的生物化学变化,将信号传递给细胞内的蛋白质,这个过程称为信号转导。信号转导通常涉及蛋白质的磷酸化。例如,γ-干扰素通过激活细胞膜表面的激酶 JAK 诱发转录因子 STAT1α 的磷酸化。未磷酸化的 STAT1α 蛋白以单体形式存在于细胞质中,无转录活性。当 STAT1α 的一个特异的酪氨酸残基被磷酸化后,便形成同型二聚体进入核,激活在启动子处含有保守的 DNA 结合基序的靶基因的表达。

4. 转录延伸调控

转录起始的调控是转录过程中主要的调节环节，近年来发现转录延伸也受到调控。RNA 聚合酶Ⅱ由10～12 个亚基组成，其中最大亚基的 C 端含有可磷酸化的 7 个氨基酸残基(Tyr - Ser - Pro - Thr - Ser - Pro -Ser)的重复序列，称为羧基端结构域(carboxyl terminal domain, CTD)。真核 RNA 聚合酶Ⅱ的 CTD 结构不仅是转录和转录体加工类复合物装配的平台，而且其不同位点的磷酸化/去磷酸化修饰，对转录的起始、延伸、终止及转录体加工均具有重要的调节作用。CTD 的磷酸化对于 RNA 聚合酶前进和维持 RNA 链延伸十分重要。CTD 是 TFⅡH 的底物，CTD 磷酸化导致 RNA 聚合酶复合体的形成，并且允许 RNA 聚合酶离开启动子区域。人类免疫缺陷病毒(HIV)编码一种称为 Tat 的蛋白质，该蛋白质是一个抗转录终止的蛋白质，为 *HIV* 基因的大量表达所必需。HIV mRNA 的 5′端转录起始点后有一段由 59 个碱基组成的序列叫做反式激活区(transactivation responsive region, TAR)，该区可形成茎环结构。Tat 与 RNA 结合因子一起以复合体形式结合在转录物的 *TAR* 序列上，该蛋白质- RNA 复合体向后成环，并与装配在启动子处的新形成的转录起始复合体作用，导致 TFⅡH 的激酶活性被激活，使 RNA 聚合酶Ⅱ的羧基端结构域磷酸化，促使 *HIV* 基因组转录延伸。

5. 细胞决定

细胞决定(cell determination)是指细胞在发生可识别的形态变化之前，就已受到约束而向特定方向分化，这时细胞内部已发生变化，确定了未来的发育命运。细胞在这种决定状态下，沿特定类型分化的能力已经稳定下来，一般不会中途改变。*MyoD1* 基因在未分化的成肌细胞中表达，是负责肌肉生成的细胞决定基因。研究表明，过量表达 *MyoD1* 基因，成纤维细胞及脂肪组织细胞都可被重新编程，并使其成为稳定而可遗传的成肌细胞。

在哺乳动物中，目前已知有 4 种成肌细胞决定基因：*MyoD1*、*myf -5*、*mrf -4* 和 *myogenin*。这些基因的任一个基因在成纤维细胞的过表达，都能启动肌肉分化的程序。它们呈现出高度的序列相似性，都含有一种碱性 α 螺旋- β 折叠- α 螺旋的结构域(bHLH)，可以识别启动子中特异的序列(E - box)，作为转录因子启动下游生肌蛋白基因的表达。MyoD1 蛋白可以直接激活肌细胞特异基因的表达，同时也可激活 *p21* 基因的表达，而 p21 可以抑制细胞周期蛋白依赖激酶(CDK)，使细胞周期停滞。

MyoD1 和其他的转录调节因子通过网络式的调节方式，在分子水平上来决定肌肉细胞的发育命运。如 MEF2 可能作为生肌作用的一种共激活因子和 MyoD1/ E12 异源二聚体发生相互作用，增强 MyoD1 的转录激活活性。而 Id 蛋白和 MyoD1 相互作用则抑制 MyoD1 的作用。Id 缺乏 DNA 结合结构域，它与 MyoD1 结合后，抑制 MyoD1 与 DNA 结合，从而无法调控靶基因的转录。

6. 胚胎发育调控

同源框(homeobox)是一段长度为 183 bp 的保守的 DNA 序列，编码一种由 61 个氨基酸组成的结构域(称为同源异型域)。同源异型域是一个 DNA 结合结构域，由 3 个螺旋区折叠而成的紧密的球状结构。螺旋Ⅰ在柔性的 N 端的前端，与螺旋Ⅱ之间有一个环，螺旋Ⅱ和Ⅲ形成螺旋-转角-螺旋基序。同源异型域可以和 DNA 双螺旋的主沟吻合。由于它能识别所控制的基因启动子的特异序列，从而在转录水平调控基因表达。

同源异型域由于最早在果蝇的同源异型基因编码的蛋白质中发现而得名，该基因决定身体各部分的正确分化。同源异型基因在胚胎发育中的表达对于组织器官的形成具有重要作用，这类基因的突变就会在胚胎发育过程中导致某一器官异位生长，即动物某一部位的器官被其他器官取代了，这种异常现象称为同源异型突变。例如，果蝇 *Antp*(触角基因)的突变可使果蝇在应该长触角的地方长出腿来。同源异型域基因在真核生物中非常保守，不仅在果蝇中，在小鼠和人等哺乳动物中也存在有同源异型基因，在脊椎动物中同源异型基因称为 *Hox* 基因家族。通过比较同源异形域的序列表明哺乳动物中 *Hox* 基因的排列和果蝇的同源基因是一致的，都是成簇排列在染色体上，并按照前后体轴方式表达。同一染色体上的不同基因的表达与该基因在染色体上的排列位置有直接关系：同一染色体上越靠近 5′端的基因越优先表达。排列顺序还与它们所控制的胚胎发育密切相关，同一染色体上愈是定位于染色体 5′端的基因其表达空间愈靠近胚胎头-尾轴的尾部区域；反之愈是定位于染色体 3′端的基因，其表达空间愈靠近胚胎头-尾轴的前部区域。这些基因按顺序活化保证器官及各部位骨骼依据发育模式，按前后轴排列。

8.3.4 真核基因转录抑制因子的作用模式

虽然大多数组成型表达的转录因子的主要功能是激活特定的基因表达，但是也有不少的转录因子同样能够特异性地抑制基因的转录作用。如同激活因子一样，在特定的组织当中或是对一种信号作用作出反应的过程中，此类因子的合成或激活也能够特异地调节特殊基因的表达。转录抑制因子有的通过干扰转录激活因子的功能间接地发挥作用，有的能直接地阻止基因转录。与DNA结合后抑制转录的调控蛋白的几种作用方式见图8-9。

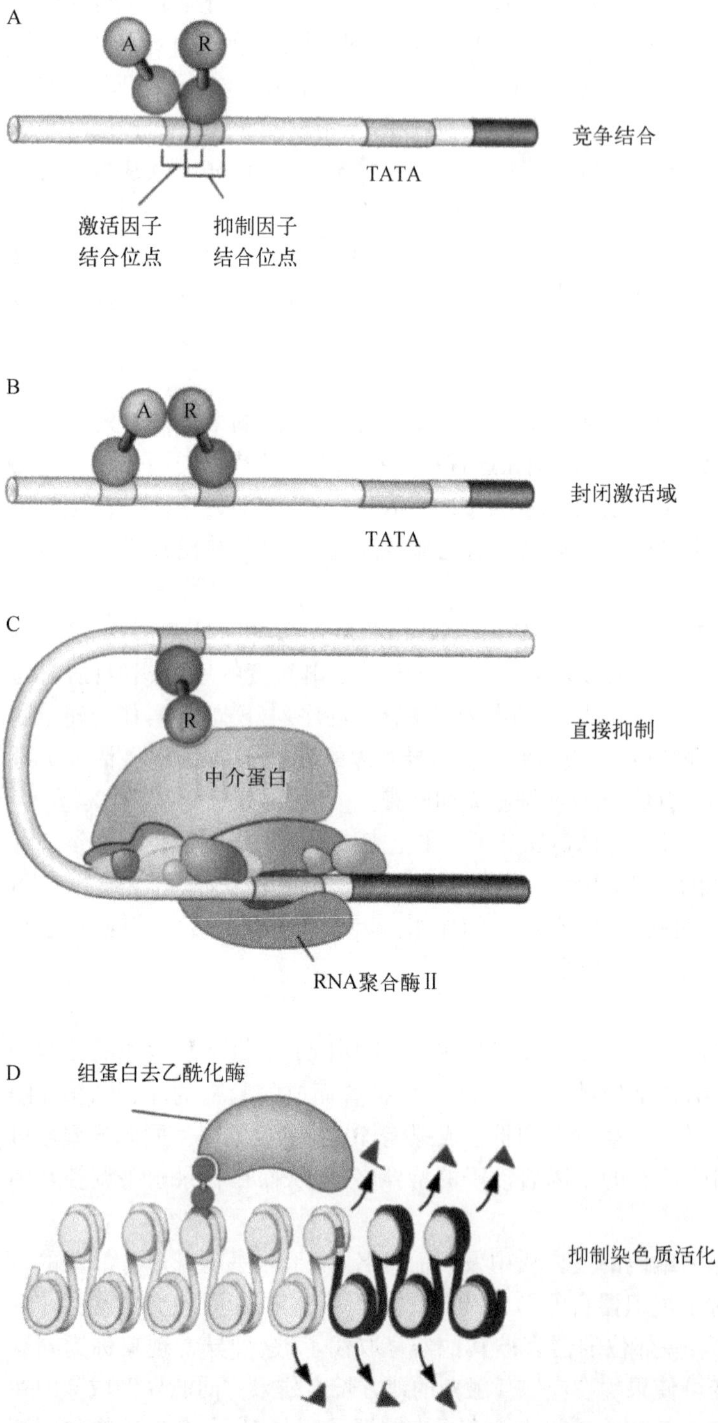

图8-9 真核基因转录抑制因子的作用模式(沃森等，2009)

1. 竞争结合

转录抑制因子通过和激活因子竞争结合位点来抑制转录。一些抑制因子和激活因子的DNA结合序列有部分重叠，如果抑制因子先结合、从而占领了空间位置，激活因子就不能结合。Sp1与Sp3的DNA结合结构域有90%同源性，体外结合实验也证实，Sp1和Sp3对多种基因调控序列中的GC框有着相似的亲和力，Sp3通过与转录激活因子Sp1竞争结合来抑制许多基因的转录。

2. 封闭了转录激活因子的激活结构域

抑制因子并非阻碍激活因子与DNA蛋白的结合，而是通过与激活因子的激活结构域的结合，从而阻止了激活因子与基本转录复合物的相互作用。如GAL80和激活因子GAL4结合，掩盖了GAL4的激活结构域，导致GAL4激活作用消失。

3. 直接抑制

直接与通用转录因子或RNA多聚酶互相作用阻止转录起始复合物的装配。如酵母Mot1蛋白与TBP结合从而抑制TBP结合到DNA。

4. 抑制染色质活化

通过募集组蛋白修饰酶抑制染色质活化。许多含BTB结构域的蛋白质都是抑制因子，如BCL-6、PLZF等通过募集组蛋白去乙酰化酶HDAC3和N-CoR、mSin3A等蛋白质，抑制染色质活化，从而抑制基因转录。

有的转录因子具有双重功能，既能够激活某些基因的转录，同时也能够抑制另一些基因的转录。如糖皮质激素受体与基因启动子上的糖皮质激素应答元件(GRE)结合后，激活基因转录；当它结合到与GRE序列相似的负性糖皮质激素应答元件(nGRE)上时，则抑制基因的转录。

8.3.5 转录后水平的调控

真核生物基因表达调控主要发生在转录水平的调控，但转录后水平的调控对产生特异性的蛋白质也会产生很大的影响，这是因为真核生物基因转录发生在核内，而翻译却是在细胞质中进行，而且真核基因含有内含子等。因而真核生物基因转录产生的 mRNA 前体，通过 5′和 3′端修饰、剪接、编辑等一系列加工过程才成为成熟的 mRNA，然后被运送到细胞质的特定区域翻译，这些过程对基因表达水平都会产生影响。

1. mRNA 前体的可变剪接

剪接在真核生物中是一种广泛存在的 RNA 加工机制。剪接有两种基本的方式：一种方式是组成型剪接(constitutive splicing)，通过 RNA 剪接将内含子从 mRNA 前体中去除，然后规范地将外显子连接成成熟的 mRNA，这种情况下拼接改变是有限的，每个转录单位一般只产生一种蛋白质；另一种方式是可变剪接(alternative splicing)，一个 mRNA 前体通过利用不同的 5′、3′剪接位点产生出不同的成熟 mRNA。可变剪接有以下 4 种方式。

1) 选用不同的启动子：如酵母蔗糖酶 *Suc* 基因和小鼠 α-淀粉酶基因。α-淀粉酶基因有两个启动子，在唾液腺中，α-淀粉酶基因从上游启动子开始转录，从上游启动子转录的外显子有较强的 5′剪接位点，优先获得第 1 个 3′剪接位点，则第 2 个外显子被删除；而在肝细胞中，从下游启动子开始转录，较弱的第 2 个 5′剪接位点被使用，则第 1 个外显子被删除。因此腺体和肝脏中形成的 mRNA 不同。

2) 选用不同的多聚腺苷酸化位点：如免疫球蛋白基因有两个多聚腺苷酸化位点，使用下游的多聚腺苷酸化位点，使最后的编码膜锚定区域的外显子保留下来，而使用上游位点这些区域不存在，产生截断的蛋白质没有膜锚定区，被分泌到细胞外。

3) 内含子保留：例如，猴 SV40 病毒的 T 抗原基因通过不同的剪接方式(去除或保留内含子)分别产生编码大 T 和小 t 抗原的两种成熟的 mRNA。T 抗原基因有两个外显子，去除内含子并将两个外显子连接起来，产生编码大 T 抗原的 mRNA。而小 t 抗原的 mRNA 采用其他的 5′剪接位点、保留部分内含子产生一个大的 mRNA，由于 mRNA 所保留的内含子序列中有一个终止密码子，因此编码的蛋白质 t 抗原比大 T 抗原小。

4) 外显子的保留或去除：例如，哺乳动物钙肌蛋白 T(troponin T)基因的 mRNA 前体有 5 个外显子，而成熟的 mRNA 只有 4 个外显子，其中一种成熟的 mRNA 含有第 1、2、4、5 外显子，另一种成熟的 mRNA 含有第 1、2、3、5 外显子。

可变剪接是调节基因表达和产生蛋白质组多样性的重要机制。据估计，人类基因组半数以上的编码蛋白质的基因会加工出两种或更多的成熟 mRNA，这样一个基因可以编码两个或更多的蛋白质。最典型的例子是果蝇的 *Dscam* 基因，据估计可以通过可变剪接产生 38 016 个不同的受体分子。*Dscam* 基因表达神经元轴突定向受体，每个受体具有识别不同分子定向信号的潜能，从而有能力指导各个生长的轴突到达准确的位置。这些数量非常巨大的结构各异的受体异构体是确保神经元准确、紧密连接所必需的。

RNA 剪接也是受调控的，并且还可有正和负调控之分。在核内存在着一种剪接激活蛋白，剪接本来不能在某一位点进行，但激活蛋白可以结合在该位点附近而使剪接得以在该点上进行，这是一种正的调控；同时还存在着负的调控，相对于激活蛋白还存在着一种抑制蛋白，一旦该蛋白质结合在 RNA 剪接位点上，就会使本来可以发生的剪接不能进行。不同类型的细胞根据自己对某一基因产物的需要产生剪接加工的激活蛋白或抑制蛋白。参与可变剪接的 RNA 元件有：外显子剪接增强子(exon splicing enhancer, ESE)、内含子剪接增强子(intron splicing enhancer, ISE)、外显子剪接沉默子(exon splicing silencer, ESS)和内含子剪接沉默子(intron splicing silencer, ISS)。ESE 和 ISE 是剪接因子 SR 蛋白结合位点，提高相邻剪接位点的活性。ESS 和 ISS 是 hnRNP 蛋白结合位点，抑制相邻剪接位点的活性。剪接位点的选择，也往往是剪接信号和多种调节信号(ESE、ISE、ESS、ISS 等)及相应的多种剪接因子组成的复合体共同作用的结果。

2. mRNA 前体的反式剪接

mRNA 前体剪接一般发生在同一个 RNA 分子内部，切除内含子，相邻的外显子彼此连接，这种剪接方式叫顺式剪接(*cis*-splicing)。但在锥虫、线虫、植物叶绿体中发现有反式剪接(*trans*-splicing)，即两个基因的外显子剪接后互连。反式剪接是 RNA 分子之间的剪接。典型例子是锥虫表面糖蛋白基因 *VSG*、线虫肌动蛋白基因和衣藻叶绿体 DNA 中的 *psa* 基因。锥虫表面糖蛋白基因 *VSG* 中许多 mRNA 的 5′端都有一个 35 bp 前导序列，但是，在每个转录单位上游并未编码这个前导序列，而是来源于基因组中位于别处序列转录的小片段 RNA，通过反式剪接，将 35nt 的前导序列加到 mRNA 的 5′端。

3. RNA 的编辑对基因表达的影响

RNA 编辑(RNA editing)是一种不同寻常的 RNA 加工形式,是通过改变、插入或删除转录后的 mRNA 特定部位的碱基而改变其中的核苷酸序列。核苷酸的插入或删除的编辑方式可造成读码框的改变,出现终止密码等改变原基因而产生不同蛋白质。RNA 编辑有两种机制:位点特异性脱氨基作用和向导 RNA 指导。

位点特异性脱氨基作用是由脱氨酶催化的,目前发现两种脱氨酶:胞苷脱氨酶催化胞嘧啶(C)变成尿嘧啶(U),腺苷脱氨酶使腺嘌呤(A)变成了次黄嘌呤。位点特异性脱氨基作用介导的 RNA 编辑最典型的例子是载脂蛋白 B(apolipoprotein)的 RNA 编辑。载脂蛋白 B 分为肝型 ApoB100 和肠型 ApoB48,两者是同一基因的产物。在蛋白质水平上,肠型 ApoB48(2 100 个氨基酸)只保留了肝型 ApoB100(4 500 个氨基酸)分子 N 端脂蛋白装配结构域,缺少 ApoB100 分子 C 端低密度脂蛋白受体结合区。这是由于肠型 ApoB mRNA 第 26 个外显子中 6 666 位的 C 被胞苷脱氨酶催化变成 U,使得 6 666～6 668 位碱基由 CAA 变成 UAA,导致翻译终止造成的,最后得到载脂蛋白肠型 ApoB48。

原生动物如锥虫、利什曼原虫线粒体中某些 mRNA(如细胞色素 b、氧化酶亚基Ⅱ)存在另一种 RNA 编辑形式,即通过一种向导 RNA(guide RNA,gRNA)的短 RNA 分子(40～80 nt)所介导的 RNA 编辑。每种 gRNA 都可以分为三个区,gRNA 的 5′端负责指引 gRNA 到达它要编辑的 mRNA 的目标区域,中间部分用来精确定位在被编辑的序列中 U 将插入的位置,而 3′端是一段多聚 U 序列。gRNA 通过碱基配对与目标 mRNA 结合,gRNA 的 3′端提供 U,通过磷酸酯键转移反应在 mRNA 前体中添加 U。例如,在锥虫线粒体氧化酶亚基Ⅱ(CoⅡ)基因的转录产物时,发现在其 5′端有几个非基因编码的尿苷酸,进一步的研究证实,这些额外尿苷酸的出现,正好形成完整的开放阅读框,校正了基因分子内部的移码突变。

4. mRNA 从核内运输到细胞质的调控

细胞可以在不同情况下选择性地将 mRNA 运至细胞质,不同类型的细胞就可以根据各自的需要决定哪些 mRNA 能够运输出核进行翻译,从而表达不同的蛋白质,产生细胞差异。在合成的 mRNA 初始转录本中,大概只有一半的 mRNA 被从细胞核运送出到细胞质中,其余在细胞核内被降解。mRNA 的出核过程直接影响真核细胞的生长、增殖、分化、发育等多种生命活动。许多重要疾病的发生与发展,例如肿瘤和病毒感染,都与 mRNA 出核异常密切相关。

mRNA 的出核过程是一种通过核孔的主动运输方式。主动转运需要的能量是由核内 GTP 结合蛋白(nuclear GTP-binding protein, RAN)水解 GTP 提供的。mRNA 是以 mRNA－蛋白质复合体(messenger ribonucleo-protein, mRNP)的形式被转运出核的。mRNA 出核并不是指 mRNA 穿过核膜孔的一个简单过程,而是指伴随转录和 mRNA 加工、mRNP 复合休的形成、锚定以及穿过核膜孔复合体(nuclear pore complex, NPC)并最终定向释放到细胞质的整个过程。mRNA 出核是由结合在 mRNA 上的蛋白质与位于核膜孔的 mRNA 出核受体之间的相互作用来介导完成。mRNA 能否被运输出细胞核与携带的蛋白质有关。

近年的研究表明,mRNA 出核与转录和 mRNA 的转录后加工过程广泛偶联,这对于保证基因表达的高效性和准确性至关重要。在哺乳动物中,绝大多数基因都含有多个内含子,这些内含子需要通过剪接切除。mmRNA 的 3′尾加工包括切割和加多聚腺苷酸尾两个步骤。这些加工步骤完成之后,成熟的 mRNA 才能被转运出核翻译成蛋白质。比如,酵母的剪切因子Ⅰ(cleavage factor Ⅰ)组分或 poly(A)聚合酶异常导致多聚腺苷酸尾不能正常形成时,会导致 mRNA 在核内聚集。

不仅 mRNA 通过核膜孔从核中运出是特异性的,它再被送到细胞质的位置也有特异性。分泌到细胞胞外或是构成质膜骨架的蛋白质都要进行较多的翻译后的修饰和加工。因此编码它们的 mRNA 连同与之结合的核糖体和新生的肽链一起被直接运到内质网,在内质网膜上继续完成肽链的合成。这类 mRNA 在细胞质的运送和定位,是由新合成的多肽 N 端的信号肽决定的,这段肽链刚被核糖体合成,就立即被一种称为信号识别颗粒的蛋白质所识别,肽链延伸暂时停止。然后信号识别颗粒指导 mRNA -核糖体-新生肽复合物运到内质网,随后其被释放到胞质中,翻译继续进行。另一些 mRNA 则可能被运输到细胞质中,由细胞质中游离的核糖体进行翻译,此类 mRNA 在细胞质的运送和定位在翻译之前由 mRNA 本身的核苷酸序列决定,这段信号序列是在翻译终止密码子和 poly(A)开始之间的 3′不翻译区。mRNA 定位是产生细胞极性的一种重要机制,在卵母细胞发生、早期胚胎发育及某些细胞特定功能的建立和维持中起重要作用,沿细胞骨架进行 mRNA 的主动转运是 mRNA 定位的主要机制之一。

8.4 翻译水平的调控

真核生物基因的表达调控主要阶段是转录调控，通过改变基因的转录水平和 RNA 加工控制特定蛋白质的合成量。但也有些调控发生在蛋白质翻译水平上和翻译后蛋白质的修饰水平上。与转录调控相比，翻译调控和翻译后调控的优点是能够对外界刺激迅速反应。

8.4.1 mRNA 的稳定性对翻译的调控

mRNA 作为翻译的模板，其在细胞中的浓度直接影响蛋白质的合成量。某个 mRNA 浓度一方面与转录速率有关，另一方面与 mRNA 的稳定性有关。显然，如果两个基因以相同速率转录，那么稳定存在的 mRNA 翻译的蛋白质肯定比不稳定的 mRNA 翻译的蛋白质多。不像原核细胞的 mRNA，边转录边翻译，甚至在它们的 3′端还未完全合成之前而 5′端却已经开始降解，大部分的真核细胞的 mRNA 有相对长的寿命。原核生物 mRNA 的半衰期很短，平均大约 3 min。高等真核生物迅速生长的细胞中 mRNA 的半衰期平均 3 h。在高度分化的终端细胞中许多 mRNA 极其稳定，有的寿命长达数天，特别在植物种子一般含有长寿命 RNA。植物的种子可以储存多年，一旦条件适合，立即可以发芽。在种子萌发的最初阶段，蛋白质合成活跃，但是却没有 mRNA 的合成。在这个阶段的蛋白质就是种子成熟时预存的长寿命 mRNA 所翻译的。海胆卵内的 mRNA 在受精前是不翻译的，一旦受精，蛋白质的合成立即开始。用放线菌素 D 处理，蛋白质仍然能够翻译。放线菌素 D 可以抑制 mRNA 的转录，这说明指导蛋白质合成的 mRNA 是早已存在于卵细胞内的，而不是当时转录的。

mRNA 的稳定性受其 5′端帽子结构、3′端多聚腺苷酸化和 poly(A)尾的长短及非翻译区的结构所调节。

真核生物 mRNA 5′端的帽子结构对 mRNA 的稳定性非常重要，它可使之免遭核酸外切酶的降解。帽子结构中鸟苷酸的 N－7 总是甲基化的，5′端的帽子与 eIF4E 蛋白结合，可以避免 mRNA 不被 5′→3′核酸外切酶水解。

一般真核生物 mRNA 3′端有一长为 30～200 个腺嘌呤核苷酸的 poly(A)尾，poly(A)对于 mRNA 的稳定性是需要的。poly(A)越长，mRNA 作为模板使用的半衰期越长。poly(A)并非裸露的核苷酸，而是与 poly(A)结合蛋白[poly(A)－binding protein，PABP]结合的。每个 PABP 分子与大约 30 个核苷酸残基结合，PABP 保护 poly(A)不受核酸酶降解。

mRNA 稳定性也与其 3′端非翻译区相关。许多快速降解的 mRNA，如编码细胞生长因子、原癌蛋白和转录因子的 mRNA 3′端非翻译区内含有一段富含 AU 的序列，称为 ARE(AU－rich element)。ARE 通常都含有一个或多个 AUUUA 基序，它能够介导多种基因 mRNA 的快速降解。其原理是，ARE 结合蛋白(ARE－BP)与 mRNA 3′端的 ARE 相结合，增强了 mRNA 3′端的脱腺苷化作用，移去 3′端的多聚腺苷酸[poly(A)]尾巴，使得 mRNA 从 3′端到 5′端降解；ARE－BP 还能够促使核酸内切酶作用于 mRNA 的中心使其快速降解。但是，一些 ARE 结合蛋白(如 HuR)能够与上述过程中的 ARE－BP 竞争性结合，从而发挥其增强 mRNA 稳定性的作用。

运铁蛋白受体(TfR)mRNA 的 3′端非翻译区含有一段能形成茎环结构的序列，称为铁应答元件(iron response element，IRE)，可与一个铁敏感蛋白(iron sensitive protein，ISP)结合。ISP 又称为 IRE－结合蛋白(IRE－BP)。运铁蛋白受体的 mRNA 的稳定性受到其 3′端非翻译区的 IRE 序列所调控，当细胞中铁离子缺乏时，ISP 结合 IRE，使 mRNA 更加稳定，不易被降解，使得运铁蛋白受体的翻译增加。当细胞内铁含量高时，ISP 从 IRE 上解离，TfR mRNA 则容易降解，合成的 TfR 便减少。

8.4.2 翻译起始因子对翻译起始的调控

蛋白质的生物合成过程可分为肽链的起始、延伸和终止 3 个阶段。其中尤以起始阶段最为重要，是翻译水平调控的主要阶段。真核生物翻译过程的各个阶段都有一些蛋白质因子的参与，其中最重要且研究得较多的就是蛋白质合成的翻译起始因子(translation initiation factor，eIF)，包括 eIF1、eIF2、eIF2A、eIF2B、 eIF3、eIF4A、eIF4B、eIF4C、eIF4D、eIF4E、eIF4F、eIF5 和 eIF6),它们可以通过磷酸化作用来调控翻译的起始。目前对起始因子磷酸化与翻译的关系了解较多的是 eIF2 和 eIF4F。

当真核细胞处于饥饿、热休克、去除某些生长因子和重金属处理等环境胁迫下,eIF2 激酶被激活,eIF2 磷酸化则抑制翻译。eIF2 是典型的 GTP 结合蛋白,它只有与 GTP 结合后才能介导核糖体 40S 小亚基与甲硫氨酰 tRNA 结合,然后这种复合物进入 mRNA 5′端起始翻译。只要复合物移动到起始密码子 AUG 上,eIF2 - GTP 立即转变成无活性的 eIF2 - GDP 并从复合物上释放出来。此后,鸟苷酸交换因子 eIF2B 催化 eIF2 从 eIF2 - GDP 中释放出来,eIF2 被重新利用。但是,当 eIF2 的 α 亚基被磷酸化后,这种鸟苷酸交换被抑制。因为磷酸化的 eIF2 - GDP 和 eIF2B 的亲和力非常高,形成稳定的 eIF2 - GDP - eIF2B,抑制了 eIF2B 的周转。eIF2B 水平的降低使 eIF2 - GTP 水平降低,从而限制了翻译的起始。

eIF4F 是识别和结合于 mRNA 5′- m7G 帽子结构的起始因子,只有在它和帽子结构结合之后,才能起始翻译。eIF4F 是一个复合物,包括识别 mRNA 5′帽子结构的 eIF4E、将 RNA 解旋酶运到 mRNA 5′端的 eIF4A 和协助核糖体结合到 mRNA 的 eIF4G。eIF4E 结合到帽子结构之后,与 eIF4G 结合,然后再结合其他起始因子构成 eIF4F 复合物。eIF4F 复合物的形成受 4E - BP 控制,4E - BP 与 eIF4G 竞争 eIF4E 上的一个共同结合位点。在非磷酸化状态下,4E - BP 与 eIF4E 紧密结合,从而阻止了 eIF4G 与 eIF4E 的结合,eIF4F 复合物不能形成,抑制翻译的进行。4E - BP 被磷酸化后则不能与 eIF4E 结合。在胰岛素及其他激素或生长因子的诱导下,激活 PI3K/Akt/mTOR 信号通路,引起 4E - BP 磷酸化,释放 eIF4E,从而起始翻译。

8.4.3 mRNA 非翻译区对翻译的调控

有的 mRNA 的 5′端非翻译区序列可形成稳定的茎环结构,又通过 RNA 结合蛋白的覆盖,抑制核糖体与起始复合物沿着 mRNA 向起始密码子移动,从而抑制翻译。例如,运铁蛋白 mRNA 的 5′非翻译区含有一个和运铁蛋白受体类似的 IRE 序列。在铁离子缺乏时,IRE 与 ISP 结合形成 IRE - ISP 复合物,阻止核糖体沿 mRNA 移动,从而抑制 mRNA 的翻译。而铁离子浓度较高时,ISP 则释放 IRE,促进翻译。

所有真核生物的 mRNA 的 5′端带有帽子结构,帽子结构是翻译起始所必需的。根据 Kozaq 提出的扫描假说,真核生物的 40S 核糖体复合物和 mRNA 的 5′端帽子结合后,沿着 mRNA 向 3′端移动(扫描),直到找到正确的 AUG 起始密码子。Kozaq 发现真核生物起始密码子−3 位和+4 位非常重要,最佳序列是−3 位为嘌呤碱基,+4 位为 G,哺乳动物基因中的起始密码子附近的保守序列为 A/GCCAUGG,这段保守被称为 kozaq 序列。最近,在真核生物中还发现一种不依赖帽子结构的翻译方式。核糖体可以不依靠帽子结构和 mRNA 结合,而是结合到 mRNA 内部一段特殊序列起始翻译。mRNA 分子内(而非 5′端)可被核糖体识别并启动翻译的这一段 mRNA 序列称为内部核糖体进入位点(internal ribosome entry site, IRES)。IRES 最先在病毒中被发现,随后在真核细胞中也发现 IRES。特别是在病毒感染、缺氧等胁迫条件下导致 mRNA 正常的翻译起始受阻时,许多基因如 *XIAP*、*c-myc* 基因可通过 IRES 介导起始翻译。

microRNA(简称 miRNA)对翻译的抑制多数是通过与 mRNA 的 3′非翻译区序列结合来实现的。miRNA 是一种长度约为 22 个核苷酸的单链小分子 RNA,通过碱基互补结合到 mRNA 上,引起 mRNA 降解或抑制翻译,从而对目的基因起负调控作用。据估计人体基因组中大约 1/3 基因的表达受 miRNA 的调控。在动物中,miRNA 主要作用于靶标基因 mRNA 的 3′非翻译区,与靶序列不完全匹配,阻遏翻译而不影响 mRNA 稳定。在植物中 miRNA 也可以结合到 mRNA 的编码区,而且 miRNA 与靶位点完全互补(或者几乎完全互补),那么这些 miRNA 的结合往往引起靶 mRNA 的降解。在动物中也发现有 miRNA 结合到 mRNA 编码区并引起 mRNA 降解的现象。另外,miRNA 还可以结合到基因的启动子区调节基因转录。

思 考 题

1. 与原核生物相比,真核生物基因表达调控有哪些特点?
2. 简述真核基因转录调控的主要模式。
3. 叙述染色质结构对基因表达的调控。
4. 什么是 CpG 岛?简述 CpG 岛在基因表达调控中的作用。

第9章 分子生物学研究方法

分子生物学是一门实验性很强的自然学科，其理论研究的种种突破与技术的产生和发展息息相关。新技术的建立与应用已成为验证原有实验结论和发展新理论的有力工具。随着分子生物学及其相应技术学科的发展，诸如聚合酶链式反应、分子杂交技术、基因打靶技术和基因芯片技术等，为分子生物学的研究提供了多层次、多角度的研究平台。近年来，计算机、网络及生物软件方面的发展，使分子生物学方面的巨大信息内容有效地得到了组织和检索，分子生物学的实验设计及结果分析也变得更为有效和可靠。

9.1 聚合酶链式反应

9.1.1 聚合酶链式反应(polymerase chain reaction, PCR)技术的基本原理

PCR技术是美国Cetus公司人类遗传研究室的科学家Mullis于1985年发明的一种在体外快速扩增特定基因或DNA序列的方法，故又称为基因的体外扩增法。它是根据生物体内DNA复制的某些特点而设计，能在体外对特定DNA序列进行快速扩增的一项新技术。一般PCR反应体系包括模板、引物、DNA聚合酶、dNTP等几项，反应的具体原理见图9-1。通过高温(94～96℃)将待扩增微量DNA模板解链成单链DNA，引物序列在低温条件下与待扩增的单链DNA退火，DNA聚合酶在72℃以单链DNA为模板，从引物3′端进行延伸反应，如此经过多次循环反应，就能将极微量的目的基因或某一特定的DNA片段扩增数十万倍，乃至千百万倍，从而获得足够数量的目的DNA拷贝。随着热稳定DNA聚合酶(Taq酶)和自动化热循

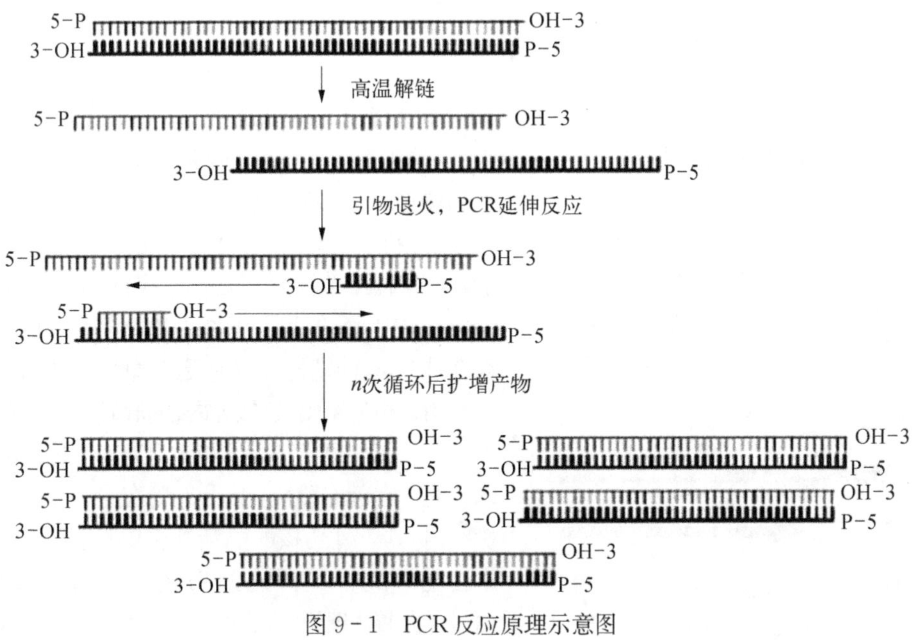

图9-1 PCR反应原理示意图

环仪(PCR 仪)的研制成功,PCR 技术的操作程序大大简化,并迅速被世界各国科技工作者广泛地应用于基因研究的各个领域。PCR 技术的产生和发展对分子生物学及其相关学科的基础研究和诊断应用等方面产生了革命性的影响,Mullis 因此而获得了 1993 年诺贝尔化学奖。

9.1.2 PCR 技术的应用

1. 目的基因的克隆

PCR 技术能快速在体外获得目的基因,因此这种手段广泛用于从 DNA 中直接扩增出大量的目的基因产物,通过克隆技术装载在合适的载体上,并转入宿主菌用于核苷酸序列的测定。PCR 扩增的引物应遵循引物设计的一般原则,引物除避免自身配对,还应具有合适的 GC 含量,同时引物长度一般在 16～25 bp。

2. 反向 PCR

反向 PCR 是在获知一段 DNA 序列的基础上,进一步得到其两侧未知的 DNA 序列的一种有效手段。其基本操作程序为:先用一种在已知序列上没有切点的限制性核酸内切酶消化大相对分子质量的 DNA,然后将这些片段通过连接酶形成分子内连接的环状 DNA 分子。根据已知 DNA 序列设计一对向外延伸的引物,PCR 扩增的产物即是位于已知 DNA 区段两侧的未知的 DNA 序列,其长度取决于切割位点与已知 DNA 区段的距离。

3. 不对称 PCR

不对称 PCR,即在反应循环中引入不同引物浓度(比例在 1∶100～1∶10),当限制性引物因量少而消耗完后,非限制性引物继续扩增而产生大量的单链 DNA 产物。产生的单链 DNA 可用于制备特定基因的核酸探针,以及直接进行该基因片段的核苷酸序列测定。

4. 反转录 PCR(reverse transcriptase PCR, RT－PCR)与 RNA 分析

RT－PCR 技术是一种从 RNA 扩增 cDNA 拷贝的方法。该方法是获得 mRNA 5′端和 3′端序列(RACE 技术)及 cDNA 文库构建的常用手段。RACE 技术(rapid amplification of cDNA end)也被称为锚定 PCR 或单边 PCR 技术。该方法因操作快捷、方便、高效,对模板需求量低等特点而广泛应用于 cDNA 全长序列的克隆,其基本原理是利用 Oligo d(T)$_n$对 mRNA 进行反转录的同时,在 cDNA 序列两端加上通用引物(接头),从而可利用基因特异性引物(gene specific primer, GSP)通过 PCR 方法快速获得目的序列的 5′端或 3′端序列。

9.1.3 实时荧光定量 PCR

实时荧光定量 PCR 采用荧光技术对靶序列的扩增进行实时的检测,利用扩增序列达到设定检测阈值的快慢和模板起始浓度的高低,对未知模板进行定量或相对定量分析。与研究基因表达水平的经典方法如 Northern blot 相比,实时荧光定量 PCR 技术具有诸多优势,如对模板的需求量较小、检测快速并比较准确、能够同时对多个基因进行检测等。

1. 荧光定量 PCR 的种类

荧光染料可以分为两大类,一类是非特异性荧光染料,如 SYBR Green Ⅰ。SYBR Green Ⅰ的基本原理是当与双链 DNA 结合时,实时荧光定量 PCR 仪检测到的荧光信号强度会增加 20～100 倍。因此,反应体系中双链 DNA 分子数量的增加,会导致荧光信号增强。另一类是特异性荧光探针,通常利用与靶序列特异杂交的探针来指示扩增产物的增加,如 Taqman 探针。Taqman 探针是一个序列特异性的寡聚核苷酸片段,能和上下游引物之间的 DNA 模板序列特异性地结合,其两端各有一个荧光基团,分别称为淬灭基团和报告基团。报告基团被特定波长的激发光所激发时会发出荧光,而淬灭基团如果位于报告基团附近,可以吸收报告基团所发出的荧光。在延伸阶段,当 Taq 酶在合成 DNA 的过程中遇上探针时,其 5′外切核酸酶活性会降解探针,使得探针两端的报告基团和淬灭基团彼此分离,报告基团发出荧光信号,该信号的强度和靶序列的特异性扩增数量相关(图 9－2)。

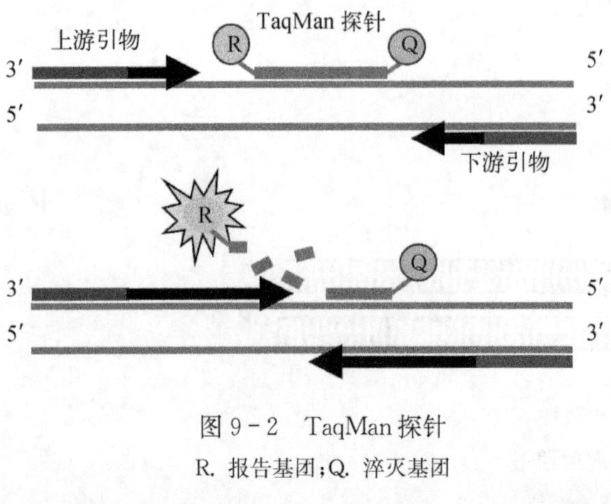

图 9－2 TaqMan 探针

R. 报告基团;Q. 淬灭基团

2. 荧光定量 PCR 的定量分析

PCR 能够有效地扩增微量的核酸样本，其靶序列的扩增数量与模板的起始浓度相关。人们很早就意识到可以利用这一技术来检测基因表达水平，但由于扩增效率的变化，使得普通 PCR 难以对样本进行准确和可靠的定量。根据 PCR 反应效率的不同，一个 PCR 反应可以分为 3 个阶段：指数期、线性期和平台期。

荧光定量 PCR 反应起始的若干个循环，产物还不能够产生足够的荧光信号，仪器所检测到的荧光信号会由于荧光染料的差异等因素影响而上下波动。对一系列早期的荧光信号数据(通常是 3～15 个循环)计算得到的平均值称为本底值(baseline)，通常表现为扩增曲线的水平部分。一般将本底值标准偏差的 10 倍作为阈值(threshold)，达到或超过阈值的荧光信号其强度已经比背景足够高，可以认为是一个可靠的信号(图 9-3)。荧光信号达到或超过阈值时所经历的循环数称为 C_T 值(cycle threshold，阈值循环)，不同样本的 C_T 值与其靶序列的起始含量有关。相同的 PCR 体系进行多次扩增，反应结束后终点产物量往往有很大差异(图 9-4A)，而 C_T 值具有很好的重现性，可以用来进行定量比较(图 9-4B)。

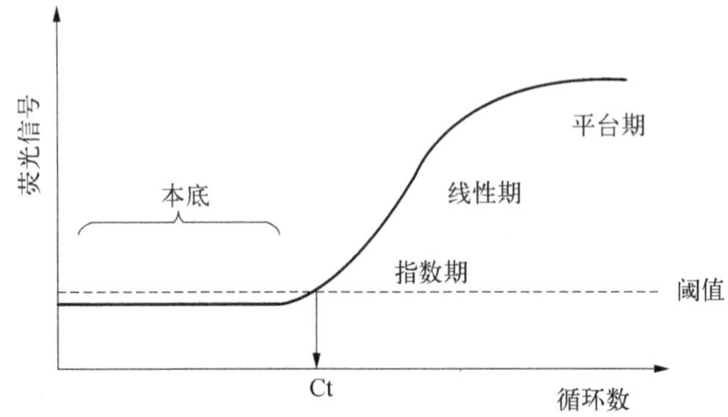

图 9-3　阈值和 C_T 值

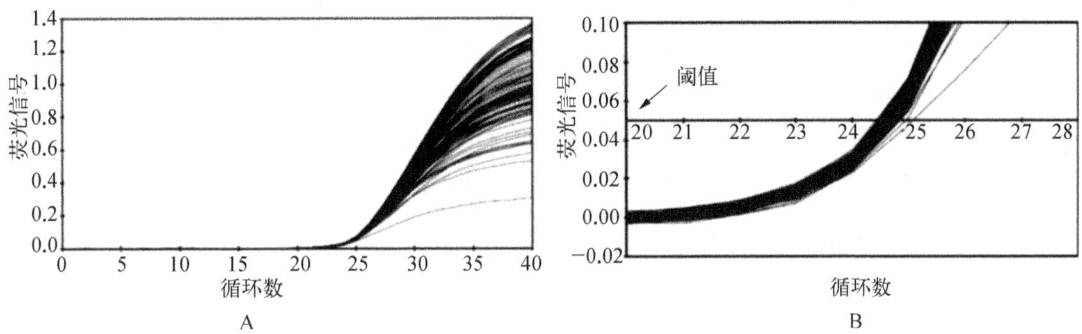

图 9-4　C_T 值的重现性

以人类基因组 DNA 作为模板，在相同的反应条件下对肌动蛋白进行 96 次扩增

实时定量 PCR 的定量方法分为绝对定量和相对定量两种。绝对定量是指采用已知拷贝数或浓度的标准品建立标准曲线，直接检测样本中靶序列的数量。这一方法较为准确，但标准品的准备和 DNA 含量的测定比较困难。相对定量采用内参(如一个管家基因的表达水平)对对照组和处理组的初始靶序列数量进行归一化校正，然后比较两者之间相对表达量的差异。

9.2　DNA 重组技术

DNA 重组技术诞生于 20 世纪 70 年代，又称为基因或分子克隆技术，是基因工程的核心技术。克隆(clone)是指获得相同的拷贝，早期这个名词仅仅局限于指从众多细胞中分离获得单细胞，使其进行自我复制并产生大量相同的细胞，从而获得足够数量的单一种类细胞以进行研究。以此类推，DNA 克隆指的是从 DNA 大分子中分离特定基因或 DNA 片段，然后连接到载体 DNA 上并进行大量复制，使特定基因或 DNA 片段选择性地被扩增。第一个重组 DNA 分子由美国斯坦福大学的 Paul Berg 获得，他于 1972 年将哺乳动物病毒 SV40 的一个 DNA 片段连接到 λ 噬菌体上，并因此于 1980 年获得诺贝尔化学奖。

DNA 克隆主要包括以下几步。

1) 采用限制性内切酶对 DNA 进行准确切割。

2) 选择一种能进行自我复制的小分子 DNA 载体，如果质粒或病毒 DNA。

3) 采用 DNA 连接酶，连接目的片段和载体。

4) 重组 DNA 分子转化到宿主细胞。

5) 对包含重组 DNA 分子的宿主细胞进行筛选和鉴定。

9.2.1 限制性内切酶与电泳

1. 限制性内切酶(restriction endonuclease)

限制性内切酶识别 DNA 上特殊的短序列并切开双链,其切割位点有时候位于靶位点,有时候位于其他位点,与限制性内切酶的种类有关。

(1) 限制性内切酶的生物学意义

"限制性"指的是由于细菌含有内切酶可以降解外源的 DNA,使得不同株系的细菌只能被特定的噬菌体所感染。1962 年,Werner Arber 及其同事基本阐明了这一分子机制。

1) 限制性内切酶和修饰酶组成限制-修饰体系,保护自身的 DNA,分解外来的 DNA。

2) 最常见的修饰酶是甲基化酶,能使细胞自身核酸特定序列上的碱基甲基化,从而避免被降解。

3) 外来核酸没有特异的甲基化修饰,就会被细胞的限制性内切酶所水解。

(2) 限制性核酸内切酶的命名

限制性内切酶采用 Smith 和 Nathan 在 1973 年提议的命名系统,按酶的菌株来源,取属名的第一个字母与种名的头两个字母组成的 3 个斜体字母表示;如有株名,再加上一个字母,然后再按发现的先后次序写上罗马数字。如 *Hind* III(发音为"hindee-three")是在 *Haemophilus influenza*(strain d)中被发现的,*Hin* 来自于属名 *Haemophilus* 的第一个字母和种名 *influenza* 的前两个字母,d 代表其株系,Ⅲ代表这是在该菌株中发现的第 3 个限制性内切酶。

(3) 限制性核酸内切酶的识别和切割特性

不同限制性核酸内切酶识别的 DNA 序列可以不相同。有的识别四核苷酸序列,有的识别六或八核苷酸序列。不同限制性核酸内切酶切割 DNA 的特异性可以不同,结果产生 3′突出黏性末端(cohesive end)、5′突出的黏性末端或平末端(blunt end),例如,*Eco*R Ⅰ产生 3′突出黏性末端:5′— G↓AATTC—3′,3′—CATAA↑G—5′。

2. 电泳

在 DNA 片段被限制性内切酶消化之后,研究者往往通过凝胶电泳来帮助观察和分析片段。以琼脂糖凝胶为支持介质的电泳已广泛应用于核酸研究中,为 DNA 分子及其片段的相对分子质量测定和 DNA 分子构象的分析提供了重要手段。本法操作简单迅速,分开的 DNA 可用低浓度的荧光染料(溴化乙锭)染色,在紫外灯下直接观察(图 9-5)。

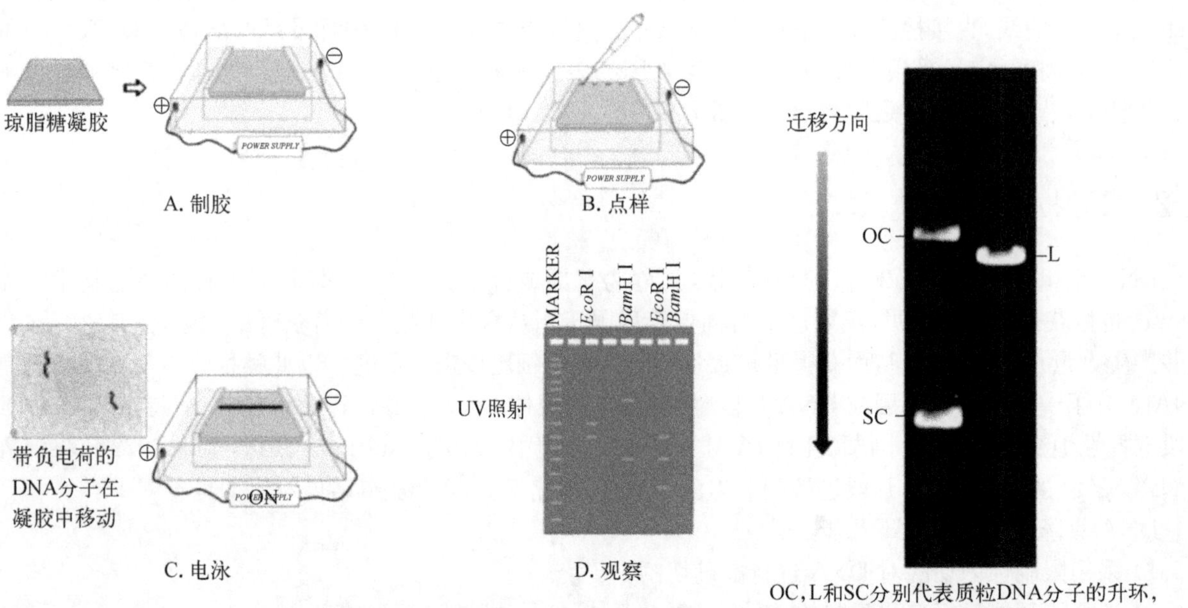

图 9-5 琼脂糖凝胶电泳

9.2.2 连接和转化

1. 连接

当DNA分子被切割以后,特定已知大小的DNA片段可以通过凝胶割胶回收的方法加以富集,再用DNA连接酶连接到克隆载体上。实验室常用的DNA连接酶是T4 DNA连接酶和大肠杆菌DNA连接酶,T4 DNA连接酶以ATP提供所需的能量,可以连接平末端和黏性末端;大肠杆菌DNA连接酶以NAD^+提供所需能量,只能连接平末端。

对于PCR产物,一种常用的克隆方法是TA克隆(TA cloning)。TA克隆方法把PCR片段与一个具有3′-T突出的载体DNA(即T载体)连接起来的方法。因为PCR反应中所使用的Taq酶往往具有末端转移酶的活性,会在产物3′端加上A,能与具有3′-T突出末端的T载体通过T/A配对进行连接,从而达到克隆PCR产物的目的。

2. 转化(transformation)

转化是指在原核生物中,通过将外源DNA导入受体细胞,从而获得新的遗传物质的方法。对于真核生物而言,这一过程被称为转染(transfection),转染就是原核生物中转化的同义词,因为在真核生物中,转化一词有别的含义(如细胞的癌化)。

转化过程中要求宿主细胞能够从环境中结合和摄取外源DNA,这种细胞称为感受态细胞(competent cell)。目前,感受态细胞最常用的制备方法是氯化钙法,这主要是基于1970年Mandel和Higa的实验结果,他们发现大肠杆菌用冰冷的$CaCl_2$处理后,在37℃或42℃瞬间加热,容易吸收λ噬菌体DNA,随后Cohn于1972年进一步证明质粒DNA用同样的方法也能进入细菌(图9-6)。

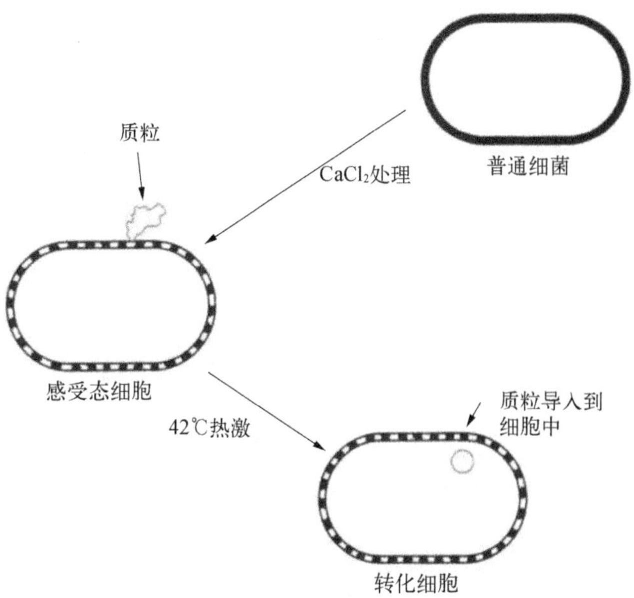

图9-6 感受态细胞的制备和转化

感受态细胞的质量好坏可以用转化率来衡量,即每微克用于转化的DNA在平板上形成的菌落数。转化率的变动幅度很大,一般来说,约$10^5/\mu g$的转化率足以满足普通克隆实验的需求。当载体携带目的片段进入宿主细胞时,如果宿主细胞具有限制-修饰系统,那么作为外源DNA的重组DNA分子很有可能被限制性内切酶攻击并降解。为了避免这一结果,实验室中制备感受态细胞的常用菌株如DH5α,都是限制和修饰系统缺陷型的突变菌株。

9.2.3 重组体筛选

转化过程中,只有部分重组DNA分子可以进入感受态细胞,应该如何将它们和那些未转化的感受态细胞区分开来?在载体上通常具有一些筛选标志,如pUC18携带一个氨苄青霉素(ampicillin)抗性基因。氨苄青霉素抑制细菌细胞壁肽聚糖的合成,而重组质粒的氨苄抗性基因编码产生β-内酰胺酶,能够水解氨苄青霉素中对其抗菌作用至关重要的β-内酰胺环结构。未转化的细胞中没有pUC18质粒,因此没有抗生素抗性,在含有氨苄青霉素的培养基上其生长会被抑制。而转化细胞中如果含有载体,不论是否携带目的片段,都能够在含有氨苄青霉素的培养基上正常生长,需要采用蓝白斑筛选等方法进一步加以区分。

蓝白斑筛选也称为"α-互补",在pUC18等载体上携带β-半乳糖苷酶基因(*lacZ*)的部分区域(称为*lacZ′*),编码β-半乳糖苷酶N端的146个氨基酸。多克隆位点(multiple cloning site, MCS)位于*lacZ′*基因内部,没有插入外源片段时不会破坏阅读框,*lacZ′*能够表达β-半乳糖苷酶的N端片段。宿主细胞可编码β-半乳糖苷酶C端部分序列,质粒和宿主细胞所表达的β-半乳糖苷酶都没有活性,但它们可融为一体,结合形成具有酶活性的蛋白质,从而实现α-互补。由α-互补而产生β-半乳糖苷酶在生色底物X-Gal存在时产生蓝色化合物,使菌落成为蓝色,因而易于识别。当外源DNA插入到质粒的多克隆位点后,会破坏阅读框产生无α-互补能力的蛋白质片段,使得带有重组质粒的细菌形成白色菌落。

9.2.4 分子杂交技术

核酸分子杂交技术是分子生物学领域中最常见的基本技术方法之一,已被广泛用于分子生物学领域中的克隆筛选、酶切图谱制作和基因定点突变分析等方面。其基本原理是:具有同源性的两条核酸单链在一定的条件下(适宜的温度及离子强度等),可按碱基互补原则退火形成双链,如果这两条链的来源不同,则形成了杂交分子。用分子杂交进行定性或定量分析的最有效方法是将一种核酸单链用同位素或非同位素标记成为探针(probe),再与另一种核酸单链进行分子杂交。

早期进行的杂交是在溶液中进行的,探针与靶序列在溶液中杂交,通过平衡密度梯度离心分离杂交体。20世纪60年代中期,Nygaard等开始应用固相膜杂交技术,他们用标记DNA或RNA探针检测固定在硝酸纤维素(NC)膜上的DNA分子。在该技术的基础上,形成了现在广泛采用的印迹技术。

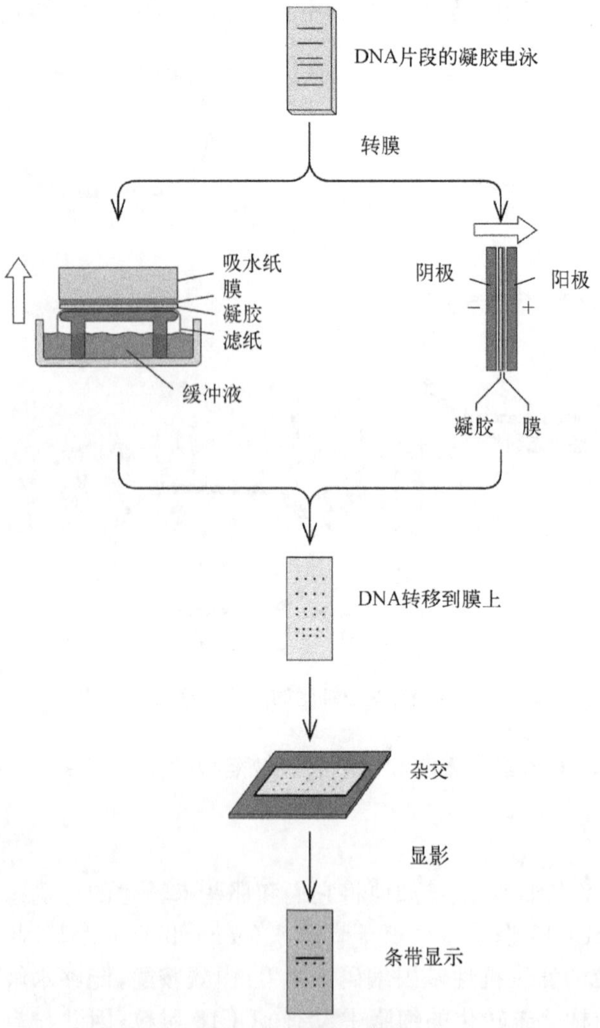

图9-7 Southern印迹杂交技术(Weaver, 2002)

1. Southern印迹杂交(Southern blotting)

Southern印迹杂交是指DNA/DNA的杂交。将DNA标本用限制性内切酶消化后,经琼脂糖凝胶电泳分离各酶解片段,然后经碱变性,Tris缓冲液中和,高盐下根据毛细管作用的原理,将DNA从凝胶中转印至硝酸纤维素膜上,烘干固定后即可用于杂交。凝胶中DNA片段的相对位置在DNA片段转移到滤膜的过程中继续保持着。附着在滤膜上的DNA与探针杂交,确定与探针互补的每条DNA带的位置,从而可以确定在众多酶解产物中含某一特定序列的DNA片段的位置和大小。由于它是由E. Southern于1975年首先设计出来的,故名Southern印迹杂交(图9-7)。Southern blotting是研究DNA图谱的基本技术,同时在遗传诊断和PCR产物分析等方面也有重要价值。

2. Northern印迹杂交(Northern blotting)

Northern印迹杂交是一项用于检测特异性RNA的技术,该技术正好与DNA/DNA杂交相对应,故被趣称为Northern印迹杂交。RNA混合物首先按照它们的大小和相对分子质量通过变性琼脂糖凝胶电泳加以分离,一般在进样前用甲基氢氧化汞、乙二醛或甲醛使RNA变性(以避免其二级结构影响其电泳迁移率),分离出来的RNA被转至尼龙膜或硝酸纤维素膜上,再与标记的探针进行杂交。通过杂交结果可以对表达量进行定量或定性分析。Northern杂交是研究基因表达的有效手段。与Southern杂交相比,Northern杂交的条件严格些,特别是RNA容易降解,前期制备和转膜要防止RNA酶的污染。

3. Western印迹杂交(Western blotting)

Western blotting可从混合蛋白质中检测出特异性抗原,该技术被广泛应用于蛋白质研究。其原理相似于Southern印迹杂交和Northern印迹杂交,被称为蛋白质印迹技术(Western blotting)。基本方法为:第一步,先将蛋白质混合物进行聚丙烯酰胺凝胶电泳展开,然后将凝胶中的蛋白质条带转移到固相膜上(硝酸纤维素膜或PVDF膜)。第二步,用待测目的蛋白质的抗体(第一抗体)与固相膜上的蛋白质混合物相互作用，再与辣根过氧化物酶（HRP）或碱性磷酸酶（AP）标记的第二抗体作用，如果第一抗体能与目的蛋白结合，则二抗可以与第一抗体结合，那么二抗上的标记酶与底物的反应后显色或发光，即可确定固相膜上靶蛋白的位置及相对分子质量大小（图 9－8）。

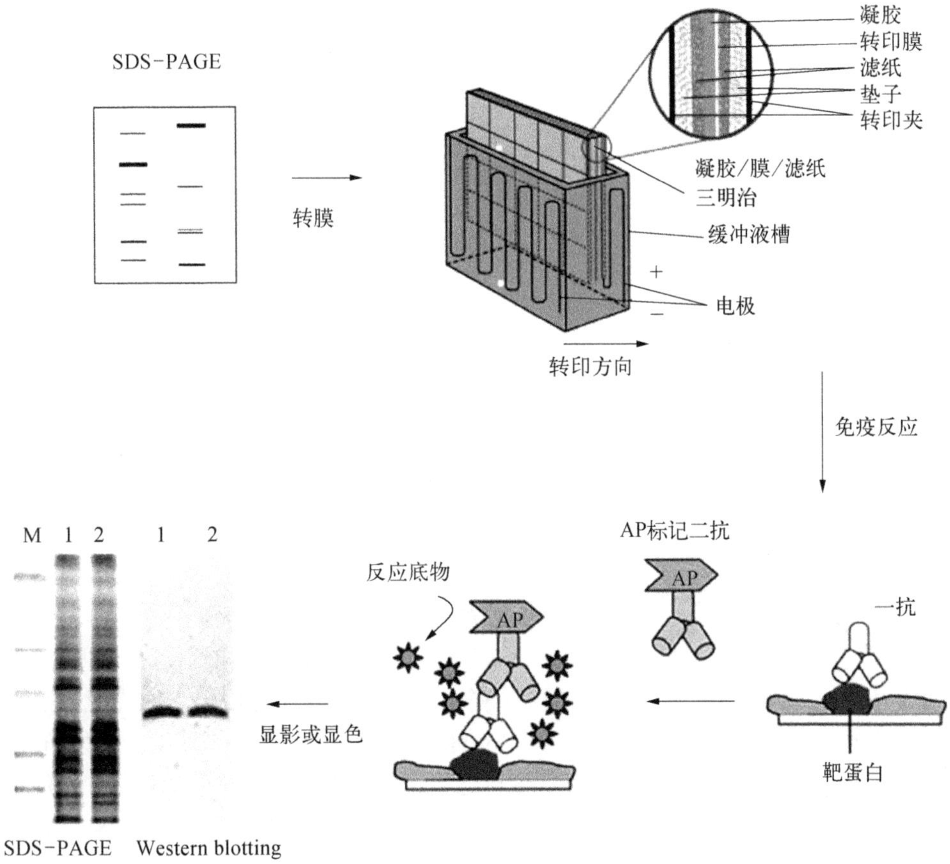

图 9－8 Western 印迹杂交

9.2.5 载体

携带外源 DNA 进入宿主细胞并进行复制的运载工具称为载体，常见的载体包括质粒、噬菌体、动（植）物病毒和人工染色体等。一般来说，载体应具有以下特点：具有自主复制能力；具有易于筛选的选择标志，以区分宿主细胞是否携带该载体；含有多克隆位点（MCS），方便目的片段的插入；只保留必要序列，便于导入宿主细胞和繁殖；使用安全。

1. 质粒

质粒（plasmid）是细菌或细胞染色质以外的、能自主复制的、与细菌或细胞共生的遗传成分。一般是染色质外的双链共价闭合环状 DNA（covalently closed circular DNA，cccDNA），可自然形成超螺旋结构，是能独立复制的复制子（autonomous replicon），可随宿主细胞分裂而传给后代。按质粒复制的调控及其拷贝数可分两类：一类是严紧控制（stringent control）型质粒，其复制常与宿主的繁殖偶联，拷贝数较少，每个细胞中只有 1 个到十几个拷贝；另一类是松弛控制（relaxed control）型质粒，其复制与宿主不偶联，每个细胞中有几十到几百个拷贝。

以一种常见的大肠杆菌质粒 pUC18/19 为例（图 9－9），来介绍质粒的一些基本特征。pUC18/19 为松弛控制型质粒，长 2 686 bp，包含：① *rep* 基因，负责质粒的复制。② *bla* 基因，即氨苄青霉素抗性基因（amp^r），负责编码 β－内酰胺酶，与氨苄青霉素抗性有关。③ *E. coli* 乳糖操纵子部分区域，包括编码 β－半乳糖苷酶 α 肽链的 *lacZ′* 基因，可用于蓝白斑筛选。

2. 噬菌体载体

自从 1974 年首个病毒克隆载体被构建以来，λ 噬菌体载体在 DNA 重组实验中得到了广泛的应

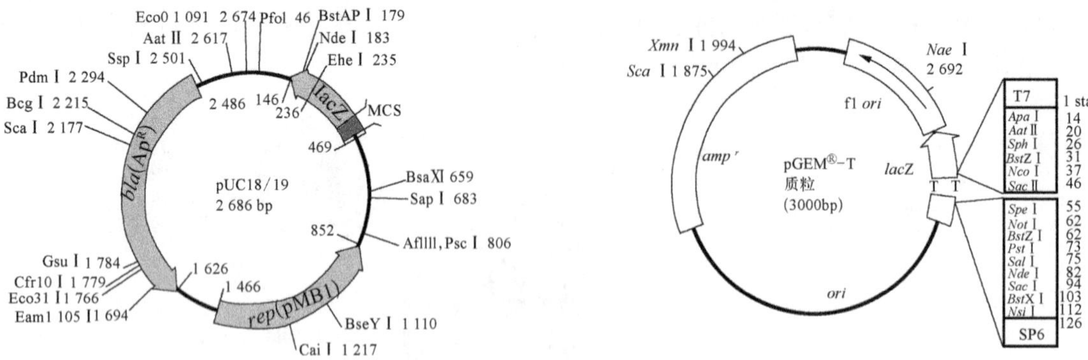

图 9-9 pUC18/19 质粒和 pGEM-T 质粒

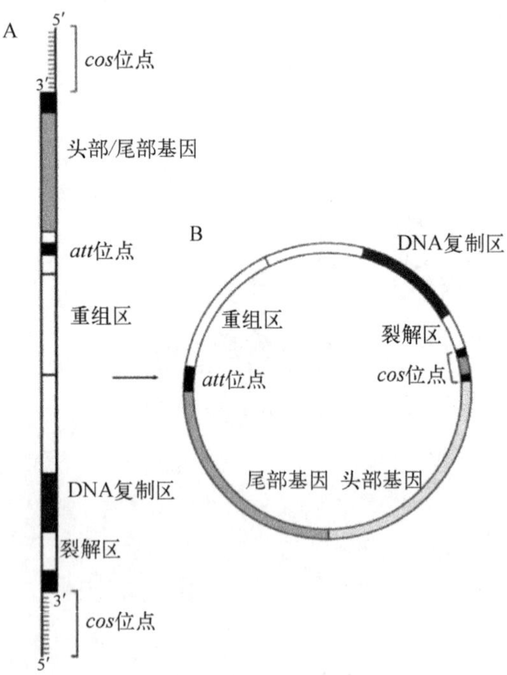

图 9-10 噬菌体颗粒中的线性 λDNA 分子(A)和细胞中的环形 λDNA 分子(B)

用。λ 噬菌体 DNA 是线状双链 DNA 分子,全长约 50 kb,每条链各带 12 bp 长的单链互补末端——黏性末端(*cos* 序列)。进入宿主细胞后不久,*cos* 序列碱基配对环化(图 9-10)。相对于质粒载体而言,λ 噬菌体由于能容纳比较大的 DNA 片段,同时携带外源 DNA 导入细胞的效率远高于细菌质粒的转化,更适用于基因文库构建等对载体容量要求较高的工作。

λ 载体可以分为插入型和置换型。插入型 λ 载体一般只具有一个可供外源 DNA 片段插入的克隆位点,这类 λ 载体容量较小,能容纳约 10 kb 的外源 DNA 片段,适用于 cDNA 文库的构建等。置换型 λ 载体具有成对的克隆位点,两个位点之间的 λDNA 片段可被外源插入的 DNA 片段所取代,置换型载体最大约能容纳 26 kb 的外源 DNA 片段,适用于基因组文库的构建。

3. 单链 DNA 噬菌体载体

M13 是一种典型的丝状噬菌体,与 λ 噬菌体相比,M13 DNA 相对分子质量比较小,只有 6.4 kb,在通常情况下为单链环状 DNA。M13 DNA 通过细菌纤毛进入大肠杆菌,以单链 DNA 分子作为模板合成互补链,形成双链环形分子,或称为复制形态(replicative form, RF)分子,在一个细胞中的拷贝数可达到 100 个左右。作为载体,M13 吸引人之处在于,可产生大量含外源 DNA 片段的单链 DNA 分子,用于序列测定、探针制备和寡聚核苷酸定点突变等。M13 载体系列命名为 M13mp*n*,其中 *n* 代表整数,如 M13mp8 和 M13mp18 等,这些载体同样具有 MCS 和 *lacZ'* 基因用于蓝白斑筛选,以方便单链 DNA 分子的克隆。M13 DNA 可以很方便地制备克隆基因的单链 DNA,但也存在一些不足之处,如遗传稳定性不好,能容纳的外源 DNA 片段大小十分有限等。因此,人们设计构建了一系列新的质粒载体,如 pBluescript 系列(图 9-11),整合了质粒载体和 M13 载体的特征,如同时具有质粒和噬菌体的复制起点,具备常规质粒能够快速增殖和操作方便的优点;具有丝状噬菌体 f1 的 IG 区,含单链复制起点,当辅助噬菌体(helper phage)存在时,可以像 M13 DNA 那样合成单链 DNA 并包装成噬菌体颗粒;在多克隆序列的两端插入高效转录的 T3 和 T7 启动子,用相应的 RNA 聚合酶能进行体外转录,适用于 RNA 探针制备。

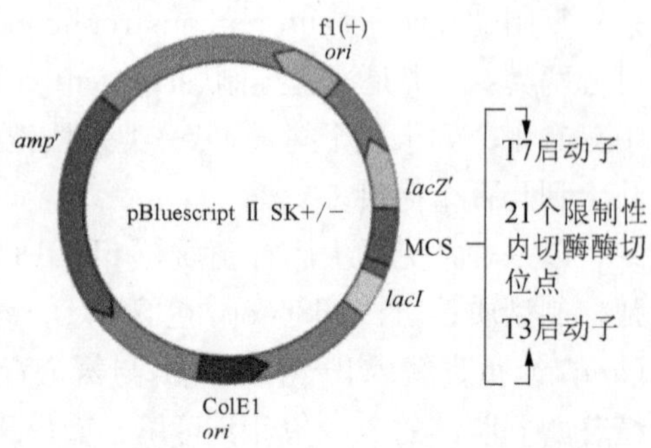

图 9-11 pBluscript 载体

4. 柯斯质粒(cosmid vector)和人工染色体

cosmid 是 cos site-carrying plasmid 的缩写，指带有黏性末端位点(*cos*)的质粒，是人工构建的既含有 λDNA 的 *cos* 序列，又包含质粒复制子的特殊质粒载体。其特点是具有 λ 噬菌体高效转导的特性，又能够像质粒 DNA 一样在寄主细胞内自主复制，并携带抗性基因；同时具有高容量的克隆能力，可携带 35～48 kb 的外源 DNA。如 pJB8 柯斯质粒载体，其 λDNA 部分含有 *cos* 位点，两侧还具有和噬菌体包装有关的 DNA 短序列，质粒 DNA 部分具有复制起点和氨苄抗性基因。应用柯斯质粒载体，在大肠杆菌中克隆大片段真核基因组 DNA 的技术称为柯斯克隆(cosmid clonig)，其基本过程如图 9-12。

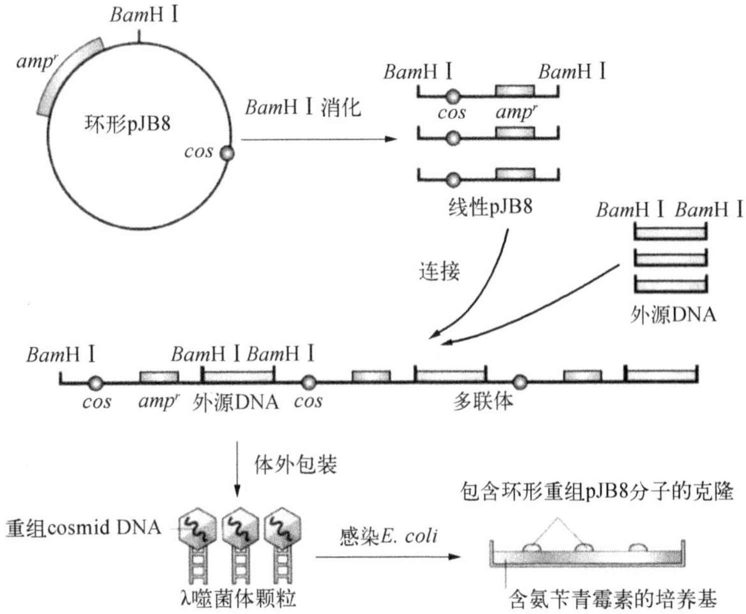

图 9-12　柯斯克隆过程(Brown, 2010)

酵母人工染色体(yeast artificial chromosome, YAC)是用于在酵母细胞中克隆外源 DNA 大片段的克隆载体，由从酵母中分离出来的 DNA 复制起始序列(ARS，自主复制序列)、着丝点及来自四膜虫染色体的端粒和一些选择性标记所组成，能自我复制。酵母人工染色体可插入 100～2 000 kb的外源 DNA 片段，可以包含特定的基因全部序列，这样可以保持基因序列的完整性。以 pYAC3 酵母人工染色体为例(图 9-13)，*TEL* 是一个端粒序列；*CEN4* 是 *S. cerevisiae* 4 号染色体的着丝粒序列；*ARS*(自主复制序列)相当于酵母的复制起点；*SUP4* 在外源片段插入时失活，用于红-白颜色筛选(类似于大肠杆菌中的蓝白斑筛选)；*TRP1* 和 *URA3* 是酵母筛选标志，使得酵母能够在缺乏某种营养物质的选择培养基上生长。如 *TRP1* -突变菌株无法在缺乏色氨酸的培养基上生长，当该突变菌株作为宿主细胞导入含 *TRP1* 基因的 pYAC3 人工染色体载体后，则会具备合成色氨酸的能力。

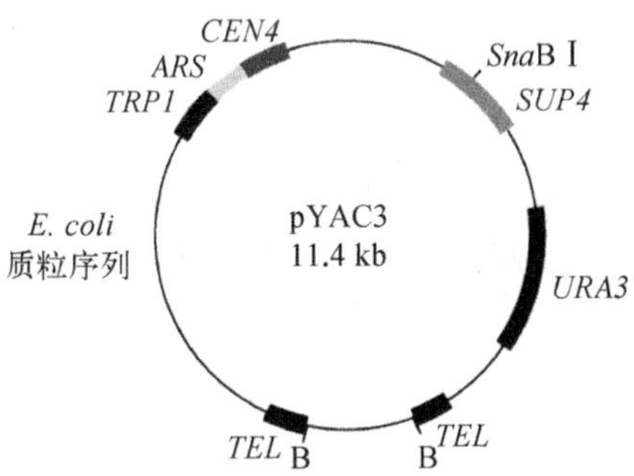

图 9-13　pYAC3 酵母人工染色体

5. 真核载体

在分子生物学研究中，大肠杆菌是最常用的模式生物，人们所使用的大部分载体也是以大肠杆菌等原核生物作为宿主细胞。但在一些重要研究领域，如控制或促进动植物某重要代谢产物的合成(如人体的胰岛素)，或改变机体的遗传性状获得转基因动植物，以及基因治疗等，都需要能在真核细胞中应用的载体。

(1) 穿梭载体

大多数真核载体是以穿梭载体的形式构建，也就是整合了大肠杆菌和相应真核宿主细胞的复制起始序列和筛选标志，因而是可以在两种不同类群宿主中存活和复制的质粒载体。由于在原核体系中基因的复制、扩增和测序等易于进行，因此利用穿梭载体可以先在原核体系将重组载体构建好并大量复制，再转到真核细胞中去，为真核细胞基因工程操作提供了很大的方便。如酵母附加体质粒(yeast episomal plasmid, YEp)，又叫 2 μm 质粒[2 micron(2 μm) plasmid]，长约 6 kp，由于其平均周长约为 2 μm 而得名，由 Beggs 在 1978 年首次构建。附加体一词意味着 YEp 可以作为一个独立的质粒进行复制，也可以整合到酵母的其中一条染色体上。如 pESC-HIS，包含 2 μm 质粒的复制起点序列和筛选标志 *HIS3* 基因(参与组氨酸的合成)，以及大肠杆菌 pUC 质粒的复制起点和氨苄青霉素抗性基因，属于在酵母和大肠杆菌中都可以进行复制和筛选的穿梭质粒。包含 GAL1 和 GAL10 两个相反方向的酵母启动子，两个 MCS 多克隆位点，在两个启动子下游各有一个终止子序列(图 9-14)。

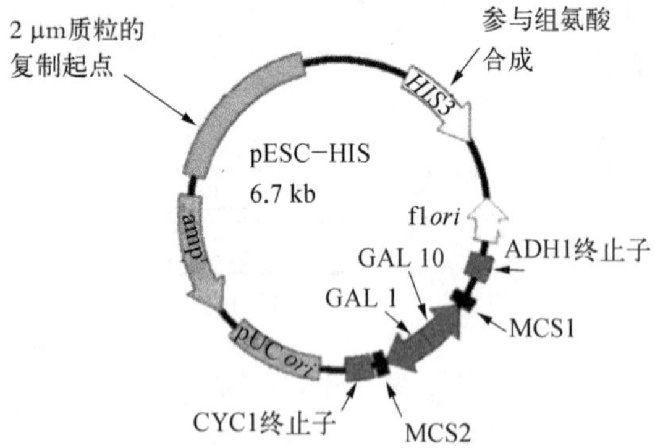

图 9-14 pESC-HIS 穿梭质粒

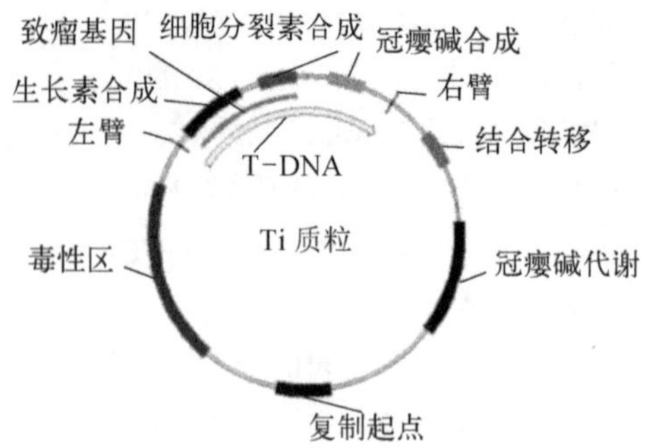

图 9-15 Ti 质粒

(2) 农杆菌转导

高等植物中并没有质粒,而一种叫农杆菌的土壤微生物所携带的 Ti 质粒,却在植物基因工程中发挥了重要作用。农杆菌能在双子叶植物受到损伤时侵染损伤部位,并诱发冠缨瘤。诱发冠缨病的质粒叫 Ti 质粒(tumor-inducing plasmid),约 200 kb。Ti 质粒一个非常显著的特征是在感染之后,质粒分子上的一部分区域可以整合到植物染色体上,并能保持一种稳定的形态传递给子代细胞,这一区域被称为 T-DNA。T-DNA 大约 15～30 kb,包含若干个与冠瘿瘤形成有关的致瘤基因(*onc* 基因),能够在植物细胞中表达。T-DNA 两侧边缘区是一对保守的 25 bp 长的正向重复序列,对于 T-DNA 的转移和整合过程是必需的(图 9-15)。致瘤基因如果用外源 DNA 片段取代,构建非致瘤 Ti 质粒(disarmed Ti plasmid),并不影响 T-DNA 的转移和整合。

T-DNA 的这些特性在植物基因工程中非常有用,但 Ti 质粒过于庞大的相对分子质量在实际操作中有诸多不便,例如,人们很难在长达 200 kb 的质粒序列中找到一个单一酶切位点,同时野生型 Ti 质粒的感染会导致植物产生冠瘿病,这种组织难以再生出健康的植物。为此,在 Ti 质粒的基础上,人们发展了一些新的方法将外源基因导入到植物细胞中。以双元载体法为例,该方法主要基于这样一个现象,当 T-DNA 和不含 T-DNA 的 Ti 质粒分别位于同一细菌内的不同载体分子上时,仍然会发生整合现象。因此,可以在一个普通大肠杆菌质粒上构建重组 T-DNA,然后再转化到携带 Ti 质粒但缺失 T-DNA 序列的农杆菌中。含有 T-DNA 的质粒由于相对分子质量比较小,又能够在大肠杆菌中复制,可以方便地进行分子生物学操作。

(3) 杆状病毒(baculovirus)

杆状病毒顾名思义具有杆状衣壳和一个环形双链 DNA 分子,能有效地感染节肢动物(特别是昆虫),通常不感染哺乳动物细胞,因此基于这类病毒的载体系统感染人类的风险较低。例如,有一类叫核型多角体病毒(nuclear polyhedrosis virus)的杆状病毒,在其感染过程中,病毒颗粒被包裹在多角体(polyhedra)之内。多角体是一种主要由多角体蛋白(polyhedron)组成的核内包涵体,对于病毒颗粒有保护作用,使其保持稳定和感染能力,对于昆虫的感染必不可少,但对于细胞之间的感染不是必需的。多角体蛋白在病毒感染后期合成,其合成量可达到细胞蛋白质合成总量的 50%,如果用外源基因替换多角体蛋白基因,也能获得相同的蛋白质合成量。

杆状病毒基因组 88～220 kb 的大小对于基因操作来说过于庞大,因此通常先把外源 DNA 插入到转移载体内。转移载体基于大肠杆菌质粒,携带多角体蛋白基因启动子,以及其他必要的表达信号。插入外源片段的重组转移载体与未重组的病毒 DNA 共转染昆虫细胞,通过多角体蛋白基因启动子两端的侧翼同源序列与未重组病毒 DNA 在胞内发生同源重组,使多角体基因被外源基因取代,从而将外源基因整合到病毒基因组的相应位置,获得重组的杆状病毒。

(4) 哺乳动物病毒载体

由于哺乳动物病毒能够高效地将外源核酸导入到哺乳动物细胞之中,并进行大量的复制和表达,因此在哺乳动物基因克隆中得到了广泛的应用,如获得转基因动物,以及在哺乳动物细胞株中表达重组蛋白等。同时,哺乳动物病毒载体还在基因治疗中发挥了重要作用。猿猴病毒 40(SV40)是第一个应用于哺乳动物细胞的病毒载体，基因组大小为5.2 kb，包含在感染前期表达的“早期”基因，编码与病毒DNA复制相关的蛋白质；以及“晚期”基因，编码病毒衣壳蛋白。与λ噬菌体相似，由于包装的限制，SV40能够容纳的外源DNA片段大小非常有限，不适合大片段DNA的克隆。目前，常用的哺乳动物病毒载体大致可以分为四类：腺病毒(adenovirus)、腺相关病毒(adeno-associated virus, AAV)、疱疹病毒(herpesvirus)和反转录病毒(retrovirus)。

9.2.6 基因文库

基因文库(gene library)是指将基因组DNA(或cDNA)切割后，所产生的DNA片段随机地同相应的载体进行重组、克隆，得到的克隆群体代表了基因组DNA(或cDNA)的所有序列，这一克隆群就称为某一物种的基因文库。

按组成基因文库的DNA片段的供体来源，基因文库可分为基因组文库(genomic DNA library)和cDNA文库(cDNA library)两大类。在基因组文库中，重组的DNA片段来源于某种特定生物个体的基因组DNA。cDNA文库中重组DNA片段的原始供体则来源于细胞中表达出的mRNA。这两类不同的基因文库有各自不同的适用范围。基因组文库主要用于基因组物理图谱构建、基因组序列分析、基因在染色体上的定位及基因组中的结构和组织形式分析等方面，是开展基因组研究的基础。此外，基因组文库在克隆鉴定基因调控元件上也有特别的用途。而cDNA文库在研究具体某类特定细胞中基因的表达状态及表达基因的功能鉴定方面具有特殊的优势，从而使它在个体发育、细胞分化、细胞周期调控、细胞衰老和凋亡调控及疾病发生的分子机制等生命现象的研究中具有更为广泛的应用价值，是研究工作中最常使用的基因文库。

1. 基因文库的构建

以cDNA文库为例，介绍基因文库构建的主要步骤。

(1) 制备mRNA样品

mRNA样品的纯度对构建出的cDNA文库的质量有重要的影响。从细胞总RNA中分离纯化出所占比例为1%～2%的mRNA，主要利用绝大多数真核mRNA 3′端都具有长度为20～250个腺苷酸组成的poly(A)尾巴这一结构特征。通过与偶联在惰性固相介质(如纤维素)的oligo(dT)寡核苷酸退火，总RNA中的mRNA成分通过其3′端poly(A)尾与oligo(dT)互补杂交固定在固相介质上，从而与总RNA的其他成分分离，再采用优化的洗涤、洗脱条件处理，就可将结合在固相介质上的mRNA解离下来，制备出符合cDNA文库构建要求的纯化mRNA样品。

(2) 合成cDNA第一链

以mRNA为模板，通过反转录酶作用将其反转录合成互补的单链cDNA，有两种基本方法。第一种基本方法是oligo(dT)引导cDNA合成法。由12～20个脱氧胸腺嘧啶核苷酸组成的人工合成寡核苷酸片段，与mRNA 3′端的poly(A)尾退火后，作为引物引导反转录酶以mRNA为模板合成互补cDNA。用oligo(dT)寡核苷酸作引物的好处是反转录反应基本被限定，因此，当制备的mRNA样品混有少量rRNA时，不会对构建出的cDNA文库的质量构成严重影响，缺点是只能从模板mRNA 3′端起始引发cDNA的合成。合成cDNA第一链的另一种基本方法是采用随机引物引导cDNA合成。随机引物是人工合成的由4种核苷酸残基随机组合而成，长度为6～10个核苷酸的寡核苷酸片段混合物，利用这一混合引物引导cDNA合成时，一条模板mRNA上可能会同时杂交上多个引物序列，并在模板多处位点上同时引发cDNA反转录合成。因此，反转录反应的引发效率高，在同一模板上，可以合成出多条相互重叠的cDNA片段，克服了oligo(dT)引导合成法的缺点，能更有效地反映出表达mRNA全长的序列信息，从而提高了文库质量。使用随机引物合成cDNA时需注意的一点是，这些引物不仅能以mRNA为模板，也能以任何种类的RNA分子为模板进行反转录。

(3) 合成cDNA第二链

以常用的置换合成法为例：首先由RNA酶H作用于mRNA-cDNA杂合链，mRNA产生切口和缺口，形成若干个小片段，以这些RNA小片段作为引物，由大肠杆菌DNA聚合酶Ⅰ以cDNA第一链为模板合成互补的cDNA片段，再通过DNA连接酶把这些cDNA片段连接成cDNA第二链，最后使用T4 DNA聚合酶使 cDNA 双链末端变为平末端(图 9-16)。已经制备好的双链 cDNA 和一般 DNA 一样,可以插入到载体中并导入宿主细胞。

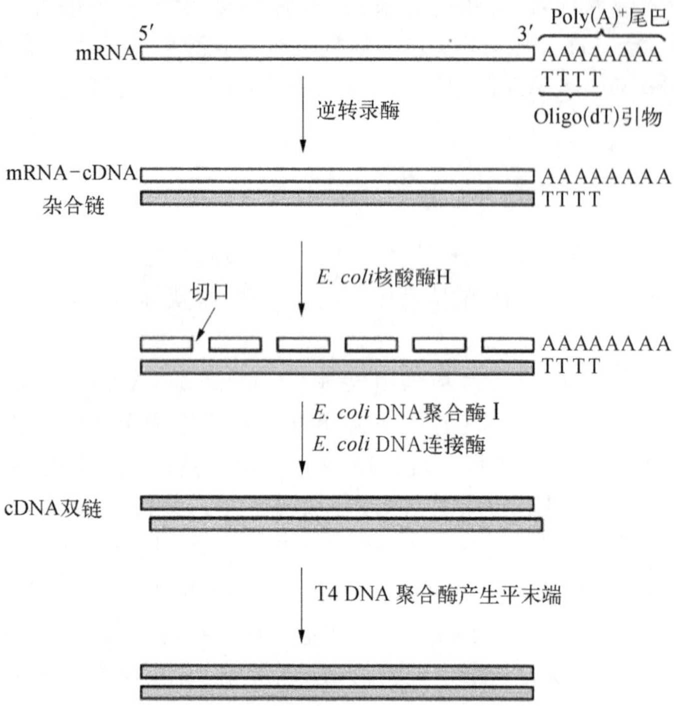

图 9-16 置换合成法合成 cDNA 第二链

2. 基因文库的筛选

文库构建完成以后,最终目的是从文库中分离人们感兴趣的目的基因。原位杂交与染色体步移是两种常见的筛选方法。

(1) 原位杂交

菌落原位杂交是 DNA 探针与菌落 DNA 的杂交。1975 年,Grunstein 和 Hogness 根据检测重组体 DNA 分子的核酸杂交技术原理,发展出了一种菌落杂交技术。这类技术是把菌落或噬菌斑转移到硝酸纤维素滤膜上,使溶菌变性的 DNA 同滤膜原位结合,因为生长在培养基平板上的菌落或噬菌斑,是按照其原来的位置不变地转移到滤膜上,并在原位发生溶菌、DNA 变性和杂交作用,故称为菌落原位杂交。这些带有 DNA 印迹的滤膜烤干后,再与放射性标记的特异性探针杂交。漂洗除去未杂交的探针,同 X 射线底片一道曝光。根据放射自显影所揭示的同探针序列具有同源性的 DNA 的印迹位置,对照原来的平板,便可以从中挑选出含有插入序列的菌落或噬菌斑(图 9-17)。

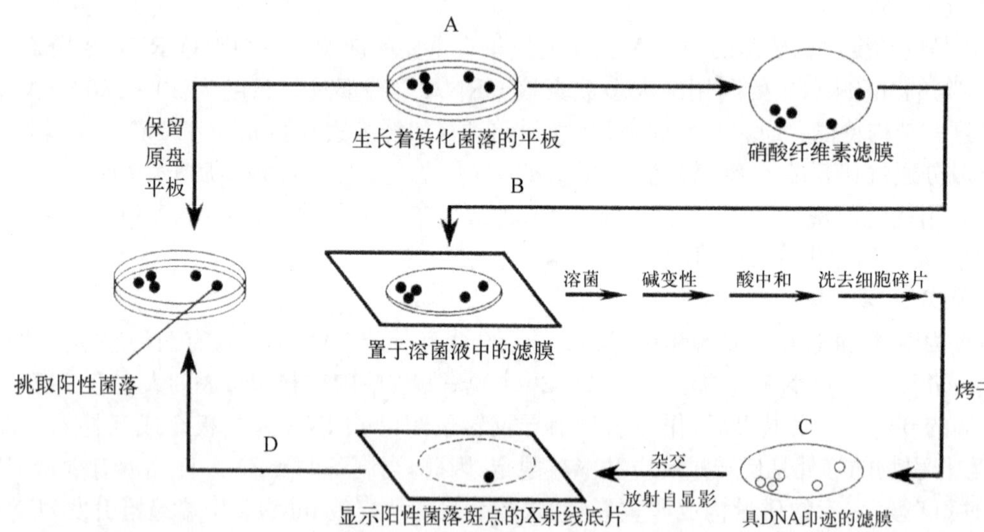

图 9-17 菌落原位杂交技术流程

A. 将硝酸纤维素滤膜铺放在生长着转化菌落的平板表面,使其中的质粒 DNA 转移到滤膜上。B. 取出滤膜,作溶菌、碱变性、酸中和等处理后,置 80℃烤 2 h。C. 带有 DNA 印迹的滤膜同 32P 标记的适当探针杂交,以检测带有重组质粒(含有被研究的 DNA 插入片段)的阳性菌落。D. 将放射自显影的 X 射线底片同保留下来的原菌落平板对照,从中挑出阳性菌落供进一步的分析研究

菌落原位杂交在基因克隆的重组体筛选中有十分重要的作用。要从由成千上万大量的菌落或噬菌斑组成的真核基因文库中鉴定出含有期望的重组体分子的菌落或噬菌斑,工作量是相当大的,而采用该技术则可方便地检测出大量的阳性菌落或噬菌斑。

(2) 染色体步移(chromosome walking)

在应用基因组文库克隆基因时,有可能知道该基因在染色体上的位置,但没有相关的序列信息,因此无

法制备探针直接筛选文库。此时,可以通过染色体步移的方法来克隆目的基因。染色体步移的基本原理是:首先利用离目的基因一定距离但序列已知的 DNA 片段制备探针,筛选文库得到第一个阳性克隆的插入片段;其次用这个片段的末端区域作为探针进行第二轮的文库筛选,得到的第二个阳性克隆中,其插入片段同上一个插入片段的末端序列有可能是部分重叠的,也就是这两个片段是属于同一条染色体上相邻的叠连片段(contig);最后用第二个阳性克隆插入片段的末端部分作为探针,进行下一轮的文库筛选,重复这一系列操作,逐步逼近并最后达到待克隆的基因(图 9-18)。

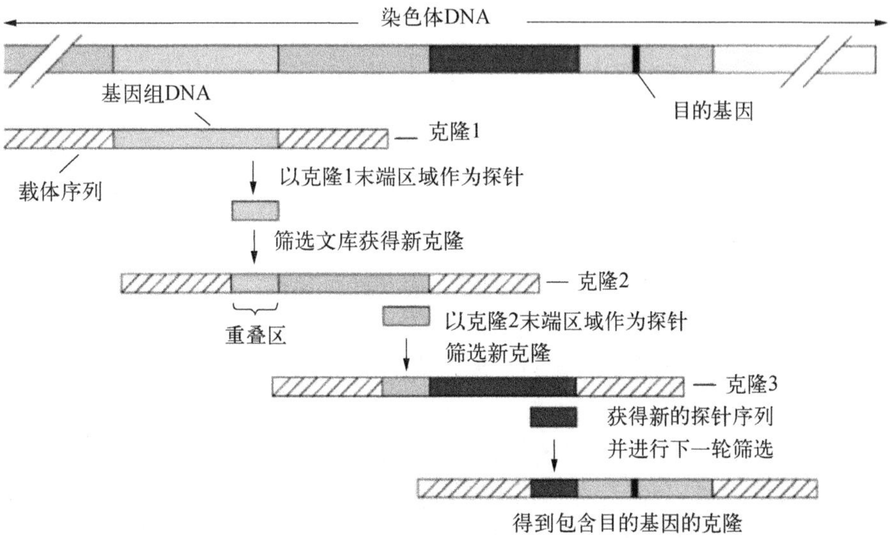

图 9-18　染色体步移技术流程

9.3　RNA 干扰

9.3.1　siRNA 的发现及其主要作用机制

在植物和动物中,将一些小的双链 RNA(dsRNA)注入细胞内后,这些 dsRNA 可以高效、特异地阻碍某些基因表达,诱使细胞表现出特定基因缺失的表型,此现象称为 RNA 干扰(RNA interference, RNAi)。介导这种现象发生的小分子 RNA 称为小干扰 RNA(siRNA),siRNA 是由 21～25 个核苷酸组成的特殊双链 RNA,一般 GC 含量为 30%～50%,siRNA 具有 5′单磷酸和 3′羟基末端,互补双链的 3′端均有一个 2～3 碱基的单链突出末端(图 9-19)。siRNA 通过结合并启动同源 mRNA 的降解来下调相应基因的表达,Andrew Fire 和 Craig C. Mello 由于首先在线虫中发现了这一现象而获得 2006 年诺贝尔生理学或医学奖。

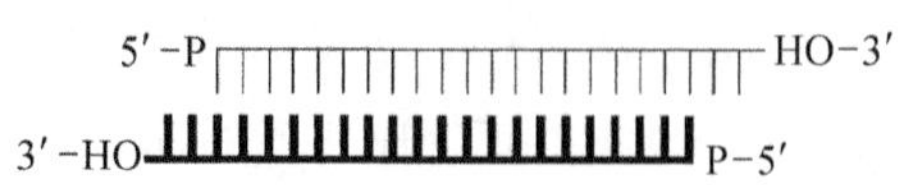

图 9-19　siRNA 结构示意图

在 RNAi 过程中,一种称为 Dicer 的核酸酶负责将 dsRNA 转化为 siRNA,该酶属于 RNase Ⅲ家族,在催化过程中以二聚体的形式出现,两侧各有一个内切核酸酶的活性位点,在 dsRNA 上相距约 22 bp 的距离切断 dsRNA。由于各种生物体内 Dicer 结构略有不同,致使不同生物体内 siRNA 长度存在微小差别。siRNA 形成之后,与一系列特异性蛋白质结合形成 siRNA 诱导干扰复合体(siRNA induced interference complex, RISC)。RISC 中的解旋酶(Helicase)解开 siRNA 的双链,并将其正义链与靶 mRNA 置换,mRNA 取代 siRNA 正义链与其反义链互补,然后在互补区的中间,距离 siRNA 反义链 3′端约 12 bp 处切断靶 mRNA 序列并使其降解。同时,当 siRNA 反义链识别并结合靶 mRNA 后,siRNA 反义链也可以作为引物,以靶 mRNA 为模板,在依赖于 RNA 的 RNA 聚合酶(RNA dependent RNA polymerase, RdRP)催化下合成新的 dsRNA,然后由 Dicer 切割产生新的 siRNA,经过若干次循环,沉默信号就会不断放大,从而最终导致特定基因沉默(图 9-20)。

9.3.2 siRNA 研究技术

1. siRNA 的设计

在非哺乳动物中(如拟南芥、果蝇和线虫等),通过体外转录制备目标基因的长双链 RNA(dsRNA,通常 200 bp 或以上),直接用 dsRNA 进行 RNAi 实验即可,不需要逐个设计合成单个 siRNA,dsRNA 在生物体内会被 Dicer 降解为多个 siRNA 混合物,往往比单个 siRNA 更为有效。但在哺乳动物细胞中,直接使用 dsRNA 效果不理想,并有可能诱导免疫应答或产生细胞毒性。当发现 RNAi 的机制是由 21 nt 的小 RNA 分子介导之后,Tuschl 及其同事证明 21 nt 的 siRNA 双链可以在果蝇和哺乳动物细胞中有效地敲除目的基因的表达,同时不会诱导免疫反应或细胞毒性。目前,哺乳动物 RNAi 敲除实验一般都是直接应用 siRNA,或者通过质粒/病毒载体编码能够最终产生 siRNA 的 RNA 分子。

对于有效 siRNA 未知的基因,siRNA 的设计是决定 RNAi 实验成败关键性的第一步。siRNA 设计过程中,通常首先需要鉴定并选择不与翻译因子或调节蛋白结合的编码区(如起始密码子下游约 115 bp 的区域),然后挑选一个以 AA 或 NA 二核苷酸起始,长约 20 个碱基,GC 含量为 35%~75%的序列。起始二核苷酸决定了反义序列 3′突出的序列组成,也就是说对于包含 20 个碱基的 AA(N_{20}),其反义链 3′端为 UU 或 dTdT。另一条基本的原则是,siRNA 双链中反义链的第 2~7 位种子区域(seed region),要尽量避免与非目标 mRNA 分子的完全互补。研究表明,siRNA 的脱靶效应通常是由于 seed region 与一个或多个非目标 mRNA 分子 3′不翻译区完全互补引起的。

人们已经开发了一些 siRNA 的设计软件,主要是经验性地根据高效能 siRNA 的共同特征编写的,以目前对 RNAi 机制的了解程度,还无法为每个 siRNA 分子的活性提供精准的预测,在效果上往往还存在一些不确定性。

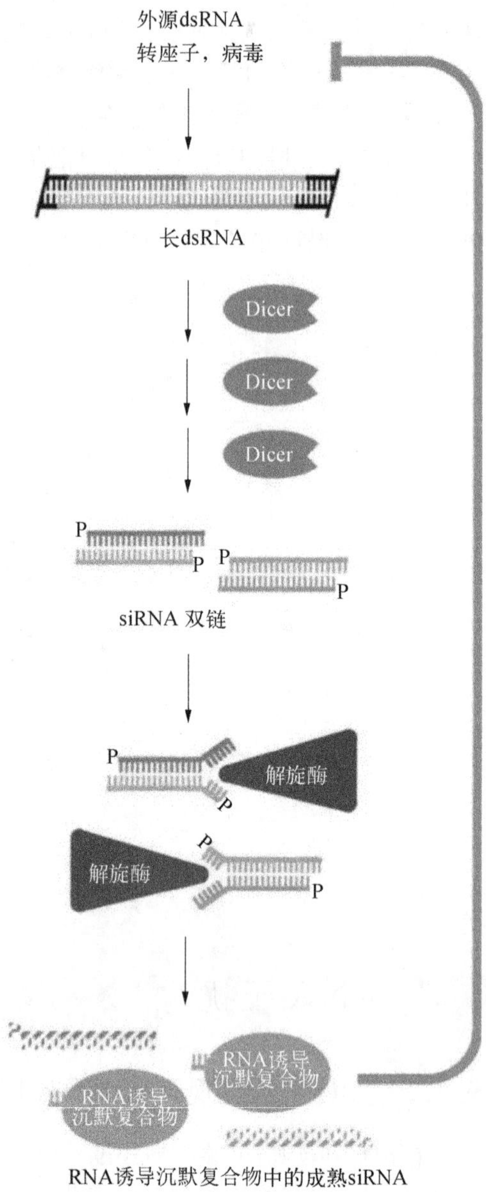

图 9-20 siRNA 作用原理(Bartel, 2004)

2. siRNA 的制备合成和修饰

siRNA 的制备方法包括:直接化学合成;体外转录生成 siRNA;体外转录生成 dsRNA,再用 Dicer 或 RNA 酶Ⅲ切割成 siRNA;用载体表达短发夹 RNA(short hairpin RNA, shRNA)。通常情况下 siRNA 双链用于短期敲除,而 shRNA 表达载体用于长期敲除,或建立稳定的细胞株。shRNA 是将目标 siRNA 与其反向互补序列由特定的序列连接,得到的 RNA 两端互补退火,与连接序列形成茎环结构。编码 shRNA 的表达载体转染或转导到细胞中,表达 shRNA 并被 Dicer 切割为 siRNA,引发靶基因的沉默。

化学修饰可以降低 siRNA 的脱靶效应而不影响其效能,还能提高 siRNA 的稳定性。常用的防止 siRNA 降解的修饰包括磷酸骨架修饰和核糖修饰。例如,将磷酸二酯键中两个非桥氧原子的其中一个用硫原子替代,可以有效地保护 siRNA 免被降解,同时对敲除效能和毒性的影响保持在可接受范围之内。

3. siRNA 的输送

1) 细胞输送:病毒载体可以直接转染细胞,siRNA 双链或质粒载体通常采用商业转染试剂转染,其成分一般为脂质体试剂。将 siRNA 和阳离子型的脂质体混合,通过两者之间的静电引力作用结合在一起形成 siRNA-脂质复合物。这种复合物可被受体细胞捕获,从而进入胞内。除了脂质体转染外,人们还试图通过肽结合 siRNA 来高效地将 siRNA 导入到细胞中,正义链的 5′端和 3′端都可以作为肽结合的部位,能与 siRNA 之间以非共价键的方式形成复合物,再与膜上的脂类相互作用,直接通过细胞膜扩散到胞质,降低了 siRNA 在转染过程中被降解的可能。

2) 体内输送：如果能将 RNAi 直接应用于生物个体，或者特定的组织和器官中，无论在基础研究还是应用研究中都是非常有吸引力的。通常情况下，裸露的 siRNA 需要通过和其他分子化学结合来完成体内输送。除了细胞输送中常用的脂质体试剂或肽结合修饰，胆固醇修饰、RNA aptamer 和纳米材料等也在 siRNA 的体内输送中得到应用。aptamer 是人工合成的能够与特定靶分子结合的 DNA 或 RNA 分子，可以和 siRNA 结合以提高输送的细胞特异性。

4. 检测靶基因的表达

通常采用荧光定量 PCR 检测 mRNA 水平的变化，采用 Western blotting、ELISA 或流式细胞仪检测蛋白质水平的变化。当然，RNAi 的最终目的是检测到细胞代谢水平、生理生化指标和表型性状等的改变。

9.3.3 微 RNA(microRNA, miRNA)

近些年研究发现有些小分子 RNA 能直接调控某些基因的开关，从而控制细胞的生长发育，并决定细胞分化的组织类型，该类小分子 RNA 称为微 RNA。微 RNA(miRNA)是指一些 5′端带磷酸基团、3′端带羟基，长度为 22 个核苷酸左右的非编码调控 RNA 家族总称。线虫的 lin-4(1993 年报道)和 let-7(2000 年报道)是最早被发现的 miRNA。miRNA 在不同组织发育的不同时段调节基因表达，在进化上具有较高的保守性。为了准确地表示这些小分子 RNA，现在除了 lin-4 和 let-7 沿用传统命名外，其余新发现的 miRNA 均采用 miR-#(#代表数字)来命名相应的 miRNA，用 *mir*-#(#代表数字)表示其编码基因。

miRNA 广泛存在于真核生物中，是一组不编码蛋白质的短序列 RNA，它本身不具有开放阅读框架(ORF)。首先是由 RNA 聚合酶Ⅱ合成具有帽子和 poly(A)尾巴的 pri-miRNA，一个典型的 pri-miRNA 前体由一个约 33 bp 不完全配对的茎部、环及侧翼序列组成。在植物中，由一种类似 Dicer 的蛋白质——Dicer-like protein 1(DCL 1)分两步对 pri-miRNA 进行加工，加工的次序并不确定，第一步切割可以从环开始，也可以是先切割侧翼序列；DCL 1 的第二步加工产生一个成熟的 miRNA/ miRNA * 双链，并输送到胞质。在动物中，由 Drosha 在 DGCR8 蛋白的帮助下对 pri-miRNA 进行加工，产生 pre-miRNA 前体，输出到胞质后在 Dicer 的作用下形成成熟的 miRNA/ miRNA* 双链，其中一条单链(通常情况下是 miRNA)组装到 miRISC 复合物(miRNA-induced silencing complex)(图 9-21)。如果 miRNA 能与 mRNA 完全互补配对，则 mRNA 以与 siRNA 相同的机制被降解；如果不能完全互补配对，miRNA(通常是多个 miRNA)与 mRNA 的结合抑制 mRNA 的翻译。

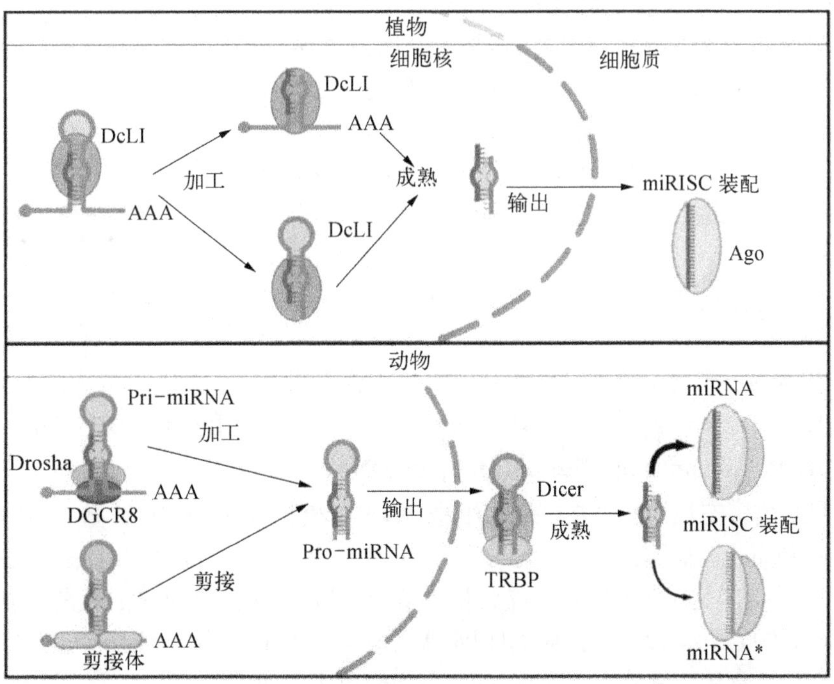

图 9-21　miRNA 的生物合成(Carthew et al, 2009)

9.3.4 RNAi 技术的应用

RNAi 技术近年来被日益广泛地应用于细胞信号转导途径分析、基因功能研究、基因治疗、药物开发等诸多领域的研究。以基因功能研究为例,随着众多基因组测序计划的完成,科学家急需一种新的、快速的方法解读基因的功能和基因的表达机制及基因之间的相互关系。而 RNAi 技术已成为解决这些问题的重要手段,明确了许多单个基因的功能。与其他方法相比,RNAi 技术在基因功能研究上有其独特的优点:① 简单易行,容易开展。② 与基因敲除(gene knockout)相比实验周期短,成本低。③ 与反义核酸技术相比具有高度特异性和高效性。④ 可进行高通量(high throughout)基因功能分析。以上诸多的优点使 RNAi 技术很快便成为研究基因功能的主要方法。

9.4 DNA 分子标记

DNA 分子标记(DNA molecular marker)是指能反映生物个体或种群间基因组差异特征的 DNA 序列,用以检测 DNA 分子中由于碱基的缺失、插入、易位、倒位、重排或由于长短与排列不一的重复序列等而产生的多态性,是生物遗传变异在 DNA 水平上的直接反映。自 1980 年 Botstein 将生物个体之间 DNA 序列的差异作为标记用于遗传作图以来,DNA 分子标记的研究与应用得到了迅速发展,从此开创了在 DNA 水平上研究遗传变异的新阶段。DNA 分子标记的检测不受组织特异性、发育阶段等影响,并具有数量大、多态性高、遗传稳定等优势,因此在遗传育种、种质资源鉴定、基因定位与克隆等方面得到广泛应用。

20 多年来,DNA 分子标记经历了 3 代发展历程:第 1 代是基于分子杂交技术的分子标记,代表性技术为限制性片段长度多态(RFLP)。第 2 代是基于 PCR 技术的分子标记,主要包括随机扩增多态性 DNA(RAPD)、扩增片段长度多态性(AFLP)、简单重复序列(SSR)、序列特异扩增区域(SCAR)、酶切扩增多态性序列(CAPS)、序列标签位点(STS)等。第 3 代分子标记,主要是指单核苷酸多态性(SNP)。

9.4.1 基于分子杂交技术的分子标记

限制性片段长度多态性(restriction fragment length polymorphism, RFLP),即 DNA 限制性片段长度多态性,它是指应用特定的核酸限制内切酶切割有关的 DNA 分子,所产生出来的 DNA 片段在长度上的变化。1980 年,人类遗传学家 Botstein 等首次提出了 RFLP 的概念,其基本原理为:当生物不同种或品种的 DNA 样品被限制性内切酶作用时,会产生相当多的、大小不等的 DNA 片段,利用凝胶电泳技术分离被酶解的 DNA 片段,采用携带标记的 DNA 探针进行分子杂交,来显示与探针同源的酶切片段在长度上的多态性,从而将不同的种或品种分开(图 9-22)。

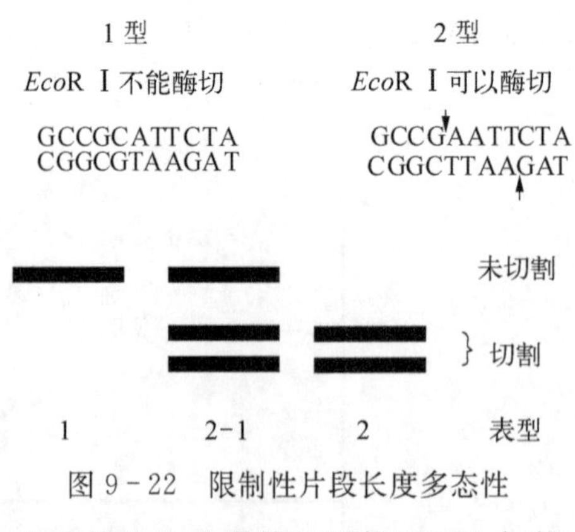

图 9-22 限制性片段长度多态性

9.4.2 基于 PCR 技术的分子标记

PCR 体外扩增技术的出现使得原先难以检测到的单拷贝 DNA 产生的差异扩增数百万倍乃至上亿倍而得以检测。它是绝大多数 DNA 分子标记技术的基础,在分子标记研究上具有至关重要的作用。

1. 随机扩增多态性 DNA(random amplified polymorphic DNA, RAPD)

RAPD 是指随机扩增多态性 DNA,它以基因组总 DNA 为模板,以一个 10 碱基左右的任意序列的寡核苷酸片段为引物通过 PCR 扩增反应,产生不同的 PCR 扩增产物,用以检测 DNA 序列多态性的技术。在基因组上,某一引物可能会与单链 DNA 的多个位点互补结合,但只有这些引物的位置是在彼此可扩增的距离内(引物间距为 200~2 000 bp),一组大小不等的 DNA 片段才会通过 PCR 产生。DNA 片段经过电泳分离和溴化乙锭专一染色后可直接在紫外光下观察和照相,记录下 RAPD 指纹。

2. 序列特异扩增区域(sequence characterized amplified region, SCAR)

SCAR分子标记是从RAPD技术衍生而来的,代表一个在基因组遗传上确定的位点。这些标记通过感兴趣的RAPD片段(如与某一目的基因连锁的RAPD片段)的克隆与测序产生,通过序列分析设计出一对互补到原来RAPD片段两端的24个碱基的引物,用这对引物与原来的模板DNA进行PCR扩增,这样就可把与原RAPD片段相对应的单一位点鉴定出来。这样的位点就称为SCAR。这些SCAR或者维持原来RAPD片段的显性行为,或者转换成共显性标记(图9-23)。

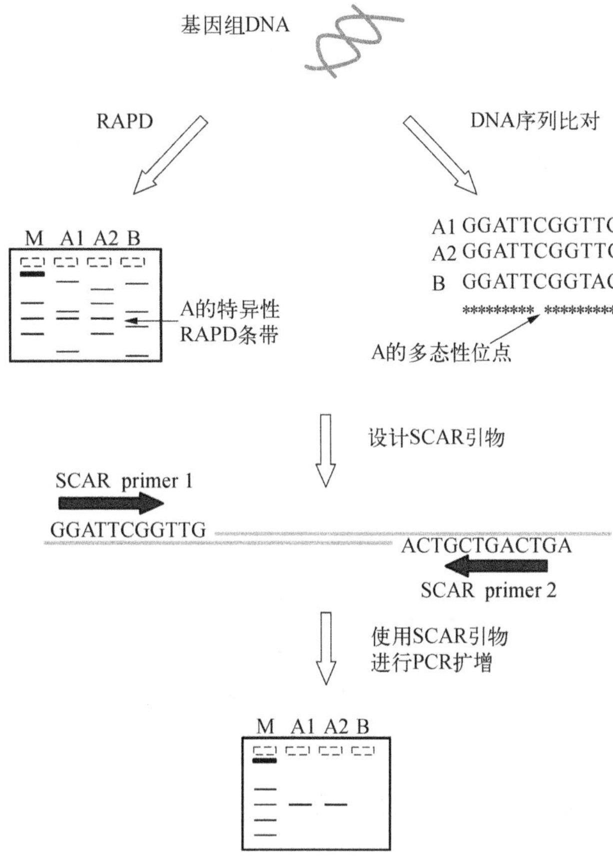

图9-23 序列特异扩增区域(Shaw et al, 2009)

3. 扩增片段长度多态性(amplified fragment random polymorphism, AFLP)

AFLP标记实质上是RFLP与RAPD两项技术的结合,其原理是选择性地扩增基因组DNA限制性酶切片段。它是由荷兰科学家Zebeau和Vos 1992年发明的,并于1993年获得欧洲专利局专利。AFLP检测的多态性是酶切位点的变化或酶切片段间DNA序列的插入与缺失,本质上与RFLP一致。这种技术将随机性与专一性扩增巧妙结合,并可以通过变换引物的种类和组合来选择扩增不同的DNA片段和数目。此外,还可以通过变换选用不同的内切酶达到选择目的。

AFLP技术的基本步骤:把基因组DNA进行限制性内切酶酶切,通过人工合成的双链接头(artificial adapter)与基因组酶切片段相连作为PCR扩增反应的模板。将PCR扩增产物在高分辨率的测序胶上分离,用放射自显影、荧光法或银染法检测(图9-24A)。接头作为引物的结合位点,是严格按照PCR引物设计原则合成的,一般长度为14~18 bp。接头一般由两部分组成:核心序列和酶识别位点特异序列,如EcoRⅠ接头和MseⅠ接头分别为:

EcoRⅠ-adapter:5′-CTCGTAGACTGCGTACC
CATCTGACGCATGGTTAA-5′

MseⅠ-adapter:5′-GACGATGAGTCCTGAG
TACTCAGGACTCAT-5′

AFLP引物是一种人工合成的单链寡聚核苷酸,一般长度为18~20 bp。引物包括三部分:① 核心序列(CORE),即引物在人工接头上的结合部位;② 限制性内切酶识别序列(ENE);③ 3′端的选择碱基(EXT)。EXT在酶切片段区,只有两端序列能与选择碱基配对的限制性酶切片段能被扩增,选择碱基的数目一般不超过3个(图9-24B)。

AFLP技术主要应用于高密度遗传图谱构建,以及种质资源鉴定等方面。该技术具有多态性高,提供的信息量大,稳定性及重复性好等优点;但也存在假阳性条带出现频繁、技术复杂、成本高等方面的缺点。

4. 简单重复序列(simple sequence repeat, SSR)

SSR也称为微卫星标记,它的组成基元是1~6个核苷酸,例如$(CA)_n$、$(GAG)_n$、$(GACA)_n$等。这些序列广泛存在于真核生物的基因组,由于串联重复序列重复次数的不同就产生了等位基因之间的多态性。同时SSR两端多为相对保守的单拷贝序列,通过设计引物可以进行PCR扩增,从而能够对单个微卫星位点做

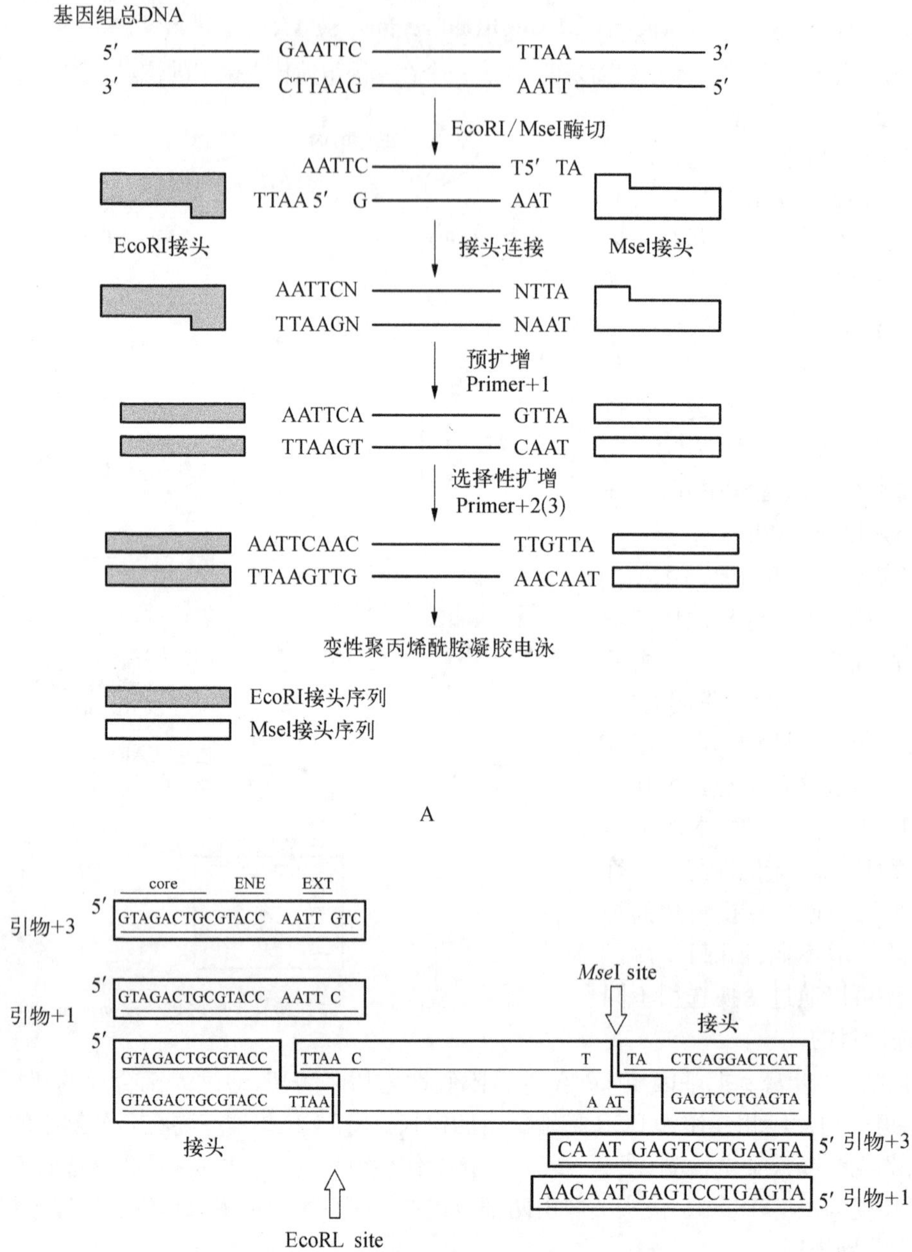

图 9-24 AFLP 的操作流程图(A)和引物(B)

共显性的等位基因分析。近几年来微卫星序列作为比较理想的分子标记广泛用于资源鉴定、遗传图谱构建、目标基因定位、居群遗传学及系统发育的研究。

SSR 操作的基本步骤是：① 从基因组文库中筛选含微卫星序列的阳性克隆，或在表达序列标签(expressed sequence tag, EST)中直接寻找微卫星序列，还可以通过检索数据库获得已知微卫星序列。② 根据微卫星两侧序列在同一物种中的高度保守区设计引物。③ PCR 扩增及电泳检测扩增产物。SSR 扩增产物长度较短，一般在 100～300 bp，为提高电泳分辨率，通常使用聚丙烯酰胺凝胶电泳。SSR 标记具有共显性、多态性和易于检测等优点，是一种理想的分子标记。当然 SSR 技术也有其不足，即微卫星标记的获得要建立、筛选基因组文库和克隆测序或构建 cDNA 文库筛选 EST，实验工作量比较大、费时。但是，随着模式生物基因组测序计划的完成，通过生物信息学的方法发展微卫星标记已变得相对容易。

5. 酶切扩增多态性序列(cleaved amplified polymorphic sequence, CAPS)

CAPS 技术(Konieczay et al, 1993)又可称为 PCR-RFLP。所用的 PCR 引物是针对特定的位点而设计的。其基本步骤是：先进行 PCR 扩增含限制性酶切位点的 DNA 序列，通常一个样品 PCR 扩增序列具有该酶切位点，而另一个样品的 PCR 扩增序列不含该酶切位点；然后将 PCR 扩增产物用限制性内切酶酶切，再用琼脂糖凝胶电泳将DNA片段分开，用EB染色，观察。与RFLP技术一样，CAPS技术检测的多态性其实是酶切片段大小的差异(图9-25)。

dCAPS(derived CAPS)技术是在CAPS技术基础上发展而来的，它是检测单核苷酸多态性的一种良好方法。具体做法是：在多态性位点附近设计一个错配的引物以创造一个酶切位点，该酶切位点只在一个样品的PCR扩增产物中存在，这样经酶切及凝胶电泳后，含酶切位点的样品的PCR产物被切成两条带，而不含酶切位点的样品的PCR产物仍是一条带，从而将两种样品区别开来。

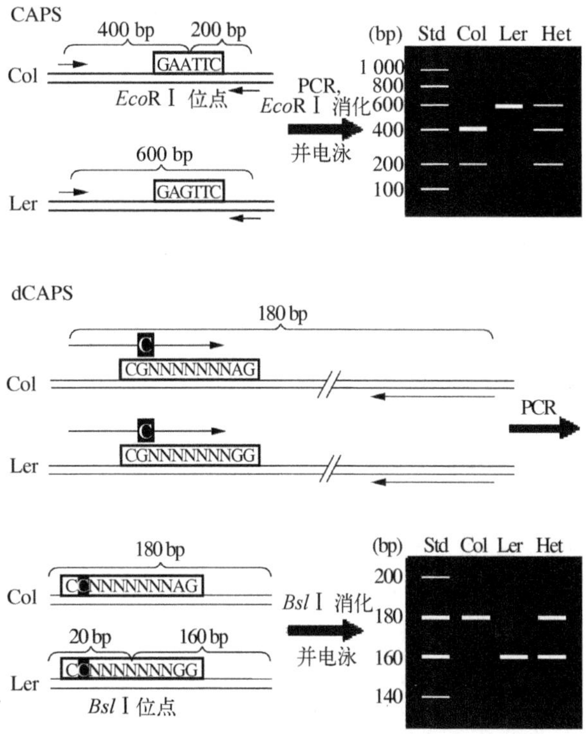

图9-25 CAPS和dCAPS标记(Lukowitz et al, 2000)

6. 序列标签位点(sequence tagged site, STS)

STS是由特定引物序列所界定的一类标记。在生物的基因组中常存在大量的单拷贝序列，根据单拷贝DNA两端的序列设计特异引物对基因组DNA进行PCR扩增，所产生的一段序列在基因组中往往只出现一次，从而能够界定基因组的特异位点，将RFLP片段两端测序，设计一对专一引物即可获得STS标记，很多生物已建立了大量的STS标记。STS标记的检测只包括PCR扩增和电泳两个步骤，实验操作较为简单。

9.4.3 单核苷酸多态性(single nucleotide polymorphism, SNP)

1994年，SNP这个术语第一次出现在人类分子遗传杂志上，随后Lander(1996)第一次正式提出SNP为新一代分子标记，它是指基因组序列中由于单个核苷酸(A、T、C、G)的替换而引起的多态性。通常所说的SNP不包括碱基的插入、缺失及重复序列拷贝数的变化。一个SNP表示在基因组某个位点上有一个核苷酸的变化，主要由单个碱基的转换(以一种嘧啶置换另一种嘧啶或一种嘌呤置换另一种嘌呤)及颠换(嘌呤和嘧啶互换)所引起。在任何已知或未知的基因内或附近都可能存在数量不等的SNP，根据它们在基因组分布的位置可分为基因编码区SNP(cSNP)、基因周边SNP(pSNP)、基因间SNP(iSNP)三类。cSNP比较少，因为在外显子内的变异率仅占周围序列的1/5，但它在遗传育种研究中却具有重要意义。根据对遗传性状的影响，cSNP又分为两种：一种是同义cSNP(synonymous cSNP)，即SNP所致编码序列的改变并不影响其所翻译的氨基酸序列，突变碱基与未突变碱基的“含义”相同；另一种是非同义cSNP(non-synonymous cSNP)，即碱基序列的改变将导致编码氨基酸的改变从而产生蛋白质序列的改变，可能最终影响到蛋白质的功能。大多数SNP位于基因组的非编码区，它们对个体的表现型无意义，但对群体而言，这些SNP作为遗传标记在群体遗传和生物进化的研究中却非常有用。

SNP是基因组中分布最广泛而且稳定的点突变。在人类群体中，SNP的频率约占1%甚至更高。据推测在人类DNA的30亿对碱基中，平均每300～1 000个碱基对就有1个SNP发生，因此每个人至少携带300万个SNP。在植物基因组中，SNP的发生频率也相当高。SNP又是一种稳定的突变，经传数代后也不会发生明显变化，尤其是处在编码区的cSNP。因此对于大规模的研究而言，它比其他标记更容易获得而且可靠。

由于SNP作为一种新型的分子标记在理论研究和实际应用上都具有极大的潜力，国际上学术机构和商业公司均投入了很大的力量来寻找SNP。目前可采用几种不同的方法来发现SNP。DNA片段的直接测序是发现SNP的最直接和最常用的方法，最好是选择一套差异大但又是近交的纯合个体进行PCR反应，它们既能代表研究群体的多样性，又便于检测个体的多态性水平和清楚地确定单倍型。SNP是二等位基因分子标记。在对基因组筛选时往往只需对SNP进行+/-的分析，而无需进行DNA片段的长度分析，这就有利于发展自动化技术来筛选或检测 SNP,从而能够应用 DNA 芯片等技术来发现与检测生物基因组之间的差异。

9.5 基因组学研究方法

2003 年 4 月 14 日,国际人类基因组序列联盟(International Human Genome Sequencing Consortium)正式宣布人类基因组计划提前(Human Genome Project, HGP)圆满结束,辨认了大约 32 000 个基因,并提供四类图谱:遗传图谱、物理图谱、基因图谱和基因序列图谱,描绘了生命周期表的第一页。

9.5.1 DNA 测序、RNA 测序和序列数据库

1. DNA 测序

在分子生物学实验室,DNA 测序主要用于鉴定新的 cDNA 克隆、确证克隆与突变,检查新产生的突变、连接和 PCR 反应产物的准确性。在某些情况下,也可用于鉴别多态性和感兴趣基因突变的筛选工具。最著名的 DNA 测序技术是 Sanger 等建立的酶法(或双脱氧终止法)与 Maxam 和 Gilbert 建立的化学降解法,其中双脱氧终止法得到了广泛的应用。

(1) *酶法*

双脱氧终止法的基本过程是设立 4 个不同的测序反应,每个反应中都含有 DNA 聚合酶,4 种正常的 dNTP,和能同单链 DNA 模板退火的寡核苷酸引物,引物用放射性同位素或荧光素标记。向 4 个反应体系中分别加入一种不同的双脱氧核苷酸(ddNTP),ddNTP 脱氧核糖 3′位置的羟基缺失,如果 ddNTP 掺入到延伸中的 DNA 链,后续核苷酸的 5′磷酸基团无法与之结合,DNA 链的进一步延伸被终止。因此,当 4 种 dNTP 混合物中含有少量的一种 ddNTP 时,在 DNA 链的延伸与碱基特异链终止之间将展开竞争,反应产生大量的寡核苷酸链。由于在 4 个分别进行的酶反应中使用 4 种不同的 ddNTP,例如,在反应体系 1 中加入 ddATP,则产生的所有寡核苷酸链其末端碱基都是 A,以此类推。用聚丙烯酰胺凝胶电泳分离产生的寡核苷酸,通过放射自显影或荧光确定每条带的位置,就可以从凝胶的底部到顶部按 5′→3′方向读出新合成链的序列(图 9-26)。

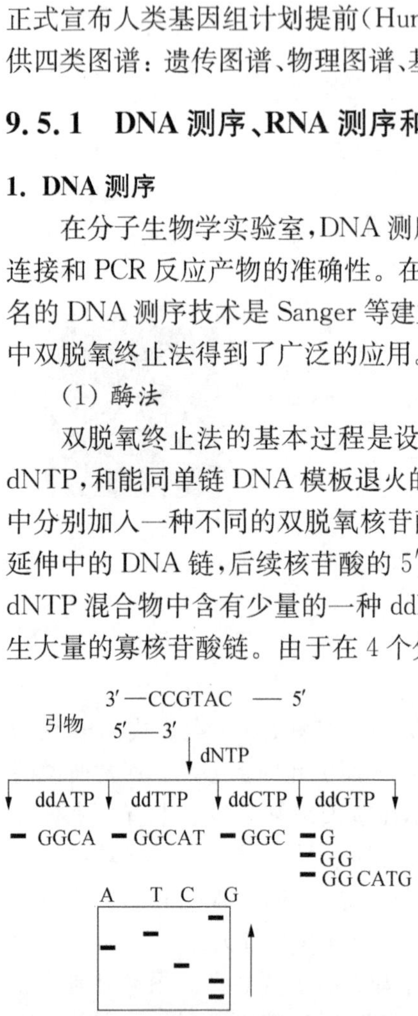

图 9-26 双脱氧终止法测序

(2) *全自动测序仪与序列反应自动化*

1986 年,Leroy Hood 和 Lloyd Smith 实现了双脱氧终止 DNA 测序方法的自动化。在这项新的测序技术中,放射性标记被荧光染料所替代。每一种 ddNTP 都用一种相应不同颜色的荧光染料标记:红色、绿色、蓝色或黄色。这样一来,可以不再进行 4 个独立的测序反应,而是合并为一个反应体系。这台最早的 DNA 自动测序仪用一块聚丙烯酰胺凝胶分离样本,当 DNA 到达凝胶底部附近时,由一台激光器激发荧光染料,通过成像系统收集荧光信号并传递给计算机进行分析处理,该系统每天可以测序 4 800 个碱基。目前,新型的 DNA 测序仪采用毛细管电泳替代传统凝胶电泳,每根毛细管代表一个“泳道”,并可以自动灌胶和上样。对于一台 384 道的自动测序仪,每 3 h 可测序 200 000 个碱基。

2. RNA 测序

由于相比较而言 DNA 测序更为方便,通常情况下,RNA 测序往往先将 RNA 序列反转录成 cDNA,然后再对 cDNA 进行测序。但某些时候仍然需要对 RNA 进行直接测序(如确定 tRNA 分子中某个修饰核苷酸的位置),常用的方法是采用 RNA 酶对 5′端标记的 RNA 进行碱基特异性切割。通过调整酶量和消化时间,使得特定的 RNA 酶仅在特定核苷酸的 3′端进行切割,如 RNA 酶 T1 在 G 之后切割,RNA 酶 U2 在 A 之后切割,RNA 酶 Phy M 在 A 和 U 之后切割,*Bacillus cereus* RNA 酶在 U 和 C 之后切割,再通过聚丙烯酰胺凝胶电泳分析酶切产物。

3. 核酸序列数据库

公共核酸序列数据库的建立,以及序列数量的飞速增长,已经为生物学研究带来了革命性的变化。这

些数据库可用于发现新的基因、分析同源基因、分析可变剪接、基因在染色体上的定位及多态性检测等一系列研究。国际核酸序列数据库(International Nucleotide Sequence Database, INSD)由 GenBank、EMBL 和 DDBJ 三大数据库组成。以 GenBank 为例,GenBank 几乎包含了所有已知的核酸序列和蛋白质序列,以及与它们相关的文献著作和生物学注释,是由美国国立生物技术信息中心(NCBI)建立和维护的。它的数据来源于测序工作者直接提交的序列,由测序中心提交的大量 EST 序列和其他测序数据,以及与其他数据机构协作交换而来的数据。GenBank 每天都会与欧洲分子生物学实验室(EMBL)数据库和日本 DNA 数据库(DDBJ)交换数据,使这三个数据库的数据同步。到 2011 年 4 月,GenBank 中收集的序列数量已经超过1.35 亿条,碱基数量超过 1.3 千亿个,而且数据增长的速度还在不断加快。

9.5.2 基因和相关序列在基因组中的定位

在基因组学的研究中,一个重要的基础问题是获取特定基因或相关序列在基因组中的位置信息。对于可以通过反转录获得 cDNA 的目的基因序列,可以将基因组 DNA 用限制性内切酶消化后进行琼脂糖凝胶电泳,然后以 cDNA 片段作为探针进行 Southern blotting,鉴定编码靶基因的基因组 DNA 酶切片段。对于非编码区,如转录起始位点和转录表达的调控区域等,常用的鉴定方法包括 S1 核酸酶作图法、引物延伸法、DNA 酶 I 足迹法和 EMSA 法等。

1. S1 核酸酶作图法(S1 nuclease mapping)

提取包含靶基因 mRNA 的 RNA,与标记的互补单链 DNA 探针杂交。随后加入 S1 核酸酶,该酶具有降解单链 DNA 或 RNA 的作用,能够降解未杂交配对的单链区域,凝胶电泳分离 DNA - RNA 杂交双链,放射自显影显示条带位置(图 9 - 27A)。这一方法可用于确定 mRNA 5′端和 3′端的位置,和对内含子位置进行定位等。

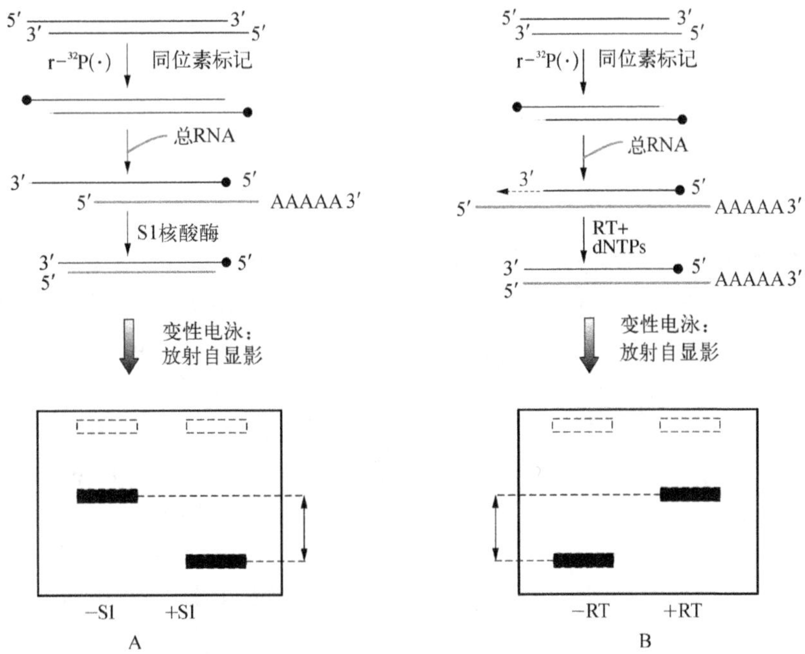

图 9 - 27 核酸酶作图法(A)和引物延伸法(B)

2. 引物延伸法(primer extension)

引物延伸法同样也可用于确定 mRNA 5′端的位置。设计与靶 mRNA 5′端起始位点下游区域同源的短 DNA 探针,标记并和 RNA 分子杂交。靶 mRNA 和探针互补配对后会产生 5′突出末端,加入反转录酶,以 DNA 探针作为引物,以靶 mRNA 作为模板合成 cDNA 第一链,cDNA 3′端会一直延伸到 mRNA 5′端。凝胶电泳分析反转录产物,并和未加入反转录酶的对照比较,就可以确定 mRNA 5′端的位置(图 9 - 27B)。

3. DNA 酶 I 足迹法

当一个蛋白质特异性地和一段 DNA 序列结合时,只有一小部分核苷酸参与了 DNA -蛋白质的相互作用。与裸露的DNA相比,和蛋白质结合之后的DNA片段相对难以被DNA酶Ⅰ降解。利用这一点,首先将可能包含蛋白质识别或结合位点的短DNA片段(约数百碱基对)末端标记,与核蛋白提取物孵育一段时间,然后用低浓度的DNA酶Ⅰ短暂处理,在这种部分降解的条件下,DNA如果没有蛋白质的保护会在任意随机位点被核酸酶切割。聚丙烯酰胺凝胶电泳分析酶切产物,并放射自显影。没有加入核蛋白的对照会产生任何一种可能长度的DNA片段条带,而加入核蛋白提取物的处理组中,在特定的范围内会缺失相应的条带(足迹,footprint),这意味着在这一区域的核苷酸由于结合蛋白的保护无法被DNA酶Ⅰ切割(图9-28)。

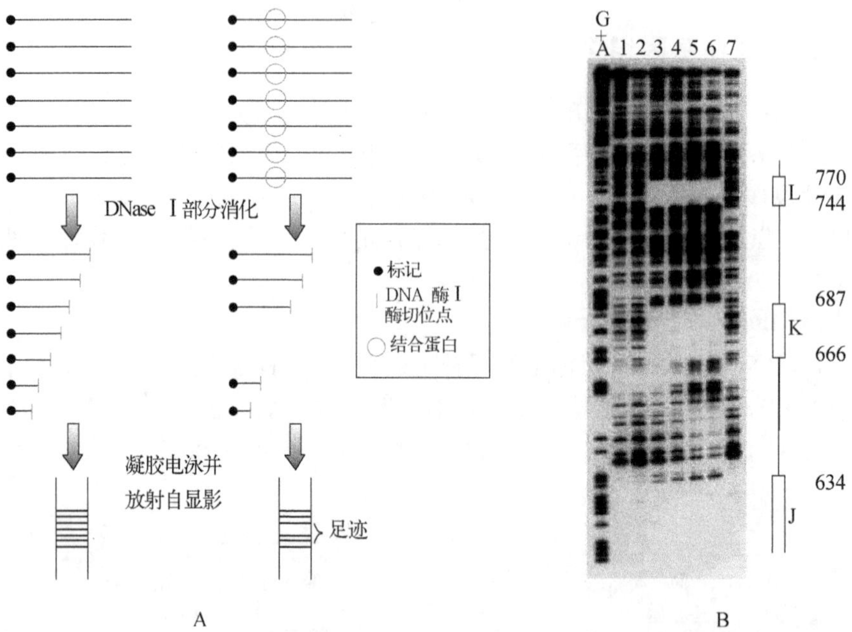

图9-28 足迹法

4. EMSA

凝胶阻滞实验(gel retardation),又称为电泳迁移率实验(electrophoretic mobility shift assay, EMSA)或凝胶迁移实验(gel shit),主要用于分析DNA和蛋白质之间的相互作用。将可能包含蛋白质结合位点的DNA片段标记后,与特定蛋白质或核蛋白提取物混合并孵育一段时间,非变性聚丙烯酰胺凝胶电泳分离混合物并显影。游离的DNA片段在凝胶中的迁移速率较快,因此可以通过相对位置的比较鉴定出蛋白质-DNA复合物,从而确定一个蛋白质能否与特定DNA序列结合。为了确定蛋白质和DNA序列结合的特异性,还可以进一步通过竞争性实验和超迁移实验(super-shift assay)来加以验证。竞争性实验是在加入标记探针的同时,加入过量的未标记探针,观察未标记探针是否会竞争性地与蛋白质结合,从而抑制标记探针与蛋白质结合。超迁移实验是在标记探针和蛋白质的混合物中再加入特定的抗体,如果抗体能够和目标蛋白识别并结合,形成的抗体-蛋白质-标记探针复合物由于相对分子质量更大,会产生一条迁移率更小的条带(图9-29)。

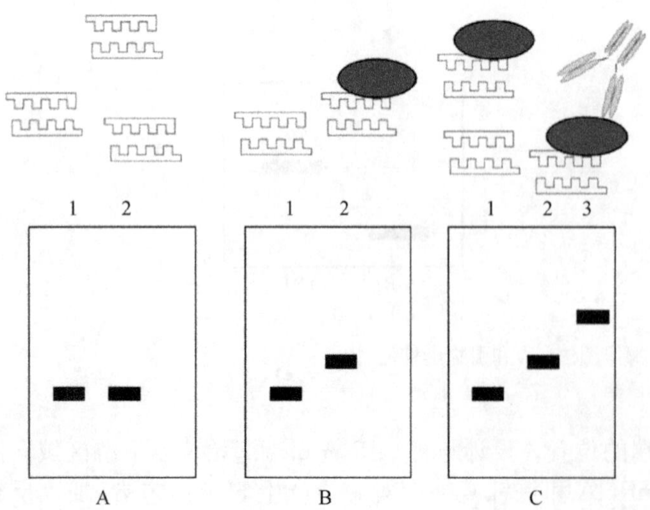

图9-29 EMSA

A. 游离探针;B. 凝胶阻滞实验;C. 超迁移实验

9.5.3 基因组测序

基因组测序是了解基因组的重要一步。基因组序列可以帮助科学家更加快速便捷地寻找基因，同时科学家希望通过对基因组序列的研究，了解基因组作为一个整体是如何工作的，基因如何协同作用，使个体具备生长、发育和代谢等基本生命特征。另外，基因序列在人类基因组中所占的比例小于25%，因此，全基因组测序还可以帮助科学家了解非基因序列的功能，如调控区域如何调节基因表达。

1. 基因组图谱

作为基因组的导航图，基因组图谱与普通地图一样，可以告诉人们在哪儿（特定序列在基因组中的位置），以及如何到达目的地（寻找到目的基因）。从直观上看，基因组图谱像是一条带有一系列标识的直线，标识之间间距不固定，标识本身往往是一堆难以理解的字母和数字的组合，如D15S18、GABRAS等，用以表示特定的基因、序列或其他特征。

基因组图谱的绘制，可以为基因组测序工作提供有效的帮助。如果在基因组测序中采用的是逐步克隆法（the clone-by-clone method），需要基因组图谱来确定每一个克隆在基因组中的位置，精细、准确的图谱会使得拼装过程更为容易。另外，基因组图谱还可以帮助理解基因组序列，为寻找基因组中重要的功能序列提供线索，因此，即便是基因组测序工作已经完成，也并不意味着基因组图谱绘制的工作就失去意义。

基因组图谱主要分为遗传图和物理图。遗传图是指基因或DNA标记在染色体上以遗传距离表示相对位置的图，又称为连锁图。遗传距离通常以基因或DNA片段在染色体交换过程中分离的频率厘摩（cM）来表示。一个厘摩（cM）等于1%的重组率。物理图是指DNA序列上DNA标记之间物理距离的图。标记之间的物理距离以DNA上核苷酸数目的多少（kb，表示千碱基对；或Mb，1 Mb=1 000 kb）来表示。物理图是进行DNA序列分析和基因组织结构研究的基础。

2. 基因组测序方法

由于测序能力的限制，目前无法直接对整个基因组进行测序，人们必须先把基因组分成小片段，然后对小片段进行测序，最后把这些完成测序的小片段再拼装成完整的基因组序列。目前，常用的基因组测序方法主要有逐步克隆法和鸟枪法（whole-genome shotgun）两种。逐步克隆法首先把基因组分成若干个大片段并分别克隆到BAC载体内，每个片段约150 kb，然后采用基因组作图的方法确定每个大片段在基因组中的位置，再把大片段切割为长约500 bp，末端具有重叠序列的小片段。最后对小片段进行测序，并利用其末端的重叠序列重新组装成完整的克隆。鸟枪法省略了BAC克隆和基因组作图的过程，直接把整个基因组打断成小片段，并克隆到质粒载体，对每个克隆片段进行两端测序，再通过强大的计算机运算方法将已测序的小片段重新组装成完整的基因组序列。

9.5.4 基因功能研究技术

1. 突变

(1) 缺失突变（deletion mutagenesis）

缺失突变是指从DNA序列的一端或两端删除多个寡核苷酸的方法，分别称为单向缺失突变和双向缺失突变，可用于研究蛋白质中特定区域的功能，或确定调控序列元件的范围。核苷酸的缺失依靠核酸酶的作用来完成，以应用比较广泛的外切核酸酶Ⅲ为例，首先用两个切割位点位于靶DNA同一端的两个限制性内切酶，消化重组载体DNA分子，其中靠近靶序列的限制性内切酶必须产生平末端或3′凹进末端（对外切核酸酶Ⅲ敏感），另一种限制性内切酶必须产生4个以上突出碱基的3′端（对外切核酸酶Ⅲ不敏感）。随后从切割位点开始，外切核酸酶Ⅲ可以单向地逐步消化靶DNA，并通过调整消化时间控制消化程度。完成消化后，用核苷酸酶S1或绿豆酶除去暴露的单链DNA，再将DNA重新环化（图9-30）。

(2) 寡聚核苷酸指导的定点诱变

定点诱变技术可以特异性地替代、插入或缺失DNA序列中任何一个靶位点的碱基，改变了传统化学或物理诱变剂诱变时的盲目性和随机性，能根据实验者的设计而有目的地得到突变体。加拿大科学家Smith于1978年最早提出了寡聚核苷酸指导的定点诱变技术，并因此而获得1993年诺贝尔奖。其基本过程如下

(图 9 - 31)：① 把含有待突变的 DNA 片段插入到复制型 M13 噬菌体载体的多克隆位点上，转染细菌，提取单链 DNA 作为突变的模板。② 设计并合成带有突变核苷酸的诱变寡核苷酸。③ 寡核苷酸和模板退火并合成异源双链 DNA。④ 转染宿主细胞，筛选鉴定突变体。

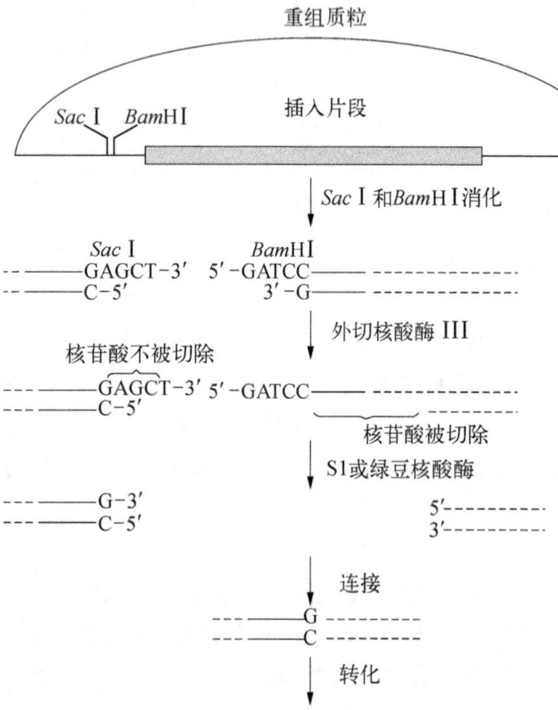

图 9 - 30　缺失突变

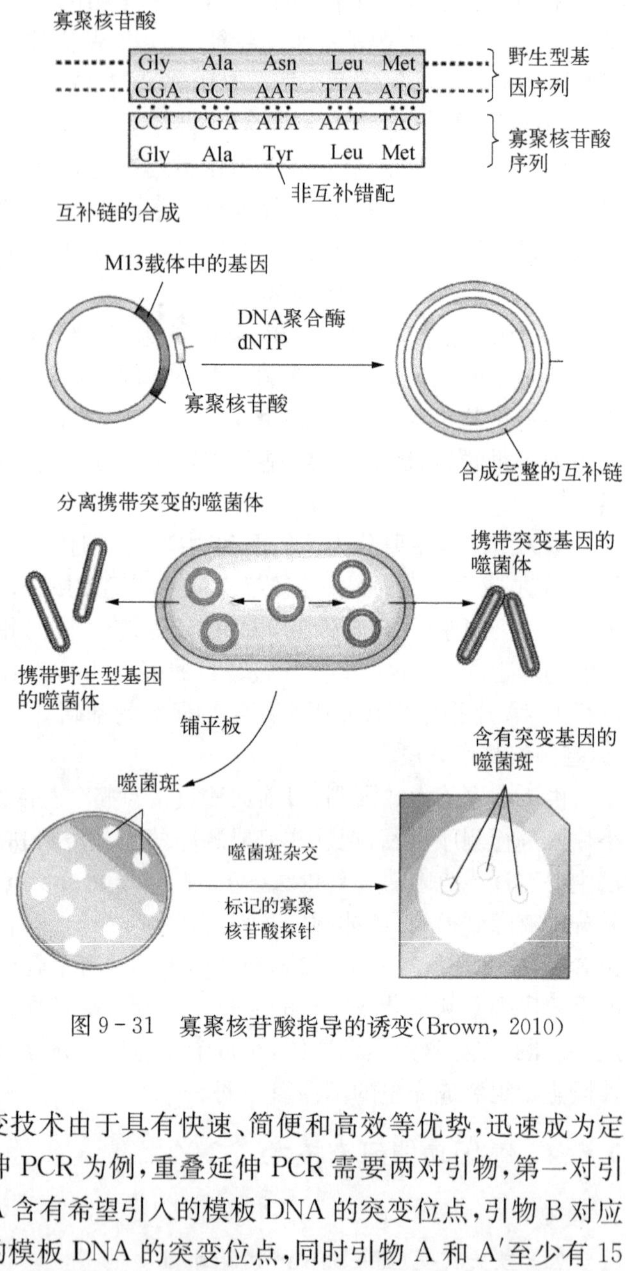

图 9 - 31　寡聚核苷酸指导的诱变(Brown, 2010)

(3) PCR 诱变

在 PCR 技术诞生以后，以 PCR 为基础的定点诱变技术由于具有快速、简便和高效等优势，迅速成为定点诱变的首选方法。以常见的 PCR 诱变方法重叠延伸 PCR 为例，重叠延伸 PCR 需要两对引物，第一对引物扩增含突变位点及其上游序列的 DNA 片段，引物 A 含有希望引入的模板 DNA 的突变位点，引物 B 对应突变位点上游侧翼序列。引物 A′同样包含希望引入的模板 DNA 的突变位点，同时引物 A 和 A′至少有 15 个碱基序列互补，引物 C 对应突变位点下游侧翼序列。这两对引物分别在两个 PCR 反应中扩增出部分重叠的 DNA 片段，然后混合两个 PCR 反应产物，进行变性和退火，产生能够延伸的异源双链。在第三轮 PCR 反应中，再以两条侧翼引物(引物 B 和引物 C)扩增全长突变 DNA(图 9 - 32)。

2. 基因敲除(gene knockout)

基因敲除主要是指在克隆的靶基因序列中引入一个无效突变使其丧失功能，然后通过同源重组导入到基因组中，替换正常的等位基因，从而达到敲除特定基因的目的，以研究靶基因在机体生命活动中所发挥的作用与影响。这项技术是以 Martin Evans 报道的胚胎干细胞分离和培养方法为基础，由 Oliver Smithies 和 Mario Capecchi 分别通过不同的技术途径建立起来，这三位科学家因此而共同获得 2007 年诺贝尔生理学或医学奖。以 Mario Capecchi 报道的 *int - 2* 基因敲除小鼠为例，介绍其基本过程。

Mario Capecchi 首先构建了一个包含了 *int - 2* 基因部分序列的载体，在序列内部插入了一个新霉素(neomycin)抗性基因，并在 *int - 2* 基因序列的 3′端和一个来自单纯疱疹病毒 HSV 的胸腺嘧啶核苷激酶

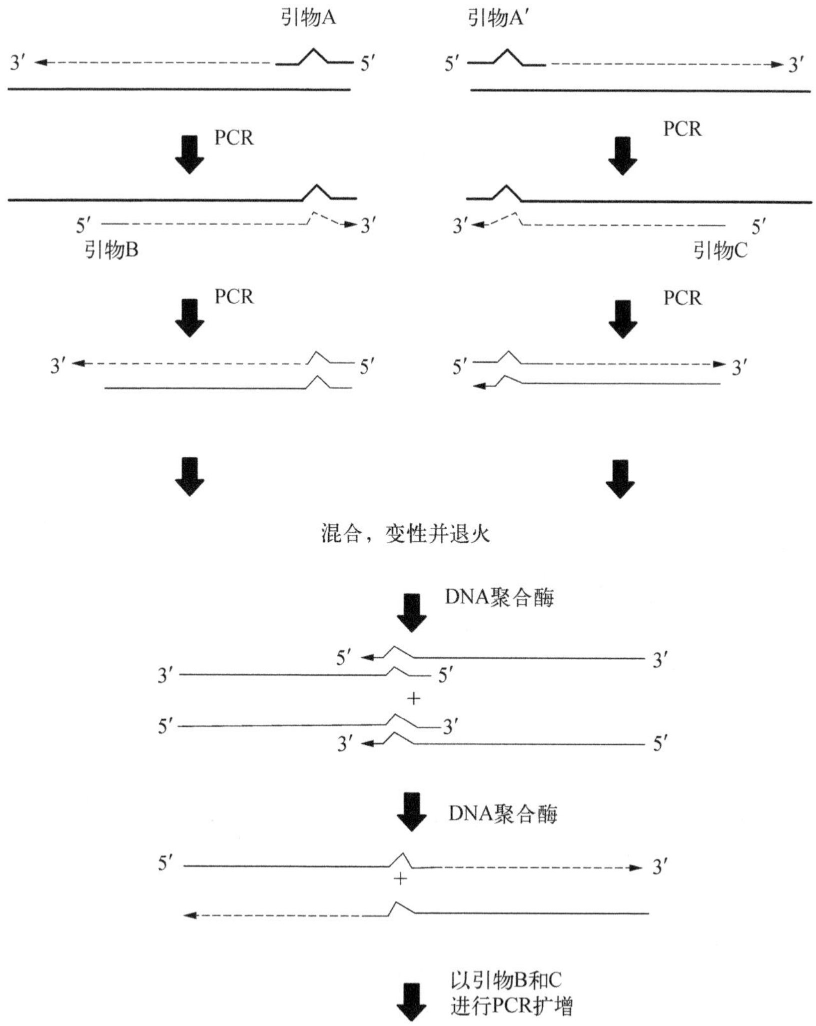

图 9-32 重叠延伸 PCR

(thymidine kinase, *tk*)基因连接。通过电转导的方法，将构建的载体导入到小鼠胚胎干细胞中。载体可能以随机插入或同源重组的方式，整合到基因组 DNA 上，这会使胚胎干细胞携带新霉素抗性基因，从而能够在含有新霉素的培养基上生长，如果载体 DNA 分子未能整合到基因组 DNA 上，则无法正常生长。经过新霉素筛选存活下来的两类细胞中，发生随机插入的细胞，其载体序列(包括 3′端非同源的 HSV *tk* 基因)会随机整合到基因组中一个任意位点，*tk* 基因的表达产物是抗病毒药物 gancyclovir 的作用位点，因此在培养基中加入 gancyclovir 会使这一类胚胎干细胞无法存活；在发生同源重组的细胞中，由于载体上的 *int-2* 基因序列与基因组中靶基因序列高度同源而交换，新霉素抗性基因的插入使得基因组中的 *int-2* 基因失活，从而达到敲除特定基因的目的，同时 3′端的 HSV *tk* 基因与靶基因序列没有同源性，不会通过这一途径整合到基因组上，干细胞可以在含 gancyclovir 的培养基上正常生长(图 9-33)。将筛选出来的靶细胞导入小鼠的囊胚中，再将此囊胚植入母鼠体内，使其发育成嵌合体小鼠。

3. 报告基因(reporter gene)

报告基因是与靶基因上游调控序列结合，并置换了靶基因的一类特殊用途的基因(图 9-34)，其特点是容易鉴定，在受体细胞中没有类似的内源性表达产物，并能够方便地进行定量分析。由于细胞只有在成功转染以后才会表达报告基因表达产物，一个由强组成型启动子控制的报告基因可以检测转染效率。如果报告基因与靶基因的完整上游调控序列结合，当导入受体细胞后，报告基因的表达特征与靶基因应该基本相同，从而利用报告基因的表达产物来标定靶基因的表达调控，这可用于研究靶基因在不同细胞类型和不同环境中的转录活性。

报告基因还可以检测靶基因调控序列中特定元件的作用。将报告基因和核心启动子结合(如一个简单的 TATA 框)，转染细胞后只能产生很低水平的背景表达。靶基因的其他调控元件，如上游启动子、增强子

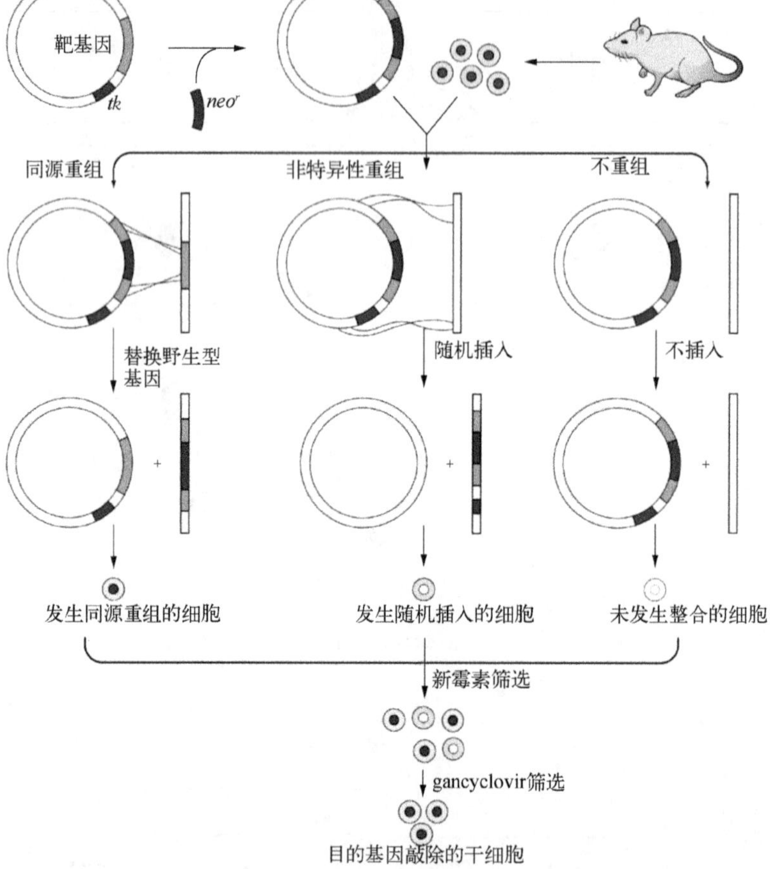

图 9-33 基因敲除小鼠(Weaver, 2007)

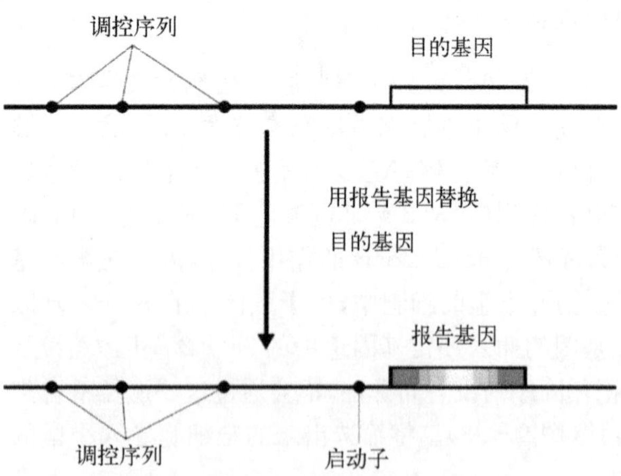

图 9-34 报告基因(Brown, 2010)

和应答元件等,能够对外界信号产生应答并激活转录,将其中一个或多个元件亚克隆到核心启动子的上游,通过对报告基因产物的定量检测,就能够分析特定元件对靶基因转录水平的影响。

目前,常用的报告基因包括氯霉素乙酰转移酶(*CAT*)基因、β-半乳糖苷酶(β-galactosidase)基因、荧光素酶(luciferase)基因和绿色荧光蛋白(green fluorescent protein, *GFP*)基因等。*CAT* 是在动物细胞中首个使用的报告基因,来自于 *E. coli* 转座子 Tn9。氯霉素乙酰转移酶通过把乙酰-CoA 的乙酰基团转移到氯霉素,从而使受体细胞产生对氯霉素的抗性。如果以^{14}C 标记的氯霉素作为底物,CAT 催化产生标记的单乙酰化和双乙酰化氯霉素混合物,通过薄层层析分离,放射自显影后采用成像系统或闪烁计数器进行定量分析。

4. 绿色荧光蛋白(green fluorescent protein, GFP)

2008 年,诺贝尔化学奖授予三位为绿色荧光蛋白的发现和发展作出重要贡献的科学家:Osamu Shimomura、Martin Chalfie 和钱永健。Osamu Shimomura 首次在水母(*Aequorea victoria*)中分离了 GFP,并发现这个蛋白质能够在紫外线的照射下发出绿光。Martin Chalfie 首次在大肠杆菌和线虫中表达了 GFP,证明水母 GFP 基因能够在其他物种上表达,正确地折叠并发出荧光,可以作为发光报告基因加以应用。钱永健(Roger Y. Tsien)为进一步理解 GFP 的发光机制作出了贡献,并通过对野生型 *GFP* 基因的遗传突变,获得了一系列非常有价值的荧光蛋白突变体,包括得到广泛应用的增强型绿色荧光蛋白(eGFP)、蓝色荧光蛋白(BFP)、青色荧光蛋白(CFP)和黄色荧光蛋白(YFP)等。

GFP蛋白直径约24 Å,高约42 Å,具有一个独特的由11个β折叠组成的篮状结构,一个α螺旋横贯其中,并恰好在发光基团前体Ser65－Tyr66－Gly67序列所在的位置产生一个明显的弯曲。当篮状结构的折叠基本完成后,三个氨基酸发光基团前体序列经过一系列连续的自我催化反应,完成蛋白质的成熟过程(图9－35)。

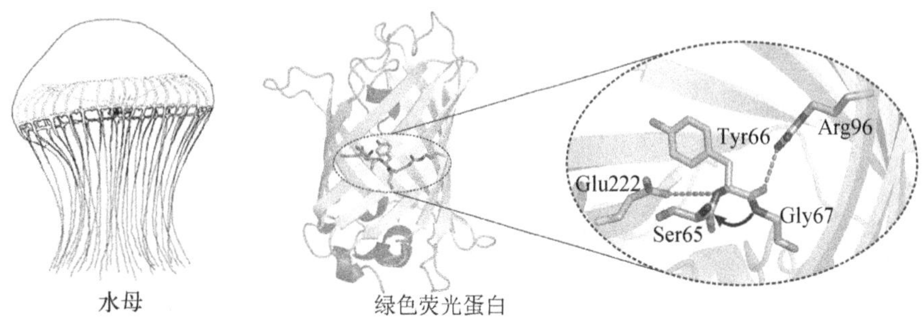

图9－35 水母(*Aequorea victoria*)和绿色荧光蛋白(GFP)

GFP等荧光蛋白的一个突出优势是在形成内部发光基团时,除了氧分子以外,不需要其他辅助因子、酶或底物的参与,而且没有种属限制,能够在不同生物个体、组织和细胞中广泛应用。荧光蛋白在绝大部分情况下对细胞没有毒性,和靶蛋白形成融合蛋白后,很少影响靶蛋白的功能。GFP蛋白高度稳定,对大部分蛋白酶、去污剂、有机盐、碱性pH环境和高温等都有一定的耐受性。荧光蛋白的这些特性使其在蛋白质相互作用、蛋白质和细胞示踪等研究中被广泛应用。

9.5.5 生物芯片技术

1. 生物芯片技术的基本原理

生物芯片技术是指在一个小的片基(如玻片或硅片)上按照一定的排列固定大量不同的生物分子(如DNA、RNA或蛋白质等),然后待检测样品采用荧光染料或者其他方式进行标记,通过生物分子间的特异性亲和反应(如核酸分子杂交)与芯片上的生物分子结合,再完成信号的图像检测,用相应的软件处理分析结果并获得有关信息。这种技术使得高通量、高效率、自动化检测方式日渐成为现实。生物芯片理论上可以应用于所有可以特异结合的分子检测,这包括DNA、RNA、蛋白质、糖类、脂类及其他的生物次生物质。目前成熟开发的芯片还主要是DNA芯片(又称为基因芯片)。

生物芯片技术的特点在于它有别于单分子操作的传统生物技术。其优点是:① 多个分子的同时操作,使得检测高效而且平行性好,从而克服了传统的单分子生物检测的缺陷。② 重复利用的芯片,节约了成本。③ 检测过程和结果的自动化,避免了人为因素的干扰,同时提高了效率,使得高通量检测和分析成为可能。缺点是由于待检测分子的标记不同,只是同一实验内具有相对比较意义,而横向进行的实验不具有可比性。

2. DNA芯片技术的基本过程

DNA芯片技术的实验流程包括4个基本步骤:基因芯片的制备、靶基因样品的制备、杂交、信号的检测与结果的分析(图9－36)。

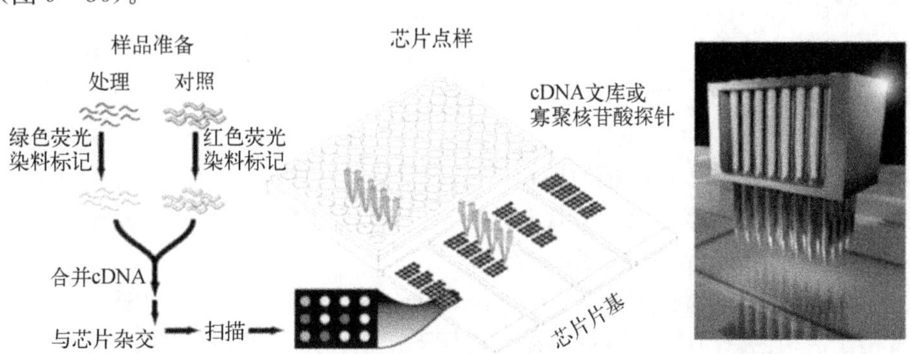

图9－36 基因芯片

(1) 基因芯片的制备

基因芯片的制备方法大致可以分为两类,即原位合成法与点样法。原位合成法是指用单核苷酸底物在芯片的特定位置上直接合成寡核苷酸探针。点样法是指依靠精密控制的机械手将合成好的不同探针点样于经处理的芯片表面,发生化学反应而固定在相应的位置上,其探针序列与其在芯片上的位置可被自动记录。

(2) 靶基因样品的制备

运用常规手段从细胞和组织中提取模板分子,进行模板的扩增和标记。对细胞内 mRNA 表达水平的定量检测,其靶基因的制备一般采取 RT - PCR 方法,以寡聚 dT 作引物,加入标记的 dNTP 进行扩增。常用的标记方法是可激发产生不同颜色荧光的荧光素(如 Cy3 和 Cy5 等)。新发展的双色荧光标记系统,用红绿双色荧光标记来源不同的对照和处理样品,与芯片同时进行杂交,通过对杂交位点双色荧光杂交信号强弱的分析,可达到定量或定性分析的目的。

(3) 杂交

杂交过程与常规的分子杂交过程基本相同,先封闭、预杂交,再在含靶基因的杂交液中杂交 3～24 h 或以上,洗脱、干燥,进行信号检测。芯片的杂交属于固液反相杂交,标记的靶基因序列与固定在芯片上的探针,在经过实验确定的严谨的实验条件下,进行分子杂交,形成互补双链而被检出。

(4) 杂交信号的检测与结果的分析

芯片上杂交信号的检测方法很多,其中激光共聚焦荧光检测系统是近年来广泛应用的芯片杂交检测手段。

9.6 蛋白质组学与生物信息学

9.6.1 蛋白质组学的研究技术

蛋白质组(proteome)一词,源于蛋白质(Protein)与基因组(Genome)两个词的结合,是由两位澳大利亚科学家 Wilkins 和 Wiliams 于 1994 年在意大利 Siena 召开的第一次国际蛋白质组学专题研讨会上提出的,其内涵是指细胞内全部蛋白质的存在及其活动方式,后引申为一种基因组所表达的全套蛋白质。蛋白质组学(proteomics)是蛋白质组概念的延伸,是在整体水平上研究细胞内蛋白质组成及其活动规律的一门学科。具体含义是通过对一套基因组及一个细胞或组织的蛋白质表达水平、翻译后修饰、相互作用关系研究,来获得疾病发展、细胞信息加工和网络整体的认识。蛋白质组学的研究可以分为 3 个主要方面:① 研究某一特定的蛋白质群体的组成、结构、活动规律和生物功能。② 比较蛋白质组学,应用于各种疾病的研究。③ 研究蛋白质之间的相互作用,绘制某个体系的蛋白质作用的网络图谱等。近年来蛋白质组学的迅猛发展与研究方法的改进和研究手段的提高是密不可分的。蛋白质组学的发展伴随着研究蛋白质的 3 个步骤:双向凝胶电泳(2 - D 凝胶电泳)、新型质谱技术及生物信息学的发展而发展的。

1. 双向电泳(2 - DE)

在各种不同原理的蛋白质分离分析方法中,双向电泳是唯一能分辨上千个蛋白质点的技术,其高分辨率、高重复性和兼具微量制备的性能是其他分离方法所不能匹敌的。双向电泳原理是根据蛋白质的两个一级属性——等电点和相对分子质量的特异性,将蛋白质混合物在电荷(等电点聚焦,IEF)和相对分子质量(变性聚丙烯酰胺凝胶电泳,SDS-PAGE)两个水平上进行分离(图 9 - 37)。

2. 生物质谱技术

质谱分析法是通过测定样品粒子的质荷比(m/z)来进行成分和结构分析的方法。20 世纪 80 年代末诞生了两种新的软电离技术:电喷雾电离(electrospray ionization, ESI)和基质辅助激光解吸电离(matrix-assisted laser desorption ionization, MALDI)。

电喷雾电离串联飞行时间质谱技术(electrospray ionization tandem time-of-flight mass spectrometry, ESI - TOFMS)常用于液相色谱与质谱的接口,在大气压下使蛋白质带电而离子化,引入质谱仪,试样溶液从毛细管中以 0.1～1 μl/min 的流速流出,在管口形成一个带电的泰勒锥。近年已实现在显微镜控制下达到纳升级的电喷雾技术，成为继毛细管电泳分离蛋白质之后质量鉴定的重要技术。它是研究蛋白质和非共价化合物（如药物-蛋白质、蛋白质-蛋白质、DNA-蛋白质）之间相互作用的分析工具，具有分辨率高、精确度高、质量范围广等特点。

MALDI-TOFMS的基本原理是将分析物分散在基质分子中并形成晶体，所用的基质通常是小分子有机酸及其衍生物，如尼古丁酸等。激光照射晶体时，基质分子吸收激光能量使样品解吸附，基质与样品之间发生电荷转移使蛋白质大分子电离，从而能快速而极为准确地测定蛋白质的分子质量。所用的激光是脉冲激光，每次光脉冲产生一批离子而获得一次质谱。实验时，成千次脉冲产生的质谱峰累加在一起而获得高灵敏度的结果，灵敏度可达 10^{-12}mol的水平。

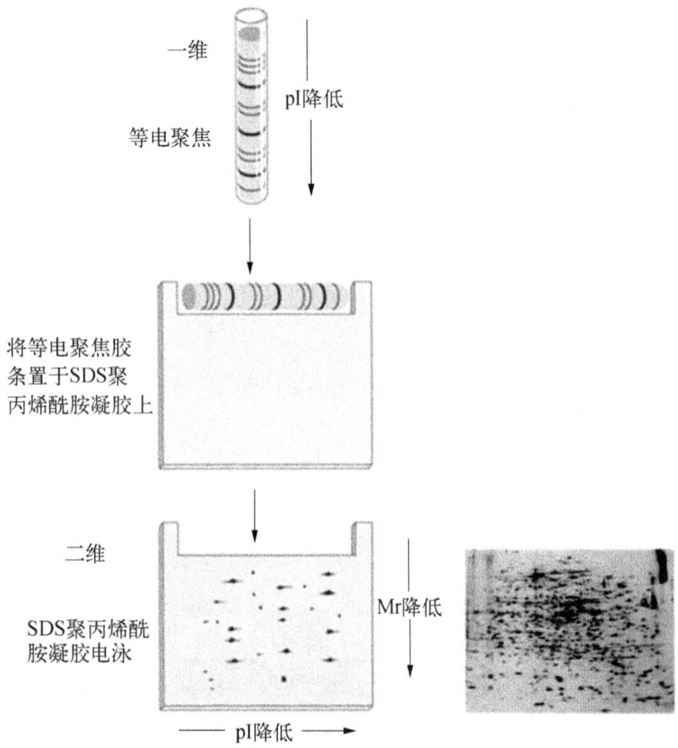

图 9-37　双向电泳原理

这两种技术都可以使核酸或蛋白质、多肽等大分子产生单电荷或多电荷的分子离子，同时它们所具有的高灵敏度和高质量监测范围使生物大分子的微量分析成为可能。质谱仪将生物分子电离并作大量分析，近年更采用串联质谱技术（tandem mass spectrometry，TMS）进行蛋白质的测序与鉴定。它们根据蛋白质酶解后的肽质量指纹谱和肽序列资料，从蛋白质或核酸序列库中搜索相同的谱序以鉴定蛋白质。

3. 酵母双杂交系统

酵母双杂交系统（yeast two-hybrid system）是一种鉴定蛋白质与蛋白质相互作用的经典方法，该方法主要是基于这样一个现象，在酵母和其他高等真核生物中，调控基因表达的转录因子至少由两个功能域组成，其中DNA结合功能域（DNA-binding domain，BD）负责使转录因子与基因的上游调控序列结合，转录激活功能域（transcription-activating domain，AD）与转录复合体其他成分相互作用，激活所调控基因的转录。两个功能域只有共价结合，或者通过其他途径在空间上彼此靠近，才能激活一个基因的表达。

在酵母双杂交系统中，通过DNA重组操作，把一个已知的诱饵蛋白（bait protein）与酵母转录因子的DNA结合功能域组成融合蛋白，转录因子的转录激活功能域则和细胞或组织中的一系列靶蛋白融合。然后将两类融合蛋白混合，如果其中一个靶蛋白与诱饵蛋白发生相互作用，会导致转录因子的DNA结合功能域和转录激活功能域在空间上足够靠近，从而激活报告基因的表达（图9-38）。

除了验证蛋白质之间可能的相互作用以外，酵母双杂交系统还可以确定蛋白质特异相互作用的关键结构域和氨基酸，和进行文库筛选以得到与已知蛋白质存在特异相互作用的蛋白质。

9.6.2　生物信息学

1. 生物信息学的定义

生物信息学（bioinformatics）这一名词最早大致是在20世纪80年代中期开始使用的，用以描述信息科学技术在生命科学中的应用，其当时的定义非常广泛，涵盖了从机器人到人工智能的众多领域。分子生物学和基因组学的巨大成就使得生物学的数据信息量出现了爆炸式的增长，生物信息学的概念逐渐演变为“应用计算机技术来存储、管理和分析生物学数据的学科”。

当前，分子生物学所面临的一个重大挑战，就是如何从基因组测序计划产生的庞大数据中获取有用信息。传统上，分子生物学的研究基本是在实验室的工作台上进行的，但基因组时代序列数据量的快速增长，

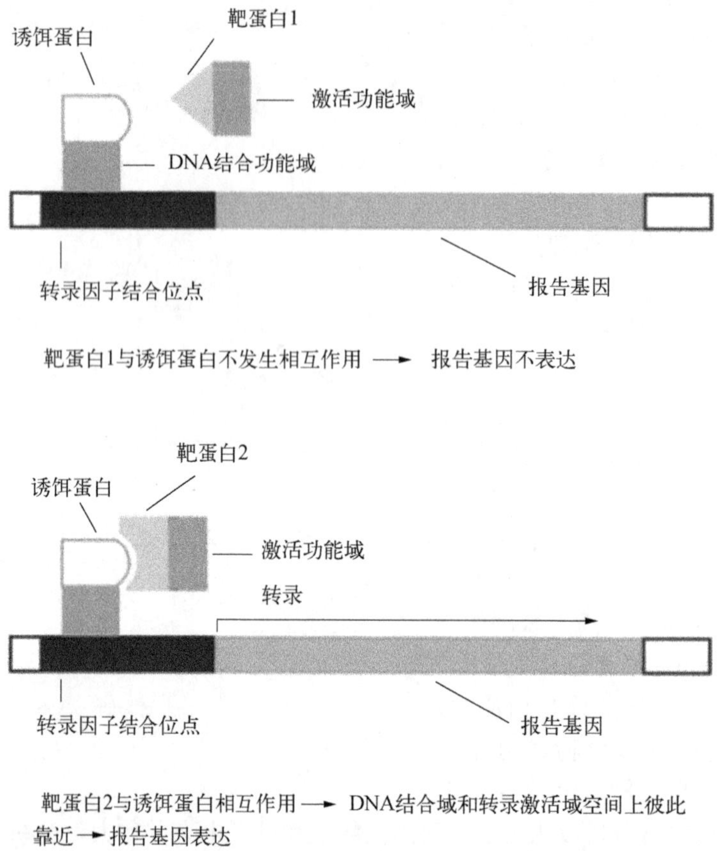

图 9-38 酵母双杂交系统

以及随之而来蛋白质组、转录组和代谢组等领域研究数据的庞大规模，即便是训练有素的实验科学家也无法进行人工解读。数据在没有经过分析之前本身可能没有任何意义，必须通过开发计算机工具来有效地存储和获取这些数据，并从中提取有价值的生物学信息。作为生物学和计算机科学的交叉学科，生物信息学的最终目的是揭示海量数据中蕴含的生物学信息宝藏，以更好地理解生物学基本规律，并将对人类健康、农业、环境和生物技术等领域产生深刻的影响。

2. 常见生物信息学工具

(1) *序列相似性搜索*(sequence similarity searching)

序列相似性搜索工具将递交的序列和数据库中的全部或部分序列比对，并提供打分功能以比较其相似程度。由于简并性的存在，两个生物序列的比对并不像两个序列串之间直接比对那么简单，比如说，在蛋白质的进化过程中，特定位置上的氨基酸可能被不同的氨基酸所替代，替代氨基酸与被替代氨基酸之间相似(如异亮氨酸替换亮氨酸)或不相似(如半胱氨酸替代亮氨酸)，对于蛋白质功能的影响可能截然不同。因此，人们需要发展出一种定量的分析方法检测特定的氨基酸或核苷酸被替代的概率，如相似性矩阵(similarity matrix)。

最早的相似性矩阵是由 Margaret Dayhoff 在观察氨基酸残基的自发使用频率时导出的。她对序列相似的不同蛋白质家族进行了人工比对，并构建了系统进化树。通过对突变的观察，她计算了两个氨基酸发生替换的相对概率，并引入了可接受突变(point-accepted mutation, PAM)这个概念，作为计算进化距离的单位，一个 PAM 单位等于 100 个残基中发生一个氨基酸残基替换。基于这种序列设置所构建的相似性矩阵称为 PAM1 矩阵，对于进化距离更大的突变数据矩阵，可以通过对初始矩阵进行适当的数学处理得到，如常用的 PAM250 矩阵。相似性矩阵是序列比对的基础，用来确定两个残基之间的相似性分值。不同氨基酸之间的计分值越高，它们之间的相似性越高，进化过程中容易发生相互替代，如苯丙氨酸 F 和酪氨酸 Y，它们之间的相似值计分是 7，而相似性计分值为负数的氨基酸之间相似性较低，如甘氨酸 G 和色氨酸 W 之间为−7，它们在进化过程中不容易发生相互替代。

对于一个待查询的序列，需要知道数据库中相关蛋白质或核酸序列的信息。人们开发了 Blast 等序列搜索工具，以迅速而有效地在数以百万计的序列中进行搜索。Blast全称是基本局部相似性比对搜索工具(basic local alignment search tool)，是目前最为常用的数据库搜索工具。Blast算法的基本思路是首先找出待查序列和目标序列之间相似程度最高的片段，作为内核向两端延伸，找出尽可能长的相似序列片段对。片段对只有在匹配程度高于一个预先设定的阈值时才会继续延伸，以避免在没有比对价值的序列片段上耗费时间。通过相似性矩阵打分，高分值片段对(high-scoring pair, HSP)再和一个随机序列数据库比较，以评估统计学差异的显著性。Blast搜索返回的命中序列是和查询序列产生显著匹配的序列，一个命中序列的显著性是通过它的E值(E-value，也称期望值)来衡量的。对于有生物学意义的命中序列而言，其E值倾向于远小于1.0，E值越大，那么命中序列和查询序列之间的相似性来自偶然性因素的可能性就越大。

(2) 多序列比对工具

多序列比对(multiple sequence alignment)是目前最为广泛使用的生物信息学分析方法之一，用以检测或证明新序列和已知序列之间的同源性，鉴定相关基因的保守功能域，帮助预测新序列的二级和三级结构，为PCR引物设计提供依据，也是进行分子进化分析时必不可少的前期工作。常见的多序列比对工具包括Clustal W、Clustal X、T-Coffee和MUSCLE等，其中又以Clustal软件的历史最为悠久，早在20世纪80年代后期便开始以软盘的方式传播。目前，采用C++语言重新编写的Clustal W 2.0和Clustal X 2.0是使用最为广泛的多序列比对工具。它们使用比较方便，可以迅速地对大规模的数据进行比对，并且比对的结果质量较好，通常不需要再进行人工的编辑或修改。

与双序列比对相比，随着序列数量和序列长度的增加，多序列比对对计算机的性能要求较高。能够处理大规模数据的多序列比对方法，通常是利用同源序列一般具有进化相关性这一个事实，采用步进式算法来降低算法复杂性。参照所构建的系统进化树的分支结构，人们可以对最相似的一对相关序列进行比对，然后随着遗传距离的增加，逐步添加新的序列进行一系列两两比对，最终完成多序列比对过程。在所处理的序列比较相似时，这一方法表现良好，能够得到准确的结果。

(3) 系统进化树(Phylogenetic tree)

系统进化树由分支(branch)和节点(node)组成。每个节点代表一个分类单位(taxa，如物种或序列)，下面的讨论中，基本上以DNA序列或蛋白质序列作为分类单位。任意两个节点之间由一条分支连接，分支决定了系统发育树的拓扑结构及分类单位的进化关系。在某些进化树中，分支的长度代表了该分支核苷酸或氨基酸发生改变的数目。节点可以分为内部节点(internal node)和外部节点(terminal node)，一般情况下，外部节点代表实际观察到的分类单位，是指在分析一个系统发育树时可获得的核苷酸或蛋白质序列，即运算分类单位(operational taxonomic unit, OUTS)，内部节点是两条或更多分支的交叉位点，代表运算分类单位在进化历程中的祖先。如图9-39A所示，系统发育树包含A、B、C、D和E五个外部节点，F、G和H三个内部节点。假设这是5个β球蛋白的系统发育树，其中B和C分别代表人类和大鼠的β球蛋白，那么连接A和B的内部节点G，代表80MYA年前灵长类和啮齿类在发生分歧之前物种中β球蛋白的祖先序列。

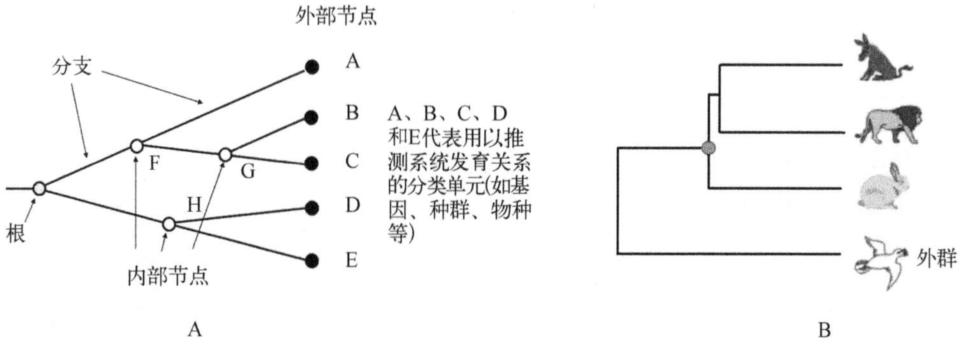

图9-39　系统发育树

系统发育树包括有根树(rooted tree)和无根树(unrooted tree)，根部位置代表所分析的所有序列的共同祖先。有根树能够反映进化的途径，而无根树只是简单表示生物类群之间的系统发育关系，没有进化发生方向的信息。由于构建有根树在计算上过于复杂,通常所使用的系统发育树构建方法都是生成无根树,但是,通过使用外群(outgroup,那些明确地最早从被研究物种中分化出来的物种),可以在无根树中指派根节点。外群与每一个内群(ingroup)的进化距离比任何两个内群(ingroup)之间都要远,因此连接外群与内群的节点可以被看作系统树的根部(图 9-39B)。

系统发育树构建可以分为基于距离的建树方法和基于特征的建树方法。基于距离的建树方法,如邻近法(neighbor-joining),采用一个氨基酸或核苷酸的置换模型来构建序列之间的距离矩阵,并以该矩阵作为基础,根据不同序列之间的相似程度进行归类和分组(图 9-40A)。基于特征的建树方法,直接应用特征数据(如 DNA 或蛋白质序列数据)建树,着重分析分类单位或序列间每个特征的进化关系(图 9-40B),属于这一类的常见方法有最大简约法(maximum parsimony method, ML)和最大似然法(Maximum likelihood method, MP),最大简约法选择进化过程中变化最小的系统发育树,最大似然法在所有可能的系统树中选择最有可能产生观察数据的系统发育树。

	A	B	C	D	E
Species A	----	0.20	0.50	0.45	0.40
Species B	0.23	----	0.40	0.55	0.50
Species C	0.87	0.59	----	0.15	0.40
Species D	0.73	1.12	0.17	----	0.25
Species E	0.59	0.89	0.61	0.31	----

A

Taxa	Character
Species A	ATGGCTATTCTTATAGTACG
Species B	ATCGCTAGTCTTATATTACA
Species C	TTCACTAGACCTGTGGTCCA
Species D	TTGACCAGACCTGTGGTCCG
Species E	TTGACCAGTTCTCTAGTTCG

B

图 9-40 基于距离的建树方法(A)和基于特征的建树方法(B)

思 考 题

1. SYBR Green Ⅰ 和 Taqman 探针两种方法的荧光信号检测,分别在荧光定量 PCR 的哪个阶段进行?
2. 试比较质粒、λ 噬菌体和柯斯质粒各自的优缺点。
3. 举出三种以上检测基因表达水平变化的方法及其主要特点。

主要参考文献

本杰明，卢因. 2007. 基因Ⅷ精要. 赵寿元译. 北京：科学出版社.

布郎 T A. 2009. 基因组 3. 袁建刚等译. 北京：科学出版社.

陈启民，耿运琪. 2010. 分子生物学. 北京：高等教育出版社.

戴灼华，王亚馥，粟翼玟. 2008. 遗传学(第 2 版). 北京：高等教育出版社.

丹尼斯 C，加拉格尔 R. 2003. 人类基因组-我们的 DNA. 林侠等译. 北京：科学出版社.

房德兴等译，李载平校. 2000. 染色体带：基因组的图型. 北京：科学出版社.

谷志远. 2002. 现代医学分子生物学. 北京：人民军医出版社.

蒋继志，王金胜. 2011. 分子生物学. 北京：科学出版社.

刘祖洞. 1990. 遗传学. 北京：高等教育出版社.

孙乃恩，孙东旭，朱德熙. 1990. 分子遗传学. 南京：南京大学出版社.

孙乃恩，孙东旭，朱德煦，等. 2004. 分子遗传学. 南京：南京大学出版社.

特纳等. 2010. 分子生物学. 刘进元等译. 北京：科学出版社.

汪堃仁，薛绍白，柳惠图. 2000. 细胞生物学(第 2 版). 北京：北京师范大学出版社.

王镜岩，朱圣庚，徐长法. 2002. 生物化学(第 3 版). 北京：高等教育出版社.

王曼莹. 2006. 分子生物学. 北京：科学出版社.

沃森等. 2009. 基因的分子生物学. 杨焕明等译. 北京：科学出版社.

吴乃虎. 2001. 基因工程原理(第 2 版). 北京：科学出版社.

徐晋麟，徐沁，陈淳. 2003. 现代遗传学原理(修订版). 北京：科学出版社.

阎隆费，张玉麟. 1997. 分子生物学. 北京：中国农业大学出版社.

杨金水. 2007. 基因组学(第 2 版). 北京：高等教育出版社.

杨岐生. 1994. 分子生物学基础. 杭州：浙江大学出版社.

杨荣武，郑伟娟，张敏跃. 2007. 分子生物学. 南京：南京大学出版社.

叶林柏，郜金荣. 2004. 基础分子生物学. 北京：科学出版社.

翟中和，王喜忠. 2011. 细胞生物学(第 4 版). 北京：高等教育出版社.

张玉静. 2000. 分子遗传学. 北京：科学出版社.

赵寿元，乔守怡. 2008. 现代遗传学(第 2 版). 北京：高等教育出版社.

赵亚华. 2004. 分子生物学教程. 北京：科学出版社.

赵亚华. 2011. 分子生物学教程(第 3 版). 北京：科学出版社.

朱玉贤，李毅，郑晓峰. 2007. 现代分子生物学(第 3 版). 北京：高等教育出版社.

朱玉贤，李毅. 1997. 现代分子生物学. 北京：高等教育出版社.

Alberts B，et al. 2002. Molecular Biology of the Cell. 4th Ed. New York：Garland Science.

Appels R，et al. 1998. Chromosome Biology. Holland：Kluwer Academic Publishers.

Avery O，et al. 1944. Studies on the chemical nature of the substance inducing transformation of pneumococcal types：induction of transformation by a desoxyribonucleic acid fraction isolated from pneumoccoccus type Ⅲ. J. Exp. Med.，79：137－158.

Bannister A J，Kouzarides T. 2011. Regulation of chromatin by histone modifications. Cell Research. 21：381－395.

Bartel D P. 2004. MicroRNAs：genomics，biogenesis，mechanism and function. Cell，116 (2)：281－297.

Benjamin Lewin. 2003. Gene Ⅷ. New York：Oxford university Press.

Benjamin Lewin. 2005. Gene Ⅷ. 余龙，江松敏，赵寿元等译. 北京：科学出版社.

Benjamin Lewin. 2008. Gene Ⅸ. Sudbury, Massachusetts: Jones and Bartlett Publishers.

Berg J M, et al. 2002. Biochemistry (5th Edition). New York: W. H. Freeman and company.

Blattner et al. 1997. The complete genome sequence of *Escherichia coli* K－12. Science, 277(5331): 1453－1474.

Blobel G, Dobbetstein B. Transfer of proteins across membranes. I. presence of proteolytically processed and unprocessed nascent immunoglobulin light. Chains on membrane — bound ribosomes of murine myeloma. Cell Biol. 1975: 67: 835－851.

Brown T A. 2010. Gene cloning and DNA analysis (6th Edition). Hoboken: Wiley Blackwell.

Carter D, et al. 2002. Long-range chromatin regulatory interactions *in vivo*. Nat Genet, 32(4): 623－626.

Carthew R W, Sontheimer E J. 2009. Origins and Mechanisms of miRNAs and siRNAs. Cell, 136(4): 642－655.

Choudhuri S, Carlson D B. 2009. Genomics: Fundamentals and Applications. New York: Informa Healthcare.

D Peter Snustad, Michael J Simmons. 2011. 遗传学原理(第3版). 赵寿元等译. 北京：高等教育出版社.

Deaton A M, Bird A. 2011. CpG islands and the regulation of transcription. Genes & Development, 25: 1010－1022.

George M, Freifelder D. 2002. Essentials of Molecular Biology (3rd Edition)(影印版). 北京：科学出版社.

Goffeau A, et al. 1996. Life with 6000 Genes. Science, 247(5287): 546－547.

Gyurasits E B, Wake R G. 1973. Bidirectional chromosome replication in *Bacillus subtilis*. J. Mol. Biol., 73(1): 55－63.

Hartwell, et al. 2003. Genetics: From Genes to Genome. 北京：科学出版社.

Hollis T, et al. 2001. Structure of the gene 2. 5 protein, a single-stranded DNA binding protein encoded by bacteriophage T7. PNAS, 98: 9557－9562.

Hood L. 2002. A personal view of molecular technology and how it has changed biology. J Proteome Res, 1 (5): 399－409.

Hubscher U, Nasheuer H P, Swaoja J E. 2000. Eukaryotic DNA polymerase, a growing family. Trends Biochem Sci, 25: 143－147.

International Human Genome Sequencing Consortium. 2001. Finishing the euchromatic sequence of the human genome. Nature, 431: 931－945.

International Human Genome Sequencing Consortium. 2001. Initial sequencing and analysis of the human genome. Nature, 409(6822): 860－921.

Kenneth W A, Cheng S M, Role of nonhistone proteins in metaphase Chromosome Stucture, Cell, 1977, 12(4): 800－816.

Kitani T, et al. 1985. Evidence that discontinuous DNA replication in *Escherichia coli* is primed by approximately 10 to 12 residues of RNA starting with a purine. J Mol Biol, 184(1): 45－52.

Kitano H. 2002. Systems biology: a brief overview. Science, 295 (5560): 1662－1664.

Klug W S, Cummings M R, Spencer C A. 2008. Essentials of Genetics (6th Edition)(影印版). 北京：高等教育出版社.

Kong X P, Onrust R, O'Donnell M, et al. 1992. Three-dimensional structure of the beta subunit of *E. coli* DNA polymerase Ⅲ holoenzyme: A sliding DNA clamp. Cell, 69(3): 425－437.

Konieczny A., Ausubel F. 1993. A procedure for mapping Arabidopsis mutations using codominant ecotype-specific PCR－based markers. Plant. 4(2): 403－410.

Lander E S. 1996. The new genomics: global views of biology. Science. 274(5287): 536－539.

Levings P P, Bungert J. 2002. The human β－globin locus control region. Eur. J. Biochem, 269: 1589－1599.

Lewin B. 1997. GENES Ⅵ. UK: Oxford University Press.

Lewin B. 2000. Genes Ⅶ. NewYork: Oxford University Press.

Lewin B. 2004. Gene Ⅷ. London: Prentice Hall.

Lewin B. 2004. Genes Ⅷ. New Jersey: Peatson Education, Inc.

Li Y, et al. 1998. Crystal structures of the Klenow fragment of *Thermus aquaticus* DNA polymerase Ⅰ complexed with deoxyribonucleoside triphosphates. Prorein Science, 7: 1116－1123.

Lukowitz W, Gillmor C S, Scheible W R. 2000. Positional cloning in Arabidopsis. Why it feels good to have a genome initiative working for you. Plant Physiol, 123(3): 795－805.

Majewski J, Ott J. 2002. Distribution and characterization of regulatory elements in the human genome. Genome Res, 12(12): 1827－1836.

Marsden M P F, Laemmli U K. 1979. Metaphase Chromosome Structure: Evidence for a radial loop model. Cell, 17 (4): 849－858.

Meselson M, Stahl F W. 1958. The replication of DNA in *Escherichia coli*. PNAS, 44(7): 671－682.

Molecular Biology Web Book: http://www.web-books.com/MoBio/

Morgante M, Hanafey M, Powell W. 2002. Microsatelites are preferentially associated with nonrepetitive DNA in plant genomes. Nature Genetics 30(2): 194－200.

Nair A J. 2008. Introduction to Biotechnology and Genetic Engineering. Hingham: Infinity Science Press.

Noble D. 2002. Modelling the heart: from genes to cells to the whole organ. Science, 295: 1678－1682.

Okimoto R, et al. 1992. The mitochondrial genomes of two nematodes, *Caenorhabditis elegans* and *Ascaris suum*. Genetics, 130(3): 471－498.

Prescott L M, Harley J P, Klein D A. 2003. 微生物学(第5版). 沈萍,彭珍荣主译. 北京: 高等教育出版社.

Ramsden J J. 2008. Bioinformatics. 2th ed. London: Springer.

Ross M T, et al. 2005. The DNA sequence of the human X chromosome. Nature, 434: 325－337.

Sandelin A, et al. 2007. Mammalian RNA polymerase Ⅱ core promoters: insights from genome-wide studies. Nature Reviews Genetics, Jun; 8(6): 424－436.

Shaw P C, et al. 2009. Patent applications for using DNA technologies to authenticate medicinal herbal material. Chin Med. 4: 21.

Singleton M R, et al. 2000. Crystal structure of T7 Gene 4 Ring Helicase Indicates a Mechanism for Sequential Hydrolysis of Nucleotides. Cell, 101: 589－600.

Sugimoto K, et al. 1969. Mechanism of DNA chain growth Ⅲ. Equal annealing of T4 nascent short DNA chains with the separated complementary strands of the phage DNA. PNAS, 63(4): 1343－1350.

Sugimoto K, Okazaki T, Okazaki R. 1968. Mechanism of DNA chain growth Ⅱ. Accumulation of newly synthesized short chains in *E. coli* infected with ligase-defective T4 phages. PNAS, 60(4): 1356－1362.

Sumner A T. 2003. Chromosome: Organization and Function. Blackwell Publishing Company.

The *C. elegans* Sequencing Consortium. 1998. Genome sequence of the nematode *C. elegans*: a platform for investigating biology. Science, 282(5396): 2012－2018.

The International HapMap Consortium. 2005. A haplotype map of the human genome. Nature, 437: 1299－1320.

Turner P C, et al. 2000. Instant Notes in Molecular Biology. US: Bios Scientific Publishers.

Tunner P C, et al. 2003. Molecular Biology(2nd Edition)(影印版). 北京: 科学出版社.

Turner P C, et al. 2009. Instant Notes in Molecular Biology (3rd Edition) UK: Taylor and Francis Group.

Turner P C, McLennan A, Bates A et al. 2005. Molecular Biology(3rd Edition). Britain: Taylor & Francis Group.

Venter J C, et al. 2004. The sequence of the human genome. Science, 291(5507): 1304－1351.

Watson J D, et al. 2004. Molecular Biology of the Gene(5th Edition). Harlow: Praeson Education.

Watson J D, et al. 2005. Molecular Biology of the Gene. New York: Cold Spring Harbor Laboratory Press. Pearson Education Inc.

Watson J D, et al. 2009. Molecular Biology of the Gene(6th Edition). Cold Spring Harbor Laboratory Press, Pearson Education, Inc.

Weaver R F. 2002. Molecular Biology(2nd Edition)(影印版). 北京: 科学出版社.

Weaver R F. 2005. Molecular Biology(3rd Edition). New York: McGraw-Hill.

Weaver R F. 2007. Molecular Biology (4th Edition). New York: McGraw-Hill Higher Education.

Weaver R F. 2008. Molecular Biology(3rd Edition)(影印版). 北京: 科学出版社.

Weaver R F. 2008. 分子生物学. 郑用琏,张富春,徐启江等译. 北京: 科学出版社.

Westerhoff H V, Palsson B O. 2004. The evolution of molecular biology into systems biology. Nat Biotechnol, 22 (10): 1249 -1252.

Williams G J, et al. 2006. Structure of the heterotrimeric PCNA from Sulfolobus solfataricus. Acta Crystallogr Sect F Struct Biol Cryst Commun, 62: 944－948.

Woychik N A, Hampsey M. 2002. The RNA polymerase Ⅱ machinery: structure illuminates function. Cell, 108: 453－463.

Young B A, Gruber T M, Gross C A. 2002. View of transcription initiation. Cell, 109: 417－420.